Problem-orientierter Geschichts-unterricht

Ziele, Methoden, Modelle

Band 1: Altertum und Mittelalter

Herausgegeben von Dr. H. Heumann
Fachwissenschaftliche Einführungen, Medien und Literatur: Horst Pötzsch
Didaktische Einführung, Lernziele, Problemfragen
und Geschichtserzählungen: Dr. Hans Heumann
Unterrichtsmodelle und Tests: Eberhard Matz

Cornelsen
HIRSCHGRABEN

Problemorientierter Geschichtsunterricht

Gesamtübersicht:
Band 1 Altertum und Mittelalter (Nr. 234620)
Band 2 Die Grundlagen unserer Gesellschaft (Nr. 234719)
Band 3 Zwischen den beiden Weltkriegen (1914–1945) (Nr. 234808)
Band 4 Die Welt seit 1945 (Nr. 234905)

Verlagsredaktion: Dr. Ernst Hoerschelmann

1. Auflage 1989
Alle Drucke dieser Auflage können, weil untereinander unverändert, im Unterricht nebeneinander verwendet werden.

Satz: Hurler, Notzingen
Druck: Saladruck, Berlin
ISBN 3-454-23462-X
Vertrieb: Cornelsen Verlagsgesellschaft, Bielefeld
Bestellnummer: 234620

Vorwort

Der vorliegende Band ist eine Neubearbeitung des bisherigen Bandes gleichen Namens.
Das Handbuch besteht aus vier Bänden:
Band 1: Von der Vorgeschichte bis 1500
Band 2: Von 1500–1918
Band 3: Von 1918–1945
Band 4: Von 1945 bis zur Gegenwart

Neu ist:
- Die fachwissenschaftlichen Einführungen beschränken sich nicht mehr nur auf bestimmte Themen sondern geben einen **unfassenden Überblick** über einen historischen Zeitraum. Dabei werden auch neue Aspekte berücksichtigt, z. B. die Rolle der Frau in der Geschichte und das Thema „Mensch und Umwelt".
- Die **Fachliteratur** ist auf den neuesten Stand gebracht.
- Die Unterrichtsmodelle sind durch die Ergebnisse vielfacher **praktischer Erprobung** bereichert. Dazu gehören auch die **problemorientierten Geschichtserzählungen.**
- Das Verzeichnis der **Unterrichtsmedien** ist auf den neuesten Stand gebracht.

Die Neubearbeitung verstärkt die bewährten Grundsätze des Buches:
- praxisnahe, am Schülerinteresse orientierte Auswahl des Stoffes,
- schnelle, fundierte Orientierungshilfen für den Lehrer.

Konzeptionelle Schwerpunkte bleiben:
- Problemorientierung
- Strukturelle Geschichtsbetrachtung
- Universaler Ansatz
- Lernzielverfahren
- Fragend-forschende Methode.

Die Unterrichtsmodelle korrespondieren mit dem Unterrichtswerk für die Sekundarstufe I **„Geschichte für morgen"** (Gfm), das von der gleichen Autorengemeinschaft entwickelt wurde.

Beim Verlag ist eine **synoptische Übersicht** erhältlich, aus der für alle Unterrichtseinheiten aller Ausgaben von „Geschichte für morgen" die entsprechenden Seiten des Lehrerhandbuches ersichtlich sind. Selbstverständlich kann dieses Handbuch mit jedem **anderen Unterrichtswerk** benutzt werden.

Dr. Hans Heumann

Inhaltsverzeichnis

Allgemeiner Teil

Was ist problemorientierter Unterricht?

Der besseren Übersicht halber werden die folgenden Ausführungen in Form von Thesen mit Erläuterungen vorgetragen.

1. Der GU kann einen Beitrag für die Bildung in der Sekundarstufe I leisten, wenn er auf die ihr gemäßen Qualifikationen ausgerichtet ist. Eine wesentliche Qualifikation ist erreicht, wenn der Schüler für die Auseinandersetzung mit politischen, wirtschaftlichen und gesellschaftlichen Problemen der Gegenwart entsprechende Lösungen aus der Vergangenheit heranziehen kann.

Die Forderung nach **Gegenwartsbezug** ist heute einmütiges Bekenntnis jeder einschlägigen Fachdidaktik. Ausgangspunkt der Stoffauswahl sind jeweils Problemstellungen, die auch heute Bedeutung haben und damit legitimer und wesentlicher Bestandteil des Unterrichts ist. Für diese Probleme werden Lösungen aus der Geschichte gesucht, die heute noch interessant und hilfreich sind, die zumindest – das ist nicht wenig – Hinweise geben, welche negativen Folgen diese oder jene Problemlösung hat. Dabei ist natürlich nicht an eine Problemstellung von eng begrenzter Aktualität gedacht. Aus der Fülle von anthropologischen, wirtschaftlichen und politischen Grundproblemen, die zu allen Zeiten mehr oder weniger aktuell waren, gibt es einige, die in unserem Jahrhundert besonders aktuell sind, so u. a. die Frage nach der Befriedigung der Grundbedürfnisse Nahrung, Wohnung, Kleidung angesichts schwindender Ressourcen oder das Problem der Erhaltung des Friedens angesichts einer schnell steigenden Weltbevölkerung und eines zunehmenden Gegensatzes zwischen armen und reichen Völkern. Diese Problemstellungen fordern eine stärkere Berücksichtigung der Wirtschafts- und Sozialgeschichte auf Kosten der politischen Ereignisgeschichte.
Wenn der GU heute in manchen Ländern mit Geographie und Politik-Unterricht unter einer übergreifenden **Gesellschaftslehre** subsumiert ist, so kann damit keineswegs gemeint sein, daß der GU seine Legitimation allein von seinem Beitrag zur Gesellschaftslehre erhält. Er kann damit vielleicht konsequenter, als es bisher meist geschah, seinen spezifischen Auftrag im Rahmen aller Schulfächer erfüllen, deren Bedeutung für den Schüler in der Selbsterschließung und in der Welterschließung hier und heute liegen. Aber auch außerhalb der Gesellschaftslehre kann der GU im Einklang mit den gegenwärtigen Tendenzen der Geschichtswissenschaft und der Pädagogik neue Effizienz gewinnen, wenn er seine pädagogischen Verpflichtungen ernst nimmt.

2. Der Prozeßcharakter der Geschichte muß deutlich werden.

Aus der problemorientierten Sicht könnte man die Forderung ableiten, die **Kontinuität des Historischen** aufzugeben, die Geschichte nach Lösungen eines bestimmten Problems zu durchforschen und jeweils regressiv Parallelen für ein aktuelles Problem zu suchen. Dem steht jedoch die Erfahrung gegenüber, daß Geschichte unverständlich bleibt, wenn man den Faktor Zeit, das Vorher und Nachher und ebenso das Gleichzeitige sowie die Interdependenz der Ereignisse unberücksichtigt läßt. Von einem Kanon gegenwärtiger Probleme ausgehend entsteht die Aufgabe, den jeweiligen Geschichtsstoff nach seinen wesentlichen Problemlösungen zu befragen und dann unter Wahrung der Kontinuität eine geeignete Auswahl zu treffen (S. 15–22). Man kann den Unterricht nicht mit ausgewählten Längsschnitten beginnen. Diese können wohl zur Motivation beitragen oder nach einem historischen Lehrgang wichtige Erkenntnisse vermitteln.
Der Didaktiker kann also nicht in völliger Beliebigkeit ein gegenwärtiges Problem nach dem anderen aufgreifen. Er muß vielmehr untersuchen, welches wesentliche Problem in den historischen Inhalten enthalten ist, die sich durch ihre Problemgeladenheit, aber auch nach anderen Gesichtspunkten, etwa ihrem Symbolgehalt, ihrer Aussagekraft oder ihrer Bedeutung für ein gesamteuropäisches Bewußtsein als wesentliche Inhalte des GU legitimiert haben. **Problematisierung der Geschichte** verlangt also zweierlei: 1. Problembewußtsein, das sich an der Gegenwart und vermuteten Zukunft orientiert. 2. Kenntnis historischer Problemlösungen und die rechte Zuordnung von gegenwärtigen Problemen zu historischen Lösungen in einem Lehrgang, der der Kontinuität verpflichtet ist. Die historische Abfolge bleibt der rote Faden des Geschichtslehrgangs. Die entscheidende Wende besteht darin, daß der historische Stoff nicht Ausgangspunkt der didaktischen Überlegungen bleibt. Ausgangspunkt ist das Problem. Die Auswahl der Inhalte richtet sich nach verschiedenen Gesichtspunkten: Die Ziele des GU sind vorrangig. Sie stellen

jedoch die Inhalte nicht beliebig in den Dienst formaler Ziele. Die Inhalte sind ihrerseits durch die geschichtliche Wirklichkeit selbst vorgegeben. Zwischen den didaktischen Zielen und dieser Wirklichkeit besteht eine wechselseitige Abhängigkeit. Letztlich entscheidet in dieser Situation der Gesichtspunkt der Bedeutung eines Inhalts für Gegenwart und Zukunft des Schülers, wobei das subjektive Interesse des Schülers nicht unberücksichtigt bleiben darf.

3. Die besondere Berücksichtigung wirtschaftlicher und gesellschaftlicher Problemlösungen darf nicht zu einer Vernachlässigung der politischen Ereignisgeschichte führen.

Ereignisgeschichte wird mit Recht als Gerüst für die Festigung des Geschichtsverständnisses gefordert. Sie muß diese Hilfe auch im Geschichtsbuch bieten, ohne daß dieses jedoch ein Leitfaden wird. Übersichten über wichtige Ereignisse einer Epoche sollten mit oder ohne Zeitleiste zur Orientierung vor dem Arbeitsteil stehen. Sie müssen einen Grundstock an Wissen über Tatsachen vermitteln.

4. Der Eigenwert einer Epoche darf nicht zu kurz kommen.

Wir sind heute gewohnt, an Problemen möglichst pragmatisch oder unter stark empirischer Komponente zu arbeiten. Unser Verständnis für die Andersartigkeit zeitlich oder räumlich ferner Kulturen ist schwach entwickelt. So wird die religiöse Gebundenheit beispielsweise der mittelalterlichen Welt von Kritikern oft nur negativ bewertet. Hier liegt jedoch ein Verstoß gegen die Verpflichtung pluraler Geschichtsdarstellung vor, der verkennt, daß die Wertwelt des Mittelalters immer und so auch heute einen nicht zu missenden Beitrag zur Entwicklung der menschlichen Gesellschaft geleistet hat.

5. Der Weg zur Nutzung historischer Problemlösungen führt über die Einordnung der Probleme in Strukturen. Diese erst ermöglichen den Vergleich von Ereignissen verschiedener Zeiten.

Von einem Einzelereignis der Vergangenheit zu einem Einzelereignis der Gegenwart ist eine Brücke nur schwer zu schlagen. Wenn man aber die **Lebensverhältnisse der Menschen,** die sozialen und wirtschaftlichen Strukturen ins Auge faßt, ergeben sich Vergleiche, kein Ähnlich- oder Anderssein, wie von selbst. **Strukturgeschichte** hat in Geschichtswissenschaft und Geschichtsdidaktik innerhalb kurzer Zeit einen bedeutenden Rang eingenommen und sich als äußerst fruchtbar für die Gewinnung von Erkenntnissen und Einsichten aus der Geschichte für die Gegenwart erwiesen.
Strukturen sind u.a. die Funktions- und Organisationsformen der Wirtschaft, der Gesellschaft und des Staates sowie die zwischenstaatlichen Beziehungen, Krieg und Frieden, Bündnisse und Zusammenschlüsse (S. 15ff.).
Es wäre nun völlig falsch, diese Strukturen institutionell statisch zu sehen und darzustellen. Das wäre ein Rückfall in die Zeit der Institutionskunde. Auch hier kommt es vielmehr auf grundlegende und möglichst aktuelle Probleme und Fragen an. Dabei haben Wirtschaft und Gesellschaft in der Schule einen Nachholbedarf. Die Sicht auf Strukturen dient auch dazu, die Vielschichtigkeit politischen Geschehens aufzuzeigen. Der junge Mensch gewinnt ein kategoriales Gefüge, das ihm hilft, mit diesem Instrumentarium auch die gegenwärtigen Vorgänge zu begreifen, zu ordnen und seinem Weltbild einzufügen. Damit befindet sich der GU in Übereinstimmung mit der Geschichtswissenschaft, die monokausale Erklärungen und einseitige Betrachtungsweisen ablehnt, aber nicht ohne Kategorisierung auskommt.

6. Eine Struktur ist durch konkrete Sachbegegnung zu erarbeiten.

Die strukturelle Sicht, die wirtschaftliche und gesellschaftliche Strukturen sowie das Wirken historischer Persönlichkeiten angemessen berücksichtigt, ist im Unterricht sicherlich nicht leicht zu verwirklichen. Diese Aufgabe ist, wie jeder Praktiker immer wieder erfährt, nicht nur mit systematischer Beschreibung zu lösen, sondern verlangt die konkrete Sachbegegnung, den repräsentativen Einzelfall, der das Allgemeine beispielhaft erkennen läßt. Jede Struktur sollte möglichst dort ausführlich erarbeitet werden, wo sie erstmals in der Geschichte auftritt. Dann werden später die **Veränderungen**, ihre Ursachen und Folgen, deutlich – so etwa beim **Typus** des **Dorfes**. Im wesentlichen ist das Dorf in Europa durch die Jahrtausende bis vor etwa 150 Jahren so geblieben, wie es sich in der Jungsteinzeit entwickelt hat. Hier sind natürlich nicht technische oder zivilisatorische Einzelheiten gemeint, sondern das wirtschaftliche und soziale Gefüge des Dorfes. Der Typus **Stadt** ist erstmalig in der Hochkultur entwickelt worden, wo infolge der Fruchtbarkeit des Bodens und der dichten Besiedlung nicht alle Menschen unmittelbar für die Befriedigung der Grundbedürfnisse tätig waren, wo sich Arbeitsteilung entwickeln konnte und die Funktionen des Handels, der Verwaltung und des Priestertums entstanden. Gerade die zunehmende Differenzierung der Funktionen in der gesellschaftlichen Arbeitsteilung muß in einem modernen Unterrichtswerk gekennzeichnet werden: In der Jungsteinzeit

etwa die Entstehung der Landwirtschaft, in der Stadt die des Handwerks und des Handels. Im Alten Reich Ägyptens kamen die Strukturen des **Staates** hinzu: Könige, Beamte, Soldaten als die hauptsächlichsten Funktionsträger des Staates. Besonders die Geschichte des Alten Reiches in Ägypten eignet sich vorzüglich zur Demonstration dessen, was Staat ist, weil der Staat hier aus der Notwendigkeit entstand, die Nilüberschwemmungen zu nutzen, und weil hier das gesellschaftliche Schicksal der Menschen durch die fast totale Staatswirtschaft des Alten Reiches bestimmt wurde.
Wenn man die Struktur des Staates in ihren ersten Ausformungen in den Unterricht hineinnimmt, kann man natürlich nicht nur die endogene Entstehung des Staates in Ägypten darstellen, sondern muß auch die exogenen Bedingungen wie Eroberung durch eine fremde Macht berücksichtigen. Hineingenommen werden in den Unterricht muß also die Tatsache, daß immer wieder nomadisierende Hirtenvölker die Bauernvölker etwa in Mesopotamien unterwarfen und für damalige Verhältnisse riesige Weltreiche errichteten, so die Assyrer und später die Perser. Ein hervorragendes Beispiel für die Gründung eines Staates durch Eroberung und Überlagerung bietet auch Sparta. Es ist bezeichnend für die strukturelle Sicht der Geschichte, wenn Sparta nicht bei der griechischen Geschichte behandelt wird, sondern hineingenommen wird in das große Thema „Entstehung von Staaten durch Eroberung und Überlagerung". Dazu gehören dann Fragen, wie Eroberer herrschen, wie Eroberer leben. Das sind Fragen, die später immer wieder auftreten, beim römischen Imperium, beim britischen Empire. Es handelt sich um eine Reihe von Grundfragen, die für die Geschichte, aber auch für die gegenwärtige Welt, von ganz besonderer Bedeutung sind.

7. Ein Vergleich verschiedenzeitlicher Vorgänge unter Berücksichtigung jeweils gleichzeitiger Interdependenzen ist jedoch nur dann möglich, wenn der früher vornehmlich linear orientierte GU einen Vorgang flächig konkret untersucht und damit auch sozialwissenschaftliche Methoden übernimmt.

Mit dem Begriff der Struktur wird der GU auch sozialwissenschaftlich verankert. GU und Sozialwissenschaften liefen bisher oft unverbunden nebeneinander her. Auswahlgesichtspunkt des GU ist die Entwicklung der Ereignisse in ihrer zeitlichen Reihenfolge. Die lineare Folge steht im Mittelpunkt der Betrachtung. Forschungsgebiete der Sozialwissenschaften aber sind die Strukturen der gegenwärtigen Verhältnisse. Die **Soziologie** analysiert und beschreibt das Gegenwärtige flächig. Diese prinzipiell unterschiedliche Betrachtungsweise erschwerte die für die politische Bildung so notwendigen Kontakte zwischen Geschichte und Sozialwissenschaft. Erst ein GU, der in exemplarisch-thematischer Auswahl politische, gesellschaftliche und wirtschaftliche Verhältnisse der Vergangenheit auch „flächig" darstellt, gestattet eine engere Verbindung von Geschichte und Sozialwissenschaft in dem Sinne, daß die Kenntnisse frührerer Strukturen uns befähigen, die gegenwärtigen Strukturen und ihre möglichen Veränderungen zu verstehen.
Ein Unterschied zum Rankeschen Geschichtsbegriff dürfte ganz deutlich geworden sein: Strukturgeschichte betrachtet nicht so sehr das Einzelfaktum in seiner Einmaligkeit. Sie wertet nicht vorrangig die unterschiedlichen Merkmale der Kulturen. Sie sucht das **Typische** und **Repräsentative**. In der Antike beispielsweise werden nicht die Unterschiede der Entwicklung in Mesopotamien und Ägypten herausgearbeitet, sondern die Gemeinsamkeiten der Problemlösungen, wo sie vorhanden sind. Die zeitliche Großräumigkeit der Strukturgeschichte überschreitet auch oft die Epochengrenzen. Das muß im Unterricht kompensiert werden durch ausreichende Hilfen für den Schüler, das Einzelfaktum zeitlich richtig einzuordnen und es trotz notwendiger rück- und vorwärtsblikkender Vergleiche eingebettet in seine, nur seine historische Epoche zu verstehen.

8. Der Schüler braucht Hilfen bei der Einordnung konkreter Sachverhalte in übergeordnete Zusammenhänge.

Bei der Auswahl des Exemplums ist zu bedenken, daß es geeignet sein muß, von seiner Konkretheit und Einmaligkeit auf das allgemein Gültige und Bleibende zu schließen, damit es nicht nur ein einzelnes bleibt, sondern ein Exemplum wird. Das ist natürlich auch eine Frage entsprechender Unterrichtsgestaltung. Der Schüler braucht Hilfen, wenn er die Quelle verstehen, kritisch würdigen und über sie zum Verständnis größerer Zusammenhänge kommen soll. Man würde Lehreraktivität und Unterrichtszeit überfordern, wenn das geschichtliche Arbeitsbuch diese Hilfen zur Generalisierung nicht gibt. So wenig man die Kreativität des Schülers allein durch einen darstellenden Text ohne anschauliche Quellen weckt, so wenig sollte man ihn mit der Quelle allein lassen. Der konkrete Einzelfall braucht die Generalisierung, die Ergänzung und Einordnung in den historischen Zusammenhang, von dem der konkrete Sachverhalt der Quelle nur einen begrenzten Ausschnitt bieten kann. Beides gemeinsam macht Geschichte lebendig und verständlich: der konkrete Einzelfall und seine notwendigerweise abstrahierende Einordnung.

9. Bei allem Vorrang der Strukturgeschichte muß auch die Bedeutung der historischen Persönlichkeit gewürdigt werden.

Die älteren Didaktiker, vor allem Hans Ebeling, stellten die Persönlichkeit in den Mittelpunkt des GU. Es war eine Epoche der personalisierenden GU, der sich vorwiegend um historische Persönlichkeiten rankte und sogar bei der Beschreibung von Gruppen und Schichten das private Schicksal erfundener Personen bis in alle Einzelheiten beschrieb. Empirische Untersuchungen haben erwiesen, daß die Schüler dann fast nur diese höchst privaten Schicksale im Gedächtnis behielten und nicht zur Erkenntnis historischer Entwicklungen gelangten. Ein Effekt für die politische Bildung war ohnehin nicht gegeben.
Ohne diese novellistische Geschichtsschreibung bleibt aber auch in einem strukturgeschichtlichen Arbeitsbuch die **historische Persönlichkeit** eine unaufhebbare Größe.
„Historisch relevantes Geschehen verdichtet sich überall und immer wieder in menschlichen Individuen; einzelne oder wenige haben schicksalhafte Entscheidungen zu treffen – die Machtfülle des römischen Princeps oder des amerikanischen Präsidenten demonstrierten es. Dabei ist die Frage, ob die Menschen an den Schalthebeln der Macht Treibende oder Getriebene sind, unwichtig gegenüber der Tatsache, daß es Einzelpersonen sind, die die **Schlüsselpositionen** innehaben. Man kann ihr Verhalten nicht ausschließlich oder auch nur vorwiegend aus Charaktermerkmalen und psychologischen Motivationen ableiten, sondern muß vor allem ihre sachbestimmten oder gesellschaftlich normierten Zielsetzungen und Antriebe im Blick haben. In dieser Einschränkung aber bleibt die Persönlichkeit ein historischer Faktor, den man auf keine Weise eliminieren kann; darin findet jede strukturgeschichtliche Betrachtungsweise ihre unaufhebbare Grenze." (J. Rohlfes, Umrisse einer Didaktik der Geschichte. 1972, S. 42)
„Die **Polarität** zwischen dem Einzelnen und seiner Gemeinschaft gehört zu den historischen Kategorien. Der Mensch als eigenständiges und in die Gemeinschaft eingebundenes Wesen verführte aber in der Geschichte historischer Bildung zu besonders krassen Irrwegen! Hier ist er absolut frei, autonomer Herr der Geschichte; dort das durch die Gesetze der gesellschaftlich-ökonomischen Basis absolut determinierte Wesen. Wahrscheinlich wird in der Spitzengruppe der Lernziele historisch-politischer Bildung das Vermögen stehen, in der Geschichte ‚nicht ein System völliger sozialer Determiniertheit, sondern eines ständigen Kampfes zwischen personaler Entscheidung und allgemeiner Notwendigkeit sehen' zu können." (K. Fina, Geschichtsmethodik. München 1973)

10. Der Schüler hat Anspruch auf ein universales Geschichtsbild.

Vieles, was heute in den Massenmedien Schlagzeilen macht, ist „Weltinnenpolitik" (C. F. v. Weizsäcker). Es ist nicht unwichtig, die Begriffe „Weltgeschichte" und „Universalgeschichte" deutlich voneinander zu trennen. Weltgeschichte meint die additive Sammlung von Geschichte verschiedener Räume und Zeiten, wie sie etwa in „Fischers Weltgeschichte" vorliegt. Universalgeschichte dagegen ist ein Begriff, der aus der Soziologie und der Kulturphilosophie herkommt. Universalgeschichtliche Ansätze ergeben sich mit einer gewissen Notwendigkeit aus der strukturgeschichtlichen Betrachtungsweise. Universalgeschichte richtet den Blick auf die gesellschaftlichen, staatlichen und wirtschaftlichen Strukturen der **Großgruppen in der Welt**. Wie die Hereinnahme der Strukturgeschichte des europäischen Raumes in den Unterricht nicht die Stoffülle vermehrt, sondern nur andere Schwerpunkte setzt und zur Streichung mancher überkommener, vielleicht sogar liebgewordener Inhalte zwingt, so ist es auch mit der Universalgeschichte. Die Kenntnis fremder Kulturen kann dem Vergleich zwischen ihnen und uns dienen wie auch unsere besonderen Beziehungen zu ihnen offenlegen. Gerade hier kommt es weniger auf neue Inhalte an als auf die Fähigkeit, den Informationsfluß zu überblicken, kritisch zu sichten und ihn mit Hilfe des erkenntnistheoretischen Instruments Struktur sinnvoll einzuordnen. Nur dadurch gewinnt man aus der verwirrenden Fülle von Erscheinungen und Vorgängen Erkenntnisse und Einsichten, die morgen wertvoll werden können. Das geht natürlich nicht ohne Grundkenntnisse und ohne Erfahrung mit der Arbeit an exemplarischen Beispielen. Darin unterstützen sich aber strukturelles Verfahren und universale Blickrichtung als zwei Seiten des gleichen Vorgangs gegenseitig. Die Schule leistete auf diesem Wege nur Starthilfe für Lernvorgänge, die mit Hilfe eines breiten Informationsflusses durch Medien fortgesetzt werden können.
Es gibt noch eine Reihe von Gesichtspunkten: **Überwindung der Europazentrik** verlangt eine bessere Kenntnis der originären Kulturen außerhalb Europas. Ein Geschichtsbuch braucht daher heute informatorisches Material, das die bedeutenden Kulturen der Welt vor ihrer Berührung mit den Europäern darstellt. Wenn man die **originären Hochkulturen** in Asien und Amerika kennt, kann man nicht in den Fehler verfallen, die europäische Kultur für die einzig bedeutende zu halten.

11. Der problemorientierte GU ist Versuchungen ausgesetzt.

a) Es besteht die Gefahr, daß der Geschichtslehrer die Historie als Eideshelfer für die Verfestigung ihm genehmer Zustände und Denkmodelle der Gegenwart oder aber als Kronzeuge für die Notwendigkeit radikaler Veränderungen mißbraucht. Dieser Gefahr sind auch Geschichtsbücher zu allen Zeiten mehr oder weniger erlegen. Heute muß sich der Autor vom **Demokratieangebot des Grundgesetzes** leiten lassen. Er ist der Pluralität des politischen Denkens in der Bundesrepublik Deutschland verpflichtet, und es ist legitim, wenn das Genehmigungsverfahren der Kultusminister über diese Ausgewogenheit wacht, natürlich ohne selbst einseitigen Denkmodellen zu verfallen.

b) Eine Forderung, die allerdings nur schwer in ihrem Geschichtsbuch zu realisieren ist, zielt auf die Offenlegung der Intentionen eines Autors. Dieser soll begründen, warum er diese oder jene **Auswahl** aus der Geschichte getroffen hat, warum er dieser oder jener Deutung zuneigt. Er soll aber mehr und andere Quellen bringen, damit die Schüler in einem solchermaßen offenen Lehrgang zu anderen Auffassungen gelangen können. Hier kann vor allem auf die in den Folgebänden und ebenfalls in „Geschichte für morgen" aufgenommenen Auszüge aus ausländischen Schulbüchern hingewiesen werden. Ihre Aussagen können mit denen deutscher Geschichtsbücher verglichen und diese dann hinterfragt werden.

c) Es erleichtert das Problemverständnis, wenn man gegenwärtige Vokabeln auf historische Verhältnisse anwendet, zu allen Zeiten von „Herrschenden" und „Unterprivilegierten", von „Arbeitgebern" und „Arbeitnehmern", von „Mitbestimmung" und „Fortschritt" spricht, aber es geht leicht der Blick für das historisch Besondere, nach Ranke Einmalige, der historischen Epoche verloren. Das kann Geschichte unbewußt verfälschen und ihren Nutzen mindern. Was historisch ausgesagt wird, muß wahr sein. Es muß vor dem Urteil des Fachhistorikers bestehen können. Daher haben die **Fachhistoriker** in jedem Autorenkreis eine wesentliche Aufgabe.

d) Eine weitere Versuchung für den Vorgang des Problematisierens ist die Gefahr, auf halbem Wege stehenzubleiben. Man darf die Problematisierung nicht als methodischen Kniff ansehen, um etwa die Stoffvermittlung im GU zu maximieren. Das zentrale Problem ist beispielsweise im Investiturstreit das Verhältnis von Staat und Kirche, weil es auch heute noch eine Rolle spielt. Probleme müssen für gegenwärtige oder zukünftige Situationen des Schülers bedeutsam sein.

e) Dabei darf man jedoch nicht übersehen, daß ein solchermaßen problemorientierter Unterricht der Versuchung ausgesetzt ist, die **Komplexität** historischen Geschehens zu verkennen und historische Situationen auf bestimmte Probleme zu reduzieren. Sicherlich wird der Geschichtslehrer diese Gefahr im Auge behalten und versuchen, ihr durch die exemplarische Aufarbeitung der ausgewählten Stoffe zu begegnen. Man darf jedoch erwarten, daß Lehrer und Geschichtsbuch überfordert werden. Inhaltliche Auswahl auf der einen Seite führt selbstverständlich zu Defiziten auf der anderen Seite, die man in Kauf nehmen muß, wenn sie ein erträgliches Maß nicht überschreiten.

12. Der problemorientierte GU ist Mißdeutungen ausgesetzt.

Es ist auch heute noch ein, wenn auch selten offen bekanntes Relikt elitären Elfenbeinturmdenkens, wenn man Geschichte „rein" und „um ihrer selbst willen" betreibt. Der Beitrag des GU im Gesamt der Bildung „versteht sich von selbst". Er gerät nicht in den Fragehorizont. Eine Frage nach dem Nutzen des GU in der allgemeinbildenden Schule wird als plattes Nützlichkeitsdenken abgetan. Erst der Versuch einiger Kulturverwaltungen, den GU in der Schule zu beschneiden oder seine Abschaffung zu diskutieren, hat einiges Nachdenken bewirkt. Dabei war eine Reihe von Mißverständnissen zu beobachten:

a) Der GU, der historische Problemlösungen für das gegenwärtige Weltverständnis nutzen will, kann sich nicht mit politischer Ereignisgeschichte begnügen. Er muß auch **Wirtschafts**-und **Sozialgeschichte** in den Blick nehmen. Gleichzeitig kann er nicht ohne die erkenntnistheoretischen Instrumente der Struktur und des Typischen (S. 8) auskommen. Alle diese Voraussetzungen müssen erfüllt sein, wenn man an Geschichte im Blick auf Hilfe für das Verständnis der Gegenwart arbeiten will.

Weil aber diese Forschungsrichtung besonders vom historischen Materialismus gepflegt wurde und weil das quasi Gesetzmäßige des historischen Prozesses Grundvoraussetzung der materialistischen Geschichtsauffassung ist, gerät jeder, der sich solcher erkenntnistheoretischer Instrumente bedient, leicht in den Verdacht ideologischer Befangenheit, vor allem wenn es sich um Kritiker handelt, die gewohnt sind, in den politischen Kategorien „rechts" und „links" zu denken.

Dieser Eindruck erhält weiter Nahrung, wenn man dann auch noch erkennen muß, daß weniger die großen Persönlichkeiten der Geschichte als vielmehr gesellschaftliche Zustände oder wirtschaftliche Entwicklungen im Blickpunkt der Darstellungen stehen. Diese sich aus sachlichen Notwendigkeiten ergebende Sicht auf den Gegenstand der Untersuchung, die didaktisch begründete Stoffauswahl wird dann gelegentlich als parteilich befangenes Denken abqualifiziert, obwohl Sozial- und Wirtschaftsgeschichte längst nicht mehr eine Domäne materialistischer Denker sind.

b) Es wird behauptet, der GU fördere eine unkritische Denkweise und führe zur **Identifikation mit den Realitäten** in Vergangenheit und Gegenwart. Sicher wird hier übersehen, daß eine solche unkritische Identifikation nicht möglich ist, wenn der GU seine Ergänzung durch einen eigenen Politik-Unterricht findet und beide aufeinander bezogen sind. Das Feld des GU ist die **Vergangenheit**, das Feld des Politik-Unterrichts die **Gegenwart** einschließlich der verschiedenen Zielvorstellungen für künftige Entwicklung. Ein Beispiel: Der GU hat recht, wenn er feststellt, daß die meisten Menschen in der aufkommenden Industriegesellschaft größere Chancen erhielten, durch Leistung gesellschaftlich aufzusteigen als in der mittelalterlichen Ständegesellschaft. Wer aber wollte bestreiten, daß das Prinzip Chancengleichheit auch heute noch nicht voll verwirklicht ist. Wie es um diese Frage heute im einzelnen steht und was morgen getan werden könnte, ist Gegenstand des Politik-Unterrichts.

An diesem Beispiel läßt sich auch eine nur aus der Geschichte erfahrbare Tatsache demonstrieren, daß nämlich Zustände durch den Menschen verändert werden können. Die Veränderbarkeit wirtschaftlicher und gesellschaftlicher Zustände ist eine Grundeinsicht, die uns aus der Beschäftigung mit Geschichte zuwächst. Es läßt sich jedoch nicht verkennen, daß die Veränderungsbedürftigkeit gegenwärtiger Zustände von Konservativen und Radikalen unterschiedlich beurteilt wird. Dieses Problemfeld gehört jedoch zum Aufgabenkreis des Politik-Unterrichts, wenngleich die Geschichte genügend Beispiele für Evolutionen und Revolutionen bietet, so daß dieser Problemkreis typisch genannt werden kann für die Ergänzungsbedürftigkeit politischen Denkens durch GU.

13. Problemorientierter GU ist in einer multiperspektivistischen Unterrichtsgestaltung lediglich Unterrichtsprinzip.

Mehrfach wurde bisher die Forderung erhoben, daß die hier vertretene Neuorientierung des GU sach- und fachfremde Einseitigkeit vermeiden muß. So darf das systematisch-strukturierende Verfahren der Darstellung das genetisch-entwickelnde nicht ausschließen. Das universalhistorisch-kulturanthropologische Prinzip bedarf der Ergänzung durch die epochaltypische Sicht. Der Historiker darf sich nicht vom Politologen oder – noch einfacher gesagt – der Geschichtserzähler darf sich nicht vom Geschichtsdeuter verdrängen lassen.

14. Eine multiperspektivische Didaktik muß durch eine multiperspektivische und multimediale Methodik ergänzt werden.

Hierfür können in diesem einführenden Beitrag nur wenige Hinweise gegeben werden.

Einleitend muß auf eine verhängnisvolle Entwicklung von Geschichtsdidaktik und -methodik in den letzten Jahren hingewiesen werden. Nicht selten büßten Geschichts- und Politik-Unterricht an Effektivität ein, weil sie die Schüler nicht motivieren konnten. Diese suchen nach wie vor im GU die Möglichkeit, fremdes Leben nachzuerleben, sich zu identifizieren mit Menschen und ihren Problemen, um an der Bewältigung dieser Probleme teilzuhaben. Je mehr sich oberste Lernziele in den Vordergrund schoben, die allzu einseitig auf Emanzipation und Kritikfähigkeit abstellten und daher konsequent analytische Denkweisen schulen wollten, um so weniger waren die Schüler motiviert. Die negativen Ergebnisse der Untersuchungen der sechziger Jahre über den Beliebtheitsgrad des Faches Geschichte gelten in Klassen mit überbetonter Intellektualisierung des GU heute noch. Es kommt daher darauf an, daß der GU wieder altersgemäß erteilt wird, daß er den Schülern durch **vielfältiges Material, abwechslungsreiche Methoden** und Einbeziehung auch der Fähigkeit zum **Miterleben** Freude bereitet. Dann hat auch der Arbeitsunterricht Erfolg. Im Zuge einer stärkeren Objektivierung des GU, des Lehrens und des Lernens gewinnen Aspekte des Arbeitsunterrichts eine viel stärkere Bedeutung. Bisher galt die Lehrererzählung, die von der Klasse nacherlebt werden konnte, als Hauptstück eines guten GU. Ohne das Verdienst Hans Ebelings schmälern zu wollen, müssen wir doch feststellen, daß die dort geförderte Methode, die Dominanz der Lehrererzählung, das darbietend-rezeptive Verfahren mit der Wiederholung des Inhalts durch den Schüler sich vor allem an die sprachlich Begabten wendet. Dadurch werden Kinder aus spracharmem Milieu benachteiligt. Außerdem ist der frontal-autoritäre Lehrstil, der mit einer Bevorzugung der Lehrererzählung verbunden ist, für die angestrebte **Sozialisation des Unterrichts** nicht günstig. Gerade in den gesellschaftswissenschaftlichen Fächern haben Lehrerverhalten und Unterrichtsklima eine außerordentliche Wirkung. Auch das Geschichtsbuch muß ein Arbeitsbuch sein, das einen ganzen Fächer von Arbeitsmöglichkeiten ausbreitet.

Die Richtlinien fordern mit Recht die Verwirklichung des multiperspektivischen GU durch eine **multimediale Methodik.** Darin hat die Erzählung sicherlich auch einen Platz, aber mehr durch das gestaltende Wort des Lehrers als im Schulbuch. In diesem gibt es adäquatere Mittel, kindliches Interesse zu motivieren und gleichzeitig politische Bildung zu bewirken. Es

ist vorwiegend die **Anschauung** durch das Bild. Moderne Herstellungstechnik gestattet auch eine preiswerte Bereitstellung von umfangreichem Bildmaterial, das allerdings nicht nur illustrieren soll, sondern wichtigster Träger der Informationen für die Lösung der aufgeworfenen Probleme sein muß. Das Schulbuch muß natürlich Hilfen geben bei der Auswertung der Bilder. Es müssen viel mehr Informationen zum Bildinhalt mitgeteilt werden, als das bisher üblich war, ohne das überflüssigerweise zu erklären, was das Kind selbst aus dem Bild erkennen kann. Bildkompositionen ermöglichen Gegenüberstellung und Vergleich.
Eine ebenso unmittelbare Wirkung muß von der **Wortquelle** ausgehen. Die pädagogische Psychologie hat die Bedenken gegen das Verständnis von geeigneten Geschichtsquellen im Unterricht durch Schüler der Sekundarstufe I weitgehend entkräftet. Immer neue Quellensammlungen enthalten genug Quellenstücke, die sich auch für die Sekundarstufe I eignen. Man muß einmal erfahren haben, wie die unmittelbare Begegnung mit der Quelle die Schüler motiviert im Unterschied zu der doch immer gleichbleibenden Leitfadensprache früherer Geschichtsbücher. Die Hereinnahme von vielen Bildquellen und sprachlich einfachen Wortquellen vergrößert auch die Chancengleichheit, denn sie richtet nicht die Sprachbarrieren auf, die den Text der meisten Geschichtsbücher früher so oft schwierig machten.
Von den Informationsträgern her gesehen ergeben sich ganz deutlich Unterschiede zwischen dem GU der volkstümlichen Bildung und einem modernen GU. Dort herrscht der Methodenmonismus der Geschichtserzählung. Hier geht es darum, daß das reichhaltige Angebot der Informationsträger auch wirklich von den Kindern genutzt werden kann. Erst wenn sie lernen, wie man ein Bild entschlüsselt, wie man eine Grafik liest, wie man Statistiken in Grafiken umwandelt und umgekehrt, wenn sie das Wesentliche an einer Karte erkennen, erst wenn sie all dieses durch immer wiederholte Übungen gelernt haben, dann haben sie nicht nur das erkannt, was mit dem jeweiligen Bild gemeint ist, sondern haben eine Fähigkeit erworben, die ihnen in der heutigen Arbeitswelt nützen wird.
Hinzu kommt die Forderung mancher neuer Richtlinien, daß die Kinder in der politischen Begriffssprache geübt werden müssen. Das ist ganz besonders wichtig, wenn man an die Fähigkeit denkt, Informationen aus der Zeitung, dem Rundfunk und dem Fernsehen in konkrete Anschauung, in bildende Wirkung umzusetzen. Der GU gewinnt außerordentlich, wenn das Verständnis dieser **politischen Begriffssprache** systematisch geübt wird. Dabei muß man durchaus unterscheiden zwischen nur historisch wichtigen Begriffen und solchen, die für die politische Bildung besondere Bedeutung haben. Das ist methodisch keine leichte Aufgabe, denn das Inbeziehungsetzen von Konkretem und Allgemeinem, die Bildung von systematischen Begriffen, kann den Entwicklungsstand des formalen Denkens bei den Schülern leicht überfordern. Es muß ihn durch die Verbindung von konkretem Material und Steigerung der Ansprüche an systematisches Denken heranführen. Kooperation mit anderen Fächern wird zu Recht in allen modernen Richtlinien für den GU gefordert. Für die oft praktizierte Zusammenarbeit mit dem Religionsunterricht finden sich auch im folgenden unterrichtspraktischen Teil entsprechende Hinweise. Die **Kooperation** mit dem Deutschunterricht sollte sich nicht darauf beschränken, den geschichtlichen Ort der Aufnahme vieler Wörter und Redewendungen in unseren Sprachschatz zu beschreiben. Es gibt eine heute immer erfolgreicher genutzte Methode, die **Gruppenarbeit** im Deutschunterricht und im GU zu motivieren und zu aktivieren: **Rollengespräche und Rollenspiele.** Das Rollenspiel setzt voraus, daß die Sache, um die es geht, Spielern und Zuhörern bekannt ist. Es steht daher am Ende einer Unterrichtseinheit. Die Teilnehmer identifizieren sich mit Menschen oder Gruppen, die an dem historischen Vorgang beteiligt waren, und vertreten deren Interessen.
Beispiel für ein **Rollengespräch:** In einer Zunftherberge sitzen ein Meister, ein Altgeselle, ein Geselle und ein Lehrling des Schuhmacherhandwerks zusammen. Sie unterhalten sich, wobei jeder von seiner Warte aus spricht:
Der Lehrling klagt über die schlechte Ausbildung und darüber, daß seine Arbeitskraft ausgenutzt wird.
Der Geselle betont die Schwierigkeiten, die die harten Zunftgesetze seiner Niederlassung als Meister entgegenstehen.
Der Altgeselle hat auf Niederlassung verzichtet. Er fordert aber einen Lohn, der seiner langen Ausbildung und dem Nutzen seines Arbeitsprodukts für den Meister entspricht.
Der Meister weist auf das unternehmerische Risiko, die Schwierigkeiten ausreichenden Absatzes und auf seine zeitraubende Tätigkeit als Ratsherr hin. Wie soll er da höhere Löhne erwirtschaften?
Beispiel für ein **Rollenspiel:**
1. Szene: In einer Zunftherberge sitzen drei Vertreter der Altgesellen und drei Vertreter der Meister. Sie verhandeln über höhere Löhne und bessere Arbeitsbedingungen für die Altgesellen. Eine Einigung kommt nicht zustande. Die Altgesellen drohen mit Streik und sogar mit Gewalt.
2. Szene: Ebendort. Die Altgesellen diskutieren. Die „Tauben" fordern, das Angebot der Meister anzunehmen. Die „Falken" rufen zur Arbeitsniederlegung, einige sogar zur Zerstörung der Werkstätten auf.

Ratsdiener eilen herbei. Sie verhaften die Wortführer.
3. Szene: Eine Ratsversammlung. Einige Ratsherrn, die zugleich Meister sind, verlangen, daß die Wortführer aus der Stadt verbannt werden. Andere Ratsherrn weisen darauf hin, daß dann vielleicht alle Altgesellen und Gesellen die Stadt verlassen. Die Verteidigung sei dann nicht mehr gewährleistet.
4. Szene: Wie erste Szene. Es kommt aber zu einem Kompromiß. Den Schluß bildet eine Beurteilung der Spielleistung durch die Zuschauer. Mit einem solchen Rollenspiel werden im wesentlichen folgende Unterrichtsziele erreicht:
Die Beteiligten – Spieler und Zuhörer – müssen sich sachlich gut informieren und konkrete Details aus bereitgestellten Arbeitsmitteln (Quellenhefte, Erzählungen, Jugendbücher) heraussuchen.
Die Kinder lernen, ihren Standpunkt sachlich zu begründen und zu vertreten (Arbeitsziel).
Die Kinder erfahren, daß ein Problem von verschiedenen Standpunkten und Interessenlagen aus ganz verschieden beurteilt werden kann (Einsicht). Alle Teilnehmer bemühen sich letzten Endes um einen praktikablen Kompromiß (Verhaltensziel).
Eine Hochform des Rollenspiels ist das Planspiel, das in der politischen Bildung immer mehr an Bedeutung gewinnt. In Klaus Tiemann, Planspiele für die Schule, Frankfurt am Main 1969, finden sich eine theoretische Grundlegung und viele praktische Beispiele aus der Sozialkunde.
Vorstehende Anregungen lassen sich folgenden methodischen Forderungen an den GU zuordnen:
Auch der GU soll das kreative Lernen der Schüler fördern.
Die Schüler lernen Probleme zu erkennen und erfahren Wege zu ihrer Lösung.
Einseitige Lehrerzentrierung ist zu vermeiden, jedoch hat die Lehrererzählung ihren angemessenen Platz. Stoffüberlastung ist durch repräsentative Auswahl zu beheben. Soweit möglich, sind dabei arbeitsunterrichtliche Methoden einzusetzen, wobei die Schüler Informationen gewinnen und verarbeiten, Vergleiche vornehmen, Sachverhalte begrifflich benennen, Meinungen und Urteile begründen.
Durch spielerisches Lernen (z. B. Rollenspiel) und lustbetontes Üben (z. B. Rätsel) soll der GU zur Motivation der Schüler beitragen. Eine multiperspektivische Methode fördert auch das **soziale Lernen.** Dazu gehört gelegentlich Unterricht durch Selbsttätigkeit in Partner- und Kleingruppenarbeit.
Im arbeitsteiligen Lernen werden auch andere Schulbücher sowie historische Darstellungen verschiedener Art aus der Schulbücherei eingesetzt.
Die Gruppe berichtet im Plenum über ihre Arbeit. Höhepunkte des sozialen Lernens sind sachkundige Diskussionen unter den Schülern selbst. Leistungskontrolle ist wichtig, sollte aber Monotonie vermeiden. Bewährt haben sich die Anlage eines Schülerarbeitsheftes und die mündliche Wiederholung. In letzter Zeit werden auch im GU Arbeitsblätter mit Einsetzaufgaben bis zu informellen und geeichten Tests verwandt (s. S. 314). Sie können die Lernbereitschaft der Schüler erheblich fördern, aber auch überfordern. Man sollte stets bedenken, daß die Schüler nicht nur für den GU zu arbeiten haben.

15. Das methodische Modell des problemorientierten GU bietet in Ergänzung von Lehrererzählung und Unterrichtsgespräch verschiedene Möglichkeiten an.

Folgende Anregungen sind erprobt und können in vorsichtiger Dosierung den Unterricht beleben.
a) Der Einstieg in jede Unterrichtsreihe und jede Unterrichtsstunde hat die Funktion, sowohl mit Hilfe konkret anschaulicher Medien als auch durch eine Wiederholung ein neues Problem vorzubereiten. Die Problemformulierung ergibt sich inhaltlich aus dem Ziel der Unterrichtsreihe oder -einheit. Methodisch gesehen wird die Darbietung eines Bildes, eine kurze Situationsschilderung oder ein verbaler Impuls (z. B. Ägypten – ein Geschenk des Nils) dazu führen können, daß die Schüler sich zunächst spontan äußern. In dieser Phase hat der Schüler nicht nur das Recht, sondern auch die Pflicht, erste Eindrücke, Unverstandenes, Frag-„würdiges" zu äußern, ohne daß der Lehrer in irgendeiner Weise „falsche" Äußerungen zurückweist. Er verhält sich eher zurückhaltend und abwartend, hält bestimmte Schüleräußerungen, die ihm für den Fortgang des Unterrichts wichtig erscheinen, fest. Die Schüler können sich auch in Gruppen oder mit dem Partner unterhalten und dann erst Stellung beziehen. Hält es der Lehrer für besser, mit einer Wiederholung zu beginnen, dann sollte er sich um eine motivierende Wiederholung bemühen (also nicht etwa: „Wir wollen mal wiederholen, was wir in der vorigen Stunde durchgenommen haben", sondern Anzeichnen eines unvollständigen, in der voraufgegangenen Stunde erarbeiteten Tafelbildes, eines Lückentextes o. ä.).
b) Die Sammlung der Schüleräußerungen, die unter Umständen durch verbale oder nonverbale Impulse gesteuert werden können, führt zu der **Problemfixierung und -formulierung** (Tafel, Tageslichtschreiber). Sie wird zunächst noch vom Lehrer selbst vorzunehmen sein, kann aber sehr bald auch von den Schülern übernommen werden.
c) Sodann sollen die Schüler die Chance erhalten, eigene Vermutungen begründend zu äußern bzw. **Hypothesen zu bilden.**
Hier wird zumeist deutlich werden, daß die Schüler ein bestimmtes Vorwissen und bestimmte „Vorurteile" einbringen, die später bestätigt und revidiert

werden können oder müssen. Der Lehrer sollte sich die Zeit nehmen, die Vermutungen bzw. Hypothesen zu fixieren.

d) In der **Erarbeitungsphase** geht es darum, anhand eines Materialangebots Fragen zu beantworten bzw. ein Problem zu untersuchen. Das Material kann von Schülern, wird aber normalerweise vom Lehrer unter Zuhilfenahme des Schulbuches eingebracht werden. Es muß geeignet sein, das Stundenziel (UE-Ziel) bzw. die Problemfragen erreichen bzw. beantworten zu helfen. Das Material bedarf einer Aufbereitung durch den Lehrer, indem er Texte redaktionell bearbeitet, Arbeitsaufgaben stellt und Arbeitshilfen gibt. Während die Schüler vornehmlich in Partner- und Gruppenarbeit die Arbeitsaufgaben bearbeiten, die mit den Feinzielen korrespondieren, muß der Lehrer Hilfestellung geben. Er bereitet das Tafelbild (Strukturschema) an der Tafel oder auf dem Tageslichtprojektor vor. Es ist denkbar, daß eine Schülergruppe eine Folie erhält und daß in der anschließenden Phase (s. 5) diese Folie zum Vergleich mit den anderen Gruppenarbeitsergebnissen herangezogen wird.

e) Sodann werden die **Arbeitsergebnisse** der Schüler **abgerufen** und **verglichen.** Die Schüler erhalten Gelegenheit, ihre Ergebnisse zu überprüfen und zu verbessern. Die Ergebnisse bilden zugleich die Basis für die Erstellung eines Strukturschemas oder einer Tabelle.

f) Nunmehr können die Schüler ihre **Arbeitsergebnisse** und **Erkenntnisse** mit den eingangs aufgestellten **Vermutungen vergleichen** und diese bestätigen oder verwerfen („feed back"). Im historischen und politischen Unterricht wird es indes nicht zu einer „richtigen" Lösung kommen, sondern es werden verschiedene Aspekte eines Problems beleuchtet werden. Zumeist ist es auch so, daß dadurch weitere und neue Fragen/Probleme für weitere Stunden aufgeworfen werden.

Eine Geschichte als Einstieg

Kaum ein Lehrbuch für das Fach Geschichte berücksichtigt das mangelnde Leseverständnis der Schüler in den Eingangsklassen. Die Bücher enthalten zu viele und zu schwierige Texte. Die Schüler werden durch die Bücher zu wenig motiviert. Im weiteren Verlauf wird das Verständnis des wesentlichen Inhalts, d. h. des zentralen Problems einer Unterrichtseinheit, durch breite Darstellung von Einzelheiten blockiert.

Das wird sich vermutlich in Zukunft kaum ändern. Es gibt immer noch Richtlinien und Lehrpläne, denen Schwerpunktbildung fremd ist und amtliche Gutachter von Schulbüchern, die vor allem darauf achten, daß alle geforderten Inhalte der Lehrpläne abgedeckt sind.

Hier ist der Praktiker gefordert. Er kann bereits in der Einstiegsphase das Verständnis der Unterrichtseinheit vorbereiten, ein Vorverständnis schaffen. Ein gutes Mittel, den Schüler zu interessieren, ist eine anschauliche Geschichte. Sie muß aber einige Voraussetzungen enthalten:

Der Charakter allen geschichtlichen Handelns muß deutlich werden – die Tatsache, daß eine Notlage eine Reaktion verlangt. Eine Herausforderung (Toynbee) verlangt nach Antwort, ein Problem nach Lösung. Das jeweilige Problem muß in der Geschichte deutlich werden.

Nur zwei Beispiele:

1. Dauernde klimatische Veränderungen erfordern eine Anpassung des Menschen bei der Befriedigung seiner Grundbedürfnisse Nahrung, Kleidung und Wohnung.

2. Die Bedrohung durch Feinde erfordert entsprechende Gegenmaßnahmen. Aus dem „Wie es war" wird auf diese Weise ein „Wie es wurde". Das gibt der Darstellung die notwendige Dynamik und schafft im günstigen Fall eine gewisse Spannung, die motiviert. Den Schülern muß jedoch gesagt werden, daß es sich hier um erfundene Geschichten handelt.

Methodisch wird man in der Eingangsklasse das Bedürfnis des Schülers nach Handlung berücksichtigen. Das narrative Element sollte nicht überwuchern und die Konzentration auf das Wesentliche behindern.

Die Geschichten bei den folgenden Unterrichtseinheiten berücksichtigen vor allem den Gesichtspunkt der Konzentration. Es ist daher anzuraten, daß der Lehrer sie nicht nur vorliest, sondern notfalls der Anschauung und dem Verständnis nachhilft. Er wird dabei jedoch berücksichtigen, daß der Einstieg nur eine Phase im Verlauf der Unterrichtseinheit bildet und daß die Geschichte nur eine von mehreren methodischen Möglichkeiten ist, Motivation und Vorverständnis zu erzielen. Geschichten gibt es vor allem für solche Unterrichtseinheiten, die dem Schüler Schwierigkeiten bereiten.

Schlüsselfragen zur Erkenntnis historischer Strukturen

Die Analyse politischer Strukturen

Es handelt sich hier nicht um einen Kanon von fertigen Antworten, sondern um ein System von Fragen. Damit ist der Charakter des Instrumentalen gewahrt. Die Fragen wollen Schlüsselfragen sein, d. h. Fragen, durch die Lehrer und Schüler Geschichte und Gegenwart besser in den Griff bekommen, mit denen die Schüler auch später, nach entsprechender Einübung in der Schule, Vorgänge des öffentlichen Lebens kritisch verfolgen und verstehen können. Die Angaben in Klammern sind Beispiele ohne Anspruch auf Vollständigkeit.

A. Funktions- und Organisationsformen der Wirtschaft

I. Allgemeine Gesichtspunkte

1. Konnte der Bedarf gedeckt werden
2. a) Wie war das Verhältnis Boden–Arbeit–Kapital
   b) Welche Energiequellen standen zur Verfügung (Wasser, Holz, Kohle, Elektrizität, Gas, Öl, Atom)
   c) Welche technologischen Bedingungen (Erfindungen) bestimmten die Produktion
   d) Kongruenz und Inkongruenz von Gesellschafts- und Wirtschaftsstrukturen (Stände, Klassen)
   e) Anteil am Wirtschaftsertrag: Wirtschafts- und Sozial-Antagonismen und ihre Auswirkungen auf die Politik
3. a) Welche allgemeinen Ansichten herrschten über die Wirtschaft
   b) Wirtschaftsgesinnung und -ethos (Religion und Wirtschaftsgesinnung)
   c) Wie förderte oder hinderte die Obrigkeit die Wirtschaft
   d) Wie beeinflußten Männer der Wirtschaft die Obrigkeit
   e) Wie beeinflußten politische Ereignisse (Krieg, Friedensschluß...) die Wirtschaft

II. Zur Alltagsgeschichte

Alle Fragen gelten für die Menschen einer bestimmten Kultur unter Beachtung ihrer Religion, ihrer Epoche und ihres sozialen Status.

1. Ernährung

a) Wie ernähren sich die Menschen
b) Wie wurde die Nahrung beschafft (Selbstversorgung – Kauf)
c) Welchen Einfluß hatte die Nahrung auf die Gesundheit der Bevölkerung
d) Wie war die Versorung bei Krankheit
e) Wie hoch war die Lebenserwartung
f) Wie stand es mit der Kindersterblichkeit
g) Welche Krankheiten waren häufig
h) Wie waren die Behandlungsmethoden
i) Wie war die soziale Stellung des Arztes
j) Wie beeinflußte die Obrigkeit das Gesundheitswesen

2. Kleidung

a) Wie kleideten sich die Menschen
b) Wie wurde die Kleidung beschafft (Selbstversorgung – Kauf)
c) Welche Leitlinien hatte die Mode (Statussymbol – Wirkung auf den Partner)
d) Welchen Einfluß hatte die Kleidung auf den Gesundheitsstand der Bevölkerung

3. Wohnung

a) Wie wohnten die Menschen (Wohnung, Heizung, Beleuchtung)
b) Wie wurde die Wohnung beschafft (Selbstversorgung – Kauf)
c) Welchen Einfluß hatte die Wohnung auf den Gesundheitszustand der Bevölkerung

4. Die Frauen

a) Wie unterschied sich die soziale Stellung der Frau von der des Mannes
b) Wie war ihr Anteil an der Arbeit und der Freizeit
c) Was lernten die Mädchen
d) Welche Arbeiten verrichteten die Frauen
e) Wie war die Entlohnung im Verhältnis zu der männlicher Beschäftigter
f) Wie war die Situation der unverheirateten Frauen
g) Welche besonderen kulturellen Leistungen wurden von den Frauen erbracht
h) Wie erfolgte die Dokumentation dieser kulturellen Leistungen
i) Welchen Anteil hatten die Frauen an sozialen Führungspositionen

5. Mensch und Umwelt

a) Wie war die ursprüngliche Umwelt
b) Wie veränderte der Mensch die Umwelt (z. B. durch Rodung, Monokulturen, Holzfeuerung, Viehhaltung – Ziegen im Mittelmeerraum)
c) Wie veränderte die Industrialisierung die Umwelt
d) Welchen Anteil hatte die Obrigkeit an der Veränderung der Umwelt

6. Die Bedrohung des Menschen durch den Menschen

a) Wodurch wurden die Menschen bedroht (Kriminalität – Krieg)
b) Was taten die Menschen dagegen

III. Die Landwirtschaft

1. a) Wie war die prozentuale Verteilung von Ackerland, Weide, Wald, Ödland

b) Wie waren die natürlichen Voraussetzungen (Boden, Klima, Rodung)
c) Wie viele Menschen lebten auf 1 km^2
d) Was wurde angebaut
e) Wie groß war die Fläche der landwirtschaftlichen Betriebe
f) Welches Vieh wurde gehalten
g) Wie war die wirtschaftliche Bedeutung des Viehs im Betrieb
h) Wie wurde die bäuerliche Arbeit verrichtet (Technik, Bodenbearbeitung, Stand der landwirtschaftlichen Kenntnisse)
i) Bildungsstand der Bauern, bäuerliches Handwerk und Kunst
j) Wie war die Produktivität (wie viele Menschen konnte ein Bauer ernähren)

2. a) Wem gehörte der Boden (Eigentum, Grundherrschaft, Pacht)
b) Welche Vor- und Nachteile hatte das bäuerliche Leben gegenüber dem des Städters (Arbeit, Erholung, Bildung)
c) Wie war das gesellschaftliche Ansehen des Landbewohners
d) Welche sozialen Schichten gab es auf dem Lande
e) Wie war das Heiratsrecht, Erbrecht
f) Was machten die nicht erbberechtigten Kinder

3. a) Landwirtschaft und Staat. Wie beeinflußte die Obrigkeit die Landwirtschaft (Subventionen)
b) Welche Verpflichtungen hatte der Bauer (Abgaben, Dienstleistungen)
c) Welchen Einfluß hatte der Bauer auf die Staatsführung

4. a) Welche Rolle spielten Waldnutzung, Jagd und Fischfang für die Bedarfsdeckung der Bevölkerung
b) Wer übte sie aus

IV. Gewerbe und Industrie

1. a) Welche Gewerbezweige gab es (grobe Berufsstruktur)
b) Wer betrieb ein Gewerbe (Familie, Sippe, Staat, selbständige Unternehmer)
c) Wie wurde gearbeitet (Handwerk, Fabrik)
d) Welche Rohstoffe wurden verarbeitet
e) Woher kamen sie
f) Für wen wurde gearbeitet
g) Wohin gingen die Fertigprodukte
h) Wie war das Verständnis Handwerk – Industrie hinsichtlich ihrer Aufgaben in der Wirtschaft

2. a) Welche Energiequellen waren vorhanden
b) Welche Maschinen gab es

3. a) Wie beeinflußte die Obrigkeit das Gewerbe (Schutzzoll, Zunftzwang)
b) Wie beeinflußte das Gewerbe die Obrigkeit
c) Wie hoch waren die durchschnittlichen Abgaben im Verhältnis zum Verdienst
d) Gab es eine Gewerbeaufsicht
e) Welche gesellschaftlichen und politischen Organisationen der Gewerbetreibenden gab es

4. a) Wie groß war die Zahl der in einem Betrieb Beschäftigten
b) Wie erfolgte die Berufswahl, die -ausbildung
c) Wie war das gesellschaftliche Ansehen der Gewerbetreibenden, der Facharbeiter, sonstiger Arbeitnehmerschichten

V. Der Handel

1. a) Welche Güter wurden gehandelt
b) Wer handelt mit wem
c) Welche Funktionen hatte der Handel (Kleinhandel, Großhandel, Lokalhandel, Fernhandel)
d) Über welche Entfernungen wurde gehandelt
e) Welche geographischen und politischen Faktoren beeinflußten den Handel
f) Wo waren bedeutende Märkte und Messen
g) Wie entstanden die Preise (welchen Einfluß hatten marktfremde und wertbestimmende Kräfte: Staat, Monopole, Trusts, Kartelle)

2. a) Wie war die soziale Lage der Handeltreibenden
b) Gab es unter ihnen soziale Schichten
c) Welche gesellschaftlichen oder politischen Organisationsformen der Handeltreibenden gab es

3. a) Wie beeinflußte die Obrigkeit den Handel
b) Wie beeinflußte der Handeltreibende die Obrigkeit

4. a) Wie erfolgte die Berufswahl, die -ausbildung

VI. Geld- und Bankwesen

1. a) Welche Rolle spielte das Geld in der Wirtschaft
b) Wer hatte die Münzhoheit

2. a) Welche Geldgeschäfte gab es (auch Börse, Wertpapiere)

3. a) Welche Kreditinstitute gab es, welche Funktionen hatten sie
b) Wie hoch war im Durchschnitt der Zinsfuß

VII. Andere Dienstleistungen

1. Transport
a) Wer reiste
b) Welche Güter wurden transportiert
c) Welche Verkehrs-, Transportmittel gab es
d) Wie waren die Verkehrswege
e) Welche Leistungen (Fahrzeit, Transportmenge) wurden erzielt
f) Wie förderte oder behinderte die Obrigkeit das Transportwesen

2. Beherbergung
   a) Gab es Herbergen
   b) Was boten sie
3. Nachrichtenwesen
   a) Wer hatte Bedarf an Nachrichten
   b) Welche Methoden der Nachrichtenübermittlung gab es
   c) Wie waren die Leistungen
   d) Wer erbrachte sie, wer war der Träger der Nachrichtenmittel
4. Gesundheitswesen
   a) Wie hoch war die durchschnittliche Lebenserwartung
   b) Wie stand es mit der Kindersterblichkeit
   c) Welche Krankheiten waren häufig
   d) Wer behandelte sie
   e) Wie waren die Behandlungsmethoden (Auge, Zahn pp.)
   f) Wie war die soziale Stellung des Arztes
   g) Wie erfolgte die Berufswahl, die -ausbildung
   h) Gab es Apotheken
   i) Wie beeinflußte die Obrigkeit das Gesundheitswesen

B. Gesellschaftliche Lebens- und Organisationsformen

I. Die Familie

1. Die Familie als soziale Zelle
   a) Wer gehörte alles zur Familie (zum Hausstand)
   b) Welchen sozialen Schutzrahmen bot sie
   c) Wie war die Stellung des Mannes, der Frau, des Außenseiters
   d) Spielte die Zugehörigkeit zu einer Familie (nicht Stand) eine wirtschaftliche oder politische Rolle
   e) Wie verbrachte man in der Familie die Freizeit
   f) Gab es familienfeindliche Kräfte
2. Die Familie als Erziehungsgemeinschaft
   a) Welche sittlichen Normen setzte die Familie, welche nahm sie von außen an
   b) Wie war die Erziehung im Familienverband (Tradition, Strafe pp.)
   c) Gab es eigene Lebensformen der Jugend (Kleidung, Bünde)
   d) Welches Verhältnis hatte die Jugend zur „Welt der Erwachsenen" (problemgeladen – konform – nonkonform)
   e) Welches Verhältnis hatte die Jugend zum Staat
   f) Wie erlebte die Jugend die existentiellen Ereignisse in der Familie (Geburt, Tod u. a.)
3. Die Familie als Rechtsgemeinschaft
   a) Wer verfügte über den Familienbesitz
   b) Wie fanden sich die Ehepartner (Einfluß der Eltern, des sozialen Standes)
   c) Zeremonien für Verlöbnis und Eheschließung
   d) Wie war das Erbrecht
   e) Wie war das Scheidungsrecht

II. Die politische Gemeinde

1. a) Wie entstanden Siedlungen
   b) Welche Siedlungsformen gab es (Strukturwandlungen von Dorf, Stadt, Flecken)
   c) Wie viele Einwohner hatten sie
   d) Wie war die Verteilung der Bevölkerung auf Stadt und Land
2. a) Welche Aufgaben hatte die Gemeinde übernommen (Wirtschaftsaufgaben, Versorgung, Verkehr, innere und äußere Sicherheit)
   b) Welche Pflichten und Rechte hatte der einzelne gegenüber der Gemeinde (Steuern pp.)
3. Welche Formen gegenseitiger Hilfe gab es (Nachbarschaft, Genossenschaft, Vereine)
4. Welche suprafamiliären Formen der Geselligkeit, der Kulturpflege gab es
5. Wie war die Stufung der Obrigkeit von der Gemeinde bis zur obersten Zentralgewalt (Wenn die Gemeinde und die oberste Gewalt in ihrer Zuständigkeit weitgehend zusammenfielen, wie bei manchen Städten im Mittelalter, dann kommen hier auch die Fragen C.I.–VI. in Betracht.)

III. Die Kirchen

1. Der Glaube in seiner Zeit
   a) Die Bedeutung des Glaubens für die Seinsordnung der Menschen (Mittelalter, Rationalismus usw.)
   b) Die Schismata der Zeit
   c) Konflikt: Glauben und Wissen
   d) Die Sektierer
   e) Das Menschenbild der Religion
   f) Der Atheismus der Zeit (Enzyklopädisten u. a.)
   g) Märtyrer, Heilige, Propheten, Ketzer
2. a) Welche größeren Glaubensgemeinschaften gab es
   b) Wie war ihr prozentuales Verhältnis zur Gesamtbevölkerung
   c) Welche politischen oder psychologischen Gründe hatte es, daß gerade diese Glaubensgemeinschaften Erfolg hatten
   d) Welche Rolle spielten sie im Leben der Menschen
   e) Welche kirchlichen Feiertage gab es
   f) Wieviel Prozent der Bevölkerung gehörten keiner Glaubensgemeinschaft an
   g) Wie war die Rolle der örtlichen Minderheiten
3. a) Wie war der innere Aufbau der Glaubensgemeinschaften (demokratisch, hierarchisch)

b) Wodurch erhielt sie Festigkeit
c) Welche Funktionen hatten die Priester gegenüber den Gläubigen (Gnadenmittler, Vorbeter)
d) Aus welchen Ständen kamen die Priester
e) Mit welchen Ständen, Gruppen oder Parteien sympathisierte die Glaubensgemeinschaft

4. a) Welche wesentlichen Forderungen erhoben die Glaubensgemeinschaften für das Zusammenleben der Menschen, für den Staat
b) Welche Glaubensgemeinschaften wurden vom Staate gefördert, welche behindert
c) Welchen Einfluß hatten die Glaubensgemeinschaften auf die Wirtschaft, den Staat, das Recht, die Wissenschaft, die Meinungsbildung, die Schule, die Kunst
d) Besaßen die Glaubensgemeinschaften Grundbesitz oder andere Produktionsmittel
e) Wie war das Verhältnis der Glaubensgemeinschaften untereinander

IV. Hochschulen und Schulen

1. a) Welche horizontale Gliederung hatte das Schulwesen
b) Welche vertikale (allgemeinbildende – berufsbildende Schulen)
c) War das Schulwesen unterschiedlich nach sozialen Schichten
d) Wer war Träger der Schulen, wer führte die Aufsicht
e) Wer hatte Einfluß auf die Schulen
f) Wie war die „politische Bildung"
g) Wieviel Prozent der 10-, der 14-, der 18jährigen besuchten eine Schule, eine Vollzeitschule, eine Teilzeitschule
h) Was lernten die Schüler
i) Wie war der Stand der Lehr- und Lernmittel
j) Wie war die Anschauung über Schulzucht
k) Welche Unterschiede bestanden zwischen Jungen- und Mädchenbildung
l) Wozu berechtigte die Schule

2. a) Welche Wissenschaften gab es
b) Welche hatten Vorrang, warum (System der Wissenschaften)
c) Wie beeinflußte die Wissenschaft das Leben der Menschen, wodurch
d) Welche Erfindungen wurden von Wissenschaftlern gemacht oder gefördert

3. a) Was galt als gebildet
b) Wie wurden Gelehrte ausgebildet
c) Wer bestimmte über Ausbildung, Prüfungen, Berechtigungen
d) Wer finanzierte sie
e) Aus welchen Ständen kam der Nachwuchs
f) Wieviel Prozent der Bevölkerung besuchten eine Hochschule

V. Der Mensch im Beruf und Betrieb

1. a) Welche Berufe gab es (grobe Berufsstruktur)
b) Welche Bedeutung hatte die Zugehörigkeit zu einem Beruf in wirtschaftlicher und rechtlicher Beziehung
c) Wie wählte man einen Beruf (Einfluß von Zunft und Stand, Geburts- und Wohnort)
d) Welche Möglichkeiten, einen Beruf zu wechseln, gab es
e) Wie war die Berufsausbildung im allgemeinen (Lehrherr – Lehrling)
f) Welche Rechte und Pflichten ergaben sich aus dem Ausbildungsverhältnis
g) Wie war der Ertrag der Berufstätigkeit

2. a) Welche Funktionsschichten gab es im Betrieb (Unternehmer – Angestellter – Facharbeiter – ungelernter Arbeiter)
b) Wer verrichtete die schwere oder schmutzige Arbeit
c) Wie wurde man Angehöriger einer Funktionsschicht

3. a) Wem gehörte der Betrieb
b) Welche rechtlichen Bindungen bestanden zwischen Arbeitgeber und -nehmer
c) Welche Berufsverbände gab es, welchen Einfluß hatten sie
d) Wie wurde der Lohn festgelegt
e) Wie waren die Arbeitsbedingungen
f) Wie war die Lage der Arbeitnehmer bei Arbeitsunfähigkeit und Krankheit, im Alter

VI. Soziale Schichten und wirtschaftliche Interessengruppen

1. a) Welche Schichten gab es
b) Wie war das prozentuale Verhältnis zur Gesamtbevölkerung
c) Was verstand man unter Stand
d) Hatte eine Schicht ein besonderes Standesbewußtsein oder eine Ideologie
e) Was verlangte sie von ihren Angehörigen (Bildung, Benehmen)
f) Wie war das Verhältnis von Schicht und Besitz
g) Welchen unterschiedlichen Lebensstandard hatten die Schichten
h) Welche Berufe gehörten zu welcher Schicht
i) Wie wurde man Angehöriger einer Schicht (Geburt, Leistung, Heirat)
j) Welche Ursachen führen zum Aufstieg oder Niedergang von Schichten
k) Welche Bedeutung hatten einzelne Schichten für die Gesamtbevölkerung
l) Gab es Ständekämpfe, warum (Klassen–Antagonismen)

m) War die Gesellschaft insgesamt mehr hierarchisch-autoritär oder mehr demokratisch-egalitär gegliedert

2. a) Welche wirtschaftlichen Interessengruppen gab es
   b) Mit welchem Ziel bildeten sie sich
   c) Welchen Einfluß hatten weltanschauliche Doktrinen auf sie
   d) Waren sie mit einem Stand, einer politischen Partei identisch oder verbunden
   e) Welche Gegensätze bestanden zwischen den Gruppen
   f) Wie wurden sie ausgetragen
   g) Wie weit spielte der Kampf um den Besitz der Produktionsmittel eine Rolle

VII. Meinungsbildende Institutionen

1. a) Wer hatte Einfluß auf die öffentliche Meinung (Elternhaus, Schule, Parteien, Verbände)
   b) Welchen Ständen oder Interessengruppen gehörten die einflußreichen Meinungsbildner an
   c) Wen erreichten sie
   d) Welche wesentlichen Inhalte der Meinungsbildung gab es (Ideen, Ideologien, Interessen, z. B. Pazifismus, Nationalismus, Konsumsteigerung)
   e) Welche Gruppen wurden als Freunde, welche als „anders", Gegner oder Feinde, empfunden, warum
   f) Wurden kämpferische Instinkte gesteigert, gedämpft, nicht beachtet, warum
   g) Welche technischen Mittel gab es für die Beeinflussung
   h) Welche Bedeutung hatte die veröffentlichte Meinung (Rede, Thesenanschlag, Buch) für die öffentliche Meinung
   i) In wessen Hand waren die Mittel der Meinungsbeeinflussung
   j) Welche waren am erfolgreichsten
2. a) Wie waren die Informationsmöglichkeiten für den Meinungsbildner
   b) für den „kleinen Mann"
   c) Wie beeinflußte die Obrigkeit die Meinungsbildung
   d) Wie beeinflußte die Obrigkeit die Information

VIII. Die gesellschaftliche Funktion der Kunst

1. a) Welche kulturellen Zeitströmungen gab es
   b) Wo sind sie entstanden
   c) Wie sind sie entstanden
   d) Wie haben sie sich verbreitet
   e) Welche allgemeinen Merkmale für alle Künste der Zeit gab es
   f) Wie war die soziale und gesellschaftliche Stellung der Kunstschaffenden
2. a) Welche hervorragenden Werke der Literatur sind entstanden
   b) Wer hatte sie ggf. in Auftrag gegeben, zu welchem Zweck
   c) Welche Werke waren verbreitet
   d) Welchen Einfluß hatten sie auf die öffentliche Meinung
   e) Wie beeinflußte die Obrigkeit die Literatur
3. a) Welche hervorragenden Werke der Musik sind entstanden
   b) Wer hatte sie ggf. in Auftrag gegeben, zu welchem Zweck
   c) Welche Werke wurden aufgeführt
   d) Welchen Einfluß hatten sie auf die öffentliche Meinung
   e) Wie beeinflußte die Obrigkeit die Musik
4. a) Welche hervorragenden Werke für die Bühne sind entstanden
   b) Wer hatte sie ggf. in Auftrag gegeben, zu welchem Zweck
   c) Welche Werke wurden aufgeführt
   d) Welchen Einfluß hatten sie auf die öffentliche Meinung
   e) Wie beeinflußte die Obrigkeit das Theater
5. a) Welche repräsentativen Bauten entstanden
   b) Welchen Zwecken dienten sie
   c) Wer ließ sie bauen
   d) Wie wurden sie finanziert
   e) Welche Gewerbe waren beteiligt
   f) Welchen volkswirtschaftlichen Nutzen hatten sie
6. a) Welche hervorragenden Werke der Plastik entstanden
   b) Welchen Zwecken dienten sie
   c) Wer hatte sie in Besitz
7. a) Wie äußerte sich die Zeitströmung in der Volkskunst (Musik, Tanz, Theater, bildende Kunst)
   b) in der Kultur des Alltags, in Mode und Sitten
   c) Welche Feiertage gab es, und wie wurden sie gefeiert

C. Der Staat

I. Das Herrschaftsgebiet

1. a) Wie groß war das Herrschaftsgebiet (Fläche, Einwohnerzahl)
   b) War es für den einzelnen noch übersehbar
   c) Hatte die Bevölkerung ein Gefühl der Zusammengehörigkeit, wodurch (Sprache, Kultur, Obrigkeit, geschichtliche Erlebnisse)
   d) Deckten sich Volks- und Staatsgebiet, welche völkischen Minderheiten gab es
2. a) Welche geografischen Faktoren beeinflußten die politische Einheit

b) Wie war das Verhältnis von lokalen Gewalten zur Zentralgewalt (föderativ oder mehr zentralistisch)
c) Wie beeinflußte die staatliche Gliederung die Wohlfahrt der Menschen

II. Die politischen Kräftegruppen

1. a) Welche politischen Kräftegruppen gab es
   b) Mit welchem Ziel bildeten sie sich
   c) Hatten weltanschauliche Doktrinen Einfluß auf ihre Bildung
   d) Waren sie mit einem Stand, einer wirtschaftlichen Interessengruppe identisch
   e) Sympathisierten sie mit einem Stand oder einer Interessengruppe
   f) In welchen Punkten wichen sie von deren Merkmalen ab
   g) Beachte auch folgendes: innere Willensbildung der Gruppe, Willensfilter von unten nach oben, Willensfilter von oben nach unten, Gruppen und Führungseliten (Personalpolitik), lokaler oder regionaler Wirkungsgrad der Parteien
2. a) Wie standen die Kräftegruppen zum Staat (Regierung, Opposition, gegenwärtig, prinzipiell, positiv, negativ)
   b) Wie standen die Gruppen zu den Kirchen
   c) Welche Gegensätze bestanden zwischen ihnen
   d) Wie wurden sie ausgetragen
   e) Wieweit spielten Fragen der Wirtschaftsordnung eine Rolle
3. Gab es eine Art Gewaltenteilung, wie waren die Funktionen verteilt

III. Die gesetzgebende Gewalt

1. a) Was war durch das Gesetz geregelt
   b) Wer machte die Gesetze, wie wurden sie gemacht, verkündet
   c) Wer hatte außerdem Einfluß auf die Gesetzgebung (Stände, wirtschaftliche Intereressengruppen, Kirchen, Verbände)
2. a) Konnte der Gesetzgeber abgesetzt werden
   b) Hatte seine Macht andere Grenzen
   c) War er jemandem verantwortlich
   d) Gab es mythische, doktrinäre Vorstellungen über Politik
   e) Gab es eine geschriebene Verfassung
   f) Welche Wirksamkeit hatte sie
   g) Konnte sie außer Kraft gesetzt werden (Notstandsrecht)
   h) Welche Rechte und Pflichten hatte der Bürger
3. a) Hatte der „kleine Mann" Einfluß auf die Gesetzgebung
   b) Hatten Frauen Einfluß auf die Politik
   c) Gab es eine Zensur, Wahlrecht

IV. Die ausführende Gewalt

1. a) Wer führte die Regierungsgeschäfte
   b) Wie wurde man Mitglied der ausführenden Gewalt (Regierung)
   c) War sie absetzbar, welche Gruppen hatten neben ihr noch Einfluß
   d) Wie war ihr Verhältnis zur Gesetzgebung (Erfüllung oder Aushöhlung)
2. a) Welche Aufgaben hatte die Verwaltung
   b) Aus welchen Ständen oder Gruppen rekrutierte sich die Beamtenschaft
   c) Wie waren Einfluß und Ansehen der Verwaltungsbeamten
   d) Wie wurden sie ausgewählt
   e) Wie wurden sie ausgebildet
   f) Wie war ihr prozentuales Verhältnis zur Bevölkerung
3. a) Wer legte die Abgaben (Steuern) fest
   b) Nach welchen Grundsätzen wurden sie festgelegt
   c) Welche Arten von Steuern gab es (direkte, indirekte)
   d) Wie wurden die Steuern eingezogen
   e) Wie hoch waren die Steuern im Verhältnis zu den Einnahmen
   f) Welche staatlichen Monopole, welche Finanzzölle pp. gab es
   g) Wer verfügte über die öffentlichen Gelder
4. a) Gab es öffentliche Maßnahmen zur sozialen Sicherung des Bürgers
   b) War die Kinderarbeit beschränkt
   c) Gab es Mutterschutz, Kinderbeihilfen, gab es soziale Sicherung bei Unfall und Krankheit, Alter und Invalidität
   d) Wie wurden sie finanziert
   e) Welchen prozentualen Anteil hatten die sozialen Lasten am Gesamthaushalt

V. Polizei und Streitkräfte

1. a) Welche Gefahren im Innern des Landes gab es
   b) Gab es neben den Streitkräften eine besondere Polizei
   c) Welche Aufgaben, welche Machtbefugnisse hatte sie
   d) Wie war ihr Zahlenverhältnis zur Gesamtbevölkerung
   e) Wie wurde man Polizist
   f) Gab es eine Geheimpolizei
   g) Welche Aufgaben hatte sie
2. a) Wie hoch waren prozentual die Ausgaben für die Verteidigung
   b) Wie hoch war die Zahl der Streitkräfte im Verhältnis zur Bevölkerung

c) Wie rekrutierte sie sich
d) Welche Schichten stellen die Führung, die Mannschaft
e) Wie wurde man Offizier
f) Wer war oberster Befehlshaber im Frieden, im Krieg
g) Wie war das Sympathieverhältnis Streitkräfte – Regierung
h) Welche Grundsätze für den Dienst innerhalb der Streitkräfte gab es (Ausbildung, Härte, Grenzen der Gehorsamspflicht)
i) Wie war die Einstellung der Streitkräfte im Krieg zur fremden Bevölkerung, zu den Kriegsgefangenen
j) Wie war das Ansehen der Angehörigen der Streitkräfte innerhalb des eigenen Landes

VI. Die richterliche Gewalt

1. a) Welche Streitfälle und Straftaten (Zivil- und Strafprozeß) waren besonders häufig.
   b) Welche Grundsätze des Rechts gab es
   c) Wer hatte sie festgelegt
   d) Wie waren sie festgelegt (Gesetzbücher)
   e) Unterstand auch der Herrscher der Rechtsprechung
   f) Welche Umstände waren ggf. für einen Wechsel in der Rechtsauffassung maßgebend
2. a) Wer übte über wen die Gerichtsbarkeit aus
   b) Gab es Sondergerichte
   c) Wie wurde man Richter
   d) Welche Grundsätze der Prozeßordnung gab es
   e) Hatte der Angeklagte die Möglichkeit zur Verteidigung
   f) Wie verlief ein Zivilprozeß (Beweismittel, Verhör pp.)
   g) Wie verlief ein Strafprozeß (Art der Strafen)
   h) War Revision zulässig
   i) Wer hatte das Gnadenrecht
   j) Gab es berühmte Prozesse

VII. Koloniale und imperiale Herrschaftsformen

1. a) Wie war das bisherige Weltbild
   b) Was veranlaßte Entdeckungsfahrten
   c) Der Imperialismus war das Ergebnis machtpolitischer, wirtschaftlicher und ideologischer Wirkungen. Daher Frage nach: wirtschaftlichem Nutzen, machtpolitischem Effekt und imperialistischer Ideologie als missionarische oder als rechtfertigende Lehre
   d) Welche Folgen hatten die Entdeckungen für die Wirtschaft
   e) Wer veranlaßte die Besitznahme neuen Landes
   f) Wie erfolgte Besitznahme
2. a) Wie war das Zahlenverhältnis von Kolonisatoren und Kolonisierten
   b) Wie wurde das Kolonialgebiet verwaltet
   c) Wer war Träger der Verwaltung (Handelsgesellschaft, Staat)
   d) Welche Pflichten und Rechte hatten die Kolonisatoren, die Kolonisierten
   e) Wie war das menschliche Verhältnis zwischen beiden Gruppen
3. a) Welche wirtschaftlichen Folgen hatte die Kolonisierung für das Mutterland, für die Kolonie
4. a) Wer siedelte in Kolonialgebieten, warum
   b) Wie waren die Lebensbedingungen für die Siedler
   c) Wie war das Verhältnis zwischen europäischen Siedlern und einheimischer Bevölkerung
   d) Wie war das Verhältnis der Siedler zum Mutterland

D. Zwischenstaatliche Beziehungen

I. Krieg und Frieden

1. a) Wie war die politische Lage
   b) Welche Gefahren gab es für den Staat
2. a) Aus welchen Gründen entstanden Kriege (Lebensraum, Gruppeninstinkte, Ideologien, vgl. B. VII.)
   b) Brachte der behandelte Krieg Vorteile oder Nachteile für den Staat
3. a) Welches waren die Gründe für den Friedensschluß
   b) Welches waren die Bedingungen
   c) Wie lange herrschte Friede

II. Bündnisse und Zusammenschlüsse

1. a) Politische Zusammenschlüsse
   b) Wer schloß sich zusammen
   c) Warum, unter welchen Bedingungen, wie lange geplant – wie lange in Wirklichkeit (beachte u.a. Militärbündnisse, Kreuzzüge, Union, Deutscher Bund, auch ideologische Prämissen wie die mittelalterliche Universalidee, das Ordo-Denken, den Habsburger Imperialismus, das Reich im weiteren Sinne, den Panslawismus, die Entente cordiale und ähnliche Erscheinungen)
2. a) Wirtschaftliche Zusammenschlüsse
   b) Wer schloß sich zusammen
   c) Warum, unter welchen Bedingungen, wie lange geplant – wie lange in Wirklichkeit (u.a. Hanse, Deutscher Zollverein, EG)

Lernziele

I. Didaktisch-methodische Grundsätze

Es gehört zum Wesen der Schule, daß zunächst die in den amtlichen Richtlinien enthaltenen Richtziele beachtet werden.
Die folgenden allgemeinen Lernziele, ebenso wie die den Unterrichtsreihen (UR) und den Unterrichtseinheiten (UE) vorangestellten besonderen Lernziele wollen als Anregungen zur Unterrichtsgestaltung verstanden werden. Sie können bestenfalls als Grobziele angesprochen werden. Der Lehrer hüte sich davor, operationalisierte Feinlernziele, soweit sie in den amtlichen Richtlinien und Empfehlungen enthalten sind, unreflektiert zu übernehmen. Das könnte einer totalen, inhumanen Reglementierung Vorschub leisten. Lernzielbestimmung und Lernzielkontrolle ergeben sich in letzter Feinheit erst aus der jeweiligen Klassen- und Unterrichtssituation. Danach muß der Lehrer auswählen.
Dieses Handbuch und die mit ihm verbundenen Unterrichtswerke enthalten nur allgemeine Vorschläge zur Lernkontrolle, denn diese ist letztlich nur im Zusammenhang mit den Feinlernzielen möglich.
Ein Wort noch zu den Verhaltenszielen im GU: Ihre Kontrolle ist im GU noch schwerer zu verwirklichen als in den meisten anderen Fächern. Auf zwei Wegen kann man sich ihnen nähern – über die Inhalte des Unterrichts und über den Umgang mit diesen Inhalten, wobei neben der Erarbeitung auch das Erlebnis seinen Platz hat. Der GU schafft Leitbilder, im positiven und im negativen Verständnis, wobei der Jugendliche Schwarzweißzeichnungen auf Dauer nicht akzeptiert. Der unterrichtspraktische Teil zeigt eine Fülle von Sozialformen des Unterrichts, die mithelfen, Verhaltensziele zu erreichen. Politisch im weitesten Sinne und grundlegend für jede demokratische Bildung ist die Forderung nach Offenheit, intellektueller Redlichkeit und Toleranz. Der Schüler soll durch Inhalt und Verfahrensweisen des Unterrichts humane Tradition kennenlernen und sich für die Veränderung ungerechter Verhältnisse einsetzen. Er sollte dabei aber die Gesellschaft nicht verengt nur unter dem Konfliktmodell kennenlernen. Bei aller Kritik an menschlichem Versagen soll der Unterricht mithelfen, Leistungen in der Geschichte der Menschheit anzuerkennen und sich mit ihnen zu identifizieren. Das erfordert aber den Aufbau einer personalen, sozialen und politischen Identität durch reflektierte Entscheidung für oder gegen eine Gruppe und ihre Normen, für oder gegen eine Gesellschaft und ihre Ordnung. Die Vielzahl der folgenden Anregungen nützt nur dem Benutzer, der es versteht, auszuwählen und Schwerpunkte zu bilden.

II. Allgemeine Lernziele

1. Einsichten

(1) Problembewußtsein erwerben und von der Gegenwart aus Fragen an die Geschichte stellen.
(2) Wichtige Fragen erkennen: ... wo, wer, wann, wie, was, warum? Von welchen Motivationen, Gründen, Zielen und Interessen wurden die Handelnden geleitet?
(3) Alle erreichbaren Informationen sammeln und ihre Zuverlässigkeit prüfen, um Antworten auf die Fragen zu finden.
(4) Durch zusätzliche Informationen und Arbeitsanregungen, auch aus einem Sozialkundewerk, den Vergleich damals – heute im Dienst der Erkenntnis der Gegenwart detaillieren und intensivieren.
(5) Hypothesen aufstellen, überprüfen und ggf. verlassen. (Beispiel: In den Kreuzzügen ging es nur um die Befreiung des Heiligen Grabes.)
(6) Bedenken, daß geschichtliche Vorgänge vielschichtig und komplex sind, und daher vorschnelle Verallgemeinerungen vermeiden. (Französische Revolution)
Folgendes bedenken:
(7) Einsichten können der Untersuchung historischer Zustände und Verläufe nur dann entnommen werden, wenn man ihre konkreten Details untersucht. (Wie wirkte sich der Feudalismus auf das Leben der Bauern aus?)
(8) Nur sorgfältige Vergleiche können zu beschränkt gültigen Generalisierungen führen. (Verändertes Gewicht des Eigentums an Ackerland seit der Industrialisierung, veränderte Bedingungen für Aggressionskriege durch die Atombombe)
(9) Die historischen Einsichten müssen an jedem neuen Einzelfall als Hypothese erprobt werden. (Rolle des Klassenkampfes, Wirkung durch Ideen)
(10) Es gibt keine allgemeingültigen Modelle zur Erklärung und Lösung von Konflikten.
(11) Probleme und Bedingungen sind ähnlich, aber nicht gleich, die historischen Beispiele sind also nicht Beweise, sondern Hinweise.
(12) Der Betrachter historischer Verläufe sympathisiert meist mit einer Seite (mit seiner Konfession, unterschwellige Neigungen – Europäer oder Afrikaner).
(13) Die notwendige Identifikation mit einem Wertsystem muß stets reflektiert und modifiziert werden können.
(14) Rückstand von Forschung und Lehre bei der Strukturgeschichte verlangt neue Themen und Gesichtspunkte. (Sklavenkriege und soziale Gruppenkonflikte)
(15) Historische Erkenntnisse und Einsichten können nur mit rationalen Methoden gewonnen werden.

2. Das Bild einer Zeit

(1) An menschlichen Äußerungen mannigfaltiger Art den „Zeitgeist" erkennen als die Gleichartigkeit der geistigen Haltung, des Stils, der Lebensformen und der Ideen bei Menschen einer Zeit. (Landsknechtslieder, Schloß von Versailles)
(2) An repräsentativen Beispielen, Chroniken oder Lebensbeschreibungen berühmter Persönlichkeiten (Viten) verschiedene Aspekte untersuchen und zusammenfassend das Bild einer Zeit (Zeitgeist) veranschaulichen. (Vita Cäsars bei Sueton und Plutarch)
(3) Geschichtliche Epochen in ihrer Besonderheit charakterisieren. (Mittelalter, Aufklärung)
(4) Epochen in den weltgeschichtlichen Zusammenhang einordnen (gestörter Handel mit Indien – Zeit der Entdeckungen).

3. Strukturen – Veränderungen

(1) Ein Strukturschema (Querschnitt) oder Verlaufsschema (Längsschnitt) anlegen (Renaissance, die Landwirtschaft in Altertum und Mittelalter). Sofern das Lehrbuch keine Symbole zur Kennzeichnung von Strukturen enthält, selbst solche Symbole schaffen und zur Kennzeichnung von Strukturen im Text oder auf einer Karte verwenden.
(2) Funktionszusammenhänge im Verlauf technisch-wirtschaftlich-sozialer Entwicklung erkennen. (Landwirtschaft, Seßhaftigkeit, Familie, Eigentum in der Jungsteinzeit)
(3) Am konkreten Einzelfall, z. B. einer bestimmten mittelalterlichen Stadt, einen Querschnitt nach verschiedenen Gesichtspunkten anlegen und die Interdependenzen untersuchen. (Nürnberg, unser Wohnort)
(4) An Längsschnitten die Veränderung von Institutionen des öffentlichen Lebens (z. B. Schule) durch die Geschichte hindurch kennenlernen und nach den Gründen forschen.
(5) Daten und Fakten unter verschiedenen Gesichtspunkten ordnen. (Reformation: geistlich, kirchlich, staatspolitisch)
(6) Nach Verknüpfung und Tatsachenfolgen suchen, Motiv und Ziel, Ursache und Wirkung, Plan und Erfolg, Ursache und Anlaß, Bedingung und Entscheidung, Ziel und Mittel, Anstöße und Reaktionen. (Reform, Reformation, Revolution)
(7) Ähnliche Vorgänge in verschiedenen Räumen und Zeiten auf ihre Vergleichbarkeit und Strukturierbarkeit prüfen. (Revolutionen, Aufstieg unterprivilegierter Schichten)
(8) Einzelvorgänge in den jeweiligen gesellschaftlichen Zusammenhang, in die Sozial-, Wirtschafts- und Herrschaftsstrukturen einordnen (Bauernkrieg)
(9) Strukturen a) des gleichen, b) verschiedener Zeitabschnitte miteinander vergleichen. (Ethnologischer Vergleich: Bauern in Süd- und Norddeutschland, Handwerker im Altertum und Mittelalter)
(10) Historische Strukturen mit gegenwärtigen Strukturen vergleichen und Alternativen für Künftiges entwerfen. (Berufsheer in Rom – im Mittelalter – Bundeswehr morgen; Schule damals – heute – morgen)
(11) Erkunden, in welchem Maße Ereignisse Strukturveränderungen bewirkten. (Französische oder bolschewistische Revolution)
(12) Typische Abläufe und quasi-gesetzmäßige Ursachen-Folgewirkungen erkennen und begründen (z. B. die Preise steigen bei Vermehrung des Geldumlaufs, in Notzeiten verlangt man nach einem starken Mann)
(13) Die Vielfalt von Faktoren prüfen, die Veränderungen von Strukturen bewirken. (Wirtschaftliche Not, politischer Druck, bürgerliches Selbstbewußtsein vor 1848)
(14) Folgende Merkmale von Veränderungen untersuchen: Alle Erscheinungen und Strukturen unterliegen der Veränderung. Die Veränderungen vollziehen sich in unterschiedlichem Tempo (Technik im Mittelalter und im 19. Jahrhundert). Die Veränderungen vollziehen sich gegen unterschiedliche Widerstände (Bauernkriege, Französische Revolution). Verschiedene Entwicklungsstadien können sich gleichzeitig überlagern (unterschiedliche Verhältnisse in Stadt und Land im Mittelalter). Alle gesellschaftlichen Erscheinungen und Strukturen sind durch Traditionen geprägt (Adel, Beamtentum). Veränderungen werden durch sie beeinflußt (Entstehung der Leistungsgesellschaft im 19. Jahrhundert).

4. Berücksichtigung von Interessen

(1) Folgende Behauptungen prüfen: Menschliches Handeln wird von Interessen bestimmt. Wirtschaftliche Interessen besitzen eine besondere Durchschlagskraft. Es gibt auch andere Interessen, so z. B. Machtgier, Verlangen nach Freiheit (Napoleon, Bauernkriege). Interessen können mißbraucht werden (Hitler). Interessen müssen wirkungsvoll organisiert und vertreten werden (Gewerkschaften). Interessengegensätze führen zu Konflikten (Lohnkämpfe, Revolutionen, Kriege).
(2) Geschichtliche Abläufe und Fakten werten: Zu wessen Vor- oder Nachteil war das (Industrialisierung)?
(3) Die Reaktion verschiedener Interessengruppen auf politische Veränderungen prüfen (Athen, Weimarer Republik).
(4) Das jeweilige Selbstverständnis von Personen oder Gruppen erkunden und auf seinen Interessengehalt befragen. (Cäsar, Gallischer Krieg, Zunft im Mittelalter)

(5) Den Anteil von Ideen am Handeln der Menschen erkunden.
(6) Die Interessengebundenheit von Informationen und Meinungsäußerungen untersuchen.

5. Informationen und Meinungen

(1) An historischen Beispielen untersuchen, ob der Besitz von Informationen Machtausübung wie auch Machtkontrolle bedeutet und ob die Vorenthaltung oder Fälschung von Informationen Machtkontrolle erschwert und so vorhandene Machtpositionen stärkt. (Pressezensur)
(2) Erkunden, ob und warum der Anteil am Informations- und Kommunikationsprozeß nach sozialen Schichten verschieden ist. (Analphabetismus)
(3) Unterscheiden zwischen sachgerecht gebildeter Meinung und Vorurteil.
(4) Untersuchen, ob die Beziehungen von Individuen, Gruppen und Gesellschaften auch von Vorurteilen beeinflußt werden.
(5) Die Entstehung von Meinungen und Vorurteilen und die Wirkung von Vorurteilen erkunden.
(6) Untersuchen, welche eigenen Vorurteile die Erkenntnis der Tatsachen, das Erreichen der Lernziele erschweren. (Die Römer waren brutale Eroberer, die Araber sind primitiv, alle Inder–Ägypter–Griechen hatten eine hohe Kultur)

6. Wirtschaften

(1) Sich wirtschaftliche Fragestellungen und Denkweisen zu eigen machen.
(2) Grafische Erläuterungen wirtschaftlicher Strukturen erklären.
(3) Auf einer Wirtschaftskarte die wesentlichen wirtschaftlichen Strukturen erkennen. (Stadtgründungen–Bodenschätze, Industriegründungen–Schutzzölle, Infrastruktur, Zentralisierung oder Dezentralisierung von Wirtschaftsräumen)
(4) Die Zusammenhänge zwischen Bevölkerungswachstum und wirtschaftlichem Bedarf untersuchen.
(5) Die jeweilige Deckung des Bedarfs, die Befriedigung der Bedürfnisse und das Konsumverhalten untersuchen. (Mittelalter und heute)
(6) Arbeitsverhalten und Freizeitverhalten erkunden. (Mittelalter, 19. Jahrhundert und heute)
(7) Den Einfluß des Klimas auf die Wirtschaftsweise erkunden. (Rohstoffkolonien–Siedlungskolonien)
(8) Boden, Arbeitsbedingungen (Freie oder Sklaven, Selbständige oder Lohnabhängige), technische Verbesserungen und Produktivität einer Epoche erkunden.
(9) Erfindungen nach ihrem Nutzen oder Schaden für die Bedarfsdeckung und Bedürfnisbefriedigung einer möglichst großen Zahl von Menschen bewerten. (Eisenpflug, Fernsehen)
(10) Untersuchen, aus welchen Motiven die Mächtigen einer Zeit Erfindungen und Entdeckungen gefördert oder bekämpft haben (Astronomie um 1300, Atomkraft).
(11) Die Entwicklung der Produktionsverhältnisse erklären. (Eigentumsverhältnisse bei der Arbeit mit Sklaven, Hörigen, Lohnabhängigen)
(12) Den Einfluß von Arbeitsteilung auf die Produktivität erkunden.
(13) Untersuchen, wie Mechanisierung der Produktion die Produktivität steigern kann.
(14) Entwicklung von Geldwesen und Handel sowie ihren Einfluß auf die Gesamtentwicklung der Wirtschaft erkunden. (Athen)
(15) Die wirtschaftliche und politische Funktion der Verkehrswege und -einrichtungen (u. ä.) im Rahmen der Infrastruktur erkunden. (Fernverbindungen im Imperium Romanum)
(16) Untersuchen, wieweit die Leistungs- und Entwicklungsfähigkeit einer Gesellschaft und ihre Lebensqualität weitgehend durch ihre Infrastruktur bestimmt wird. (Industrie–Dienstleistung)
(17) Den jeweiligen Stand der Infrastruktur und ihren Stellenwert im Wirtschaftsgefüge erkunden. (Bau der Eisenbahnen und seine Folgen)
(18) Verschiedene Wirtschaftsordnungen in ihren Wachstumsergebnissen beurteilen. (Europäische und nordamerikanische Wirtschaft im 19. Jahrhundert)
(19) Verschiedene Wirtschaftsordnungen und ihre Auswirkungen auf den Menschen beurteilen. (Osteuropa, China)
(20) Einsehen, daß die Wirtschaft Politik und Verfassung bestimmen kann. (Exportwirtschaft Athens, Freihandel Großbritanniens, EG)
(21) Untersuchen, wie wirtschaftliche Veränderungen sich auf gesellschaftliche und politische Strukturen auswirken. (Rom in der Kaiserzeit, Großbritannien heute)
(22) Erkunden, wie Wirtschaftsordnung, Eigentumsverhältnisse und Staatsverfassung zusammenhängen. (Latifundien in Rom und Revolutionen, Marktwirtschaft und Demokratie)
(23) Untersuchen, wie Eigentum entsteht, und Eigentumsformen unterscheiden. (Jungsteinzeit, im Alten Reich Ägyptens)
(24) Erläutern, daß Eigentumsverhältnisse einem ständigen geschichtlichen Wandel unterworfen sind. (Längsschnitt)
(25) Bei mangelnder Bedarfsdeckung die Zusammenhänge von Wirtschaftsweise und Politik prüfen: Kampf um Lebensraum, Wanderungen oder Eroberungen. (Indoeuropäische Wanderungen, Völkerwanderung, Besiedlung des Ostens)

(26) Erhöhung der Erträge durch Arbeitsteilung zwischen Personen, Gruppen oder Gebieten begründen. (Athen, Berufsschichten und Handelspartner)

7. Gruppen und Schichten

(1) Mit entsprechenden Schlüsselfragen (S. 15ff.) die gesellschaftliche Lebens- und Organisationsformen in geschichtlichen Epochen untersuchen.
(2) Grundlegende soziale Probleme erkennen. (Beziehung vom Individuum zur Gruppe, von Gruppe zu Gruppe)
(3) Erkennen, daß in sozialen Kämpfen meist nicht die unterprivilegierte Gruppe, sondern nur ihre Führungsschicht aufsteigt. (Ritterstand in Rom, Ritter im Lehnswesen, Facharbeiter und Ingenieure im 19. Jahrhundert)
(4) Folgende Interdependenzen untersuchen: Besitz und Macht, Herrschaft und Teilhabe am Ackerboden, Anteil an Besitz und rechtliche Stellung, Verschuldung und Schuldenerlaß. (Ständekämpfe, Bauernkriege, Bodenpolitik unter Hitler)
(5) Soziale Gruppen der Bevölkerung feststellen und ihren Status in der Öffentlichkeit untersuchen. (Sklaven, Adlige, Professoren)
(6) Erkennen, daß Menschen meist in Solidarität zu sozialen Gruppen stehen. (Cromwell, Lenin, Peron)
(7) Einsehen, daß Menschen als Träger verschiedener Rollen zu verschiedenen Gruppen gehören können. (Engels, Fabrikantensohn und Revolutionär)
(8) Erkennen, daß Rollenkonflikte auftreten können. (Männer der Widerstandsbewegung gegen Hitler)
(9) Einsehen, daß die Solidarität wechseln oder enden kann. (Adlige als Führer der Revolution, einzelne Angehörige der unterprivilegierten Schichten in führenden Stellungen)
(10) Den jeweiligen Grad der Mobilität, ihre Ursachen und Wirkungen erkunden. (Mittelalterliche Stadt – Stadt heute)
(11) Den Grad der Chancengleichheit früher und heute prüfen. (Ausbildung im Mittelalter und heute)
(12) Untersuchen, welche gesellschaftlichen Gruppen oder Institutionen am Abbau oder an der Aufrechterhaltung von Chancengleichheit interessiert sind. Ihre jeweiligen Gründe erkennen. (Arme, Reiche)
(13) Bei Abhängigkeitsverhältnissen die Bedeutung von Normen, Ideologien und Technologien untersuchen. (Systemzwänge im Unterschied zu Sachzwängen)
(14) Politische Parolen, Thesen, Programme und geschichtliche Entscheidungen auf die ihnen zugrunde liegenden gesellschaftlichen Leitbilder analysieren. (Demokratie mit Stimmengleichheit, Dreiklassenwahlrecht)
(15) Im Zusammenleben von Menschen die Probleme erkunden, die durch die Eigenart religiöser Gruppen entstehen. (Entstehung des Christentums)
(16) Die Entstehung von Konflikten prüfen.
(17) Die Lösungsmöglichkeiten von Konflikten an historischen Beispielen erkunden. (Krieg, Verhandlungen, Reformen)
(18) Die Austragung von Konflikten an dem erkennbaren Grad an Humanität prüfen und untersuchen, ob die Ziele die Mittel rechtfertigen. (Dreißigjähriger Krieg, ökumenische Bewegung)
(19) Erkennen, daß allem historischen Handeln Wertsysteme zugrunde liegen. (Demokratie, christlicher Ständestaat, Räterepublik)
(20) Erkunden, wie Wertsysteme zur Legitimation von Herrschaft benutzt werden. (Faschismus, Kommunismus)
(21) Einsehen, daß Wertsysteme zur Befreiung von Herrschaft benutzt werden können. (Robespierre)
(22) Erkennen, daß Wertsysteme nicht logisch beweisbar sind. Sie brauchen politische Machtmittel, um sich durchzusetzen. (Lenin)
(23) Wertmaßstäbe für die Beurteilung politischer und sozialer Zustände entwickeln. (Emanzipation, law and order)

8. Der Staat

Innenpolitik

(1) Anhand von Schlüsselfragen (S. 43ff.) die Funktion des Staates erkunden.
(2) Untersuchen, wie Herrschaft errungen, ausgeübt und gesichert wurde. (Im römischen Imperium durch Vertrag oder Unterwerfung, durch Verwaltung gesichert, durch militärische Überlegenheit, aber auch durch rechtliche Legitimation ausgeübt, durch ein ideologisches Wertsystem – pax romana – und durch führende Familien – Caesar, Augustus – erhalten)
(3) Begriffe, Ziele und Methoden der Innenpolitik ergründen.
(4) Erkennen, daß Verfassungsnorm und Verfassungswirklichkeit weit auseinanderklaffen können.
(5) Art und Umfang der Beteiligung von Bürgern an Entscheidungsprozessen untersuchen. (Ägypten, Athen)
(6) Untersuchen, warum innenpolitische Pläne einer Regierung oft nicht durchsetzbar sind. (Athen, Weimar)

Außenpolitik

(7) Einsehen, daß Außenpolitik die Innenpolitik beherrschen kann. (Alexander der Große)
(8) Erkennen, daß Außenpolitik der Innenpolitik auch als Mittel dienen kann. (Cäsars Gallischer Krieg, Napoleons Siege)

(9) Prüfen, in welchem Maße innerstaatliche Entwicklungen von anderen Staaten oder Interessengruppen mitbeeinflußt werden. (Bananenrepublik)
(10) Aus den Zeremonien und Gepflogenheiten des Protokolls einer Regierung auf ihre politische Absicht schließen. (Ludwig XIV.)
(11) Prüfen, wieweit die Politik der Staaten allgemein von ihrer geopolitischen Situation beeinflußt ist. (Großraum Ägypten, kleingegliederte Landschaft Griechenlands. Festland, Insel)
(12) Die Häufigkeit der Veränderungen von Staatsgrenzen erkunden und nach den Ursachen forschen. (England – Deutschland)
(13) Ursachen für den Aufstieg oder den Abstieg von Bevölkerungsgruppen oder Staaten untersuchen. (Imperium Romanum)
(14) Untersuchen, mit welchen Mitteln Staaten Macht auf andere Staaten ausüben. (Militärische Bedrohung, Wirtschaftsboykott)
(15) Die Merkmale des Nationalsozialismus charakterisieren. (Wilhelminische Ära)
(16) Die institutionalisierten Beziehungen zwischen Staaten und ihre Funktionen erläutern. (Protokoll, auswärtige Vertretungen)
(17) Untersuchen, ob es auch informelle Beziehungen gibt, und ihren Wirkungsgrad feststellen. (Deutsche Volksgruppen nach 1930, Komintern)
(18) Gründe untersuchen, die zu Konfliktsituationen zwischen den Staaten führen können. (Angst, Forderung nach Lebensraum)
(19) Prüfen, wie Konflikte oft ideologisch verbrämt werden. (Kreuzzüge, Heilige Allianz)
(20) Erkennen, daß Konflikte oft mit einem Kompromiß enden. (Nichtangriffspakt, Friede)
(21) Erkennen, wie man oft versucht, Koalitionen zu bilden. (Koalitionskriege)
(22) Erläutern, wie ein Konflikt durch Spaltung der Gegner siegreich beendet wird. (Friedrich der Große)
(23) Formen der Austragung von Konflikten zwischen den Staaten erläutern und beurteilen. (Diplomatie, Kriege, Friedensschlüsse)
(24) Die Ansätze und Bemühungen der Friedensforschung und Friedenssicherung heute studieren.
(25) Die Möglichkeiten der Menschen prüfen, auf die gleiche Herausforderung verschieden zu antworten. (Bedarfsdeckung in Athen durch Handel, in Rom durch Eroberung, im Mittelalter durch Siedlung, im 19. Jahrhundert durch Industrialisierung)
(26) Den jeweiligen Handlungsspielraum der Menschen aufgrund der natürlichen Bedingungen und der historischen Situation erkennen. (Die Griechen vor und während der römischen Herrschaft über Griechenland)

9. Die richterliche Gewalt

(1) Erkennen, daß Recht und Rechtsprechung von der jeweiligen Führung beeinflußt werden. (Feudalismus, Absolutismus, Volksdemokratie)
(2) Einsehen, daß notwendige oder erwünschte politische Maßnahmen oft nur gegen das geltende Recht durchzusetzen sind. (1789, 20. Juli 1944)
(3) Erkennen, daß Recht oft der Macht weichen muß. (Schicksal der Juden)
(4) Prüfen, ob das geltende Recht bei allen Veränderungen eine einschränkende und sichernde Funktion hatte. (Römische Verwaltung, Friedrich der Große)

10. Die geschichtliche Persönlichkeit

(1) An konkreten Beispielen die Einflußmöglichkeiten historischer Persönlichkeiten auf ihre Zeitgenossen untersuchen. (Luther, Ignatius)
(2) Die Beziehungen zwischen historischen Persönlichkeiten und den sie tragenden Gruppen untersuchen. (Otto I., Stalin)
(3) Erkennen, daß es schwer ist, gegen die Tendenz der Zeit Politik zu machen. (Cäsar, Karl V., Friedrich List)
(4) Durch Rückschlüsse aus dem Verhalten einzelner Akteure historischen Geschehens und aus der Reaktion der Masse die Kenntnis von Bedingungen politischen Verhaltens erzielen. (Alexander d. Gr., Hitler)
(5) Bei herausragenden historischen Persönlichkeiten aus ihren Handlungen auf ihre Motive schließen. (Napoleon, Churchill)
(6) Zum Nacherleben von Entscheidungen sich möglichst intensiv in eine historische Persönlichkeit hineinversetzen. (Cäsar am Rubikon, Luther auf dem Reichstag zu Worms)
(7) Untersuchen, welchen Wandlungen eine politische Persönlichkeit unterworfen sein kann. (Nero, Karl V.)
(8) An differierenden Urteilen die Schwierigkeit kennenlernen, politische Persönlichkeiten zutreffend zu beurteilen. (Friedrich d. Gr., Bismarck)

III. Der Umgang mit Medien

1. Förderung der Kreativität

(1) Arbeitsmethoden anwenden, die facheigen, kreativitätsfördernd und sozial integrativ zugleich sind.
(2) Gemäß der Forderung des „entdeckenden" Lernens zunehmend selbst Lernziele aufstellen.
(3) Alle unterrichtlichen Verfahren einsetzen: Einzelarbeit, Partnerarbeit, arbeitsteilige und nichtarbeitsteilige Gruppenarbeit, Referate, Podiumsgespräche, Berichte, Rollengespräche, Problemdiskussionen.

(4) Die Methode der Gruppenarbeit üben: problemerhellende Fragen stellen, planen und Aufgaben verteilen, die Ergebnisse von Einzelarbeit sichten und unter Verwertung geeigneter Medien vortragen.
(5) Bei Betrachtung von historischen Tatbeständen den Standort wechseln und versuchen, sich in andersartige Denk- und Lebensweisen zu versetzen.
(6) Ein Rollengespräch vorbereiten und durchführen, d. h., a) sich informieren über historische Vorgänge, zu denen Angehörige verschiedener Interessengruppen verschiedene Meinungen vertreten, b) sich identifizieren mit einer Interessengruppe, c) seine Meinung möglichst wirkungsvoll formulieren und im Streitgespräch erfolgreich vortragen, d) Argumente des Gegners entkräften.
(7) Eine Diskussion vorbereiten: a) sich genau informieren, b) sich eine Meinung bilden, c) diese Meinung überzeugend vertreten, d) die Argumente des Gegners überzeugend widerlegen.
(8) Projekte planen und durchführen, um Gelegenheit zum Erwerb von Sachkenntnissen, sozialen Einsichten und Verhaltenseigenschaften zu gewinnen. Beispiele für fachgebundene Projekte: einen Klassenfries erarbeiten, historische Häuser und Burgen bauen, historische Szenen in entsprechenden Kostümen aufführen, umfangreichere schriftliche Arbeiten, Bildmontagen u. a. m. anfertigen.
(9) Selbständig schriftliche Dokumente, Bilder, Flugblätter, Briefmarken u. a. m. in den Unterricht mitbringen.
(10) Selbsthergestelltes Material mitbringen. (Vorgeschichtliche Behausungen, mittelalterliches Stadttor, Modell einer historischen Maschine)
(11) Selbständig Museen und andere historische Sammlungen, auch Bibliotheken und Zeitungsarchive besuchen, um allgemeine Kenntnisse lokalgeschichtlich zu gewinnen oder zu stützen.
(12) Auf Reisen historisch Relevantes aufspüren (Bauten, Gebrauchsgegenstände) und in Medien (Tagebuch, Foto) festhalten.
(13) Beiträge über politisch-historische Themen für Schaukästen oder Schulzeitungen erarbeiten.
(14) Verfahren und Ergebnisse in einem geschichtlichen Arbeitsheft festhalten.
(15) In diesem Arbeitsheft auch eine individuelle und persönliche Wertung des Geschehens sichtbar werden lassen.

2. Text und Bild

(1) Das Geschichtsbuch in allen Funktionen benutzen: Informationsteil mit sinngemäß abgestuften Drucktypen, Bildern und Friesen, Arbeitsanregungen, Inhaltsverzeichnis und Register.
(2) Die Unterscheidungsmerkmale zwischen folgenden Darstellungsformen kennen: Erzählung, Sachtext, Quelle, Lexikonartikel, Tabelle, Überblick, Spezialdarstellung, historische Bilder, nachgestaltete Bilder, Grafik, Faustskizze, Karte, Fries.
(3) Sich mit der Fachsprache verschiedener Medien vertraut machen.
(4) Verschiedene verbale und bildhafte Äußerungen zum gleichen Thema zusammenstellen.

3. Arbeit am Text

(5) In den geschichtlichen Begriffen das jeweils konkret Gemeinte erkennen und möglichst anschaulich erklären (konkretisieren) (z. B. soziale Entwicklung – Verfassungsbruch).
(6) Rückschließend aber auch konkrete Einzelvorgänge so abstrahieren und typisieren, daß Vergleich und Wertung möglich werden (z. B. Auszug der Plebejer auf den heiligen Berg, die Gracchen).
(7) Mehrere Fakten auf wesentliche Leitlinien reduzieren (Kriege, Revolutionen, Erfindungen, Entdekkungen).
(8) Aus längeren Texten das für den jeweiligen Zweck Wesentliche exzerpieren, zitieren, referieren, erläutern und durch geeignete Mittel veranschaulichen.
(9) Folgende Techniken beherrschen: Abschnitte bilden und überschreiben, wichtige Begriffe und zentrale Stellen unterstreichen, Stichworte zu Leitfragen notieren.
(10) Die Ausgangslage, die historische Situation, den Standort, den Kontext von historischen Texten feststellen. (Der Zeitgenosse, der Augenzeuge, der „kleine Mann", der Wissenschaftler, der Nachfahre, der den Ausgang der Ereignisse kennt)
(11) Interessen und Absichten des Autors und seine vermutliche Zielgruppe erkennen. Welche Motive, Tatsachen, Ergebnisse betont er? Welche bagatellisiert er? (Tacitus, Germania)
(12) Widersprüche im Text oder solche zu früheren Informationen erkennen.
(13) Gesichertes Wissen von Vermutungen unterscheiden.
(14) Fakten und Abläufe einordnen a) in ein chronologisches Gerüst von Merkzahlen, b) in eine chronologische Großgliederung (Altertum, Mittelalter), c) in den jeweils zugehörigen Raum.
(15) Unterscheiden zwischen a) einem notwendigen Gerüst von Merkzahlen und b) weiteren Arbeitszahlen, die punktuell eine vergleichende Orientierung erleichtern – a) 1789, b) 1804.

4. Bildmaterial

(21) Historische Bilder und Tonmaterial formal und inhaltlich als Dokumente ihrer Zeit beschreiben. (Mittelalterlicher Bauer, Hitlerrede)
(22) Historische Bilder und Tonmaterial untereinander vergleichen und in Strukturen und Epochen einordnen können.
(23) Bilder einer Reihe miteinander vergleichen und den Sinn der Montage erkennen.
(24) Mehrere Tatbestände in einer Grafik erkennen.
(25) Die wesentlichen Aussagen einer Skizze, einer Tabelle, einer Statistik verstehen.
(26) Selbst Skizzen und Tabellen herstellen und Statistiken grafisch veranschaulichen.
(27) Bilder, Bauwerke, Baupläne, Stadtpläne auswerten, indem man nach ihrer tatsächlichen oder geplanten Funktion fragt. (Akropolis, Stadtplan Roms)
(28) Die Problematik von Rekonstruktionen historischer Bauten an lokalen Beispielen prüfen. (Burgen im 19. Jahrhundert, Stadtkerne nach 1945)
(29) Faustskizzen herstellen und dabei komplexe Vorgänge wie Eroberung, Siedlung, Wanderung durch einfache Signaturen kennzeichnen.
(30) In politischen Karikaturen den dargestellten Sachverhalt erkennen.
(31) Ein Verfassungsschema lesen, ein Schema unserer Verfassung zeichnen und Schemata miteinander vergleichen.
(32) Verschiedene Medien (Bild, Symbole und Film) kombinieren.
(33) Einen Geschichtsfries deuten.
(34) Einen Geschichtsfries selbst herstellen.

5. Die Geschichtskarte

(35) Wichtige politische Ereignisse auf einer Karte lokalisieren.
(36) Symbole auf Geschichtskarten deuten.
(37) Auf Geschichtskarten Grenzen und Grenzverschiebungen, Siedlungsgebiete, Siedlungsbewegungen, Wanderungen, Eroberungen, Machtverschiebungen, Anbau, Rohstoffe, Gewerbebetriebe, Handelsverbindungen, Kulturen, Kulturwanderungen erkennen.
(38) Nachschlagewerke und andere Hilfsmittel sachgerecht verwenden.

Die politische Fachsprache

Für politisches Denken, für Kommunikation im politischen Raum, für das Verständnis und die kritische Würdigung der Medien ist ein ausreichender Grad an Beherrschung der Fachsprache unerläßlich. Ein problemorientierter GU legt besonderen Wert darauf, daß sich beim Schüler nach und nach die politisch-sozialkundliche Begriffssprache entwickelt. Diese wichtigen Begriffe sollen fortschreitend mit lebendigen Details angefüllt und konkretisiert werden, damit sie für den Heranwachsenden immer mehr in ihrem vollen Gehalt verfügbar werden. Sie müssen im Unterricht laufend mit Assoziationen wirtschaftlicher, sozialer und rechtlicher Art angereichert und in Strukturen eingeordnet werden.
Aus all dem wird deutlich geworden sein, daß ein geschichtliches Unterrichtswerk nicht in der Altersmundart des Schülers geschrieben werden kann. Der GU hat heute auch die wichtige Aufgabe, das Kind aus der verhätschelnden Altersmundart hinaus in die Sprach- und damit auch Denkwelt des im umfassenden Sinne Politischen zu führen. Es ist eine methodische Aufgabe, diese politische Bildung durch den GU schonend, schrittweise und phasengerecht zu leisten.

Wichtige Begriffe
(1) Zu Beginn der Arbeit an einer Vorlage feststellen, welche Wörter, Begriffe und Merkmale unbekannt sind.
(2) Schlagworte auf ihren konkreten Inhalt befragen.
(3) Die für den Geschichtsunterricht relevanten Grundbegriffe in ihrer jeweiligen historischen Wirklichkeit und darüber hinaus in ihrer allgemeinen Bedeutung für die politische Bildung heute verstehen und gebrauchen. (Reich, Bund)
(4) Bei wichtigen Begriffen, wo dies möglich ist, den ideologischen Hintergrund erkunden. (Emanzipation, Erlösung)
(5) Bei der Darstellung historischer Institutionen die heutige Bedeutung unter gleichem Namen kennen. (Magistrat, Konsul)
Abendland, Abgeordneter, Abhängigkeit, Abkommen, Abrüstung, Abstimmung, Acker, Adel, Agrarstaat, aggressiv, Aktie, Altersversorgung, Amt, aneignen, Angebot, Angestellter, Angriff, Anschluß, Anspruch, Arbeit, Arbeiter, Arbeitgeber, Arbeitsleistung, Arbeitsteilung, Armee, Aristokratie, Atom, Attentat, Aufmarsch, Aufruhr, Aufstand, Aufstieg, Ausbeutung, Auseinandersetzung, ausdehnen, Ausfuhr, Ausgaben, Ausgleich, Außenpolitik, Autarkie, Auto, Automation, Autonomie.
Bank, Bauer, Beamter, Bedarf, Bergbau, Beruf, Beschluß, Besatzung, Besitz, Betrieb, Bevölkerung, Bildung, Bischof, Blockade, Börse, Bund, Bundesre-

publik Deutschland, Bündnis, Bürger, Bürgerkrieg, Bürokratie.

CDU, Chemie, COMECON, CSU.

Dampfmaschine, DDR, Demagoge, Demokratie, Demonstration, Dienstleistung, Diktatur, DIN, Diplomatie, Dogma, Dorf, Dreiteilung der Gewalten.

EFTA, EG, Ehe, Eigentum, Einfluß, Einfuhr, Einheit, Einkommen, Einmischung, Einnahmen, Eisen, Eisenbahn, Elektrizität, Elite, Emigration, Entdeckung, Entwicklungshilfe, Erfindung, Eroberung, Ertrag, Erwerb, Erziehung, Europa, Exekutive, Exil, Expansion, Export.

Fabrik, Fabrikant, Familie, FDP, Feind, Feldherr, Fest, Festung, festsetzen, Film, Finanz, Flotte, Föderalismus, Fortschritt, Fraktion, Frau, Freiheit, Friede, Friedensforschung, Front, Führung, Furcht, Fürsorge, Fürst.

Garantie, Gefolgschaft, Gegensatz, Gegner, Geheimpolizei, Geistlichkeit, Geld, Gemeinde, Gemeinschaft, Genossenschaft, Gerechtigkeit, Gericht, Gesellschaft, Gesetz, Gewalt, Gewerbe, Gewerkschaft, Gewicht, Gewinn, Gleichberechtigung, Gott, Grenze, Großmacht, Grundbedürfnisse, Grundgesetz, Grundrecht, Grundstoff, Gruppe.

Hafen, Handel, Handwerk, Hauptstadt, Haus, Haushaltsplan, Hauswirtschaft, Heer, Hegemonie, Herrschaft, Hof, Horde, Humanität.

Ideologie, Imperialismus, Import, Interesse, Industrialisierung, Industrie, Industriestaat, Inflation, Infrastruktur, Innenpolitik, Innung, international, Integration, Isolierung.

Justiz.

Kaiser, Kampf, Kapital, Kapitalismus, Kartell, Kauf, Kaufmann, Kind, Kirche, Klasse, Kleidung, Kloster, Koalition, Koexistenz, Kohle, Kollektiv, Kolonie, Kommune, Kommunismus, Kompromiß, Konferenz, Konflikt, König, Konjunktur, Konkurrenz, konservativ, Konsum, Kontrolle, Konzentration, Konzert, Konzil, Kosten, Krieg, Kriegsentschädigung, Krise, Kritik, Kult, Kultur, Kunst.

Landtag, Landwirtschaft, Lebensstandard, Legislative, Legitimität, Lehrer, Leistung, Leitung, liberal, Liberalismus, links(politisch), Lobby, Lohn, Luftverkehr, Luftwaffe.

Macht, Magie, Magistrat, Manipulation, Mann, Maoismus, Marine, Markt, Marktwirtschaft, Maschine, Masse, Massenmedien, Maße, Mehrheit, Mehrprodukt, Meinungsverschiedenheit, Menschenrechte, Menschlichkeit, Messe, Militär, Minderheit, Mitbestimmung, Mittelstand, Mobilität, Mobilmachung, Mode, Monarchie, Mönch, Monokultur, Monopol, Motor, Mutter.

Nachbar, Nachfrage, Nahrung, Nation, Nationalismus, Nationalversammlung, NATO, neutral, Niederlage, Nomade, Nonne, Norm, Notstand.

Offensive, öffentlich, Offizier, ökonomisch, Opfer, Opposition, Orden, Organisation.

Pakt, Papst, Parlament, Partei, Partner, Patrizier, Pflicht, Plan, Plebejer, Politik, Polizei, Post, Präsident, Preis, Presse, Priester, Privileg, Produktion, Produktionsmittel, Produktivität, Proletarier, Propaganda, Putsch.

Radikal, Rakete, Rang, Rasse, Rat, Rätesystem, reaktionär, Rechenschaft, Recht, rechts(politisch), Rechtsprechung, Reform, Regierung, Reich, Religion, Rentabilität, Republik, Revisionismus, Restauration, Revolte, Revolution, Richter, richterliche Gewalt, Rohstoff, Rolle, Rundfunk, Rückzug, Rüstung.

Schicht, Schiffahrt, Schlacht, Schulden, Schule, Schutz, See, Selbstbestimmung, Selbstverwaltung, Senat, Seuche, Sicherheit, Siedlung, Sieg, Sippe, Sitte, Soldat, souverän, sozial, Sozialisation, Sozialismus, sozialistisch, Sozialstaat, Spannung, SPD, Sprache, Staat, Staatsreligion, Staatsstreich, Stadt, Stahl, Stamm, Stand, Status quo, Steuer, Strafe, Straße, Streik, Streit, Student, Struktur, Stützpunkt, Symbol.

Tarifvertrag, Technik, Terror, Titel, Toleranz, totalitär, Tradition, Transport, Truppen.

Überfall, Überlegenheit, Überlieferung, Übermacht, Überschuß, Übersee, Umsturz, Umwelt, UN, Unabhängigkeit, Union, Universität, Unruhe, Unternehmer, Unterstützung, Untertan, Urkunde, Ultimatum.

Vater, Vaterland, VEB, Veränderung, Verband, Verbraucher, Verbündeter, Verein, Verfassung, Verfolgung, Verhandlung, Verkauf, Verkehr, Verlust, Vermögen, Versammlung, Verschwörung, Versöhnung, Versorgung, Verteidigung, Vertrag, Vertretung, Verwaltung, zentrale Verwaltungswirtschaft, Vetorecht, Volk, Volksabstimmung, Volksdemokratie, Volkseinkommen, Volkskommune, Volksrepublik, Volksvertretung, Vorgesetzter, Vormarsch, Vorrat, Vorrecht, Vorurteil.

Waffe, Waffenstillstand, Wahl, Wähler, Wahlrecht, Ware, Währung, Warschauer Pakt, Wehrpflicht, Weltanschauung, Welthandel, Weltmacht, Weltreich, Werkstatt, Werkzeug, Wettbewerb, Widerstand, Wiedervereinigung, Wirtschaft, Wirtschaftspolitik, Wissenschaft, Wohnung.

Zeitung, Zensur, zentral, Zinsen, Zivilisation, Zoll, Zwang.

Vorbereitung und Beurteilung einer Probelektion

Hinweise eines Bezirksseminars

Diesen Hinweisen eines Bezirksseminars für die Ausarbeitung von Probelektionen können Anregungen für die eigene Unterrichtsgestaltung entnommen werden. Der anschließende Kriterienkatalog bietet Gesichtspunkte für die Nachbereitung.

Vorbemerkungen

Das Konzept soll nicht als perfektionistisches Lösungsschema für jede Unterrichtsprobe angesehen, sondern als Problematisierungs- und Orientierungshilfe verstanden werden. Es bietet lediglich wichtige allgemeine didaktisch-methodische Gesichtspunkte an; sie müssen jeweils durch die besonderen fachdidaktischen und -methodischen Aspekte ergänzt, eingeschränkt oder modifiziert werden.

In der didaktisch-methodischen Vorbesinnung ergibt sich die vorrangige Aufgabe, unter Beachtung der Interdependenz aller unterrichtsbestimmenden Faktoren

- die Lernziele des Unterrichts zu bestimmen. Ihre Bestimmung steht in Zusammenhang mit der
- didaktischen Strukturierung des Lerninhalts
- und mit den Entscheidungen im methodischen Bereich.

Eine sachgemäße Lösung dieser drei Aufgaben ist nur möglich unter Berücksichtigung der sachstrukturellen Gegebenheiten, der persönlichen Voraussetzungen der Unterrichtsteilnehmer und der situativen Bedingung einschließlich der Einflüsse, die von den soziokulturellen Gegebenheiten auf die Bedingungsfelder ausgehen. Zusammenhänge sollten allerdings nur insoweit dargestellt werden, als ihre Analyse zu einer Modifikation der didaktischen und methodischen Entscheidungen geführt hat.

Grundsätzliches zur Lernzielreflektion

Allgemeine Lernziele: Zu klären ist die pädagogische Intention der Unterrichtseinheit (d. s. Qualifikationen für die Bewältigung von Lebenssituationen, Hilfe zur Selbst- und Welterschließung, Voraussetzungen für den weiteren Bildungsgang).

Solche allgemeinen Lernziele (Richtziele, Globalziele) sind in den Bildungsrichtlinien und Empfehlungen aufgestellt. Persönliche Intentionen des Lehrers dürfen nicht im Widerspruch dazu stehen.

Grobziele: Zur Erfüllung der allgemeinen Lernziele ermöglicht der Unterricht die Vermittlung bestimmter Erkenntnisse, Einsichten, Fertigkeiten, Überzeugungen, Werterlebnisse und Einstellungen.

Die **Wahl des Lerninhalts** hat sich primär nach dem gesetzten Grobziel und den persönlichen Voraussetzungen der Unterrichtsteilnehmer zu richten (z. B. Fragehaltung, Vorkenntnisse, Lernkapazität).

1. Einzelfragen und Impulse zur Lernzielreflektion

1. Welches Grobziel wird gesetzt, und welchen allgemeinen Lernzielen läßt es sich zuordnen?

2. Begründung der Eignung des geplanten Lerninhalts für die Erreichung des Grobziels durch Ermittlung der elementaren Gehalte (didaktische Analyse)
– aus der Sachstruktur des Lerninhalts. (Sie muß vorab untersucht werden nach den Fragen zu 2.1. und 2.2.);
– aus der Analyse der anthropogenen und situativen Voraussetzungen der Klasse. Nur was im Hinblick auf ihre Entwicklungsstufe, Fragehaltung und Lernkapazität erreichbar erscheint, kann als Elementares für diese Klasse bezeichnet und zum Lernziel erhoben werden. Falls die Klasse nach Entwicklungsstufe, Fragehaltung, Lernkapazität und Leistungsstand erhebliche Unterschiede aufweist, muß in der Bestimmung des Elementaren und der Lernziele differenziert werden.

3. Welche Feinziele sind nach den vorausgegangenen Überlegungen möglich? Bedingungsprüfung:

a) Worin liegt die Bedeutsamkeit der Feinziele für die Gegenwart und/oder die Zukunft der Schüler, inwieweit sind sie eine notwendige Voraussetzung für die Bewältigung von Aufgaben im sozialen, politischen, religiösen Bereich, im Freizeitbereich, in der Berufsausbildung, im beruflichen Bereich; welche Bedeutung haben sie für den weiteren schulischen Bildungsgang? (Es wird hier ggf. nicht nur eine Begründung der Lernziele erwartet, sondern auch eine Reflexion der soziokulturellen Bedingungen der Zielbestimmung und -begründung, also des Einflusses gesellschaftlicher Tendenzen auf die Zielsetzung)

b) Welche Voraussetzungen sind in der Person des Lehrers in bezug auf die Zielsetzung gegeben? (z. B. besonderes eigenes Interesse, besondere Sachkenntnisse oder auch geringere Vertrautheit mit der Sache, Voreinstellungen, Kenntnis der Klasse, Kontakt zur Klasse)

c) Welche Kenntnisse und Fertigkeiten sind bei den Schülern in bezug auf die Ziele erforderlich und tatsächlich vorhanden?

d) Welche situativen Bedingungen (z. B. die personale und materiale Ausstattung, die Sozialstruktur der Klasse, Lage der Stunde, Besonderheiten des Klas-

senraumes) müssen bei der Zielsetzung mitbedacht werden?
e) Welche Modifikationen müssen die Lernziele aufgrund bestimmter methodischer Überlegungen erfahren? (z. B. im Hinblick auf besondere Unterrichtsverfahren und Medien)
f) Welche Möglichkeiten werden gesehen, die Schüler an der Zielsetzung zu beteiligen?
g) Welche Möglichkeiten der Korrektur der Lernziele während des Unterrichts werden vorgesehen, damit ein Spielraum für Variabilität und Spontaneität im Unterrichtsgeschehen bleibt?
h) Formulierung der Feinziele (möglichst in operationalisierter Form)
i) Geplante Überprüfung des Lernerfolgs.

2. Zur didaktischen Strukturierung und Akzentuierung

1. Welche Teilmomente und -aspekte enthält der Lerninhalt? Ist die Reihenfolge der Behandlung aufgrund eines logisch eindeutigen Zusammenhanges festgelegt, oder handelt es sich um einen faktischen Wirkungszusammenhang mit Wechselwirkung der Momente, deren Anordnung daher beliebig ist?
2. Hat der Lerninhalt verschiedene Sinn- und Bedeutungsschichten, und wie sollen sie voneinander abgehoben und im Unterricht angeordnet werden?
3. Die so ermittelte komplexe Sachstruktur ist in übersichtliche **Folgen von Lernschritten** zu übersetzen (s. Verlaufsskizze).
a) Dabei sind die Lernvoraussetzungen der Schüler zu bedenken (z. B. das Vorwissen, die Motivation, das Sprachverhalten, voraussehbare Zugangs- und Verstehensschwierigkeiten). Entsprechende Lernhilfen sind einzuplanen.
b) Auch die gegebene Zeit und die zur Verfügung stehenden Medien spielen hierbei eine Rolle.
4. Ist ein Transfer auf früher erschlossenes Elementares möglich? Welche Gegenstände und Formen des orientierenden Lernens bieten sich an?
5. Welche Erkenntnisse, Einsichten usw. sind zu akzentuieren (z. B. durch wertende Zusammenfassung), damit die Schüler
a) zum Transfer auf zukünftige Ziele vorbereitet werden,
b) durch einen günstigen Spannungsverlauf für den Lernprozeß motiviert bleiben,
c) durch Innewerden des Bedeutsamen einen Lernerfolg erleben?

3. Zur methodischen Planung

1. Mit Hilfe welcher Methoden und Medien sollen die Lernprozesse in Gang gesetzt und nachhaltig gefördert werden? Ggf.: Welche Möglichkeiten werden gesehen, die Schüler an der Planung der Methoden zu beteiligen?
Die Darstellung und Begründung des geplanten Einsatzes von Unterrichtsmethoden und Medien erfolgt zweckmäßig in einer Reihenfolge, die dem vorgesehenen zeitlichen Nacheinander in der Stunde entspricht, d. h. daß im Rahmen der Besprechung einer bestimmten Phase auch gleichzeitig die innerhalb dieser Phase einzusetzenden Unterrichtsverfahren und die gewählten Medien begründet werden. Im einzelnen müßte in der Regel eingegangen werden auf:
2. die Phasenfolge (Abfolge der Stufen) und ihre jeweilige Funktion, z. B. die Stufen der Motivation, der Schwierigkeiten, der Lösung, des Tuns und Ausführens, des Behaltens und Einübens, des Bereitstellens, der Übertragung und der Integration des Gelernten.
3. die methodische Artikulation, d. h. den notwendigen Wechsel der Unterrichtsformen gemäß der Sachstruktur, den lernpsychologischen und pädagogischen Erwägungen, insbesondere durch
a) die geeignete Sozialform des Unterrichts;
b) die geeignete Aktionsform des Lehrens (Impulse usw.) an den Gelenkstellen des Unterrichts mit den erwarteten Lernakten der Schüler;
c) Alternativen für Sozial- und Aktionsformen sind zu bedenken, um den Verlauf variabel gestalten zu können;
4. das angestrebte Lehrer- und Schülerverhalten im Hinblick auf die Sozialstruktur der Klasse und den pädagogischen Auftrag;
5. die facheigenen methodischen Maßnahmen (z. B. das Erläutern);
6. den Einsatz der Medien (einschließlich schriftlicher Arbeitsanweisungen und Tafelanschriften) und ihre jeweilige Funktion;
7. die Verfahren zur Überprüfung des Lernerfolgs;
8. die geplanten Hausaufgaben und ihre Funktion;
9. die notwendigen technisch-organisatorischen Regelungen.
In den Ausführungen zur Begründung der methodischen Entscheidungen muß das Interdependenzverhältnis zwischen Zielsetzungen, didaktischer Strukturierung der geplanten methodischen Maßnahmen samt Medieneinsatz bedacht werden. Auch der Zusammenhang bestimmter methodischer Entscheidungen mit den situativen Bedingungen muß aufgewiesen werden (d. s. Sozialstruktur der Klasse, Gruppensituation, Arbeitshaltung und Arbeitsweise, evtl. erschwerte Lernbedingungen).

Skizze des Unterrichtsverlaufs

Sie muß enthalten

in der Spalte 1: Uhrzeit und Lernphase

in der Spalte 2: geplante Aktions- und Spezialformen (unterstrichen), wichtige ausformulierte Impulse, besonders an den „Gelenkstellen" des Unterrichts, eventuelle Alternativen des Lehrerverhaltens;

in der Spalte 3: geplantes oder vermutetes Schülerverhalten mit eventuellen Varianten, auf die durch Alternativen eingegangen werden müßte;

in der Spalte 4: die Nummer des jeweils zu realisierenden Fernlernziels;

darunter: geplante Tafelanschrift, eingetragen in eine Umrißskizze der Tafel, in der gleichen Anordnung wie im Unterricht vorgesehen.

Uhrzeit Phase	Unterrichtsform, geplantes Lehrerverhalten mit Alternativen Medieneinsatz	geplantes oder erwartetes Schülerverhalten mit Varianten	Feinlernziele

Kriterienkatalog zur Beurteilung von Unterricht

A. Planung des Unterrichts I. Didaktische Planung	Beurteilung	
a) Intention (Begründung von Grobziel und Thema)	überzeugend	unbegründet
b) Sachanalyse	gründlich	oberflächlich
c) Didaktische Analyse	gründlich	oberflächlich
d) Beschreibung der Feinziele	angemessen operationalisiert	vage formuliert
e) Lernzielkontrolle	wirksam	fehlt
II. Methodische Planung		
a) Motivation	sach- und situationsangemessen	nicht bedacht
b) Lernphasenfolge	(wie vor)	(wie vor)
c) Wechsel der Aktions- und Sozialformen	wohlbegründet	nicht bedacht
d) Lernschwierigkeiten und Alternativen	gut bedacht	nicht bedacht
e) Akzentuierung	treffend	spannungslos
f) Medieneinsatz	angemessen	unangemessen
III. Verlaufsskizze	klar gegliedert, Gelenkstellen detailliert geplant	ungegliedert oberflächlich geplant
B. Unterrichtsverlauf I. Organisation der Lernprozesse		
a) Motivierung im Einstieg und im Gesamtverlauf	aktivierend, wirksam durchgehalten	unwirksam versäumt
b) Zielklarheit und Strukturierung der Lernschritte	klar	diffus
c) Wechsel der Aktions- und Sozialformen	angemessen vielfältig	kein Wechsel
d) Reaktion auf Schülerbeiträge	sehr geschickt, flexibel	ungeschickt
e) Flexibilität im Heranziehen von Alternativen	sehr gewandt	ungewandt
f) Einsatz von Medien	wirkungsvoll	unzureichend
g) Anspruchsniveau der Vermittlung	angemessen	zu leicht, zu schwer
h) Klarheit und Richtigkeit des Lernprozesses	vollkommen klar sachlich richtig	unklar und fehlerhaft
i) Ergebnissicherung	erreicht	nicht bewirkt
j) Hausaufgaben	sinnvoll	unangemessen

II. Besondere fachspezifische Aspekte		
a) . . . . b) . . . . c)		
III. Lehrerverhalten		
a) Auftreten vor der Klasse	sicher und ungezwungen	unsicher
b) Pädagogische Zuwendung	vertrauenerweckend	gleichgültig
c) Sprechverhalten (Ausdrucksvermögen, Stimmführung, Deutlichkeit)	gelenkig, dynamisch	ungelenk, eintönig
d) Führungsstil (Lenkung, Lehrerrede, Fragehäufigkeit)	sozial integrativ	dominativ
e) Verfolgung allgemeiner Lernziele durch Aktivierung, Individualisierung, Förderung der Kooperation, Interaktion, der geistigen Selbständigkeit	möglichen Beitrag voll geleistet	möglichen Beitrag versäumt
f) Ökonomie des Lehrereinsatzes	angemessen	unangemessen
C. Reflexionsvermögen		
a) Sicht und Begründung von Abweichungen gegenüber der Planung	klar und überzeugend	nicht in der Lage
b) Sicht von Lernschwierigkeiten und Alternativen	treffend, einfallsreich	nicht in der Lage
c) Eigenbewertung des Lehrerfolgs (Erreichung der Lernziele)	realistisch, präzise	unkritisch, vage
d) Beobachtung des Eigenverhaltens	klare Wahrnehmung und Beurteilung	diffuse Wahrnehmung und Beurteilung
e) Beobachtung von Einzelschülern und der Klasse (Lern- und Sozialverhalten)	klare Wahrnehmung und richtige Beurteilung	diffuse Wahrnehmung, Fehlbeurteilung
f) mögliche Fortführung des Unterrichts (bei abweichendem Verlauf)	sach- und situations-angemessen	unangemessen
D. Gewichtung		
Bezeichnung derjenigen Faktoren, die nach dem Typ der Stunde und nach dem Stand der Ausbildung vorrangig sind. Bezeichnung des Grades ihrer Ausprägung und somit ihres Einflusses auf die Gesamtqualität der Unterrichtsprobe.		
E. Zusammenfassende Wertung		
. . . .		

(Bearbeitet vom Staatlichen Bezirksseminar Bonn unter Leitung von Dr. Schmidt-Roßleben)

1. Erläuterungen für die Arbeit mit dem unterrichtspraktischen Teil

(geordnet nach der einheitlichen Numerierung innerhalb einer Unterrichtsreihe)

1.0. Allgemeines

1.0.1 Literaturangaben

Handbücher
Im folgenden werden fünf empfehlenswerte Handbücher zur deutschen, europäischen und Weltgeschichte genannt.
Das Standardwerk zur deutschen Geschichte, in vielen immer neu bearbeiteten Auflagen, erstmals 1891, zuletzt 1970 ff. erschienen ist **Gebhardt, Handbuch der deutschen Geschichte.** Es liegt jetzt auch in einer preiswerten Taschenbuchausgabe vor.
Die **Fischer Weltgeschichte** enthält Beiträge zahlreicher europäischer Wissenschaftler, die nach Gehalt und Lesbarkeit variieren.
Das ausgezeichnete **Handbuch der europäischen Geschichte,** herausgegeben von Theodor Schieder, ist mit dem Erscheinen von Band 2 „Europa im Hoch- und Spätmittelalter" 1987 komplett.
Empfehlenswert ist auch, gerade für den hier behandelten Zeitraum, die **Propyläen Weltgeschichte**, zur Zeit nicht lieferbar, jedoch in den meisten Stadtbüchereien und sonstigen Bibliotheken ausleihbar.
Besonders empfehlenswert ist der (1988 noch nicht komplette) **„Oldenbourg Grundriß der Geschichte".** Seine Konzeption ist bisher ohne Vorbild. Jeder Band besteht aus drei Teilen, einer Darstellung der Epoche auf der Höhe des gegenwärtigen Forschungsstandes, einem ausführlichen Überblick über Stand und Probleme der Forschung und schließlich einer umfassenden thematisch gegliederten Bibliographie. Vor allem der Forschungsbericht ist von der Idee und von der Ausführung ein ausgezeichnetes Hilfsmittel für den Lehrer der Geschichte. Die Reihe ist auf 28 Bände angelegt.
Für die Wirtschafts- und Sozialgeschichte Deutschlands (für die Antike siehe Literatur zu Griechenland und Rom), in der viele Geschichtslehrer einen Nachholbedarf haben, empfiehlt sich angesichts einer ganzen Reihe von Standardwerken auch wegen seines Preises, vor allem aber im Hinblick auf Auswahl und verständliche Darstellung des Wesentlichen, Georg Droeges „Deutsche Wirtschafts- und Sozialgeschichte", Ullstein TB DG 13.
Für die eingehendere Information sind zu empfehlen:
Lütge, Friedrich, Deutsche Wirtschafts- und Sozialgeschichte, Springer, Berlin 1966 (Nachdruck 1979)
Kulischer, Josef, Allgemeine Wirtschaftsgeschichte des Mittelalters und der Neuzeit, 2 Bde., Oldenbourg, München [5]1979
Henning, Friedrich-Wilhelm, Wirtschafts- und Sozialgeschichte, 3 Bde., UTB 398, 145, 337, Schöningh, Paderborn [4]1985, [6]1984, [5]1979

Spezialliteratur
Nach den Handbüchern ist die wichtigste Literatur für den jeweiligen Zeitraum aufgeführt, soweit erforderlich gegliedert in Nachschlagewerke, Gesamtdarstellungen, Wirtschafts-, Sozial- und Kulturgeschichte, gegebenenfalls Literatur zu Teilepochen oder Teilproblemen.

Sachbücher, Erzählende Literatur
Titel der Kategorie Sachbücher zielen auf eine verständliche und vielfach für den Unterricht direkt brauchbare Darstellung ab, weniger auf eine wissenschaftliche Behandlung des Themas. Zu manchen Unterrichtsreihen wird auch auf einschlägige erzählende Literatur hingewiesen.

Quellensammlungen
Die auf Seite 38 aufgeführten Quellensammlungen sind nur noch teilweise lieferbar, die eine oder andere dürfte in den Lehrerbibliotheken vorhanden sein.

Das Jugendbuch
Während das Sachbuch sich zumeist an den interessierten Erwachsenen wendet, berücksichtigt das Jugendbuch die Lesewünsche der Jugendlichen: Abenteuer, Spannung, Humor. Im Sachbuch kann der Lehrer Details und Konkreta erfahren, die er für einen anschaulichen Unterricht braucht. Aus dem Jugendbuch kann er gelegentlich auch vorlesen. Allerdings muß auf die Tatsache hingewiesen werden, daß es für Zehn- und Elfjährige kaum geeigneten historischen Lesestoff gibt. Das meiste, auch aus dem Bereich der Frühgeschichte und des Altertums, ist für Kinder ab 12 Jahren geschrieben und wird wohl erst mit 14 Jahren recht verstanden und gewürdigt. Das haben eingehende Untersuchungen mit der angeführten Jugendliteratur ergeben. Einige reich bebilderte Sachbuchreihen sind für Kinder ab 10 Jahren gedacht. Auf sie und einige andere für diese Altersgruppe geeigneten Titel wird hingewiesen.
Bei den Autoren der hier empfohlenen Jugendbücher handelt es sich um hervorragende Erzähler. Von ihnen kann sich der Lehrer für die Schicksale geschichtlicher Menschen begeistern lassen, von ihnen kann er die Kunstgriffe lernen, gut zu erzählen. Eine Erzählung oder Lesung ist für den Einstieg oder die vertiefende Zusammenfassung auch heute noch wichtig, aber nicht als Aufgabe eines geschichtlichen Arbeitsbuches, sondern als Chance für den Lehrer, die Schüler für die Arbeit an geschichtlichen Zeugnissen persönlich zu motivieren.

Zeitschriften
Von den aufgeführten Zeitschriften für den Geschichtsunterricht enthält nur „Geschichte in Wissenschaft und Unterricht" hin und wieder Artikel und vor allem ausgezeichnete Literaturübersichten zu Themen des Altertums und des Mittelalters, zu speziellen Themen auch „Geschichtsdidaktik".

1.0.2 UR-Ziele

Es sind Lernziele für eine Unterrichtsreihe (UR). Sie wollen helfen, den ganzen Zeitraum einer Unterrichtsreihe aufzuschließen und ihn in übergreifende Strukturen einzuordnen.

1.0.3 Medien

Zu jeder UR und jeder UE werden, soweit geeignetes Material zur Verfügung steht, Wandkarten, Atlanten (mit Seitenangabe), Wandbilder, Dias, Filme, Videokassetten und Transparente aufgelistet.
Für die einzelnen Verlage bzw. Hersteller werden folgende Kurzformen verwendet:

Wandkarten
Perthes Perthes Verlag, Darmstadt
Westermann, Westermann Verlag, Braunschweig

Atlanten
Atlas Großer Atlas zur Weltgeschichte, Westermann Verlag, Braunschweig
dtv dtv-Atlas zur Weltgeschichte, dtv TB 3001/2

Wandbilder (vielleicht noch in den Schulen vorhanden)
Tellus Tellus Verlag, Essen
te Neues Dr. te Neues Kunstverlag, Kempen (jetzt Klett, Stuttgart)
Perthes Perthes Verlag, Darmstadt

Dias, Filme, Videokassetten
FWU Institut für Film und Bild in Wissenschaft und Unterricht
Flemming Flemming Verlag, Hamburg
Jünger Jünger Verlag, Offenbach
Stoedtner Dr. Stoedtner Verlag, Düsseldorf
V-Dia V-Dia Verlag, Heidelberg
WBF Institut für Weltkunde in Bildung und Forschung
Westermann Westermann Verlag, Braunschweig

- Die FWU-Medien, teilweise auch die Medien anderer Hersteller, tragen Kennziffern (Signaturen), unter denen sie in den Bildstellen katalogisiert sind. Die ersten beiden Ziffern bezeichnen die Medienart, die vier folgenden die laufende Nummer. Die Kennziffern sind nach Möglichkeit angegeben. Selbstverständlich sind nicht alle Medien bei allen Bildstellen ausleihbar.

10 Diareihe (z. B. 10 2235)
15 Kassetten-Tonbildreihe (Dias und Tonband)
22 Compactkassette
32 16 mm Film (Lichtton)
36 8 S Film (stumm)
42 Videokassette (VHS)
Bei Dia-Reihen wird die Anzahl der Dias, bei Filmen die Länge in min angegeben, ferner Farbe (=f) oder schwarz-weiß (=sw).

1.0.4 Fachwissenschaftliche Einführung

Sie bietet den Rahmen, in den die Ereignisse und Entwicklungen der Unterrichtsreihe übersichtlich im rechten Verhältnis zueinander eingeordnet sind. Vor allem werden neue Erkenntnisse auf dem jeweiligen Fachgebiet berücksichtigt.

1.1 Titel der ersten Unterrichtseinheit

Mit der Überschrift „Zur Unterrichtspraxis" beginnt die Reihe der Unterrichtseinheiten (UE), deren Nummern an der 2. Stelle der Gliederung erkennbar sind.

1.1.1 Wissensziele

Hier ist das zu erarbeitende Merkwissen der Unterrichtseinheit in einer Sprache zu finden, die auch der Schüler versteht, wenngleich sie nicht mit seiner „Altersmundart" verwechselt werden darf. Zugleich korrespondiert dieser Text weitgehend mit den Texten der Rubrik „Wir fassen zusammen" in Gfm.

1.1.2 UE-Ziele

Über die allgemeinen Lernziele des grundlegenden Teils und der UR-Ziele hinaus sind hier Lernziele verschiedener Art für eine sorgfältige individuelle Auswahl zusammengestellt. Der Leser möge bedenken, daß sich die Lernziele an den Lehrer wenden. Sie enthalten wegen des großen Allgemeinheitsgrades und der notwendigen Kürze abstrakte Formulierungen, die der Lehrer konkretisieren muß.

1.1.3 Einstieg

Hier werden, soweit vorhanden, Dia-Serien und Filme vorgeschlagen, vielfach auch Bilder, diese zumeist aus dem Unterrichtswerk „Geschichte für morgen" (Gfm) des Hirschgraben Verlages. Wenn Gfm nicht zur Verfügung steht, können Bilder mit denselben oder ähnlichen Motiven auch aus anderen Bildbänden verwendet werden. Als Einstieg hat gelegentlich auch die Erzählung Platz. Der Herausgeber befindet sich im Gegensatz zu manchen Didaktikern, die

Geschichtserzählungen ganz aus dem Unterricht verbannen wollen. Man sollte nicht übersehen, daß wirtschafts- und sozialkundliche Themen, so notwendig sie sind, die Zehn- und Elfjährigen nicht so motivieren wie spannende Geschichten herausragender Persönlichkeiten oder Menschen, deren Schicksal als Gruppenschicksal begriffen werden kann. Diese Geschichten sollten jedoch durch den mündlichen Vortrag wirken, während das Geschichtsbuch schon aus ökonomischen Gründen als Arbeitsbuch möglichst viele Quellen und andere Arbeitsunterlagen enthalten soll.
Wegen der erwähnten Tendenz gibt es kaum noch Sammlungen von Geschichtserzählungen, doch ist die eine oder andere vielleicht noch in den Schulbibliotheken vorhanden, so z. B. Rolf Heerdts „Geschichtserzählungen" aus dem Hirschgraben Verlag.
Dem Grundprinzip problemorientierten GU entsprechend eignen sich für den Einstieg besonders die gegenwärtigen Verhältnisse im Rahmen der angesprochenen Struktur (Prinzip der Konfrontation). Die Anzahl der bei den Unterrichtseinheiten genannten anderen Einstiegsmöglichkeiten verpflichtet wie alle Texte dieses Handbuches zum Auswählen.

1.1.4 Didaktisch-methodische Vorschläge

Dieser Hauptteil der Ausführungen zur Unterrichtspraxis enthält Erläuterungen zu den wesentlichen didaktischen Schwerpunkten, unter denen man die Auswahl für eine Unterrichtsstunde treffen kann.
Jeder Schwerpunkt ist im allgemeinen um eine fundamentale Quelle orientiert. Eine Lektüre dieser Erläuterungen, ohne die Quellen selbst zu kennen, lohnt sich kaum.
Dieses Handbuch enthält einen erheblichen Teil der zugrunde gelegten Geschichtsquellen. Geschichtlicher Arbeitsunterricht ist ohne stärkere Heranziehung von Quellen nicht möglich. Früher glaubte man, Quellenarbeit sei in der Sekundarstufe I überhaupt nicht möglich. Inzwischen hat man erprobt, wie motivierend Quellen wirken können, die nach Inhalt und Sprache auch dem Schüler verständlich sind. Daher haben Quellen im Unterricht und im Arbeitsbuch eine steigende Bedeutung erreicht. Sie liefern nicht nur Anschauungsmaterial für vorgegebene Erkenntnisse, sondern sind selbst Erkenntnismittel. Das Vermögen, sie zu verstehen, zu hinterfragen, zu werten, gehört zu den wichtigsten Qualifikationen des Geschichts- und Politikunterrichts. Wenn man alle Quellen, die den hier beschriebenen Unterrichtsmodellen zugrunde liegen, auch in diesem Lehrerhandbuch hätte unterbringen wollen, wäre seine Anschaffung nur von größeren Büchereien zu tragen gewesen. Das Buch gehört aber, wenn es seine Funktion erfüllen soll, in die Hand des Lehrers, damit er es bei seiner Vorbereitung nutzen kann. Die hier angegebenen Quellenbände können dann, soweit es sich nicht um Taschenbücher handelt, von der Lehrerbücherei angeschafft werden. Wer sie aber ganz außer acht liegen läßt, bringt sich um den erheblichen Vorteil dieses Buches, da es durch seine laufenden Verweise zugleich eine ganze Reihe anderer Werke aufschließt.
Die meisten der hier mit ausführlichen Kommentaren versehenen Quellen finden sich auch im Schülerwerk „Geschichte für morgen".
Die zahlreichen Übersichten sollen dem Leser das Erkennen der Hauptpunkte eines Sachverhalts und seine mögliche Gliederung erleichtern. Die mit „T" gekennzeichneten Übersichten eignen sich auch als Tafelanschriften.
Besonders wichtig sind die Vergleiche zwischen früher und dem gerade behandelten Zeitabschnitt sowie zwischen verschiedenen Zeiten und heute. Nur durch das Studium von Lösungen des gleichen Problems zu verschiedenen Zeiten kann der Geschichtsunterricht seiner Aufgabe, Lebenshilfe zu leisten, gerecht werden.
Wenn irgend möglich und sinnvoll wird der Blick aus der Vergangenheit in die Gegenwart gelenkt, das gleiche Problem damals und heute anvisiert. (Erkunden, wie die Lebensverhältnisse damals beschaffen waren – Die Grundbedürfnisse des Menschen erläutern.) Für Erkundungsaufgaben ist geeignetes Informationsmaterial bereitzustellen. Erkundungsmöglichkeiten auch außerhalb der Schule sind zu erschließen.
Der unterrichtspraktische Teil möchte auf keinen Fall als Leitfaden betrachtet werden, der unreflektiert in die Praxis umgesetzt werden kann. Er bietet Modelle, Vorschläge, die entworfen, diskutiert und größtenteils im Unterricht erprobt sind. Der Leser kann gar nicht anders als auswählen, weil die verfügbare Unterrichtszeit nicht im mindesten ausreicht, um alle Vorschläge zu verwirklichen. Wir sollten uns auch nicht der Täuschung hingeben, als könne der Lehrer zu jeder Unterrichtseinheit eine eingehende und didaktische Analyse erarbeiten. Dazu ist er zeitlich gar nicht in der Lage. Daher entfällt der Vorwurf, das Werk könne den Lehrer gängeln. Er findet hier Lektionen, die unter bestimmten Voraussetzungen durchgeführt wurden. Sie können ihm Anregungen bieten, wenn er unter Beachtung der Individuallage seiner Lerngruppe auswählt. Auswählen und sich anregen lassen, das ist noch mehr nötig, wenn man sich mit den hier beschriebenen Lernzielen auseinandersetzt. Auch von ihnen wird nur ein kleiner Teil verwirklicht werden können, aber die Autoren haben darauf verzichtet, von sich aus zu kürzen. Die Auswahl muß der Leser vornehmen.

Literaturangaben

Die folgende Übersicht und die Literaturhinweise zu den einzelnen Kapiteln können naturgemäß nur eine begrenzte Anzahl von Titeln anbieten. Kriterien der Auswahl sind **Rang, Verfügbarkeit** und **Preiswürdigkeit.** Danach sind jeweils einige Standardwerke genannt, darüber hinaus solche Titel, die in neuerer Zeit erschienen und jedenfalls im Buchhandel noch erhältlich sind, und schließlich vorzugsweise preiswerte Taschenbuchausgaben.
In den Literaturangaben zu den einzelnen Kapiteln sind für einen Teil der nachstehenden Werke **Kurztitel** verwendet worden. Sie sind in der folgenden Aufstellung in halbfetter Schrift gesetzt. Es handelt sich in erster Linie um eine Reihe von Handbüchern und um Zeitschriften.

Quellensammlungen

Gfm Geschichte für morgen. Hirschgraben Verlag, Frankfurt am Main.
Aufriß Weltgeschichte im Aufriß. Diesterweg Verlag, Frankfurt am Main (mit Angabe des Bandes).
Bilder aus der Weltgeschichte Historische Szenen, Quellen und Begriffe. Diesterweg Verlag, Frankfurt am Main 1969ff. (mit Angabe des Bandes).
Geschichte Geschichte aus erster Hand. Arena Verlag, Würzburg [3]1966.
GiQ Geschichte in Quellen, W. Lautemann/M. Schenke (Hrsg.). Bayerischer Schulbuchverlag, München 1966 (mit Angabe des Bandes).
Hirschgraben Hirschgraben-Lesereihe. Hirschgraben-Verlag, Frankfurt am Main 1972 (mit Angabe des Bandes).
Lesewerk Lesewerk zur Geschichte. Goldmann-Verlag, München 1971 ff. (mit Angabe des Bandes).
Ma Materialien für den Geschichtsunterricht in mittleren Klassen. Diesterweg Verlag Frankfurt am Main 1970ff. (mit Angabe des Bandes).

Handbücher

Fischer, Weltgeschichte, 36 Bde., FWG 1–36, 1965ff.
Kurztitel: **FWG**
FWG 1 Vorgeschichte
FWG 2 Die Altorientalischen Reiche I
FWG 3 Die Altorientalischen Reiche II
FWG 4 Die Altorientalischen Reiche III
FWG 5 Griechen und Perser
FWG 6 Der Hellenismus und der Aufstieg Roms
FWG 7 Der Aufbau des Römischen Reiches
FWG 8 Das Römische Reich und seine Nachbarn
FWG 9 Die Verwandlung der Mittelmeerwelt
FWG 10 Das frühe Mittelalter
FWG 11 Das Hochmittelalter
FWG 12 Die Grundlegung der modernen Welt
FWG 13 Byzanz
FWG 14 Der Islam I
FWG 15 Der Islam II

Gebhardt, Handbuch der deutschen Geschichte, Bd. 1 und 2, Klett, Stuttgart, auch dtv TB 4201–4205 und 4207:
Kurztitel: **Gebhardt**
4201 Ur- und Frühgeschichte im mitteleuropäischen Raum
4202 Deutschland im fränkischen Reich
4203 Begründung und Aufstieg des deutschen Reiches
4204 Investiturstreit und frühe Stauferzeit
4205 Wahlkönigtum, Territorialpolitik und Ostbewegung im 13. und 14. Jahrhundert (1198–1378)
4207 Staat, Gesellschaft, Wirtschaft im deutschen Mittelalter

Oldenbourg Grundriß der Geschichte, Oldenbourg, München 1979ff
Kurztitel: **Oldenbourg**
Bd. 1 Schuller, Wolfgang, Griechische Geschichte
Bd. 2 Bleicken, Jochen, Geschichte der Römischen Republik
Bd. 3 Dahlheim, Werner, Geschichte der Römischen Kaiserzeit
Bd. 4 Martin, Jochen, Spätantike und Völkerwanderung (in Vorb.)
Bd. 5 Schneider, Reinhard, Das Frankenreich
Bd. 6 Fried, Johannes, Die Formierung Europas 840–1046 (in Vorb.)
Bd. 7 Jakobs, Hermann, Kirchenreform und Hochmittelalter
Bd. 8 Miethke, Jürgen, Europa im Spätmittelalter 1215–1378. (in Vorb.)
Bd. 22 Schreiner, Peter, Byzanz

Propyläen Weltgeschichte, 11 Bde.,
Propyläen, Berlin, auch Ullstein TB
Kurztitel: **Propyläen**
Bd. I Vorgeschichte – Frühe Hochkulturen
Bd. II Hochkulturen des mittleren und östlichen Asiens
Bd. III Griechenland – Die hellenistische Welt
Bd. IV Rom – Die römische Welt
Bd. V Islam – Die Entstehung Europas

Schieder, Theodor (Hrsg.), Handbuch der Europäischen Geschichte, Klett-Cotta, Stuttgart 1968ff
Kurztitel: **Schieder**
Bd. 1 Europa im Wandel von der Antike zum Mittelalter
Bd. 2 Europa im Hoch- und Spätmittelalter

Standardliteratur für den Geschichtslehrer

Baumgart, Winfried, Bücherverzeichnis zur deutschen Geschichte. Hilfsmittel – Handbücher – Quellen, dtv TB 3247.
Bayer, Wörterbuch zur Geschichte, KTA 289 Kröner, Stuttgart ^{4}1980.
von Brandt, Ahasver, Das Werkzeug des Historikers. Eine Einführung in die Historischen Hilfswissenschaften, Urban TB Bd. 33, Kohlhammer, Stuttgart ^{11}1986.
Elze, Reinhard/Repgen, Konrad, Studienbuch Geschichte, Klett, Stuttgart ^{2}1983.
Geiss, Immanuel, Geschichte griffbereit, rororo TB 6235–6240.
Geiss, Immanuel, Geschichte im Überblick. Daten und Zusammenhänge der Weltgeschichte. rororo TB 6311.
Handbuch der historischen Stätten, KTA 271–277 (Bundesrepublik Deutschland) KTA 311–317 (Mittel- und Ostdeutschland) Kröner, Stuttgart.
Der Kleine Pauly, Lexikon der Antike auf der Grundlage von Paulys Realenzyklopädie der classischen Altertumswissenschaft, 5 Bde., dtv TB 5963, München 1978.
Lamer, Hans, Wörterbuch der Antike, Kröner KTA 96, Stuttgart ^{8}1976.
dtv-Lexikon der Antike, Bd. I–III, dtv 3072–78.
Lexikon des Mittelalters, 5 Bde., Artemis, München 1981 ff.
Meyers Taschenlexikon Geschichte, 6 Bde., Bibliographisches Institut, Mannheim 1982.
Der große Ploetz. Auszug aus der Geschichte. Ploetz, Freiburg ^{30}1986.
Bevölkerungs-Ploetz. Raum und Bevölkerung in der Weltgeschichte, 4 Bde., Ploetz, Freiburg.
Territorien-Ploetz. Die Geschichte der deutschen Länder, 2 Bde., Ploetz, Freiburg.
Vertrags-Ploetz. Konferenzen und Verträge, bisher vier Bde. (Bd. 3, 4A, 4B, 5) Ploetz, Freiburg.
Thaddey, Gerhard, Lexikon der deutschen Geschichte, Kröner, Stuttgart ^{2}1983.

Zeitschriften

GWU Geschichte in Wissenschaft und Unterricht. Klett-Verlag, Stuttgart, seit 1949.
Geschichte und Gesellschaft Zeitschrift für Historische Sozialwissenschaft. Verlag Vandenhoeck und Ruprecht, Göttingen, seit 1975.
Geschichtsdidaktik Schwann Verlag, Düsseldorf, seit 1976.
Gegenwartskunde Zeitschrift für Gesellschaft, Wirtschaft, Politik und Bildung. Leske Verlag, Leverkusen, seit 1953.
Politische Bildung Beiträge und Materialien zur wissenschaftlichen Grundlegung und zur Unterrichtspraxis. Klett Verlag, Stuttgart, seit 1967.
Sozialwissenschaftliche Informationen für Unterricht und Studium. Klett Verlag, Stuttgart, seit 1972.

Atlanten

Westermann Großer Atlas zur Weltgeschichte, Westermann Verlag, Braunschweig.
dtv-Atlas dtv Atlas zur Weltgeschichte, dtv, München.

Wandkarten

Westermann Wandkarten Geschichte, Westermann Verlag, Braunschweig.
Perthes Wandkarten Geschichte, Justus Perthes, Darmstadt.

Wandbilder

Tellus Tellus Verlag, Essen.
te Neues Dr. te Neues Kunstverlag, Kempen (jetzt Klett, Stuttgart).
Perthes Perthes Verlag, Darmstadt.

Didaktische Literatur

Behrmann, Günther C./Jeismann Karl E., Geschichte und Politik. Didaktische Grundlegung eines kooperativen Unterrichts, Schöningh, Paderborn 1978.
Bergmann, Klaus/Schörken, Rolf, Geschichte im Alltag – Alltag in der Geschichte. Schwann-Bagel, Düsseldorf 1982.
Bergmann, Klaus/Kuhn, Annette/Rüsen, Jörn/Schneider, Gerhard, Handbuch der Geschichtsdidaktik, Schwann-Bagel, Düsseldorf 1985.
Borries, Bodo v., Römische Republik. Weltstaat ohne Frieden und Freiheit. Ein problemorientiertes Unterrichtsmodell für die Sekundarstufen, Klett, Stuttgart ^{2}1985.
Christmann, Helmut, Geschichtsunterricht in der Hauptschule, Dümmler, Bonn 1966.
Döhn, Hans, Geschichtsunterricht an Volks- und Realschulen. Didaktisch-methodische Grundfragen, Schroedel, Hannover ^{2}1975.
Ebeling, Hans, Didaktik und Methodik des Geschichtsunterrichts, Schroedel, Hannover ^{5}1973.
Frauen in der Geschichte, hrsg. von Annette Kuhn u. a., Bd. I–VIII, Schwann-Bagel, Düsseldorf 1984 ff.
Fina, Kurt, Geschichtsmethodik. Die Praxis des Lehrens und Lernens. Ehrenwirth, Würzburg ^{2}1981.
Fina, Kurt, Das Gespräch im historisch-politischen Unterricht, UTB 798, Fink, München 1978.
Fürnrohr, Walter, Ansätze einer problemorientierten Geschichtsdidaktik. Büchner, Ampermoching 1978.

Gies, Horst, Repetitorium Fachdidaktik Geschichte, Klinkhardt, Bad Heilbrunn 1981.
Glöckel, H., Geschichtsunterrricht, Klinckhardt, Bad Heilbrunn ²1979.
Günther, Rosemarie, Alte Geschichte in Studium und Unterricht, Urban TB 287, Kohlhammer, Stuttgart 1978.
Handbuch des Geschichtsunterrichts. Hrsg. von Kleinknecht, Wolfgang/Krieger, Helmut, 7 Bde., Diesterweg, Frankfurt a. M. 1969ff.
Hug, Wolfgang, Geschichtsunterricht in der Praxis der Sekundarstufe I, Diesterweg, Frankfurt a. M. ²1980.
Kuhn, Annette/Schneider, Gerhard, Geschichtsunterricht (Jahrgangstufe 5–10), Beltz, Weinheim 1981.
Lampe, Klaus, Geschichte in der Grundschule, Scriptor, Frankfurt a. M. 1975.
Lückerath, Carl August/Uffelmann, Uwe, Geschichte des Mittelalters. Gesellschaftsprozeß als Leitthema des Unterrichts, Schwann, Düsseldorf 1982.
Marienfeld, Wolfgang, Vor- und Frühgeschichte im Unterricht, Diesterweg, Frankfurt a. M. 1979.
Niemitz, Gerold (Hrsg.), Lexikon für den-Geschichtsunterricht, Ploetz, Freiburg 1984.
Niemitz, Gerold, Praxis Geschichtsunterricht. Methoden – Inhalte – Beispiele, Klett, Stuttgart 1983.
Pandel, Hans Jürgen/Schneider, Gerhard, Handbuch Medien im Geschichtsunterricht, Schwann, Düsseldorf ²1986.
Rohlfes, Joachim, Geschichte und ihre Didaktik, Vandenhoeck & Ruprecht, Göttingen 1986.
Rüsen, Jörn/Süssmuth, Hans, Theorien in der Geschichtswissenschaft, Schwann, Düsseldorf 1980.
Schulz-Hageleit, Geschichte erfahren – gespielt – begriffen, Agentur für wiss. Literatur, Braunschweig 1982.
Schulz-Hageleit, Geschichte: erleben – lernen – verstehen, Schwann, Düsseldorf 1987.
Schörken, Rolf, Geschichte in der Alltagswelt, Klett-Cotta, Stuttgart 1981.
Süssmuth, Hans, Geschichtsdidaktik. Eine Einführung in Aufgaben und Arbeitsfelder, Vandenhoeck & Ruprecht, Göttingen 1980.
Süssmuth, Hans, Geschichtsdidaktische Positionen, UTB 954, Schöningh, Paderborn 1980.
Süssmuth, Hans (Hrsg.), Geschichtsunterricht ohne Zukunft? Zum Diskussionsstand der Geschichtsdidaktik in der Bundesrepublik Deutschland, Klett, Stuttgart 1978³.
Uffelmann, Uwe, Das Mittelalter im Historischen Unterricht, Schwann-Bagel, Düsseldorf 1978.

Unterrichtspraktischer Teil

1.1 Was ist Geschichte?

1.1.1 Wissensziele

Informationen über die Situation der Schule in der Vergangenheit erhalten wir über Bilder und Texte. In der Urzeit gab es noch keine Schule als feste Einrichtung, sondern die Kinder und Jugendlichen lernten unter Anleitung der Erwachsenen, was sie wissen mußten, um leben zu können.

1.1.2 UE-Ziele (Kontrolle S. 314)

(1) Schule zu verschiedenen Zeiten – Parallelen und Unterschiede.
(2) Aussagen von Bildquellen und schriftlichen Quellen – ein Vergleich.
(3) Die historische Zeit – Messen und Darstellungsweisen.

1.1.3 Einstieg

- Bildreihe Schule (Gfm)
- Text: In der Schule vor 4500 Jahren im Zweistromland (Gfm)

1.1.4 Didaktisch-methodische Vorschläge

Geschichtliche Ereignisse stehen in zeitlicher Reihenfolge

Die Bilder und Texte sollen die Situation der Institution „Schule" zu verschiedenen Zeiten in anschaulicher Weise darstellen. Das Beispiel „Schule" ist ausgewählt worden, weil Situationen vorgestellt werden, durch die Bewußtseinslage und Interessen der Schüler einbezogen werden können. Es soll damit deutlich werden, daß es in der Schule zu verschiedenen Zeiten unterschiedliche Organisationsformen gab. Indem die Schüler die von ihnen erfahrenen Erscheinungsformen mit früheren vergleichen, sollen sie durch das Andersartige und Fremde erfahren, daß die ihnen geläufigen Formen nicht als selbstverständlich, „natürlich" oder unabänderlich aufgefaßt werden können, sondern daß die gegenwärtig vorgefundene und von den Schülern erlebte Situation Ergebnis eines historischen Prozesses ist.
Die wichtigste Erkenntnis zielt demnach darauf ab, daß auch die Schule als historischer Entwicklungsprozeß gesehen werden muß.

Anfänge der Technik

Von vornherein sollte vermieden werden, daß die Klasse diese Zeit überheblich als „primitiv" abwertet. Das erreicht der Lehrer z. B. dadurch, daß er von den Kindern fordert, die **Technik** einer einfachen Maschine einmal **„nachzuerfinden"**. Das Nacherfinden wird der Klasse erst nach langem Überlegen und Probieren gelingen. Die dafür benötigte Zeit macht dem Kind bewußt, daß manches seiner Umwelt, über das es als selbstverständlichen Besitz verfügt, einst von den Menschen der Vorzeit mühsam errungen werden mußte.
Hat der Lehrer in den Kindern die Fähigkeit geweckt, über Gewohntes erneut zu staunen, so sind die Kinder in die **Ursprungssituation** der Jungsteinzeitmenschen zurückversetzt; alles Zuständliche wird erlebtes Ereignis. Die Kinder werden in den folgenden Stunden dann auch einsehen, daß nicht nur Konkretes (z. B. Töpferscheibe) erfunden wurde, sondern daß ebenso Abstraktes (z. B. die Ordnung in Sippenverband und Familie) erst durch Mühen gefunden werden mußte.

Sagenwelt und Realität

Nicht nur an den Wirklichkeitssinn der Schüler, sondern auch an die kindliche Freude am Neuen und Niedagewesenen kann man appellieren (erste Bohrmaschine, erster Webstuhl usw.). Hierbei sollte jede Erfindung als eine geschichtlich fixierte Tat veranschaulicht werden. Bevor man das Prinzip des Pfluges an einem Modell oder einer Skizze aufweist, sollte man von einem konkreten Fund ausgehen: Hakenpflug von Walle, Ostfriesland. Auch in dieser Stunde muß klarwerden: **Vorgeschichte ist Geschichte,** d. h. menschliches Handeln in der Zeit. Über die Stoffvermittlung hinaus hätte damit die Stunde etwas für das kindliche Geschichtsverständnis geleistet, nämlich die Verdeutlichung der Grenzziehung zwischen Sagenwelt und historischer Realität.

Die Teilphänomene des Erfindens

Der Stoff „Entdeckungen und Erfindungen" knüpft an die UE 1.1 „Aus uralter Zeit" an. Die Erfindung von Werkzeugen und Waffen wurde dort erwähnt. Mit Hilfe der Entwicklungsskizze „Vom Faustkeil bis zum Beil" kann dieser Zusammenhang bewußtgemacht werden. Anknüpfen an Bekanntes, an Beobachtetes ist bereits ein Teilphänomen des Erfindens selbst, nämlich der zweite der folgenden fünf Schritte:

1. **Mangelbewußtsein,**
2. **Anknüpfung an Bekanntes,**
3. **Deuten und Probieren,**
4. **Erfinden eines neuen Gegenstandes, einer Einrichtung**
5. **Veränderung der Lebensweise.**

Anhand einer Erfindung, z. B. der Töpferei, sollten diese Schritte demonstriert werden:

1. Mäuse vernichten, was vom Fleisch des Vortages übrig ist.
2. Ein Stück Fell eignet sich als Schutz, aber es genügt nicht.
3. Tonerde ist formbar; der tönerne Boden unter der Feuerstelle wird hart. Das hält Ungeziefer besser ab.
4. Ein Topf wird geformt.
5. Vorratshaltung gibt Sicherheit.

Das Verantwortungsbewußtsein der Menschheit

Das Kapitel „Entdeckungen und Erfindungen" kann Kinder dazu verleiten, den Fortschritt überzubewerten. Hier ergibt sich die Gelegenheit, den **Werthorizont der Kinder zu erweitern.** Am Beispiel des Beiles, Werkzeug und Waffe zugleich, kann klargemacht werden, daß die Zukunft der Menschheit nicht nur von Fortschritt bringenden Erfindungen abhängt, sondern auch von Regeln, die mißbräuchliche Nutzung von Erfindungen zu verhindern, d. h. von dem sich entwickelnden Verantwortungsbewußtsein der Menschheit.

Es muß bedacht werden, daß in der Bildreihe (0.1.3) sehr weit auseinanderliegende Beispiele ausgewählt worden sind. Dadurch werden mit Hilfe verschiedener Informationsträger Situationen von der Schule vermittelt, deren historischer Kontext zunächst ausgeblendet werden muß. Allerdings kann die Analyse des Materials „Fragen an die Geschichte" aufwerfen, die auf andere Systeme und auf die Gegenwart übertragen werden können. Solche Fragen könnten sein:

– Warum gingen Menschen (Kinder und Erwachsene) in eine Schule?
– Welche Fähigkeiten und Fertigkeiten wurden in der Schule eingeübt?
– Welche Folgerungen lassen sich daraus für die Lebens- und Arbeitsweise der Menschen aufstellen?

Es bieten sich zwei methodische Varianten an:

a) Die gesamte Bildreihe kann untereinander verglichen werden.
b) Zu Beginn werden zwei Bilder (Bild 1 und 2 oder Bild 1 und 3) verglichen, dann Fragen gestellt, durch die die anderen Bilder analysiert werden können.

Zunächst wird der Lehrer spontane Äußerungen über das Bildmaterial abwarten, um dann eine Problemfrage formulieren zu lassen, z. B.:

– In welcher Hinsicht unterscheiden sich die Dienstleistungen von Schule zu verschiedenen Zeiten?

Durch den Vergleich der beiden Bilder 1 und 3 (Gruppenarbeit) lassen sich folgende inhaltliche Aspekte gegenüberstellen:

Bild 1 (heute)	Bild 3 (vor 150 Jahren)
Fotografie Stühle und Tische (Anordnung in Gruppen) Kinder einer Altersstufe. Lehrer sitzt bei den Schülern.	Farbzeichnung aus einem Bilderbuch Schulbänke, die hintereinander stehen Kinder verschiedener Altersstufen Lehrer steht vor den Schülern Ein Schüler wird bestraft, indem er sich hinknien muß.

Nun können die Bedingungen des Schulunterrichts in den verschiedenen Epochen erarbeitet werden. Materialien der Bilder, Einrichtung der Schulräume, Organisation des Unterrichts, Rolle des Lehrers, Disziplinierungsmaßnahmen. Zuerst werden die Schüler ungeordnet ihre Feststellungen treffen bzw. Fragen stellen. Es ist dann eine wichtige Aufgabe, alles in Form einer Gegenüberstellung zu strukturieren.

Im nächsten Arbeitsschritt sollen diese und ergänzende Gesichtspunkte zur Analyse aller Bilder verwandt werden. Diese relativ umfangreiche Arbeit sollte erneut in Gruppen vorgenommen werden, wobei sowohl jede Gruppe ein Bild nach den vorher erarbeiteten Kriterien als auch jede Gruppe alle fünf Bilder auf ein Kriterium hin untersuchen kann. (T S. 43)

T	heute	vor 150 Jahren	vor 300 Jahren	vor 2000 Jahren	vor 2500 Jahren
Material	Fotografie	Farbzeichnung	Reklameschild auf Holz gemalt	Relief aus Sandstein	Malerei auf Ton
Einrichtung der Schulräume	Stühle und Tische in Gruppen	Bänke und Pulte in Reihen	Schülerbänke, Lehrerpulte	Stühle	Stühle
Unterrichts-mittel	Bücher	Tafeln, Bücher	Pergament	Schriftrollen	Wachstafeln, Griffel
Tätigkeiten der Schüler	lesen, diskutieren	schreiben, lesen	schreiben, lesen	lesen	schreiben, lesen
Was geschieht auf dem Bild? (Tätigkeit des Lehrers)	Ca. 30 Kinder der gleichen Altersstufe werden von einem Lehrer unterrichtet.	Ein Lehrer unterrichtet Schüler aller Altersstufen von 6–14 Jahren.	Ein Lehrerehe-paar unterrichtet drei Schüler (und Erwach-sene).	Ein Lehrer unterrichtet drei Schüler.	Ein Lehrer kontrolliert die Aufgaben.
Was fällt besonders auf im Vergleich zu heute?		Bestrafung durch Knien auf dem Fußboden.	Bestrafung durch Ruten-schläge, Schule als Geschäfts-unternehmen.		Schule ist offen-sichtlich nur für die Kinder reicher Eltern da.

In der anschließenden Auswertung dieser tabellarischen Übersicht sollte folgendes festgehalten werden:
– Die Schule war zu verschiedenen Zeiten anders organisiert.
– Die durch das Bildmaterial übermittelten Aussagen können das Situationsfeld „Schule" nur zu einem Teil beschreiben.
– Es erhebt sich die Frage, wie es kam, daß die „Schule" zu verschiedenen Zeiten „anders" war.

Eine weitere Form der Übermittlung historischer Sachverhalte erfahren die Schüler durch den Text „Vor 4500 Jahren im Zweistromland" (1.1.3). Auch hier können obige Kriterien verwandt werden. Dabei werden die Schüler schnell feststellen, daß nur einige der Fragen beantwortet werden können, so die Frage nach den Tätigkeiten der Schüler (auf der Tafel schreiben, das Gelernte dem Vater vorlesen, rechnen, Buchführung). Der Vergleich zu heute (Bestrafung, Aufsicht, Belohnung des Lehrers durch den Vater) kann erfolgen, während die Aussage der Quelle über den Bereich der Schule hinausgeht und berichtet wird, wie die Schule sich auch auf das außerschulische Leben auswirkt. Einige Details verweisen auf frappierende Ähnlichkeiten mit dem heutigen Schulleben. So können die ersten 20 Zeilen die dem Schüler gewärtige Situation treffend schildern, und nur der Begriff „Tafelhaus" sowie die Belohnung des Lehrers durch den Vater des Schülers verweisen auf ein anderes „Schulsystem".

An dieser Stelle können die Schüler bereits die unterschiedliche Aussagekraft historischer Informationsträger aufdecken: Während das Bild Informationen anschaulich, aber begrenzt und statisch vermitteln kann, wird in der Textquelle ein Geschehen dynamisch geschildert. In beiden Fällen gilt es, die Intentionen der Verfasser bzw. Hersteller zu bedenken.

Das Bild „Vor vielen tausend Jahren" (Gfm) veranlaßt die Schüler dazu, sich vorzustellen, wie wohl „Schule" in dieser Zeit ausgesehen haben mag. Die Kinder mußten bei der Nahrungsbeschaffung, dem Anfertigen von Kleidern und Geräten mithelfen. Insofern wurden sie von den Erwachsenen in die wichtigsten Tätigkeiten wie Jagen, Fischen, Fallen stellen, Sammeln, Umgang mit Waffen und Geräten unterwiesen, ohne daß eine Institution „Schule" vorhanden gewesen sein mag.

Wie wir die geschichtliche Zeit veranschaulichen können

Es ist denkbar, daß die Schüler bereits in ihrer Grundschulzeit etwas über die Zeit und die Zeitmessung erfahren haben. Die Richtlinien und Lehrpläne für die Grundschle in NRW sehen beispielsweise folgende Themen vor:

1. Schulj.: Jahresfesttage, Wocheneinteilung, Tageszeiten, Tagesrhythmen, Sonnenstand, Uhr, das Alter;
2. Schulj.: Kalender, Zeitvergleiche, verschiedene Möglichkeiten der Zeitmessung, Jahreszeitenkalender, Monatsnamen, Datum;
3. Schulj.: Früher und heute, Vergleich alter und neuer Gebäude oder Fahrzeuge, Gegenstände, Werkzeuge oder Maschinen, Kleidung, Darstellung einfacher zeitlicher Ordnungen (Generationsfolge in der Familie);
4. Schulj.: Einbeziehung der Generationsdaten von Schülerfamilien in die Zeitleiste, Jahreszahlen, Jahrzehnt, Jahrhundert, Jahrtausend, Generation, Entwicklung, Vorgeschichte, Römerzeit, Mittelalter, Neuzeit.

Dem Geschichtslehrer des 5. Schuljahres kommt die Aufgabe zu, die unterschiedlichen Vorkenntnisse der Schüler zu ermitteln und für die Weiterarbeit fruchtbar zu machen.

Dazu eignet sich die zweiseitige farbige Zeitleiste in Gfm. Die Erfahrung hat gezeigt, daß die Schüler bei der Betrachtung dieser Zeitleiste ihr Hauptaugenmerk auf die einzelnen kleinen Bilder richten und dazu sachliche Anmerkungen in Form von „Vorwissen“ einzubringen versuchen.

Darüber hinaus sollte der Lehrer diese Liste dazu verwenden, um den Schülern einen thematischen Überblick über die im 5. Schuljahr anstehenden Themenbereiche zu geben.

Als Gliederungsmerkmal für das Unterrichtsgespräch sind die Farben der Zeitleiste (grün, lila usw.) anzusehen. Sie stehen für die Kulturen, deren Behandlung im Rahmen dieses Bandes vorgesehen ist. Gleichzeitig wird deutlich, wie sich die Kulturen innerhalb der Zeitleiste zeitlich „überlappen“. Besondere Schwierigkeiten sind bei der zeitlichen Einordnung zu erwarten. Das „Knäuel“ auf der linken Seite versucht, einen umfangreichen Zeitabschnitt zu veranschaulichen, während ab dem Jahr 1000 v. Chr. die Zeit auf einer Geraden bzw. Strecke abgetragen worden ist.

Als Übung empfiehlt es sich, zeitliche Einordnungen an der Zeitleiste vornehmen zu lassen, z. B. „Wie lange bestand das Römische Reich?“

Bei der Behandlung der Vorgeschichte sollte man die Menschheitsgeschichte und die Erdgeschichte in ihrem Zusammenhang sichtbar machen. Hierzu dienen die beiden Grafiken „Die große Lebensuhr“ und „Vorgeschichte und Geschichte“.

Darüber hinaus empfiehlt es sich, die Schüler selbst eine Zeitleiste im Heft oder als Wandfries anfertigen zu lassen. Sie wird dann die Schüler im Laufe des Geschichtsunterrichts über Jahre hinweg begleiten können und immer wieder dazu auffordern, bestimmte Ereignisse und Entwicklungen zeitlich einzuordnen.

2.1 Die Wissenschaft des Spatens

2.1.1 Wissensziele

Wenn wir wissen wollen, wie die Menschen früher gelebt haben, erforschen wir die Überreste der Vergangenheit. Dazu gehören Bauten, Bilder, Gegenstände und schriftliche Quellen. Aus alten Schriften erfahren wir besonders viel darüber, wie es damals gewesen ist. Allerdings muß man die Quellen (Texte, Bilder) kritisch prüfen.

2.1.2 UE-Ziele

(1) Methoden zur Geschichtsforschung.

2.1.3 Einstieg

- **Film:** WBF 32 5175 Neandertaler und Höhlenbär
- **Diareihe:** FWU 10 2235 Ältere Steinzeit
- **Besuch von Museen**
- **Text:** Ein Zufall (Gfm)
- **Text:** Fund im Neandertal (Pörtner, Bevor die Römer kamen, Knaur TB 69, S. 12 ff.)

2.1.4 Didaktisch-methodische Vorschläge

Wie die Vorgeschichtler arbeiten
In dieser Unterrichtseinheit sollen weitere historische Quellen auf ihre Aussagekraft hin untersucht werden. Zudem soll anschaulich gezeigt werden, mit welchen Mitteln die Geschichtsforscher, vor allem die Archäologen, arbeiten und ihre Funde auswerten. Dazu können Ausgrabungsstätten oder Museen aufgesucht werden. Da indes die Mehrzahl der Lehrer darauf kaum zurückgreifen kann, sollen Bilder oder Berichte von Ausgrabungen ein anschauliches Bild vermitteln. Aus dem Text „Ein Zufall" (Gfm) geht hervor, daß vor allem Knochenfunde von Menschen heftige Diskussionen unter den Wissenschaftlern auslösten, weil z. B. durch den Fund des Neandertalers das bisherige Weltbild ins Wanken geriet. Dabei geht es um so wichtige Fragen wie die nach dem Übergang vom Tier zum Menschen und nach dem Alter der ersten Menschen.
Es wird die Einsicht angestrebt, daß historische Funde (Knochenreste, Steine, Geräte usw.) dem Laien nicht viel über den Menschen auszusagen vermögen, sondern daß erst Deutung und Rekonstruktion durch den Wissenschaftler Aufschluß geben. Bei aller Exaktheit archäologischer Methoden bleibt ein Interpretationsspielraum bestehen, der unterschiedliche und kontroverse Deutungen zuläßt.
Es kann bei Schülern dieser Altersstufe nicht Ziel sein, die Evolutionstheorie zu erarbeiten. Es kann jedoch eine erste wichtige Hypothese aufgestellt werden: Historische Funde vermitteln nicht von sich aus ein objektives Bild vergangener Entwicklungen, sondern sie unterliegen der Interpretation.
Diese hypothesenartige Formulierung soll auch im Mittelpunkt stehen, wenn die schriftlichen Quellen daraufhin untersucht werden, inwieweit ihre Aussagen verläßlich sind. Folgende Schwierigkeiten können benannt werden:

T Vor- und Nachteile historischer Quellen

Art der Quellen	Vorteile	Nachteile
Schriftliche Quellen (in Stein gemeißelt, auf Papier oder Pergament geschrieben, in Wachs geritzt)	Unmittelbare Zeugnisse der Vergangenheit. Sie bewahren einen Tatbestand so, wie ihn der Verfasser gesehen hat.	Sprache und Begriffe sind uns heute weitgehend fremd. Wichtig sind die kritische Erschließung und die Einordnung in den historischen Zusammenhang. Interessen des Verfassers müssen mitbedacht werden.
Gegenstände (Waffen, Geräte, Mauern, Grabbeigaben, Siedlungsreste)	Unmittelbare und anschauliche Zeugnisse. Keine fremden Begriffe.	Strenge archäologische Ausgrabungsmethoden. Weiter Interpretationsspielraum.

Bei der Arbeit im Unterricht empfiehlt es sich, die einzelnen hier vorgestellten Arbeitsmethoden anhand des Bild- und Textmaterials genauer zu untersuchen. Man kann von der Zusammensetzung der Ausgrabungsmannschaft (Bild) ausgehen und die Aufgabenbereiche der einzelnen Mitarbeiter ermitteln lassen, indem man den dazugehörigen Test zu Hilfe nimmt. Von besonderem Interesse ist die in Gfm dargestellte Methode der Altersbestimmung (Bild).

Arbeitsaufgaben	denkbare Formulierungen
1. Erläutert, warum die Luftbildforschung wichtige Ergebnisse bringen kann.	Die Menschen früherer Zeiten haben Bauten errichtet. Sie verursachten Erhebungen im Gelände, die heute nach vielen tausend Jahren vom Boden aus nicht mehr zu erkennen sind. Aber der Bewuchs ist an diesen Stellen anders, was man auf dem Luftbild erkennen kann.
2. Beschreibt die Fundgegenstände in den einzelnen Erdschichten und erläutert, wie die Forscher das ungefähre Alter der Fundgegenstände ermittelten.	In den verschiedenen Erdschichten lagern verschiedene Gegenstände. Wenn die Schichten aufeinander lagern, müssen die oberen Schichten jünger als die unteren Schichten sein. Man kann im Laboratorium das Alter der Bodenschichten und damit das Alter der in ihnen liegenden Gegenstände feststellen. Auch wenn man ähnliche Gegenstände (z. B. Steingeräte) miteinander vergleicht, kann man Altersbestimmungen vornehmen.
3. Beschreibt die Aufgaben der Unterwasserarchäologie.	Die besonderen Schwierigkeiten: Dunkelheit auf dem Meeresgrund, hoher Wasserdruck, Fundstücke oft unzugänglich und weitverstreut. Daher sind besondere Vorrichtungen und Ausrüstungsgegenstände nötig.

3. Die Altsteinzeit – Der Mensch als Jäger und Sammler

3.0.1 Literaturangaben

Da manche Werke für den ganzen Bereich der Frühzeit gelten, wird hier die Spezialliteratur für die ersten drei Unterrichtsreihen (Altsteinzeit bis Bronzezeit) angeführt:

Handbücher

FWG 1, Propyläen I

Gesamtdarstellungen

Eggers, Hans Jürgen, Einführung in die Vorgeschichte, Piper, München 1959.

Heberer, Gerhard, Unsere Ab- und Zukunft. Herkunft und Entwicklung des Menschen aus der Sicht der aktuellen Anthropologie, dva, Stuttgart 1968.

Müller-Karpe, Hermann, Einführung in die Vorgeschichte, Beck, München 1975.

Müller-Karpe, Hermann, Geschichte der Steinzeit, Beck, München ²1976.

Müller-Karpe, Hermann, Handbuch der Vorgeschichte, Bd. 1: Altsteinzeit, Bd. 2: Jungsteinzeit, Bd. 3: Kupferzeit, Beck, München 1969 ff.

Probst, Ernst, Deutschland in der Urzeit. Von der Entstehung des Lebens bis zum Ende der Eiszeit. Bertelsmann, Gütersloh 1986.

Sachbücher

Pörtner, Rudolf, Bevor die Römer kamen, Econ, Düsseldorf, auch Knaur TB 69 und Moewig TB 3160 (Stätten der Urgeschichte in Deutschland).

Die Welt aus der wir kommen. Die Vorgeschichte der Menschheit „Knaurs Große Kulturen in Farbe", Knaur TB 3594.

Jugendbücher

Baumann, Hans, Die Höhlen der großen Jäger. Ravensberger TB 57 (Spannende Erzählung aus der mittleren Steinzeit, in 17 Sprachen übersetzt)

Europa in der Vorzeit. Tessloff, Hamburg (anschaulich illustrierter Band, ab 10 J.).

Grund, Karl Josef, Die Höhle über dem Fluß, Loewes, Bayreuth (Erzählung aus der Altsteinzeit, ab 11 J.).

ders., Das Dorf am See, Loewes, Bayreuth, (Erzählung aus der Bronzezeit, ab 11 J.).

Hörler, Hans. Jugs abenteuerliche Reise zum Fluß der Flüsse, Jugend und Volk, Wien (Erzählung aus der Urzeit, ab 10 J.).

Nougier, Louis-René, So lebten sie zur Zeit der Urmenschen, Tessloff, Hamburg (reich illustrierte historische Reportage).

Petersen, Peter, Tobias erlebt die Steinzeit.

Ders., Florian erlebt die Eisenzeit.

Ders., Anja erlebt die Bronzezeit, Neuer Finken Verlag, Oberursel 1987 (Sachbuchreihe mit originalgetreu nachgebildeter Kleidung, Geräten und Waffen, ab 10 J.).

Rosny, Joseph Henri, Am Anfang war das Feuer, Überreuter, Wien (Erzählung aus dem Leben der Menschen vor 80 000 Jahren).

Sinos, Kira, Der Stamm der Mammutjäger, Franckh, Stuttgart (Abenteuererzählung aus der Zeit der Neandertaler).

So lebten sie zur Zeit des Urmenschen, Tessloff, Hamburg (reich bebildertes Sachbuch, ab 10 J.).

Sonnleitner, A. Th., Die Höhlenkinder, Franckh, Stuttgart (Zwei junge Menschen müssen in der Wildnis überleben – jugendgerechte Entwicklungsgeschichte der frühen Menschheit. Schon klassisches Jugendbuch, über 50 Auflagen, ab 11 J.).

Was ist das?

Bd. 9 Der Urmensch

Bd. 65 Die Eiszeit

(Reich bebilderte Sachbücher als erste einfache Einführung, ab 10 J.).

Wood, Bernard/Caselli, Giovanni, Die Welt des Urmenschen, Tessloff, Hamburg (reich bebildertes Sachbuch, ab 10 J.).

Zitelmann, Arnulf, Kleiner Weg, Beltz & Gelberg, Weinheim (Ein Höhlenjunge aus der Vorzeit verliert seinen Clan, reich bebildertes Sachbuch, ab 10 J.).

Zeitschriften

GWU 7/1984, 8/1984, 9/1984: Literaturbericht Ur- und Frühgeschichte

3.0.2 UR-Ziele

(1) Die Grundbedürfnisse des Urmenschen.

(2) Zusammenhänge zwischen Umweltbedingungen und den Formen des Zusammenlebens.

(3) Zusammenhänge zwischen wirtschaftlichen, gesellschaftlichen und politischen Verhältnissen.

(4) Unterschiedliche Interpretationsweisen vom Zusammenleben der Menschen.

3.0.3 Medien

Wandkarte

Europa, physikalisch

Perthes, Europa zur jüngeren Steinzeit

Atlas

Westermann 1–4, dtv I 12

Dias

FWU 10 2235 Ältere Steinzeit 12 F
10 0248 Steinzeitliche Höhlenmalerei 2+15 sw+f

Flemming 10 6720 Ältere Steinzeit, 10 f

Jünger Die Entwicklung des Menschen (mit Tonband 28 min) 50 f
Die Stein- und Bronzezeit in Mitteleuropa 24 f

Stoedtner Die Steinzeit 23 sw
Deutsche Vorgeschichte 24 sw
10 5864 Europäische Vorgeschichte 27 sw

Filme

FWU 32 0568 Papuas auf Neuguinea, 10 min f
36 0334 Werkzeuggebrauch der nacheiszeitlichen Wildbeuter, 5 min sw
36 0498 Methoden der Feuererzeugung, 5,5 min sw
Leben wie in der Steinzeit:
36 0529 Nahrungssuche, 5,5 min sw
36 0530 Die Herstellung von Holzgefäßen, 4,5 min sw
36 0531 Die Anfertigung einer Speerschleuder 5,5 min sw

WBF 32 5175 Neandertaler und Höhlenbär, 13 min f
32 5172 Mit dem Eiszeitmenschen auf Mammutjagd, 13 min f
32 5173 Kunst und Magie auf Höhlenwänden, 13 min f

Video

FWU 42 00710 Feuer, Lehm und tote Hühner, 28 min f

3.0.4 Fachwissenschaftliche Einführung

Der Mensch beginnt als Hersteller von Werkzeugen

Mancher Leser wird sich wundern, daß wir im Unterschied zu anderen Lehrbüchern die Anfänge der Menschheit schon um drei Millionen Jahren v. Chr. ansetzen. Man kann jedoch heute nicht mehr an den Ergebnissen der Vorgeschichtsforschung vorbeigehen, die Gerhard Heberer, Göttingen, als einer der führenden deutschen Anthropologen 1968 in „Homo – unsere Ab- und Zukunft" vorgelegt hat. Auch Heberer hält daran fest, daß man erst dann vom Menschen sprechen kann, wenn er Werkzeuge herstellt. In den letzten Jahren sind in Südafrika die mehr oder weniger vollständigen Überreste von mehr als 100 Individuen des Urmenschen gefunden worden. Sie haben Steine zu Faustkeilen bearbeitet. Sie sind aber noch verhältnismäßig jung im Hinblick auf die erste Entstehung menschlicher Merkmale, über die Heberer schreibt: „Die Abspaltung unserer Geschichtslinie von der primitiver Menschenaffen geht also tief hinab in die Tertiärzeit, in das Oligozän (vor etwa 30 Millionen Jahren)." (S. 101) Damals hat sich durch eine **Mutation** eine Gruppe von **Primaten** mit verkürztem Gebiß entwickelt. Sie hat diese Mangelerscheinung dann durch den Gebrauch und später wohl durch die Bearbeitung von Steinen und Keulen zu Werkzeugen ausgeglichen.

War der Neandertaler unser Vorfahre?

Heberer hat die Anthropologie aber noch in anderer Hinsicht revolutioniert: Er bekämpft die „Stufenhypothese", die eine schimpansenartige Gestalt des gemeinsamen Vorfahren annimmt und von ihm den Frühmenschen ableitet, der sich dann zum Altmenschen (Neandertaler) und weiter Jetztmenschen entwickelt habe. Im Anschluß an die Funde der letzten Jahre gewinnt die moderne **Radiationshypothese** immer mehr Wahrscheinlichkeit. Danach hat sich bereits im Pleistozän, vor drei Millionen Jahren, die Linie des Menschen in drei Gruppen aufgespalten: in die Gruppe der Archanthropine, der Paläanthropine, der auch der Neandertaler angehört, und der Neanthropine. Diese letzte Linie geht über den Menschen von Steinheim (250 000) zum **Cro-Magnon-Menschen** (30 000–10 000), der unser **direkter Vorfahr** ist, während die um 30 000 ausgestorbene Seitenlinie des Neandertalers für uns keine abstammungsgeschichtliche Bedeutung hat. Wenn der Neandertaler auch bei uns im Mittelpunkt einer Geschichte steht, so deshalb, weil von ihm so reichhaltige und wissenschaftlich so ergiebige Funde vorliegen, daß man sich von seinen Lebensverhältnissen ein einigermaßen gesichertes Bild machen kann. Zudem spricht folgendes mit: Wenn wir auch nicht im biologischen Sinne Nachfahren des Neandertalers sind, so sind wir es aber doch technisch-kulturell; auch die Menschen anderer Zonen nahmen in gleicher Zeit eine ähnliche technisch-kulturelle Entwicklung (Heberer, a.a.O., 94). Diese neuesten Ergebnisse der Abstammungslehre sind hier so ausführlich beschrieben, weil die auch von uns zitierten historischen Handbücher bei dieser Frage meist die früheren Veröffentlichungen Heberers heranziehen, in denen die jüngsten entscheidenden Ergebnisse noch nicht berücksichtigt werden konnten.

Eiszeiten und Warmzeiten

Auch hier hat die Wissenschaft in den letzten Jahren das bisher gültige Bild verändert: Die erste **Eiszeit** begann nicht um 600 000, sondern um eine Million v. Chr. Das Eis über den Alpen hatte nicht nur 1000, sondern großenteils 3000 m Dicke. Die größte Eisdicke entstand nicht in der kältesten Periode, son-

dern in einer etwas wärmeren Zeit, weil zur Eisbildung eine feuchte Witterung notwendig war, bei der eine dichte Wolkendecke die Weltraumkälte weitgehend abhielt. (Mündl. Beratung durch Prof. Dr. A. v. Schouppé, Paläontologisches Institut der Universität Münster.)
Eine gute Übersicht der bisherigen Forschungsergebnisse bietet Propyläen I 139 und Großer Ploetz, 30. Aufl. 1986, S. 12ff.

Sozialgeschichte ist nicht schwieriger als Kulturgeschichte
Natürlich kann es sich hier nur um eine **erste Einführung** handeln. Die Funktionen gesellschaftlichen Lebens werden dem Schüler im Laufe der Geschichte immer wieder begegnen. Ihr Gewebe ist jedoch um so komplizierter, je mehr man sich der Gegenwart nähert. Erfahrungen im Unterricht haben ergeben, daß gesellschaftliche Themen nicht schwieriger zu behandeln sind als die üblichen kulturkundlichen Fakten. Man muß nur bei ihrer Behandlung immer wieder den **Blick in die Gegenwart** lenken. Dann werden die Kinder ebenso angesprochen wie von kulturkundlichen Erzählungen, die letzten Endes ja nur einer fernen Vergangenheit verhaftet bleiben, wenn auch das Vordergründig-Abenteuerliche den Kindern im Augenblick gefällt.

Bevölkerungsdichte und Boden
Anhand der angegebenen Zahlen kann eine Ahnung davon geweckt werden, daß für jede höhere Kultur eine gewisse **Bevölkerungsdichte** notwendig ist. Darauf kommen wir noch einmal bei den Hochkulturen in den Stromtälern zurück. Andererseits ist an dieser Stelle schon zu berücksichtigen, daß jede vorindustrielle Wirtschaftsform vom verfügbaren **Boden** abhängt.

Gliederung in der Gruppe
Es ist für Kinder eine Erfahrungstatsache, daß kein Mensch außerhalb der Welt seiner Mitmenschen leben kann. In der Familie, im Kindergarten und in der Schule haben die Kinder die **Geborgenheit in der Gruppe** immer wieder gefühlt. Aus ihrer Gruppe, wenn auch nur für kurze Zeit, ausgeschlossen zu sein, empfanden sie als harte Strafe.
Mit dem Gruppenerlebnis wurde den Kindern zugleich bewußt, daß menschliches Zusammenleben immer eine **Rangordnung** voraussetzt. Alters- und Größenunterschiede werden am frühesten bemerkt, bald auch das Begabungsgefälle, und schließlich wird auch der unterschiedlichen sozialen Herkunft Bedeutung beigemessen. Lange Zeit geben bei Jungen körperliche Überlegenheit, bei Mädchen Schönheit und Besitz in der kindlichen Rangordnung den Ausschlag.

Macht und Führung
Es ist heute eine der schwersten Aufgaben, im Zusammenhang mit dem Thema **„Macht“** die Funktion der **„Führung“** zu behandeln, da dieses Thema weitgehend tabu ist. Ohne rechte Kenntnis von Macht und Führung bleiben dem Kind aber alle politischen Strukturen in den Jahrhunderten vor der Französischen Revolution letztlich unverständlich, und auch in der Geschichte der folgenden Jahrhunderte ist das zentrale Thema der Geschichte die Macht. „Macht“ und „Führung“ werden seitdem mit „Menschenwürde“ und „Selbstbestimmung“ konfrontiert. Das wird später Hauptthema im Geschichts- und Sozialkundeunterricht sein. Hierfür aber ist es notwendig, daß die Kinder in der frühen Geschichte erfahren, was Macht ist. Es muß ihnen deutlich werden, daß Führung sich um so brutaler gebärdet, je moralisch primitiver eine Kultur ist, daß aber letztlich Führung in irgendeiner Form **Bestandteil jeder Gruppenstruktur** ist.

Das „Freund-Feind-Verhalten“
Bei der Darstellung des friedlichen Nebeneinanders benachbarter Horden müssen auch die Voraussetzungen dafür besprochen werden, nämlich geringe Bevölkerungsdichte und die gegenseitige Anerkennung von Revieransprüchen (vgl. Revierverhalten bei Wirbeltieren, etwa bei Hirschen). Die Schüler lernen, daß nicht nur innerhalb der Horde, sondern auch zwischen diesen Gruppen sich schon in der Altsteinzeit Ordnungsverhältnisse eingespielt hatten. Was in der Geschichte der Hochkulturen als politisch kluger Staatsvertrag unsere Bewunderung erregt, hat hier seine Wurzeln.

3.1 Wie die Umwelt beschaffen war

3.1.1 Wissensziele

Die Geschichte des Menschen begann, als er Werkzeuge herstellte. Das war vor etwa drei Millionen Jahren. Der älteste Fund in Deutschland stammt aus der Nähe von Heidelberg. Er ist etwa 350 000 Jahre alt. Seit einer Million Jahren gibt es Eiszeiten und Warmzeiten. Während der Eiszeiten gab es bei uns folgende Tiere: Mammut, Nashorn, Elch, Höhlenbär und Rentier. Während der Warmzeiten gab es sogar Löwen und Tiger. Der Neandertaler lebte in der Zeit zwischen 150 000 und 30 000 v. Chr. Das war am Ende der dritten Warmzeit und am Beginn der vierten Eiszeit. Weil viele Werkzeuge aus Stein hergestellt waren, nennen wir die Urzeit auch Steinzeit.

3.1.2 UE-Ziele

(1) Umweltbedingungen, die das Leben der Menschen damals beeinflußten.
(2) Wie befriedigen heute „primitive" Stämme ihre Grundbedürfnisse.
(3) Die zeitliche Darstellung auf einer Zeitleiste.

3.1.3 Einstieg

- **Ermittlung von Voreinstellungen** der Schüler über die „Primitiven" bzw. Naturvölker
- **Bild:** Höhle der Neandertaler (Gfm)
- Die Bilder der UE „Horde" in Gfm
- **Filme** (vgl. 3.0.3)
- **Berichte** über Ausgrabungen (Pörtner I 47 ff.)
- **Informationen** über Umwelt und Lebensbedingungen in der Eiszeit (Bild: Gfm; Lexikon; Geografiebücher)
- **Text:** Mit dem Jeep in die Steinzeit (Gfm)

Einstiegs-Erzählung: Die Felswand

Ein Mann, Frauen und Kinder lagen kraftlos am Eingang der Höhle. Die Menschen suchten Wärme in den Strahlen der Sonne. Hunger und Kälte quälten sie. Schon lange hatten sie keinen Bissen Fleisch mehr gehabt. Der Mann hatte es allein nicht geschafft, einen Schneehasen oder gar ein Rentier zu töten. Haselnüsse und eßbare Pflanzen gab es in der weiten Umgebung nicht mehr. Der Hunger wühlte in den leeren Mägen.
Plötzlich knackte es im Unterholz. Ein Junge trat heraus und machte dem Mann ein Zeichen mitzukommen. Beide erreichten bald eine Lichtung. Dort hatten sich schon mehrere Männer aus der Umgebung versammelt. Einer, wohl der Älteste, sprach ganz aufgeregt. Er hatte eine Herde Rentiere gesehen. Sie ist auf der Wanderung nach Süden. Bei Einbruch der Dunkelheit könnte man sie umzingeln. Aber einer allein schafft das nicht. Alle müßten mitmachen.
Der Sprecher kannte am Rande einer großen Lichtung eine steile Felswand. Dorthin müßte man die Herde treiben. In vollem Lauf würden dann die Tiere in die Tiefe stürzen. Die Männer besprachen den Plan, und alle stimmten zu. Der Anführer teilte die Männer der Horde ein. Auch die Jugendlichen, ja sogar die Kinder, wurden gebraucht.
Wer kann weiter erzählen?

3.1.4 Didaktisch-methodische Vorschläge

Um den Schülern ein möglichst anschauliches Bild über das Aussehen der Landschaft im urgeschichtlichen Mitteleuropa zu vermitteln, sollte vor der Verwendung des in den Schulbüchern angebotenen Materials der Einsatz von Filmen oder ein Museumsbesuch stehen. Hierzu eignet sich besonders gut der Film WBF 32 5172 „Mit dem Eiszeitmenschen auf Mammutjagd", in dem Aufnahmen aus der heutigen Tundra und der subarktischen Steppe zu sehen sind. Folgende Kennzeichen der Lebens- und Umweltbedingungen in der Eiszeit lassen sich festhalten:

T Kennzeichen der Lebens- und Umweltbedingungen in der Eiszeit

Klima	kalt, regnerisch, Schnee, Nebel, Dauerfrost, kurzer Sommer, Bildung von Sümpfen.
Landschaft	Eismassen, pflanzenlose Zone um die Eisränder.
Pflanzenwelt	Gräser, Moos, niedrige Sträucher und Bäume.
Tierwelt	Rentiere, Wollnashorn, Wisent, Mammut, Kleintiere.

Der Film hat zudem zwei wichtige didaktische Funktionen: er gibt den Schülern erste Eindrücke über das Leben der Menschen in der damaligen Zeit und er wirft eine Reihe von Fragen auf, z. B.:
– Wie konnten damals die Menschen in dieser unwirtlichen Umwelt überleben?
– Woher wissen wir, wie es damals vor tausenden von Jahren bei uns ausgesehen hat?
– Wie ist es zu erklären, daß es damals bei uns in Europa so anders ausgesehen hat?
In diesem Zusammenhang ist es wichtig, den Schülern den Begriff „Eiszeit" zu erläutern.
Den Schülern sollte auch deutlich werden, daß das periodische Vordringen der Gletscher von Skandinavien nach Süden über sehr lange Zeiträume erfolgte.
Mit Hilfe der Grafik „Eiszeiten und Warmzeiten" wird herausgearbeitet, wie lange die Eiszeiten und Warmzeiten (Eiszeiten = tiefstehende Sonne, Blaufärbung; Warmzeiten = hochstehende, gelbe Sonne, Grünfärbung) gedauert haben.
Der Lehrer sollte auch zu veranschaulichen versuchen, wie sich die Eismassen langsam von Norden nach Süden verschoben und alles unter sich begruben, was sich ihnen in den Weg stellte.
In Verbindung mit einer Beschreibung von Klimaforschern über einen Sommertag in der letzten Eiszeit vor ca. 18 000 Jahren könnten die Materialien in Gfm Grundlage für die zur Erarbeitung notwendigen Informationen bilden.

Bericht der Klimaforscher

„Es ist ein Tag vor 18 000 Jahren, Hochsommer. Schwer lastet das Eis auf Nordeuropa. Über Skandinavien liegt der starre Schild drei Kilometer dick; auch Norddeutschland ist noch darunter begraben. Sein Rand zieht sich von Südengland bis in die Ukraine. Im Süden hatten früher, 7000 Jahre zuvor, Jägerhorden noch reiche Beute machen können. Wo sie kampierten, hinterließen sie Knochenberge von Mammut und Wollnashorn, Rentieren, Vielfraßen und Lemmingen. Nun lecken auch dort die Gletscher allseits von den Alpen herab bis ins Flachland.

Vereist sind die Nordsee und der nördliche Atlantik bis hinüber nach Island und weiter bis zum gleichfalls vereisten Nordamerika. So viel Wasser ist in dem Eis gebunden, daß der Kanal zwischen England und dem Kontinent trockengefallen ist.

Über den schmalen Streifen offenen mitteleuropäischen Landes, weithin Tundra, fegen Stürme an diesem Tag wie seit langem schon Wolken von Lößstaub. Im Tal der Rhône wirbeln sie so stark, daß daumendicke Kalksteinsplitter, die der Frost vom anstehenden Fels losgesprengt hat, zu mächtigen Lagen zusammengeweht werden.

Wo Löß die Ebenen deckt, wächst dürftiges Gras. Schnecken sind fast die einzigen Tiere, die hier gedeihen. Nur an der Riviera halten es Polarfüchse und Rentiere aus. Weiter südlich, in der Trockensteppe Mittelitaliens, weiden auch Pferdeherden. An der Küste, das Wasser ist mitten im August nur 13 °C warm, haben Islandmuscheln überdauert.

Es ist ein typischer Sommertag auf dem Höhepunkt der letzten Eiszeit, die vor etwa 75 000 Jahren begann und vor 10 000 Jahren endete."

(aus: DER SPIEGEL 3/1977, S. 124)

Arbeitsaufgaben	denkbare Formulierungen
1. Stellt in einer Liste zusammen, wie lange die einzelnen Eiszeiten und „Warmzeiten" (auch „Zwischeneiszeiten" genannt), dauerten.	1. Eiszeit: ca. 300 000 Jahre Zwischeneiszeit: ca. 300 000 Jahre 2. Eiszeit: ca. 70 000 Jahre Zwischeneiszeit: 180 000 Jahre 3. Eiszeit: 40 000 Jahre Zwischeneiszeit: 60 000 Jahre 4. Eiszeit: 100 000 Jahre
2. Begründet, warum es die damals lebenden Menschen schwer hatten, sich zu ernähren.	Unwirtliches Klima, Schwierigkeiten bei der Nahrungsbeschaffung.

3.2 Wie der Neandertaler sich ernährte, kleidete und wie er wohnte

3.2.1 Wissensziele

Das Leben war damals ein ständiger Kampf um die Versorgung mit Nahrung, Kleidung und Unterkunft. Die Menschen wohnten in Höhleneingängen. Sie bekleideten sich mit Fellen. Die Männer gingen auf die Jagd, die Frauen sammelten Früchte. Wir nennen die Menschen der Vorzeit daher auch Jäger und Sammler. Der Gebrauch des Feuers war schon den Vormenschen bekannt.

3.2.2 UE-Ziele

(1) Möglichkeiten der Ernährung.
(2) Bedeutung der Jagd auf Großwild.
(3) Bedeutung des Feuers für die Menschen.

3.2.3 Einstieg

- **Film:** FWU 32 0568 Papuas auf Neuguinea
- **Film:** WBF 32 5173 Kunst und Magie auf Höhlenwänden
- **Bild:** Jagdbilder auf Höhlenwänden (Gfm)
- **Film:** WBF 32 5172 Mit den Eiszeitmenschen auf Mammutjagd
- **Film:** WBF 32 5175 Neandertaler und Höhlenbär

3.2.4 Didaktisch-methodische Vorschläge

Der Schwerpunkt innerhalb dieser Einheit liegt darin, die Auseinandersetzung des Menschen mit der Natur und den widrigen Umweltbedingungen nachzuvollziehen. Dabei kommt es insbesondere darauf an, die Zusammenhänge zwischen der Art der Nahrungsbeschaffung, der Entwicklung von Werkzeugen und Geräten und den Formen des Zusammenlebens aufzuzeigen.

Da unseren Schülern bei der Überfülle des Lebensmittelangebots weithin unverständlich ist, warum Nahrungsbeschaffung ein Problem sein kann, muß immer wieder herausgestellt werden, wie unter anderen Lebensbedingungen die Nahrungsmittelbeschaffung **das** zentrale Problem der Menschen ist. Ein weiteres Hauptziel besteht darin, durch eine Gegenüberstellung zweier verschiedener Entwicklungsstufen (Jäger/Sammler – Ackerbau/Viehhalter) die Veränderungen und die Bedingungen für Veränderungen in der Lebensweise zu erarbeiten. Wir schlagen vor, die Voreinstellung der Schüler zu „Primitiven", „Naturvölkern" usw. zu ermitteln, indem die Schüler unter Verwendung der Bilder (Gfm) Erfahrungen aus Filmen, Büchern usw. einbringen können. Es steht zu erwarten, daß die Schüler diese Menschen als „primitiv", „rückständig", „unterentwickelt" o. ä. bezeichnen. Möglicherweise führen sie diese „primitive" Lebensweise auf Charaktereigenschaften („dumm", „faul") oder auf die durch die Natur vorgegebenen Umweltbedingungen (Klima, Boden) zurück. Die Funktion einer solchen Voreinstellungsbefragung liegt darin, daß sich die Schüler dieser Vorurteile bewußt werden und versuchen, ihre Meinungen zu überprüfen, zu präzisieren oder zu revidieren.
Da überdies in dieser Phase angestrebt wird, Aussagen, Fragestellungen und Untersuchungskategorien zu fixieren und bereitzustellen, die sich auch auf andere historische Beispiele anwenden lassen, kann hier gefragt werden, wie sich beispielsweise die Umwelt auf die Formen der Wirtschaft, wie sich die Wirtschaft auf die Formen der Wohnung, Siedlung, kurz, auf das Zusammenleben der Menschen auswirken.
Nachdem in der vorangegangenen Unterrichtseinheit das Problem der Auseinandersetzung des Menschen mit seiner Umwelt in Gegenwart und Vergangenheit im Mittelpunkt stand und erste Vermutungen und Ergebnisse erarbeitet werden konnten, soll jetzt die Frage nach der Nahrungsbeschaffung gestellt werden. Wir knüpfen an den Film „Mit dem Eiszeitmenschen auf Mammutjagd" an und formulieren die Problemfragen: Mit welchen Schwierigkeiten war für die Menschen der Nahrungsmittelerwerb verbunden? Wie lösten die Menschen diese Schwierigkeiten?
Einige Szenen des Films lassen die Schüler erkennen, daß die Menschen sich das aneigneten, was sie in der Natur vorfanden. Im Mittelpunkt des Films steht die Jagd auf das Mammut. Zunächst kann man sich im Film eine Vorstellung von der Größe dieses Tieres verschaffen. Er ist bis zu 4 m groß und hatte bis zu 5 m lange Stoßzähne. Die Frage, wie es die Menschen damals angestellt haben, ein solches Tier zu jagen, liegt nahe.

Die Schüler werden vermuten, daß die Jagd auf den Mammut wegen der körperlichen Unterlegenheit des Menschen mit Gefahr verbunden war und ihn zur Erfindung bestimmter Jagdmethoden und Waffen zwang.
Im Zusammenhang mit der Betrachtung einzelner Filmsequenzen und der Bilder (Gfm) sollen die Schüler dann die einzelnen Phasen der Jagd erarbeiten.
Der folgende Text schildert ebenso anschaulich wie informativ die Vorbereitungen und die Durchführung einer Mammutjagd:
„Mit Feuersteinen haben die Jäger eine tiefe Grube ausgegraben. Sie ist mannstief und von vierfacher Mannslänge und -breite. In den ausgeschachteten Boden sind dünne Baumpfähle eingerammt. Sie dienen als Stützen für das Astgeflecht, mit dem man die Grube abgedeckt hat. Sorgfältig haben die Jäger die ausgeworfene Erde beiseitegeschafft und mit Moos und Gräsern die Stelle der Umgebung angepaßt. Die Mammuts sind sehr mißtrauisch. Aufgeworfene Erde müssen Frauen und Kinder in Fellen weit forttragen. Der Platz der Mammutfalle mußte sorgfältig ausgewählt werden. Er liegt an einem Wildwechsel in der Nähe einer Wasserstelle. Rechts und links befinden sich Anhöhen, die ein Ausweichen der Tiere verhindern sollen.
Nun beginnt die Zeit des Wartens und Zutreibens. Als die Mammutherde anrückt, gibt der Anführer der Jäger ein Zeichen: sie sollen langsam vorgehen. Als ein Mammut dicht vor der Falle steht, springen die Jäger mit lautem Geschrei vor. Die Mammuts fliehen. In diesem Augenblick sinkt eines von ihnen in den Boden ein.
Vorsichtig nähern sich die Jäger der Fallgrube. Das Tier sitzt wehrlos in der Grube. Ein Hagel von vermutlich giftgetränkten Pfeilen, aus der nächsten Entfernung geschossen, durchbohrt sein Fell. Als das Tier sich nicht mehr rührt, schwingen sich einzelne Jäger über den Grubenrand, springen auf den Körper und stoßen ein lautes Jubelgeschrei aus,
Nun muß der gewaltige Körper enthäutet und zerlegt werden. Mit Bohrern, Messern, Schabern und Kratzern aus Stein und Knochen gehen die Jäger, ihre Frauen und Kinder an die Arbeit. Sie durchtrennen die Haut und bergen zunächst das kostbare Fett, das darunter sitzt, bearbeiten das Fell, um es als Kleidung oder als wärmende Bodendecke zu benutzen. Das Wichtigste aber ist das Fleisch, das in die Wohnhöhlen getragen werden muß, um dort geräuchert und aufbewahrt zu werden. Der große Vorrat an Fleisch wird die Menschen für einige Zeit vor dem Hungern bewahren." (Nach: I. Krumbiegel, Jäger der Urzeit, Lux-Lesebogen Nr. 59, S. 7 ff.)

Arbeitsaufgaben	denkbare Formulierungen
1. Stellt in einer Liste zusammen, was die Jäger bei der Planung und Organisation der Jagd bedenken mußten.	– Vorbereitende Maßnahmen: Auskundschaften der Wildwechsel, Anlegen einer Fallgrube am geeignetsten Ort, Beseitigen verräterischer Spuren; – Durchführung der Jagd: Sich bereitstellen, zutreiben, anpirschen, Töten der Beute.
2. Warum war die Jagd auf das Mammut für die Menschen damals lebenswichtig?	– der Fleischbedarf war für lange Zeit gedeckt, – das Fell des Mammuts diente zur Herstellung von Kleidung und Decken, – Knochen des Mammuts und Elfenbein wurden zur Waffen- und Geräteherstellung benutzt.
3. Stellt in einer Liste zusammen, woraus sich die „Speisekarte" der Menschen damals zusammensetzte.	Fleisch von Großwild und Kleintieren; pflanzliche Nahrung (Wurzeln, Nüsse, Knollen, Beeren); Honig; Fische.
4. Beschreibt nach dem Bild „Eine Hirschjagd" (Gfm), wie die Menschen hier vorgegangen sind, als sie die Hirsche zu jagen versuchten.	Hirsche wurden auf eine Steilwand zugetrieben, stürzten in die Tiefe und wurden mit Pfeil und Bogen erlegt.

An dieser Stelle ist es sinnvoll, in einer Zwischenbilanz die eingangs formulierten Problemfragen zu beantworten.

Die Schüler haben einige der wichtigsten Jagdmethoden kennengelernt und herausgefunden, daß die Menschen damals in hohem Maße von den in der Natur vorkommenden Materialien abhängig waren. Die Menschen eigneten sich das an, was die Natur ihnen bot.

Ein weiteres wichtiges Lernziel besteht darin, den Schülern zu verdeutlichen, daß bestimmte Schwierigkeiten bei der Beschaffung und Verarbeitung von Nahrungsmitteln die Menschen zur Entwicklung bestimmter Methoden und Werkzeuge führten.

Am Beispiel der „Erfindung" des Feuers soll dieses Lernziel konkretisiert werden. Dabei kann von folgender Situationsschilderung ausgegangen werden:

Die Menschen beobachteten, wie Blitzschläge Wald- und Grasbrände verursachten. Zunächst hatten sie noch Angst vor dem Feuer. Dann entdeckten sie durch Zufall, daß das Fleisch von im Feuer umgekommenen Tieren schmackhafter war. Möglicherweise fanden sie auch bald heraus, daß das Feuer nach dem Verlöschen weiterglomm und Wärme ausstrahlte. Die Menschen lernten, glimmendes Feuer aufzubewahren, zu schützen und auch neu zu entfachen.

Folgende Fragen werden aufgeworfen:

– Wie entdeckten früher die Menschen die Wirkungskraft des Feuers?

– Wie haben sie das Feuer „gezähmt"?

– Auf welche Weise haben die Menschen das Feuer selbst hergestellt?

Mit folgenden alternativen Möglichkeiten können diese Fragen motiviert werden:

– Verweis auf Spuren von Asche bei Ausgrabungen.

– Verweis auf feuergehärtete Spitzen der Jagdspeere.

– Situationsschilderung: Blitzeinschlag verursachte Wald- und Grasbrände → Menschen hatten zunächst Angst vor dem Feuer, entdeckten dann jedoch, daß das Fleisch der im Feuer umgekommenen Tiere schmackhafter war → sie bemerkten, daß das Feuer nach dem Verlöschen weiterglomm und Wärme aussandte → glimmendes Feuer wurde aufbewahrt, geschützt und neu entfacht → Feuer konnte leicht durch Regen verlöschen.

T Hinweis für die Entwicklung einer Kausalkette

Die Menschen beobachteten:
– Blitzschläge
– Waldbrände
– Vulkanausbrüche

Die Menschen bemerkten, was das Feuer leistet:
– Licht
– Wärme
– Schutz vor Raubtieren

Die Menschen mußten dafür ...
– die Angst vor dem Feuer überwinden
– das Feuer hüten
– das Feuer anzünden
– Brennstoff herbeischaffen

Wie sehr die „Zähmung" des Feuers das Leben der Menschen verändert hat, soll mit Hilfe folgenden Schemas erarbeitet werden:

Was ist auf dem Bild zu sehen?	Welche Aussagen über das Leben der Menschen lassen sich aus diesen Bildern ableiten?
Eine Hirschjagd: Mehrere Jäger, bewaffnet mit Pfeil und Bogen, erlegen Hirsche, die offensichtlich über einen Abgrund getrieben worden sind.	Die Jagd ist die wichtigste Nahrungsgrundlage. Die Menschen müssen gut zusammenarbeiten, um eine solche Jagd zu organisieren. Pfeil und Bogen sind wichtige Waffen, weil sie auch ein Tier auf Distanz töten können.
Mammut: Ein Mammut bricht in eine Fallgrube.	Diese Jagdmethode erfordert Umsicht und Planung. Die Jagd auf große Tiere ist durchführbar.
Eine Felszeichnung aus Spanien: Eine Frau mit einem Behälter in der Hand sammelt Honig aus einem Bienenstock.	Honig als Nahrungs- und Süßungsmittel ist bekannt. Denkbar ist eine Arbeitsteilung zwischen Männern und Frauen.
Stier aus Lascaux: Es sind mehrere Tiere (Stiere, Pferde, Hirsche bzw. Rehe) zu sehen. Auffällig ist die unterschiedliche Farbgestaltung (schwarz–rot).	Der Künstler der damaligen Zeit setzte bereits Farben ein.
Elche: Elche, bei denen innere Organe eingezeichnet sind.	Menschen gewinnen Vorstellungen über anatomische Zusammenhänge. Tiere können leichter erlegt werden, wenn man weiß, wo sie verletzlich sind.
Treibjagd auf Nashorn: Menschen greifen ein Nashorn an.	Männer jagen in Gruppen Tiere. Sie treiben sich die Tiere zu und erlegen sie mit Pfeil und Bogen und anderen Waffen.
Göttergestalten	Verehrung von göttlichen Wesen, die menschliche Gestalt aufweisen.

Es bietet sich an, arbeitsteilige Gruppenarbeit anzusetzen. Jede Gruppe bearbeitet unter den beiden oben genannten Fragestellungen eine bildliche Darstellung.
Es ist auch die arbeitsgleiche Verfahrensweise denkbar. Dann bearbeiten Schülergruppen die gleichen Bilder. Es empfiehlt sich in diesem Fall, eine Reduzierung des Bildmaterials auf drei oder vier Bilder vorzunehmen.
Somit wird es möglich, die Arbeitsergebnisse der Schüler vergleichen zu lassen. Dabei wird sich herausstellen, ob alle Gruppen die gleichen Ergebnisse erzielt haben oder ob es unterschiedliche Deutungsmöglichkeiten gibt. Die Schüler werden angeregt, ihre jeweilige Deutung vorzutragen und zu begründen. Sie werden dabei die Erfahrung machen, daß Bodenfunde, Höhlenmalereien und Felszeichnungen historische Quellen sind, die uns etwas über das damalige Leben der Menschen sagen können. So sind Aussagen über die Ernährung, das Zusammenleben, die Jagdmethoden, ihre Hoffnungen und Ängste möglich. Auf der anderen Seite bleiben manche Fragen offen, z.B.: Wie verständigten sich die Menschen? Hatten die Menschen schon eine Religion? Gab es innerhalb der Gruppen einen „Anführer"? Wie war es mit den „Eigentumsverhältnissen"?
Aus mancherlei Gründen ist auch kaum möglich, Aussagen über Kleidung und Wohnung und über das Äußere der Menschen zu machen.
Daß historische Quellen mannigfache Deutungsmöglichkeiten zulassen, ist eine zentrale Einsicht des Geschichtsunterrichts. Deshalb sollte dieser Schwerpunkt schon frühzeitig im Geschichtsunterricht aufgegriffen werden.
Diese Einsicht läßt sich auch besonders gut an Ausgrabungsberichten verdeutlichen, in denen über den Streit von Gelehrten über bestimmte Grabungsfunde und Höhlenmalereien berichtet wird.
Eine Frage, die sich immer wieder stellt, könnte jetzt artikuliert werden: Wie können wir eigentlich über die damalige Zeit und über das Leben dieser Menschen Informationen bekommen?
Im mehrfach erwähnten Film „Mit dem Eiszeitmenschen auf Mammutjagd" wird auf Grabungsfunde hingewiesen. Außerdem könnte der Text „Was uns Fundberichte und Felsbilder erzählen" (Gfm) neben eventuell vorhandenen aktuellen Zeitungsberichten über Ausgrabungen eingesetzt werden, die mit Hilfe folgender Arbeitsaufgaben analysiert werden sollen:

3.3 Wie die Menschen miteinander lebten

3.3.1 Wissensziele

Eine Gruppe von Menschen lebte zusammen in einer Horde, denn der Mensch ist ein geselliges Wesen. Der Anführer übte die Macht aus. Wachsam beobachtete er die Fremden, denn sie konnten gefährlich werden. Vernunft und Sprache bildeten sich gemeinsam. So konnte der Mensch anderen Menschen seine Erfahrungen weitergeben.

3.3.2 UE-Ziele

(1) Zusammenleben von heute lebenden Völkern der Jäger- und Sammlerkultur.
(2) Aufgabenverteilung und Arbeitsteilung innerhalb der Horde.
(3) Zusammenhänge zwischen der Wirtschaftsweise, Wohn- und Siedlungsformen, der Gesellschaftsform und den Machtverhältnissen.
(4) Abhängigkeitsverhältnisse, Führung und Machtverteilung innerhalb der Horde.
(5) Sprache als wesentlicher Faktor für die Entfaltung der zwischenmenschlichen Beziehungen.

3.3.3 Einstieg

- **Film:** FWU 32 0568 Papuas auf Neuguinea
- **Bericht:** Buschmänner in der Kalahari (Gfm)

3.3.4 Didaktisch-methodische Vorschläge

Der didaktische Ansatz innerhalb dieser Einheit besteht im Anknüpfen an Lebensweisen von Menschen, die gegenwärtig auf der Stufe der Jäger und Sammler leben. Auf diesen didaktischen Ansatz ist bereits unter 3.2.4 verwiesen worden.
Ein weiteres Ziel dieser die UR 3 abschließende Unterrichtseinheit besteht darin, die Zusammenhänge zwischen der Art der Nahrungsbeschaffung und den Organisationsformen menschlichen Zusammenlebens bewußt zu machen.
Der Film „Papuas auf Neuguinea" bzw. der Text „Eine heute lebende Jäger- und Sammlerkultur" (Gfm) könnten den Anlaß für die nachfolgenden Arbeitsaufgaben bilden und erste Antworten liefern.

Jäger und Sammler in Südwestafrika
1. Die Menschen haben keinen festen Wohnsitz, sondern ziehen von einem Wasserloch zum anderen, wo sie für einige Zeit Hütten oder Windbrecher errichten.
2. Die Frauen suchen Nahrung (Pflanzen, Vogeleier), die Männer jagen in der Hauptsache.
3. Ein Streit um die Führerstellung, um Verteilung der Beute kann gelegentlich auftreten.
4. Die Lebensweise ist generell von friedlichem Verhalten geprägt (ausgiebige Diskussion der Gruppenmitglieder).
5. Der fähigste Jäger hat die führende Stellung innerhalb der Gruppe.

Im Zusammenhang mit diesen Fragen sei darauf verwiesen, daß es unterschiedliche Interpretationen der Lebensweise und des Zusammenlebens gibt. So behauptet eine Gruppe von Wissenschaftlern, der Mensch habe seine grundlegenden Verhaltensweisen wie die Tiere erworben. Man könne ursprüngliche Führungsstrukturen am Beispiel des Rudelverhaltens von Hirschen oder anderen Tieren beobachten.
Eine andere Gruppe von Wisssenschaftlern ist der Ansicht, die Verhaltensweisen der Menschen seien weitgehend von der Umwelt und von ökonomischen Faktoren mitbedingt. So hätten sich die Menschen in Einzelfamilien gegen äußere Bedrohungen kaum zu schützen vermocht. Nur in der Horde seien sie in der Lage gewesen, sich zu schützen und für die Ernährung zu sorgen. Wie bei den „Naturvölkern" heute noch beobachtet werden könne, hätten alle Gruppenmitglieder für die Ernährung gesorgt und seien gleichberechtigt gewesen.

T Umwelt, Wirtschaft und Gesellschaft der Jäger und Sammler

① Natürliche Bedingungen:
Eiszeit, Tundra, Jagdtiere

↓

② Wovon lebten die Menschen?
Jagd auf Wild, Sammeln von Pflanzen, Fangen von Fischen.

↓

③ Werkzeuge und Geräte:
Geräte aus Holz, Stein und Knochen: Faustkeil, Schaber, Kratzer und Bohrer.
Schlagwaffen, Pfeil und Bogen, Speere.

↓

④ Wohnung, Siedlung:
Keine festen Wohnsitze, ziehen den Tieren nach, Wohnungen zeitweise in Höhlen und Zelten.

↓

⑤ Zusammenleben:
Horden, Arbeitsteilung zwischen Mann und Frau, zeitweise Anführer in der Horde, Absprachen innerhalb der Horde.

4. Die Jungsteinzeit – Der Mensch als Hirte und Bauer

4.0.1 Literaturangaben

vgl. 3.0.1, Seite 47

4.0.2 UR-Ziele

(1) Zusammenhänge zwischen der Veränderung wirtschaftlicher und gesellschaftlicher Strukturen.
(2) Ursachen der Veränderungen, die man als „neolithische" Revolution bezeichnet.
(3) Zusammenhänge zwischen den natürlichen Gegebenheiten und Veränderungen (Klima, Bodenbeschaffenheit) und der Lebensweise der Menschern.

4.0.3 Medien (siehe auch 3.0.3)

Dias

FWU	10 2284	Jüngere Steinzeit. Beispiele von süddeutschen Fundorten 12 f.
Flemming	10 6721	Mittlere Steinzeit 10 f.
	10 6722	Jüngere Steinzeit 10 f.

Filme

FWU	36 0335	Werkzeuggebrauch des jungsteinzeitlichen Bauern 5 min sw.
WBF	32 5174	Die Jungsteinzeit – Der Mensch wird Bauer, 13 min f.
WBF	32 4157	Handwerker der Steinzeit I, 13 min f.
WBF	32 4120	Handwerker der Steinzeit II, 13 min f.

4.0.4 Fachwissenschaftliche Einführung

Der Übergang von der Altsteinzeit zur Jungsteinzeit

Die Unterrichtsreihe „Altsteinzeit" stand unter der Frage: Woher kommt der Mensch? Der Mensch wurde dargestellt als nacktes, ungeschütztes Wesen, das seine Grundbedürfnisse mit dem befriedigt, was es in der Natur vorfindet (vgl. Phänomen des Sammelns). Zwar zeichnet sich an den Uranfängen von Sprache, Religion und Kunst schon die menschliche Sonderstellung ab, aber der Altsteinzeitmensch bleibt ein Lebewesen unter vielen, die alle eingeordnet in der Natur leben, von ihr erhalten werden, ihr aber auch ausgeliefert sind. Diese lange Kindheit der Menschheit endet zugleich mit der letzten Eiszeit (um 8000 v. Chr.). Der Übergang vom Sammler- und Jägertum der Altsteinzeit zum **Bauerntum der Jungsteinzeit** ist eine der großen Revolutionen der Menschheit. Eine mythische Erinnerung daran ist die uralte Vorstellung von der Vertreibung aus dem Paradies. Der Mensch erwacht zu einem neuen Selbst- und Weltverständnis. Aus der ihn umschließenden Umwelt herausgetreten, sieht er sich einer widerständigen Wirklichkeit gegenüber, die beherrscht, verändert und neu gestaltet werden soll. Bisher nur mit dem Konsumieren vertraut, wird der Jungsteinzeitmensch **Produzent,** Schöpfer neuer Wirklichkeiten. Im Erwachsenenalter begnügt sich die Menschheit nicht mehr mit dem Vor-finden, das **Er-finden** befreit sie von der Bevormundung durch die Natur.

Die Klimaverbesserung

Grundlegend für die ganze Unterrichtseinheit „Jungsteinzeit" sind die Klimaverbesserung am Ende der letzten Eiszeit und die damit verbundenen Veränderungen in der tierischen und pflanzlichen Umwelt. Jahresdurchschnittstemperatur in Mitteleuropa damals 15 °C, heute 9 °C. Der revolutionären Umwälzung in der Wirtschafts- und Lebensweise vom nomadisierenden Jägertum zum seßhaften Bauerntum geht die Klimaveränderung voraus. Die Begründung der neuen Wirtschaftsweise ist als schöpferische Tat zu bewerten, als Leistung des Verstandes. Herausforderung und Antwort sind seit Toynbee als die auslösenden Kräfte in der Entwicklung der menschlichen Kultur erkannt. Mit der Erwärmung am Ende der letzten Eiszeit wurde der Wald in Mitteleuropa dichter und unzugänglicher, bisher gejagte Tiere wanderten nach Norden. Wie die merkliche Zunahme von Funden vorgeschichtlicher Siedlungen aus dieser Zeit zeigt, begünstigte das Klima eine Zunahme der Bevölkerungszahl. Das war die Herausforderung. Die Antwort der Menschen in Mitteleuropa war eine sich mehr und mehr ausbreitende Veränderung der Wirtschaftsweise, d. h. die Übernahme der bäuerlichen Wirtschaftsform, die meist im Vorderen Orient entstanden war.

Aus Wildtieren werden Haustiere

Es bietet sich an, an die Haustiere der Gegenwart anzuknüpfen, zu denen viele Kinder ein inniges Verhältnis haben. Die Beobachtungen folgender **Verhaltensweisen** (heute nicht mehr lebensnotwendige, ererbte Eigenschaften) kann als Einstieg verwendet werden: Die Drehbewegung des sich hinlegenden Hundes ähnelt der Verhaltensweise der Wölfe, wenn sie das Steppengras zu einem Lager niederwühlen. Das Suhlen der Hausschweine erinnert an die Ungezieferplage in der Waldheimat.
An diesen Beispielen erkennen Kinder heute noch, daß unsere Haustiere von **Wildformen** abstammen.

Der Mensch bediente sich der größeren Kraft (Pferd–Zugtier) oder besseren Sinne (Hund–Spürhund) bestimmter Tiere. Er **züchtete** neue Rassen, indem er nur die Exemplare zur Fortpflanzung auswählte, die den menschlichen Bedürfnissen am besten entsprachen.
Von den Haustieren der Jungsteinzeit (Hund, Rind, Schwein, Schaf, Ziege und Pferd) kann exemplarisch das **Hausschwein** behandelt werden. Das Wildschwein ist von Natur aus kein guter Langstreckenläufer. Deshalb wurde es auch erst gezüchtet, als die Menschen seßhaft wurden und feste Siedlungen gründeten. Am Vergleich des europäischen Wildschweins mit dem Landschwein wird deutlich, daß bei Heranzüchtung bestimmter nützlicher Eigenschaften (z. B. hoher Fettansatz) Natureigenschaften (z. B. dichtes Haarkleid) verlorengegangen sind. Bei der Schweinehaltung muß also eine bestimmte Temperatur beachtet werden.
Den Kindern kann so klargemacht werden, daß mit dem Äußeren sich auch die Lebensgewohnheiten der Tiere in den Jahrtausenden verändert haben. Unsere Haustiere sind für den Lebenskampf in der freien Wildbahn unzureichend ausgerüstet. So sind sie auf **Schutz** und **Pflege** durch den Menschen angewiesen. Dies sollte bei Kindern eine Grundeinsicht werden (colere – pflegen – Kultur).
Am Gegenteil, der heute aus **ökonomischen Gründen** biologisch pervertierten Geflügelfarm, der Eierfabrik, kann diese Einsicht vertieft werden. Den Trieb des Wildhuhns, Eier zu legen, wenn ihm sein Nest ausgeraubt wird, steigert der Mensch durch Züchtung bis zu einem Grade, der dem Tier keine eigene Lebensregung mehr erlaubt. Kleinstkäfige ohne Auslauf, Futter auf dem Fließband, künstlich geregelte Temperatur und Beleuchtung sowie Brutapparate erhöhen die Eierproduktion des Huhnes bis auf 300 Stück im Jahr.

Ökologische Probleme der Frühzeit
Neben der Bedeutung der Pflege kann eine damit eng verbundene zweite – für die Zukunft ebenfalls wichtige – grundlegende Erkenntnis vermittelt werden. In der **Landwirtschaft** ist das Zusammenleben von Mensch, Tier und Pflanze **nicht naturgegeben.** Die Schüler müssen einsehen, daß der Naturhaushalt immer gestört bleibt. Der Wunsch, möglichst viele Exemplare weniger Arten auf kleinem Raum zu züchten, hat **Tier- und Pflanzenseuchen** zur Folge. Man mache auch klar, daß abwertende oder wertende Bezeichnungen, wie **Un-kraut** oder Nutzpflanze, nur in Beziehung zu den **Grundbedürfnissen des Menschen** zu verstehen sind. Ein Insekt wird zum Schädling, sobald es unsere Kulturpflanzen als Hauptnahrung erwählt. Für unsere Stadtjugend verbindet sich mit dem Begriff von Landwirtschaft oft die Vorstellung einer naturgegebenen harmonischen Ordnung. Das stimmt heute gewiß weniger als in den vergangenen Jahrhunderten, aber im Ansatz traf es schon auf die Jungsteinzeit nicht zu. Dafür zeugt, daß in der Frühzeit die Bauern oft Wanderbauern waren. Beispiel: Köln-Lindenthal, Pörtner I 172 ff. Die **Nährstoffverarmung** des Bodens und Unkenntnis der Düngung waren die Gründe dafür.

Natur	Landwirtschaft
Wild lebende Tiere (Jäger) Gräser (Sammler)	Haustiere (Viehzüchter) Getreide (Ackerbauern)
Zufall	**Sicherheit**
ERNÄHRUNG	
Der Kreislauf von Werden und Vergehen hält den Nährstoffhaushalt der Natur im Gleichgewicht.	**Gefährdung** Tierseuchen Pflanzenseuchen Nährstoffverarmung des Bodens

Die chemische Industrie versucht heute, dieser Schwierigkeit mit Kunstdünger und Schädlingsbekämpfungsmitteln Herr zu werden. Die neuerdings erforschten schädlichen Nebenwirkungen gewisser Mittel auf den menschlichen Organismus zeigen aber, daß das Problem **„Menschliche Ernährung – gestörter Naturhaushalt“** immer bestehenbleiben wird.

4.1 Was der Ackerbau für die Entwicklung der Menschheit bedeutete

4.1.1 Wissensziele

Als mittlere Steinzeit bezeichnen wir die Zeit von 8000 bis 3000 v. Chr. Das Klima wurde wärmer. Die Menschen wohnten nicht mehr in Höhlen, sondern bauten Schutzdächer und Hütten. Sie erfanden für die Vorratshaltung die Töpferei, für die Herstellung von Kleidern Spindeln und Webrahmen, für die Fischerei Einbaum, Ruder und Netz, im Verkehrswesen Scheibenrad und später Speichenrad. Das Beil wurde verbessert, indem man ein Loch für den Stiel hineinbohrte.

4.1.2 UE-Ziele

(1) Merkmale und Ursachen der „neolithischen Revolution“.
(2) Veränderungen in Wirtschaft, Gesellschaft und Lebensweise der Menschen.

4.1.3 Einstieg

- **Film:** WBF 32 5174 Die Jungsteinzeit – Der Mensch wird Bauer
- **Bericht** über die Ausgrabung eines jungsteinzeitlichen Dorfes

4.1.4 Didaktisch-methodische Vorschläge

Das übergeordnete Ziel für die gesamte Unterrichtsreihe besteht darin, den als „neolithische Revolution" bezeichneten Umbruch in seinen ökonomischen, sozialen und politischen Bedingungen und Auswirkungen zu untersuchen. Dabei soll vornehmlich die Wechselwirkung von natürlichen Bedingungen (Klima, Boden usw.), Produktions- und Konsumptionsformen (Anbau von Getreide, Viehzucht), Siedlungsweise (Dorf), Sozialstruktur (Sippe, Familie) und den grundlegenden technischen Erfindungen herausgearbeitet werden.

Einstiegs-Erzählung: Die Fallgrube

Das Klima hatte sich verändert. Es war wärmer geworden. Die Wälder wurden immer dichter. Hier konnten Mammut und Ren nicht leben. Sie waren nach Norden gezogen. Wildrind, Hirsch und Reh waren die Tiere, auf die der Mensch jetzt Jagd machte.

Die Menschen lebten in einer kleinen Hütte auf einer Waldlichtung. Auch jetzt gab es oft lange Hungerzeiten. Ein Mann hatte in der weiteren Umgebung an einigen Stellen, wo er einen starken Wildwechsel beobachtet hatte, Gruben ausgehoben und mit Zweigen bedeckt.

Manchmal schon hatte sich ein Reh oder gar ein Wildrind, das von den Jägern gehetzt wurde, darin verfangen. Würde er etwas fangen, jetzt, wo der Winter vor der Tür stand? Gespannt näherte sich der Mann der großen Grube. Ein Wildrind war hineingestürzt. Schon hob der Mann den Speer, um das Tier zu töten. Da sah er, daß es einen dicken Bauch hatte. Es war eine hochtragende Kuh. Wie ein Blitz durchzuckte ihn der Gedanke: Wäre es nicht besser, das Wild lebend nach Hause zu bringen? Man könnte einen Teil der Lichtung mit Baumstämmen einzäunen. Dann hätte er auch im Winter Fleisch. Das Kalb würde die Milch der Mutter trinken und groß werden.

Schon wollte der Mann loslaufen, um Hilfe bei seinen Söhnen und den Nachbarn zu holen, denn allein konnte er das Tier nicht fesseln und nach Hause tragen. Aber schon meldete sich wieder der beißende Hunger. Sollten die Menschen heute wieder hungern, um vielleicht später Fleisch und Milch zu haben? Wie hättet ihr entschieden?

Der Film „Der Mensch wird Bauer" eignet sich besonders gut, um den Schülern die Lebensweise der Jungsteinzeitmenschen zu veranschaulichen. Als Beobachtungsaufgabe kann der Lehrer vor der Filmdarbietung eingeben:
„Beobachtet, was sich in der Lebensweise der Menschen gegenüber der Altsteinzeit verändert hat".

Als Arbeitsergebnis wird festgehalten:

T Lebensweise der Menschen

Altsteinzeit	Jungsteinzeit
Vorübergehende Wohnung in Höhlen, Hütten, Zelten, keine festen Wohnsitze.	Feste, große Holzhäuser, Dörfer als Siedlungsform.
Kleidung: Felle, Häute der Tiere.	Felle, Häute und gewebte Kleidung.
Nahrungserwerb: Sammeln von Pflanzen, Jagen von Wildtieren und Fischen.	Darüber hinaus: Zucht von Haustieren und Anbau von Getreide und anderen Nutzpflanzen.

Diese erste und vorläufige Gegenüberstellung bedarf einer Differenzierung und Ergänzung. So ist z.B. zu fragen, welche Ursachen dazu führten, daß die Menschen nunmehr in Siedlungen wohnten und seßhaft geworden waren oder warum sie Tiere züchteten und Pflanzen anbauten. Des weiteren ist nach den Folgen für die Formen des Zusammenlebens und den Fortschritten in der Technik zu fragen.

Dazu schildert der Lehrer folgende Situation:

Mit dem Ende der letzten Eiszeit erfolgte eine allmähliche Klimaveränderung. Es wurde trockener und wärmer. Viele Tiere, die den Menschen als Jagdbeute gedient hatten, verließen jetzt diese Gebiete. Die Menschen waren gezwungen, sich nach anderen Nahrungsquellen umzusehen. Schnecken, Muscheln und andere Kleintiere wurden neben dem Fischfang zur Nahrung genutzt.

In Vorderasien gelang es im 9. Jahrtausend v. Chr. den Menschen, den Hund zu zähmen. Er wurde bei der Jagd benötigt und konnte das Lager der Menschen bewachen.

Wie konnte ein Hund gezähmt werden? Denkbar ist, daß sich folgende Vorfälle abgespielt haben: Schakale wurden durch das Lagerfeuer der Menschen angelockt. Die Menschen bemerkten, daß der Schakal gut als Wächter geeignet war, und lockten ihn durch Fleischstücke weiter an. Außerdem konnte er Jagdtiere verfolgen und stellen. Dafür wurde er mit Futter belohnt.

Weitere Tiere, die auf diese oder ähnliche Art gezähmt werden konnten, waren Ziegen, Schafe, Esel und Rinder.

Die Aufenthalte der Menschen richteten sich nun zunehmend danach, wo es Gras und Wasser für die Tiere gab. War das Gras abgeweidet, mußten die Menschen neue Weideplätze suchen; sie waren Nomaden. In Flußtälern gab es reichlich Wasser und Gras, so daß sich hier die Nomaden für immer niederlassen und aus Lehm, Steinen und Zweigen die ersten Häuser bauen konnten.
Frauen und Kinder bemerkten beim Sammeln von Wurzeln, daß bestimmte Gräser eßbare Körner enthielten. Durch Zufall entdeckten sie, daß aus verlorenen Körnern neue Pflanzen wuchsen. Sie kamen auf den Gedanken, absichtlich solche Körner in den Boden zu streuen. Nach einem Jahr wuchs aus einem Korn eine neue Pflanze.
Die Menschen mußten nun noch lernen, den geeignetsten Zeitpunkt für die Aussaat und die Ernte herauszufinden. Außerdem fanden sie heraus, wie der Boden vorbereitet und bearbeitet werden mußte und wie das Getreide vor Schädlingen geschützt werden konnte.
(nach: W. Schneider: „Überall ist Babylon", Knaur 79, S. 14ff.)

Arbeitsaufgaben	denkbare Formulierungen
1. Wie wirkte sich die Klimaveränderung auf das Leben der Menschen aus?	Die Menschen mußten sich neue Nahrungsquellen suchen.
2. Welche Rolle spielte der Hund im Leben der Menschen?	Er bewachte das Lager und half den Menschen bei der Jagd.
3. Welche neuen Nahrungsquellen wurden erschlossen?	Züchtung von Haustieren erbrachte Fleisch, Anbau von Getreide brachte Mehl.
4. Inwieweit veränderte sich das Zusammenleben der Menschen?	Sie wanderten nicht mehr von Ort zu Ort, sondern verweilten länger an einem Ort, bis sie sich gänzlich an einem Ort niederließen.
5. Stelle Vermutungen darüber an, was sich sonst noch verändert haben könnte!	Die Menschen wurden unabhängiger von der Natur. Sie konnten Vorräte anlegen. Sie mußten ihre Felder und Viehherden schützen und verteidigen.
6. Die obige Darstellung stellt eine Möglichkeit dar, wie es gewesen sein könnte. Versuche, eine andere Möglichkeit der Entwicklung zu beschreiben.	Die Schüler können von der Erfindung des Getreideanbaus ausgehen und dann den Übergang zur Viehzucht erläutern.

Um die Bedeutung des Ackerbaus und der Viehhaltung vollends zu erfassen, sollten auch die Materialien in Gfm genutzt werden.

Arbeitsaufgaben	denkbare Formulierungen
1. Beschreibt die Arbeitsgänge, die zur Erzeugung von Brot notwendig waren.	– der Boden wird aufgerissen bzw. gepflügt – die Saat wird eingepflanzt – das Getreide wird mit der Sichel geschnitten – das Getreide wird gedroschen – das Getreide wird zu Mehl verarbeitet – das Mehl wird zu Brot verarbeitet
2. Was besagt die Karte 11 (Gfm) über die Verbreitung des Ackerbaus?	Ackerbau begann im Vorderen Orient um 7000 v. Chr., breitet sich von dort aus über Nordafrika und Teile Europas.

4.2 Wie die Menschen der Jungsteinzeit miteinander lebten

4.2.1 Wissensziele

Zur Großfamilie gehörten Großeltern, Eltern, Kinder, Schwiegertöcher und das Gesinde. Das Eigentum wurde geschützt. Der Vater hatte über alles zu bestimmen. Man nennt das Vaterrecht. Die Mutter hatte die Verantwortung für das Haus und die Vorräte. Man nennt das die Schlüsselgewalt. Die Menschen wünschten sich viele Nachkommen, damit sie im Alter versorgt waren.

4.2.2 UE-Ziele

(1) Zusammenhänge zwischen den Veränderungen in der Wirtschaftsweise und dem Zusammenleben der Menschen.
(2) Entstehung von Herrschaft.
(3) Jäger/Sammler und Ackerbauer/Viehzüchter im Vergleich.

4.2.3 Einstieg

- **Film:** WBF 32 5174 Der Mensch wird Bauer
- **Bild:** „Dorf der Jungsteinzeit" (Gfm)

4.2.4 Didaktisch-methodische Vorschläge

Ein Problemkreis, der sich durch die Bildbetrachtung des Bildes „Pfahlbaudorf in der Jungsteinzeit" herausgreifen läßt, zielt auf die Beantwortung der Frage, inwieweit sich die neue Form der Nahrungsbeschaffung und die damit verbundene Veränderung in der Wirtschaftsform auf das Sozialgefüge auswirkten. In engem Zusammenhang hiermit steht die Frage nach der Form der Machtausübung und Herrschaft, nach der Rollenverteilung, der Bedeutung des Eigentums, der Erziehung, der Versorgung von Alten und Kranken.

Unter diesem Blickwinkel können die Schüler aus der Bildbetrachtung Vermutungen über die Art und die Probleme des Zusammenlebens anstellen. Die Tatsache, daß die Menschen am Seeufer und auf Pfählen ihre Häuser bauten, deutet darauf hin, daß der Besitz geschützt und verteidigt werden mußte.

Mit der Analyse der Texte über die Sozialstruktur der Jungsteinzeit (Gfm–UW) soll der oben erwähnte Fragenkomplex bearbeitet werden. Dabei kann anhand folgender Arbeitsaufgaben eine Gegenüberstellung zwischen der Organisation des Zusammenlebens bei den Jägern/Sammlern und den Ackerbauern/Viehzüchtern vorgenommen werden:

Folgende Gegenwartsbezüge können herausgestellt werden

Bei der Berufsarbeit vieler Mütter ist es nicht möglich, eine große Familie zu versorgen. Es ist auch nicht nötig, Gesinde im Haus zu haben, weil Haushaltsmaschinen oder fremde Kräfte (Wäscherei, Reinigung, Fensterputzer) die Rolle des Gesindes übernommen haben. Bei dem heutigen Lebensstandard, den Anforderungen an Wohn- und Schlafraum seitens der Verwandten und des „Gesindes", würden die meisten Wohnungen nicht für eine Großfamilie ausreichen. Ganz anders sind die Wohnverhältnisse heute noch in Entwicklungsländern (Bilder, Fernsehen). So eng zusammen wohnten früher auch bei uns die Menschen.

▶ **Handbuch:** Von der Großfamilie zur Kernfamilie, Fischer Lexikon Soziologie, S. 71 ff.

Eigentum. Grabbeigaben aus der Zeit des Neandertalers lassen darauf schließen, daß auch damals schon Werkzeug **privates** Eigentum war. Das erlegte Wild wird Hordeneigentum gewesen sein. Die germanische genossenschaftliche Landordnung wurde vermutlich schon in der Jungsteinzeit entwickelt. Das Ackerland war Eigentum der Familie, die Allmende öffentliches Eigentum. Was ist heute persönliches Eigentum, Familieneigentum, öffentliches Eigentum? Was versteht man unter Privateigentum?

	Jäger/Sammler	Ackerbauer/Viehhalter
1. Wer führte in der Hauptsache welche Tätigkeiten/Arbeiten durch?	Männer beschafften Jagdbeute, stellten Werkzeuge und Geräte her; Frauen sammelten Früchte und Kleintiere, bereiteten die Nahrung zu.	Vater hütete zusammen mit den Kindern und den Knechten die Viehherde und bestellte den Acker. Mutter bestellte den Garten, verwaltete die Vorräte, versorgte mit Hilfe der Töchter und Mägde sowie der Großeltern den Haushalt.
	Kinder und ältere Leute halfen im Rahmen ihrer Möglichkeiten mit.	Kinder halfen den Eltern im Rahmen ihrer Möglichkeiten bei Arbeiten im Hause, auf den Feldern. Handwerker stellten Geräte und Werkzeuge her.
	Arbeitsteilung nach Alter und Geschlecht.	Arbeitsteilung nach Alter, Geschlecht, Fähigkeiten und Können.
2. Wie waren die Besitz- und Eigentumsverhältnisse?	Jagdbeute wurde verteilt, Besitz an Land, Vieh usw. gab es nicht. Bei der Jagd übernahm der Beste oder Älteste die Leitung.	Die Großfamilie besaß Land, ein Haus, Geräte und Werkzeuge. Der Vater bestimmte zumeist über die Familie und den Besitz. Er hatte die Verfügungsgewalt über die Kinder.
3. Welche Auswirkungen auf die Organisation des Zusammenlebens hatten die Besitzverhältnisse?	Weitgehend gemeinsame Nutzung von Nahrung und Werkzeugen/Geräten, daher vermutlich kaum Ausbeutung und Unterdrückung.	Es steht zu vermuten, daß Menschen, die über viel Besitz verfügten, die anderen unterdrückten und ausbeuteten. Durch das Entstehen von Privateigentum entstanden größere Unterschiede zwischen den Menschen (Schichten).

Das Vaterrecht. Wie sehr das Vaterrecht unsere ganze Gesellschafts- und Rechtsordnung bestimmt hat, kann das Kind hier exemplarisch erfahren, wenn wir es ihm verfremden und Beispiele mutterrechtlicher Gesellschaften erzählen. Es gelingen historische Einsichten auch dann, wenn die tatsächlichen Autoritätsverhältnisse in seiner Familie dem Kinde eine mutterrechtliche Gesellschaft suggerieren sollten.

Mutterrecht. Die Frau sucht sich den Mann aus. Statt einer Brautpreiszahlung arbeitet der Mann einige Jahre in der Familie der Frau (Sitte eines afrikanischen Stammes). Nach der Eheschließung übersiedelt der Mann in die Familie der Frau. Der Vater hat weniger Ansehen als der Bruder der Frau. (Amazonas)

Zum Vaterrecht gehört vor allem die **Verfügungsgewalt über die Kinder,** am stärksten ausgeprägt in Rom. In mutterrechtlichen Gesellschaften sind die Kinder nur mit der Mutter verwandt; der Besitz des Mannes geht nicht auf seine eigenen Kinder, sondern auf die seiner Schwester über. (Melanesien)

▶ **Handbuch:** Weitere Einzelheiten in Fischer Lexikon Völkerkunde, Stichwort Mutterrecht.

Zu allen Zeiten der bekannten Geschichte hatte die Hausfrau die Schlüssel innerhalb des Hauses zu verwalten, d. h., sie verwaltet die **Vorräte.** In der späteren Rechtsprechung wurde daraus das Recht, im Rahmen des Haushalts liegende **Einkäufe** auf Rechnung des Mannes zu tätigen (juristisch: innerhalb ihres häuslichen Wirkungskreises liegende Geschäfte mit Wirkung für und gegen den Mann abzuschließen). Andernfalls liest man die Bekanntmachung in der Zeitung: „Ich komme für die Schulden meiner Frau nicht auf!" Eine Änderung brachte erst die gesetzlich verankerte Gleichberechtigung.

▶ **Handbuch:** Fischer Lexikon Recht, S. 76.

Kinder waren eine Lebensversicherung. Noch bis vor 100 Jahren waren zehn Kinder in einer Familie nichts Seltenes. Von ihnen blieben jedoch vielleicht nur vier bis fünf am Leben. Sie ernährten die Eltern im Greisenalter. Heute sorgt jeder im Rahmen der Gesetzgebung über das Versicherungswesen für sein Alter selbst. Die Lasten sind auf die ganze folgende Generation verteilt. Wenn aber plötzlich weniger oder gar keine Kinder mehr geboren würden, wäre die Versorgung der jetzt Arbeitsfähigen im späteren Alter nicht mehr möglich. Sie ist bei durchschnittlich zwei Kindern heute gesichert, weil die Produktivität des Arbeiters (die Arbeitsleistung in einer bestimmten Zeit) durch den Einsatz von Maschinen heute größer als früher ist.

Die zusammenfassende Darstellung könnte wie folgt durchgeführt werden:

1. Der Lehrer provoziert durch den Impuls „Der Übergang von den Jägern/Sammlern zu den Ackerbauern/Viehhaltern ist so einschneidend, daß man von einer Revolution spricht" eine Gegenüberstellung.
2. Die Schüler erarbeiten im Unterrichtsgespräch die zu untersuchenden Kriterien/Kategorien.
3. Die Schüler erarbeiten in Gruppen stichpunktartig die inhaltlichen Formulierungen.

T Gegenüberstellung Jäger/Sammler und Ackerbauer/Viehhalter

	Jäger/Sammler	Ackerbauern/Viehhalter
Werkzeuge, Geräte, Waffen, Material	Faustkeil, Schaber, Harpune. Knochen, Holz, Stein, Feuer.	Pflug, Hacke, Sichel, Webrahmen, Netze, Boote, Rad. Pfeil und Bogen (Fernwaffen).
Tätigkeiten der Menschen	Jagen, Sammeln, Fischen, Herstellen und Ausbessern von Geräten und Werkzeugen.	Anbau von Getreide, Haltung von Tieren, Jagen, Sammeln, Fischen, handwerkliche Arbeiten (Arbeitsteilung).
Lebensweise der Menschen	Zunächst ständiges Umherziehen auf der Suche nach Nahrung, später längeres Verweilen an einem Ort (in Höhlen); ungesicherte Ernährung; totale Abhängigkeit von dem, was in der Natur greifbar war.	Die Menschen lebten an einem festen Ort in einem Dorf und waren seßhaft. Die Nahrung konnte aufbewahrt und die Ernährung geplant werden.
Organisation des Zusammenlebens	Horden; Führer bei der Jagd (funktionale und temporäre) Herrschaft; gemeinsame Aufteilung der Beute; gemeinsamer Besitz an Geräten/Werkzeugen.	Großfamilien/Sippen verfügten über Eigentum an Land, Vieh, Geräten/Werkzeugen. Männer hatten Herrschaftsfunktion; Abhängigkeit und Schichtenbildung (Knechte, Mägde).

5. Die Entwicklung der Technik in Jungsteinzeit und Bronzezeit

5.0.1 Literaturangaben

vgl. 3.0.1, Seite 47

5.0.2 UR-Ziele

(1) Voraussetzungen und Auswirkungen von Erfindungen für die Lebens- und Arbeitsweise der Menschen.
(2) Veränderungen in der Wirtschaftsweise, der Gesellschaftsstruktur, in der Siedlungsweise und in der Organisation von Herrschaft.

5.0.3 Medien
(siehe auch 3.0.3)

Dias

FWU	10 1017	Grundlagen des Schmiedens
	10 1054	Von der Bronzenadel zur Nähmaschine
Flemming	10 6723	Ältere Bronzezeit 10 f
	10 6724	Jüngere Bronzezeit 10 f
V-Dia	10 4474	Germanische Mythologie
Stoedtner	G 3	Die Bronzezeit 29 sw

Filme

FWU	32 0776	Eisengewinnung und Opferkult bei den Kindi 15 min f
WBF	32 4156	Der Mensch entdeckt das Metall – Bronzezeit – um 2200 v. Chr. 13 min f Mensch und Gesellschaft in der Bronzezeit – um 1300 v. Chr. 13 min f.

5.1 Wie Erfindungen das Leben der Menschen verändert haben

5.1.1 Wissensziele

Die Metallzeit begann bei uns um 1800 v. Chr. Damals verbesserte man die Bodenbearbeitung. Der Pflug wurde von Rindern gezogen. Die Menschen verfeinerten Kleidung und Wohnkultur. Die Siedlungen wurden größer. Zum Schutz gegen Angriffe mußten sich mehr Menschen zusammenschließen. Mehrere Sippen bildeten einen Stamm.

5.1.2 UE-Ziele

(1) Teilphänomene des Erfindens.
(2) Zusammenhänge zwischen den Erfindungen, den Veränderungen in der Lebensweise der Menschen.

5.1.3 Einstieg

- **Film:** WBF 32 5174 Der Mensch wird Bauer
- **Bild:** Dorf der Jungsteinzeit (Gfm)

Einstiegs-Erzählung: Das scharfe Beil

Das Feuer hatte das Blockhaus zerstört. Der Mann ging in den Wald, um Bäume für den Bau eines neuen Hauses zu fällen. Tagelang, immer wieder, hieb er mit dem Steinbeil auf den Stamm ein. Immer wieder wurde das Beil stumpf, der Stein splitterte. Er kam nicht weiter. Sollte seine Familie ohne feste Behausung vom Winter überrascht werden?
Da hörte er, wie seine Frau ihn rief. Er rannte los und sah: Das ganze Dorf war auf den Beinen. Ein Fremder war ins Dorf gekommen, hierher, ein Mensch, den man noch nie gesehen hatte. Er ging neben einem großen Wagen, der von Ochsen gezogen wurde. Seine Knechte zogen die Plane vom Wagen.
Jetzt sahen es alle. Der Wagen war voll von Waren. Sie hatten eine bräunliche Farbe und glänzten in der Sonne. Auch Beile sah man. Der Fremde ging mit einem Beil zum nächsten Baum und hieb mit wenigen scharfen Hieben einen Ast ab. Man kam aus dem Staunen nicht heraus. Die Beile waren nicht aus Stein. Es mußte ein ganz unbekannter neuer Werkstoff sein. So ein Beil müßte man haben. Dann könnte das Haus bald fertig sein.
Der Händler wurde gefragt, was er für ein Beil haben wollte. Ein Gehilfe übersetzte in die Sprache des Händlers, der anscheinend von weit her gekommen war. Als der Händler dann sagte, was er für ein Beil haben wollte, erhob sich ein Schrei der Empörung. Blondes Frauenhaar wollte der Händler haben. Fast hätten die erregten Dorfbewohner ihn verprügelt. So erregt waren sie über die Zumutung, daß sie ihren blonden Frauen für ein Beil die Haare abschneiden sollten. Der Dolmetscher erklärte ihnen, daß Frauen in der Heimat des Händlers meist schwarze Haare hätten und viel darum gäben, wenn sie sich einen künstlichen Schmuck aus blonden Haaren machen konnten.
Nachdem sich die Aufregung gelegt hatte, besprach sich der Mann mit seiner Frau. Sollte sie ihre langen blonden Haare für das Beil aus dem unbekannten Stoff opfern?

5.1.4 Didaktisch-methodische Vorschläge

Innerhalb dieser Unterrichtseinheit soll an einigen Beispielen aufgezeigt werden, welche Situationen zu einer Erfindung führen können und wie sich die Erfindungen für das Leben der Menschen ausgewirkt haben.
Ausgangspunkt des Unterrichts sollte eine Bildbetrachtung sein. Das Bild „Dorf der Jungsteinzeit" (Gfm) enthält einen „Zusammenschnitt" von Tätigkeiten und Szenen des täglichen Lebens, so wie sie sich in der Jungsteinzeit ereignet bzw. abgespielt haben können.

Welche Werkzeuge sind zu erkennen?	Was wird mit diesen Werkzeugen gemacht oder hergestellt?
Steinbohrer	Steinäxte werden durchbohrt
Webrahmen	Kleider werden hergestellt
Ton wird geknetet	Behälter werden hergestellt
Boot, Paddel, Netz	Fische werden gefangen
Äxte	ein Baum wird ausgehöhlt
Hacke, Pflug	Acker wird gepflügt bzw. umgegraben
Pfeil, Bogen, Speere	Tiere werden gejagt

Diese ersten Informationen, die dem Bild entnommen werden können, sollen jetzt differenziert und präzisiert werden.
Nachfolgend soll an mehreren Beispielen entwickelt werden, welche Teilphänomene des Erfindens bedacht werden müssen und welche Auswirkungen mit den Erfindungen verbunden waren.
Der Lehrer stellt kurz folgende Situation dar:
Das Getreide war geschnitten, die Körner waren von den Ähren getrennt. Was mußte nun mit ihnen geschehen? Die Schüler sollen herausfinden, daß das Korn vor Nässe und Ungeziefer geschützt werden mußte. Überdies ist herauszustellen, daß die Körner nicht sofort verbraucht, sondern auf Vorrat gehalten werden mußten. Damit ist die Not- und Mangelsituation beschrieben.
Die bis dahin bekannten Möglichkeiten des Aufbewahrens in Fellen erwiesen sich als unzulänglich. Körbe aus Weidegeflecht bedeuteten einen Fortschritt, waren aber zur Aufbewahrung z. B. von Flüssigkeiten ungeeignet.
Damit ist das zweite Teilphänomen „Was gab es bisher?" beschrieben.
Der Aufforderung, die Herstellung des in Gfm abgebildeten Tontopfes zu beschreiben, können die Schüler unter Zuhilfenahme weiteren Materials (Lexikon) nachkommen: Ton kneten → Gefäß formen → im Ofen brennen → bemalen oder ritzen.

Somit sind die Phasen 3 („Welche Versuche wurden unternommen?") und 4 („Wie funktionierte der neu erfundene Gegenstand?") angedeutet.
Abschließend wird nach den Auswirkungen der Erfindung gefragt:
Die Menschen waren von Hungersnöten besser als vorher geschützt. Außerdem konnten sich einige Menschen auf die Herstellung von Tonbehältern spezialisieren, so daß eine Arbeitsteilung stattfand.
Die nachfolgende Übersicht faßt am Beispiel der Tontopfherstellung diese Teilphänomene des Erfindens übersichtlich zusammen:

T In welchen einzelnen Schritten erfolgten die Erfindungen?

Schritte zu den einzelnen Erfindungen	Tonkrug	Beil
1. Welche Not- oder Mangelsituation wurde spürbar?	Vernichtung von Nahrungsmitteln (Getreide, Obst) durch Schädlinge.	
2. Was gab es bisher?	Felle, Körbe, Schalen aus Bast oder Weiden.	
3. Welche Versuche wurden unternommen?	Tonerde war formbar, tönerner Boden unter der Feuerstelle wurde hart.	
4. Wie funktioniert der neu erfundene Gegenstand?	Ton wurde geknetet, das Gefäß wurde geformt, dann vorgetrocknet, bemalt oder geritzt und gebrannt.	
5. Wie wirkte sich die Erfindung aus?	Besserer Schutz vor Hungersnöten, Arbeitsteilung (Handwerker).	

In einem weiteren Arbeitsabschnitt soll versucht werden, die Entwicklung vom Faustkeil zum Beil an diesen Teilphänomenen selbständig zu erarbeiten. Die Aufgabe besteht darin, Situationen zu entwickeln und auszugestalten, in denen die fünf Teilphänomene (s. o.) konkretisiert werden. Dazu sind folgende Situationen denkbar:
Stufe 1: Die Menschen versuchten, mit dem Faustkeil einen Baum zu fällen, wenn der Faustkeil an einem Holzstück mit Tiersehnen befestigt worden war.
Stufe 2: Die Menschen sahen in der Natur, wie Äste aus einem Astloch des Baumes herauswachsen.
Stufe 3: Die Menschen erkannten, daß das Steinbeil ebenfalls ein Loch haben mußte, aus dem der Stiel „herauswuchs".

Stufe 4: Das Steinbeil mußte durchbohrt werden, der Stiel mußte geschaftet werden.
Um diesen Vorgang nachvollziehen zu können, soll die auf dem Bild „Dorf der Jungsteinzeit" dargestellte Bohrmaschine in ihrer Funktion erklärt werden. Dazu erscheint es angebracht, diese Bohrmaschine vergrößert als Tafelskizze zu präsentieren. Folgende Stichpunkte können den Schülern helfen, die Funktion des Bohrers zu erkennen:
Wenn man den Fiedelbogen hin und herbewegt, treibt die Schnur des Fiedelbogens den Bohrschaft. Der Querbalken drückt mit dem Steingewicht auf den Bohrschaft. Der Bohrschaft bohrt sich unter Hinzugabe von Quarz und Wasser langsam in den Stein.
Stufe 5: Mit einem Beil konnte man z.B. Bäume schneller fällen. Zudem stellten die Menschen fest, daß das Beil auch als Waffe dienen konnte.
Die einzelnen Phasen können jetzt in das unvollständige Tafelbild (s. S. 63) nachgetragen werden.
Am Beispiel der Erfindung des Beils kann sich die Frage entzünden, inwieweit die neuen Erfindungen den Menschen Nutzen brachten, oder allgemeiner: Bringt technischer Fortschritt dem Menschen nur Nutzen?
Viele Schüler werden auf den ersten Blick geneigt sein, im technischen Fortschritt auch heute noch nur die Vorteile zu sehen. Der Lehrer kann nun eine Situation schildern, in der deutlich wird, daß man das Beil auch als Waffe zum Töten von Feinden benutzen kann und daß man selber von den Feinden mit dieser Waffe getötet werden konnte. Auch der Aspekt der Weiterentwicklung von Waffen kann einfließen: der Faustkeil verstärkte die Kraft des Menschen, der Speer verlängerte gewissermaßen seinen Arm. Aus der Nahkampfwaffe wurde eine „Fernwaffe", d.h., die nächste Entwicklungsstufe bestand darin, die Waffen aus weiterer, sicherer Entfernung wirksam einzusetzen. Damit setzte die Entwicklung zur Erfindung von Schleuder, Pfeil und Bogen ein.

T Entwicklung der Waffentechnik

Beil (als Werkzeug) ↙ Faustkeil ↘ Beil (als Waffe)
↓
Speer
↓
Schleuder
↓
Pfeil und Bogen

Unter Zugrundelegung des Text- und Bildmaterials in Gfm, kann versucht werden, an weiteren Beispielen die Teilphänomene von Erfindungen aufzuzeigen. Dazu bietet sich die Gruppenarbeit an. Die einzelnen Gruppen bekommen die Aufgabe, die technischen Verbesserungen der jeweiligen Geräte bzw. Werkzeuge sowie deren Auswirkungen festzustellen. Am Ende dieser Arbeitsphase könnte folgendes Tafelbild entstehen:

Gerät/Werkzeug	technische Verbesserungen	Auswirkungen
Gruppe 1 Pflug	Entwicklung vom Grabstock zum Hakenpflug.	Verbesserung der Bodenbearbeitung durch Auflockern des Bodens. Verwendung von Zugtieren anstelle der menschlichen Arbeitskraft.
Gruppe 2 Töpfe, Gefäße	Entwicklung von Behältern aus Fell oder Leder über abgedichtete Behälter zur Töpferscheibe.	Schutz der Nahrungsmittel vor Tieren, Aufbewahrung und Vorratsspeicherung.
Gruppe 3 Spindel, Webrahmen	Bearbeitung von tierischen Haaren und tierischer Wolle sowie pflanzlicher Fäden (Flachs).	Wärmende und haltbare Kleidung.
Gruppe 4 Beil	Entwicklung vom Faustkeil zum Beil, dabei Durchbohren von Steinen.	Fällen von Bäumen und Bearbeiten des Holzes wurden erleichtert, Verwendung des Beils als Waffe.
Gruppe 5 Rad	Entwicklung vom Schlitten über das Scheibenrad zum Speichenrad.	Transport von Lasten wurde verbessert. Zahlreiche neue Geräte, die auf dem Prinzip der Drehung beruhen (z.B. die Spindel), wurden erfunden.

Unter der Themenleitfrage „Wie haben die Erfindungen das Leben der Menschen verändert?“ kann jetzt eine Zwischenbilanz gezogen werden, indem auch auf die Arbeitsergebnisse der voraufgegangenen Unterrichtseinheiten Bezug genommen wird.

T Klima, Nahrungsgrundlage, Erfindungen, Zusammenleben

	Klima	Ernährung	Zusammenleben
Altsteinzeit	Eiszeit	Jagen, Fischen, Sammeln.	Horden leben in Höhlen, Nomaden.
Jungsteinzeit	Klima wärmer	Jagen, Fischen, Sammeln, dazu planmäßiger Anbau von Getreide und Viehzucht.	Siedlung an einem festen Ort, Dörfer, Sippen.
	Erfindungen	Gefäße aus Ton Pflug Beil Fischernetz Einbaum Rad	

↓
Mehr Erzeugung von Nahrung, Kleidung und Geräten.
↓
Unabhängiger von der Natur.
↓
Verbesserungen der Lebens- und Arbeitsbedingungen.

5.2 Wie sich in der Metallzeit die Arbeitsteilung entwickelte

5.2.1 Wissensziele

Die Metallzeit begann bei uns um 1800 v. Chr. Damals verbesserte man die Bodenbearbeitung. Der Pflug wurde von Rindern gezogen. Die Menschen verfeinerten Kleidung und Wohnkultur. Die Siedlungen wurden größer. Zum Schutz gegen Angriffe mußten sich mehr Menschen zusammenschließen. Mehrere Sippen bildeten einen Stamm.

5.2.2 UE-Ziele

(1) Herstellung und Verwendung neuer Metalle.
(2) Veränderung der Lebens- und Wirtschaftsform durch Metallgeräte und -werkzeuge.
(3) Vergleich zwischen den Lebensformen in der Altsteinzeit und in der Metallzeit.

5.2.3 Einstieg

- **Geschichtserzählung:** Kiprus und Artur (s. u.)
- **Bild:** In einem griechischen Bergwerk (Gfm)
- **Bildgeschichte:** Der Bronzeguß (Gfm)

5.2.4 Didaktisch-methodische Vorschläge

Die UE-Ziele 5.2.2 weisen aus, daß es darum geht, die Zusammenhänge zwischen der Verarbeitung und Verwendung von Metallen, zwischen den Wandlungen in Arbeit und Wirtschaft und zwischen den damit verbundenen Veränderungen in der Lebensweise der Menschen zu untersuchen. So bewirkte die Herstellung von Bronze und Eisen neue Produktionsmethoden und eine neue Organisation der Arbeit sowie einen Austausch von Waren. Damit verbunden waren Veränderungen in der Gesellschaftsstruktur und in der Wohn- und Siedlungsweise.
Es entstanden Dörfer und Städte.
Wir schlagen als Einstieg den unter 5.2.3 aufgeführten Bildvergleich zwischen den beiden Bildern „In einem griechischen Bergwerk“ und „Dorf der Jungsteinzeit“ vor (beide in Gfm).
Dazu sollen die Schüler die beiden Bilder unter dem Aspekt der Arbeitsweise der Menschen betrachten. Die didaktische Funktion des Bildvergleiches besteht darin, sowohl erste und vorläufige Unterschiede in der Arbeitsweise zu benennen als auch die Frage nach den Gründen und den Auswirkungen auf die Lebensweise der Menschen aufzuwerfen.

Das inhaltliche Ergebnis eines Vergleichs könnte so aussehen:

Bild „Pfahlbaudorf"	Bild „Bergwerk"
Menschen jagen, treiben Ackerbau und Viehzucht, stellen Werkzeuge her, fischen.	Menschen arbeiten in einem Bergwerk: Sie hauen Gestein los und transportieren es ans Tageslicht.

Diese vergleichsweise banalen Feststellungen sollen die Fragen provozieren, warum die Menschen im Bergwerk nach Gestein suchen, mit welchen Mitteln und mit welchen Methoden.
Nachdem die Schüler zu diesen Fragen Vermutungen geäußert haben, kann an dieser für das Verständnis der Wirtschaft grundlegenden Stelle eine Geschichtserzählung herangezogen werden.
Es empfiehlt sich, diese relativ umfangreiche Erzählung auf drei Komplexe hin zu analysieren. Im ersten Abschnitt „Alle Menschen wollten Bronze haben" geht es um die Frage, warum und auf welche Weise die Menschen Gegenstände eintauschten. Der zweite Komplex befaßt sich vornehmlich mit der technischen Seite der Kupfer- und Bronzeherstellung, während im dritten Komplex die Frage nach den Organisationsformen des Handels aufgegriffen wird.

Kiprus und Artur

Alle Menschen wollten Bronze haben. „Kiprus ist da! Kiprus, der so schöne Steinbeile machen kann!" Mit Windeseile verbreitete sich die Nachricht in dem kleinen Dorf am Rheinufer. Schwerfällig rumpelte der vierrädrige Karren in die Siedlung. Die beiden Ochsen konnten ihn nur mühsam in dem von Regen aufgeweichten Boden ziehen. Kiprus und seine beiden Knechte mußten an manchen Stellen fest zupacken. Auch Männer aus dem Dorf schoben kräftig mit. Kiprus sprach die einheimische Mundart und genoß seit Jahren Vertrauen in allen Dörfern ringsum.
In kurzer Zeit war die ganze Einwohnerschaft auf den Beinen. Kiprus stellte sich auf den Wagen und hielt etwas in die Höhe. Es war noch von einem Leinentuch bedeckt. Weithin scholl seine fröhliche Stimme über den Platz. „Ihr Männer und Frauen! Ihr habt mir oft meine Steinbeile abgekauft, weil ihr wußtet, es gibt keine besseren Beile weit und breit. Aber heute habe ich euch noch etwas Besseres mitgebracht, ein Beil, so scharf und so glänzend, wie ihr es noch nie gesehen habt!"
Er ließ das Tuch fallen, und ein vielstimmiges „Ah" und „Oh" scholl ihm entgegen. In der Sonne blitzte es rötlich. Die Männer prüften sachkundig die Schärfe des Beiles. Es war viel schärfer als die besten Steinbeile. So eine Waffe hatte niemand weit und breit.
Auch die Frauen drängten heran, denn Kiprus zeigte einen Armreif. Es war eine Spirale aus dem fremden rötlichen Stoff. Er glänzte wie Gold, wenn man ihn in der Sonne drehte. Was würden wohl die Frauen in der Nachbarschaft sagen, wenn man mit einem so kostbaren Schmuck am Arm demnächst zu Besuch käme! Das Bieten und Feilschen begann. Schließlich waren einige Beile und Armspiralen gegen Stücke des kostbaren gelben Bernsteins eingetauscht, der weit aus dem Norden kam. Andere Bauern boten besonders schöne Stücke Leinen und Wolltuch. Einer der Männer hatte Salz anzubieten, das er weit her von Verwandten erhalten hatte. Kiprus gab ihm dafür ein bronzenes Schabemesser, mit dem man sich den Bart abrasieren kann.
Artur, der reichste Bauer im Dorf, der zugleich der Älteste seiner Sippe war, lud Kiprus zum Übernachten ein. Beide kannten sich gut. Artur hatte Kiprus früher einmal mit seinen Knechten begleitet. Räuber hatten den Wagen überfallen. Der Übergang über das große Gebirge im Süden war noch immer unsicher. Mit der Zeit waren die beiden Freunde geworden. Kiprus nahm die Einladung dankbar an. Bald saß er mit seinem Gastgeber am abendlichen Herdfeuer. Kiprus erzählte, was es mit dem neuen Werkstoff auf sich habe.

Kupfer wurde im Bergwerk gewonnen. „Weit, weit im Süden, jenseits des großen Gebirges, holt man Gestein aus dem Bergwerk. Die Arbeit im Bergbau ist schwer und gefährlich. Erst erhitzt man die feste Gesteinswand mit starkem Feuer. Dann schüttet man kaltes Wasser dagegen, so daß sie brüchig wird. In die Spalten treibt man Holzpflöcke hinein und begießt sie mit Wasser. Dann quellen sie auf, und das Gestein löst sich. In ihm sind die Adern aus rötlichem Kupfer zu erkennen.
Jetzt muß man das Kupfer aus dem Gestein herausschmelzen. Dazu braucht man einen Schmelzofen. Man schichtet abwechselnd eine Lage verglimmtes Holz (Holzkohle) und eine Lage Kupfererz übereinander. Der mannshohe Haufen wird mit Lehm abgedeckt und in Brand gesteckt. Ein Loch unten und oben sorgt für Durchzug. Außerdem führt man mit einem Blasebalg Frischluft zu und erhöht die Temperatur im Ofen. Aus einer Öffnung fließt das geschmolzene Kupfer in Formen aus Lehm und erkaltet. Jetzt sind die Kupferbarren fertig."
„Warum verwenden die Kupferschmelzer Glimmerholz?" wollte Artur wissen. Kiprus erklärte ihm: „Unter einer Decke aus Lehm wird Holz in Brand gesteckt. Man sorgt dafür, daß nur ganz wenig Luft dazukommt. Dann kann das Holz nicht verbrennen. Es verglimmt zu schwarzen Brocken. Sie geben dann im Schmelzofen mit Hilfe des Blasebalgs viel mehr Hitze als gewöhnliches Holz. Sie schmelzen das Kupfer aus dem Erz heraus."

Kupfer und Zinn ergaben Bronze. Artur nahm alles staunend auf, was Kiprus ihm erzählte. Mancher Becher Honigbier wurde dabei geleert. Kiprus wußte noch mehr: „Das Metallbeil wird härter und damit brauchbarer, wenn man neun Teilen Kupfer einen Teil eines weißen Metalls beimengt. Man nennt es Zinn. Neun Teile Kupfer und ein Teil Zinn ergeben also Bronze.

Manche Leute behaupten, daß Zinn mit Schiffen von einer großen Insel geholt wird. Sie liegt im Westen, eine Tagereise vor der Küste. Dort brauchen die Handwerker Kupfer, das man auf der Insel nicht findet. Sie tauschen es gegen Zinn, das es nur bei ihnen geben soll. Aber Genaues weiß ich hierüber nicht."

Artur schwirrte der Kopf von all dem Neuen, das er hörte. Die beiden Freunde standen auf und gingen hinaus in die sternklare Nacht. Sie wanderten durch die Felder, die das Dorf umsäumten. Artur hatte das Beil in der Hand. Es schimmerte im Sternenlicht. Eines wollte er noch wissen: „Wie wird denn aus dem Rohstoff Bronze dieses schöne Beil hergestellt?"

Da blieb Kiprus plötzlich stehen und schaute Artur mißtrauisch an. Nach einer Weile aber sagte er: „Dir will ich etwas über das Geheimnis des Bronzegusses mitteilen. Aber schwöre mir bei den Göttern, daß du davon niemandem weitererzählst. Du darfst auch niemals versuchen, selbst Bronzebeile herzustellen, solange ich dir welche bringe." Arturs Neugierde ließ sich nicht mehr zügeln. Er leistete den verlangten Schwur. Die beiden Männer setzten sich auf einen Felsblock. Artur hielt das Beil krampfhaft mit beiden Händen umschlossen. Kiprus berichtete:

Gegenstände aus Bronze wurden in Formen gegossen. „Wenn man Schwerter, Beile oder Schmuck herstellen will, braucht man zunächst die richtige Form. Man knetet das Beil oder den Schmuck aus Wachs und umgibt diese Form mit einer dicken Tonschicht. Unten und oben kommt ein kleines Loch hinein. Dann schmilzt man durch leichtes Erwärmen das Wachs heraus und brennt den Ton hart. Die Form stellt man neben den Ofen.

Aus dem Ofen wird der Bronzebarren in einer Schale aus Ton geschmolzen. Wenn die Bronze flüssig ist, schöpft man sie mit einer Kelle heraus. Es brodelt und zischt, wenn man die glühend-flüssige Masse in die Form gießt. Dann läßt man sie erkalten. Anschließend wird die Form aus Lehm zerbrochen, und man hat den fertigen Gegenstand vor sich liegen. Die Form ist zwar verloren, aber es schadet nichts, denn Ton gibt es bei uns genug.

Das Bronzestück kann durch Schleifen und Ritzen (Gravieren) mit einem Stichel nachbehandelt werden. Wenn ein Beil stumpf geworden ist, kann es geschärft oder neu gegossen werden. Man muß es nicht wegwerfen wie ein Steinbeil, das zerspringt oder schartig geworden ist."

„Das Bronzebeil ist vor allem eine gute Waffe. Für die Arbeit oder das Fällen von Bäumen solltest du jedoch immer noch das härtere Steinbeil nehmen."

Artur hätte noch stundenlang zuhören können, aber der kalte Morgennebel kroch ihnen in die Kleider, und so machten sie sich beide auf den Heimweg.

In den nächsten Tagen nahm Kiprus seinen Gastgeber mit, wenn er in entfernte Dörfer fuhr, um seine Waren einzutauschen. Eines Morgens hockten beide auf dem rumpelnden Ochsenkarren. Kiprus hatte gute Geschäfte gemacht. Heute wollte er mit Artur eine für ihn lebenswichtige Frage besprechen.

Artur sollte Händler werden. „Du hast gemerkt", begann Kiprus, „wie die Bauern auf das neue Metall versessen sind. Bald werden alle Männer Bronzebeile, Bronzeschwerter und Bronzemesser haben wollen. Die Frauen können nicht genug kriegen von dem glänzenden Schmuck. Aber wenn ich hier weiter im Lande herumfahre, kann ich keine Bronze herstellen. In dieser langen Zeit könnte ich zu Hause viele Bronzeschwerter herstellen. Auch ist es besser, wenn einheimische Händler die Ware zu ihren Stammesleuten bringen. Sie kennen ihre Kunden und die Mundart der Nachbargaue.

Ich brauche aber jemanden, der die Ware von mir erhält und sie an die einzelnen Händler weitergibt. Er wäre dann ein Großhändler, die anderen Kleinhändler. Das könntest du machen, du bist ein kluger Mann. Du hast ein großes Gehöft, wo du die Waren lagern kannst. Bei dir können die Kleinhändler die Bronze abholen. Bei dir können sie auch die Ware abgeben, die sie zum Tausch anbieten: Wolle, Leinen, Salz und Bernstein. Damit belädst du die Wagen, damit sie ihre Rückreise über das große Gebirge antreten können. Wenn du auf mein Angebot eingehst und Händler wirst, kannst du jetzt hohe Erträge erzielen. So viel kannst du aus deinem Acker niemals herausholen. Jetzt gibt es noch wenig Bronze, und jeder will sie haben. Wie es später wird, wenn genug Bronze da ist, kann ich natürlich nicht sagen."

Artur schwirrte der Kopf. Er sollte Händler werden, Großhändler sogar, der in einem großen Gebiet die Einzelhändler belieferte? Er sollte ein Lager unterhalten, Waren gegeneinander tauschen?

Als Bauer hatte er nach der Väter Weise seinen Acker bearbeitet. Seine Familie hatte ihr Auskommen gehabt, wenn das Brot in heißen und trockenen Jahren auch manchmal sehr knapp war und die Menschen hungerten.

Was würde alles an Neuem auf ihn zukommen, wenn er Händler wurde? Jeden Tag konnte sich etwas Unvorhergesehenes ereignen. Räuberbanden überfielen die Wagen. Andere Händler konnten kommen und bessere oder billigere Bronze verkaufen. Er würde ein großes Risiko eingehen. Das war ihm klar, und so erbat er sich von Kiprus einige Tage Bedenkzeit.

Arbeitsaufgaben	denkbare Formulierungen
1. Welche Arbeiten und Tätigkeiten führten die Menschen aus, um Bronze herzustellen? Unterscheidet dabei die Tätigkeiten: a) im Bergwerk, b) am Hochofen, c) beim Gießen, d) beim Schmieden.	a) Bergwerk: Lösen des Erzgesteins, Zerkleinern des Erzgesteins, Transport des Erzgesteins an die Erdoberfläche. b) Hochofen: Übereinanderschichten von Holzkohle und Erz, Zuführung von Luft durch Blasebalg. c) Gießen: Einfüllen des flüssigen Kupfers in eine Gießform, erkalten lassen, Zerbrechen der aus Ton bestehenden Gießform. d) Schmieden: Bearbeiten und Schärfen des gegossenen Gegenstandes.
2. Welche neuen Berufe entstanden durch die Herstellung von Bronze?	a) Hauer, Träger, Sortierer, b) Hochofenarbeiter, c) Gießer, d) Schmiede.
3. Welche Vorteile brachte das Metall den Menschen?	Bronze war leichter und vielseitiger zu bearbeiten.
4. Welche Gegenstände wurden getauscht?	Beile, Armreif aus Kupfer gegen Bernstein, Leinen, Wolltuch, Salz.
5. Warum tauschten die Bewohner des Dorfes?	Kupferbeile und Bronzebeile waren schärfer als Steinbeile und eigneten sich für viele Tätigkeiten besser als Steinbeile.
6. Was hatte Kiprus veranlaßt, sein Dorf zu verlassen und Gegenstände in fernen Gegenden zu tauschen?	Kiprus hatte festgestellt, daß es an anderen Orten einen Bedarf an Gegenständen aus Kupfer und Bronze gab. Er stellte mehr Gegenstände her als in seinem Heimatdorf gebraucht wurden und verkaufte gewinnbringend die „überschüssigen" Gegenstände an anderen Orten.
7. Stellt in einer Tabelle zusammen, welche Vor- und Nachteile das Angebot enthielt, das Kiprus dem Artur unterbreitete.	
Vorteile **für Kiprus:** Um mehr Bronzegeräte herstellen zu können, setzte er Groß- und Kleinhändler ein, die seine Gegenstände lagerten und weiterverkauften.	**Nachteile** Es war für ihn riskant, sich auf die Groß- und Kleinhändler zu verlassen.
für Artur: Durch den Handel mit den begehrten neuen Gegenständen konnte er mehr Erträge erzielen als durch Ackerbau und Viehzucht.	Die Aufbewahrung und der Transport waren risikoreich: er konnte bestohlen und überfallen werden; zudem drohte die Konkurrenz durch andere Händler.

Metalle bewirkten Veränderungen in der Lebens- und Arbeitsweise der Menschen

Geräte, Werkzeuge, Waffen	Auswirkungen	Vergleich mit Jäger/Sammler	Neue Berufe
Sichel	Getreide und Gras konnten leichter gemäht werden.	Ackerbau/Viehzucht Schneiden mit Sichelmessern	Bergmann, Köhler, Waffenschmied, Sichelschmied, Wagenbauer.
Beile/Äxte	Bäume konnten leichter gefällt und bearbeitet werden. Es gab wirkungsvollere Waffen.	Steinbeil, Steinaxt	Händler
Knöpfe, Gewandnadeln	Diese Gegenstände hielten Kleidungsstücke besser zusammen und dienten auch als Schmuckstücke.	Tiersehnen	Schneider, Schmiede
Wagen/Rad	Waren und Gegenstände konnten besser transportiert werden.	Transportieren in Körben und Säcken, Ziehen der Lasten	Wagenbauer, Großhändler, Kleinhändler

Den Schülern wird so deutlich, daß man ein so existentielles Problem nur nach gründlicher Erforschung der Fakten lösen kann.

▶ **Material:** Bildreihe „Vom Bronzeguß bis zum Verbraucher" (Gfm)

Auch die Karte „Bodenschätze in der Bronzezeit" sollte herangezogen werden. Sie regt dazu an, über die Schwierigkeiten, die sich beim Handel und bei der Produktion von Bronzegegenständen ergaben, weiter nachzudenken. Allerdings ist es unumgänglich, dabei die geografischen Größenverhältnisse in Rechnung zu stellen. Den Schülern muß deutlich werden, daß ein Zentimeter auf dieser Karte einen Weg von mehr als 500 Kilometer bedeutet. Sie müssen außerdem darüber informiert werden, daß es Verkehrswege, wie sie den Schülern heute geläufig sind, damals nicht gab: da befahrene Straßen fehlten, wählten die Händler vorzugsweise den Wasserweg.
Auch der Begriff „Arbeitsteilung" bedarf einer Erläuterung und Ausdifferenzierung. Auch dies kann am Beispiel der Bildreihe „Großhändler–Kleinhändler–Verbraucher" (s.o.) erfolgen. Sie verdeutlicht, über welche Etappen die Waren vom Hersteller bis zum Verbraucher gingen. Bezieht man Details aus der Erzählung „Kiprus und Artur" mit ein, kann die Arbeitsteilung an der Entstehung neuer Berufe konkretisiert werden. Unter Rückgriff auf die vorangegangenen Unterrichtseinheiten könnte folgendes Tafelbild erarbeitet werden:

Jäger und Sammler	Männer und Frauen übernehmen ganz bestimmte Aufgabenbereiche (= geschlechtsspezifische Arbeitsteilung).
Ackerbauer/ Viehzüchter/ Händler	Allmähliche Herausbildung von Berufen, z.B. „Werkzeugmacher" (= Steinabschläger), dann Entstehung weiterer Berufe: Ackerbauer, Viehzüchter, Handwerker (Bergbau, Be- und Verarbeiter von Kupfer und Bronze), Händler.
1. Arbeitsteilung:	Arbeitsteilung nach Geschlechtern
2. Arbeitsteilung:	Arbeitsteilung nach Berufen

5.3 Wie die Sonnenreligion zu erklären ist
Warum man Großstein- und Hockergräber bevorzugte

5.3.1 Wissensziele

An vielen Stellen Europas finden wir Jagdtiere in Höhlenwänden eingeritzt. Die Menschen glaubten, daß sie Macht über die Tiere gewinnen würden, wenn sie sie im Bild „festhielten" (Magie). Schon der Frühmensch glaubte an ein Leben nach dem Tode und an einen allmächtigen Gott. Man brachte ihm Opfergaben, um ihn gnädig zu stimmmen. In den Hochkulturen finden wir eine ganze Götterwelt, die nach dem Muster der Menschenwelt, aber in großer Vollkommenheit und Machtfülle, von den Priestern und Dichtern beschrieben wurde. Ihnen wurden Opfergaben dargebracht und Tiere auf Altären geschlachtet. In der Bronzezeit bestattete man die Toten in Hünengräbern. Man legte ihnen Beigaben ins Grab. Später wurden die Toten verbrannt und in Urnen beigesetzt. Im Mittelpunkt des Glaubens stand die Sonne. Die Menschen verehrten sie und wünschten sie herbei, denn von 500 v.Chr. bis 1000 n.Chr. war das Klima kälter und feuchter als heute.

5.3.2 UE-Ziel

(1) Die Bedeutung von religiösen Symbolen im Leben der Menschen.

5.3.3 Einstieg

● **Bild:** Der Sonnenwagen von Trundholm (Gfm)
● **Fotos:** „Sonnenheiligtum von Stonehenge" und „Hünengrab der Jungsteinzeit in der Lüneburger Heide" (Gfm)

5.3.4 Didaktisch-methodische Vorschläge

Hauptabsicht in dieser Unterrichtsreihe ist es, die magischen und religiösen Erscheinungen auf ihre Funktion im Leben der damaligen Menschen zu untersuchen. Dabei geht es nicht etwa um die Abgrenzung „primitiver" Naturreligionen, sondern an Beispielen täglicher Lebenspraxis sollen sowohl die Struktur von religiösen Handlungen als auch die Erscheinungen der religiösen Gegenstands- und Erlebniswelt deutlich werden.

Als Einstieg wird eine Bildbetrachtung vorgeschlagen. Die ersten Schüleräußerungen werden sich mit dem auseinandersetzen, was man auf dieser Höhlenmalerei sehen kann. Ergänzendes Bildmaterial über Höhlenmalereien (Gfm) läßt die Schüler feststellen, daß hier in erster Linie Jagdszenen dargestellt werden. Es liegt nun nahe zu fragen, aus welchen Gründen die Menschen damals solche Bilder gezeichnet bzw. gemalt haben. Das Bildmaterial (Gfm) oder die Vorführung der Dia-Reihe V-Dia 104474 „Germanische Mythologie: Felsenmalerei der Bronze- und Eisenzeit“ oder anderen Bildmaterials veranlaßt die Schüler zu fragen, was in den Höhlenbildern dargestellt ist und warum die Menschen damals diese Bilder gemalt haben.

Folgende Situationsschilderung soll dazu beitragen, den Sachverhalt zu veranschaulichen:

– Eine Horde bereitete sich nach vielen Mißerfolgen auf eine neue Jagd vor – die Männer erhofften für die nächste Jagd mehr Jagdglück und zeichneten, was sie für den nächsten Tag erhofften (Andeutung der Fallgruben und Gatter).

Die magische Beziehung von Bild und Gegenstand kann den Schülern am Beispiel des Amuletts verdeutlicht werden, dessen Besitz auch für den heutigen Menschen noch bedeutet, daß er damit „das Glück besitzt“.

Die ersten Schüleräußerungen werden wie folgt lauten:

– Die Menschen wollten ihre Höhlen ausschmücken.
– Sie wollten der Nachwelt Nachrichten von ihren Jagdmethoden geben usw.

Um die Frage zu beantworten, werden in Form von Arbeitsaufgaben die wichtigsten Aspekte bereitgestellt:

Arbeitsaufgaben	denkbare Formulierungen
1. Schreibe stichpunktartig Situationen auf, in denen die Jäger/Sammler Mißerfolge und Angst hatten.	– Jagdtiere konnten nicht erlegt werden. – Jäger wurden bei der Jagd von den Tieren getötet. – Jagdtiere verließen das Jagdgebiet. – Naturerscheinungen (Gewitter).
2. Warum hatten die Menschen Angst?	Sie fanden für diese Erscheinungen keine Erklärung.
3. Bevor die Menschen auf die Jagd gingen, malten sie tief in der Höhle Bilder der Jagdtiere und von den Vorgängen bei der Jagd auf die Felswände. Sie stachen mit ihren Waffen auf diese Bilder. Suche eine Begründung dafür.	Das Bild stellte die Erfüllung des Wunsches dar. Jäger und Maler glaubten mit den Bildern, daß das Tier die Tötung erleiden würde.
4. Betrachte die Bilder Muttergottheit, Stiergott, Sonnenwagen von Trundholm, Keltische Tiergöttin. Was wurde von den Menschen verehrt? Warum?	– Weibliche Götter: Fruchtbarkeit bei Vieh, Acker und Menschen. – Sonnenwagen: Sonne als besondere Kraft. – Nicht mehr das Tier, sondern Götter und Geister wurden in Menschengestalt verehrt. – Man glaubte, sie würden durch Opfer gnädig gestimmt.

T Religiöse Symbole und Handlungen und ihre Bedeutung

Höhlenmalerei Jagdzauber	Die Jäger glaubten, sie würden damit das Tier töten.
Grabbeigaben Hünengräber	Die Menschen glaubten an ein Leben nach dem Tode.

6. Die Eisenzeit

6.0.1 Literaturangaben

vgl. 3.0.1, Seite 47

6.0.2 UR-Ziele

(1) Die Werkstoffe Bronze und Eisen im Vergleich.
(2) Veränderungen in Wirtschaft, Gesellschaft und Herrschaft bei den Kelten.

6.0.3 Medien

(vgl. auch 3.0.3, 4.0.3 und 5.0.3, Seiten 48, 56 und 59)

Dias
Flemming 10 6725 Latêne-Zeit
Jünger Der Beginn der Eisenzeit 24 f
Stoedtner Die Eisenzeit 14 sw

Filme
FWU 32 0776 Eisengewinnung und Opferkult bei den Kindi
WBF Die Eisenzeit beginnt – um 800 v. Chr. 13 min f

6.0.4 Fachwissenschaftliche Einführung

Bronze und Eisen
Wir haben fast 3000 Jahre Eisenzeit hinter uns. Trotzdem sind technische Grunderkenntnisse von Eisen und Stahl sowie wesentliche Faktoren der eisenverarbeitenden Wirtschaft vielen Menschen unbekannt. Ohne dem Physik-Chemie-Unterricht und der Arbeitslehre der oberen Klassen vorgreifen zu wollen, sollten hier technische Begriffe anschaulich erklärt werden.
Bronze und **Eisen** in glühender Form unterscheiden sich dadurch, daß Bronze leicht flüssig in Tonformen zu gießen ist, während das Eisen auch als glühender Brei härter und zäher ist. Er kann nur durch Schmieden in eine gewünschte Form gebracht werden.
Schmieden konnte man schon in der Bronzezeit. Manche Stücke wurden nachbehandelt. Man konnte sie „treiben" (hämmern), härten und feine Bleche daraus ziehen. Aus ihnen wurden Schalen und andere Behälter gefertigt.

Die Anfänge der Eisenkultur
Ebenfalls von Süden nach Norden verbreitet sich die Kenntnis der **Eisenherstellung.** Sie ist um 1000 v. Chr. schon in Italien vorhanden, um 900 nördlich der Alpen und erst um 500 v. Chr. in Norddeutschland und Skandinavien.
Die ersten Anfänge der Eisenkultur liegen in unserem Kulturkreis in **Hallstatt** im Salzkammergut. Man hat neben Bronzeschwertern auch Eisenschwerter und Helme gefunden, die unter dem Einfluß oberitalienischer Arbeiten entstanden sind. Gefunden wurde in Hallstatt auch Gerät für die Eisenverarbeitung: Ambosse, Feilen u. a. m. Wie kostbar Eisen damals war – natürlich nur außerhalb der Fundorte –, erkennen wir daran, daß zunächst nur kleine Eisenplättchen in Bronzeschmuck eingelassen wurden.
Außer dem Helm mit waagerechten Krempen und niedrigen Kämmen bestand die **Ausrüstung eines Kriegers** damals aber schon aus Eisenblechplatten, die als Panzer dienten. Es war jedoch kein durchgehender Panzer. Im wesentlichen war die Hallstattperiode eine **friedliche Zeit.** Die Menschen kamen aus höher gelegenen Befestigungsanlagen ins Tal hinab. Es herrschten ein reges wirtschaftliches Leben und ein ausgedehnter Handel.
Im 6. Jahrhundert v. Chr. verbreiteten die gallischen Kelten ihre Kultur mit kriegerischen Mitteln. Wir kennen sie unter dem Namen **La-Tène-Kultur.** Am Nordufer des Neuenburger Sees in der Schweiz (La-Tène = Untiefe) wurden große Mengen von Waffen und Gerät gefunden, darunter mehr als 100 meterlange Schwerter, lange Haumesser, Schilde mit Eisenbeschlag, Helme mit Backenschutz und Nackenschirm sowie Reste von Streitwagen. An Geräten kamen zutage: Pflugscharen, Sicheln, Sensen und Beile. Von einem gewissen **technischen Fortschritt** zeugt der Fund einer Töpferscheibe, von Spielwürfeln, Dominosteinen und gemünztem Geld. Diese Kultur keltischer Gallier verbreitete sich über ganz Europa.

6.1 Warum sich Eisen als Werkstoff durchsetzte
Wie die Hallstattkultur die Glockenbecherkultur überlagerte

6.1.1 Wissensziele

Ein großer technischer Fortschritt war die Erfindung des Eisens. Es ist härter als Bronze. Später gab es zwei Sorten: Eisen und Stahl. Immer noch aber blieb Holz der am meisten verbreitete Rohstoff. Die erfolgreichsten Hersteller von Eisen waren die Kelten. Sie wohnten im Gebiet des heutigen Süd- und Westdeutschland und unternahmen Kriegszüge in die Länder am Mittelmeer und nach England. Die Germanen wohnten in Norddeutschland sowie in Dänemark und Schweden. Sie hatten nicht mehr genügend Nahrung, weil sich das Klima verschlechterte und weil große Sturmfluten Teile des Landes überschwemmten. Einige Germanenstämme zogen um 500 v. Chr. nach Süden. Dort verdrängten sie die Kelten. Andere germanische Stämme zogen auch nach Osten.

6.1.2 UE-Ziele

(1) Zusammenhänge zwischen Produktionstechnik und Arbeitsorganisation.
(2) Beziehungsgeflecht zwischen Wirtschaftsform, Gesellschafts- und Herrschaftsstrukturen.
(3) Veränderungen gegenüber der Bronzezeit.

6.1.3 Einstieg

- **Film:** FWU 32 0776 Eisengewinnung und Opferkult bei den Kindi
- **Film:** WBF Die Eisenzeit beginnt
- **Bild:** Eine Keltenburg (Gfm)

6.1.4 Didaktisch-methodische Vorschläge

Mit dieser Unterrichtseinheit wird erneut die Frage aufgeworfen, inwieweit sich die Verwendung eines neuen Rohstoffes und Werkstoffes auf das Leben der Menschen auswirkte. Dabei soll nicht so sehr der technische Aspekt der Eisenherstellung im Vordergrund stehen, sondern die Frage nach dem Wandel im wirtschaftlichen und gesellschaftlichen Bereich. So kann das Bild „Eine Keltenburg" daraufhin untersucht werden, inwieweit sich die Siedlungs- und Wohnweise der Kelten von der Siedlungs- und Wohnweise der Jäger/Sammler und der Ackerbauern/Viehzüchter unterschied (vgl. „Pfahlbaudorf in der Jungsteinzeit", Gfm).
Folgende Unterschiede können herausgearbeitet werden:

Jäger/Sammler	Höhlen, Zelte, keine festen Wohnungen/Siedlungen.
Ackerbau/ Viehhalter	Feste Wohnungen/Siedlungen, Seßhaftigkeit, Pfahlbauten.
Kelten	Befestigte Siedlungen, Burgen auf Berghöhen.

Arbeitsaufgaben	denkbare Formulierungen
1. Warum hatte das Eisen einen hohen Wert für die Menschen damals?	Eisen war härter als Bronze, leichter formbar, läßt sich gut miteinander verbinden. Außerdem kommt Eisenerz in Europa häufiger als Kupfererz vor.
2. Was wurde aus Eisen hergestellt? Für wen und wozu?	Pflugschar, Sichel, Rüstungen, Eisenbeile, Schwerte und Lanzen. Es handelte sich vor allem um Waffen, die nur für Leute mit Besitz erschwinglich waren.
3. Welche Auswirkungen hatte das Vorhandensein des wertvollen Metalls Eisen auf die Siedlungsweise der Menschen?	Der neue Reichtum mußte geschützt werden. Dazu baute man Burgen.
4. Wie ist es zu erklären, daß es in den Keltenburgen deutlich sichtbare soziale Unterschiede gab?	Durch fortgeschrittene Arbeitsteilung. Gegenstände aus Eisen waren leicht aufzubewahren und zu transportieren.

Diesen für die Schüler schwer zu erkennenden Sachverhalt sollte der Lehrer zu verdeutlichen suchen: Der Lehrer macht auf das Bild „Eiserne Lanze" (Gfm) oder auf das Bild „Goldfunde aus einem württembergischen Fürstengrab" (Gfm) aufmerksam und läßt die Schüler in einer Wiederholung die Vorgänge und Arbeitsbereiche nennen, die zur Gewinnung eiserner Geräte und Waffen führen:
– Bergbau, Verhüttung am Hochofen, Gießen und Schmieden des Eisens.
Daraus sind folgende Schlußfolgerungen zu ziehen:
– Die Herstellung von Eisen erfordert Spezialkenntnisse und eine Vielzahl neuer Berufe.
– Die daraus entstehende fortgeschrittene Arbeitsteilung macht eine zentrale Planung notwendig.
– Diese Arbeiten sind nicht mehr neben der Landwirtschaft auszuüben.

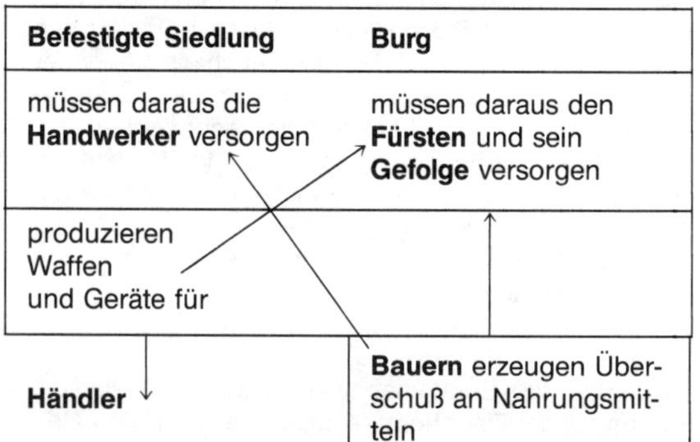

Hinweis zur Veranschaulichung
Der Lehrer entwirft Symbole für ein Bauernhaus, ein Feld mit Ähren, einen Transportwagen oder ein Schiff, einen Palisadenzaun, Handwerkerhütten, Fürstenburg, wichtige Handwerkszeuge (Beile, Sicheln) und Waffen (Lanzen, Schwerter, Helme, Schilde) und Schmuckgegenstände (Ringe, Ketten). Er kopiert die Blätter mit den Symbolen und fordert die Schüler auf, die einzelnen Bildelemente auszuschneiden und neu zusammenzufügen, so daß eine keltische Siedlung entsteht. Durch das Anbringen von Pfeilen können die oben aufgezeigten Beziehungen zwischen Fürsten, Handwerkern, Bauern und Händlern deutlich gemacht werden.
Es ist auch denkbar, diese Aufgabe mit mobilen Folienelementen durchzuführen.
Eine gangbare methodische Variante besteht darin, von dem WBF-Film „Die Eisenzeit beginnt" auszugehen und diesen Film dann unter Zuhilfenahme der in Gfm aufgeführten Materialien zu analysieren.
Dieser Film umfaßt sechs Schwerpunkte:
– Produktion von Eisen und Verarbeitung heute in einem Walzwerk,
– Schmelzen und Verarbeitung von Eisenerz in Tonöfen vor ca. 2800 Jahren,
– Geräte und Waffen aus Eisen und Gold,
– das Leben der Führungsschichten: Ausgrabungen auf der Heuneburg in Württemberg, Grabhügel, Grabkammer mit Wagen, zeitgenössische bildliche Darstellungen, Kleidung und Möbel,
– Goldschmuck zeigt die fortgeschrittene Technik in der Verarbeitung von Metallen,
– Modelle von Handwerkerhäusern, Schmiede, Schmied bei der Arbeit, Werkzeuge.
Diese Schwerpunkte kann der Lehrer nach der ersten Filmbetrachtung als „Überschriften" von den Schülern nennen lassen. Sodann wird es nötig sein, bestimmte Schwerpunkte zur vertiefenden Betrachtung auszuwählen, z.B. die 2. Phase des Films: Schmelzen und Verarbeitung des Eisenerzes in Tonöfen vor 2800 Jahren. Hier wäre es denkbar, diese Sequenz zum zweitenmal vorzuführen und in Verbindung mit den Zeichnungen „Der Bronzeguß" (Gfm) in einer immanenten Wiederholung die technische Seite des Herstellungsprozesses aufzuarbeiten.
Weitere Schwerpunkte wären: das Leben der Führungsschicht und Modelle von Handwerkerhäusern, Schmiede, Schmied bei der Arbeit, Werkzeuge, weil hier besonders der gesellschaftlich-politische Aspekt zum Tragen kommt.
Die Unterrichtsreihe 6 sollte mit einer Systematisierung der wichtigsten Arbeitsergebnisse aller vorangegangenen Unterrichtsreihen enden.
Vergleiche die Organisation der Gesellschaft, die Wirtschaft bei Jägern/Sammlern, den Ackerbauern/ Viehhaltern und den Kelten!

	Jäger/Sammler	Ackerbauer/Viehhalter	Kelten
Werkzeuge, Geräte, Waffen, Material	Faustkeil, Schaber, Harpune. Material: Knochen, Holz, Stein, Feuer.	Pflug, Hacke, Sichel, Webrahmen, Netze, Boote, Rad, Pfeil und Bogen (Fernwaffen).	Werkzeuge und Geräte aus Bronze, Eisen, Holz, Stein; qualitätsmäßig besser, haltbarer.
Tätigkeiten der Menschen/wirtschaftliche Grundlage	Jagen, Sammeln, Fischen. Herstellen und Ausbessern von Geräten und Werkzeugen.	Anbau von Getreide, Haltung von Tieren, Jagen, Sammeln, Fischen, handwerkliche Arbeiten (Arbeitsteilung).	Ackerbau, Viehzucht, Jagd, Fischfang, Handwerk, Handel (Binnen- und Fernhandel).
Lebensweise der Menschen	Zunächst ständiges Umherziehen auf der Suche nach Nahrung; später längeres Verweilen an einem Ort (in Höhlen); ungesicherte Ernährung; totale Abhängigkeit von dem, was in der Natur greifbar war.	Die Menschen lebten innerhalb geschützter stadtähnlicher Siedlungen.	Die Menschen lebten an einem Ort in einem Dorf und waren seßhaft. Nahrung konnte aufbewahrt werden, Ernährung konnte geplant werden.
Organisation des Zusammenlebens; Herrschaft	Horden; Führer bei der Jagd; (funktionale und zeitweilige) Herrschaft; gemeinsame Aufteilung der Beute; gemeinsamer Besitz an Geräten/Werkzeugen.	Soziale Unterschiede werden stärker, da der Unterschied zwischen Reichen und Armen gravierend wird.	Großfamilien/Sippen verfügen über Eigentum an Land, Vieh, Geräten, Werkzeugen. Männer hatten Herrschaftsfunktion; Abhängigkeit und Schichtenbildung (Knechte, Mägde).

7. Ägypten – ein Geschenk des Nils

7.0.1 Literaturangaben

Handbücher
FWG 2,3; Propyläen 1

Gesamtdarstellungen
Hornung, Erik, Grundzüge der ägyptischen Geschichte, Wiss. Buchgesellschaft, Darmstadt ²1978.
Kees, Hermann, Das alte Ägypten, Eine kleine Landeskunde, Böhlau, Wien ³1977.
Otto, Eberhard, Ägypten, Der Weg des Pharaonenreiches, Urban TB 4, Kohlhammer, Stuttgart ⁵1979.
Wolf, Walther, Kulturgeschichte des Alten Ägypten, Kröner KTA 321, Stuttgart ²1977.

Kultur- und Sozialgeschichte
Montet, Pierre, Ägypten. Leben und Kultur in der Ramses-Zeit, Reclam, Stuttgart ²1982.
Müller-Karpe, Hermann, Frauen im 13. Jahrhundert v. Chr., Philipp von Zabern, Mainz 1985.

Sachbücher
Casson, Lionel, Ägypten. Die Pharaonenreiche, rororo Time-Life-Bücher 23.
Ceram, C. W., Das Buch der Pyramiden, rororo TB 7411, Reinbek 1980.
Hoving, Thomas, Der Goldene Pharao. Tut-ench-Amun, Knaur TB 3639.
Nofretete – Die Schöne – Die Frau im Alten Ägypten, Philipp von Zabern, Mainz 1986.
Stadelmann, Rainer, Die ägyptischen Pyramiden. Vom Ziegelbau zum Weltwunder, Philipp von Zabern, Mainz 1986.
Tompkins, Peter, Cheops. Das Geheimnis der großen Pyramide, Knaur TB 3591.
Vandenberg, Philipp, Nofretete, Echnaton und ihre Zeit, Knaur TB 3545.
Zauzich, Karl Th., Hieroglyphen ohne Geheimnis. Eine Einführung in die altägyptische Schrift, Philipp von Zabern, Mainz 1984.

Erzählende Literatur
Waltari, Mika, Sinuhe der Ägypter, Neff, Wien 1985, auch Bastei-Lübbe TB 10 840, Bergisch-Gladbach 1987. (Bester historischer Roman aus dieser Epoche)

Jugendbücher
Baumann, Hans, Die Welt der Pharaonen, Ravensburger TB 35 (Prämierte jugendgerechte Darstellung)
Grund, Josef Carl, Rette dich Pharao. Loewes, Bayreuth 1986 (Erzählung aus dem alten Ägypten, ab 11 J.)
Macaulay, David, Wo die Pyramiden stehen, dtv TB 79 501 (Sehr empfehlenswerte Darstellung des Baus der Pyramiden, ab 10 J.)
Miquel, Pierre, So lebten sie zur Zeit der Pharaonen, Tessloff, Hamburg (Reich bebilderte Einführung, ab 10 J.)
Majonica, Rudolf, Das Rätsel der Hieroglyphen, Herder, Freiburg 1985 (Die Entzifferung der Hieroglyphen durch I. F. Champollion)
Nack, Emil, Ägypten und der Vordere Orient im Altertum, Überreuter, Wien/Heidelberg (Informatives Sachbuch)
Pusch, Edgar B., Schen-Nufe und Hotepi, von Zabern, Mainz (Geschichte eines Geschwisterpaares zur Zeit des Neuen Reiches)
Was ist Was
Bd. 61 Pyramiden
Bd. 70 Das Alte Ägypten
Tessloff, Hamburg (Reich bebilderte Sachbücher als erste einfache Einführung, ab 10 J.)

Zeitschriften
GWU 3/1986, 4/1986, 5/1986 Literaturbericht Altertum

7.0.2 UR-Ziele

(1) Auswirkungen der Flußregulierung auf die Wirtschafts-, Sozial- und Herrschaftsstruktur in Ägypten.
(2) Legitimation und Stabilisierung von Herrschaft.
(3) Auswirkungen der Wirtschafts-, Sozial- und Herrschaftsstrukturen auf das Leben der Menschen.

7.0.3 Medien

Wandkarte
Westermann, Der alte Orient
Perthes, Die Kulturreiche des alten Orients

Atlas
Westermann 3,6,7,9
dtv I 22, 28

Dias

FWU	10 0215	Ägypten I – Altes und Mittleres Reich 19 f
	10 0216	Ägypten II – Neues Reich 20 f
	10 0141	Ägypten heute 20 f
	10 0627	Bewässerung am Nil 15 f

Jünger	10 6605	Im Lande der Pharaonen Altes Reich: Memphis, Gizeh, Sakkara, Mittleres Reich. Neues Reich: Theben, Karnak, Luxor, Spätzeit 36 f
Stoedtner	10 5866	Ägyptische Kunst I 26 sw
	10 5867	Ägyptische Kunst II 31 sw
	10 6777	Ägyptische Plastik I 15 f
	10 6778	Ägyptische Plastik II 15 f
Westermann	10 6588	Ägyptische Geschichte 24 f

Filme

FWU	32 0631	Flußoase Nil 16 f
	32 1534	Ägyptische Plastik 14 min sw
	32 2078	Der große Herr Ti (Totenkult) 11 min sw
	32 1590	Im Tal der Künstler (Grabmalerei) 11 min f
	32 2878	In der großen Pyramide 24 min f

7.0.4 Fachwissenschaftliche Einführung

Die Landwirtschaft als Grundlage

Der Ausspruch, Ägypten sei ein **Geschenk des Nils**, stammt von dem griechischen Geschichtsschreiber Herodot. Die Kultur Ägyptens verdankt, will Herodot damit sagen, ihre Existenz dem Nil. Ohne das Wasser des Nils wäre ganz Ägypten eine einzige Wüste wie die den größten Teil des heutigen Staatsgebietes bedeckende Lybische Wüste.

Wäre der Nil nur ein träge dahinfließender Fluß, könnte nur eine begrenzte Fläche Ackerland bewässert werden. Seine Fruchtbarkeit verdankt das Land einer **alljährlichen Überschwemmung,** der **Nilschwemme.** Der Monsunregen, der im Frühling im äthiopischen Hochland niedergeht, bewirkt ein Ansteigen des einen der beiden Quellflüsse des Blauen Nils. Mitte Juli strömen gewaltige Wassermassen, fruchtbare Erde mit sich führend, zu Tal und überschwemmen ein Gebiet von etwa 35 000 km^2 beiderseits des Nils. Von Anfang August bis Ende Oktober ist das **Gebiet mit Wasser bedeckt.** Dann fließt es rasch ab und hinterläßt eine Schicht fruchtbaren Schlammms. Mitte November wird mit der Aussaat begonnen.

Die durchschnittliche Höhe des Überschwemmungswassers beträgt 8 m. Bleibt die „Nilschwemme" nur um einen Meter zurück, ist Dürre die Folge, steigt sie über die Durchschnittsmarke an, werden die Felder verwüstet.

Es kam daher darauf an, die **Nilschwemme zu zügeln.** Zu diesem Zweck wurden Deiche angelegt und ein System von Kanälen und Staudämmen gebaut, um das Wasser auch in Gebiete außerhalb der Reichweite der Überschwemmung zu transportieren. Schließlich wurde Wasser mit Schöpfeimern (Schadut) auch auf höher gelegene Felder geleitet.

Ruft schon der Entwurf und die Ausführung dieses komplizierten **Systems der Wasserregulierung** unsere Bewunderung hervor, so gilt dies noch in viel größerem Maße für die einmalige Leistung des Pyramidenbaus.

Die Pyramiden

Es wäre ein gründliches Mißverständnis, würde man in dem Bau der Pyramiden das Werk tyrannischer Despoten sehen, die das ganze Volk zum Frondienst an dem Grab eines einzelnen zwangen.

Vielmehr war es ein **Akt tiefer Religiosität,** vergleichbar mit der Kraftanstrengung beim **Bau der mittelalterlichen Kathedralen.** Die Pyramide war das ewige Heim des Gott-Königs, der allem Menschendasein Sinn und Aufgabe zuteilte. Ihr Bau verdiente den größtmöglichen Aufwand an Arbeitsleistung, Material und technischem Können. Das schließt natürlich nicht aus, daß der einzelne die Arbeit als eine schwere und vielleicht lästige Pflicht empfand. Andererseits kann man den Pyramidenbau auch als eine Arbeitsbeschaffungsmaßnahme sehen. Die während der Überschwemmungsperiode untätigen Bauern wurden durch den Einsatz bei Staatsbauten beschäftigt und versorgt.

Die **Meisterung der technischen Probleme** ist um so bewunderungswerter, als die Erbauer über **keinerlei Maschinen** und nicht einmal über ein für uns so unerläßliches Hilfsmittel wie das Rad verfügten. Es gab daher keine Fahrzeuge, keine Flaschenzüge und Hebekräne. Um die Steinblöcke zu bewegen, wurden abschüssige Rampen aus Ziegeln und Lehm errichtet, über die die Blöcke heraufgezogen wurden.

Die Pyramide entwickelte sich aus der Mastaba, einer in die Erde gemauerten Grabkammer, über die Stufenpyramide (z. B. von Sakkara) bis zum Höhepunkt der voll ausgebildeten Pyramiden des Sinofru, Cheops und Chephren.

Die **Große Pyramide des Cheops** hatte ursprünglich eine Höhe von 146,6 m (heute durch natürliche Abtragung 137 m). Ihr Grundriß ist ein nahezu vollkommenes Quadrat mit einer Seitenlänge von 227,5 m × 230,38 m. Ihre Oberfläche mißt über 52 000 m^2. Man hat berechnet, daß für ihren Bau **2,3 Millionen Steinblöcke** mit einem Durchschnittsgewicht von **zweieinhalb Tonnen** erforderlich waren, wobei manche 15 Tonnen erreichten. Die Seiten sind nach den vier Himmelsrichtungen ausgerichtet, die Winkel messen fast genau 90 Grad. Die Blöcke sind ohne Verbundmaterial, wie etwa Mörtel, übereinandergeschichtet. Sie schließen so eng, daß eine Messerklinge nicht dazwischen geschoben werden kann. Cheops hat nur 23 Jahre regiert. Danach müssen an jedem Tag seiner Regierung mehr als 300 Steinblöcke mit einem Gewicht von 800 Tonnen herangeschafft und verlegt worden sein. Tatsächlich war ein Mehrfaches dieser Leistung erforderlich, da sicher nur während der Überschwemmungszeit an der Pyramide gearbeitet wurde. Außerdem konnten nur während der Flut die großen Steinblöcke von den Steinbrüchen zur Baustelle geflößt werden. Man nimmt an, daß 100 000 Menschen mit dem Bau beschäftigt waren.

Regierung und Verwaltung

Die Pyramide kann geradezu als **symbolisch** für den Zustand von **Staat und Gesellschaft** gelten. An der Spitze steht wie der oberste Stein der **Pharao,** darunter stand die **Hierarchie der Beamtenschaft** und weiter unten die **Masse des Volkes.** Alle Autorität kommt vom Pharao, von ihm geht alle Gewalt aus, die administrative, die richterliche und die religiöse.

Um das System der Flußregulierung anzulegen und zu unterhalten und um die vielfältigen Arbeiten beim Bau der Pyramiden zu koordinieren, bedurfte es einer straffen Organisation. Sie war zugleich zentral und in höchstem Maße dezentralisiert. Das Land war in **Provinzen** (Nomen) gegliedert, die selbständige Einheiten waren. Der Nomarch, der Provinzgouverneur, trug den Titel „Leiter des Kanalbaus", später auch „Herr der Festung" und „Lenker des Landes". Er vereinigte alle Gewalten in seiner Person, die der König für den Gesamtstaat besaß, und unterstand unmittelbar dem König. Alle zwei Jahre fand eine fiskalische Zählung statt. Der bebaubare Boden, der Viehbestand und auch Gebrauchsgegenstände wurden gezählt. Danach wurden die Abgaben festgesetzt, Getreide, Häute und andere Güter sowie Arbeitsleistungen. In jeder Provinz gab es Vorratshäuser, die **Schatzhäuser des Königs.** In ihnen wurden die als Naturalsteuer erhobenen landwirtschaftlichen Produkte eingelagert. Sie dienten dem Unterhalt der Beamten sowie der Handwerker und Arbeiter, die mit öffentlichen Arbeiten, also dem Deich- und Kanalbau und dem Bau der Pyramiden, Tempel und sonstiger Gebäude, beschäftigt waren, ferner dem Unterhalt der Priester.

In dem **Hauptschatzhaus** in der Hauptstadt Memphis wurden die für den Hof, die Armee und die Bevölkerung der Hauptstadt benötigten Vorräte gelagert. Die königliche **Schatzkammer** führte genau Buch über die Vorräte des ganzen Landes. Diese Verwaltungsorganisation bedurfte der **Schrift,** die wichtigsten Beamten waren die **Schreiber.** Die Darstellung des Schreibers ist eines der häufigsten Motive der ägyptischen Kunst. Um 3000 v. Chr. haben die Ägypter die Schrift erfunden, **Hieroglyphenschrift** genannt, ein System, bei dem anfangs Wörter allein durch ein Bild wiedergegeben wurden. Später kamen Silben und Konsonantenzeichen hinzu, nicht jedoch Vokale (das gleiche gilt für die anderen aus der ägyptischen Schrift entstandenen Schriften in Vorderasien). Erst die Griechen führten auch Zeichen für Vokale ein.

Die Hieroglyphenschrift wurde anfangs in Stein gemeißelt oder in Holz geschnitzt. Schon früh wurde ein ganz neues Schreibmaterial erfunden, der **Papyros,** von dem sich unser Wort Papier herleitet. Papyros wurde aus dem Mark der Papyrosstaude hergestellt. Es wurde in Streifen geschnitten, in Lagen kreuzweise übereinandergelegt und gepreßt.

Totenkult

Es wäre falsch, aus der Vielzahl und Intensität der Vorkehrungen für den Tod zu schließen, die Ägypter seien von peinigenden Todesängsten besessen gewesen. Sie sahen im Gegenteil im Tode eine ewige **Verlängerung des Lebens.** Die Seele des Verstorbenen bedurfte jedoch eines Trägers, in dem sie weiterleben konnte. Dies war der Körper, der deshalb **mumifiziert** wurde, damit er nicht verwese. Ersatzweise wurden **Statuen der Verstorbenen** geschaffen, für den Fall, daß der Körper doch verschwinden sollte. Aus diesem Grunde sind Statuen in reicher Zahl erhalten.

Der Tote wird nach dem Glauben der Ägypter ganz selbstverständlich in derselben **Rolle fortleben wie im irdischen Leben.** Die Gräber der königlichen Familienangehörigen und der hohen Beamten gruppierten sich daher um das Grab des Herrschers (etwa Cheops). Der königliche Hof würde im Jenseits fortbestehen. Die irdische Rangordnung galt ebenso für die übrigen Mitglieder der Oberschicht, die allein sich eine entsprechende Beisetzung leisten konnte. Über die religiösen Vorstellungen der Masse des Volkes ist nichts bekannt. Anders als etwa das Christentum war die ägyptische eine **Religion der Oberschicht.**

Die Stellung der ägyptischen Frau

Das Verhältnis von Mann und Frau im Alten Ägypten ist durch eine selbstverständliche Gleichwertigkeit gekennzeichnet. Die soziale Einheit war die Familie. Der Mann hatte nur eine rechtmäßige Gattin. Ihr Rang wird in der Bezeichnung Nebt-hat, „Hausherrin", deutlich.

Die Ebenbürtigkeit der Frau wird durch die zahlreichen **bildlichen Darstellungen** belegt, in denen Mann und Frau in gleicher Größe und offenbar in inniger Beziehung auftreten. Vielfach spielt die Frau den aktiveren Part, indem sie ihrem Gatten den Arm um die Schulter legt oder ihn an der Hand faßt. Bei allen diesen Bildnissen handelt es sich um Grabbeigaben, offensichtlich soll die Verbindung von Gatte und Gattin für die Ewigkeit bewahrt werden.

Über den **Alltag der Eheleute** gibt ein Ratschlag in der Lebenslehre des Ani (ca. 900–800 v. Chr.) Auskunft: „Kontrolliere nicht eine Frau in ihrem Hause, wenn Du weißt, daß sie tüchtig ist. Sage nicht zu ihr, wo ist das; bringe es uns: wenn sie es an die richtige Stelle getan hat. Dein Auge blicke hin, indem du schweigst, damit du ihre guten Taten erkennst." Vor allem Wandmalereien mit Darstellungen von religiösen Festen und Gastmählern lassen erkennen, daß Männer, Frauen und Kinder auch die Vergnügungen teilten.

Mann und Frau waren **rechtlich gleichgestellt.** Frauen waren voll geschäftsfähig. Sie konnten vor Gericht Klage erheben, Eigentum übertragen, zum Beispiel Besitz an Kinder vererben, und behielten alle diese Rechte auch nach dem Tod ihres Ehegatten. Die Eheurkunden, jedenfalls in der Spätzeit üblich, enthalten eingehende vermögensrechtliche Regelungen. Die Braut erhält vom Bräutigam eine „Jungfrauengabe", eine Art Brautpreis. Sie bringt ihrerseits eine Aussteuer ein („Frauensachen"), manchmal auch eine Mitgift, die wohl einen Vorschuß auf die Kosten für ihren Unterhalt darstellte und ihre Unabhängigkeit betont.

Die Scheidung war verhältnismäßig leicht, wenngleich nicht deshalb auch häufig. Ging sie vom Mann aus, so erhielt die Frau die Jungfrauengabe, die Aussteuer, die Mitgift und ein Drittel des Familienbesitzes, überdies hatte sie Anspruch auf Unterhalt.

Die **Familienbindung** war außerordentlich stark, wie aus Grabinschriften hervorgeht. Dankbarkeit der Kinder gegenüber der Mutter war eine sittliche Verpflichtung, ebenso war es die Pflicht der Kinder, für den Totenkult der Eltern zu sorgen.

Es ist sehr wahrscheinlich, daß die aus den bildlichen und schriftlichen Quellen ablesbare partnerschaftliche Stellung der Frau nicht immer und überall der Wirklichkeit entsprach. Als Grabbeigaben drücken die bildlichen Darstellungen eine Idealvorstellung aus, die im Jenseits Gültigkeit haben soll. Doch gibt das ins Jenseits projizierte Ideal zweifelsohne Aufschluß über das auch für das irdische Leben gültige Leitbild, nämlich die Gleichwertigkeit der Geschlechter.

7.1 Ein Staat entsteht

7.1.1 Wissensziele

Zur Kultur gehört folgendes: planvolle Landwirtschaft, Handwerk, Ordnung der Gesellschaft in Gemeinde und Staat. Die ersten Hochkulturen entstanden in den Flußtälern des Nils, Euphrat und Tigris, Ganges und Hwang ho. Weil es notwendig war, den Fluß zu zähmen, kam es zur Bildung von Staaten. Bald übten Könige die Herrschaft aus.

7.1.2 UE-Ziele

(1) Auswirkungen der Nilüberschwemmungen auf die Arbeits- und Lebensweise der Bevölkerung.
(2) Vergleich der Organisation von Arbeit in Ägypten gegenüber anderen Gesellschaftssystemen.

7.1.3 UE-Einstieg

- **Film:** FWU 32 0631 Flußoase Nil
- **Ermittlung von Vorwissen** über die alte Geschichte Ägyptens
- **Bilder** der Pyramiden

Einstiegs-Erzählung: Die Bibel hat recht

Länger als ein Jahr war in Ägypten und den Ländern ringsum kein Regen gefallen. Unbarmherzig dörrte der Gluthauch der Sonne das Land aus. Kein Halm wuchs. Menschen und Vieh waren dem Tod nah. In der Bibel, im 1. Buch Mose, Kapitel 37 und 39ff., könnt ihr die Geschichte von Joseph nachlesen. Im 41. Kapitel, Vers 56, und im Anfang des 42. Kapitels heißt es: „Als nun im ganzen Land Teuerung war, tat Joseph allenthalben Kornhäuser auf und verkaufte den Ägyptern. Denn die Teuerung ward je länger je größer im Lande. Und alle Leute kamen nach Ägypten zu kaufen bei Joseph; denn die Teuerung war groß in allen Landen."

Im folgenden erfahrt ihr, warum man in Ägypten Brot kaufen konnte, obwohl in allen Ländern ringsum eine nie dagewesene Hungersnot herrschte.

7.1.4 Didaktisch-methodische Vorschläge

Nachdem in der vorangegangenen Unterrichtsreihe die Entwicklung zum Dorf und zur Stadt sowie die damit verbundene Veränderung in der Wirtschaftsform und in der Sozialstruktur durch die Herausbildung von Handwerkern und Händlern untersucht wurde, soll im Zusammenhang mit der Behandlung der ägyptischen Geschichte erarbeitet werden, welche Faktoren zur Staatenbildung beitrugen und welche sozialen und wirtschaftlichen Faktoren die Gesamtentwicklung beeinflußten.

Es ist anzunehmen, daß die Schüler über bestimmte Vorstellungen und ein bestimmtes Vorwissen über Ägypten verfügen. Diese Voreinstellungen können ermittelt werden, indem die Schüler zu einem Bild (z. B. Pyramiden) ihr Vorwissen niederschreiben. Die Ergebnisse müßten mit maßgebend für die Festlegung der Teilinhalte, Probleme und konkreten Lernziele sein.

So kann die Betrachtung eines Bildes der ägyptischen Pyramiden die folgenden Fragen provozieren:

Warum sind solche Bauwerke geschaffen worden? Wie sind sie errichtet worden?
Darunter ist nicht nur die Berücksichtigung des technischen Aspekts zu verstehen, sondern es geht dabei auch immer um die Frage nach den Herrschaftsverhältnissen.
Zunächst wird kaum darauf verzichtet werden können, am Beispiel Ägypten die Umweltbedingungen wie Klima, Bodenbeschaffenheit, Bodenschätze usw. zu berücksichtigen. Das Bild- und Textmaterial in Gfm könnte den Eindruck hervorrufen, daß das Gebiet um den Nil für eine Besiedlung denkbar ungeeignet erscheint (Wüstenlandschaft, Überschwemmungen, Sümpfe). Allerdings ergibt bereits eine kurze Erläuterung zur Grafik „Einwohner je Quadratkilometer" (Gfm), wie dicht das Niltal etwa im Verhältnis der Bundesrepublik Deutschland besiedelt war und ist. Damit stellt sich die Frage nach den Gründen und Bedingungen. Hierbei gilt es zunächst, den Vorgang und Ablauf der Nilüberschwemmungen zu erläutern wie auch nach den Auswirkungen auf die Lebens- und Arbeitsweise der Menschen zu fragen. Der Schwerpunkt liegt dann auf der Frage, wie die Menschen technisch und organisatorisch mit den durch die Nilschwemme verursachten Schwierigkeiten fertig wurden. Der Lehrer kann auch den Satz „Ägypten ein Geschenk des Nils?" als Impuls vorgeben.
Mit Hilfe des Text- und Bildmaterials kann folgende Kausalkette erstellt werden:

T Auswirkungen der Nilüberschwemmungen

Regenfälle – Schneeschmelze
↓
Überschwemmung
↓
fruchtbarer Schlamm setzt sich ab
↓
Wasser lief ab
↓
fruchtbares Ackerland

Schwierigkeiten

↙	↘
die Flut war zu niedrig ↓ Wasser mußte mit Hilfe von Kanälen in Becken geleitet werden ↓ und mit Hilfe von Schöpfrädern auf die höher gelegenen Äcker geleitet werden.	die Flut war zu hoch ↓ Dammbrüche, Zerstörung der Siedlungen

Jetzt kann der obige Impuls auf seine Richtigkeit erneut überprüft werden. Möglicherweise verwendet der Lehrer den Spruch
„Drei Monate ist Ägypten eine weiße Perle,
drei Monate eine schwarze Haut,
drei Monate ein grüner Smaragd,
drei Monate rotes Gold"
und läßt ihn erläutern: Dürres = „weißes" Land. Überschwemmung, schwarzer Schlamm setzt sich ab und bildet fruchtbares grünes Ackerland, das reiche „rote" Ernte bringt.

Weitere Arbeitsaufgaben	denkbare Formulierungen
1. Welche Arbeiten mußten durchgeführt werden?	– Arbeiten an Kanälen und Deichen – Bau von Vorratsbehältern – Fischen – Tierzucht – Aufbewahrung und Verteilung des Getreides – Vermessungen des Landes – Beobachtungen der Gestirne
2. Welche Umstände mußten beachtet werden?	– Hungersnöte forderten Vorratshaltung. – Saatgut mußte verwaltet und verteilt werden.
Wer konnte diese Arbeiten durchführen?	Stammesälteste und Priester erwarben sich Spezialkenntnisse. Sie beauftragten Angehörige ihres Stammes mit bestimmten Aufgaben und überwachten die Arbeiten. Sie übten Herrschaft aus.

T Gesellschaftliche Auswirkungen der Nilüberschwemmungen

Flut → fruchtbarer Schlamm
↓
Ackerbau
↓
Schwierigkeiten: Zähmung des Nils, Verteilung des Bodens, Hungersnöte
↓
Organisation der Arbeiten durch Priester oder Stammesälteste

7.2 Die Regierung

7.2.1 Wissensziele

Alle Erträge mußten in die staatlichen Schatzhäuser gebracht werden. Ein Beamter schrieb alle Abgaben auf. Auch die Handwerker und Händler waren Angestellte des Staates. In den Augen des Volkes war der König wie ein Gott. Er lebte in seinem Palast. Bei feierlichen Anlässen saß er auf seinem Thron und hatte eine Krone auf dem Kopf.

7.2.2 UE-Ziele

(1) Gegenüberstellung der Herrschafts- und Sozialstruktur bei den Ägyptern und den Jägern/Sammlern.
(2) Gründe für die Vereinigung aller politischen Macht auf eine Person in Ägypten.

7.2.3 Einstieg

- **Bilder** von Herrschaftssymbolen ägyptischer Pharaonen.
- **Diareihe:** Stoedtner: Die Pyramiden von Gizeh.

7.2.4 Didaktisch-methodische Vorschläge

Das Bild „Bauern bringen ihre Erträge ins Schatzhaus" soll als Problemgrundlage dienen. Methodisch kann so verfahren werden, daß ein Vergleich zwischen der auf dem Relief dargestellten Szene und der Arbeitsweise der Jäger/Sammler vorgenommen wird. Es wird demnach folgende Fragestellung aufgeworfen: „Könnte diese Szene auf dem Relief nicht aus der Zeit der Jäger/Sammler stammen?" (Tabelle rechts oben)
Mit dieser Gegenüberstellung erhebt sich die Frage, aus welchen Gründen sich Bauern, Handwerker und Sklaven der Befehlsgewalt der Priester, Beamten und des Pharao beugten.
Dazu sollten die Schüler zunächst Vermutungen anstellen, ehe sie die wesentlichen Aspekte herausarbeiten.
Mit Hilfe folgender Arbeitsaufgaben kann eine Kausalkette erstellt werden:

T Gegenüberstellung der Organisation der Arbeit

in Ägypten	bei den Jägern/Sammlern
Ablieferung von Getreide ins (staatliche) Schatzhaus	Nahrungsaufbewahrung und Vorratshaltung wurden von den Angehörigen der Horde/Familie selbst geregelt.
Bauern mußten den Beamten gehorchen. Sie verhielten sich unterwürfig.	Es gab keine ausgeprägten Unterschiede in der Machtstellung.
Beamte besaßen Befehlsgewalt über die Bauern und Handwerker.	Die Befehlsgewalt eines Menschen über andere war nur zeitweise und zu bestimmten Gelegenheiten (Jagd) möglich.
Die Arbeit (z. B. Feststellung der Getreidemengen und deren Verteilung) setzte bei dem Beamten die Fähigkeit des Lesens und des Schreibens voraus.	Schreiben und Lesen waren nicht erforderlich.

Arbeitsaufgaben	denkbare Formulierungen
1. Was geschah bei den Überschwemmungen?	Alle Menschen mußten Schleusen öffnen und Pumpwerke bedienen.
2. Was war dazu notwendig?	Wenige Menschen konnten Pläne dafür ausarbeiten. Sie befahlen, die anderen mußten ihnen gehorchen.
3. Wie kam es zur Ausbildung des Königtums?	Einer überwachte die Flußregulierung sowie die Versorgung der Bevölkerung.
4. Welche Aufgaben mußte der König erfüllen?	– Leitung der Kanalbauten, – Schutz vor Überschwemmungen, – Vorratshaltung von Lebensmitteln, – Schutz vor Feinden.
5. Wie reagierten die Menschen auf die allumfassende Königsmacht?	Einerseits betrachteten die Menschen den König als Hirten, der sein Volk sorgsam wie eine Herde von Schafen hütete, andererseits protestierten die Menschen gegen harte Fronarbeit.

7.3 Die Verwaltung

7.3.1 Wissensziele

Die Beamten der Verwaltung sorgten dafür, daß im Staat alles gut organisiert wurde. Sie schickten ihre Befehle an die Leiter der Bezirke. Diese schickten ihre Berichte in die Hauptstadt. Ein Beamter mußte gut schreiben und lesen können. Deshalb genoß die Schule ein hohes Ansehen.

7.3.2 UE-Ziele

(1) Aufgaben und Funktionen der Beamten innerhalb der Herrschafts- und Sozialstruktur.
(2) Bedeutung der Beherrschung der Schrift.
(3) Vor- und Nachteile einer hierarchischen Ordnung.

7.3.3 Einstieg

- **Dia-Reihe:** Jünger: Im Lande der Pharaonen Stoedtner G 109 Ägypten
- **Quelle:** Die Bedeutung der Schule (s. u.)
- **Bilder:** Landarbeiter und Aufseher, Bauern bringen Erträge ins Schatzhaus (Gfm)

7.3.4 Didaktisch-methodische Vorschläge

Nachdem in der vorangegangenen Unterrichtseinheit erarbeitet worden ist, auf welche Weise ein einzelner zu einer Machtstellung wie der ägyptische Pharao gelangte, soll nun gefragt werden, wie der Pharao seine Machtstellung behaupten konnte. Es geht dabei sowohl darum, Elemente der Selbstdarstellung ägyptischer Pharaonen als auch die Bedeutung und Tätigkeit der Beamten zu umreißen.
Auf allen Darstellungen ist der Herrscher deutlich sichtbar herausgehoben: der Pharao als kriegerischer Held, der Pharao, verewigt in riesigen Standbildern aus Stein, die Abgeschiedenheit vom Volk, die Grabmäler der Pharaonen, vor allem die Pyramiden. Diese Symbole dienten der Machtdemonstration. Den zweiten Schwerpunkt soll die Herausarbeitung der Bedeutung der Beamten und der Verwaltung bilden. Am Beginn soll die Frage stehen, warum man in Ägypten – etwa im Gegensatz zur Steinzeit – Schriftzeichen benötigte. Um den Schülern die Notwendigkeit der Erfindung der Schrift vor Augen führen zu können, sollen sie versuchen, Situationen zu schildern, und zwar anhand des Impulses:

Die Gedächtniskraft der Menschen war überfordert, wenn...
– sie die Getreidemengen in den Vorratshäusern wissen und behalten wollten,
– aufgezeichnet werden mußte, welcher Bauer seine Getreideabgaben entrichtet hatte und welcher nicht,
– die Größe und Lage von Feldern nach den Überschwemmungen neu vermessen werden sollten.

Anschließend soll versucht werden, sowohl den kommunikativen als auch den sozialen Aspekt der Schriftentwicklung zu erarbeiten. Die Schüler sollen selbst versuchen, einen Vorgang oder eine Absicht in Form der Bilderschrift zu „schreiben" und zu entziffern. Dabei werden sie feststellen, daß Abstrakta nur schwer und dazu mißverständlich wiedergegeben werden können.
Die darauf folgende Phase ist durch die abgekürzte Bilderschrift gekennzeichnet, wobei diese Hieroglyphen Bilder zeigten, die nichts mehr mit dem zu tun hatten, was sie darstellten. Damit wird deutlich, daß mit der Weiterentwicklung der Bilderschrift nur noch wenige Menschen in der Lage waren, sich der Schrift zu bedienen, die Beherrschung der Schrift mithin ein soziales Ausleseinstrument darstellte.
Dieser Aspekt wird den Schülern in anschaulicher Weise verdeutlicht, wenn die Quelle „Die Bedeutung der Schule" analysiert wird.
Es gibt eine Schriftrolle, auf der ein Vater seinem Sohn die Bedeutung der Schule erklärt:
„Ich führe dir die Schönheit der Schriftkunst vor Augen. Sie ist größer als die aller anderen Berufe. Im ganzen Land gibt es nichts, was ihr gleichkommen könnte. Kaum ist ein Schriftkundiger herangewachsen – er ist noch fast ein Kind –, so grüßt man ihn und sendet ihn als Boten. Er wird nicht zurückkommen, um sich in den Arbeitsschurz zu stecken. Es gibt keinen Beruf, in dem einem nicht befohlen wird, außer dem des Schreibers oder des Beamten. Da allein ist er selbst, der befiehlt. Wenn du schreiben kannst, wird dir das mehr Nutzen bringen als alle anderen Berufe."

Arbeitsaufgaben	denkbare Formulierungen
1. Wer konnte das Schreiben erlernen?	Der Beruf des Schreibers konnte theoretisch von allen Ägyptern erlernt werden.
2. Für welche Aufgaben wurden Schreiber benötigt?	Zählungen, Steuererhebungen, Landvermessungen, Anfertigung von Berichten.
3. Wie erlernte man das Schreiben?	– Harte Lehrzeit in den Tempelschulen. – Eintrittsalter: 5 Jahre. – Unterrichtsstoff/Organisation des Unterrichts: von morgens bis abends Schreibübungen (Abschreibübungen).

Arbeitsaufgaben	denkbare Formulierungen
4. Welche Vorteile brachte die Beherrschung der Schreibkunst?	– Sprungbrett für den sozialen Aufstieg. – Ständiger Kontakt mit einflußreichen und mächtigen Leuten. – Angenehmeres Leben als das der Bauern. – Möglichkeiten der Bereicherung.
5. Was wird über das Verhalten von Beamten ausgesagt?	– Unterwürfigkeit gegenüber den Vorgesetzten, kein Widerspruch. – Freundlichkeit gegenüber Antragstellern.
6. Deute die Grafik „Regierung und Verwaltung in Ägypten" (Gfm).	(Zur Veranschaulichung dieser relativ abstrakten Grafik kann das Bild Transport einer Statue in Gfm Verwendung finden.) Die Beamten gaben die Aufträge des Pharao weiter und sorgten durch Aufseher für die Ausführung der Anordnungen (Polizei und Soldaten). Außerdem mußten sie ihren Vorgesetzten Bericht erstatten.

Es läßt sich hierbei der Begriff der Hierarchie gut veranschaulichen. Außerdem können die Schüler Vor- und Nachteile der Hierarchien erörtern:

T Vor- und Nachteile einer Hierarchie

Vorteile	Nachteile
Es wird etwas getan: Befehle werden durchgeführt.	Durch Befehl und Gehorsam wird Herrschaft ausgeübt.
Straffe Lenkung der allgemeinen, öffentlichen und staatlichen Angelegenheiten.	Der einzelne kann sich kaum gegen Befehle „von oben" wehren.
Zusammenfassung aller Kräfte.	Befehle/Anordnungen können durch die zahlreichen Instanzen „verwässert" werden.
Dauerhafte Herrschaft kann materielle Sicherheit bedeuten.	

7.4 Die Pyramiden

7.4.1 Wissensziele

Die Ägypter glaubten an das Totengericht und an ein Leben nach dem Tode.
Auch nach dem Tode wollten die Pharaonen ein Haus haben, das ihre göttliche Macht offenbarte. Jeder Herrscher ließ für sich das Grabmal einer Pyramide bauen.
Die Pyramiden, unter großer Anstrengung und mit großem Aufwand von der Bevölkerung erbaut, bezeugen die Bedeutung der Religion in Ägypten. An der Organisation des Pyramidenbaus wird deutlich, welche Rolle die Verwaltung spielte und wie hoch das technische Können der Handwerker entwickelt war.

7.4.2 UE-Ziele

(1) Planungsarbeiten und Tätigkeiten beim Bau der Pyramiden.
(2) Die Voraussetzungen wirtschaftlicher, technischer und sozialer/politischer Art für den Pyramidenbau.
(3) Bedeutung der Religion im Leben der Ägypter.

7.4.3 Einstieg

- **Beschaffung von Materialien** (Bilder, Texte) über die Pyramiden durch die Schüler (Erkundung)
- **Berichte** über die Erforschung der Pyramiden
- **Dia-Reihen** über die Pyramiden:

Jünger: Im Land der Pharaonen
Stoedtner: Die Pyramiden von Gizeh

- **Film:** FWU 32 2878 In der großen Pyramide

7.4.4 Didaktisch-methodische Vorschläge

Die Schüler betrachten die ägyptischen Pyramiden vorrangig unter technischen Gesichtspunkten. Sie interessieren sich dafür, wie groß die Pyramiden sind, wie schwer die Steinblöcke sind und fragen danach, wie solche riesigen Bauwerke mit den technischen Mitteln der damaligen Zeit realisiert werden konnten. Dieses zu erwartende Interesse sollte auch als Ausgangspunkt für die Analyse weiterer Fragen genutzt werden. So ist beispielsweise der Aufwand an Organisation beim Bau der Pyramiden durch die großräumige Vergesellschaftung sowie durch die Ausnutzung natürlicher Voraussetzungen zu erfassen. Die Schüler sollen innerhalb dieser Unterrichtseinheit die verschiedenen Arbeiten beim Pyramidenbau kennen-

lernen und untersuchen, welche Qualifikationen die mit dem Bau der Pyramiden betrauten Menschen haben mußten. Hiermit hängt zusammen, daß der technologische Entwicklungsstand berücksichtigt wird. Der Film „In der großen Pyramide" zeigt eine Begehung der Räume und Gangsysteme der Cheopspyramide. Dabei werden die Konstruktionsprinzipien des Pyramidenbaus deutlich.
Zugleich ist den Schülern einsichtig zu machen, daß derartig hohe und differenzierte Qualifikationen von gesellschaftlichen Differenzierungen abhängen und zusammenhängen. Bei der Darstellung der gesellschaftlichen Strukturen werden die Landwirtschaft, das Handwerk, der Handel, die Verwaltung, die Rolle des Hofes und des Adels sowie die Bedeutung des Pharaos im Mittelpunkt stehen.
Es ist ein wichtiges Ziel dieser Unterrichtseinheit, die Interdependenz gesellschaftlicher, ökonomischer und politischer Faktoren zu verdeutlichen und dabei immer wieder auf die vorangegangenen Unterrichtseinheiten zurückzugreifen. In diesen Zusammenhang gehört auch die religiöse Komponente. Die Schüler sollen erkennen, welche Verbindung zwischen Glauben und Herrschaft bestand.

T Voraussetzungen für den Pyramidenbau

wirtschaftlich	technisch	sozial/politisch
– Erzeugung von Überschüssen an Nahrung – Vorratshaltung – Verteilung an die Arbeiter und Handwerker bei den Pyramiden	– mathematische/physikalische Kenntnisse – Berechnungen für Planung und Versorgung	– Arbeitsteilung – handwerkliche Fertigkeiten – Einsatz von Menschenmassen durch Befehle der Beamten – Verwaltung der Nahrungsmittel der Baumaterialien, Geräte usw.

Nachfolgend werden die einzelnen Planungsabschnitte kurz beschrieben. Dabei sollen die Schüler untersuchen, auf welche Weise in den einzelnen Arbeitsphasen die in der Grafik dargestellten Funktionen der Machtausübung zum Tragen kommen („Staat und Verwaltung in Ägypten", Gfm).

T Planungsschritte des Pyramidenbaus	Probleme, die sich dabei ergeben konnten
1. Der Pharao erteilte den Befehl, eine Pyramide als sein Grabmal zu bauen.	Er mußte dabei folgendes bedenken: – Wahl des Zeitpunktes des Baubeginns, – Sicherung und Festigung seiner Machtstellung.
2. Planung des Bauvorhabens durch Baumeister, Mathematiker, Beamte usw.	Folgende Probleme mußten vorab gelöst werden: – Von wo sollte das Baumaterial kommen? – Wie konnte man es zum vorgesehenen Bauplatz schaffen? – Wer sollte das Material heranschaffen? – Wie konnte die Versorgung der Arbeiter, Aufseher, Ingenieure usw. gewährleistet werden?
3. Verkündigung des Pharaobefehls durch Beamte in allen ägyptischen Siedlungen: Jede Siedlung mußte eine bestimmte Anzahl von Arbeitskräften für eine bestimmte Zeit für die Arbeit in den Steinbrüchen oder auf der Baustelle stellen.	Möglicherweise folgten die Menschen diesem Befehl nur widerwillig, weil sie ihre Angehörigen verlassen und schwere Arbeit leisten mußten. Auf der anderen Seite muß bedacht werden, daß die Menschen glaubten, die Pyramide stelle ein unzerstörbares Grabmal des Pharao dar, der das Land durch seine göttliche Macht beschützte.
4. Arbeit in den Steinbrüchen.	Felsblöcke mußten mit Bronze- und Steinwerkzeugen aus den Felswänden herausgebrochen und zu glatten Steinquadern verarbeitet werden. Erschwerte Arbeitsbedingungen: Hitze, schwere körperliche Arbeit, Versorgung mit Wasser und Nahrung waren ebenso problematisch wie die Unterbringung der Arbeiter.
5. Transport der etwa 15 Tonnen schweren Steinblöcke.	Der Transport erfolgte auf Rollen und Schlitten. Die Steinblöcke mußten unter starker körperlicher Anstrengung bei Hitze und Wasserknappheit gezogen und mit Flößen und Schiffen über den Nil gebracht werden.
6. Am Bauplatz selbst wurden die Steinblöcke auf Rampen zum vorgesehenen Platz mit Hebebäumen transportiert.	Arbeitsbedingungen: Hitze, Antreiben durch Aufseher, Krankheiten, zahlreiche Unfälle. Technische Probleme: Anlegen eines ebenen Fundaments, genaue Einhaltung der geometrischen Formen.

Religiöse Vorstellungen	Sinnbilder
Die Ägypter glaubten an ein neues Leben nach dem Tode. Dieses Leben würde sich genauso abspielen wie auf der Erde.	Man machte Schmuck, Möbel, die zusammen mit dem Toten begraben wurden. Die Wände der Grabmäler waren mit Szenen aus dem neuen Leben des Toten in seiner neuen Welt bemalt.
Beim Tode eines Menschen würde seine Seele und sein unsichtbarer Doppelgänger im Grab weiterleben; die Seele bliebe mit der Familie und den Freunden des Toten in Verbindung, während der Doppelgänger zwischen der anderen Welt und dem Toten hin- und herreiste. Wenn ein Mensch ewig leben wollte, dann mußte sein Leichnam für die Seele und den Doppelgänger erkennbar bleiben.	Der Tote reist mit einer Barke in eine andere Welt. Der Tote mußte aufbewahrt und mumifiziert werden.
Der Pharao wird nach seinem Tode ein Gott werden. Der Tote wird in einer anderen Welt zu neuem Leben erwachen.	Besonders sorgfältige Einbalsamierung der Leiche, aufwendiges Begräbnis. Die Wände des königlichen Grabes wurden mit Szenen bemalt, die das Leben in dieser neuen Welt darstellen. Das Grab war als Haus für die Ewigkeit gebaut. Es war eine Festung gegen Grabräuber, die versuchten, die Schätze in den Grabkammern zu stehlen.

Ganz besonders schwierig ist es, den Schülern die Grundzüge der ägyptischen Religion vor Augen zu führen.
Am besten eignet sich dazu das Bild „Das Totengericht des Beamten Hunefer". Dieses Bild ist im begleitenden Text ausführlich beschrieben. Im Zusammenhang mit dem Bild „Ägyptischer Mumiensarg" (vgl. Tabelle oben).
Zum Abschluß dieser Unterrichtseinheit soll die Struktur des alten Ägypten sichtbar gemacht werden, indem die natürlichen Umweltbedingungen als Ausgangspunkt genannt werden. Mit der Beherrschung der Nilschwemmen ergaben sich bedeutende ökonomische, soziale und politische Veränderungen. Diese Bedingungen sollen am Pyramidenbau verdeutlicht werden.

T Wirtschaftliche und politische Entwicklung in Ägypten

Natürliche Umweltbedingungen:
Nil und die Überschwemmungen

Lösung der Probleme:
Regulierung des Flusses
Kanalbau ↓
Vermehrung des landwirtschaftlich nutzbaren Landes
↓
Erhöhung der Erträge
Steigerung der gesamten landwirtschaftlichen Erzeugung
↓
Mehrprodukt
↓
Freisetzung von Arbeitskräften
↓
Arbeitsteilung
↓
Bauern, Handwerker, Händler, Künstler, Priester, Beamte ↓
Zentren der Güterverwaltung mußten geschaffen werden ⟶ **Städte**
Zusammenballung vieler Menschen auf engem Raum ⟶ **Staat**
Lenkung durch Gottkönig, dessen Befehle von Beamten weitergegeben und bewacht wurden.

8. Hochkulturen in Mesopotamien, am Indus und am Hwangho

8.0.1 Literaturangaben

Handbücher
FWG 2,3,4 – Propyläen I, II

Gesamtdarstellungen
Mesopotamien
Breuer, Stefan, Imperien der Alten Welt, Urban TB 385, Kohlhammer, Stuttgart 1987
Eisele, Petra, Babylon. Pforte der Götter und Große Hure, Knaur TB 3711
Fischer, Hugo, Die Geburt der Hochkultur in Ägypten und Mesopotamien, Ullstein TB 39017
Schmökel, Hartmut, Geschichte des Alten Vorderasiens, Leiden 1957
Schmökel, Hartmut, Kulturgeschichte des alten Orients, Mesopotamien, Hethiterreich, Syrien – Palästina, KTA 298, Kröner, Stuttgart 1961
Indien
Rothermund, Dietmar, Grundzüge der indischen Geschichte, Wiss. Buchgesellschaft, Darmstadt 1976
China
Cotterell, Arthur, Yong Yap. Das Reich der Mitte, Archäologische Geschichte des Alten China, Scherz, München
Eberhard, Wolfram, Geschichte Chinas. Von den Anfängen bis zur Gegenwart, Kröner KTA 413, Stuttgart ^{3}1980
Israel
Beek, Martinus A., Geschichte Israels. Von den Anfängen bis Bar Kochba, Urban TB 47, Kohlhammer, Stuttgart ^{4}1976
Ben-Sasson, H. H. (Hrsg.), Geschichte des jüdischen Volkes, 3 Bde., Beck, München 1978ff.
Chouraqui, André, Die Hebräer, Geschichte und Kultur zur Zeit der Könige und Propheten, Reclam, Stuttgart
Ehrlich, Ernst L., Geschichte Israels bis zur Zerstörung des Tempels 70 n. Chr., de Gruyter, Berlin ^{2}1980
Sachbuch
Lissner, Ivar, So habt ihr gelebt. Die großen Kulturen der Menschheit, dtv 1942
Jugendbuch
Baumann, Hans, Im Lande Ur, Ravensburger TB 229 (Tempel, Türme und Paläste zwischen Euphrat und Tigris)
Knox, Robert, Das Alte China, Tessloff, Hamburg (reich bebildertes Sachbuch als erste Einführung, ab 10 J.)

8.0.2 UR-Ziele

(1) Entstehung und Entwicklung von Kulturen in Mesopotamien, Indien und China – ein Vergleich.
(2) Gründe für die Entstehung und Entwicklung verschiedenartiger Kulturen.

8.0.3 Medien

(vgl. auch 7.0.3, Seite 74f.)

Atlas

Westermann 6,8,9

Dias

FWU	10 2182	Hoangho-Ebene und Peking 18 f
Jünger		An Euphrat und Tigris. Reich der Sumerer: Akkadzeit, Ur, Uruk, Reich der Assyrer: Assur, Nimrud, Ninive, Babylonisches Reich 38 f
Stoedtner		Altertum I. Die ersten Hochkulturen in Mesopotamien 20 sw
		Altertum II. Die vorderasiatischen Küstenländer 18 sw
Westermann		Hochkulturen im Vorderen Orient 24 f
FWU	22 2187	Indien: Probleme der Entwicklung 29 min f

Filme
FWU 32 3153–32 3162 Die Bibel und ihre Zeit (Israel) ca. 150 min f
WBF Kalkutta – Arbeitsleben und Klassengesellschaft 15 min f
Kalkutta – Armut und Religion 15 min f
32 6020 Benares – Heilige Stadt des Hinduismus 15 min f
Weltstadt Bombay – Indischer Alltag und Religiosität 22 min f
Mensch und Natur in Indien 23 min f

8.0.4 Fachwissenschaftliche Einführung

Die eurozentrische Sicht bestimmt bei uns immer noch die Lehrpläne. Es wäre sicherlich falsch, die Stoffülle unserer Pläne nun noch durch besondere Unterrichtseinheiten über außereuropäische Kulturen zu vermehren. An exemplarischen kurzen Beispielen sollen die Schüler jedoch erfahren, daß es außerhalb Europas Hochkulturen gab, die – älter als die europäischen Kulturen – zum Teil noch heute in manchen Weltreligionen weiterwirken.

8.1 Welche beiden Reiche in Mesopotamien große Macht erlangten

8.1.1 Wissensziele

Auch in den Stromgebieten Asiens gab es Hochkulturen. In Babylon ließ König Hammurabi die bestehenden Gesetze in Stein meißeln. Die Ausgrabungen zeigen, daß Babylon um 500 v. Chr. eine große Stadt mit vielen öffentlichen Gebäuden war. Assyrien ist das Beispiel eines Erobererstaates, der andere Völker für sich arbeiten läßt. Beide Eroberervölker versuchten, auch die Juden in ihr Reich einzugliedern. Das jüdische Volk überstand alle Bedrängnis durch seinen Glauben.
In Indien sind schon früh zwei Stadtkulturen bekannt. Sie wurden von eingewanderten Ariern zerstört. Diese überlagerten die Urbevölkerung und schufen ein Kastensystem, das bis heute die Bevölkerung in herrschende und arbeitende Schichten einteilt. Seiner Schicht gehört man durch Geburt an.
In China wurde um 200 v. Chr. ein zentral geleitetes Kaiserreich mit einer kulturell hochstehenden Führungsschicht geschaffen, das die größte Macht Ostasiens bis in das erste Jahrzehnt unseres Jahrhunderts geblieben ist.

8.1.2 UE-Ziele

(1) Gesetze aus dem Codex Hammurabi und ihre gesellschaftlichen Auswirkungen.
(2) Ursprung und Entstehung von Herrschaft am Beispiel Assyriens.

8.1.3 Einstieg

- **Karte:** Westermann, Ägypten und Mesopotamien
- **Dia-Reihen:** Jünger: An Euphrat und Tigris
Stoedtner: Die ersten Hochkulturen in Mesopotamien
- **Bild:** Gesetzessäule des Königs Hammurabi (Gfm)
- **Bild:** Der Turm zu Babel (Rekonstruktion, Gfm)

8.1.4 Didaktisch-methodische Vorschläge

Die Betrachtung des Bildes „Der Turm zu Babel" (Gfm) veranlaßt die Schüler, danach zu fragen, welche Unterschiede und Ähnlichkeiten zwischen Ägypten und dem Zweistromland aufgefunden werden können. Unter Einbeziehung der Karte „Hochkulturen am Nil und im Zweistromland" könnte folgende Gegenüberstellung erarbeitet werden, wobei der Lehrer die Information zur zweiten Spalte „Zweistromland" selbst geben müßte.

	Nil (Ägypten)	Zweistromland (Babylon)
Bedeutung von Flüssen	Wasser und Schlamm des Nils bilden die Grundlage für die Landwirtschaft	Euphrat und Tigris bilden die Grundlage der Landwirtschaft
Besiedlung	Anlegen von Be- und Entwässerungskanälen, Bildung von Dörfern und größeren Stammesverbänden an den Begrenzungen des Schwemmlandes	Anlage von Be- und Entwässerungskanälen sowie von Schöpfwerken; Siedlung in Dörfern und großen Stammesverbänden
Arbeitsteilung/Entwicklung der Produktion	Überproduktion in der Landwirtschaft führt zur Arbeitsteilung zwischen Bauern und Handwerkern sowie Händlern zwischen Stadt und Land	Trennung von gewerblicher Produktion in den Städten und Ackerbau im Umland; gesellschaftliche Arbeitsteilung in Berufen: Bauern, Handwerker, Händler, Baumeister, Künstler, Priester
gesellschaftliche Organisation	Zentrale staatliche Organisation, allmächtiger Herrscher, dessen Herrschaft sich auf einen Beamtenapparat stützt.	Priester nehmen religiöse Kulthandlungen vor, eignen sich die Überschüsse in der Produktion an und verwalten sie in Tempelherrschaften, erheben Zwangsabgaben
Fähigkeiten und Kenntnisse	Werkzeuge aus Metall, Astronomie, Mathematik zur Organisation der Arbeit und zur Einteilung der Felder; Entwicklung der Schrift: im Handel, bei der Steuererhebung, Verwaltung und Buchführung; zur Sicherung und Darstellung der Herrschaft: Monumentalarchitektur, Kunst, Rechtsprechung	Werkzeuge aus Metall, Astronomie, Mathematik Entwicklung von Keilschrift auf Tontafeln Monumentalarchitektur: riesige Tempelanlagen; Rechtsprechung

Als einen Schwerpunkt für die Einsicht in die Zusammenhänge von Rechtsprechung, Herrschafts- und Sozialstruktur wählen wir das Gesetzeswerk Hammurabis aus.

Nahe der Stadt Babylon hat man eine Steinsäule ausgegraben. In ihr sind 280 Gesetze eingemeißelt. Am Kopf trägt die Säule ein Relief. Es stellt dar, wie ein König diese Gesetze aus der Hand des Gottes Marduk empfängt.

Auf einer Mauer des Kanalsystems im Gebiet des Euphrat ist uns eine Inschrift erhalten:

„Ich bin Hammurabi, der mächtige König von Babylon, der König, der die vier Weltgegenden unterwarf, der Hirte, der sein Herz erfreut: Ich habe den Kanal gebaut, der dem Land Sumer und Akkad überreichlich Wasser bringt. Er heißt daher ‚Hammurabi ist der Reichtum des Volkes'. Die beiden Kanalufer verwandelte ich in Ackerland, häufte Getreide in Bergen auf und sorgte dafür, daß es in Sumer und Akkad nie an Wasser fehlt. Ich versammelte die verstreute Bevölkerung von Sumer und Akkad und versorgte sie mit Speise und Trank. In Fülle und Überfluß weidete ich sie und ließ sie in Frieden wohnen."

Beispiele aus der Gesetzessammlung Hammurabis:

„14. Wenn ein Bürger das Kind eines Bürgers gestohlen hat, so wird er getötet.

22. Wenn ein Bürger Raub begangen hat und ergriffen wird, so wird dieser Bürger getötet.

23. Wenn der Räuber nicht ergriffen wird, so gibt der beraubte Bürger das ihm abhanden gekommene Gut vor dem Gotte an, und die Gemeinde sowie der Vorsteher, auf deren Grund und Gemarkung der Raub begangen wurde, ersetzen ihm das abhanden gekommene Gut.

195. Wenn ein Sohn seinen Vater schlägt, so schneidet man ihm seine Hand ab.

196. Wenn ein Bürger das Auge eines Bürgersohnes zerstört, so zerstört man sein Auge.

200. Wenn ein Bürger den Zahn eines ebenbürtigen Bürgers ausschlägt, so schlägt man seinen Zahn aus.

201. Wenn er den Zahn eines Untergebenen ausschlägt, so zahlt er $1/3$ Mine Silber."

Der Lehrer sollte in einem kurzen Lehrervortrag einfügen, daß König Hammurabi um 1700 v. Chr. durch viele Kriege das gesamte Zweistromland unter seiner Herrschaft zu einem Reich vereinigt hatte. Er regierte mit Hilfe von Priestern, Beamten und Soldaten über die Bauern, Handwerker, Kaufleute und Sklaven. Er war unumschränkter Herrscher. Prächtige Bauten und Kunstwerke kündeten von der Macht des Herrschers. Als ein Beispiel kann man die Stadt Babylon ansehen. In Verbindung mit dem Bild in Gfm kann folgende Beschreibung der Stadt aus der Feder Herodots dienen:

„Babylon, eine Stadt, welche ungefähr folgende Beschaffenheit hat: Sie liegt in einer großen Ebene und hat eine Größe von 120 Stadien (1 Stadion ca. 188 Meter) auf jeder Seite, da sie ein Viereck bildet. Es beträgt also der Gesamtumfang der Stadt an 480 Stadien... Um die Stadt herum läuft ein tiefer und breiter, mit Wasser angefüllter Graben; nachher kommt die Mauer, welche eine Breite von 50 königlichen Ellen und eine Höhe von 200 Ellen hat (1 Elle ca. 50 cm)...

T a) Was bedeuteten die Gesetze für das Leben der Menschen damals?

Vergehen/ Verbrechen	Strafmaßnahmen
Diebstahl von Rindern, Schafen usw.	Für Waren, Rinder, Schafe usw. als Eigentum des Tempels mußte 30facher Ersatz geleistet werden. Waren sie hingegen Eigentum eines Palasthörigen, erfolgte nur zehnfacher Ersatz. War der Dieb ohne Besitz, wurde er hingerichtet.
Zerstörung des Augenlichts	Wurde die Tat an einem Freigeborenen begangen, erfolgte die Blendung des Täters. War sie an einem Sklaven begangen worden, zahlte der Täter die Hälfte des Kaufwertes, den der Sklave hatte, an den Sklavenbesitzer.
Nachlässiger Hausbau	Stürzte das Haus ein und wurde dabei der Sohn des Hausbesitzers erschlagen, so wurde der Sohn des Baumeisters hingerichtet.

T b) Wie beurteilen wir vom heutigen Standpunkt aus die Gesetze Hammurabis?

negativ
- Es gab Schichten/Gruppen, die einen besonderen Rechtsschutz genossen, während andere Gruppen benachteiligt waren.
- Das Privateigentum dieser bevorrechteten Gruppe wurde besonders geschützt.
- Besonders schlecht war die Situation der Sklaven, denn sie hatten keine Rechte.
- Strafen dienten als Abschreckungsmittel zum Schutz der bestehenden Gesellschaftsordnung, in der es Privilegierte und Nichtprivilegierte gab.

positiv
- Erstmals wurde für ein Reich ein einheitliches Recht geschaffen.
- Es durfte nur dann gestraft werden, wenn die Schuld eindeutig erwiesen war.
- Private Vergeltung (Faustrecht, Blutrache) wurde ersetzt durch die staatliche Strafverfolgung.
- Von besonderer Bedeutung ist die Rolle der Richter, deren Willkür u.U. korrigiert werden konnte.

Arbeitsaufgaben	denkbare Formulierungen
1. Versucht, die im Text aufgeführten Einzelheiten auf dem Bild wieder zu entdecken.	In der Mitte sieht man das Heiligtum des Gottes Baal, den sich nach oben verjüngenden Turm mit den Seitenaufgängen; der Euphrat ist ebenso zu sehen wie die beiden Mauern sowie im Vordergrund ein Tor.
2. Welche Rückschlüsse lassen sich aus den Größenverhältnissen der Bauten schließen?	Die Stadt Babylon hat einen Gesamtumfang von ca. 90 Kilometern. Die Mauern sind ca. 100 Meter hoch und 24 Meter breit, das Heiligtum dürfte ca. 200 Meter hoch gewesen sein. Daraus läßt sich schließen: hoher technischer und wissenschaftlicher Stand, großes handwerkliches Können, mächtige Herrscher, Gottkönigtum.
3. Lest die an einer Kanalmauer angebrachte Inschrift und faßt zusammen, welche Verdienste sich der Herrscher Hammurabi zumißt.	– mächtigster Herrscher der Welt, – der gute Hirte, – der Kanalbauer, wodurch dem Land überreichlich Wasser geschenkt wird, – Bau von Ackerland und Speicherung von Getreide, – Versorgung der Bevölkerung mit Speise und Trank
4. Wie sieht der König sich und seine Rolle? Wie faßt er sein Herrscheramt auf?	Er betrachtet sich als Schützer und Schirmer, als Friedensbewahrer vor allem der sozial Benachteiligten.

Die Stadt besteht aus zwei Teilen, die ein Fluß, der mitten hindurchfließt und den Namen Euphrat trägt, voneinander trennt... Die Mauer nun ist auf beiden Seiten mit ihren Biegungen bis an den Fluß geführt, und von hier aus zieht sich am Rande des Flusses auf beiden Seiten eine Mauer von gebrannten Ziegeln am Fluß entlang hin. Die Stadt selbst, welche voll von Häusern von drei oder vier Stockwerken ist, wird von geraden Straßen durchschnitten... Bei einer jeden Straße befanden sich an der längs des Flusses hinziehenden Backsteinmauer Pforten, und zwar an Zahl ebensoviele, wie es Straßen waren...

Diese Mauer ist nun gleichsam ein Panzer der Stadt. Von innen aber läuft noch eine andere Mauer herum, die um nicht viel schwächer ist als die andere, aber etwas enger. In jedem der beiden Teile der Stadt befindet sich in der Mitte in dem einen Teil die königliche Burg innerhalb einer großen und starken Umfassungsmauer, in dem anderen das Heiligtum des Sonnengottes Baal mit ehernen Toren. Dieses war noch bis zu meiner Zeit (im 5. Jahrhundert v. Chr.) vorhanden, ein Viereck im Umfang von zwei Stadien auf jeder Seite; in der Mitte des Heiligtums ist ein Turm gebaut, fest von Stein, in der Länge und Breite eines Stadions. Auf diesem Turm erhebt sich ein anderer Turm, auf diesem wieder ein anderer, bis zu acht Türmen; man steigt auf einer Treppe hinauf, welche von außen ringsherum um alle diese Türme angebracht ist. In der Mitte ungefähr beim Hinaufsteigen ist ein Ruhepunkt mit Sitzen zum Ausruhen... In dem letzten Turm befindet sich ein großer Tempel, und in diesem Tempel befindet sich eine große wohlgebettete Lagerstätte, daneben steht ein goldener Tisch..." *(Herodot I, 178–182)*

Die Zerstörung Babylons und des babylonischen Reiches durch die Assyrer schildert die Quelle (Gfm): „Bericht des Assyrerkönigs Sanherib" (704–681 v. Chr.). Hier wird deutlich, daß Mesopotamien, im Gegensatz zu Ägypten, das jahrhundertelang unter ein und derselben Dynastie lebte, fortwährend im Zeichen kriegerischer Auseinandersetzungen stand.

„In einem zweiten Feldzug zog ich eilends nach Babylon, das ich mir zu erobern vorgenommen hatte, und wütete dort wie der Anprall einer Sturmflut. Wie ein Orkan warf ich es nieder. Abgaben und Beute eroberten meine Hände. Ihre Bewohner, ob klein ob groß, ließ ich nicht am Leben. Mit ihren Leichen füllte ich die Straßen der Stadt. Suzub, den König von Babylon, führte ich samt seiner Familie nach meinem Lande. Den Schatz dieser Stadt schaffte ich fort. Gold, kostbare Steine, Habe und Schätze rechnete ich als Eigentum meiner Leute, und sie machten es sich zu eigen. Die Götter, die dort hausten, erbeuteten die Hände meiner Leute und zerbrachen sie; ihre Habe und Schätze nahmen sie weg. Die Stadt und ihre Häuser zerstörte, verwüstete und verbrannte ich von den Grundmauern bis zu den Dachfirsten. Die Mauern, Tempel und Götter, die Tempeltürme aus Backsteinen und Lehm schleifte ich, soviel ihrer waren, und kippte sie dann in den Arahtu-Kanal. Mitten durch die Stadt zog ich Kanäle und überflutete das Weichbild des Ortes mit dem Wasser. Ihren Grundriß zerstörte ich. Ich machte ihre Zerstörung vollständiger, als es eine Überschwemmung vermocht hätte."

8.2 Was die Religion für den Zusammenhalt des jüdischen Volkes bedeutete

8.2.1 Wissensziele

Die Juden waren das einzige Volk, das nur an einen Gott glaubte. Die „Zehn Gebote" waren die Grundlage ihrer Gesetzgebung.

8.2.2 UE-Ziele

(1) Bedeutung der Religion im Leben des jüdischen Volkes.
(2) Die „Zehn Gebote" als Grundlage von Sitte und Gesetz.

8.2.3 Einstieg

● **Bilder:** „Der Judenkönig Jehu 841 v. Chr. vor König Salmanassar III. von Assyrien" und „Römische Soldaten tragen den siebenarmigen Leuchter" (Gfm)
● **Filme:** FWU 32 3154–32 3162: Die Bibel und ihre Zeit

8.2.4 Didaktisch-methodische Vorschläge

Die beiden unter 8.2.3 erwähnten Bilder verweisen darauf, daß die rivalisierenden Mächte Ägypten, Babylonien, Assyrien und andere ständig in Vorderasien kämpften.
Ebenso können einzelne Filme aus der von der BBC produzierten Reihe „Die Bibel und ihre Zeit" eingesetzt werden, z. B. „Die Assyrer" (32 3160) und „An den Wassern zu Babel" (32 3161).
Die Schüler haben am Beispiel Ägyptens herausgearbeitet, wie Herrschaft entstanden ist. Sie haben erkannt, daß Herrschaft über andere auch zumeist deren Unterwerfung voraussetzt. Es dürfte jedoch im 5.–7. Schuljahr zu früh sein, um die Frage nach dem Ursprung der Herrschaft und Unterdrückung aufzuwerfen und verschiedene Theorien (z. B. die Überlagerungstheorie) zu erörtern.
Es kann jedoch verdeutlicht werden, wie sich Eroberungen und Herrschaft auf die Besiegten und Unterdrückten auswirkten.

Arbeitsaufgaben	denkbare Formulierungen
1. Beschreibt das Bild „Der Judenkönig Jehu ..." Vermutet, was dieser bildlichen Darstellung vorausgegangen sein könnte.	Das Bild zeigt die Unterwerfung des jüdischen Königs und die damit verbundenen Tributzahlungen, denen ein siegreicher Feldzug der Assyrer gegen die Juden vorausgegangen sein muß. Auch hier wieder das Symbol des Hirten. Der besiegte König naht dem Assyrerkönig auf den Vieren.
2. Zeigt an dem Bericht des Königs Sanherib von Assyrien auf, wie sich Eroberungen und Kriege auf die Bevölkerung auswirkten.	– Erhebung von Abgaben – Beutemachen – der König und seine Familie werden als Gefangene fortgeführt – Zerstörung der Häuser und Tempel durch Schleifen, Brand und Überschwemmung – Raub von Schätzen
3. Erläutert, warum die Eroberer all diese Maßnahmen getroffen haben.	– Ziel der Eroberer war die Stabilisierung ihrer Herrschaft; – die überaus grausamen Verhaltensweisen der Sieger über die Besiegten sind so zu erklären, daß man von vornherein ein Wiederauferstehen des besiegten Volkes, das dann Rache nehmen würde, vermeiden wollte; – die Machtfülle der Herrscher wird in einem überaus strengen Hofzeremoniell der Herrscher deutlich
4. Welche Rolle spielten die Juden in diesem über Jahrtausende dauernden Kampf?	Ihr Land wurde oft von Eroberern heimgesucht. Sie wanderten aus oder gingen in Gefangenschaft. Die Führungsschicht wurde mitgeführt, damit sie keinen Krieg gegen die Eroberer in die Wege leiten sollte.

Arbeitsaufgaben	denkbare Formulierungen
5. Welche Rolle spielte der Glauben im jüdischen Volk?	Die Juden verehrten einen Gott. Er wurde nicht als Naturgewalt, sondern als Schöpfer der Welt angesehen. Auswanderungen, Kriege, Eroberungen und Gefangenschaft führten nicht zum Zerfall des Volkes.
6. Vergleiche einige der Zehn Gebote mit der „Rechtfertigung" aus dem Totenbuch des ägyptischen Beamten (Gfm).	Die Zehn Gebote sind Verbote. Die Menschen sollen aus eigener Kraft dazu beitragen und sich bemühen, bestimmte Gebote nicht zu übertreten.

8.3 Wie das Kastenwesen in Indien entstand

8.3.1 Wissensziele

Die Überlagerung der Urbevölkerung Nordindiens führte zu einer Trennung zwischen Herrenschicht und Unberührbaren. Seitdem gibt es in Indien das Kastenwesen. Die Religion, der Hinduismus, hat großen Einfluß auf das Alltagsleben. Indien in seiner Gesamtheit umfaßt viele Völker, Sprachen und Religionen.

8.3.2 UE-Ziele

(1) Entstehung und Ausbildung des Kastensystems.
(2) Die Bedeutung und Aufgaben verschiedener Schichten im Kastensystem.

8.3.3 Einstieg

- **Grafik:** Das Kastensystem in Indien (Gfm)
- **Film:** WBF: Kalkutta – Arbeitsleben und Massengesellschaft

8.3.4 Didaktisch-methodische Vorschläge

Das zentrale didaktische Anliegen innerhalb dieser kurzen Unterrichtseinheit besteht darin, einige Züge der historischen und kulturellen Entwicklung im Vergleich etwa zur Geschichte Ägyptens zu verdeutlichen. Der didaktische Schwerpunkt ist so angelegt, daß insbesondere die gesellschaftliche Entwicklung Indiens herausgehoben werden soll, und zwar auf dem Hintergrund seiner historischen Entwicklung.

Ein Ausgangspunkt, der das Interesse der Schüler weckt, kann die Beschreibung des Kastenwesens sein, das es heute noch in Indien gibt. Hier können die Compactcassetten FWU 22 2187 „Indien: Probleme der Entwicklung" sowie „Mensch und Natur in Indien" (hier besonders das Problem der „Unberührbaren") eingesetzt werden.

Alltag des Inders – einst und jetzt
Der fromme Hindu beginnt seinen Tageslauf mit dem Aufstehen vor Sonnenaufgang, dem Bad und einer Morgenandacht. Er reicht Göttern und Ahnen Wasser und betet. Dann wendet er sich seinem Tagewerk zu. Am Mittag werden vor dem Essen Teile der Speisen als Opfergaben für die Götter in ein geweihtes Feuer geworfen oder vor dem Hause niedergelegt, damit sich die Geister und Tiere daran stärken können. Auch der Ausklang des Tages wird von verschiedenen ähnlichen Zeremonien begleitet.
Speisevorschriften sind nach Kaste und Religion verschieden. Brahmanen essen weder Fisch noch Fleisch und meiden gewisse Pflanzen. Krieger hingegen dürfen Fleisch und Fisch zu sich nehmen. Ausgenommen ist das Rindfleisch. Buddhisten essen Fleisch nur, wenn die Tiere nicht ihretwegen geschlachtet wurden. Ein Koch darf bei den Hindus keine Lederhandschuhe tragen: sie gelten als unrein, da sie von einem toten Tier stammen. Auch darf ein Hindu nur Speisen zu sich nehmen, die ein Koch der gleichen oder einer höheren Kaste zubereitet hat. Ebenso wird nur mit Angehörigen der gleichen Kaste gegessen. Der Genuß von Alkohol ist den Hindus und Buddhisten verboten.
Das Leben der Hindus auf dem Lande wird noch heute vom Kastensystem vorgezeichnet. Es gibt mehrere tausend Kasten, in die der Mensch hineingeboren werden kann. Er kann sie nicht verlassen. Hier findet er seinen Beruf und seine Frau.
Außerhalb der Kasten standen die „Unberührbaren" oder Parias. Sie durften weder die heiligen Schriften lesen noch aus dem Gemeindebrunnen schöpfen.

Ihre Kinder durften keine Schulen besuchen. Nur die niedrigsten Arbeiten standen ihnen zu. Berührung von Kastenmitgliedern erforderte eine Reinigung. Obwohl neuerdings Kinder der Parias Schulen besuchen dürfen, hat sich deren Ansehen bei strenggläubigen Hindus kaum verbessert.
An der Spitze der Gesellschaft stand der König. Ihm gehörte alles Land. Die Bauern erhielten ihren Boden von ihm in erblicher Pacht. Er konnte das Land einziehen, wenn der Bauer seine Abgaben nicht entrichtete. Neben einer Wassersteuer mußte er ein Sechstel der Ernte abliefern. Darüber hinaus gab es staatliche Güter mit königlichen Aufsehern und Ländereien des Adels. Auch zu öffentlichen Arbeiten, wie Straßenbau oder Neulandgewinnung, wurden die Bauern herangezogen. Das Leben dieser Bevölkerungsschicht blieb von kriegerischen Ereignissen weitgehend verschont. Es war üblich, den Bauern so wenig wie möglich zu belästigen und seine Felder zu schonen.
Aus einer Besoldungsliste, die vom Handwerker bis zum Thronfolger alle Kasten umfaßte, kann man Rückschlüsse auf das Einkommen ziehen.
„Mietarbeiter, Hirten und Sklaven nahmen mit einem Monatslohn von 1,5 Silberpanas den untersten Platz der Gesellschaftspyramide ein, Handwerker brachten es auf 10, Schauspieler auf 20, Soldaten auf 40, Astrologen und Legendenerzähler auf 80, Elefantenführer auf 170, Aufseher der Truppenteile auf 360, Prinzen und Minister auf 1000, der Opferpriester, die Heerführer, der Kronprinz, die Hauptgemahlin und die Mutter des Königs erhielten 4000 Silberpanas im Monat.
Über die Kaufkraft des Geldes besitzen wir keine Unterlagen. Nur die Körperstrafen und ihre Ablösung durch Geld wird genauestens beschrieben. Das Abschneiden des Daumens oder des Mittelfingers konnte durch Zahlung von 54 Panas umgangen werden, 100 Panas vermochten fünf Finger zu erhalten, die rechte Hand konnte 400 und die beiden Füße 600 Panas retten.
Das Leben am königlichen Hof muß unvorstellbar aufwendig gewesen sein. Die Herrscher unterhielten nicht nur einen großen Harem, sondern umgaben sich auch mit Höflingen, Astrologen, Opferpriestern, Künstlern, Gelehrten und Gauklern..."
(nach Wilhelm Zier, Zauber vergangener Reiche, Stuttgart, Hamburg, München 1975, S. 94f.)

Als Einführung in den Hinduismus können die Filme WBF „Benares – Heilige Stadt des Hinduismus" und „Weltstadt Bombay – Indischer Alltag und Religiosität" dienen.

Arbeitsaufgaben	denkbare Formulierungen
1. Wodurch unterscheidet sich die Religion der Inder (Hinduismus) vom Christentum ? (Aufgezeigt an einem ausgewählten Beispiel.)	– Es gibt keinen Religionsstifter, der die hinduistische Religion gegründet hat. Im Hinduismus haben sich verschiedene religiöse Vorstellungen vereint. – Verschiedene religiöse Richtungen des Hinduismus verehren unterschiedliche Götter: Wischnu, Brahma und Schiwa. Es haben sich dementsprechend drei Glaubensrichtungen im Hinduismus entwickelt.
2. Wie ist es zur Ausbildung des Kastensystems gekommen, das heute noch weitgehend das gesellschaftliche Leben in Indien bestimmt?	– Völker, die anderen Völkern zahlenmäßig oder waffentechnisch überlegen waren, erobern die Gebiete der Bauernvölker (zumeist waren es Reiterheere mit Streitwagen). – Die Eroberer bilden die Herrenschicht, die die Einheimischen entweder vernichtete oder gänzlich ausbeutete. Die Herrscher regierten unumschränkt mit Hilfe einer bevorrechteten Schicht, des Adels
3. Vergleiche am Beispiel Indiens, Ägyptens und des Zweistromlandes, wie Herrschaft legitimiert und gesichert wurde.	– Eine zentrale religiöse Vorstellung bestand darin, daß der Herrscher als Vertreter der göttlichen Macht angesehen wurde. – Eine Vermischung mit der unterworfenen Schicht durch Heirat war zumeist verboten.

8.4 China – Wie der Einheitsstaat geschaffen wurde

8.4.1 Wissensziele

In China entstand um 200 v. Chr. ein zentral geleitetes Kaiserreich mit einer kulturell hochstehenden Führungsschicht. Es gab große gesellschaftliche Unterschiede zwischen den Bauern und der führenden Schicht. Eine besondere Machtstellung hatte der chinesische Kaiser. Er galt als „Sohn des Himmels".

8.4.2 UE-Ziele

(1) Stationen in China auf dem Weg zum Einheitsstaat.
(2) Vergleich mit Entwicklungen in Europa, Vorderasien und Indien.

8.4.3 UE-Ziele

- **Bild:** Kaiser Kuang-Wu kehrt von der Jagd zurück (Gfm)
- **Bild:** Chinesische Bauern auf dem Reisfeld (Gfm)
- **Dia-Reihe:** FWU 10 2182 Hoangho-Ebene und Peking

8.4.4 Didaktisch-methodische Vorschläge

Diese Unterrichtseinheit soll zwei didaktische Aufgaben übernehmen. Zum einen sollen die Schüler historische Entwicklungen in den außereuropäischen Räumen kennenlernen, zum anderen sollen sie durch Vergleiche Unterschiede und Ähnlichkeiten sowie Zusammenhänge erkennen. Für die Durchführung des Vergleichs ist es notwendig, ein Instrument, einen Kriterienraster zur Verfügung zu haben. Dieses Instrument besteht aus Strukturfragen, die in abgewandelter Form immer wieder im bisherigen Geschichtsunterricht aufgetaucht sind und angewendet wurden.
Sie lauteten:
– Welcher Zusammenhang besteht zwischen den natürlichen, geografischen Gegebenheiten, den Produktionsverhältnissen und der Wirtschaftsform?
– Wie wirken Wirtschaftsform, Siedlungsweise und Gesellschaftsstruktur aufeinander?
– Wie wirken die Gesellschafts- und die Herrschaftsverhältnisse auf das Leben der Menschen ein?
Durch fortlaufende Vergleiche werden die Schüler dazu angehalten, sich immer wieder auf bereits Bekanntes zu beziehen, ganz bestimmte Fakten allmählich parat zu haben und in der Argumentation zu verwenden.
Die beiden Bilder in Gfm verschaffen den Schülern einen ersten und vorläufigen Eindruck von den chinesischen Lebensverhältnissen. Im Gespräch über diese beiden Bilder können Vergleiche mit den Lebensverhältnissen in Europa zur Metallzeit, zu Ägypten, zu Mesopotamien und zu Indien gezogen werden.

9.–17. Das klassische Griechenland

9.0.1–17.0.1 Literaturangaben

Handbücher

FWG 4,5,6; Oldenbourg 1; Propyläen III

Gesamtdarstellungen

Bayer, Erich, Griechische Geschichte, Kröner KTA 362, Stuttgart ^{3}1987

Bengtson, Hermann, Griechische Geschichte, Beck München ^{6}1982 (Standardwerk)

Finley, Moses I., Die Griechen. Eine Einführung in ihre Geschichte und Zivilisation, Beck, München ^{2}1983

Lauffer, Siegfried, Kurze Geschichte der antiken Welt, dtv TB 1734, München 1981 (Griechische und Römische Geschichte von der kretisch-mykenischen Kultur bis zur Römischen Kaiserzeit)

Weiler, I., Griechische Geschichte, Wissenschaftliche Buchgesellschaft, Darmstadt 1976

Bleicken, Jochen, Die Athenische Demokratie, UTB 1330, Schöningh, Paderborn 1986

dtv – Geschichte der Antike

Murray, Oswin, Das frühe Griechenland

Davies, John K., Das klassische Griechenland und die Demokratie

Walbandt, Frank W., Die hellenistische Welt, dtv 4400–4402

Wirtschafts-, Sozial- und Kulturgeschichte

Brockmeyer, Norbert, Sozialgeschichte der Antike, Urban TB 153, Kohlhammer, Stuttgart 1974

Finley, Moses I., Die antike Wirtschaft, TB dtv 4277, München 1976 (Wirtschaft der griechischen Stadtstaaten und des Römischen Reiches)

Friedell, Egon, Kulturgeschichte Griechenlands, TB dtv 1660, München 1981 (Neuauflage einer klassischen Darstellung)

Grant, Michael, Klassiker der antiken Geschichtsschreibung, TB dtv 4374, München 1981

Grant, Michael, Mittelmeerkulturen in der Antike, TB dtv 1639, München 1981

Lauffer, Siegfried, Einführung in die antike Wirtschaftsgeschichte, Wissenschaftliche Buchgesellschaft, Darmstadt, ^{2}1987

Finley, Moses I., Die Sklaverei in der Antike, Fischer TB 4352

Pomeroy, Sarah B., Frauenleben im klassischen Altertum, KTA 461, Kröner, Stuttgart 1985

Schuller, Wolfgang, Frauen in der griechischen Geschichte, Universitätsverlag, Konstanz 1985

Religion, Mythologie, Kunst

Demargue, Pierre, u. a., Die griechische Kunst, 4 Bde., Beck, München ^{2}1975–1985

Finley, Moses I., Die Welt des Odysseus, TB dtv 4328, München 1978

Homer, Ilias und Odyssee, Reclam, Stuttgart

Hunger, Herbert, Lexikon der griechischen und römischen Mythologie, TB rororo 6178, Rowohlt, Reinbek

Kerenyi, Karl, Die Mythologie der Griechen, 2 Bde., TB dtv 1345/6

Pars, Hans, Göttlich aber war Kreta, TB dtv 1649, München 1981 (Bild des alten Kreta anhand der Ausgrabungen von Arthur Evans und Heinrich Schliemann)

Reclams Lexikon der antiken Mythologie, Reclam, Stuttgart

Schuchhardt, Walter-Herwig, Geschichte der griechischen Kunst, Reclam, Stuttgart

Hellenismus

Bengtson, Hermann, Herrschergestalten des Hellenismus, Beck, München 1975

Droysen, J. G., Geschichte des Hellenismus, TB dtv 5976, München 1980 (Neuauflage der klassischen Darstellung)

Lauffer, Siegfried, Alexander der Große, TB dtv 4298, München 1978

Rostovtzeff, Michael, Gesellschafts- und Wirtschaftsgeschichte der hellenistischen Welt, 3 Bde., Stuttgart 1955 f. (Klassische Darstellung von wissenschaftlichem Rang, dabei gut lesbar. Z. Zt. vergriffen, nur in Bibliotheken)

Schneider, Carl, Kulturgeschichte des Hellenismus, 2 Bde., Beck, München 1967 und 1969 (Standardwerk)

Schneider, Carl, Die Welt des Hellenismus, Beck, München 1975 (Kurzfassung der Kulturgeschichte)

Wirth, Gerhard, Alexander der Große, rororo Bildmonographien 203, Reinbek

Sachbücher

Bamm, Peter, Alexander oder die Verwandlung der Welt, Knaur TB 3223

Bamm, Peter, Alexander der Große, Knaur TB 3265 (Bildband mit 250 Abbildungen)

Flacelliere, Robert, Griechenland. Leben und Kultur in klassischer Zeit, Reclam, Stuttgart ^{2}1979

Faure, Paul, Die griechische Welt im Zeitalter der Kolonisation, Reclam, Stuttgart 1981

Grant, Michael, Von Alexander bis Kleopatra – Die hellenistische Welt, Bastei-Lübbe TB 64068

Griechenland, LIFE-Bildsachbücher: Kultur und Geschichte, rororo Sachbuch 31

Herm, Gerhard, Die Welt der Diadochen, Heyne TB 01/7126

Landels, Joch Gray, Die Technik in der antiken Welt, Beck, München ^{3}1983

Pleticha, Heinrich/Schönberger, Otto, Die Griechen, Bastei-Lübbe TB 64065
Die Welt der Antike, Kulturgeschichte Griechenlands und Roms, Knaurs große Kulturen in Farbe, Knaur TB 3616

Jugendbücher
Die Alten Griechen, „Was ist Was" Band 64, Tessloff, Hamburg
Antikes Griechenland, Reihe „Die große illustrierte Weltgeschichte", Tessloff, Hamburg
Athen und seine große Zeit, Arena, Würzburg, (Leben und Kultur im klassischen Athen)
Baumann, Hans, Der große Alexanderzug, dtv TB 7275, München 1979 (Einer von Alexanders „Tagläufern" berichtet vom Leben seines Herrn)
Baumann, Hans, Löwentor und Labyrinth, dtv TB 70 106, München 1987 (archäologische Entdeckungen in Troja, Mykene und Knossos)
Carstensen, Richard, Griechische Sagen, dtv TB 7904 (sehr gute Bearbeitung der Schwabschen Fassung)
Conelly, Peter, Die griechischen Armeen, Tessloff, Hamburg (Bildband)
Hartenstein, Elisabeth, Im Schatten Alexanders des Großen, Boje, Stuttgart 1978 (Der Pfleger des Lieblingspferdes Alexanders erzählt das Leben des Welteroberers)
Hegedüs, Geza, Fremde Segel vor Salamis, dtv TB 7377, München 1979 (Zwei junge Griechen in der Zeit der Perserkriege)
Lechner, Auguste, Ilias, Der Untergang Trojas, Arena TB 1369, Würzburg 1980
Lechner, Auguste, Die Abenteuer des Odysseus, Arena TB 1370, Würzburg 1981 (Neubearbeitung der Dichtungen Homers für die Jugend)
Longanesi, Caterina, Europa in der Antike, Tessloff, Hamburg 1986 (Geschichte der Griechen und Römer)
So lebten sie im alten Griechenland, Tessloff, Hamburg (reich bebildertes Sachbuch, ab 10 J.)
Millard, Anne, Das war Griechenland, Ravensburger TB 750, Otto Maier, Ravensburg (Alltagsleben in den antiken Stadtstaaten)
Mondfeld, Wolfram, in: Entscheidung bei Salamis, Arena, Würzburg 1976 (Sieg der Griechen über das persische Großreich)
Schliemann, Heinrich, Vom Skamander zum Löwentor, Arena, Würzburg [2]1978 (Ausgrabung Trojas)

Zeitschriften
GWU 3/1982, 4/1982: Literaturbericht Altertum
GWU 3/1986, 4/1986, 5/1986: Literaturbericht Altertum

9.0.2–17.0.2 UR-Ziele

Die UR-Ziele sind den jeweiligen Kapiteln zugeordnet.

9.0.3–17.0.3 Medien

Wandkarten

Perthes	Das Klassische Griechenland
	Das Weltreich Alexanders des Großen
Westermann	Das Alte Griechenland
	Griechenland in der Welt der Antike

Atlas
dtv 1, Westermann 10–21

Dias

FWU	10 0578 Die Akropolis 16 f.
	10 0637 Das antike Athen 16 f.
	10 0365 Delphi 16 f.
	10 0752 Heilige Stätten im antiken Griechenland 19 f.
	10 0753 Mykene und Tyrins 18 f.
	10 0630 Olympia 18 f.
	10 0533 Die Tempel von Paestum 16 f.
Jünger	Das antike Griechenland 1: Die minoisch-mykenische Zeit: Phaistos, Knossos, Mykene, Tyrins 24 f.
	Das antike Griechenland: Die klassische Zeit: Athen, Olympia, Delphi, Korinth, Epidaurus u. a. 40f.
Stoedtner	Altertum IV: Griechenland I 15 sw.
	Altertum V: Griechenland II 20 sw.
	Griechische Kulturgeschichte 30 sw.
	Griechische Mythologie 20 sw.
Westermann	10 6606: Griechische Geschichte 35 f.
V-Dia	10 6369: Griechische Kunst – Architektur und Plastik 20 f.

Filme
FWU 32 1833 Der griechische Tempel: 1. Teil 21 min f.
32 1834 Der griechische Tempel: 2. Teil 18 min f.

Transparente
Perthes: Grundlage unseres Europa 19 T

9.0.4–17.0.4 Fachwissenschaftliche Einführung

Landesnatur und Besiedlung
Im Gegensatz zu Ägypten, Mesopotamien (Irak), Indien und China, wo Hochkulturen in den Tälern großer Ströme entstanden, ist Griechenland ein **Gebirgsland**, dem große Flußsysteme und weite Ebenen fehlen. Der größte Teil des Landes einschließlich der Inseln und des Küstengebietes von Kleinasien (heute Türkei) ist zumeist von unfruchtbarem Kalkgebirge eingenommen. Zwischen den zahlreichen Gebirgszügen sind kleine Täler eingeschnitten, die weitgehend voneinander isoliert sind. Nur hier und da

finden sich ausgedehntere Ebenen, so vor allem in Thessalien (im Nordosten), kleinere auch in Böotien (um Theben), Messenien (an der Westküste des Peleponnes), Lakonien (um Sparta) und in Attika (um Athen). Die wenigen Flüsse lassen wegen der vielen Engen Verkehr auf dem Wasserwege so gut wie gar nicht zu, selbst eine Straße findet nur streckenweise neben ihnen Platz. Der normale Reiseweg, selbst über kurze Strecken, wurde die See.

Die an das Vorhandensein von Wasser und ausreichendem Ackerland gebundene Siedlung findet sich vornehmlich in den Mündungsebenen der Bäche und Flüsse. Dort bildete jedes der durch Gebirge und Meer von den anderen abgeschlossenen Siedlungsgebiete eine eigene Dorfmark, die sich bald von der wirtschaftlichen zur politischen Einheit, zur Polis, entwickelte.

Die Einwanderung der Indogermanen

Um 2000 v. Chr. begannen von Norden her **indoeuropäische Reitervölker** nach Griechenland einzuwandern. Es handelte sich um einen Teil einer großen Völkerbewegung, die indoeuropäische Stämme in die Mittelmeerwelt und vom Kaukasus her in den Vorderen Orient und bis nach Indien führte.

In den südlichen Teilen der Balkanhalbinsel drangen Völkerschaften vor, die sich mit der Urbevölkerung, von dieser Pelasger oder auch Karer genannt, vermischten und sich später **Hellenen** nannten. Die Römer gaben ihnen die Bezeichnung **Graeci** (=Griechen). Nach 2000 v. Chr. wanderten zunächst die Arkader und Aioler, zusammen **Achäer** genannt, und die **Ionier** ein. Sie nahmen die überlegene Kultur der ansässigen Bevölkerung an. Sie errichteten mächtige Burgen in einigem Abstand von der Küste, von denen **Mykene** und **Tyrins** (von Heinrich Schliemann ausgegraben) in der Landschaft Argolis im nordöstlichen Peleponnes die bedeutendsten waren. Das griechische Festland war in eine Anzahl von Königtümern aufgeteilt mit jeweils einem Herrscher an der Spitze und einer wahrscheinlich in Adlige und Freie differenzierten Herrenschicht sowie der wohl aus der Urbevölkerung entstammenden Unterschicht, die in Dörfern und bereits in stadtähnlichen Siedlungen um die Burgen herum lebte.

Das minoische Kreta

Die kulturelle Entwicklung des mykenischen Griechenland wurde sehr stark durch die (nach dem König Minos der griechischen Sage benannte, jedoch nicht griechische) minoische Kultur Kretas beeinflußt. Sie war im 3. Jt. v. Chr. entstanden und erlebte ihre Blüte zwischen 2000 und 1400 v. Chr. Die prächtigen Palastanlagen (die bedeutendste war Knossos) und Siedlungen der Kreter waren nicht befestigt. Offenbar hatten sie weder Angriffe von außen noch innere Unruhen zu befürchten. Im Gegensatz zur mykenischen war die kretische Kultur unkriegerisch. Nach außen wurde die Insel durch eine Flotte gesichert, ohne daß ein Seereich errichtet wurde. Die „Minoer" unterhielten lebhafte Handelsbeziehungen mit dem ägäischen Raum sowie mit Syrien und Ägypten.

Um 1600 v. Chr. wurden die bedeutendsten Paläste wahrscheinlich durch Erdbeben zerstört und bald wieder aufgebaut. Um 1450 v. Chr. sanken sie erneut in Trümmer und wurden nun nicht mehr aufgebaut. Die Zerstörung dürfte durch Erdbeben oder durch den gewaltigen Ausbruch des Vulkans auf der Insel Thera verursacht worden sein, vielleicht auch durch eine feindliche Invasion. Schon vorher hatten Achäer Teile von Kreta besetzt, seit 1400 kamen immer mehr Siedler vom Festland. Kreta verlor die politische Selbständigkeit, auch das kulturelle Leben verkümmerte langsam.

Ein Kriegszug achäischer Seefahrer ist sicher auch der Kern der Sage vom **Trojanischen Krieg** und der Zerstörung Ilions (Troias). Herodot datierte ihn auf die erste Hälfte des 13. Jhs., der hellenistische Gelehrte Eratosthenes auf 1184, heutige Archäologen setzen die Zerstörung des Troia der Ilias auf 1230–1225 v. Chr. fest.

Die dorische Wanderung

Um 1200 begann eine erneute riesige Völkerverschiebung, von dem die Einwanderung der **Dorer** in Griechenland ein Teil ist. Sie zerstörten im Laufe von eineinhalb Jahrhunderten die mykenische Kultur und warfen, selbst noch primitive Wandervölker, Hellas in der kulturellen Entwicklung weit zurück.

Die Folge dieses Einbruches war eine Neugruppierung der griechischen Stämme, die schließlich zu der uns bekannten Dialekt- und Stammesgliederung der Hellenen führten. (Siehe Karte „Die griechische Völkerwanderung" in Gfm.)

Die griechische Kolonisation

Die dorische Wanderung hatte so eine erste „Kolonisationsbewegung" ausgelöst. Eine zweite griechische Kolonisation, die fast die gesamte Küste des Mittelmeeres und des Schwarzen Meeres, die ganze damals bekannte Welt, mit einem Netz griechischer Kolonien überzog, fand zwischen 750 und 550 v. Chr. statt. Sie ist ein Vorgang, der in Ausmaß und Wirkung mit der Besiedlung Amerikas über 2000 Jahre später vergleichbar ist.

Anders als bei der ersten Kolonisation wanderten nun nicht Stämme oder Völkerschaften in neue Siedlungsgebiete aus, sondern einzelne Städte sandten einen Teil der Bevölkerung, zumeist junge Leute, unter Führung eines Adligen aus, um eine neue Stadt zu gründen. Der Grund war in der Regel eine so starke Zunahme der Bevölkerung, daß die Ernährung nicht mehr gesichert war, vielleicht auch Abenteuerlust und Entdeckerfreude, wie sie vor allem für die weltoffenen Ionier typisch war. Durch ihre Handelsbeziehungen hatten die Griechen Kenntnis der geografischen und ethnologischen Verhältnisse in den potentiellen Siedlungsgebieten gewonnen. Da sie in Notfällen beim **Orakel von Delphi** (Orakel = latein. Sprechstätte, besonders eine, wo ein Gott spricht) Rat suchten, sammelten sich dort so viele Informationen über Kolonisationswünsche und auch Kolonisationsmöglichkeiten, daß Delphi zu einer Art Koordinationszentrum für die Auswanderung wurde.

Der griechische Begriff „Apoikia" (etwa Absiedelung) für die Neugründungen impliziert die Idee der Auswanderung, enthält aber nicht den Beiklang der Abhängigkeit, wie es dem heutigen Begriff „Kolonie" (lat. colonia) anhaftet. Die Tochterstädte blieben mit den Mutterstädten in enger Verbindung, waren aber von ihnen weder wirtschaftlich noch politisch abhängig. Allerdings wurden sie nach dem Muster der Ursprungsstadt angelegt und übernahmen deren Institutionen.

Um 600 bestanden bereits 100 griechische Städte, von denen nur knapp ein Viertel auf dem Gebiet des heutigen Griechenland lagen. In knapp zweihundert Jahren waren schließlich ca. 100 solcher Tochter- und Enkelstädte gegründet worden, von Milet aus waren allein 30 entstanden. Das Mittelmeer war ein griechisches Binnenmeer geworden, die Griechen saßen an seinen Küsten, meinte Platon, „wie die Frösche um den Teich".

Athens Import – Export – Wirtschaft

Athen als Stadt nahm (ebensowenig wie Sparta) an der Kolonisationsbewegung so gut wie gar nicht teil. Zunächst reichte sein für griechische Verhältnisse ungewöhnlich großes Territorium (ganz Attika) für die Ernährung aus. Doch schon Solon hatte die Ausfuhr von Getreide untersagt. Um 350 mußte Athen jährlich 800000 Medimnen (Hohlmaß, ein Medimnos = 58 l) oder 3000000 Zentner Weizen importieren, die Hälfte des jährlichen Bedarfs.

Von der Menge des benötigten Weizens lassen sich Rückschlüsse auf die Stärke der **Bevölkerung** ziehen. Der Jahresbedarf eines Mannes wurde auf siebeneinhalb Medimnen, der einer Frau oder eines Kindes auf fünf Medimnen veranschlagt.

Nach einer Volkszählung um 310 v. Chr. bestand die Bevölkerung Athens aus 30000 männlichen Vollbürgern, ebensovielen Frauen, 60000 Kindern, 20000 Sklaven und 10000 Ausländern (Metöken, siehe S. 118). Die Bevölkerung des restlichen Attika war mindestens ebenso stark.

Alfred Heuss (Propyläen Weltgeschichte III, S. 277) nennt folgende Zahlen für die Zeit des Perikles (450 v. Chr.):

Bevölkerung Attikas	
Bürgerschaft	172000
davon Vollbürger (männliche Bevölkerung ab 30 Jahre)	(40000)
Metöken	25000
Sklaven	100000
ca.	300000
davon: Bevölkerung Athens, inkl. Piräus	
Bürgergschaft	40000
davon Vollbürger	(10000)
Metöken	25000
Sklaven	35000
ca.	100000

Der Bedarf an Getreide bestimmte weitgehend das wirtschaftliche Leben und die Außenpolitik Athens. Bedingung seiner Existenz war die Freiheit des Seeweges zu den Ländern, die den Weizen lieferten (die Hälfte des jährlichen Bedarfs kam aus Pontus am Schwarzen Meer, der Rest aus Sizilien und Ägypten). Eine große Handelsflotte übernahm den Transport, eine starke Kriegsflotte sicherte ihn. Zu den festen Punkten in den Volksversammlungen gehörte die Getreidelage. Besondere Beamte überwachten den Getreidehandel. Spekulation oder Horten von Getreide war verboten. Kein Athener durfte bei Todesstrafe Getreide anderswohin als nach Athen bringen. Reichten alle diese Maßnahmen nicht aus, um genügend Getreide zu einem erträglichen Preis zu beschaffen, griff der Staat selbst ein und kaufte Getreide oder beschaffte es notfalls mit Gewalt, indem die Flotte Getreideschiffe zwangsweise nach Athen leitete.

Hingegen erzeugte Athen wie ganz Griechenland Oliven und Wein in so großen Mengen, daß sie zu den wichtigsten Gütern der **Ausfuhr** gehörten. Weitere Ausfuhrartikel waren Keramikwaren, Metallwaren und Lederartikel (Schilde, Schuhe) und andere Handwerkserzeugnisse.

In weiten Teilen der griechischen Welt herrschte noch Naturalwirtschaft. Zahlreiche Münzprägungen griechischer Gemeinden zeigen, daß es bereits eine hochentwickelte **Geldwirtschaft** gab. Wichtigste Währung war das athenische Silbergeld mit vier Einheiten: Talent (60 Minen), Mine (100 Drachmen) Drachme (6 Obolen) und Obolos.

Die Löhne betrugen im 5. Jh. v. Chr. für einen ungelernten Arbeiter 3 Obolen, für einen gelernten (Steinsäger) oder auch für einen Bauführer eine Drachme. Grund und Boden kostete 360 Drachmen pro Morgen. Ein Wollmantel kostete 20, ein Paar Schuhe 8 Drachmen. Der Lebensunterhalt einer Familie mit drei Kindern, einem Diener und einer Sklavin kostete 1000 Drachmen im Jahr. Demosthenes veranschlagte 363 v. Chr. die Kosten seines Haushalts, der aus ihm selbst, seiner Schwester und seiner Mutter bestand, auf 700 Drachmen pro Jahr (nach H. M. Jones).

Der Kriegerstaat Sparta

Sparta war ungleich den anderen griechischen (Stadt-)Staaten ein Territorialstaat. Sein Staatsgebiet umfaßte seit dem 7. Jh. 8300 km^2, zu einem großen Teil fruchtbares Land, so daß seine Einwohner sich selbst ernähren konnten, ohne Lebensmittel einzuführen. Die Bevölkerung dieses Gebietes bestand aus Spartiaten, Perioken und Heloten. Die Zahlen für diese Bevölkerungsgruppen werden unterschiedlich angegeben (für die Zeit des Perikles):

	Fischer 5, u. Gfm	Bevölkerungs-Ploetz	Propyläen III
Spartiaten	5000	15000	8000
Perioken	40000	150000–200000	–
Heloten	150000	70000	56000

Auf jeden Fall nahm die Zahl der Krieger (= Hopliten, nur Spartiaten) ständig ab. 479 v. Chr. waren es 5000, 418 noch 3600 und 371 sogar nur noch 700.

Die Schwankungen bei solchen Zahlenangaben in den Standardwerken zeigen, wie vorsichtig statistische Angaben aus früheren Zeiten zu bewerten sind.

Die Lebensordnung Spartas (Kosmos) geht auf einen sagenhaften Gesetzgeber zurück, den König **Lykurg** (um 800 v. Chr.), der sie seinerseits vom Delphischen Orakel empfangen haben soll. Tatsächlich hat sich diese Ordnung erst in der zweiten Hälfte des 7. Jh. ausgebildet.

Der **spartanische Kosmos** (= Welt, eigene Bezeichnung der Spartaner) wurde allein durch militärische Macht zusammengehalten, es war ein Kriegerstaat in seiner reinsten Form. Seine Träger waren eine Militärkaste, die **Spartiaten**, Abkömmlinge der angesehensten Geschlechter unter den dorischen Eroberern. Sie waren von jeder wirtschaftlichen Betätigung freigestellt und widmeten sich ganz dem Krieg, der Jagd, dem Wettkampf und der Politik.

Die Ältesten entschieden darüber, ob ein Neugeborenes aufgezogen oder als lebensuntauglich im Gebirge ausgesetzt wurde. Mit sieben Jahren wurde der Knabe der Familie entzogen und, in Altersgruppen zusammengefaßt, einer harten Erziehung unterworfen, die auf körperliche Ertüchtigung, Erlernung von List und Verschlagenheit und Einübung von Gehorsam zielte. Mit dem 20. Lebensjahr war der junge Mann Krieger und lebte bis zum 30. Lebensjahr mit seinen Altersgenossen in einer Zeltgemeinschaft zusammen. Damit war die ständige Präsenz eines kampfbereiten Heeres gewährleistet.

Die Frauen hielten sich auf den Landgütern auf und sahen ihre Männer nur bei Besuchen. Nach dem 30. Lebensjahr durften die Männer zu ihren Familien ziehen, lebten aber tagsüber mit ihrer Altersgruppe zusammen.

Die politische Verfassung Spartas

Aus alter Zeit gab es zwei **Könige**, ursprünglich Feldherrn, Priester und Richter, die aus zwei angesehenen Familien in erblicher Nachfolge hervorgingen. Sie hatten den Oberbefehl im Krieg inne. Später ging die oberste Gewalt auf eine Kommission von fünf Männern, die **Ephoren**, über, die alljährlich neu gewählt wurden. Sie wachten über alle Angelegenheiten des Staates und hatten den Vorsitz in der **Versammlung der Spartiaten** inne, die über Gesetze, über Krieg und Frieden und andere Angelegenheiten (ohne Diskussion) abstimmte. Eine beratende Funktion hatte der **Ältestenrat** (Gerusia), der aus 28 Männern über 60 sowie den beiden Königen bestand, die auf Lebenszeit von der Volksversammlung gewählt wurden.

Die **Perioken** waren wie die Spartiaten Dorer. Sie waren frei und lebten in eigenen Siedlungen, waren aber militärisch und politisch Untertanen Spartas. Sie besaßen das geringwertigere Land und trieben Handel und Gewerbe.

Die **Heloten** waren die Nachkommen der besiegten achäischen Ureinwohner. Sie waren Hörige, gehörten jedoch nicht einzelnen Spartiaten, sondern als **Staatssklaven** in ihrer Gesamtheit dem spartanischen Staat. Sie bestellten das den Spartiaten gehörende Land und mußten die Hälfte der Erträge abliefern.

Man muß in Betracht ziehen, daß während des gesamten Altertums der Sieger in der Regel die Bevölkerung der unterlegenen Stadt oder Region versklavte, das heißt die Einwohner als Sklaven verkaufte und in alle Winde verstreute. Die Spartaner entschlossen sich, die gesamte unterworfene Bevölkerung in ihrem Heimatgebiet zu belassen und für sich arbeiten zu lassen. Die Heloten waren in mehrfacher Hinsicht besser gestellt als normale Sklaven: Sie lebten im Familienverband in Gemeinschaften zusammen; waren, wie erwähnt, nicht Privateigentum und hatten, jedenfalls theoretisch, gewisse Rechte auf Besitz. Da ihre Zahl ein Vielfaches der ihrer Herren betrug, blieb den letzteren, wollten sie das System aufrechterhalten, nichts anderes übrig, als ständig kampfbereit zu sein und die Unterworfenen mit harter Hand niederzuhalten.

Viele griechischen Staatstheoretiker (z. B. Plutarch) haben Sparta wegen seiner unerschütterlichen Standhaftigkeit und wegen seiner inneren Struktur, die alles individuelle eigennützige Streben ausgeschaltet und alle Energien auf den Erhalt der staatlichen Gemeinschaft konzentriert zu haben schien, bewundert. Uns Heutigen erscheint das Leben der Spartaner, deren einziges Lebensziel die Erhaltung der militärischen Bereitschaft war, eher wie ein Alptraum, der uns an Orwells „1984“ erinnert.

Athens Entwicklung zur Demokratie

Völlig anders als in Sparta verlief die Entwicklung in Athen. Im 9. Jahrhundert v. Chr. hatte sich Attika unter Führung Athens zu einem Staat zusammengeschlossen. Zunächst bestand auch in Athen eine Adelsherrschaft. Adlige besaßen fast alles Land und hatten alle politischen Ämter inne, die Bauern waren von den Grundbesitzern abhängig oder ihnen sogar hörig.

Während in Sparta sich dieses System immer mehr verfestigte, schlug Athen den umgekehrten Weg ein, es schuf ein Gemeinwesen, das nicht durch Gewalt zusammengehalten wurde, sondern durch die **gemeinsame Verantwortung aller Bürger**.

Die Grundlagen der athenischen Demokratie schuf **Solon** (ca. 640–ca. 560 v. Chr.). Er wurde nach längeren Unruhen als Vermittler (Diallaktes = Versöhner) bestellt und arbeitete eine neue Verfassung (594 v. Chr.) aus. Zunächst wurden alle Schulden der Bauern getilgt, die Schuldknechtschaft wurde verboten, der Landerwerb begrenzt.

Die Bürgerschaft wurde in vier Klassen eingeteilt, und zwar nach dem Ertrag des Grundbesitzes bzw. der Höhe des Einkommens in 500-Scheffler, d. h. Grundbesitzer, die jährlich 500 Scheffel Getreide ernteten, 300-, 150-Scheffler und solche, die noch weniger oder nichts ernteten. Bei Händlern und Gewerbetreibenden galt ein Scheffel = ein Denar Einkommen.

Entsprechend dieser „Klassenordnung" waren sowohl die **Pflichten** als auch die **Rechte** aufgeteilt. Bei den ersteren handelt es sich vor allem um den Militärdienst, wobei man seine Ausrüstung selbst bezahlen mußte. Die ersten zwei Klassen dienten zu Pferde, die dritte als Schwerbewaffnete (Hopliten), die vierte als Leichtbewaffnete oder Ruderer auf Schiffen. Eine entsprechende Abstufung gab es auch bei den politischen Rechten. Die höchsten Staatsämter (Archontat, Schatzmeister) waren der ersten Klasse vorbehalten, die Angehörigen der vierten Klasse konnten überhaupt kein Staatsamt bekleiden.

Solons Verfassung nennt man eine Timokratie (von griech. tēmé = Einschätzung), eine Herrschaft aufgrund von Zensus. Damit waren prinzipiell alle Vorrechte der Geburt (und das Machtmonopol des Adels) aufgehoben, jeder konnte in die nächsthöhere Gruppe aufsteigen, wenn er die Voraussetzungen erfüllte, er konnte aber ebenso absteigen.

Die Beamten wurden von der Volksversammlung gewählt, wobei alle vier Klassen das gleiche aktive Wahlrecht hatten.

Die Verfassung des Kleisthenes

Eine neue Verfassungsreform, die Kleisthenes 507 v. Chr. durchführte, brachte weitere Fortschritte in Richtung der Demokratie. Im Kern zielte sie darauf, den noch bestehenden Einfluß des Adels zu brechen. Dies geschah dadurch, daß die vier alten Geschlechtsverbände oder „Stämme" (Phylen) aufgelöst wurden, in denen die adligen Geschlechter das entscheidende Wort gesprochen hatten. Kleisthenes teilte das Land in 30 Bezirke, von denen je zehn im Stadtgebiet, in der Küstengegend und im Landesinnern lagen. Aus drei Bezirken, je einem aus jeder Gruppe, wurden nun mittels Losentscheid zehn (neue) **Phylen** geschaffen.

Jede Phyle entsandte 50 Ratsherrn in den **Rat der Fünfhundert**, in dem ein Ausschuß von 50 Mitgliedern jeweils für den zehnten Teil des Jahres die Geschäfte der Regierung führte. Oberstes Organ blieb die **Volksversammlung**, in der alle Vollbürger gleichberechtigt über alle wichtigen Staatsangelegenheiten entschieden.

Mit dieser Reform waren die auf lokalen Bindungen beruhenden sozialen Abhängigkeitsverhältnisse zerschlagen und die staatlichen Institutionen, die alle ihren Sitz in Athen hatten, gestärkt worden, beides Voraussetzungen für die Entstehung der klassischen athenischen Demokratie.

Die Rechtsprechung in der Demokratie

Die **Rechtsordnung** eines Staates ist als Ausdruck politischer und gesellschaftlicher Verhältnisse von außerordentlicher Bedeutung.

Als eine der ersten Städte Griechenlands ging Athen daran, **Gesetze** zu erlassen. In archaischer Zeit hatte der Adel die **Rechtsprechung** in seiner Hand und übte sie weitgehend willkürlich aus. Die Entstehung des Bürgertums, das Aufkommen der Geldwirtschaft und des Handels erzeugten das Bedürfnis nach einer Kodifizierung des Rechts.

Das grundlegende Gesetzeswerk Athens stammt von Solon. Es beruht auf dem Grundsatz der **Gleichheit vor dem Gesetz**.

Das Verfahren der Rechtsprechung unterschied sich diametral von dem heutigen. Es gab keine Berufsrichter, keine (Berufs-)Ankläger (Staatsanwälte) und keine Verteidiger. Es gab nur Geschworenengerichtshöfe. Jährlich wechselnd waren 6000 **Geschworene** in etwa zehn Gerichtshöfen (mit mindestens je 501 Geschworenen) tätig. Sie mußten mindestens 30 Jahre alt sein und meldeten sich freiwillig. Seit Perikles erhielten sie eine Vergütung. Bei einem wichtigen Prozeß traten weitere Gerichtshöfe hinzu, so daß theoretisch bis zu 6000 Geschworene Recht sprachen. Dieses System hat mit einem heutigen Geschworenengericht nichts gemein, die dahinterliegende Idee ist vielmehr, daß das Volk in seiner Gesamtheit Recht spricht. (6000 war bei der Beschlußfassung über wichtige Angelegenheiten die Mindeststärke der Volksversammlung.)

Diese Geschworenen waren natürlich mehr oder minder rechtsunkundig. Kläger und Beklagte (bei Zivilprozessen) oder Ankläger und Angeklagte (bei Straf-

prozessen) trugen ihren Rechtsstandpunkt vor, und zwar in eingelernten Reden, die von berufsmäßigen Redenschreibern (Logographen) verfaßt worden waren. In sie waren die einschlägigen Gesetze sowie die Zeugenaussagen eingearbeitet. Das Gericht stimmte ohne Beratung ab. Das Strafmaß wurde sowohl vom Ankläger als auch vom Angeklagten vorgeschlagen, das Gericht mußte einem der beiden Anträge ohne Änderung folgen. Die Strafe konnte daher für das gleiche Delikt außerordentlich unterschiedlich sein: Es gab praktisch nur Geldstrafen. Freiheitsstrafen ließ das Denken der Griechen nur in Ausnahmefällen zu.
Die Rechtsunkundigkeit der Rechtsprechenden führte dazu, daß das Gesetz alles genau zu regeln und im voraus festzulegen hatte. An diesem geschriebenen Gesetz wurde unbedingt festgehalten. Jede einschränkende Auslegung wäre als Willkür aufgefaßt worden.
Alles in allem war das Rechtswesen für die Athener von ungleich höherer Bedeutung als für uns Heutige, allein schon dadurch, daß jeder Bürger als Mitglied der Geschworenengerichte, und dies war er im Durchschnitt alle zwei oder drei Jahre jeweils ein Jahr lang, ständig mit Prozessen zu tun hatte. Der Dichter Aristophanes hat in seiner Komödie „Die Wespen“ anschaulich beschrieben, wie sich die Scharen der Geschworenen am frühen Morgen, noch in der Dämmerung, mit ihren Lämpchen auf den Weg zu ihrem Gerichtslokal machen.

Rechtlose Bevölkerungsgruppen
Alle diese Rechte und Pflichten galten nur für die attischen (männlichen) Vollbürger. Die weit überwiegende Mehrheit der Bevölkerung Athens war davon ausgeschlossen. Dazu gehörten neben den Kindern und Jugendlichen der gesamte weibliche Teil der Bürgerschaft sowie die Metöken und Sklaven.

Die Stellung der Frau
Bei den Indoeuropäern war die Frau zwar nicht gleichberechtigt, aber gleichwertig. Dies galt auch für die frühen Griechen, wie die Religion (Homer) zeigt. Götter und Göttinnen waren gleichwertig. Da die Götterwelt ein getreues Spiegelbild der Menschenwelt war, läßt sich schließen, daß die griechische Frau keine untergeordnete Stellung eingenommen hat. In der Odyssee verwaltete Penelope in Abwesenheit ihres Gatten das Hauswesen völlig selbständig.
Vermutlich aus dem Orient kommend, setzte sich im 6./7. Jh. v. Chr. eine ganz andere Anschauung in Griechenland durch. Sie bestimmte fortan die rechtliche Stellung der Frau. Man meinte, die Frau sei ein minderwertiges, vor allem bildungsunfähiges Wesen.
Die Frauen lebten abgeschlossen von der Außenwelt im Frauengemach. Es herrschte eine strikte Trennung der Aufgaben der Geschlechter. Ein stoischer Philosoph hat es so ausgedrückt: „Der Mann hat sich um den Acker zu kümmern, um den Handel und das Leben in der Stadt; die Frau hingegen muß für Wolle sorgen, für Brot und sich um die Hausarbeit kümmern.“
Die Frau hatte am politischen Leben keinerlei Anteil. Sie war **nicht geschäftsfähig,** sondern hatte entweder den Vater oder einen männlichen Verwandten oder aber den Ehegatten zum **Vormund**.
In der Jugend blieben die Geschlechter streng getrennt. Die Söhne erhielten eine Bildung, die Töchter blieben zuhause und halfen bei der Hausarbeit (die allerdings hauptsächlich von Sklaven erledigt wurde). Mädchen trieben keinerlei Sport.
Hingegen waren die **Hetären** (= Gefährtinnen) teilweise hochgebildete Frauen und konnten den Männern die geistige Anregung geben, die ihre Ehefrauen zu geben nicht imstande waren. Berühmt wurde z. B. Aspasia, die Geliebte und spätere Gattin des Perikles. Die Hetären waren ein fester Bestandteil des gesellschaftlichen Lebens, Umgang mit ihnen galt nicht als gesellschaftlich anstößig.

Metöken
Metöken (= Mitwohner) waren in Athen (und anderen Städten) zugewanderte Fremde ohne Bürgerrecht. Vor Gericht mußten sie sich durch einen Bürger vertreten lassen. Sie mußten jedoch Steuern zahlen und Kriegsdienst leisten. Da die Landwirtschaft den Athenern vorbehalten war, betätigten sie sich in Handel und Gewerbe, teilweise auch im geistigen und künstlerischen Leben. Viele kamen zu Vermögen und zu hohem Ansehen.

Sklaven
Den Griechen war der Gedanke, daß der Mensch ein natürliches Recht auf persönliche Freiheit besitze, unbekannt. Wer in fremde Gewalt geriet, konnte als Sklave behandelt und verkauft werden. Demzufolge wurden Kriegsgefangene in der Regel versklavt. Den Heeren folgten Sklavenhändler, die die Gefangenen übernahmen und verkauften. Seeräuber veranstalteten regelrechte Sklavenjagden.
In Athen arbeiteten Sklaven im Hause, in der Landwirtschaft, in Manufakturen und in den Silberbergwerken. Das Leben der letzteren war hart, sie wurden als Arbeiter vermietet und arbeiteten in Schichten von zehn Stunden. Der größte Prozentsatz der Sklaven in Athen war in der gewerblichen Wirtschaft tätig, vielfach in qualifizierten Tätigkeiten. Ihre Arbeitskraft war meist wertvoller und ihr Los leichter. In der Landwirtschaft, wo es für Sklavenarbeit wenig Bedarf gab, arbeiteten sie nicht anders als die freien Bauern.
Die Situation der im Hause tätigen Sklaven war vergleichsweise am besten, viele von ihnen waren mit

den Kindern des Hauses als Ammen und Lehrer verbunden oder mit ihnen zusammen aufgewachsen. Viele Sklaven, besonders die gewerblich tätigen, wurden entlohnt, sie konnten im Laufe der Zeit ein kleines Vermögen anhäufen und sich damit freikaufen, manche wurden auch für treue Dienste freigelassen. Ein frei gewordener Sklave erhielt den Rechtsstatus eines Metöken.

Die Perserkriege
Um die Mitte des 6. Jh. v. Chr. schüttelte ein Perserkönig namens **Kyros** die bisherige medische Lehnshoheit ab und begründete das persische Reich. In wenigen Jahrzehnten zerschlugen er und seine Nachfolger das gesamte Staatensystem des Vorderen Orients und schufen ein **Großreich** vom Indus bis zur Kyrenaika und bis Makedonien und Thrakien in Griechenland.
Dareios nahm eine Neueinteilung des Reiches vor, indem er es in 20 Bezirke, Satrapien genannt, einteilte, an deren Spitze ein Satrap (etwa = Schirmer der Herrschaft) stand. Grundlage der Herrschaftsordnung war das persönliche Treueverhältnis zwischen Großkönig und Untertanen, die ihm zu absoluten Gehorsam verpflichtet waren. Die führende Rolle spielten die Perser (und die Meder), die übrigen Völker hatten keine politischen Funktionen.
Den Griechen erschien dieses riesige Reich als eine fremde und daher verhaßte Despotie. Die Treue der persischen Krieger zum Herrscherhaus erschien ihnen als blinde Unterwürfigkeit, die asiatischen Hofsitten und Herrschaftsformen als abstoßend. Sie empfanden Menschenbild und Staatsauffassung der Perser als völlig unvereinbar mit der griechischen Freiheitsidee. Gewöhnt an die Überschaubarkeit ihrer Polis, dachten sie „städtisch", für die Reichsidee der Perser hatten sie keinerlei Verständnis.
Tatsächlich war das Perserreich bei allen Schattenseiten zweifellos ein **Kulturstaat** hohen Ranges. Es war ein Staatsgebilde eigener Prägung, in dem es die Mitte hielt zwischen orientalischem Zentralismus und feudalistischem Partikularismus. Die unterworfenen Völker wurden zwar ihrer Eigenstaatlichkeit beraubt, jedoch nicht unterdrückt, sondern behielten die Freiheit der eigenen Lebensart und Religion. Die persische Oberschicht hing der Religion des Zarathustra an, die sittliche Bewährung im Kampf der Wahrheit gegen die Lüge verlangte und der persischen Machtentfaltung eine religiöse Weihe verlieh. Laut Herodot war der Inhalt persischer Jugenderziehung „Reiten, Bogenschießen und die Wahrheit sagen".
Die ungleichen Völker stießen aufeinander, als die Perser nach Thrakien vorstießen und die Griechenstädte Kleinasiens sowie die meisten Inseln in der Ägäis ihrem Reich einverleibten (siehe Karte Gfm). Als Dareios nun auch das restliche Griechenland unter seine Herrschaft bringen wollte, war ein Teil der Griechenstädte zur Unterwerfung bereit, nicht jedoch Sparta, die führende Macht Griechenlands, und Athen. Sie bereiteten gemeinsam den Persern schwere Niederlagen und zwangen sie zum Rückzug. Sparta hatte nach der Beseitigung der unmittelbaren Gefahr wegen seiner labilen inneren Verhältnisse kein Interesse an der Fortführung des Kampfes. Nun setzte sich Athen an die Spitze der griechischen Städte. In dem Bündnis hatte es die **Hegemonie** (= Vorherrschaft, jedoch nicht im Sinne von Unterordnung der anderen). Dieser **Attisch-Delische Seebund** führte den Kampf gegen die Perser außerordentlich erfolgreich fort. Schließlich trat an die Stelle des hegemonial geführten, aber gleichberechtigten Bündnisses die Herrschaft Athens. Am Ende der Perserkriege war Athen zur führenden Macht Griechenlands geworden.

Die Demokratie des Perikles
Am Ende der Perserkriege erlebte Athen einen einzigartigen Aufstieg, obwohl der Friede eigentlich nur 15 Jahre dauerte. Eine der Voraussetzungen dafür war die soziale Befriedung durch die Ausdehnung der vollen politischen Rechte auf alle (Voll-)Bürger. Durchgeführt wurde die Reform von einem Aristokraten, **Perikles** (nach 500–429 v. Chr.). Seine Bedeutung wird daraus ersichtlich, daß die ganze Epoche – das **perikleische Zeitalter** – nach ihm benannt ist.
Während der Perserkriege hatte man, um die Schiffe der gewaltigen athenischen Flotte zu bemannen, auf die Angehörigen des vierten Standes zurückgreifen müssen. Sie erwarteten als Lohn für ihre Teilnahme am Kampf die volle Gleichberechtigung.
Perikles setzte eine Reihe von Verfassungsänderungen durch, die den vollen Sieg der demokratischen Idee in Athen sicherten. Alle **Staatsämter** wurden allen Bürgern zugänglich. Damit sie von allen, auch den Armen, ausgeübt werden konnten, wurden Tagegelder (**Diäten**) für die Mitglieder des Rates der Fünfhundert, die Geschworenen und die Beamten eingeführt. Sie erhielten 2–3 Obolen, etwa den Mindesttagelohn.
Es konnte nicht ausbleiben, daß ein Teil der Athener die Rechte und Vergünstigungen entgegennahm, die Pflichten aber zu vernachlässigen begann und allmählich die Gesinnung bequemer Staatsrentner entwickelte. Die Masse der freien Bürger lehnte Handarbeit als unwürdig ab, wie körperliche Arbeit und die Arbeiter, die sie leisteten, in der ganzen Antike verachtet waren. Handarbeiter waren banausoi (Banausen). Man hatte als Bürger Wichtigeres zu tun, die Teilnahme an der Politik ließ keine Zeit für Arbeit übrig. Diese Haltung änderte sich erst mit der Übernahme des Christentums („Bete und arbeite").

Um die Ausgaben zu begrenzen, wurde ein Gesetz über die attische Staatsbürgerschaft verabschiedet, wonach nur derjenige Bürger sein sollte, der väterlicherseits und mütterlicherseits von Athenern abstammte, Beginn einer bedenklichen Abkapselung der Athener. Bedenkt man weiter, daß die übergroße Mehrheit der Bewohner (Frauen, Metöken, Sklaven) von allen politischen Rechten ausgeschlossen war, so könnte man zu dem Urteil kommen, daß Athen keine Demokratie gewesen sei, sondern die Herrschaft einer bevorrechtigten Minderheit über eine rechtlose Mehrheit.
Dagegen ist anzuführen, daß
– es unhistorisch wäre, die Demokratie Athens an dem heutigen Ideal einer uneingeschränkten und gleichberechtigten Mitwirkung aller Bewohner eines Staates zu messen und daß
– das Ausmaß an „Demokratisierung", wie sie Athen – immer innerhalb der bestehenden Gesellschaftsordnung – erreichte und über Jahrhunderte immer noch vervollkommnete, seitdem nie wieder erreicht worden ist.

Die Akropolis
Plutarch legt in seiner Lebensbeschreibung des Perikles diesem die Worte in den Mund, mit denen er sich gegen die Anklage der Verschwendung verteidigte, indem er darauf hinwies, daß sein gewaltiges **Bauprogramm** dazu gedient hätte, zahllosen Menschen **Arbeit** zu verschaffen, die sonst brotlos gewesen wären. Nach dem Frieden mit den Persern 448 v. Chr. wurde mit dem Wiederaufbau des zerstörten Heiligtums auf der **Akropolis** begonnen, es wurde in fünfzehnjähriger Bauzeit abgeschlossen. Allein die Bauten auf der Akropolis verschlangen 2000 Talente, eine für die damalige Zeit gewaltige Summe (das gesamte bewegliche Vermögen der Athener wird um 430 v. Chr. auf 25000 Talente geschätzt).
Bauten solcher Dimensionen wurden nicht allein aus religiösen oder künstlerischen Gründen geschaffen. Thukydides läßt Perikles sagen, sie sollten den Verbündeten des Attisch-Delischen Seebundes zeigen, „daß sie von keinem Unwürdigen beherrscht" würden. Sie dienten mithin nicht zuletzt der Demonstration und Legitimation von Herrschaft.

Die Kultur der Griechen
Die zahllosen lokalen Gottheiten und Dämonen der Frühzeit wurden etwa im 9. oder 8. Jahrhundert durch eine kleine Zahl von Göttern ersetzt, deren Heimat der **Olymp** war. Homer hat uns diese **olympische Götterwelt** überliefert.
Die Zahl der Hauptgötter war auf zwölf begrenzt. Religiöse Veranstaltungen der Griechen drangen auch nach Rom ein und veränderten die römische Religion.
Allmählich wurden die römischen Götter mit den griechischen gleichgesetzt:

griechisch	römisch
Zeus	Jupiter
Hera	Juno
Athene	Minerva
Apollon	Apollo
Artemis	Diana
Aphrodite	Venus
Dionysos	Bacchus
Hermes	Merkur
Poseidon	Neptun
Ares	Mars
Hephaistos	Vulkan
Hades	Pluto

Homers Götter waren vollkommen vermenschlicht, sie bilden eine Familie, die durch Abstammung oder Ehe fest verbunden ist. Sie haben „überirdische" Eigenschaften, wie Unsterblichkeit, Fehlen des Alterns, ständige Seligkeit, doch sind sie auch menschlicher Leidenschaften wie Haß und Liebe fähig.
Die Götter wurden von den Griechen im Bild dargestellt, ihnen wurden Tempel als Wohnstatt errichtet, und Priester verrichteten ihren Dienst. Die Griechen schrieben alle Wechselfälle des Lebens, Glück und Unglück, Sieg oder Niederlage, Krankheit und Gesundheit, Genesung und Tod den Göttern zu. Es galt als klug und ratsam, den Willen der Götter zu erforschen, der sich in bestimmten Zeichen äußerte, im Vogelflug, in den Eingeweiden der Tiere, in Orakeln (lat. „Sprechstätte"), wie das dem Zeus geweihte von Dodona und das von Delphi, wo Pythia (die „Befragerin") Apollon befragte und Auskunft gab.

Die Olympischen Spiele
Die geografische Isolierung erschwerte die Bildung einer einheitlichen Lebensart, des „Griechentums". Dennoch gab es genügend Faktoren, die erlauben, von einer gemeinsamen griechischen Kultur zu sprechen. Dazu gehören auch die Olympischen Spiele.
Die **Idee des Wettkampfes** hat im Leben der Griechen eine herausragende Rolle gespielt. Schon Homer hatte den Wunsch formuliert: „Immer der erste zu sein und überlegen den anderen" (Ilias IV 208). Von früher Jugend an maßen sich die Griechen mit ihren Altersgenossen. Vornehmster Bestandteil der Erziehung war körperliche Ertüchtigung. Das Gymnasium (von gymnos = nackt, weil man nackt turnte) war in erster Linie eine Stätte sportlichen Wettkampfes. Der griechische Begriff dafür, **Agon**, geht weit über die Bedeutung des deutschen Wortes Wettkampf hinaus. Agon war der Ausdruck eines Wertsystems, in dem die Ehre den höchsten Platz einnahm. Ehre ging vor dem eigenen Leben, und Ehr-

verlust war das unerträglichste Unglück für einen Menschen.
Ein **Sieg** in den Wettkämpfen der Olympischen Spiele galt als höchste Ehre, als Krönung des ganzen Lebens. Der Sieger durfte seine Statue in Olympia aufstellen, zuhause wurde er gefeiert, auf Staatskosten verpflegt, oft brauchte er keine Steuern mehr zu zahlen.
Die Olympischen Spiele waren zugleich eine religiöse Kultfeier. Olympia, die Stätte der Spiele, war ein dem Zeus geweihter, nur von Priestern bewohnter Bezirk. Während der Spiele herrschte Gottesfrieden, alle kriegerischen Unternehmungen sollten ruhen.

Theater

Das griechische Theater, aus dem das heutige entstanden ist, hat seinen Ursprung im Kult des Gottes Dionysos, zu dessen Ehren ein Chor in Bockskleidern mit rhythmischen Gesängen und Tänzen auftrat. Aus diesem „Bocksgesang" (dies die Bedeutung von Tragödie) entstand in mehreren Entwicklungsstufen (Sprecher traten hinzu, wurden zu Schauspielern) das Theater.
Das Theater bewahrte seinen religiösen Charakter auch noch, als es nicht mehr Gottesdienst war. Priester, Würdenträger, besonders zu ehrende Männer der Polis saßen bei den Vorstellungen in der ersten Reihe. Alles ging nach einem strengen Ritual vor sich. In Athen wurden die Aufführungen, bei denen die Dichter miteinander wetteiferten, zu Volksfesten, die vom Morgen bis zum Sonnenuntergang dauerten. Im Griechischen wird eine Tragödie „gelehrt", nicht wie bei uns „aufgeführt". Das Theater hatte eine volkserzieherische Bedeutung. Es nahm die Stoffe der Mythologie auf und wandelte sie entsprechend den Bedürfnissen der Zeit ab. Es hatte durchaus auch eine politische Bedeutung, vor allem die Komödie. Aristophanes z. B. – der der aristokratischen Partei angehörte und sich gegen die seiner Meinung extrem demokratische Entwicklung in Athen wandte, im besonderen gegen die philosophische Richtung des Sophismus, der mit seiner Relativierung der Wahrheit die Moral untergrub – griff in seinen Komödien direkt in die aktuelle Politik ein. In seinen Komödien „Die Ritter" und „Die Weibervollversammlung" richtete er heftige Angriffe gegen die Demagogen, die das Volk verführen, und spottete über die zur Rettung des Staates vorgetragenen unsinnigen Rezepte. Die berühmte „Lysistrata", in der sich die Frauen ganz Griechenlands den Männern verweigern, um die Beendigung des nunmehr zwanzigjährigen Kampfes zu erzwingen, gibt der Hoffnung der Athener auf Frieden Ausdruck. In der Komödie „Olympier" des Eupolis erscheint Perikles als ein Mann, der durch Donner und Blitz das Volk erschreckt oder es durch Schmeichelei betört. Die angegriffene Regierung unter Perikles zahlte dem Volk das Eintrittsgeld. Ein höheres Maß an **Meinungsfreiheit** läßt sich wohl kaum denken und wird erst heute wieder erreicht, wenn subventionierte Theater unangefochten das Establishment angreifen.
Die Geschiche des **Peleponnesischen Krieges** (431–404 v. Chr.), der zum Niedergang Griechenlands führte, ist von **Thukydides,** dem ersten wissenschaftlichen Historiker überhaupt und dem einzigen der Antike, geschrieben worden. Es war überdies die erste Darstellung rein zeitgenössischer Geschichte, und Thukydides war sich von vornherein über die Bedeutung des entbrennenden gewaltigen Kampfes klar. Er legte großen Wert darauf, die tieferen Ursachen des historischen Geschehens herauszuarbeiten. Stilmittel sind die in die Darstellung eingestreuten (nicht authentischen) Reden, die das politische Kräftespiel und die Motive der Handelnden erklären sollen.
Die **Ursache** des Peleponnesischen Krieges war die **Rivalität** zwischen den beiden Hegemonialmächten, **Sparta** und **Athen**. Aus nichtigem Anlaß entstanden, wurde dieser Krieg zum „Dreißigjährigen Krieg" der Antike mit ebenso vernichtenden Folgen für alle beteiligten Mächte. Hatte Perikles den Kampf noch defensiv geführt, verfolgten die attischen Politiker nach seinem Tod (429 v. Chr. an der Pest) expansionistische Ziele, die mit brutaler Gewalt verfolgt wurden (Niedermetzelung oder Versklavung der Bevölkerung eroberter Städte). Sparta und seine Verbündeten standen ihren Gegnern in nichts nach.
Schließlich ließen sich die Athener auf Betreiben des ebenso genialen wie haltlosen **Alkibiades** gegen den Rat des **Nikias** auf das Abenteuer einer **Expedition nach Syrakus** in Sizilien ein. Zu Beginn des Unternehmens wurde Alkibiades durch Intrigen seiner Gegner nach Athen zurückberufen, floh nach Sparta und scheute sich nicht, den Spartanern Ratschläge zur Bekämpfung Athens zu erteilen. Sparta verbündete sich mit den Persern. Vor Syrakus geriet das attische Expeditionsheer in Gefangenschaft, 7000 Athener kamen als Zwangsarbeiter in die Steinbrüche.
Der Krieg zog sich mit wechselvollen Kämpfen noch mehrere Jahre hin. An seinem Ende hatte Athen seine Stellung als Großmacht verloren. Sparta war unumstrittene Hegemonialmacht. Spartas Kräfte reichten jedoch nicht aus, um Griechenland gegen seine äußeren Gegner zu schützen. Von nun an bestimmten **fremde Mächte** das Schicksal Griechenlands.

Alexanderreich und hellenistische Kultur

Während Griechenland in Bruderkrieg, Willkürherrschaft, sozialen Unruhen und politischen Revolutionen verkam, begann im Norden, am Rande des griechischen Siedlungsgebietes, der Aufstieg **Makedoniens**. Die Makedonen galten den Griechen nicht als griechischer Abkunft; doch hat die Wissenschaft ihre ethnische Zugehörigkeit zum Griechentum festgestellt. Makedonien war ein Bauernland ohne Städte mit einem König an der Spitze, dessen Herrschaft durch Recht der Heeresversammlung (Königswahl) eingeschränkt war.

Dem **König Philipp II.** verdankte Makedonien den Aufstieg zur Vormacht Griechenlands. Er schuf die Voraussetzungen durch eine umfassende Heeresreform und durch Sicherung seines Reiches gegen die Barbarenstämme im Norden, und begann dann in Nordgriechenland einzudringen. Dort stieß er alsbald auf den Widerstand Athens, das im Innern allerdings gespalten war in die Feinde Philipps mit dem Redner Demosthenes an der Spitze, die die Freiheit Griechenlands als im höchsten Maße gefährdet ansahen, und die Freunde (Isokrates), die sich von dem König die Einigung Griechenlands, Schutz vor der persischen Gefahr und stabile politische Verhältnisse erhofften. Nach dem Sieg über die Athener bei Chaironeia 338 v. Chr. schonte Philipp in kluger Mäßigung das Selbstgefühl der Griechen und schuf einen Griechischen Bund, ein Bündnis der Griechen mit dem makedonischen König, in dem dieser zum Hegemon der Griechen bestellt wurde. Philipp wurde zum Oberfeldherrn für den Krieg gegen Persien ausgerufen. Noch bevor er aufbrach, wurde er ermordet.

Sein Sohn **Alexander**, dessen Lehrer Aristoteles ihm eine umfassende griechische Bildung vermittelt hatte, folgte ihm auf den Thron und machte sich daran, das Werk seines Vaters zu vollenden. 334 v. Chr. brach er zum Feldzug gegen Persien auf. In einem beispiellosen Siegeszug, **Alexanderzug** genannt, gewann er alle Schlachten und eroberte das gesamte persische Reich bis zum Indus.

Alexander stand an der Spitze eines Weltreiches. Seine Aufgabe war es, seine Herrschaft über einen riesenhaften Raum mit einer Bevölkerung von 18 Millionen Menschen bei gleichzeitig minimalen eigenem Herrschaftspotential zu sichern. Einwohner Makedoniens: 400 000, davon 30 000 Krieger; Gesamtzahl der Griechen 3–4 Millionen (Zahlen: Bevölkerungsploetz). Der bisherige Heerkönig der Makedonen trat die Rechtsnachfolge der Pharaonen, der Könige von Babylon und der persischen Achämeniden an und übernahm Formen orientalischer Herrschaftsausübung (Prokynese = fußfällige Begrüßung), was bei den Makedonen auf heftigen Widerstand stieß. In Griechenland wurde Alexander bereits als Gott verehrt.

Die unterworfene Bevölkerung wurde in ihren Lebensformen nicht angetastet. Er übernahm auch die Verwaltungseinteilung des Reiches (Satrapien). Darüber hinaus sollte die **Verschmelzung der Makedonen und Perser** den Bestand des Reiches auf Dauer sichern. Er selbst, seine Generale und 10 000 Soldaten nahmen Perserinnen als legitime Ehefrauen.

Das Heer wurde mit persischen Einheiten durchsetzt. Schon plante Alexander die Umsegelung Arabiens und einen Kriegszug ins westliche Mittelmeer, der bis an die Säulen des Herakles (Gibraltar) führen sollte, als er plötzlich erkrankte und starb (323 v. Chr.).

Alexanders Bedeutung liegt in der Schaffung einer Verbindung zwischen dem griechisch geprägten Ostmittelmeerraum und dem alten Orient zum größten Reich der Antike. Wenn es auch keinen Bestand haben sollte und unmittelbar nach seinem Tode wieder verfiel, so wurden mit ihm doch die Voraussetzungen geschaffen für eine Ausbreitung der griechischen Kultur über den ganzen Orient und damit de facto zur Ausbildung einer griechischen Weltkultur.

Die Diadochen

Alexander hinterließ keine Erben, die seine Nachfolge hätten antreten können. Seine Generale versuchten zunächst, die Reichseinheit zu erhalten und setzten eine Regentschaft für das Gesamtreich ein. Statthalter verwalteten die einzelnen Reichsteile. Bald gewannen die egoistischen Interessen der einzelnen Statthalter die Oberhand, und einige von ihnen versuchten, als Diadochen (= Nachfolger) in endlosen Kämpfen, die Herrschaft über das ganze Reich zu erringen. Schließlich setzten sich fünf dieser Diadochen in ihren Herrschaftsgebieten durch und bildeten Dynastien mit ständig wechselnden Herrschaftsgebieten. Seit den siebziger Jahren des 3. Jh. v. Chr. gab es drei große Flächenstaaten, das Seleukidenreich in Syrien, Mesopotamien und Persien, das Ptolemäerreich in Ägypten und das Antigonidenreich in Makedonien. Dazu kamen mehrere kleinere Reiche, von denen Pergamon (an der Westküste Kleinasiens) das bedeutendste war. Sie wurden schließlich von West nach Ost fortschreitend in das Imperium Romanum eingegliedert, zuletzt 30 v. Chr. das Ptolemäerreich (Kleopatra).

Die hellenistische Kultur

Hellenismus, ein von dem Historiker Johann Gustav Droysen eingeführter Begriff, bezeichnet die Ausbreitung der griechischen Kultur über den Orient und ihre Vermischung mit den verschiedenen einheimischen Kulturen, wobei das griechische Element vorherrschend blieb. Sie wurde getragen von einer **griechisch-makedonischen Oberschicht,** die in die Gebiete des Ostens eingewandert war, ein Vorgang,

den man als dritte griechische Kolonisation bezeichnet hat. Sie siedelten sich in den bestehenden und vor allem in den zahlreichen neugegründeten Städten an, die wie ein Netz die Flächenstaaten überspannten. Sie waren planmäßig und schon äußerlich nach dem Muster der griechischen polis angelegt und mit einem Markt (agora), der von einer Säulenhalle umgeben war, und breiten, sich rechtwinklig kreuzenden Straßen. Die griechische Oberschicht führte ihre Lebensweise mit ihren typischen Einrichtungen wie Theater, Gymnasium und Tempel ein. Entscheidend für die Prägung und Ausbreitung der Kultur wurde die Ausbreitung der **griechischen Sprache.** Sie wurde die Sprache der Politik, der Wirtschaft, vor allem aber auch der Kultur und Wissenschaft. Sie wurde schließlich auch von Teilen der nicht griechischen Bevölkerung als Umgangssprache angenommen. Die Dialektunterschiede des Griechischen schleiften sich ab, und es entstand eine „hellenistische" Form, die **Koine** (= die allgemeine) genannt wurde. Bezeichnend ist, daß selbst die Juden ihre heiligen Schriften ins Griechische übersetzten. Kenntnis der griechischen Sprache war die Voraussetzung des Zuganges zu einer höheren Kultur, der Zugehörigkeit zur Elite. Wer nicht Griechisch sprach, schloß sich selbst aus, blieb zurück in der namenlosen Menge der Barbaren. Dies blieb mindestens ein halbes Jahrtausend so, auch die römische Eroberung änderte nichts daran.
Die hellenistische Kultur verdankte ihre Ausbreitung und ihren langen Bestand nicht militärischer Eroberung, sondern ihrer geistigen Überlegenheit. Sie hatte den nationalen (griechischen) Charakter abgestreift und wurde zur Menschheitskultur, so wie später – hiervon beeinflußt – das Christentum (ähnlich auch der Islam) nicht Religion eines Staates oder eines Volkes, sondern Menschheitsreligion sein sollte und es auch wurde.

9.1 Wie Griechenland besiedelt wurde

9.1.1 Wissensziele

In dem großräumigen Nilland kam es zur Bildung eines Großreiches. Griechenland ist eine Halbinsel mit vielen kleinen Buchten, umgeben von zahlreichen Inseln und durchzogen von hohen Gebirgen. Daher entstanden dort viele kleine Stadtstaaten. Nur ein kleiner Teil des Landes ist landwirtschaftlich nutzbar. Daher kann Griechenland nur eine kleine Anzahl von Menschen ernähren.

9.1.2 UE-Ziele

(1) Geografische Lage und Landesnatur Griechenlands und ihre Auswirkungen auf die Geschichte der Menschen in diesem Gebiet.
(2) Vergleich der griechischen mit anderen Hochkulturen.

9.1.3 Einstieg

- **Prospektmaterial** von Reisebüros (Griechenland als Urlaubs- und Ferienland)
- **Physikalische Wandkarte**

9.1.4 Didaktisch-methodische Vorschläge

Die Schüler können an einer Reihe von Werbeprospekten über Griechenland erkennen, daß für Griechenland durch die Landschaft und durch die Geschichte geworben wird. Fast in jedem Prospekt finden sich Hinweise auf kulturelle Denkmäler (Akropolis, Olympia o.ä.). In Verbindung mit der Karte „Griechenland und griechische Städte an der Küste Kleinasiens" (Gfm oder Atlas) und Auszügen aus Reiseprospekten kann herausgearbeitet werden, wie unterschiedlich die Sichtweisen sein können, unter denen die Einwohner einerseits und die Touristen andererseits das Land betrachten.
Manche Schüler werden in Griechenland gewesen sein. Sie haben den ewig blauen Himmel kennengelernt, Badebuchten, felsige Inseln, alles vor einer Kulisse hochragender Berge – das ideale Ferienland, so wie es die Ferienprospekte verheißen.
Für die Einwohner selbst stellt sich ihre Heimat ganz anders dar. Die sengende Sonne und das Fehlen von Regen in manchen Monaten des Jahres (s. Klimatabelle Gfm oder Atlas) macht Landwirtschaft nur bei intensiver Bewässerung möglich, sofern Wasser vorhanden ist. Die gebirgige Oberfläche schränkt die Bodennutzung erheblich ein, so daß der größte Teil Griechenlands landwirtschaftlich kaum nutzbar ist. Allenfalls Viehhaltung ist möglich, und auch nur mit besonders genügsamen Tieren (Schafe, Ziegen).
An der Karte und weiteren Bildmaterialien der Reiseprospekte lassen sich weitere geografische Einzelheiten Griechenlands festmachen. Die topografische Struktur, die von entscheidender Bedeutung für den Verlauf der griechischen Geschichte gewesen ist, ist geprägt von Gebirgen, dem Fehlen weiträumiger Ebenen, den zahlreichen, tief einschneidenden Buchten und einer Vielzahl von Inseln. Damit sind bereits einige wichtige Ursachen für die politische Zersplitterung angesprochen, zumal unter den Bedingungen der Antike (Verkehr, Kommunikation). Somit ist

erklärbar, warum es nicht zur Bildung eines gesamtgriechischen Reiches kam, sondern zur Entstehung kleiner, voneinander abgekapselter Stadtstaaten.
Hier bietet sich bereits Gelegenheit, unter immanenter Wiederholung der Geschichte Ägyptens, Mesopotamiens, Indiens und Chinas (s. UR 7 und 8) herauszustellen, welche ganz andersartigen geografischen Voraussetzungen in Ägypten und den anderen Stromtälern den Zusammenschluß der Menschen begünstigt haben.
Ein weiterer didaktischer Zugriff besteht darin, einige der griechischen Sagen zu erzählen oder vorzulesen und den historischen Kern herauszuschälen.
Diese Auswahl von Zugriffsmöglichkeiten mag nicht erschöpfend sein. Sie sollen jedoch zu der Kernfrage führen, die für die gesamte Einheit „Griechenland" gilt:
Wie war es möglich, daß trotz geografischer Widrigkeiten auf relativ kleinem Raum sich in Griechenland eine Kultur entwickelte, die Jahrhunderte bestand und unsere heutige europäische Kultur maßgeblich beeinflußt hat?

Arbeitsaufgaben	denkbare Formulierungen
1. Betrachtet die Karte (physikalische Wanderkarte) und beschreibt die Bodengestalt der griechischen Halbinsel. 2. Welche natürlichen Voraussetzungen bietet Griechenland für die Landwirtschaft? Zieht die Klimatabelle (Temperatur und Niederschläge in Athen und im Raum Stuttgart – Gfm oder Atlas) mit heran.	Der größte Teil Griechenlands ist mit sehr hohen Gebirgen bedeckt. Es gibt nur sehr wenige weiträumige Ebenen. Lediglich ein schmaler Streifen an der Küste ist eben. – Die Klimatabelle zeigt, daß es in Griechenland im Sommer sehr heiß ist und daß wahrscheinlich kein Regen fällt. – Ackerbau ist nur in den wenigen Ebenen möglich. Da es nur wenige kleinere Flüsse gibt, ist es wahrscheinlich, daß nicht genügend Wasser für künstliche Bewässerung vorhanden ist. – Im Gebirge ist nur Viehzucht (Weidewirtschaft) möglich. Die Reisebüroprospekte zeigen kahle Berge. Dort können nur Schafe oder Ziegen Nahrung finden. – Daher werden die Erträge der Landwirtschaft gering sein. Das Land kann seine Bevölkerung nicht mehr ernähren, sobald sie eine bestimmte Grenze überschreitet.
3. Erläutert an der Karte in Gfm (oder Atlas) die Bezeichnung „Griechische Völkerwanderung", indem ihr eine Tabelle aufstellt, aus der die wichtigsten Stämme, die Hauptrichtung ihrer Wanderungen und deren Dauer hervorgeht.	(siehe Tabelle unten)
4. Erinnert euch an die Geschichte der Ägypter, Babylonier und Chinesen und vergleicht damit die Ursprünge der griechischen Geschichte.	– Im Gegensatz zu Ägypten, Mesopotamien, Indien und China bildete sich in Griechenland eine Hochkultur nicht an einem großen Flußsystem. – In allen Hochkulturen gab es Wanderungsbewegungen, wodurch sich neue Herrschervölker als Eroberer bildeten.

Zeit	Stamm	Wanderungsrichtungen
1850–1600 v. Chr.	Achäer	Langsames Eindringen von Norden, Verschmelzung mit der griechischen Urbevölkerung. Mächtige Burganlagen in Mykene und Tyrins, Eroberung von Kreta und Kleinasien.
1800–1200 v. Chr.	Ionier	Einwanderung gleichzeitig mit den Achäern, Besiedlung von Attika, Euböa und Chalkidike, Ionische Inseln, Kleinasien.
1200–1000 v. Chr.	Dorer	Illyrer und Dorer kommen von Norden und besetzen Südgriechenland und Kreta sowie Südwestkleinasien. Die Achäer wurden auf die ionischen Inseln gedrängt. Überlegenheit der Dorer aufgrund neuer Kampfesweise: Reiterkrieger mit Eisenwaffen.

10. Kolonisation und Handel

10.0.2 UR-Ziel

Bedeutung der wirtschaftlichen Bedingungen für die Entwicklung einer Gesellschaft

10.0.3 Medien

(Siehe 9.0.3, Seite 93)

10.1 Wie die wachsende Bevölkerungszahl ernährt werden konnte

10.1.1 Wissensziele

Das von hohen Gebirgen durchzogene Griechenland war für den Getreideanbau wenig geeignet. Manche Griechenstädte lösten das Problem der Übervölkerung durch Auswanderung. Im ganzen Mittelmeergebiet gab es griechische Tochterstädte. Athen aber versorgte seine wachsende Bevölkerung auch durch Import von Getreide und anderen Bedarfsgütern und bezahlte durch Export von Keramik, Metallwaren und Ölfrüchten. Dabei schützte es seine Handelsflotte durch eine starke Kriegsflotte.
Früher gab es nur den mühsamen Tauschhandel. Mit der Erfindung des Geldes kam die Geldwirtschaft auf. Die Regierungen ließen den Münzen Prägestempel aufdrücken.

10.1.2 UE-Ziele

(1) Das Problem der Übervölkerung in Griechenland.
(2) Die Bedeutung der Kolonisation für Griechenland.
(3) Die Ablösung der Tauschwirtschaft durch die Geldwirtschaft und deren Auswirkungen.

10.1.3 Einstieg

- **Karte:** Griechische Kolonisation 750–550 v. Chr. (Gfm oder entsprechende Wandkarte)
- **Karte:** Einfuhrgüter Athens (Gfm)
- **Erörterung:** Wie sichert die Wirtschaft der Bundesrepublik Deutschland die Ernährung der Bevölkerung?

Einstiegs-Geschichte:
Die Jugend muß auswandern
In der Volksversammlung der Insel Thera wurde ein Thema behandelt, das in das Leben der Familien aufs härteste eingriff. Der Vorsitzende:
„Die Bevölkerung unserer Insel wächst von Jahr zu Jahr, aber die Menge an Getreide und anderen Früchten des Landes bleibt gleich. Sie läßt sich nicht beliebig vermehren. In wenigen Jahren werden viele Menschen bei uns hungern, ja sogar verhungern. Das können wir nur abwenden, wenn aus jeder Familie ein Mitglied die Insel verläßt. Ein Jugendlicher je Familie muß gehen. Gewiß, wir alle lieben unsere Kinder, und die Maßnahme ist hart, aber nur so können wir alle überleben."
Nach heftigen Debatten stimmten alle Teilnehmer dem Vorschlag zu.
Der griechische Geschichtsschreiber Herodot berichtet:
„Jede Familie hatte einen Sohn auszusenden. Wer dazu bestimmt wurde auszuwandern, mußte unter Androhung schwerer Strafen das Schiff besteigen. Erst wenn sich das Unternehmen als Fehlschlag erweisen sollte, durften die Auswanderer nach Thera zurückkehren, jedoch frühestens nach fünf Jahren.
Daraufhin fuhren etwa 200 Auswanderer auf zwei Schiffen mit je 50 Ruderern ab. Auf der Insel Kreta nahmen sie einen ortskundigen Steuermann in Dienst und landeten schließlich auf einer unwirtlichen Insel vor der Nordküste Afrikas. Da sie aber keinen geeigneten Platz zur Ansiedlung fanden, segelten sie zurück nach Thera. Die Theräer aber ließen sie nicht an Land gehen, sondern befahlen ihnen, umzukehren."
Warum muß heute bei uns niemand auswandern?

10.1.4 Didaktisch-methodische Vorschläge

Das Problem der Übervölkerung
Bei der Beantwortung der in 9.1.4 aufgeworfenen didaktischen Hauptfrage „Wie war es möglich, daß in Griechenland eine Kultur entstehen konnte, die bis in unsere Zeit nachwirkt?" mußte eine ganze Reihe von Faktoren berücksichtigt werden, z. B. der Ursprung der griechischen Stämme (s. UR 9), die Bildung der relativ kleinen und isolierten Stadtstaaten, die Rivalitäten zwischen den Stadtstaaten, die Versorgung der Bevölkerung in einem geografisch ungünstigen Gelände, die äußeren Bedrohungen.
Diese Unterrichtsreihe kann einen ersten Einblick in die Bedeutung der Wirtschaft für die Entwicklung Griechenlands vermitteln.
Bei der Betrachtung der gesellschaftlichen Entwicklung in der Steinzeit, in der Metallzeit, in Ägypten, Babylonien und anderen Gesellschaften haben die

Schüler gelernt, daß das Leben der Bevölkerung davon abhing, ob genügend bebaubares Land vorhanden war und ob auf diesem Land eine ausreichende Ernährung erzielt werden konnte.
Sie haben weiter gelernt, daß ein Anwachsen der Bevölkerung über diese kritische Grenze hinaus oder eine Mißernte oder ungünstige Klimaveränderungen zu Hungersnöten und zu umfassenden Wanderungsbewegungen der Völker geführt hat.
Diese Erkenntnisse haben auch eine aktuelle Bedeutung. In vielen der Entwicklungsländer besteht diese Grundsituation auch heute.
Die Schüler sollten auch darauf aufmerksam gemacht werden, daß die Bodenfläche der Bundesrepublik Deutschland für die Ernährung der Bevölkerung, selbst bei Anwendung moderner Anbaumethoden, nicht ausreicht. Sie muß Lebensmittel einführen und kann dafür nur Industriegüter ausführen. Um diese herstellen zu können, muß sie Rohstoffe und Energie einführen. Diese müssen wiederum mit Industriegütern bezahlt werden.
Die Griechen standen um 500 v. Chr. vor demselben Problem. Die Bevölkerung war so stark angewachsen, daß die Ernährung nicht mehr gesichert werden konnte. In den verschiedenen Stadtstaaten schlug man unterschiedliche Wege ein, um das Problem zu lösen. Wir schlagen vor, diese Lösungsversuche anhand der Beispiele Thera (Auswanderung) und Athen (Export-Import-Wirtschaft) zu erörtern.
Für die Auswanderung aus Thera (dem heutigen Santorin) und die Gründung der Stadt Kyrene 630 v. Chr. (in der Cyrenaika, dem östlichen Teil des heutigen Libyen) steht uns die berühmte Schilderung Herodots (4, 147–158) zur Verfügung:

„Die Bewohner Theras waren über diesen Spruch wenig erfreut. Dennoch berief der König die Versammlung der Bürger, und diese faßte folgenden Beschluß: Ein Mann namens Battos sollte das Kommando über die Auswandererschiffe übernehmen. Jede Familie hatte einen Sohn als Kolonisten auszusenden. Wer dazu bestimmt wurde auszuwandern, mußte unter Androhung schwerer Strafen das Schiff besteigen. Erst wenn sich das Unternehmen als Fehlschlag erweisen sollte, durften die Auswanderer nach Thera zurückkehren, jedoch frühestens nach fünf Jahren.
Daraufhin fuhren etwa 200 Auswanderer auf zwei Schiffen mit je 50 Ruderern ab. Auf der Insel Kreta nahmen sie einen ortskundigen Steuermann in ihren Dienst und landeten schließlich auf einer unwirtlichen Insel vor der Nordküste Afrikas. Da sie aber keinen geeigneten Platz zur Ansiedlung fanden, segelten sie zurück nach Thera. Die Theräer aber ließen sie nicht an Land gehen, sondern befahlen ihnen, wieder umzukehren. In ihrer Not ließen sie sich schließlich auf einer Insel vor der Nordküste Afrikas nieder. Von hier aus unternahmen sie Streifzüge auf das Festland und nahmen Verbindung mit der einheimischen Bevölkerung auf, die sie freundlich empfing. Aber erst nach sechs Jahren konnten sie im Einvernehmen mit der eingeborenen Bevölkerung an einer besonders günstigen Stelle auf dem Festland – landeinwärts – die Stadt Kyrene gründen, am Rande der oberen Hochebene, wo der Boden durch eine Quelle gut zu bewässern war und wo man daher eine Ackerbaukolonie anlegen konnte."

Arbeitsaufgaben	denkbare Formulierungen
1. Weshalb wanderten Leute von Thera aus?	Wegen mehrerer Mißernten drohte eine Hungersnot. Das Land konnte die Bevölkerung nicht mehr ernähren.
2. Warum befragte man zuvor das Orakel von Delphi?	– Die Menschen hofften, Auskunft über die Chancen der geplanten Unternehmung zu erhalten. – Durch das Orakel spricht der Gott (Apollo).
3. Weshalb konnte das Orakel zuverlässig Auskunft geben?	Viele Menschen kamen nach Delphi und überbrachten Nachrichten. Daher wußte die Priesterschaft, wo man sich günstig ansiedeln konnte (hier in dem an Schafen reichen Libyen).
4. Wer wanderte aus?	Von jeder Familie ein Sohn. (Sicherlich nicht der Erstgeborene, der das Landgut des Vaters erben würde, sondern ein später Geborener, für den es kein Land geben würde.)
5. Wie ist dieser Beschluß der Volksversammlung zu beurteilen?	Es war sicher für viele hart und grausam. Dafür spricht die Androhung schwerer Strafen im Falle der Rückkehr. Doch war der Beschluß notwendig, um die Existenz zu sichern.

Arbeitsaufgaben	denkbare Formulierungen
6. Wie gingen die Kolonisten vor?	Zunächst fanden sie keinen Platz zur Ansiedlung und kehrten wieder um. Als sie in der Heimat nicht an Land durften, fuhren sie erneut nach Libyen und ließen sich auf einer Insel nieder. Schließlich fanden sie eine günstige Stelle auf dem Festland und gründeten den Staat Kyrene.
7. Wie verhielten sich die Eingeborenen zu den Ankömmlingen?	Sie empfingen sie freundlich. Später halfen sie ihnen sogar, eine günstige Stelle zur Ansiedlung zu finden. Es waren Nomaden, die kein Siedlungsland benötigten.

Rollengespräch
Auf der Volksversammlung sprechen alte und junge Teilnehmer über die Auswanderung. Welche Eigenschaften mußte der Anführer besitzen?
Alte Bürger:
Die Bewohner von Thera leiden Hunger. Unsere Insel kann nicht mehr alle Menschen ernähren. Ein Teil der Bewohner muß auswandern. Jede Familie soll einen Sohn bestimmen, der als Kolonist in die Fremde ziehen soll.
Junge Bürger:
Wenn wir in die Fremde ziehen sollen, brauchen wir einen Anführer.
Er muß ein erfahrener Seefahrer sein, weil wir weit übers Meer fahren müssen.
Er muß ebenso wagemutig wie umsichtig sein, damit wir all die unbekannten Gefahren sicher bestehen können.
Er muß auch ein geschickter Unterhändler sein, um mit den Bewohnern der fremden Küsten zu friedlichen Vereinbarungen zu kommen.
Er muß ein erfahrener Krieger sein, falls es zu Kämpfen mit den Eingeborenen kommt.
Er muß ein kluger Verwalter sein, damit er die Ansiedlung leiten kann.
Alte Bürger:
Wir geben Euch den Bastos als Anführer. Er erfüllt am besten die Voraussetzungen, die Ihr genannt habt.

Rollengespräch
Eingeborene und Einwanderer sprechen über die Ansiedlung an dieser Küste.
Eingeborene: Was wollt Ihr hier, Fremde?
Einwanderer: Unsere Heimat gibt uns keine Nahrung mehr. Wir brauchen Land, um uns anzusiedeln und von nun an hier zu leben.
Eingeborene: Hier ist genügend Land und auch Wasser, wo man eine Siedlung gründen könnte. Was für Vorteile hätten wir aber, wenn wir Euch hier siedeln ließen?
Einwanderer: Wir kommen aus Griechenland. Dort gibt es Dinge, die Ihr noch nicht kennt oder nicht besitzt, z. B. Werkzeuge, Waffen, Tongefäße. Wir verschaffen Euch diese Waren, und Ihr bezahlt dafür mit Waren, die man in Griechenland benötigt, z. B. Häute von Euren Schaf- und Rinderherden oder Elfenbein von den Elefanten, die Ihr im Innern des Landes jagt.
Eingeborene: Abgemacht. Ihr könnt hier eine Siedlung gründen. Wir hoffen auf gute Nachbarschaft und Vorteile für beide Seiten.

T Griechische Kolonisation

Gründe:	Übervölkerung ↘	
	Mißernten →	Hungersnot ↓
Lösung:		Auswanderung ↓
Ergebnis:		zahlreiche griechische Städte rund um das Mittelmeer ↓
Folgen:		Ausweitung des Handels Lernen von anderen Völkern Erkenntnis der gemeinsamen griecnischen Kultur

Die Lösung des Problems in Athen
In Athen schlug man einen anderen Weg als in Thera (und den meisten anderen griechischen Städten) ein, um das Problem der mangelnden Ernährungsgrundlage zu lösen.
Als Ausgangssituation, die gleichzeitig die Problemgrundlagen bilden soll, schlagen wir folgende Gegenüberstellung vor: Eine erste oberflächliche Betrachtung der griechischen Baudenkmäler erweckt bei den Schülern die Vermutung, daß Athen eine reiche, mächtige Stadt war.
Andererseits vermittelt eine kurze Information über die geografischen Umweltbedingungen den Eindruck, es handele sich hier um ein Gebiet, dessen

Bevölkerung aufgrund der Bodenbeschaffenheit (Gfm, Erdkundebuch, Lexikon), des Klimas usw. kaum zu großen wirtschaftlichen und kulturellen Leistungen fähig sei.

Im einzelnen können die Schüler dazu folgende Merkmale zusammenstellen: zahlreiche Gebirge, tiefeingeschnittene Täler, kaum Ebenen, heißes Klima, im Sommer wenig Regen, zahlreiche Buchten, wenig Viehzucht, wenig Getreideerzeugung, Anbau von Oliven, Feigen, Trauben, Vorrat an Bodenschätzen (Silber, Erz, Ton).

Dieser offenkundige Widerspruch kann noch dadurch verschärft werden, daß die verhältnismäßig große Anzahl von Ortschaften auf der Karte von Attika auf eine hohe Bevölkerungszahl schließen läßt, die mit Sicherheit von der eigenen Landwirtschaft nicht ernährt werden konnte.

Erste Vermutungen der Schüler zu diesem Problem werden dahingehen, daß auf die Nutzung der Bodenschätze zurückgegriffen wurde.

Diesen Ansatz gilt es dahingehend zu vertiefen, daß die Schüler anhand des Bildmaterials (Gfm) versuchen, die Tätigkeiten der Arbeiten der Athener zu untersuchen.

Es empfiehlt sich, in Gruppen anhand folgender Leitfragen bzw. Arbeitsaufgaben die Analyse des Bildmaterials vorzunehmen: (T unten)

– Welche Werkzeuge/Geräte wurden benutzt?
– Welche Tätigkeiten verrichten die Menschen?
– Welche Produkte werden hergestellt?

T	Werkzeug	Tätigkeiten	Produkte
1. Herstellung von Tonwaren	Brennofen, Töpferscheibe, Farben, Pinsel	Bearbeiten des Tons, Brennen im Brennofen, Bemalen der Tongefäße	Vasen, Gefäße, Vorratsbehälter
2. Herstellung von Metallwaren	Zange, Hammer	Helme, Schilde und Waffen werden hergestellt	
3. Olivenernte	die Früchte werden mit Stöcken heruntergeschlagen, oben im Baum sitzt ein Junge, der die nicht erreichbaren Früchte abpflückt.		
4. Abwiegen von Waren, möglicherweise Getreide oder Oliven			

Forderungen, die sich für Athener ergaben	Wie diese Forderungen erfüllt werden konnten
Absatzmärkte mußten erschlossen werden	Spezialisierung auf besonders hochwertige Waren
Es mußten seetüchtige Schiffe gebaut werden	Ausbildung von Handwerkern und Seeleuten, Bau von Hafenanlagen.
Die Seewege mußten geschützt werden	Aufstellung einer Kriegsflotte, um die Handelsschiffe zu schützen.
Es mußten Konflikte mit Konkurrenten geregelt werden	Abschluß von Handelsverträgen, evtl. Sanktionen.
Wettbewerbsfähigkeit und damit Freiheit des Handels	Preiswürdigkeit des eigenen Angebots.

Es zeichnet sich ab, daß sich in Athen auf der Basis von Bodenschätzen wie Silber, Ton und Eisenerz das Handwerk entwickelte. Damit war ein technologischer Fortschritt insoweit verbunden, als durch die Verbesserung der Arbeitsweise (Arbeitsteilung) ein Anstieg der Produktivität möglich wurde.

Dadurch wird deutlich, welche Rolle nun der Transport der Waren, der Handel, einnahm.

Da der Handel eine weitere Form der Arbeitsteilung mit sich brachte, gilt es nun zu untersuchen:

a) Welche Auswirkungen hatte der Handel besonders im Hinblick auf die Wirtschaftsform und auf die Gesellschaftsstruktur? – b) Wie wirkten sich diese Veränderungen auf die Formen der Herrschaft aus?

Im Rahmen dieser Unterrichtseinheit sollen in erster Linie die wirtschaftlichen Veränderungen untersucht werden. Zu diesem Zweck soll das Bild- und Textmaterial aufgearbeitet und unter der Problemstellung „Was mußte alles getan werden, damit die Wirtschaft Athens funktionierte?“ strukturiert werden.

Eine wichtige Voraussetzung für freien Handel ist die Entwicklung der Geldwirtschaft.

Vorher soll jedoch an konkreten Beispielen aufgezeigt werden, welchen Hauptmangel die Tauschwirtschaft aufweist: Nicht immer hat der Tauschpartner die Waren, die man gegen seine Waren eintauschen möchte. Es fehlt das Mittel, das jeden Tausch ermöglicht. Die Forderungen an diese Mittel müssen sein: a) Es muß dauerhaft sein, b) seine Bedeutung muß allgemein anerkannt sein.

Eine Zusammenstellung früherer Zahlungsmittel (Gfm) zeigt, daß diese Standardwaren bei den verschiedenen Völkern, Stämmen usw. sehr unterschiedlich waren.

Um diesen für die Schüler nur schwer verständlichen Sachverhalt zu veranschaulichen, wird ihnen folgendes Beispiel vorgestellt:

Problemsituation:

– Ein Mensch besitzt Salz und braucht ein Messer aus Metall.

– Ein zweiter Mann besitzt zwar ein Bronzemesser, möchte aber gern ein Schwein.

– Ein dritter Mensch besitzt zwar ein Schwein, möchte aber gern ein Schmuckstück haben.

Lösung:

– Man nimmt eine bestimmte Ware und setzt nach ihr den Wert aller anderen Güter fest,

– d.h., der Tauschwert aller Güter wird zu einer bestimmten Ware in Beziehung gebracht.

– Wenn sich die drei Menschen auf eine Standardware einigen (Muscheln, Federn, Sklaven, Vieh, Schmuck) und alle Tauschwerte auf diese Ware bezogen, kann im obigen Beispiel der zweite Mensch sein Bronzemesser an den ersten Mensch für ein Stück Edelmetall verkaufen und sich dann das gewünschte Schwein kaufen.

Es dürfte den Schülern einleuchten, warum gerade Edelmetall hervorragend zum Warenaustausch geeignet ist: es ist leicht transportabel, kann beliebig lang gelagert und durch einen Stempel geprägt werden.

Von besonderem Interesse ist für die Schüler zumeist, die in Gfm genannten Preise mit heutigen Preisen zu vergleichen. Sie können ungefähr ermessen, was man heute verdient und was man sich dafür leisten kann. Die Tabelle zeigt, was man sich für wieviel Geld in Athen kaufen konnte. Die genannten Preise verstehen sich als Durchschnitttspreise, denn auch in Griechenland gab es je nach Angebot und Nachfrage Preisänderungen. Schlechte Ernten oder Hungersnöte trieben die Preise in die Höhe. Den Ausgaben muß man das Einkommen der Menschen damals gegenüberstellen.

Um den Schülern zu verdeutlichen, wie wichtig die Verkehrsmittel für Athen waren, soll der folgende Text interpretiert werden:

Ein Athener über die Handelsmacht Athen um 450 v. Chr.:

„Nur die Athener können über die Erzeugnisse aller Griechen und Barbaren verfügen. Wie will eine andere Stadt ihre Überschüsse an Schiffsholz, Eisen, Kupfer oder Flachs ausführen, ohne daß das seebeherrschende Athen zustimmt oder die Waren abnimmt? Würde sie gegen den Willen Athens Waren verfrachten, würde ihr die beherrschende Seemacht die Handelswege abschneiden. Außerdem trifft eine Mißernte die Seemacht weniger als eine Landmacht. Denn da Mißernten nicht überall gleichzeitig auftreten, kann die beherrschende Seemacht immer noch Ernteerzeugnisse aus Überschußländern einführen."
(Pseudo-Xenophon I 11–14)

Arbeitsaufgaben	denkbare Formulierungen
1. Worauf beruht die Macht Athens?	Athen beherrscht die Meere. Seine Kriegsschiffe kontrollieren die Handelswege. Ohne seine Zustimmung können die anderen Staaten (Griechen wie Barbaren) keine Waren aus- oder einführen.
2. Was ist der Unterschied zwischen Seemacht und Landmacht?	– Die Seemacht beherrscht die Meere und kann daher bei Mißernten Nahrungsmittel aus weit entfernten Ländern einführen. – Die Landmacht beherrscht nur das umliegende Festland. Eine Mißernte wird wahrscheinlich nicht nur im eigenen Lande, sondern auch in den umliegenden Gebieten auftreten. Der Mangel an Nahrungsmitteln kann daher nicht durch Einfuhren ausgeglichen werden.
3. Beurteilt die Quelle aus der Sicht der anderen Griechenstädte.	Alle anderen Griechenstädte sind, was den Handel betrifft, vollständig von Athen abhängig. Ohne seine Zustimmung können sie keinen Handel treiben. Wenn sie mit Athen verfeindet sind, müßten sie bei Mißernten hungern.

Von besonderem Interesse sind für die Schüler lebendige Schilderungen wie die folgende, in der das Leben am Hafen Athens (Piräus) und auf dem Marktplatz (Agora) geschildert werden:

Fieberhafte Betriebsamkeit und lärmendes Durcheinander herrschen am Piräus. Eine bunte Menge schuftet, feilscht und rechnet in den Lagerhäusern, Verkaufshallen und Verwaltungsstuben, rund um die Hafenbecken, von denen man aus eine der drei Reeden – auf die den Handelsschiffen vorbehaltene – hinauskommt. Illyrer und Phöniken, Etrusker und Epiroten samt den Vertretern dreier Erdteile kommen hier zusammen. Geschäftig, doch ohne Hast, ziehen sie von den Getreidehallen zu den Werften, von der Handelsbörse zu den Zollabfertigungsstellen, wo für ankommende und abgehende Waren 2% zugunsten des Fiskus (Vermögen der Stadt) erhoben werden. Schauerleute und Ruderer sind auf Stellensuche, Handwerker versuchen, ihre Waren zu verkaufen.

Athen verfügt über eine Flotte von tüchtigen Seglern, meist 20-Tonnen-Schiffe, mit einigen 300-Tonnern dazwischen. Die Kiele sind mit Wachs oder Teer getränkt und mit Blei beschlagen. Die Seitensteuerung erfolgt durch ein einfaches Ruder. Die Kauffahrer stehen unter dem Schutz von bewaffneten Trieren (Kriegsschiffe, die auf jeder Seite drei Reihen von Ruderern übereinander hatten), die Bord an Bord draußen an den beiden anderen Reeden des Piräus liegen und die der Stolz Attikas sind.

Natürlich ist das Meer keineswegs besiegt. Seine Stürme und Klippen mahnen den Schiffer zur Vorsicht, ganz zu schweigen von den Ungeheuern, die die See bevölkern sollen. In der schönen Jahreszeit aber kann man, ohne die Küste aus den Augen zu verlieren, die Bergspitzen als Richtungspunkte und die Inseln als Zwischenstationen benützen und von Hafen zu Hafen fahren.

Doch die Flotte ist nicht die einzige Ursache athenischen Wohlstands. Alle Griechenstädte haben Kolonisten nach Ost und West ausgesandt. Von Kleinasien bis nach Sizilien, Gallien und Spanien, als wollten sie sich auch unter fremden Himmeln fortpflanzen...

Verlassen wir nun den Welthafen und wenden wir uns der Stadt zu. Vor uns gehen Bauern und Handwerker und verkaufen schon unterwegs, was sie mit sich führen. Am Rande der Straßen haben sich die berufsmäßigen Händler in Buden oder Bretterverschlägen eingerichtet, die auf der den Käufern zugewandten Seite offen sind. Metzger bieten Fleisch feil, beim Gewürzhändler gibt es Körbe von Kapern, Fenchel, Zwiebeln oder Dill. Der Bäcker bietet mit Honig gesüßte und mit Mohn bestreute Kuchen feil, der Barbier hält einen Schwatz.

Noch lebhafter als in den Straßen ist der Kleinhandel auf der Agora. So nennen die Griechen den öffentlichen Platz, wo Versammlungen und der Markt abgehalten werden.

Die Menge schiebt sich zwischen den Verkaufsständen hindurch, und das Feilschen, Diskutieren, Schimpfen und Anpreisen der Waren mischt sich mit dem Gebrüll der Tiere. Die Agora liegt am Fuß der Akropolis. Zuerst begegnet man unter den Platanen an den Zufahrtsstraßen den Eseln, die die Holzbündel und die großen Körbe mit Kohle, Trauben und Kohl herangeschleppt haben. Ein Glockenzeichen kündigt die Eröffnung des Gemüsemarktes an. Sklaven und Bürger drängeln sich um die Stände, auf denen Berge von Bohnen, Rüben, Melonen, Zwiebeln und Linsen aufgeschüttet sind. Nebenan ist Obstmarkt. Ein erneutes Klingeln lädt zum Öl- und Käsemarkt ein. Auf Rohrmatten liegen Quark von Ziegenmilch, geriebener Käse und Frischkäse, keine Butter, aber dafür gibt es große Krüge mit Olivenöl. Wieder anderswo werden Gewürze feilgeboten: Thymian, Knoblauch, Majoran und Kümmel. Auch ein Fleisch- und Fischmarkt ist da. Thunfische, Sardellen, Krabben, Muscheln, Rochen sind da zu finden ebenso wie Pökelfleisch, Ochsen-, Hammel- und Ziegenfleisch und Geflügel.

T Import-Export-Wirtschaft in Athen

natürliche Voraussetzungen	schlechter Boden, gebirgig, heißes Klima ↓	gegliederte Küsten ↓	Bodenschätze (Ton, Silber, Marmor)
Folgen	Produktivität in der Landwirtschaft gering →	→	Grundstoffe werden verarbeitet: Ton zu Tonkrügen, Eisen zu Waffen, Messern usw. ↓
		Voraussetzung für den Bau von Häfen ↓	Herausbildung eines städtischen **Handwerks** (Arbeitsteilung), verbesserte Werkzeuge, höhere Produktion ↙
	↙ **Einfuhr** von landwirtschaftlichen Gütern ↘	**Handel (Seehandel)**	↘ **Ausfuhr** von Handwerksprodukten ↙
		Entwicklung der **Geldwirtschaft**	↘ Produktion von Silber

Arbeitsaufgaben	denkbare Formulierungen
1. Beschreibt nach diesem Bericht, wie die Kriegs- und Handelsschiffe Athens aussahen. Verwendet auch dazu das Bild „Handelsschiff der Athener" (Gfm).	**Handelsschiffe:** Laderaum zwischen 30 und 1300 t, Segelschiff mit Ruderern; Geschwindigkeit: 3–4 Knoten pro Std.; Seitensteuerung mit einfachem Ruder; Kiel mit Blei, Wachs und Teer gestärkt. **Kriegsschiffe:** Triere, drei Ruderreihen übereinander, nur ein Drittel des Schiffsraumes der Handelsschiffe, erheblich weniger Tiefgang.
2. Welche Waren wurden auf der Agora verkauft? (Vergleicht mit der Karte „Die Stadt Athen und ihr Umland", Gfm)	Fleisch, Gewürze, Honig, Obst, Wein, Gemüse, Fisch, Handwerkserzeugnisse.

11. Der Kriegerstaat Sparta

11.0.2 UR-Ziele

(1) Gesellschafts- und Herrschaftsstrukturen in Sparta.

11.0.3 Medien

(Siehe 9.0.3, Seite 93)

11.1 Wie die Spartaner lebten

11.1.1 Wissensziele

Sparta war ein Kriegerstaat. Eine kleine Schicht von Aristokraten hatte alle politischen Rechte. Die Jugend wurde dazu erzogen, dem Staat zu dienen. Sie wurde im Waffendienst geübt, um die Vorrechte der herrschenden Schicht zu sichern. Handarbeit war für sie verboten. Die unterworfene Bevölkerung hatte keine Rechte und mußte für ihre Herren arbeiten.

11.1.2 UE-Ziele

(1) Bevölkerungsgruppen in Sparta und deren zahlenmäßige Aufteilung.
(2) Das gesellschaftliche und private Leben in Sparta am Beispiel der Erziehung.
(3) Merkmale des totalen Staates am Beispiel Spartas.

11.1.3 Einstieg

- **Quelle:** Die Gesetze des Lykurg (Gfm)
- **Quelle:** Erziehung in Sparta (Ma II, 57 f., Kulturgeschichte, S. 50 ff.)
- **Text:** Ein Tag aus dem Leben eines jungen Spartaners (Hist. Szenen 1, S. 16 ff.)

11.1.4 Didaktisch-methodische Vorschläge

Innerhalb dieser Unterrichtseinheit steht nicht die Entstehungsgeschichte Spartas im Mittelpunkt, sondern die Herausarbeitung der Herrschafts- und Gesellschaftsstruktur, die in nachfolgenden Unterrichtsreihen mit Athen verglichen werden soll. Die Gesellschaftsstruktur soll nicht historisch-genetisch aufbereitet werden, sondern es soll dort angesetzt werden, wo von seiten der Schüler ein unmittelbares Interesse am Unterrichtsstoff liegen dürfte. Das ist in diesem Alter sicher die Erziehung. Die Thematisierung der Erziehung in Sparta soll die Frage klären helfen, welche Zusammenhänge zwischen Inhalten und Formen der Erziehung und zwischen der Herrschafts- und Gesellschaftsstruktur bestehen. Die Schüler sollen dazu veranlaßt werden, gegenwärtige Formen und Inhalte von Erziehung, die für sie selbstverständlich sind, im Lichte der Erziehung in Sparta als einen von bestimmten Bedingungen geprägten Vorgang zu erfassen. Es bietet sich an, von einer kleinen szenischen Darstellung auszugehen:

Einstiegs-Geschichte: Der „mißratene Sohn"
Weinend stand die Frau vor dem Ausbilder der jungen Soldaten und berichtete ihm: „Mein Sohn wurde einer Gruppe von Jugendlichen zugeteilt, die frei im Land umherschweifen dürfen. Tagsüber halten sie sich in Schlupfwinkeln verborgen und ruhen sich aus. Nachts überfallen sie die Dörfer der Eingeborenen. Es ist Befehl für die Jungen, mit einem Eingeborenen zu kämpfen und ihn zu töten. Sie sind stolz, wenn sie einen besonders starken Eingeborenen erdolcht haben. Heute ist unser Junge nach Hause gekommen. Er ist ganz verzweifelt. Er hält es nicht aus, unschuldige Männer zu töten, die doch nichts verbrochen haben, ja die für uns auf den Feldern arbeiten, damit wir unser Brot haben. Ich bitte dich, hilf mir, verbiete den Ausbildern so etwas."
Ernst sah der alte Ausbilder die Mutter an und sagte: „Eine spartanische Mutter ist stolz, wenn ihr Sohn ein tüchtiger Krieger wird. Geh nach Hause und sage niemand, daß du für deinen Sohn mich um so etwas gebeten hast. Sonst würde dein Sohn vor Gericht gestellt und zum Tode verurteilt werden.
Wir haben dieses Land erobert und beherrschen es. Wir lassen die Eingeborenen für uns arbeiten. Es gibt 150000 Eingeborene, wir sind nur 5000. Wir können nur leben, wenn sie uns fürchten. Was meinst du wohl, was die Folge wäre, wenn unsere Jugendlichen alle so denken würden wie dein Sohn."
Was sagst du dazu?

Arbeitsaufgaben	denkbare Formulierungen
1. Wozu sollen die spartanischen Jungen erzogen werden?	– Pünktlichkeit – Drill – Gehorsam – einfaches Leben – Verschwiegenheit – Zähigkeit – Verschlagenheit, List – Härte – Sauberkeit – Tapferkeit
2. Diskutiert darüber, welchen Zweck solche Eigenschaften erfüllen könnten	– Ausbildung zu guten Kämpfern – der junge Spartaner soll ausschließlich dem Kampf und dem Krieg leben – private Erziehung ist ebenso verpönt wie kulturelle und geistige Erziehung
3. Diskutiert darüber, welche Vor- und Nachteile eine solche Erziehung mit sich bringt.	

T Beurteilung der Erziehung in Sparta

pro	contra
– Es gab in der Erziehung der Spartiaten keine Standesunterschiede. Alle wurden gleich behandelt.	– Erziehung erfolgte in der Mannschaft, in der der einzelne keine Privatinteressen verfolgen konnte.
– Es schadet nichts, wenn Kinder körperlich abgehärtet werden.	– Die Erziehung war einseitig auf körperliche Fähigkeiten und kriegerische „Tugenden" ausgerichtet. Geistige Fähigkeiten mußten verkümmern.
– Den Eltern wurden alle Erziehungsprobleme abgenommen.	– Den Kindern fehlte die „Nestwärme" der Familie, in der besser auf die Bedürfnisse des einzelnen eingegangen werden kann.

Um die Erziehungsmaßnahmen verstehen zu können, ist es erforderlich, die Erziehungsmaßnahmen und Erziehungsziele auf dem Hintergrund der besonderen gesellschaftlichen Situation in Sparta zu betrachten. In einem weiteren Lernschritt sollen nun diese aufgrund der Hörszene eingefangenen ersten Urteile und Erkenntnisse objektiviert werden. Dazu bietet sich der Einsatz der Textquelle in Gfm (Plutarch, Lykurg, Goldmann TB, S. 48f.) an. Angesichts des großen Textumfangs erscheint es ratsam, ihren Inhalt zu strukturieren, etwa in der Form, daß die Schüler den Inhalt des Berichtes in kurzen Sätzen niederschreiben. Denkbar ist auch eine Aufteilung des Textes, dessen einzelne Teile von Schülergruppen bearbeitet werden.
Danach sollen die Schüler einige der Maßnahmen begründen:

Maßnahmen	denkbare Begründungen
Neugeborene wurden auf ihre Lebenstüchtigkeit geprüft. Waren sie nicht lebensfähig, wurden sie getötet.	Für einen Menschen, der körperlich nicht gesund ist, ist in einer Gesellschaft, die viel Krieg führt, kein Platz. („Er fällt dem Staat zur Last.")
Der Staat übernahm die Erziehung: gemeinsames Essen, gemeinsames Spielen, gemeinsames Lernen.	Die Erziehung sollte gänzlich nach den Bedürfnissen des Staates und der Gesellschaft ausgerichtet sein. Individualität war hinderlich. Lernen, Strapazen zu ertragen, körperliche Härte und Gewandtheit.
Erhebliche Beschränkungen in der Bekleidung und Nahrung, Barfußgehen, Schlafen auf Streu und Schilf. Der Klügste und Mutigste war der Führer. Er befahl und bestrafte. Wurde jemand beim Diebstahl von Nahrungsmitteln ertappt, waren Schläge und Hunger die Folge.	Leistungsdrill, einseitige Elitebildung, bedingungsloser Gehorsam. Eigenschaften wie List und Wagemut sollten dadurch gefördert werden.

Mit Hilfe der Grafiken in Gfm und des Textes „Die politischen Zustände" können die Schüler folgende Details ermitteln und übersichtlich so darstellen:

Name der Bevölkerungsgruppe	Anteil an der Gesamtbevölkerung	Kennzeichen der Bevölkerungsgruppe Rechte und Pflichten
Spartiaten	2%	Eingewanderte, die die Ureinwohner besiegt hatten. Kriegeradel. Beste Äcker, persönlich frei, nur sie besaßen das Wahlrecht. Ehen mit anderen Gruppen waren verboten. Vollbürger mit allen Rechten.
Periöken	20%	Persönlich frei, aber nicht gleichberechtigt mit den Spartiaten. In Handwerk und Handel tätig. Verpflichtet zur Heeresfolge.
Heloten	78%	Unterworfene und unterdrückte Ureinwohner. Rechtlose Ackerbauern und Staatssklaven waren zu Abgaben verpflichtet (bis zu 50%).

Diese Gegenüberstellung macht folgenden Sachverhalt deutlich: 2% der Bevölkerung unterdrücken die überwältigende Mehrheit. Um die Herrschaft zu bewahren, war es notwendig, ständig kampfbereit zu sein. Die Spartiaten mußten zu jeder Zeit Aufstände der Heloten befürchten, sie müssen ihre Kampfbereitschaft zu jederzeit demonstrieren.

Sparta gilt in der ganzen Welt als Inbegriff des totalen Staates, der in mancher Hinsicht nur vom Hitlerstaat überboten wurde. Daher ist es wichtig, Kinder an diesem globalen Bewußtsein einer bestimmten historischen Tatsache teilhaben zu lassen. Das Symbol der Demokratie in Athen erhält erst seine Bedeutung als Antisymbol, wenn im Bewußtsein des Kindes anschauliche Beispiele des Gegenteils in Sparta verankert worden sind.

Die Verfassung Spartas sollte man nur in groben Zügen darstellen, um den Schwerpunkt der Unterrichtseinheit nicht zu verdecken. Wichtig ist das Prinzip. Man wird an Orwells „1984" erinnert, wo die herrschende Schicht die Funktionen sorgsam unter sich bei gleichzeitiger gegenseitiger Kontrolle und permanenter Schulung aufteilt. Das politische Bewußtsein der beherrschten Masse ist wie ihr Privatleben völlig uninteressant.

12. Athens Entwicklung zur Demokratie

12.0.2 UR-Ziel

(1) Die direkte Demokratie in Athen und ihre Auswirkungen auf die verschiedenen Bevölkerungsgruppen.

12.0.3 Medien

(Siehe 9.0.3, Seite 93)

12.1 Wie die Athener regiert wurden

12.1.1 Wissensziele

In Athen herrschten nach Abschaffung der Monarchie die grundbesitzenden Adligen. Mit der Geldwirtschaft verschlechterte sich die Lage der Bauern. Sie mußten Abgaben zahlen und dafür Schulden machen. Sie forderten Freiheit von der Willkürherrschaft der Adligen. Fast wäre ein Bürgerkrieg ausgebrochen. Da gab Solon den Athenern eine neue Verfassung. Aber auch sie konnte die Standeskämpfe nicht beenden. Erst die Verfassung von 507 v. Chr. garantierte die gleichen Rechte aller Bürger. Bürger waren jedoch nur Männer, deren beide Eltern in Athen geboren waren. Frauen und Metöken hatten keine politischen Rechte.

12.1.2 UE-Ziele

(1) Die demokratische Staats- und Regierungsform und ihre Auswirkungen auf das Leben der Bevölkerung.
(2) Vor- und Nachteile der Demokratie nach dem athenischen Modell – Vergleich mit anderen Staatsordnungen.

12.1.3 Einstieg

- **Grafik:** Bevölkerungsschichten und ihre Rechte (Gfm)
- **szenische Darstellung:** Solon gibt Athen eine Verfassung (s. u.)

Einstiegs-Geschichte: Die Armen und die Reichen
Bei Nacht und heimlich versammelten sich viele Bauern aus dem Umkreis von Athen in einer Scheune. Einer der Bauern sprach zu den anderen:
„Freunde! Wir alle leiden unter der Herrschaft der Großgrundbesitzer. Wie viele eurer Väter und Brüder wurden nicht schon in Gefängnisse geworfen oder als Sklaven verkauft. Sie müssen jetzt in den Bergwerken arbeiten. Die Luft ist dort kaum zu atmen. Die Füße sind gefesselt mit Eisenketten. Als Sklaven wurden sie verkauft und waren doch freie Bürger wie ihr und ich. Warum wurden sie Sklaven? Weil sie den Großgrundbesitzern Geld schuldeten. Sie konnten das Korn nicht bezahlen, das sie gekauft hatten. Sie haben es in den Boden gesät und hofften auf eine gute Ernte. War es ihre Schuld, daß die Dürre ihre Ernte vernichtet hat? Ich mußte fünf Zentner kaufen. Meine Familie wäre sonst verhungert. Einen Teil habe ich eingesät. Wieder kam die Dürre. Ihre eigenen Felder haben die Grundbesitzer bewässert, unsere nicht. Der Kornpreis stieg um das Doppelte. Wie soll ich je meine Schulden loswerden? Die großen Herrn tun was sie wollen. Gibt es etwa ein Gesetz, das uns schützt? Sie stehen über dem Gesetz, und wir?
Gestern stand der Herr vor meiner Hütte. Seine Leibwächter neben ihm. Wenn Du bis morgen nicht zahlst, kommst Du ins Bergwerk. Ich verkauf Dich als Schuldsklave. Deine Familie kann betteln gehen. So drohte er. Freunde! Vielen von Euch wird es bald ebenso gehen. Jetzt muß Schluß sein!"
Die Menschen tobten und schrien nach „Gewalt gegen Gewalt". Wie ein Lauffeuer verbreitete sich der Aufruf zum gemeinsamen Kampf. Es hätte einen blutigen Bürgerkrieg gegeben, wäre nicht ein Mann gewesen, der helfen konnte – Solon, ein angesehener Mann und ein überzeugender Redner. Er konnte sich überall Gehör verschaffen. Er sprach zu den Großgrundbesitzern ebenso wie zu den Bauern.
Was hättet ihr damals gesagt – zu den Armen und zu den Reichen?

12.1.4 Didaktisch-methodische Vorschläge

Das Modell der athenischen Demokratie ist Schülern dieser Altersstufe nur sehr schwer zugänglich. Im Rahmen des Geschichtsunterrichts der 5. bis 7. Klasse kann nur so didaktisch reduziert werden, daß man eine längere historische Entwicklung auf einen zentralen Punkt hin konzentriert und von hier aus nach den Ursachen und der Weiterentwicklung fragt. Wir wählen als ein solches Zentrum die Gesellschafts- und Staatsverfassung, wie sie aus dem Reformwerk des Solon im 6. Jh. v. Chr. ersichtlich ist. Im Rahmen der Unterrichtsreihe 14 „Die Demokratie im Zeitalter des Perikles" können dann die Wandlun-

gen, ihre Ursachen und Auswirkungen nachvollzogen werden.
Der Zugang von gegenwärtigen Schülersituationen aus, in denen Demokratie praktiziert wird (Wahl des Klassensprechers, Schülervertretung), ist möglich, aber vielleicht etwas zu gewagt. Der Vergleich zwischen den demokratischen Institutionen der Bundesrepublik Deutschland und Athens ist ebenso möglich, doch bringen die Schüler dieser Altersstufe kaum Vorkenntnisse über die Institutionen ein und sind zumeist auch nicht mehr motiviert. Wir schlagen den unmittelbaren historischen Zugriff vor.
Die Karte „Die Stadt Athen und ihr Umland" (Gfm) verschafft den Schülern in Verbindng mit dem Modell „Der Marktplatz von Athen" (Gfm) sowie in Verbindung mit dem Bericht „Am Hafen und auf dem Marktplatz in Athen" nochmals einen Einblick darüber, wie es in Athen aussah. Sodann könnten die ersten drei Abschnitte aus dem Text „Auf dem Wege zur Demokratie" gelesen werden (Gfm). Dabei gilt es insbesondere, die sich verschärfenden Gegensätze zwischen Adel und Bauern herauszuarbeiten. Um diesen komplizierten Sachverhalt, der schließlich zu den Gesetzen Solons führt, zu veranschaulichen, greifen wir auf zwei Hörszenen zurück.
In dieser kritischen Situation wurde Solon, ein adliger Politiker, als Vermittler eingesetzt. Um Athen vor einem Bürgerkrieg zu bewahren, erließ er eine Reihe von Gesetzen, die in den verschiedenen Schichten des Volkes unterschiedliche Resonanz hervorriefen.

Szene 1
Lykos, ein Anhänger des Solon, sowie Kleophon und Gratinos, zwei Adlige, unterhalten sich über die Auswirkungen der Gesetze Solons.
Gratinos: Dem Lykos scheint es aber noch gut zu gehen, sonst würde er kein so zufriedenes Gesicht machen. Wie ist es, Lykos, hast du kein Land wie alle Adligen abgeben müssen?
Lykos: Doch, einige Äcker mußte auch ich abgeben, und zwar an meine ehemaligen Schuldner.
Gratinos: Ich habe dich gewarnt vor diesem Solon!
Lykos: Solon ist der einzige Mann, der das Unheil von Athen abwenden kann!
Kleophon: Das habe ich auch einmal gedacht! Daß er sich aber so offen gegen uns Adlige, seine Standesgenossen, wendet, damit hatte ich nicht gerechnet!
Lykos: Das wird er nie tun!
Gratinos: So, so! Und was hältst du davon, daß er uns unser Land wegnimmt?
Lykos: Wir brauchen nur das Land zurückzugeben, das wir anderen abgenommen haben.
Gratinos: Wenn man dich hört, dann könnte man glauben, wir hätten unser Land zusammengestohlen!
Lykos: Wir müssen doch zugeben, daß unsere Schuldgesetze sehr hart waren.
Kleophon: Das leugne ich nicht. Aber es ist nicht richtig, daß Solon jetzt alle Schulden erläßt.
Gratinos: Wenn es nur das wäre. Da habe ich doch vor ein paar Monaten einen Mann, der nicht bezahlen konnte, nach Megara verkauft. Jetzt soll ich ihm nicht nur sein Land wiedergeben, das mir verfallen war, ich soll den Mann auch noch freikaufen. Ich habe also doppelten Schaden!
Kleophon: Mit der Abschaffung der Schuldknechtschaft bin ich einverstanden. Es war mir schon immer zuwider, daß freie athenische Bürger in die Sklaverei verkauft wurden.
Gratinos: So, das war dir schon immer zuwider? Aber daß ich jetzt mein Geld verliere, weil ich diesen Mann in Megara freikaufen muß, und daß ich Land verliere, das ist dir nicht zuwider? Wenn die weiteren Gesetze, die Solon noch erläßt, auch so aussehen, dann wird in Athen bald das gemeine Volk regieren.
Lykos: Warten wir ab. Wir haben ihn schließlich beauftragt, als Vermittler zwischen uns und dem Volk zu wirken. Wie aber willst du jemanden versöhnen, wenn du nicht zum Nachgeben bereit bist?
Gratinos: Ich habe ihn nicht gewählt. Du wirst mir doch recht geben, Lykos, daß es dir nicht mehr so gut geht wie bisher?
Lykos: Ich glaube, es ist uns allen zu gut gegangen!
Kleophon: Aber Lykos!
Lykos: Wir wären nicht in diese Lage gekommen, wenn wir klüger und weniger maßlos gewesen wären. Wir Adligen hatten alles Land, alle Macht, alle Rechte im Staate, wir allein. Das war nicht gut!
Gratinos: Du sagst also, Solon ist auf dem richtigen Wege, wenn er uns alles nimmt, unsere Vorrechte, unseren Reichtum und unseren Einfluß?
Lykos: Solon geht es vor allem um eines, Gratinos, um das Schicksal Athens. Um diese Aufgabe beneide ich ihn nicht.

Szene 2
(Bürger Athens auf dem Marktplatz)
Bürger 1: Kennt ihr die Gesetze Solons immer noch nicht? Sie sind doch längst verkündet worden.
Bürger 2: Doch, ich wollte sie nur noch einmal geschrieben sehen.
Bürger 3: Das kannst du dir sparen, wenn dieser Solon keine besseren Gesetze zu machen versteht.
Bürger 2: Warum bist du denn hier, wenn du sie schlecht findest?
Bürger 3: Ich habe im Rathaus zu tun. Heute tritt das Gericht zu seiner ersten Sitzung zusammen.
Bürger 1: Das Volksgericht? Gehörst du dazu?
Bürger 3: Was schaust du mich an wie ein Wundertier? Ist doch nichts Besonderes!
Bürger 4: Mich haben sie in den Rat der 400 gewählt.
Bürger 1: Das ist schon was. Kannst du denn auch Archon werden?

Bürger 4: Nein!
Bürger 3: Na siehst du! Warum nicht? Weil es die Herren von Adel nur werden können. Weil sie immer noch allein regieren wollen.
Bürger 4: Das weiß ich besser. Nach Solons Verfassung kann jeder Archon werden, der mehr als 500 Scheffel Getreide oder Oliven erntet.
Bürger 3: 500 Scheffel! Weißt du überhaupt, wieviel das ist?
Bürger 4: Jedenfalls mehr, als ich jemals ernten werde.
Bürger 3: Aha! Also wirst du auch nie etwas zu sagen haben in Athen.
Bürger 1: Mensch sei doch still!
Bürger 3: Warum? Ich sage meine Meinung offen heraus, ob sie dir gefällt oder nicht!
Bürger 1,2,4: Glück und Gesundheit Solon!
Solon: Euch das gleiche. Wenn ich dich richtig verstanden habe, mein Freund, willst du also noch mehr Rechte im Staate haben?
Bürger 3: Bin ich denn nicht ebensogut wie andere?
Solon: Dazu kenne ich dich zu wenig. Hast du eigenes Land?
Bürger 3: Oh ja, ich ernte mehr als 200 Scheffel
Solon: Dann gehörst du also zur 3. Klasse und kannst vielleicht Mitglied des Rates unseres Gerichtes werden, wenn deine Mitbürger dich dazu wählen!
Bürger 2: Wenn sie dich dazu wählen!
Bürger 3: Ach sei still!
Solon: Wie gesagt, ich kenne dich zu wenig. Aber ich könnte mir vorstellen, daß du eines Tages nicht nur 200, sondern vielleicht 300 oder 500 Scheffel ernten wirst. Und dann hättest du das Recht, zu den höchsten Staatsämtern gewählt zu werden.
Bürger 2: Das wäre nichts für mich!
Bürger 3: Ja, du!
Solon: Was ist dein Beruf?
Bürger 2: Ich bin Töpfergeselle
Solon: Nun frage ich dich – wie heißt du, mein Freund?
Bürger 3: Amitos
Solon: Nun frage ich dich, Amitos: Hältst du es für richtig, wenn du, der du mehr als 200 Scheffel von deinem Lande erntest, mehr Rechte im Staat hast als dieser Töpfergeselle?
Bürger 3: Er sagt ja selber, daß er ganz zufrieden ist.
Solon: Ja, ich finde, dieser Töpfergeselle ist ein sehr kluger Mann, weil er sein Maß kennt.
Bürger 3: Naja, ein Handwerker, der nicht mal Land besitzt.
Solon: Du denkst gering von ihm? Ich achte ihn eben so hoch wie dich. Und doch gebe ich ihm weniger Rechte im Staat. Sieh, wenn es ihm nicht mehr gefällt in Athen, dann kann er sein Hab und Gut in ein Bündel schnüren, seine Töpferscheibe nehmen und sich eine neue Heimat suchen.
Bürger 2: Ich will aber nicht. Ich will in Athen bleiben. Warum sollte ich auswandern?
Solon: Du sollst nicht, aber du könntest. Aber unser Freund Amitos hier, der könnte das nicht, denn ihm gehört ein Stück des Landes, auf dem dieser Staat Athen ruht, und so hat er natürlich ein größeres Interesse als du am Bestand dieses Staates.
Bürger 2: Und deshalb hat er auch mehr zu sagen.
Solon: Und du, Amitos, weißt du jetzt, warum die Rechte und Pflichten so ungleich verteilt sind, und doch so gerecht wie möglich?
(Nach einer Schulfunksendung des WDR 3 vom 3.9.1979, „Solon gibt Athen eine neue Verfassung")

Arbeitsaufgaben	denkbare Formulierungen
1. Stellt die Gründe zusammen, warum einige Adlige die Gesetze Solons ablehnen.	– Adlige mußten Teile ihrer Ländereien an ehemalige Schuldner zurückgeben – sie mußten ehemalige Schuldner wieder freikaufen – sie befürchteten den Verlust ihrer politischen und rechtlichen Vormachtstellung
2. Welche Gründe veranlaßten Solon zu seinem Gesetzeswerk? (Vergleicht dazu die Grafik in Gfm)	Weite Schichten freier athenischer Bürger waren verarmt und in Schuldknechtschaft geraten. Es kam zu Aufständen der Bauern und Bürger, ein Bürgerkrieg drohte.
3. Arbeitet am nachfolgenden Schaubild heraus, wer nach der Verfassung des Solon politisches Mitspracherecht in Athen hatte.	Wohlhabende Grundbesitzer und Kaufleute (1. Klasse) mittlere Bauern, Kaufleute und Handwerker (2. Klasse) Kleinbauern und kleine Gewerbetreibende (3. Klasse) sowie Lohnarbeiter (4. Klasse) hatten abgestufte politische Rechte. Sie richteten sich nach Einkommen und Vermögen. Wer mehr Einkommen besaß, hatte auch mehr politische Rechte, jedoch auch mehr Pflichten, z.B. beim Waffendienst. Dafür konnte er Beamter werden, der Lohnarbeiter hingegen konnte keine Staatsstellen erreichen.

Archonten die höchsten Beamten **Rat der 400** erledigt die laufenden Geschäfte und bereitet Volksversammlungen vor **Volksversammlung** (vier Phylen) wählt Beamte, beschließt Gesetze, entscheidet über Krieg und Frieden	**1. Klasse** Leute, die 500 Scheffel Wein, Öl oder Getreide ernteten. Pflicht: Sie mußten für die Flotte, Tempel, Theater und Schulen aufkommen. **2. Klasse** Bauern und Bürger, die 300 Scheffel an Wein, Getreide oder Olivenöl ernteten: Ritter, die verpflichtet waren, Waffen, Rüstung und Pferd zu stellen. **3. Klasse** Bauern und Bürger, die jährlich 200 Scheffel Getreide, Wein oder Olivenöl ernteten. Pflicht: Als schwerbewaffnete Fußsoldaten Militärdienst zu leisten, konnten Beamtenstellen (ehrenamtlich) besetzen. **4. Klasse** Bürger ohne Grundbesitz oder nur mit geringem Grundbesitz, Lohnarbeiter. Pflicht: Als Leichtbewaffnete oder Ruderer auf den Schiffen Militärdienst zu machen, kein Zugang zu Beamtenstellen.
	Metöken, Händler und Handwerker Frauen, Sklaven, Zugewanderte } ohne politische Rechte

4. Verfolgt die Diskussion der Bürger Athens und faßt die Argumente der Bürger zusammen. Setzt euch auch mit den Argumenten Solons auseinander.	Bürger 3 gehört zur 3. Klasse, denn er erntet 200 Scheffel. Er ist unzufrieden, weil ihm dadurch der Zugang zu höchsten Staatsämtern versperrt ist. Erst wenn er Einkünfte und Besitz erhöhen könnte, wäre das möglich. Der Töpfergeselle hat weniger Rechte, weil er mit seinem Besitz nicht so sehr an Athen gebunden ist wie etwa ein Landbesitzer.
5. Vergleicht die Herrschafts- und Regierungsformen Athens mit den euch bekannten Regierungsformen in Ägypten und Mesopotamien.	In Ägypten herrschte ein Pharao uneingeschränkt. Er zwang seine Ordnung den anderen Menschen auf, die ihm absoluten Gehorsam schuldeten. Er traf alle wichtigen Entscheidungen und ließ deren Ausführung durch getreue Beamte überwachen. In der athenischen Demokratie war die Bevölkerung vor der Willkür eines Alleinherrschers geschützt. Der Entscheidungsprozeß dauerte länger und war schwerfälliger, aber ein Teil der Bevölkerung durfte seine Amtsträger wählen, sie kontrollieren und übernahm Verantwortung.

Der zweite Teil der szenischen Darstellung (s. S. 117) zeigte bereits, daß es in Athen viele Menschen gab, die mit Solons Reformen nicht zufrieden waren. Auf der einen Seite wollten die adligen Großgrundbesitzer ihre ehemalige Vorherrschaft wiederherstellen, während auf der anderen Seite die unteren Schichten noch mehr Mitbestimmung haben wollten (S. 119 oben).

Es bietet sich an, punktuell die athenische Demokratie mit unserer Demokratie zu vergleichen und die Schüler dieser Altersstufe vorsichtig an die Institutionen heranzuführen.
Soweit möglich, ist der Vergleich mit demokratischen Institutionen mit der Bundesrepublik Deutschland etwa in folgender Gegenüberstellung durchzuführen:

6. Lest den Text „Die Verfassung des Kleisthenes" (Gfm) und betrachtet die Grafik 3C, Gfm. Stellt die Veränderungen heraus, die sich nach der Verfassung des Kleisthenes ergaben.

	Solon	Kleisthenes
Rechte der Vollbürger	Es gab abgestufte Rechte und Pflichten je nach Besitzstand.	Alle Vollbürger hatten die gleichen politischen Rechte und Pflichten.
Aufgaben der Volksversammlung	Alle Bürger ab der 3. Klasse waren berechtigt, daran teilzunehmen: Entscheide über Krieg und Frieden, Gesetzesbeschlüsse, Wahl der Beamten.	Alle Vollbürger besitzen Stimmrecht, beschließen und beraten Gesetze.
Rat der 400/Rat der 500	Rat der 400 (Vollbürger), erledigt die laufenden Regierungsgeschäfte.	Rat der 500, Beratung und Beschluß von Gesetzen, oberste Behörde; Mitglieder wurden für 36 Tage gewählt. 1/3 der Vertreter aus Athen, 1/3 aus dem Innern des Landes, 1/3 von der Küste. Jeder Vollbürger durfte nur zweimal im Rat der 500 sein, Regierung bestand aus 50 Mitgliedern des Rates der 500, Vorsitzender wechselt täglich.
Stellung der Archonten	Starke Stellung der Archonten, neun leitende Beamte aus der 1. Klasse, die auch dem Obersten Gerichtshof angehörten, wenn sie ihr Amt ordentlich geführt hatten.	Archontenamt verliert seine Bedeutung. Insgesamt war die Kontrolle durch die Bürgerschaft jetzt schärfer geworden.

Athenische Demokratie (Kleisthenes um 500 v. Chr.)	Demokratie in der Bundesrepublik Deutschland
Volksversammlung (alle Vollbürger = 40000) beschließt Gesetze Rat der 500 bereitet Gesetzentwürfe, Beratungspunkte vor Regierung (wechselt monatlich) führt Beschlüsse aus	Wahlberechtigte (alle über 18jährigen = 42 Mio.) wählen Volksvertretungen (Gemeindevertretung, Landtag, Bundestag); diese beschließen Gesetze, z. B. Steuern und Geldausgaben. Keine vergleichbare Institution (allenfalls Ausschüsse der Volksvertretungen) Exekutive (ausführende Gewalt) Bundesregierung, Landesregierung, Gemeindeverwaltung (wechseln alle 4–5 Jahre), führt Beschlüsse aus
Beamte (ehrenamtlich nur kurze Zeit tätig, durch Los bestimmt)	Beamte (besoldete Berufsbeamte, auf Lebenszeit ernannt)
Volksgericht aus 6000 Geschworenen (für ein Jahr gewählt)	Berufsrichter (auf Lebenszeit ernannt und unabsetzbar), unterstützt durch Laien (Geschworene)
Strategen = Heerführer (für ein Jahr gewählt, im Oberbefehl täglich wechselnd)	Offiziere (wie Beamte) Oberbefehl über die Streitkräfte: Bundesminister der Verteidigung, im Verteidigungsfall Bundeskanzler
Volksversammlung aller Bürger beschließt die Gesetze und sonstigen wichtigen Angelegenheiten	Die wahlberechtigten Bürger wählen Vertreter (Abgeordnete), die im Auftrag der Wähler Gesetze usw. beschließen.
Die Bürger beschließen direkt über alle wichtigen Angelegenheiten	Die von den Bürgern gewählten Vertreter (Repräsentanten) entscheiden über diese Angelegenheiten.
In Athen gab es ca. 30000–40000 Bürger, die sich an einem Ort versammeln konnten. Die Probleme des Stadtstaates Athen waren für den einzelnen mehr oder weniger überschaubar. Die Bürger hatten Zeit, weil die Arbeit weitgehend von anderen getan wurde (Sklaven, Frauen, Metöken).	Millionen von Wahlbürgern können sich nicht alle versammeln. Der einzelne überschaut heute nicht mehr alle Probleme des Staates. Die Mehrheit der Bürger hat keine Zeit, sich intensiv mit Politik zu befassen.

12.2 Wie die Jugend in Athen ausgebildet wurde

12.2.1 Wissensziele

Die geistigen Leistungen der Athener beruhten nicht zuletzt auf einem guten Schulwesen. Bildung in den Schulen gab es jedoch nur für Knaben. Es gab private Schulen, jedoch keinen Schulzwang. Ärmere Kinder besuchten einige Jahre lang die Grundschule. Fast jeder Athener konnte daher lesen und schreiben. Vom 16. Lebensjahr an besuchten die Kinder der Wohlhabenderen das Gymnasium. Man lernte das Lesen und Schreiben an den Schriften des Homer sowie Rechnen, Musik und Sport. Die Fortgeschrittenen trieben Philosophie.

12.2.2 UE-Ziele

(1) Organisation des Erziehungswesens in Athen.
(2) Vergleich in der Erziehung zwischen Athen und Sparta.

12.2.3 Einstieg

- **Bild:** Vor 2500 Jahren in Griechenland (Gfm)
- **Quelle:** Erziehung der Jungen in Athen

12.2.4 Didaktisch-methodische Vorschläge

Es liegt nahe, innerhalb dieser Unterrichtsreihe auf die Unterrichtsreihen 11 „Wie die Spartaner lebten" zurückzugreifen und einen Vergleich zwischen der Erziehungssituation in Athen und Sparta durchzuführen. Von da aus wird es sich als notwendig erweisen, auch auf die unterschiedlichen gesellschaftlichen und politischen Bedingungen in diesen beiden griechischen Stadtstaaten zu sprechen zu kommen. Als Ausgangspunkt schlagen wir die Betrachtung des Bildes „Vor 2500 Jahren in Griechenland" (Gfm) vor, das bereits in der UR 1 im Mittelpunkt stand.

Durch dieses Bild angeregt und durch den Rückblick auf das Erziehungswesen in Sparta werden die Schüler nach weiteren Einzelheiten über die Schule in Athen fragen. Sie werden wissen wollen,
- Welche Fächer gab es?
- Nach welchen Methoden wurde unterrichtet?
- Welche Strafen gab es?
- Mußten alle Kinder damals zur Schule gehen?
- Wer unterrichtete die Schüler?
- Wie wurden Jungen und Mädchen unterrichtet?

Diese Fragen können mit Hilfe des Buchtextes (Gfm) beantwortet werden.
Die Ergebnisse dieser Arbeit seien hier stichpunktartig zusammengefaßt.

Fächer	Schreiben, Musik, Gymnastik, Malen
Methoden	Auswendiglernen, Schreiben nach Anweisung, kaum Lehrbücher, Lehrer unterrichtet alle Fächer, Lehrervortrag, ständiges Wiederholen
Strafen	strenge Bestrafung (Prügel), Strafarbeiten
Aufsicht	In Athen erfolgte der Unterricht zum größten Teil auf privater Basis, in Sparta waren Schule und Erziehung Sache des Staates.
Lehrer	Lehrer gründeten ihre eigenen Schulen
Schüler/Schulpflicht	Schulen gab es nur für die Söhne der Reichen. Keine Schulpflicht.
Jungen/Mädchen	Die Ausbildung der Mädchen beschränkte sich im wesentlichen auf das Hauswesen.

Es dürfte nun naheliegen, Übereinstimmungen und Unterschiede zwischen Athen und Sparta in der Erziehung festzuhalten und zu fragen, inwieweit bestimmte Erziehungsziele und die Organisation von Erziehung mit der Herrschafts- und Gesellschaftsstruktur zusammenhängen.

Arbeitsaufgabe	denkbare Formulierungen
Welche unterrichtlichen Tätigkeiten werden auf dieser Vasenmalerei dargestellt?	Links sieht man Musikunterricht. Der Schüler steht vor dem Lehrer. Darüber ist eine Lyra (Leier) zu sehen. In der mittleren Gruppe wird Schreibunterricht durchgeführt. Der Lehrer korrigiert die schriftliche Arbeit auf einer Wachstafel des vor ihm stehenden Schülers. Rechts sitzt ein Sklave, der den Schüler zum Unterricht gebracht hat und nach Schluß des Unterrichts wieder nach Hause bringt.

Sparta	Athen
Erziehungsmaßnahmen Verschlagenheit, Grausamkeit, Schulung im Waffengebrauch, Jagen, Reiten, Schwimmen, Hunger, Durst und Schmerzen ertragen können, sparsames Essen, leichte Bekleidung, Entbehrungen ertragen, blinder Gehorsam.	Geistige Bildung und körperliche Bildung waren beide gleich wichtig: Lesen, Schreiben, Grammatik, Rechnen, Musik. Daneben gab es körperliche Ertüchtigung: Gymnastik, Schnelligkeit, Mut, Tapferkeit, körperliche Stärke.
Hintergrund dieser Maßnahmen Planmäßige Erziehung zu Kriegern, militärischer Charakter der Erziehung, Erziehung war Angelegenheit des Staates.	Zuerst war die Erziehung fast ausschließlich der Initiative der einzelnen Bürger überlassen. Später setzte sich der allgemeine Unterricht durch. Höhere Bildung gab es aber nur für die Adligen.
Erklärungen Die ständige Kampfbereitschaft war Existenzfrage für die herrschende Minderheit (Spartiaten). Erziehung und Bildung waren Angelegenheiten des Staates. Das Erziehungs- und Bildungswesen ist aus der wirtschaftlichen, sozialen und rechtlichen Unterdrückung der Minderheit zu erklären.	Athen entwickelte sich vom Agrarland zu einem Staat mit Handwerk und Fernhandel. Starke gesellschaftliche Differenzierung, Waren- und Geldwirtschaft. Körperliche Arbeit war gering beachtet bei den Oberschichten und nur für Sklaven und Metöken vorgesehen. Die athenische Demokratie beruhte im wesentlichen auf der Grundlage der Ausbeutung der Sklaven und Metöken.

12.3 Welche Schichten der Bevölkerung in Athen keine Rechte hatten

12.3.1 Wissensziele

Bürger waren in Athen nur Männer, deren beide Elternteile in Athen geboren waren. Frauen, Metöken und Sklaven hatten keinerlei politische Rechte, obwohl die athenische Demokratie ihren Bestand und ihre Wirtschaft der Arbeitsleistung auch diesen viel zu verdanken hatte.

12.3.2 UE-Ziele

(1) Das tägliche Leben der Frauen, Metöken und Sklaven.
(2) Bedeutung der Arbeit von Sklaven, Frauen und Metöken für die Gesellschaft in Athen.

12.3.3 Einstieg

- **Bildleiste:** Frauenarbeit in Athen (Gfm)
- **Bild:** In einem griechischen Bergwerk (Gfm)
- **Textquelle:** In einem Bergwerk (s. S. 122)

12.3.4 Didaktisch-methodische Vorschläge

In dieser Unterrichtseinheit wird es darum gehen, die Bedeutung der Unterschichten, der politisch Rechtlosen in Athen zu untersuchen und einzuschätzen. Dabei werden die Fragen nach der Interdependenz zwischen Wirtschaftsreform, Gesellschaftsstruktur und Organisation der Herrschaft wieder aufgenommen und altersgerecht entwickelt.
Die Schüler haben bereits gelernt, welche Rolle Kaufleute und Großgrundbesitzer im wirtschaftlichen und politischen Leben Athens spielten. Kaufleute besaßen zumeist mehrere Handwerksbetriebe (Werkstätten), in denen Sklaven und Lohnarbeiter arbeiteten, während der Kaufmann den Verkauf der Waren und die Beschaffung von Rohstoffen organisierte. Er verfügte über die Rohstoffe und die Produktionsmittel (Werkstätten).
Welche Rolle spielten nun die Menschen, auf deren Arbeit das wirtschaftliche Wohlergehen der Stadt Athen beruhte?
Im Zusammenhang mit den Grafiken (Gfm) haben die Schüler bereits gelernt, daß die Mehrzahl der in Athen lebenden Menschen politisch und wirtschaftlich abhängig waren, daß sie über keinerlei Rechte verfügten.

Die erste Gruppe, deren Lebensbedingungen den Schülern vor Augen geführt werden sollen, ist die Gruppe der Sklaven.

Die Schüler erhalten die Aufgabe, das Bild „In einem griechischen Bergwerk" (s. „Einstieg") zu beschreiben, etwa unter der Aufgabenstellung:

– Welche Werkzeuge und Geräte und welche Tätigkeiten seht ihr dargestellt? Was könnt ihr über die Schwierigkeiten und Gefahren bei diesen Tätigkeiten vermuten?

Werkzeuge	Tätigkeiten	Schwierigkeiten
Spitzhacken, Steigbaum, Erztaschen aus Leder, Wasser-amphore	Losbrechen des Erzgesteins, Einsammeln des Erzgesteins, Transport des Gesteins ans Tageslicht	Be- und Entlüften der Schächte, Explosionen, Wassereinbrüche, mangelnde Beleuchtung

In einem Bergwerk

In einem Bericht Diodors über ein ägyptisches Bergwerk wird den Schülern plastisch vor Augen geführt, unter welchen Bedingungen hier gearbeitet werden mußte. Der Bericht beschreibt zwar die Arbeit in den Goldbergwerken Ägyptens im 1. Jh. v. Chr. Da sich die Bergwerkstechnik aber kaum von der in Athen unterschieden haben dürfte, ist er für das Leben z. B. auch der Silberminen in Laurion bei Athen sehr aufschlußreich.

„... Das mürbe gewordene Gestein ... wird von Tausenden und aber Tausenden dieser Unglücklichen mit dem Brecheisen bearbeitet. Die Leitung haben dabei sachverständige Handwerker, die das Gestein untersuchen und Anweisungen erteilen, wo angefangen werden soll. Die stärksten von denen, die dieser unglückseligen Arbeiten überantwortet sind, zertrümmern den Marmor mit eisernen Picken. Dazu braucht man keine besondere Befähigung, sondern nur Kraft. Die Stollen werden nicht in gerader Richtung durchgebrochen, sondern folgen den Adern des schimmernden Gesteins. Wo aber das Tageslicht wegen der Krümmung der Stollen nicht hingelangen kann, tragen sie Lampen, die an ihre Stirn angebracht werden. Und indem sie ihre Körperhaltung jeweils der Lage des Gesteins anpassen, werfen sie die losgehauenen Gesteinsbrocken auf den Boden. Diese Arbeit verrichten sie ununterbrochen und unter der gnadenlosen Peitsche des Aufsehers.

Die noch nicht erwachsenen Knaben müssen durch die Schächte in das Erdinnere kriechen, die herabgeworfenen kleinen Felsstücke mühsam auflösen und sie durch die Schachtöffnung ins Freie tragen. Dort übernehmen die über dreißig Jahre alten ... eine bestimmte Menge der gebrochenen Steine und zermalmen sie mit eisernen Keulen in Mörsern aus Stein, bis sie nicht größer als Erbsen sind. Von ihnen übernehmen dann die Frauen und älteren Männer die erbsengroßen Steine und schütten sie auf Mühlen, die zu mehreren in einer Reihe stehen. In Gruppen zu zweien oder zu dreien zermahlen sie sie dann, bis die übernommene Menge die Feinheit besten Weizenmehls erreicht hat.

Da aber alle diese Menschen ihren Körper nicht reinigen können und nicht einmal soviel Kleidung besitzen, um ihre Scham zu bedecken, kann man nicht ohne Mitgefühl auf die Unglückseligen blicken, die von einem solchen Übermaß an Jammer betroffen wurden. Denn da findet keiner Nachsicht oder Erholung, mag er nun alt, gebrechlich, krank oder eine schwache Frau sein. Alle werden in gleicher Weise durch Schläge zur Arbeit angetrieben, bis sie endlich, von ihrer Mühsal überwältigt, an ihren Leiden zugrunde gehen. Ihr Elend ist so groß, daß sie zukünftiges Leid mehr als gegenwärtiges fürchten, die Strafen sind so hart, daß ihnen der Tod wünschenswerter als das Leben erscheint."

(zit. Nach Wolfgang Wimmer, Die Sklaven – Herr und Knecht, eine Sozialgeschichte mit Gegenwart, Reinbek 1979, Sachbuch rororo 7169, S. 15 ff.)

In Verbindung mit dem Text „Metöken und Sklaven" (Gfm) können folgende Arbeitsaufgaben bearbeitet werden:

Arbeitsaufgaben	denkbare Formulierungen
1. Wie wird in der Textquelle Gfm der Unterschied von Freien und Sklaven begründet?	Sklaven werden als Werkzeug betrachtet, das eine Reihe anderer Werkzeuge ersetzt. Sie werden auch als eine Art Haustier angesehen. Schon die Körper der Sklaven seien anders gestaltet als die der Freien. Die Sklaven seien kräftig genug für schwere Arbeit. Die Freien seien jedoch dafür ungeeignet, jedoch geeignet für die Teilnahme am politischen Leben.
2. Nehmt kritisch zu dieser Begründung Stellung.	Sie ist offensichtlich nur Vorwand. Sklaven waren kein besonderer Typ von Menschen. Viele Sklaven sind vorher freie Menschen gewesen, die in Kriegen in Gefangenschaft gerieten.
3. Nennt die wahren Hintergründe für die Sklaverei.	Ohne Sklaven wäre das Wirtschaftsgefüge Athens zusammengebrochen. Sie waren billige Arbeitskräfte, die reichen Bürgern gehörten. Obwohl es große Unterschiede zwischen den einzelnen Sklaven gab (manche waren Vertraute ihres Herrn, Vorarbeiter oder Aufseher), sahen die Athener in den Sklaven keine vollwertigen Menschen.

Die Rolle der Frau

Die Schüler haben schon erfahren, daß in Athen ausschließlich männliche Vollbürger alle politischen Rechte besaßen. Die Frau besaß keine politischen und auch keine bürgerlichen Rechte. Sie sollte sich vor der Heirat noch nicht zu einem selbständig urteilenden Menschen entwickelt haben. Man heiratete früh, damit der Mann allein seine Frau bilden konnte. Griechische Vasenbilder zeigen die Frau bei Arbeiten im Haus. Sie spinnen, weben Tuch und legen Gewänder zusammen.

Über die Rolle der Frau, ihre Ausbildung, die Heiratssitten etc. geben Ausführungen griechischer Schriftsteller Aufschluß:

„Das Verhältnis von Mann und Frau ist von Natur aus so, daß der eine besser, der andere geringer ist und daß der eine regiert und der andere regiert wird."

„Dem Manne steht es zu, über die Frau und die Kinder zu regieren ... denn der Mann ist von Natur aus zur Leitung mehr geeignet als das Weib ... Es gibt von Natur aus mehrere Arten von Herrschenden und Dienenden. Denn anders herrscht der Freie über den Sklaven, der Mann über das Weib und der Erwachsene über das Kind ... Der Sklave besitzt das Denken überhaupt nicht, das Weib besitzt es zwar, aber ohne Entscheidungskraft, das Kind besitzt es, aber noch unvollkommen."

Arbeitsaufgaben	denkbare Formulierungen
1. Wie werden die Rollen von Mann und Frau beurteilt?	– Der Mann ist von Natur aus stärker und zur Leistung geeigneter. Er herrscht daher über die Frau. – Die Frau ist geringer als der Mann und wird daher vom Mann regiert.
2. Was unterscheidet nach dem Vergleich in der Quelle die Frau vom Sklaven und vom Kind?	Der Sklave besitzt überhaupt kein Denken (gemeint: keinen Verstand), die Frau hat zwar einen Verstand, jedoch keine Entscheidungskraft, auch das Kind hat Verstand, er ist jedoch noch nicht genügend ausgebildet.

13. Die Perser

13.0.2 UR-Ziel

(1) Der Abwehrkampf der Griechen gegen die Perser.

13.0.3 Medien

Siehe 9.0.3, Seite 93.

13.1 Wie die Griechen die Freiheit verteidigten

13.1.1 Wissensziele

Im 5. Jh. v. Chr. mußten die Griechen ihre Freiheit gegen die Perser verteidigen. Im Perserreich regierte ein Großkönig über Millionen von Untertanen. Es war ein schwerer Kampf für die Griechen. Ihre erste große Schlacht gewannen sie bei Marathon. Nach mehreren Niederlagen und der Zerstörung Athens siegten die Griechen bei Salamis.

13.1.2 UE-Ziele

(1) Die Perserkriege als Zusammenstoß unterschiedlicher Kulturen und Herrschaftsformen.
(2) Das Freund- und Feindbild der Griechen und Perser.

13.1.3 Einstieg

- **Bild:** Ein Gesandter von König Dareios (Gfm)
- **Karte:** dtv I 44: Die Entstehung des Perserreiches

13.1.4 Didaktisch-methodische Vorschläge

Die Quellen über den Krieg der Griechen gegen die Perser zeigen den Zusammenstoß völlig unterschiedlicher Kulturen. Die bisher im Unterricht besprochenen Großreiche Ägypten, Babylon, Assyrien, Indien und China waren in der Struktur ähnlich. Es waren Despotien, Staaten, in denen ein einzelner schrankenlos herrschte.
Die Karte in dtv I 44 zeigt, daß sich die Perser eine Reihe anderer Großreiche im 6. und 5. Jahrhundert v. Chr. unterworfen hatten und im Begriff waren, das größte Reich der bisherigen Geschichte zu schaffen. Es läßt sich auch aus der Karte ablesen, daß die Perser im Verlauf der weiteren Expansion mit der andersartigen Kultur und Staatsverfassung der Griechen kollidieren mußten.
Wir sind über den Verlauf der Perserkriege sehr gut unterrichtet. So gut wie alle überlieferten Quellen sind von Griechen geschrieben. Die wichtigsten Quellen sind Herodot und Xenophon. Ein Ziel dieser Unterrichtsreihe wird darin bestehen, die Standortgebundenheit von Quellen herauszuarbeiten.
Da den Schülern Selbstverständnis und politisches System der Griechen bereits begegnet ist (UR 9–12), sollen sie zunächst in Selbstverständnis und Herrschaftsform des Perserreiches eingeführt werden.
Als Einstieg können das Vasenbild „Ein Gesandter vor König Dareios“ (Gfm) oder die kurze Quelle über den Bau eines Kanals dienen:
„Es spricht der König Dareios: Ich bin Perser. Von Persien aus eroberte ich Ägypten. Ich befahl, diesen Kanal zu graben, von dem Strome namens Nil, der in Ägypten fließt, nach dem Meere, das von Persien ausgeht. Da wurde dieser Kanal gegraben, so wie ich befohlen hatte, und Schiffe fuhren nach Ägypten durch diesen Kanal und nach Persien, so wie es mein Wille war.“
Den Bau des Kanals hatte Dareios nach einer Erkundungsfahrt, die der griechische Kapitän Skylax in seinem Auftrag von Indien nach Ägypten unternommen hatte, angeordnet. Die Inschrift befindet sich in der Nähe des Suezkanals auf einem Stein, den Ferdinand de Lesseps, der Erbauer des Suezkanals, freigelegt hatte. Weitere Informationen können dem Text „Die Perser“ (Gfm) entnommen werden.

Arbeitsaufgaben	denkbare Formulierungen
1. Was besagen das Bild und die Quelle über die Machtstellung des persischen Königs Dareios?	Der Großkönig sitzt auf einem erhöhten Thron. In der rechten Hand hält er ein Zepter, das Zeichen seiner Würde. Hinter ihm steht ein Leibwächter mit blankgezogenem Schwert und Spieß. Der König betont ständig, daß alles allein nach seinem Wunsch und Willen geschieht. Nur er erteilt die Befehle, und diese Befehle – hier zum Bau eines Kanals zwischen dem Roten Meer und dem Mittelmeer – werden befolgt.
2. Was mögen die Athener gedacht haben, als sie durch Gesandte von dem persischen Königspalast und dem Hofzeremoniell hörten?	– Alles mußte ihnen vollständig fremd vorkommen. Bei den Griechen gab es keinen König. Kein freier Mann warf sich vor einem anderen nieder. Bei ihnen waren alle Freien gleichberechtigt.

Ein wichtiges Ziel innerhalb dieser Unterrichtsreihe besteht darin, die Standortgebundenheit von bestimmten Aussagen herauszuarbeiten. Es geht darum, Texte mit dem Fremdbild und Selbstbild bei Griechen und Persern miteinander zu vergleichen.

So sahen die Griechen die Perser	So sahen die Perser die Griechen
– Das persische Großreich ist ein Zwangsstaat, der alle Völker versklaven will. – Die Griechen fühlen sich bedroht, weil die Eroberung der griechischen Kolonien am Schwarzen Meer und an der Westküste Kleinasiens ihre Ernährungsbasis und ihren Handel zu zerstören droht.	– Die Griechen seien unruhestiftende Aufrührer, die ihren Weltherrschaftsanspruch in Frage stellen. Daher müssen die Griechen niedergeworfen werden.
So sahen die Griechen sich selbst	**So sahen die Perser sich selbst**
– Sie seien den Persern überlegen, weil sie frei waren. Trotz mancher Rivalitäten zwischen einzelnen Städten sehen sie sich als ein Volk, das eine gemeinsame Sprache, Religion, Kunst und gemeinsame Sitten und Gebräuche hat.	– Die Perser sehen sich in einer von Gott gegebenen Ordnung, in der dem König seine Macht von Gott gegeben worden war. Sie fühlen sich berechtigt, ihr Reich über die ganze damals bekannte Welt auszudehnen.

T Freund-Feind-Bild der Griechen und Perser

sehen ↓	⟵ Griechen	⟵	Perser
Griechen ↓	→ Freiheit Gemeinsamkeiten (Sprache, Religion Kultur)	⟶	Bedrohung Aufrührer
Perser	⟶ Bedrohung Zwangsstaat Wirtschaft	⟶	gottgegebene Ordnung Weltherrschaftsanspruch

Die Unterschiede zwischen Griechen und Persern hatten auf beiden Seiten Fremdheit und negative Einschätzungen zur Folge, wenngleich von einer Verteufelung des Gegners, wie sie in den Kriegen des 20. Jahrhunderts beobachtet werden kann, keine Rede sein kann. Herodot versuchte durchaus, eine objektive Beschreibung der Perser zu liefern. Er sagt in der Einleitung seiner „Historien", es „soll das Andenken an große und wunderbare Taten nicht erlöschen, die die Hellenen und die Barbaren getan haben".

14. Die Demokratie im Zeitalter des Perikles

14.0.2 UR-Ziele

(1) Die Blütezeit der athenischen Demokratie.

14.0.3 Medien

vgl. 9.0.3, Seite 93

14.1 Wie sich die Demokratie in Athen weiterentwickelte

14.1.1 Wissensziele

Athen erlebte in der Zeit von 450 bis 429 v. Chr., in der Perikles die Politik der Stadt leitete, einen Höhepunkt seiner Geschichte. Perikles sorgte durch Zahlung von Geldern an ärmere Bürger dafür, daß alle an der Volksversammlung teilnehmen und Staatsämter übernehmen konnten. Er überführte die Kriegskasse des Seebundes nach Athen und begann mit den Geldern ein Programm zur Arbeitsbeschaffung durch öffentliche Bauten.

14.1.2 UE-Ziele

(1) Verfassungsänderungen im 5. Jahrhundert v. Chr. in Athen.
(2) Auswirkungen dieser Veränderungen auf das Zusammenleben der Menschen.

14.1.3 Einstieg

- **Wiederholung:** Wie die Athener regiert wurden (Gfm)
- **Quelle:** Perikles Rede auf die Gefallenen (nach Thukydides) s. u.

14.1.4 Didaktisch-methodische Vorschläge

Diese UE knüpft an UR 12 an, in der die Entwicklung der Demokratie in Athen und ihre Prinzipien erarbeitet worden sind. Im Zeitalter des Perikles erlebte die Demokratie Athens ihren Höhepunkt. Das Selbstverständnis Athens kommt zum Ausdruck in der „Rede auf die Gefallenen“, die Thukydides den führenden athenischen Staatsmann Perikles halten läßt (Thukydides II 3–41):

„... Wir haben eine Verfassung, die nicht den Satzungen unserer Nachbarn nachgebildet ist. Viel eher sind wir selbst für andere ein Muster... Mit Namen heißt sie, weil sie nicht die Sache weniger, sondern der großen Mehrzahl ist, Volksherrschaft. Und in der Tat sind vor dem Gesetz hinsichtlich ihrer persönlichen Belange alle Bürger gleich. Jeder kann aufgrund seiner Tüchtigkeit, nicht etwa wegen seiner Zugehörigkeit zu einer höheren Schicht, ein Amt erwerben. Die Armut hindert keinen, ein Amt zu übernehmen...

Im öffentlichen Leben halten wir uns besonders streng an die Gesetze, die zum Schutz der Schwächeren und Notleidenden geschaffen sind...

Auch für die Erholung nach des Tages Last haben wir reichlich gesorgt durch öffentliche Spiele und durch religiöse Feste, aber auch durch angemessene häusliche Veranstaltungen, die den Alltag erheitern und Trübsal verscheuchen.

Auch in Wehrfragen halten wir es anders als unsere Gegner. Unsere Stadt steht allen offen, auch auf die Gefahr hin, daß der Feind daraus Nutzen ziehen kann...

Und ebenso halten wir es mit den Formen der militärischen Jugenderziehung. Während die Spartaner ihre Söhne durch harten Drill schon von Kindesbeinen an auf Mannhaftigkeit abrichten, treiben wir es zwanglos, gehen aber dadurch nicht weniger entschlossen in die gleichen Gefahren...

Aber unsere Stadt verdient noch in anderer Hinsicht Bewunderung. Wir lieben die Kunst und wahren dabei das Maß... Reichtum dient uns zum Wirken und Schaffen, nicht zum Prunken und Raffen. Armut braucht man nicht zu verbergen, sie schändet nicht. Wohl aber bringt es Schande, wenn einer sie nicht durch der Hände Arbeit zu überwinden trachtet. Die gleiche Sorge gilt bei uns dem Hauswesen und dem Gemeinwesen, und wenn einer seine Berufsgeschäfte betreibt, so läßt er darum die Politik nicht aus dem Auge...“

(Nach: H. v. Hentig, Klassisches Griechenland-Lesewerk zur Geschichte 1, Goldmann TB 1812, S. 69 ff.)

Die Kerngedanken und Grundsätze dieser Rede können wie folgt herausgearbeitet werden, wobei von den Schülern durchaus auch kritische Stellungnahmen eingebracht werden könnten:

Kerngedanken	**Kritik**
– Die Demokratie beruht auf der Mehrheit aller Bürger. – Vor dem Gesetz sind alle Bürger gleich. – Das Ansehen eines Bürgers wird nicht durch seine Abstammung, sondern durch seine Leistungen bestimmt. Auch der ärmere Bürger hat Aufstiegschancen. – Im öffentlichen wie im privaten Leben herrschen Ehrfurcht vor dem Gesetz und der Grundsatz des Schutzes des Schwachen. – Athen ist weltoffen und sichert seinen Bürgern geistige Freiheit zu. – Die Bürger Athens sind tapfer und kriegstüchtig, obwohl sie nicht von Jugend an dazu gedrillt werden. – Jeder Bürger soll aktiv an der Politik mitwirken, wer sich fernhält, ist zu kritisieren.	– Alle diese Aussagen gelten nur für den Athener Bürger, d. h. für etwa ein Viertel der Bevölkerung; sie gelten nicht für Frauen, Sklaven und Zugewanderte. – Diese Rede, die Thukydides dem ersten Mann Athens, Perikles, in den Mund legt, ist kurz nach dem Ausbruch des Krieges mit Sparta gehalten worden. Deswegen wird an vielen Stellen Athen im Verhältnis zu Sparta positiv hervorgehoben. Die Athener sollen stolz auf ihre Leistungen und ihre Stadt sein.

Weitere Kritikpunkte an dieser Darstellung des athenischen Staatswesens können von den Schülern vorgebracht und artikuliert werden, wenn sie mit den wichtigsten Verfassungsänderungen vertraut gemacht werden:

Verfassungsänderungen:	**Kritik (Vorzüge oder Nachteile)**
Mitglieder des „Rates der 500" und der Geschworenengerichte erhalten Tagegelder (Diäten)	– Auch die ärmeren Bürger konnten nun politische Ämter übernehmen
Auch die 3. Klasse der Bürger erhält Zugang zum Archontenamt	– s. o.
Zunahme der Staatsausgaben (öffentliche Aufgaben)	– Die freien Bürger waren von Steuern befreit, nur die Metöken (Einwohner ohne Bürgerrecht) mußten Steuern entrichten, Bürger stifteten dem Staat Geld und Geschenke

14.2 Welche Bedeutung die Akropolis für die Athener hatte

14.2.1 Wissensziele

vgl. 14.1.1

14.2.2 UE-Ziele

(1) Die Rolle monumentaler Bauten für einen Staat.
(2) Die Bedeutung der Akropolis für Athen.

14.2.3 Einstieg

- **Dia-Reihen:** FWU 10 0578 Die Akropolis
  FWU 10 0637 Das antike Athen

14.2.4 Didaktisch-methodische Vorschläge

Die Betrachtung von Bildern der Akropolis oder anderer bedeutender Bauwerke in Athen vermittelt den Schülern einen Eindruck von der Macht und dem Reichtum der Stadt, die solche Bauwerke errichten konnte. Unter Anknüpfung an die Rolle und Bedeutung von Bauwerken bei den Ägyptern und Babyloniern können die Schüler erste Vermutungen über den Sinn und Zweck der Errichtung so mächtiger Baudenkmäler anstellen. Sie werden darauf kommen, daß die Bauten Reichtum und Macht demonstrieren sollen.

Vor der Pubertät fehlt dem Kinde das Vermögen, Kunstwerke so zu erleben wie in späteren Jahren. Man kann daher auch hier die ästhetischen Probleme der griechischen Kunst außer acht lassen. Dafür sind aber Einsichten grundzulegen über die gesellschaftliche und wirtschatliche Rolle der Kunst. Wenn wir den Kindern anhand der Rekonstruktion der Akropolis und einiger Bilder die Monumentalität dieser Tempelburg deutlich gemacht haben, dann können wir mit ihnen alle die gesellschaftlichen und wirtschaftlichen Aspekte besprechen: die Rolle der Akropolis als nationales Statussymbol; das Opfer, das jeder Bürger hierfür bringen mußte, wenn auch nicht verschwiegen werden darf, daß ein großer Teil der für den Ausbau der schützenden Flotte vom Seebund gezahlten Gelder für diesen Bau zweckentfremdet wurde; die Organisation, die in einer freien Wirtschaft für eine solche Aufgabe geleistet werden muß; die Tatsache, daß für Jahrzehnte die Gefahr der Arbeitslosigkeit mit ihren schlimmen politischen Folgen gebannt war. Diese Tatsache wiegt die Unwirtschaftlichkeit des Unternehmens auf, die darin liegt, daß etwas geschaffen wurde, was keinen materiellen Gewinn abwarf. Wir finden in Demokratien selten Bauten von solchen gigantischen Ausmaßen, dem sich nur die größten Dome des Mittelalters an die Seite stellen lassen. Was gibt es seitdem an Vergleichbarem außer den Schlössern, deren Finanzierung durch Steuern erpreßt wurde?

In seiner Lebensbeschreibung des Perikles berichtet Plutarch von den Vorwürfen, gegen diesen in der Volksversammlung, er vergeude Gelder der Bundesgenossen zur Verschönerung Athens.

▶ **Quelle:** Geschichte in Quellen I Nr. 168.

Arbeitsaufgaben	denkbare Formulierungen
1. Was warfen die Gegner dem Perikles wegen seiner Bautätigkeit vor?	Gelder aus anderen griechischen Städten, die zur Kriegsführung verwendet werden sollten, wurden zur Ausschmückung Athens vergeudet.
2. Wie begründete Perikles die Baumaßnahmen?	Athen sei den Bundesgenossen keine Rechenschaft schuldig. Überdies würden die Bauwerke den Eindruck von Macht erwecken und Vollbeschäftigung garantieren.
3. Wer würde seiner Meinung nach von den Baumaßnahmen profitieren?	Handwerker (Zimmerleute, Bildhauer, Kupferschmiede usw.), Transportunternehmen, Hilfsarbeiter
4. Welche Hauptarbeiten waren demnach zu verrichten?	Erdarbeiten; Transport von Steinen, Marmor und Holz; Brechen von Marmor und Steinen, künstlerische Tätigkeiten.
5. Worauf verweist die Tatsache, daß auch an modernen Bauten (Brandenburger Tor, Oberstes Bundesgericht in Washington, Gfm) griechische Stilelemente erkennbar sind?	Die griechische Architektur wurde noch zwei Jahrtausende später als vorbildlich angesehen.
6. Wie waren die Arbeitsverhältnisse a) beim Bau der Pyramiden b) beim Bau der Akropolis?	a) Heloten und Sklaven arbeiteten für Unterkunft und Verpflegung. b) Die freien Athener erhielten vereinbarten Lohn. Daher die Frage nach den Kosten.

T Welche Bedeutung hatte der Bau der Akropolis für die Griechen?

Gründe für den Bau
- Symbol für Macht, Reichtum und Ansehen
- Arbeitsbeschaffungsmaßnahme

Bau der Akropolis

Folgen

● finanzielle Belastung der Bürger ● Zweckentfremdung von Geldern ● Unwirtschaftlichkeit	● Arbeitslosigkeit mit ihren schlimmen politischen Folgen gebannt

15. Die Kultur der Griechen

15.0.2 UR-Ziel

Der Beitrag der Griechen zur Entwicklung der europäischen Kultur

15.0.3 Medien

Siehe 9.0.3, Seite 93.

15.1 Welchen Beitrag die Griechen zur Entwicklung der europäischen Kultur geleistet haben

15.1.1 Wissensziele

Als Grieche galt, wer an der gemeinsamen Sprache und Kultur teilhatte. Diese Kultur verbreitete sich über das Gebiet der Griechenstädte am Mittelmeer. Nicht ein gemeinsamer Staat, sondern die gemeinsame Kultur hat die Griechen miteinander verbunden. Zur gesamtgriechischen Kultur gehörte auch die Verehrung der gleichen Götter. Die Olympischen Spiele beginnen heute damit, daß die Flamme von Olympia geholt wird. Die griechische Kunst ist Vorbild für viele Kunstrichtungen in Europa geworden.
In Griechenland liegen auch die Wurzeln der europäischen Wissenschaft. Entwickelt wurden die Ansätze der Naturwissenschaft und der Philosophie.

15.1.2 UE-Ziele

(1) Die Bedeutung der Olympischen Spiele in Griechenland.
(2) Gesellschaftliche Verhältnisse in Griechenland und ihre Widerspiegelung in der Götterwelt.
(3) Der Durchbruch der Griechen vom magischen zum wissenschaftlichen Denken.

15.1.3 Einstieg

- **Dia-Reihen:** FWU 10 0630 Olympia
  FWU 10 0572 Heilige Stätten im antiken Griechenland
- **Vasenbilder:** Wettkämpfer bei den Olympischen Spielen (Gfm)
- **Bild:** Die Götter Griechenlands (Gfm)
- **Besprechung:** Symbole und symbolische Handlungen bei den Olympischen Spielen.

Einstiegs-Geschichte: Brot für die Arbeitslosen
Die Perserkriege waren beendet. Die wahlberechtigten Bürger von Athen kamen zur Volksversammlung. Perikles betrat die Rednertribüne. Alle hörten ihm zu. Perikles war einer der bekanntesten Politiker in Athen. Er sagte:
„Mitbürger! Wir alle machen uns Sorgen, wie wir nach dem furchtbaren Krieg wieder friedlichen Wohlstand schaffen können. Viele Menschen haben keine Arbeit. Wir können nicht wie früher Getreide einführen, weil wir es nicht bezahlen können.
Jahrelang haben die Handwerker nur Waffen geführt und die Ruder der Kriegsschiffe bedient. Sie müssen endlich wieder die Töpferscheibe und das Schmiedefeuer für friedliche Zwecke in Gang setzen. Wir müssen Keramik und Werkzeuge herstellen und Oliven ernten. Dann können wir wieder Getreide und andere Lebensmittel im Ausland kaufen.
Vor allem müssen unsere Künstler, die Bauleute, die Bildhauer, die Elfenbeinschnitzer und viele andere Kunsthandwerker, ihre Werkstätten wieder öffnen. Laßt uns gemeinsam ein ganz großes Werk vollbringen. Auf unserem Burgberg wollen wir eine Tempelanlage bauen als Dank an die Götter dafür, daß sie uns im Kampf geholfen haben. Diese Tempelanlage soll unsere Akropolis werden. Sie soll den Menschen in späteren Jahrhunderten zeigen, auf welch hoher Stufe die Baukunst in unserer Zeit steht.
Was wir brauchen sind Steine, Erz, Elfenbein, Gold und Zypressenholz. Dazu Kupferschmiede, Steinmetzen, Färber, Maler und Bildschnitzer. Dazu brauchen wir viele ungelernte Arbeiter als Helfer der Handwerker. Alles in allem wird sich durch die Arbeit langsam wieder Wohlstand in unserer Stadt bilden. Das Geld hierfür nehmen wir aus der Kriegskasse unserer Bundesgenossen. Wir haben für sie gekämpft. Daher können wir das Geld für unsere Stadt verwenden.

15.1.4 Didaktisch-methodische Vorschläge

Wir schlagen vor, diese Unterrichtsreihe mit den Olympischen Spielen zu eröffnen. Dieser Themenbereich interessiert die Schüler schon deswegen, weil ihnen die Olympischen Spiele aus der heutigen Zeit geläufig sind.
Zudem stehen die kulturellen Leistungen der Griechen – dazu gehören die Olympischen Spiele ebenso wie das Theater, die Baukunst, die Bildhauerei und die Wissenschaften – in engem Zusammenhang mit den Lebensformen in Griechenland. Griechenland gilt als „Wiege der europäischen Kultur" Seine Sprache, seine grundlegenden geistigen

Erkenntnisse und seine Kunstdenkmäler leben in der Kultur aller europäischen Völker fort.
Es bietet sich an, von den Olympischen Spielen der Neuzeit auszugehen und einen Vergleich damals und heute vorzunehmen. Man kann eine gewisse Vertrautheit der Schüler mit den modernen Olympischen Spielen voraussetzen, vor allem dann, wenn die letzten Spiele noch nicht allzuweit zurückliegen oder die nächsten nahe bevorstehen.
Die Herkunft und die enge Verbindung der heutigen mit den antiken Spielen wird an bestimmten Symbolen oder symbolischen Vorgängen deutlich. Die Schüler werden einige davon nennen können: Das olympische Feuer im Hain von Olympia, das durch Läufer in einer Stafette zum jeweiligen Austragungsort getragen wird, der Einmarsch der Griechen an der Spitze der Mannschaften, die Eröffnungszeremonie durch Friedenstauben, der Marathonlauf u. a.
Mit der nachfolgenden Zusammenstellung werden Gemeinsamkeiten und Unterschiede aufgelistet:

	Olympische Spiele in Griechenland	Olympische Spiele heute
1. Wer ist als Teilnehmer zugelassen?	Männer, die griechischer Abstammung und frei geboren waren.	Grundsätzlich jeder, der von den nationalen Olympischen Komitees nominiert wird. Seit 1928 dürfen auch Frauen teilnehmen.
2. Wer ist von der Teilnahme ausgeschlossen?	Wer während der Spiele Krieg führte, wurde ausgeschlossen und mit einer Strafe belegt, weil er die Waffenruhe verletzt hatte.	Beispiel Südafrika: Es wurde vom Internationalen Olympischen Komitee wegen seiner Rassenpolitik ausgeschlossen.
3. Welche Mühen müssen die Wettkämpfer auf sich nehmen?	Intensive Vorbereitungen von zehn Monaten waren vorgeschrieben. Hartes Training unter Aufsicht. Schwierig war auch die Anreise bei den damaligen Verkehrsverhältnissen.	Hartes Training ist notwendig, um eine Teilnahme- und Siegeschance zu haben. Staaten unterstützen teilweise die Sportler (Sporthilfe, Staatsamateure).
4. Wie sieht das Wettkampfprogramm aus?	Eröffnungsfeier (olympischer Eid, Opfer, Eröffnungslied), Wettkämpfe, Siegerehrung.	Eröffnungsfeier (Aufmarsch der Teilnehmer, olympischer Eid), Wettkämpfe, Abschlußfeier.
5. Welche Sportarten werden durchgeführt?	Schnellauf Doppellauf (verdoppelte Strecke) Fünfkampf Wettlauf Weitsprung Ringkampf Speerwurf Diskuswurf Boxen Pankration (= Alleskampf, alles war erlaubt) Hoplitenwettlauf (in voller Rüstung) Wettreiten Wagenrennen (mit Pferdezweigespann)	Laufdisziplinen: 100 m, 200 m, 110 m Hürden, 400 m, 400 m Hürden, 800 m, 1500 m, 3000 m Hindernis, 5000 m, 10000 m, Marathonlauf (42 km), 4 × 100-m-, 4 × 400-m-Staffel Hochsprung, Stabhochsprung, Weitsprung, Dreisprung Kugelstoßen, Diskuswurf, Speerwurf, Hammerwurf Ringen, Boxen, Gewichtheben Schwimmen, Kunstspringen Spring- und Dressurreiten, Military Schießen, Segeln, Rudern, Turnen Fußball, Basketball, Volleyball, Handball, Hockey, Fechten (Hinzu kommen noch die Olympischen Winterspiele sowie die Frauenwettkämpfe)
6. Wie sind die Leistungen in den einzelnen Wettkämpfen? Wie sind die Leistungsverbesserungen zu erklären?	Leistungen sind kaum bekannt. Zeiten konnten nicht gemessen werden. (Bekannt sind: Diskuswurf 28 m, Fünffachweitsprung 16 m).	Beispiele für Leistungsverbesserungen: Gfm. Die teilweise erheblichen Leistungsverbesserungen sind auf vermehrtes Training, bessere Geräte, bessere Wettkampfbedingungen, bessere medizinische Betreuung und Vorbereitung zurückzuführen.
7. Wie ist das Ansehen der Olympiasieger?	Ehrung des Olympiasiegers mit Kranz und Ölbaumzweigen; öffentliche Ehrung in der Heimat; Aufstellung einer Statue in Olympia; Belohnungen.	Ehrung durch Medaillen, Empfang in der Heimat, finanzielle Vorteile.
8. Wie ist die Reaktion der Zuschauer?	Begeisterung, Ekstase.	(Nationale) Begeisterung.

Die Bedeutung der Olympischen Spiele für das damalige Griechenland und ihre Verankerung in der griechischen Kultur läßt sich auch vom Bildmaterial her erschließen. Dazu könnte der Lehrer auf die oben genannte Diareihe „Olympia" oder auf das Bildmaterial in Gfm zurückgreifen.

Die Bauten von Olympia dienten unterschiedlichen Zwecken:

a) Religiöse Zwecke:

– Zeustempel mit der 12m hohen Statue des Zeus von Phidias, in dem die Siegerehrungen stattfanden.

– Der Aschenaltar des Zeus, errichtet aus der Asche der Schenkelknochen der im Laufe der Zeiten dem Zeus geopferten Tiere.

– Pelosgrab. Der König von Elis, Oinomaos, hatte eine schöne Tochter, Hippodameia, die er demjenigen versprach, der ihn beim Pferderennen besiegen würde. Wer unterlag, mußte sterben. Pelops, Sohn des Tantalos, der Hippodameia liebte, ließ auf ihren Rat im Rennwagen des Königs die Metallnägel der Räder durch Wachsstifte ersetzen. Sie schmolzen, der König stürzte und wurde zu Tode geschleift. Pelops heiratete Hippodameia und wurde König von Elis.

– Säule des obengenannten Königs Oinomaos.

– Tempel der Hera, der Gemahlin des Zeus.

b) Organisatorische Zwecke

– Sitz des Organisationskomitees (Prytaneion), in dem die Ratsmitglieder (Prytanen) den Siegern ein Festessen gaben. Hier brannte das Olympische Feuer, von dem aus die Feuer der anderen Altäre entzündet wurden.

– Schatzhäuser. 12 solcher Häuser gehörten einzelnen Städten, die dort Weihegeschenke an den olympischen Zeus aufbewahrten.

– Brunnen, von einem reichen Griechen gestiftet.

– Gebäude der Kampfrichter.

– Rathaus.

– Halle für Gesandtschaften zum Empfang von hohen Gästen.

– Wohnhäuser der Priester.

– Werkstatt des Bildhauers Phidias.

– Gästehaus (Leonidaion), von dem reichen Griechen Leonidas gestiftet, war für Ehrengäste vorgesehen. Die übrigen Besucher schliefen im Freien.

c) Sportliche Zwecke

– Echohalle, in der der Wettstreit der Herolde und Trompeter stattfand.

– Stadion (vom Längenmaß Stadie = 180 m), tatsächlich 192 m lang; Stätte der sportlichen Wettkämpfe.

– Übungsstätten (Gymnasion) für Lauf, Diskus- und Speerwerfer.

– Ringerschule (Palaistra), Übungsstätte für Ringer.

Nach diesem Vergleich zwischen damals und heute wird die eingangs formulierte Problematik (Erkenntnis griechischer Lebensformen aus der kulturellen Überlieferung) aufgegriffen und erneut zur Diskussion gestellt. Aus den Ergebnissen lassen sich einige Schlußfolgerungen auf die Lebensformen, die Struktur der Gesellschaft und auf die Herrschaftsformen ziehen.

Arbeitsaufgaben	denkbare Formulierungen
1. Welches Motiv zur Gründung der Olympischen Spiele läßt sich vermuten?	Festigung des Zusammengehörigkeitsgefühls der freien Griechen.
2. Wie ist der religiöse Charakter des Zeremoniells zu erklären?	Tiefe Verankerung der Religion im Leben des Volkes.
3. Was läßt sich daraus schließen, daß nur freie Griechen teilnahmeberechtigt waren?	Politisches Statusbewußtsein einer bevorrechteten Schicht.
4. Was läßt sich daraus schließen, daß Sparta einmal von der Teilnahme ausgeschlossen wurde?	Möglichkeit von Zwangsmaßnahmen gegen Städte, die gegen die Regeln verstießen.
5. Diskutiert Vor- und Nachteile der Olympischen Spiele! Vorteile: – Friedlicher Wettkampf – Sport kann Aggressionen abbauen – Fairer Kampf (durch Regeln abgesichert) – Abbau von Vorurteilen	Nachteile: – Übertriebener (persönlicher und nationaler) Ehrgeiz – Gelegentlicher Aufbau von Vorurteilen gegenüber anderen Nationen – Geschäftemacherei (Werbung)

Die Religion der Griechen

Ein weiterer Schwerpunkt in dieser Unterrichtsreihe ist die Religion der Griechen. Ein wesentliches Ziel besteht darin, den Schülern einen Überblick über die Götterwelt der Griechen zu geben sowie Zusammenhänge zwischen den gesellschaftlichen Verhältnissen und den Göttervorstellungen herzustellen.

Aufgrund des Bildes „Die Götter Griechenlands" (Gfm) können die Schüler folgende Arbeitsaufgaben in Angriff nehmen:

Arbeitsaufgaben	denkbare Formulierungen
1. Stellt eine Liste der wichtigsten griechischen Götter zusammen. Versucht, mit Hilfe der Bilder die Aufgaben der einzelnen Götter herauszufinden.	–

Name	Gegenstände	Aufgabenbereiche
Zeus	Blitze, Stab mit Vogel	Donner, Blitz, Wetter
Demeter	Pflanzen, Getreide	Göttin der Erde und der Fruchtbarkeit
Poseidon	Dreizack	Gott des Meeres
Apollon	Pferde, Wagen, Leier, Lorbeer	Gott der Dichtkunst
Dionysos	Kelch, Weintrauben	Gott des Weines

2. Was läßt sich aus diesen Darstellungen über die religiösen Vorstellungen der Griechen schließen?	Götter sind in Menschengestalt dargestellt. Sie beherrschen die Natur.

Wissenschaftliche Denker

Diesen zweiten Aspekt gilt es nun weiter auszubauen. Der Übergang vom magischen zum wissenschaftlichen Denken ist für die meisten Schüler nur schwer nachzuvollziehen. Dennoch ist es in Ansätzen denkbar, das magische Denken am Beispiel von Naturereignissen zu erklären.

Wenn Zeus seinen gewaltigen Schild schüttelt, bewegen sich die Wolken, bilden sich Gewitter, löst er den Donner aus. Als furchtbare Waffe schleudert er den Blitz.

Das Denken der Menschen in Babylon und Ägypten z. B. war noch weitgehend naiv, d. h., die Menschen glaubten bei allen Naturerscheinungen an das Wirken übernatürlicher Wesen.

Einzelne Gelehrte in diesen Gesellschaften haben jedoch auch schon Naturwissenschaften im modernen Sinn betrieben.

Von ihnen lernten die Griechen. Im 5. Jh. v. Chr. erfolgte bei ihnen der Durchbruch zur Naturwissenschaft. Naturerscheinungen wurden jetzt planmäßig beobachtet, gesammelt und bearbeitet. Dabei erkannte man oft ein Naturgesetz. Auf diese Weise entstanden Physik, Mathematik, Medizin, Zoologie, Geologie und Astronomie.

Die Namen fast aller Wissenschaften sind griechischen Ursprungs.

Die Entwicklung des wissenschaftlichen Denkens läßt sich auch am Beispiel der Geografie aufzeigen. In Gfm befinden sich drei verschiedene Weltkarten: Babylonische Weltkarte aus dem 8. Jh. v. Chr. und griechische Weltkarten um 500 und 200 v. Chr.

Arbeitsaufgaben	denkbare Formulierungen
1. Stellt in einer Tabelle gegenüber, wie die Babylonier und die Griechen die Welt darstellten. **Babylonier** Die Erde wird als siebenstrahliger Stern dargestellt. Im Innern befindet sich die Erde. Mittelpunkt ist Babylon. Im Osten ist Assyrien, im Westen Habban, im Norden Armenien. Der Euphrat (Puvattu) mündet in die Sümpfe des Meerlandes (damals stark erweiterte Delta des Euphrat/Tigris). Er hat Verbindung mit einem Bitter-Fluß (Persischer Golf). Die Erde ist von einem breiten Bitter-Fluß umgeben (Ozean). Die Zakken des Sterns stellen den Kosmos dar. In ihnen sind die Sternbilder abgebildet.	**Griechen** Man erkennt deutlich den Mittelmeerraum. Die erste Karte kennt nur zwei Erdteile, die zweite Karte, die von Eratosthenes stammt, enthält auch schon Afrika. Allerdings ist die genaue Ausdehnung der Erde noch nicht bekannt. Eratosthenes hat bereits die Längen- und Breitengrade berechnet. Arabien, der Persische Golf und Ceylon sind ihm schon bekannt (Alexanderzug).
2. Was läßt sich aus der Darstellung der Erde und des Weltbildes über den wissenschaftlichen Stand der Babylonier und Griechen schließen?	Das Denken der Menschen in Babylon war naiv, d. h., die Menschen führten Naturerscheinungen und andere Erscheinungen, die sie nicht genau erklären konnten, auf das Wirken übernatürlicher Wesen zurück. Einzelne Gelehrte haben jedoch schon Naturwissenschaften im modernen Sinn getrieben. In Griechenland ging man dazu über, die Forschungsergebnisse der Babylonier aufzugreifen. In vielen Naturerscheinungen erblickten die Griechen das Wirken natürlicher, begreifbarer Elemente. So geben die griechischen Karten bereits ein sehr realistisches Bild der Erde wieder.

Arbeitsaufgaben	denkbare Formulierungen
3. Versucht, am Beispiel der Entwicklung der Medizin aufzuzeigen, wie sich dieses Denken allmählich entwickelte. Interpretiert dazu die Quelle über einen Krankenbericht des Hippokrates (Gfm).	– In früherer Zeit schrieb man Krankheiten dem Wirken der Götter zu. Nur der Priester (wie bei den Indianern der Medizinmann) konnte helfen. – Die Griechen erkannten erstmalig, daß Krankheiten Veränderungen des Körpers sind, die man behandeln und evtl. auch heilen kann. Man verstand sich bald auf komplizierte Operationen. – Hippokrates legte den Grundstein für die Ausbildung der medizinischen Wissenschaft. Er beschrieb die Krankheiten sehr genau. Er erkannte die Bedeutung der Umwelt für den Menschen und entwickelte eine streng methodische Diagnostik. Die Krankengeschichten sollten den anderen Ärzten Hinweise für ihre Diagnosen liefern.
4. Welche Auffassung über den kranken Menschen wird aus dem Eid des Hippokrates deutlich? Warum gilt er bis heute?	– Aus ihm spricht ein Sinn für Würde und berufliche Verantwortung. Er enthält folgende Verpflichtungen: a) Die Heilkunst soll nur zum Wohle des Kranken angewendet werden. Der Kranke darf nicht zum medizinischen „Versuchskaninchen“ degradiert werden. Auch Scheinbehandlungen aus Erwerbsgründen wurden verurteilt. b) Das Versprechen, den Tod eines Menschen unter keinen Umständen willentlich herbeizuführen. Dies bedeutete das Verbot der „Euthanasie“ und das Verbot der Hilfe zum Selbstmord. c) Die ärztliche Schweigepflicht soll dem Patienten Sicherheit geben, daß er über alle Angelegenheiten, die mit seiner Krankheit zusammenhängen, Auskunft geben kann, ohne daß die Gefahr eines Mißbrauchs besteht.

16. Der Zerfall der griechischen Polis

16.0.2 UR-Ziel

(1) Ursachen für den Verfall der griechischen Polis.

16.0.3 Medien

Siehe 9.0.3, Seite 93.

16.1 Wie ein ruhmsüchtiger Politiker die Athener ins Verderben führte

16.1.1 Wissensziele

Im Kampf um die Vorherrschaft in Griechenland verzehrten Athen, Sparta und viele andere Stadtstaaten ihre Kräfte. Die Volksmassen hatten den Sinn für das Maß verloren und ließen sich durch machthungrige Politiker, wie Alkibiades in Athen, zu riskanten Unternehmen verführen. Schließlich bestimmten nicht mehr die Griechen selbst ihr Schicksal, sondern fremde Mächte.

16.1.2 UE-Ziele

(1) Die Gefahren des Mißbrauchs der athenischen Demokratie durch skrupellose Demagogen.
(2) Die Rolle des Alkibiades beim Untergang Athens.

16.1.3 Einstieg

● **Textquelle:** Thukydides über den Feldzug gegen Syrakus (Geschichte in Quellen 1, Nr. 206 und Gfm)

Didaktisch-methodische Vorschläge

Diese kurze Unterrichtseinheit kann wie auch schon UR 12 einen Beitrag zur politischen Bildung leisten. Demgegenüber können die äußeren Ereignisse, die verschiedenen Hegemonialkriege, insbesondere der Peleponesische Krieg, die zum Niedergang Griechenlands führten, zurücktreten.
Die Verfassung Athens stellt ein radikal- oder basisdemokratisches System in „Reinkultur" dar. Alle Macht liegt bei der Volksversammlung, d.h. der Gesamtheit der (wahlberechtigten) Bürger. Es gibt keine Gewaltenteilung. Es gibt keine Regierung (die monatlich wechselnden Prytanen, bei täglich wechselndem Vorsitz, sind nicht regierungsfähig), und es gibt keine unabhängige richterliche Gewalt. Es gibt auch keine Parteien und damit keine konkurrierenden politischen Kräfte und Ideen.
Dieses System funktionierte in Athen, so lange die Bürger sich ihrer Möglichkeiten und Grenzen bewußt waren und solange Männer den Ton angaben, die keinen Mißbrauch mit der Macht trieben.
Das System war jedoch immer in Gefahr, von ehrgeizigen und skrupellosen Politikern benutzt zu werden, um ihre persönlichen Machtgelüste zu befriedigen. Dies taten schließlich die Demagogen, gewissermaßen inoffizielle Volksführer (der Begriff hatte zunächst noch keine negative Bedeutung). Sie ergriffen in der Volksversammlung die Initiative, stellten Anträge und versuchten sie mit geschickter Rhetorik, gegebenenfalls auch mit Versprechungen, durchzusetzen.
Ein solcher Demagoge war Alkibiades, der den Athenern eine expansive Politik aufschwatzte und sie damit in einen Krieg trieb, den sie und mit ihnen letztlich ganz Griechenland am Ende verlieren sollten.
Textquelle: Thukydides über den Feldzug gegen Syrakus) (Geschichte in Quellen I, Nr. 206 und Gfm)

Arbeitsaufgaben	denkbare Formulierungen
1. Worum ging der Streit in der Volksversammlung?	Um den Feldzug gegen die Stadt Syrakus, den Alkibiades vorgeschlagen hatte.
2. Welche Haltung nahmen die Athener ein?	Sie gerieten in einen Taumel der Begeisterung. Fast alle wollten mitmachen, die Jungen aus Abenteuerlust, die Älteren in der Hoffnung auf Sieg und materiellen Gewinn. Die einfachen Leute hofften, als Söldner Geld zu verdienen.
3. Welches Argument brachten die Gegner des Feldzuges vor?	Sie warnten vor den hohen Kosten für die erforderliche Rüstung.
4. Wodurch ließen sich die Kriegsgegner einschüchtern?	Die hemmungslose Begeisterung der Mehrheit brachte sie zum Verstummen. Sie fürchteten, man würde sie für schlechte Athener halten.
5. Auf welcher Seite steht der Verfasser der Quelle, Thukydides?	Auf der Seite der Kriegsgegner (Nikias und andere). Er verurteilt das Unternehmen auf das schärfste („Eine förmliche Sucht befiel alle"; „hemmungslose Begeisterung").

Alkibiades, der Führer der Kriegspartei wird von Plutarch charakterisiert:

Arbeitsaufgaben	denkbare Formulierungen
1. Welche Eigenschaften schreibt Plutarch dem Alkibiades zu?	Als einen ehrgeizigen Politiker, der maßlose Ziele verfolgt.
2. Welche Motive hat Alkibiades für sein Tun?	Er ist nur auf eigene Macht und Ruhm bedacht gewesen, das Wohl Athens war ihm gleichgültig (Flucht nach Sparta).
3. Weshalb hatte Alkibiades einen solchen Erfolg bei den Athenern?	Er war sicherlich ein begabter Redner, der die Massen mitzureißen verstand. Vor allem traf er auf eine Zuhörerschaft, die ähnlich gestimmt war wie er. Auch die Athener waren ruhmsüchtig und träumten von gewaltigen Eroberungen. Vor allem ließen sie sich von der Aussicht auf Beute locken.

17. Alexanderreich und hellenistische Kultur

17.0.2 UR-Ziel

(1) Das Alexanderreich und die Ausbreitung der griechischen Kultur im Hellenismus.

17.0.3 Medien

Siehe 9.0.3, Seite 93.

17.1 Wie Alexander ein Reich eroberte und die Völker versöhnen wollte

17.1.1 Wissensziele

Die Schwächung der griechischen Stadtstaaten durch den Peleponnesischen Krieg ermöglichte den Aufstieg des Makedonenkönigs Philipp. Sein Sohn Alexander der Große eroberte das Perserreich. Er starb, ehe er seine Pläne verwirklichen konnte, ein viele Völker vereinendes Weltreich zu schaffen. Das Alexanderreich zerfiel in Diadochenstaaten (Nachfolgestaaten). In ihnen blühte die hellenistische Kultur in Verbindung von makedonischer Herrschaft, griechischer Wissenschaft und Technik mit orientalischer Staatskunst.

17.1.2 UE-Ziele

(1) Der Makedonenkönig Alexander der Große verändert den Lauf der Geschichte.
(2) Die Bedeutung des Hellenismus für die Entwicklung der europäischen Kultur.

17.1.3 Einstieg

● **Karte:** Das Alexanderreich beim Tode Alexanders, 323 v. Chr. dtv I 64, Westermann 22–23
● **Bild:** Alexander in der Schlacht (Gfm)

17.1.4 Didaktisch-methodische Vorschläge

An Alexander läßt sich exemplarisch aufzeigen, in welchem Maße einzelne charismatische Persönlichkeiten „Geschichte gemacht" haben. Damit soll kein Rückfall in eine didaktisch überholte Personenzentriertheit empfohlen werden. Wir reden auch nicht einer blinden Heroisierung das Wort. Vielmehr sollten sowohl die Stärken wie auch die Schwächen einer historischen Persönlichkeit und sowohl die positiven wie auch die negativen Folgen ihres Handelns erarbeitet werden.
Als Einstieg kann der Ausschnitt aus dem berühmten Mosaik „Alexanderschlacht" aus der Casa del Fauno in Pompeji dienen (Gfm), das um 100 v. Chr., mehr als zwei Jahrhunderte nach Alexanders Tod, hergestellt wurde. Offenbar war das Andenken an Alexander bei den Römern durchaus lebendig. Es zeigt die Schlacht bei Gaugamela, als Alexander, auf seinem Pferd Bukephalos den Reiterangriff anführend, dicht an Dareios herangekommen ist. In den Einzelheiten ist das (Gesamt-)Mosaik nicht historisch getreu, sondern vereinigt Elemente aus anderen Schlachten. Es will offenbar ein Idealbild der kriegerischen Taten Alexanders zeigen.
Einen anderen möglichen Einstieg bietet die Karte des Alexanderreiches (Gfm). Zur Vertiefung sollte eine (Wand-)Karte mit den heutigen politischen Grenzen herangezogen werden, eventuell auch eine physikalische, um angesichts der Bodengestalt des Raumes die Marschleistung des „Alexanderzuges" beurteilen zu können. Eine Karte der Bundesrepublik Deutschland im gleichen Maßstab kann dazu beitragen, eine Vorstellung von den immensen Entfernungen des in der Karte des Alexanderreiches nur schematisiert und in Wahrheit sehr viel längeren Weges der Heere Alexanders zu vermitteln.
Das Selbstverständnis Alexanders wird sichtbar in dem Brief, den Alexander nach der Schlacht bei Issos geschrieben hat. Es war die Antwort auf eine Botschaft Dareios' an Alexander, in der er „als König von Dir als König" die Freilassung seiner Mutter, seiner Frau und seiner Kinder, die in makedonische Gefangenschaft geraten waren, gefordert hatte. Zugleich bot er auf der Basis der Gleichberechtigung („und ich will Freundschaft mit Dir schließen und Dein Bundesgenosse sein") Friedensverhandlungen an. Zuvor hatte er resignierend gesagt: „Die Schlacht ist nun so entschieden, wie es irgendein Gott gewollt hat."
▶ **Quelle:** Alexanders Brief an Dareios

Arbeitsaufgaben	denkbare Formulierungen
1. Warum schreibt Alexander drei falsche Behauptungen nieder?	a) Er schreibt Geschichte in seinem Sinne. b) Er will dem persischen König nach der verlorenen Schlacht bei Issos Angst einjagen und ihn zur Kapitulation bewegen.
2. Was besagte der Ausdruck „durch der Götter Gnade"?	Er wollte den persischen König einschüchtern und sagen, daß er unter dem Schutz und mit Unterstützung überirdischer Mächte kämpfte. Angesichts seiner gewaltigen Erfolge hielt er sich zweifellos selbst für von den Göttern begünstigt. Die Götter der Perser andererseits hatten den Herrscher der Perser offensichtlich nicht unterstützt.
3. Mit welchem Recht konnte Alexander schreiben: „Herr über alles, was dein war"? Warum legte er so großen Wert darauf, daß der Perserkönig dies anerkannte.	Er sollte damit seine Niederlage endgültig eingestehen und Alexander als den Herrscher anerkennen.
4. Warum ist Dareios dieser Herausforderung nicht gefolgt?	Dareios war zwar geschlagen, aber nicht völlig besiegt. Solange er noch Mittel zum Weiterkämpfen hatte, war die totale Kapitulation nicht zu erwarten.

Die historische Größe Alexanders manifestiert sich – jedenfalls für uns Heutige – noch weit mehr als in seinen militärischen Leistungen in seinem Konzept einer Symbiose zwischen Siegern und Besiegten. Eine solche Idee war für die damalige Zeit, und übrigens auch für die gesamte Geschichte der Menschheit, von Ausnahmen in einzelnen Epochen und Kulturkreisen abgesehen, ganz unerhört. Sie stieß folgerichtig schon zu Lebzeiten Alexanders auf den Widerstand der Makedonen, und nach seinem Tode wurden die eingeleiteten Schritte zumeist wieder rückgängig gemacht. (z. B. wurden die persischen Ehefrauen wieder verstoßen). Dies mindert jedoch nicht die Größe Alexanders, sondern unterstreicht sie nur. Alexanders Pläne für die Zukunft, die durch seinen Tod nicht mehr zur Ausführung kamen, sind uns durch sein „Testament" überliefert.

▶ **Quelle:** „Testament Alexanders"

Arbeitsaufgaben	denkbare Formulierungen
1. Welches Gebiet sollte nach Alexanders Plänen erobert werden?	Alexander plante die Eroberung der Gebiete um das westliche Mittelmeer, den Rest der damals bekannten Welt, wenn man von den Gebieten an der Peripherie mit ihren unbestimmten Grenzen absieht (s. „Griechische Weltkarte" in Gfm).
2. Woran ist zu erkennen, daß Alexander sich die Hilfe der Götter für seine Pläne sichern wollte?	Er beabsichtigte, sechs kostbare Tempel zu erbauen.
3. Was bezweckte Alexander mit der Umsiedlung so vieler Menschen?	Er wollte in seinem Riesenreich aus den verschiedenen Rassen und Völkern ein Volk schaffen, das durch Blutsbande verbunden war. Damit wollte er die Feindschaft und die Konflikte zwischen den Völkern aus der Welt schaffen.
4. Was wäre geschehen, wenn Alexander länger gelebt hätte?	Er hätte zweifellos versucht, diese Pläne in die Tat umzusetzen. Es wäre ihm sicher gelungen, die geplanten Eroberungen zu machen. Die Pläne eines Mischvolkes jedoch waren utopisch. Es wäre mit den damaligen technischen Mitteln nicht möglich gewesen, Hunderttausende oder gar Millionen von Menschen umzusiedeln. Außerdem ist die Idee, in wenigen Jahrzehnten aus Völkern mit verschiedenen Sprachen und Kulturen ein einheitliches Volk zu schaffen, kaum praktikabel.
5. Was ist in der Welt durch Alexander verändert worden?	Alexanders Weltreich zerfiel nach seinem Tod, doch er hatte die Voraussetzungen für eine von den Griechen bestimmte Weltkultur geschaffen, die man Hellenismus nennt.

Arbeitsaufgaben	denkbare Formulierungen	
6. Beurteile die Maßnahmen Alexanders!	positive Aspekte: – Er schuf ein Weltreich. – Er gründete Städte und sorgte für die Begegnung verschiedener Kulturen. – Er bereitete einen Verwaltungsapparat zur Regierung des Reiches vor.	negative Aspekte: – Er überfiel ohne einsichtige Begründung ein fremdes Land. – In den Kriegszügen wurde von den Soldaten Übermenschliches verlangt. – Durch die Kriegszüge wuden Tausende von Menschen getötet oder verloren Besitz und Heimat.

Im Kapitel Hellenismus bietet sich an, zunächst den Abschnitt Technik durchzuarbeiten, da die Schüler hiervon sicherlich am meisten zu motivieren sind. Um die Leistungen der Griechen noch stärker hervorzuheben, könnte der Lehrer Kultur und Technik bei Germanen und Kelten zum gleichen Zeitpunkt ins Bild bringen.

Als Einstieg kann das Bild des Leuchtturms von Pharos (Gfm) dienen. Er wurde um 280 v. Chr. erbaut und galt als das Wahrzeichen Alexandrias. Er wurde zu den sieben Weltwundern gezählt. Bis zum 12. Jahrhundert n. Chr. diente er als Leuchtturm, erst im 14. Jahrhundert stürzte er bei einem Erdbeben ein. Im Innern des Turmes führte eine Rampe bis zur Feuerstelle in ca. 100 m Höhe. Das Brennmaterial für das Leuchtfeuer wurde durch einen Aufzug nach oben befördert. Zu den übrigen Gebieten leitet die Frage über, welche hervorragenden Leistungen die Griechen noch hervorgebracht haben. Die Bilder „Das Weltbild des Aristarch“ und „Das Weltbild des Ptolemäus“ können miteinander verglichen und mit heutigen Kenntnissen konfrontiert werden (Erdkundeatlas).

Was hatte man damals schon richtig erkannt? Was ist in Wirklichkeit anders, als man es sich damals vorgestellt hatte?

T Zusammenfassendes Strukturschema zu den Unterrichtsreihen 9–17

Adel
herrschte wirtschaftlich und politisch ↘

Landwirtschaft/
Großgrundbesitz ↙

Herausbildung eines städtischen Handwerks
(Grundlage: Verarbeitung von Bodenschätzen)

↙ Bürger errangen politische und wirtschaftliche Macht, Mitbestimmung
↓
Wirtschaftliche und politische Macht in Griechenland, Vorderasien und Ägypten in den Händen einer griechischen Oberschicht

↓ Hellenismus

↘ Handwerk, Arbeitsteilung, Unternehmer, Kaufleute
↓
Handel, Export-Import, Großunternehmer, Großkaufleute

Alexanders Kriegszug ⟶ kulturelle Ausstrahlung Griechenlands in den Nachfolgestaaten des Alexanderreiches und darüber hinaus

18. Das antike Rom

18.0.1–25.0.1 Literaturangaben

Handbücher
FWG 6,7,8: Propyläen IV; Oldenbourg 2,3.

Gesamtdarstellungen
Alföldy, Geza, Römische Sozialgeschichte, Franz Steiner, Wiesbaden ^{2}1979
Bengtson, Hermann, Römische Geschichte, Republik und Kaiserzeit bis 284 n. Chr., Beck, München ^{5}1985
Bleicken, Jochen, Die Verfassung der Römischen Republik, UTB 460, Schöningh, Paderborn ^{4}1985
Christ, Karl, Krise und Untergang der römischen Republik, Wiss. Buchgesellschaft, Darmstadt ^{2}1984
Christ, Karl, Römische Geschichte, Einführung Quellenkunde, Bibliographie, Wiss. Buchgesellschaft, Darmstadt ^{3}1980
dtv Geschichte der Antike, dtv 4403–4405
Ogilvie, Robert, M., Das frühe Rom und die Etrusker
Crawford, Michael, Die römische Republik
Wells, Colin, Das römische Reich
Grant, Michael, Das Römische Reich am Wendepunkt. Die Zeit von Marc Aurel bis Konstantin, dtv 10231
Grant, Michael, Roms Caesaren, Von Julius Caesar bis Domitian, dtv 1762
Heuss, Alfred, Römische Geschichte, Wiss. Buchgesellschaft, Darmstadt ^{5}1983
Kornemann, Ernst, Römische Geschichte, 2 Bde., Kröner KTA 132/3, Stuttgart ^{7}1977
Mommsen, Theodor, Römische Geschichte, Vollständige Ausgabe in 8 Bänden, dtv TB 5955, München ^{3}1984 (Neuauflage der klassischen Darstellung)
Volkmann, Hans, Grundzüge der Römischen Geschichte, Wiss. Buchgesellschaft, Darmstadt ^{8}1982

Wirtschafts-, Sozial- und Kulturgeschichte
Alföldy, Geza, Römische Sozialgeschichte, Steiner, Wiesbaden ^{3}1984
Bleicken, Jochen, Verfassungs- und Sozialgeschichte des römischen Kaiserreiches, Bd. 1–2, UTB 838 u. 839, Schöningh, Paderborn ^{2}1981
Brockmeyer, Norbert, Sozialgeschichte der Antike, Urban TB 153, Kohlhammer, Stuttgart
Büchner, Karl, Römische Literaturgeschichte, Kröner KTA 247, Stuttgart ^{5}1980
Grant, Michael, Mittelmeerkulturen in der Antike, dtv TB 1639
Krefeld, Heinrich, Res Romanae, Hirschgraben, Frankfurt a. M. ^{14} (Einführung in Staat, Recht, Heer, Religion, Literatur, Philosophie, Erziehung und Kunst)
Lauffer, Siegfried, Einführung in die antike Wirtschaftsgeschichte, Wiss. Buchgesellschaft, Darmstadt 1987
Nickel, Rainer/Waiblinger, Franz Peter, Kleines Lexikon zur römischen Welt, Buchners Verlag, Bamberg 1985 (Leicht verständliche (auch für Schüler) Darstellung des römischen Alltags in 1200 Artikeln)
Peterich, Eckart/Griamal, Pierre, Götter und Helden, Die klassischen Mythen und Sagen der Griechen, Römer und Germanen, dtv TB 1359
Pomeroy, Sarah, B., Frauenleben im klassischen Altertum, KTA 461, Kröner, Stuttgart 1985
Schuller, Wolfgang, Frauen in der römischen Geschichte, Universitätsverlag, Konstanz 1987

Sachbücher
Carcopino, Jérome, Rom, Leben und Kultur in der Kaiserzeit, Reclam, Stuttgart ^{2}1984
Duval, Paul-Marie, Gallien. Leben und Kultur in römischer Zeit, Reclam, Stuttgart 1979
Etienne, Robert, Pompeji. Das Leben in einer antiken Stadt, Reclam, Stuttgart ^{3}1982
Lissner, Ivar, So lebten die römischen Kaiser. Macht und Wahn der Caesaren, dtv TB 1263
Pleticha, Heinrich/Schönberger, Otto, Die Römer, Bastei-Lübbe TB 64040
Schmid, Armin u. Renate, Die Römer an Rhein und Main, Bastei-Lübbe TB 64009
Stöver, Hans Dieter, Christenverfolgung im römischen Reich, dtv TB 10292
Stöver, Hans Dieter, Spartacus, Knaur TB 628
Ternes, Charles-Marie, Römisches Deutschland. Aspekte seiner Geschichte und Kultur, Reclam, Stuttgart 1987
Urögdi, Georg, Das Leben im alten Rom, Bastei-Lübbe TB 64014
Wilkinson, L. P., Rom und die Römer, Bastei-Lübbe TB 64050

Erzählende Literatur
Sienkiewicz, Henry K., Quo Vadis, Knaur TB 1360 (Neuauflage des klassischen Romans)
Stöver, Hans Dieter
- Mord auf der Via Appia, Knaur TB 833
- Ich klage an, Knaur TB 835
- Die Frau des Senators, Knaur TB 834
- Attentat auf Pompeji, Knaur TB 1097
- Skandal um Nausikaa, Knaur TB 1026
- Tod auf dem Forum, Knaur TB 1306
- Alexander und die Gladiatoren, Knaur TB 1040
- Rebellion im Circus Maximus, Knaur TB 1203
- Der Verrat des Ambiorix, Knaur TB 1169
- Tödliche Dosis, Knaur TB 1256
- (Spannende Kriminalerzählungen aus dem antiken Rom)

Wilder, Thornton, die Ideen des März, Fischer TB 1638 (Deutung von Caesars Tod)

Zeitschriften
GWU 3/1982, 4/1982 Literaturbericht Altertum (Römische Geschichte)
GWU 3/1986, 4/1986, 5/1986 Literaturbericht Altertum

Jugendbücher
Das alte Rom, „Was ist Was" Band 55, Tessloff, Hamburg (Bildband ab 10 J.)
Baumann, Hans, Ich zog mit Hannibal, dtv TB 7048
Bergner, Karlhermann, Die Jungen der ersten Kohorte, Arena TB 1357, Würzburg
Carstensen, Richard, Römische Sagen, dtv TB 79010 München 1976 (Sehr gute Bearbeitung der Schwabschen Fassung)
Conally, Peter, Pompeji, Tessloff, Hamburg 1981 (Der Untergang Pompejis, ab 10 J.)
Conally, Peter, Die Römische Armee, Tessloff, Hamburg (Bildband, ab 10 J.)
Dillon, Ellis, Im Schatten des Vesuv, dtv TB 7497 (Die letzten Tage von Pompeji)
Giovagnoli, Raffaello, Spartakus, Feldherr der Sklaven, Rowohlt TB rotfuchs 87 (Der Sklavenaufstand unter Führung des Spartakus)
Hannibal und die Feinde Roms, Tessloff, Hamburg (Bildband)
Jung, Ernst, F., In den Krallen des römischen Adlers, Boje, Stuttgart (Kämpfe zwischen Römern und Germanen in der Zeit des Arminius)
Kaiser, Maria Regina, Lukios, der Neffe des Kaisers, Arena TB 1447 (Abenteuererzählung aus der römischen Welt um 175 n. Chr.)
Macauley, Eine Stadt wie Rom, dtv TB 7902 (Anschauliche Darstellung des antiken Roms in Wort und Bild, sehr empfehlenswert, ab 10 J.)
Manzi, Alberto, Stunden im August. Feuer und Asche über Pompeji, Arena, Würzburg (Der letzte Tag vor Ausbruch des Vesuvs)
Millard, Anne, Das war Rom, Ravensburger TB 749, Otto Maier, Ravensburg (Alltagsleben im antiken Rom)
Nack, E./W. Wägner, Rom. Land und Volk der alten Römer, Überreuther, Wien/Heidelberg
Röhrig, Tilman, Dank gebührt Hannibal, Arena, Würzburg 1981 (Hannibals Alpenüberquerung)
Das Römische Reich, Reihe „Die große illustrierte Weltgeschichte", Tessloff, Hamburg (Bildband)
Rom und seine große Zeit, Arena TV 1491, Würzburg 1985 (Leben und Kultur im antiken Rom)
Schwab, Gustav, Römische Götter- und Heldensagen, Überreuther, Wien/Heidelberg
Sutcliff, Rosemary, Der Adler der neunten Legion, dtv TB 7012
Sutcliff, Rosemary, Der silberne Zweig, dtv TB 7069
Sutcliff, Rosemary, Drachenschiffe drohen am Horizont, dtv TB 7260 (Trilogie mit Erzählungen aus der Zeit der römischen Besetzung Großbritanniens)
v. Tippelskirch, Wolf-Dieter, Die Stunde der Germanen (Entscheidung im Teutoburger Wald – Hermann der Cherusker, Varus, Germanicus)
Winterfeld, Henry, Caius geht ein Licht auf, dtv TB 7478, München 1982
Winterfeld, Henry, Caius ist ein Dummkopf, dtv TB 7442, München 1981
Winterfeld, Henry, Caius in der Klemme, dtv 70001, München 1985 (Trilogie mit den Abenteuern des römischen Schuljungen Caius, ab 10 J.)

18.0.2 UR-Ziele

(1) Veränderungen in Wirtschaft, Gesellschaft und Herrschaftssystem.
(2) Politische und soziale Konflikte, ihre Ursachen und Folgen.
(3) Ursachen und Folgen des Niedergangs und der Teilung des Römischen Reiches.

18.0.3–25.0.3 Medien

Wandkarten

Perthes	Imperium Romanum
	Das Römische Weltreich
	Gallien, Germanien und Britannien zur Römerzeit
	Das Römische Reich 264 v. Chr.–117 n. Chr.
Westermann	Das Alte Italien
	Das Römische Reich
	Das Alte Rom

Atlas
dtv 1
Westermann 28–44

Dias

FWU	10 2137	Bilder zu Caesars Bellum Gallicum 10+13 sw. u. f.
	10 2677	Freilegung einer fabricá in Nordafrika 12 f.
	10 2180	Geschichte, Kultur und Religion der Etrusker 20 f.
	10 2634	Grenzsicherung und Verkehr im Römischen Reich 11 f.
	10 0643	Herculaneum 18 f.
	10 0641	Ostia 19 f.
	10 0642	Pompeji 19 f.
		Das spätrömische Trier
	10 2500	Das spätrömische Trier 1: Die Kaiserstadt 8 f.
	10 2501	Das spätrömische Trier 2: Stadtanlage, Alltag 12 f.

	10 2502	Das spätrömische Trier 3: Handel und Waren 8 f.
	10 2503	Das spätrömische Trier 4: Kulte und Religion 8 f.
	15 0061	Aus dem Leben des Lucius Caecilius Jucundus – Bürger der Stadt Pompeji 49 f. 15 min
Flemming	10 6726	Römische Kaiserzeit 10 f.
Jünger		Die römische Antike 1, Gründungs- und republikanische Zeit (5. bis 1. Jahrhundert v. Chr.) 30 f.
		Die römische Antike 2, Die frühe Kaiserzeit (1. Jahrhundert v. Chr. bis 1. Jahrhundert n. Chr.) 30 f.
		Die römische Antike 3, Die späte Kaiserzeit (1. bis 4. Jahrhundert n. Chr.) 30 f.
Stoedtner		Römische Geschichte I, Anfänge und Republik 20 sw.
		Römische Geschichte II, Kaiserzeit 25 sw.
		Antikes Rom 20 sw.
Westermann		Rom I – Res publica 24 f.
V-Dia	10 6356	Römische Architektur I 8 f.
	10 6357	Römische Architektur II 15 f.

Filme

FWU 32 0474 Das antike Rom 15 min sw.
FWU 32 3183 Ausgrabung einer ‚fabricá' in Nordafrika 20 min f.
WBF Die Römer am Limes zwischen Donau und Rhein – um 200 n. Chr. 13 min f.
Ein römischer Kaufmann nördlich der Alpen – um 100 n. Chr. 13 min f.
Aus dem Alltag des römischen Legionärs – Vom Bürgersoldaten der Punischen Kriege zum Berufssoldaten um Christi Geburt 15 min f.

18.0.4–25.0.4 Fachwissenschaftliche Einführung

Lage und Landschaft

Italien ist zum größten Teil vom Meer umschlossen und an der Landseite im Norden durch die **Alpen** begrenzt, die schon Cato als Schutzmauer bezeichnet hat. Zwar trennen die **Appenninen** die oberitalienische Tiefebene (die in der Zeit der römischen Republik auch gar nicht Italien zugerechnet wurde) vom Schaft der Halbinsel und lösen sie in verschiedenartige Landschaften auf, doch begünstigten die Landesnatur Italiens mit ihren weitläufigen Ebenen (Po-Ebene, Latium, Campanien, Apulien, Calabrien) im Vergleich zu der kleinräumigen Struktur Griechenlands den Zusammenschluß des Landes.
Von entscheidender Bedeutung für die Geschichte Italiens ist zweifellos auch seine **zentrale Position im Mittelmeer,** das wiederum mit seinen Küstenländern eine natürliche Einheit bildet und von den Römern später als mare nostrum (unser Meer) bezeichnet wurde.
In der Antike war Italien, auch das heute weitgehend verkarstete Süditalien und Sizilien, dicht bewaldet. Infolgedessen war das **Klima** milder und das Land fruchtbarer als heute. Die Abholzung zur Gewinnung von Bau- und Brennholz sowie die verhängnisvolle Zerstörung des Waldbestandes durch Ziegen, die die Rinde der jungen Bäume abknabbern, führten schon in der Kaiserzeit zu einer Klimaveränderung.

Die Bevölkerung Italiens

Im Zuge der großen Völkerverschiebung, die um 1200 v. Chr. begann, wanderten – wie die Dorer nach Griechenland – auch nach Italien indoeuropäische Völker ein, die **Italiker** und die **Illyrer,** und überlagerten die hier siedelnde mediterrane Bevölkerung. Es waren Bauern und Viehzüchter. Durch sie kam Italien zu seinem Namen (italos = Jungstier). Die Italiker bestanden aus zwei Sprachgruppen, die **latiner** und die Umbro-Sabelter, zu denen auch der Stamm der Sabiner gehörte.
Seit dem 10. Jahrhundert v. Chr. drangen vermutlich aus Kleinasien über See die **Etrusker** in die heutige Toskana ein. Im 6. Jahrhundert erreichten sie ihre größte Machtstellung. Sie verdrängten oder unterwarfen die Italiker an der Westküste von Campanien bis in die Poebene, darunter auch in **Latium** und **Rom.** Sie hatten eine hochentwickelte Stadtkultur, die auf einer ebenso entwickelten Wirtschaft (Metallverarbeitung, Kunsthandwerk) und einem ausgedehnten Handel basierte. Im 5. Jahrhundert zerbröckelte die Macht der Etrusker. Die Italiker schüttelten die Herrschaft der dünnen etruskischen Herrenschicht ab.

Die Eroberung des Imperiums (510–133 v. Chr.)

Die Frühzeit Roms (bis 510 v. Chr.)

Die Frühgeschichte Roms liegt im Dunkeln. Nach der Sage wurde Rom 753 v. Chr. gegründet und bis 510 von **sieben Königen** beherrscht, von denen die letzten drei Etrusker waren. (Davon ist wohl die Fremdherrschaft verbürgt, das Jahr der Gründung und die Anzahl – sieben – der Könige sind unhistorisch). In der römischen Tradition waren die Könige allesamt Römer. Der Nationalstolz ließ eine Fremdherrschaft nicht zu. Um 510 nach der Überlieferung, tatsächlich wohl in der ersten Hälfte des 5. Jahrhunderts v. Chr., wurde der letzte König, Tarquinius Superbus, gestürzt (der Sage nach, weil sein Sohn die Gemahlin eines Vetters, Lucretia, entehrt hatte). Nun begann die Zeit der **Republik,** (s. S. 145).

Italien unter Roms Führung (510–264 v. Chr.)

Innerhalb von zwei Jahrhunderten hatten die Römer, ausgehend von einem (um 500 v. Chr.) etwa 800 km^2 umfassenden Stadtstaat, ganz Italien unter ihre Herrschaft gebracht. Sie wandten dabei die unterschiedlichsten Methoden an und schufen ein **abgestuftes System der Herrschaft,** das von Annexion bis zu Bündnisverträgen reichte.

Die Römer erzielten jedoch nicht nur Erfolge, sondern erlitten auch Rückschläge. Nach dem Zusammenbruch der Etruskerherrschaft schlossen sich die Städte Latiums gegen die das Machtvakuum nutzenden italischen Bergstämme zusammen. Allmählich gewann Rom die Vormachtstellung im **Latinerbund,** das Bundesheiligtum wurde auf den Aventin, einem der sieben Hügel Roms, verlegt. Der Bund gründete eine Reihe von Kolonien als militärische Stützpunkte. Im Unterschied von den griechischen Kolonien, die gänzlich unabhängig waren, blieben die römischen Kolonien Bestandteile der Mutterstadt, die Kolonisten waren Vollbürger der Stadt.

Fast ein Jahrhundert führte Rom einen erbitterten Krieg gegen die Rivalin Veji, eine etruskische Stadt 20 km nördlich von Rom, der 396 v. Chr. mit der Zerstörung Vejis, der Vertreibung seiner Bewohner und der Annexion des Stadtgebietes durch Rom endete.

Der Triumph währte nicht lange. Ein Jahrzehnt später, im Jahr 387, brachen **Keltenstämme** unter Brennus in Italien ein, vernichteten das römische Aufgebot, nahmen Rom (außer dem Kapitol) ein (am 18. Juli, dem dies ater, dem Schwarzen Tag) und zerstörten es, zogen aber schließlich nach Erhalt eines Lösegelds wieder ab. (Nach der Sage soll Brennus das Lösegeld mit falschen Gewichten gewogen haben und auf die Einwände der Römer unter dem Ruf Vae victis – Wehe den Besiegten – sein Schwert in die Waagschale geworfen haben.)

Nach dem Kelteneinfall wurde Rom sehr bald wieder aufgebaut. In den folgenden 50 Jahren konnte der Latinerbund sich erfolgreich gegen seine Feinde behaupten und territoriale Gewinne erzielen, geriet jedoch untereinander in Streit, der schließlich zu einem langen schweren **Bruderkrieg** führte. 338 v. Chr. war Rom Sieger, die Souveränität der lateinischen Städte wurde aufgehoben, und sie wurden in das römische Bundesgenossensystem eingegliedert. Diese „municipium" genannten „Landstädte" behielten nach innen Selbstverwaltung, waren jedoch außenpolitisch von Rom abhängig. Durch eine kluge Politik sorgten die Römer dafür, daß sie sich nicht zurückgesetzt fühlten und in den folgenden Samnitenkriegen einen angemessenen Anteil an der reichen Beute erhielten.

Durch die Einbeziehung ganz Latiums in das römische Bürgergebiet wurde Rom zum Nachbarn Campaniens und der dort sitzenden Samniten, volkreichen Bergstämmen, die ebenfalls einen Bund geschlosssen hatten. Mit ihnen führte Rom ein halbes Jahrhundert lang Krieg, der mit dem Sieg Roms endete. Unmittelbar danach gingen die Römer daran, den Rest Unteritaliens, insbesondere die griechischen Städte, ihrem Staatsverband einzuverleiben, wobei es vor allem den Widerstand Tarents, der Vormacht der Griechenstädte zu überwinden hatte. Im Jahr 270 v. Chr. war Italien von Rimini bis Reggio Calabria an der Spitze des Stiefels in römischer Hand. Von zukunftsweisender Bedeutung war der Gewinn der Magna Graecia, Groß-Griechenland in Unteritalien, durch den ganz Italien sich der hellenistischen Kultur öffnete.

Das **römische Bundesgenossensystem** wurde nun auf **ganz Italien** ausgedehnt. Allerdings handelte es sich nicht um einen Bund im eigentlichen Sinne, denn Rom war nicht Partner, sondern Vormacht, und die Bundesgenossen waren abhängig von Rom. Dies kam dadurch zum Ausdruck, daß alle Partner direkte vertragliche Bindungen mit Rom eingegangen waren und untereinander keine Vertragsverbindungen hatten. Überdies waren die Verträge mit Rom unauflöslich.

Italien unter römischer Herrschaft bestand aus Rom und seinem Territorium im weitesten Sinne (Stadt Rom, Kolonien römischer Bürger, „Halbbürgergemeinden" mit stammesfremden Einwohnern, die mit Rom eine Militärunion eingegangen waren) und den Territorien verbündeter Staaten (Latinischer Bund und Bundesgenossen im restlichen Italien). Aus dem ersteren Gebiet, etwa zwei Fünftel Italiens, rekrutierten sich die **Legionen,** aus dem zweiten, drei Fünftel Italiens mit etwa 150 Städten, die **Hilfstruppen.** Im Jahr 225 v. Chr. betrug die Zahl der Waffenfähigen in der ersten Gruppe 273000, die des Latinischen Bundes 85000 und der Bundesgenossen 412000 Mann. Die Bevölkerung Italiens dürfte bei 6 Millionen gelegen haben.

Im Jahr 89 v. Chr. erhielten alle Bewohner Italiens das **römische Bürgerrecht.**

Die Punischen Kriege (264–146 v. Chr.)

Durch die Einverleibung Unteritaliens war Rom zum Nachbarn der Seemacht **Karthago** geworden. Karthago war im 9. oder 8. Jahrhundert v. Chr. von phönizischen Seefahrern gegründet worden. Es war noch jahrhundertelang von Tyros (im heutigen Libanon) abhängig, entwickelte sich dann aber zur Vormacht im westlichen Mittelmeer. Ein ausgedehntes System von Stützpunkten schützte seinen Handel. Es beherrschte die Küsten Nordafrikas von Tanger bis zur ägyptischen Grenze, Südspanien sowie die Balearen, Korsika, Sardinien und West-Sizilien.

Die Beziehungen zu Rom waren bis dahin durch die

gemeinsame Gegnerschaft zu den Griechenstädten Unteritaliens geprägt gewesen, schlugen jedoch sofort in **Rivalität** um, als Rom deren Erbe angetreten hatte. Daraus entwickelte sich ein Kampf auf Leben und Tod, der schließlich mit der völligen Zerstörung Karthagos endete.
Im Verlaufe von etwa 120 Jahren führten die beiden Mächte dreimal Krieg gegeneinander, den 1.–3. Punischen Krieg (Punier, lat. poeni = Phönizier = Karthager).
Der **1. Punische Krieg** (264–241 v. Chr.) endete mit dem Gewinn Siziliens. Erstmals hatte Rom außeritalisches Land gewonnen. Sizilien wurde die erste römische Provinz. Wenig später rissen die Römer auch **Sardinien** an sich und faßten die beiden Inseln zur zweiten römischen Provinz zusammen.
Die Karthager suchten nach dem Verlust der Inseln Ersatz in Spanien. Als die karthagische Machtausdehnung sich der Grenze Südgalliens und damit den Rom gefährlichen Kelten näherte, schlug Rom los. Der **2. Punische Krieg** (218–201 v. Chr.) begann. Der karthagische Oberbefehlshaber, der 28jährige **Hannibal,** führte in einer kühnen Operation ein Heer über die Alpen und brachte den Römern mehrere schwere Niederlagen bei, am Ticinus 218, am Trasimenischen See 217 und schließlich die vernichtendste bei **Cannae** 216.
Die Römer gaben sich nicht geschlagen. Sie boten alle Kräfte auf, um das Kriegsglück zu wenden. Die Entscheidung fiel schließlich außerhalb Italiens. Der römische Feldherr Publius Cornelius **Scipio,** ebenfalls erst 24jährig, übernahm den Oberbefehl in Spanien und vertrieb 211 und 206 die Karthager von der Pyrenäenhalbinsel, setzte nach Afrika über und schlug schließlich den aus Italien zurückgerufenen Hannibal 202 v. Chr. bei **Zama.**
Rom legte den Karthagern außerordentlich **harte Friedensbedingungen** auf. Sie verloren alle Besitzungen außerhalb Afrikas, mußten dort ein mit Rom verbündetes großes Numidisches Reich unter König Massinissa dulden, mußten fast die ganze Flotte abliefern und eine Kriegsentschädigung zahlen. Karthago verlor insofern seine Souveränität, als es außerhalb Afrikas überhaupt nicht und in Afrika nur mit römischer Zustimmung Krieg führen durfte.
Es begann, sich dennoch wirtschaftlich wieder zu erholen und war, nach dem Urteil des Historikers Polybios, schon wieder die zweitreichste Stadt der Welt. Obwohl Rom auf der Höhe seiner Macht war, gewannen dort jene Politiker die Oberhand, die der alten Rivalin den Todesstoß geben wollten. (Marcus Porcius Cato: Ceterum censeo Carthaginem esse delendam = Im übrigen bin ich der Meinung, Karthago muß zerstört werden – ein Ausspruch, den er bei jeder Gelegenheit wiederholt haben soll.)
Ein Vorwand zum Eingreifen bot den Römern ein „unerlaubter" Krieg der Karthager gegen den immer übermütigeren Massinissa. Um der drohenden Kriegserklärung Roms zu entgehen, unterwarfen sich die Karthager dem Schiedsspruch Roms. Dieses nahm die Unterwerfung an und sicherte den Karthagern die territoriale Unversehrtheit und die Freiheit zu, wenn sie die Waffen ablieferten und Geiseln stellten. Nachdem dies geschehen war, verlangten die römischen Konsuln in einem beispiellos perfiden Akt ohne Rücksicht auf jedes Recht oder auf Treu und Glauben, die Karthager sollten ihre Stadt zerstören und sich landeinwärts neu ansiedeln. Daraufhin führten die Karthager einen Verzweiflungskampf, den **3. Punischen Krieg** (149–146 v. Chr.). Am Ende fiel Karthago, die Überlebenden wurden in die Sklaverei geführt, die Stadt zerstört. Über die Ruinen wurde der Pflug geführt, zum Zeichen, daß dort nie wieder eine Stadt entstehen sollte. Das karthagische Territorium wurde die **römische Provinz Africa.**

Die Eroberung des hellenistischen Ostens (ca. 215–133 v. Chr.)

Nach Beendigung des 2. Punischen Krieges begann Rom, sich in die Verhältnisse der hellenistischen Staatenwelt einzumischen. Der Anlaß bot sich, als das Seleukidenreich und Makedonien sich gegen das Ptolemäerreich in Ägypten verbanden, das sich in einem zeitweiligen Zustand der Schwäche befand. Darunter litten besonders die ptolemäischen Außenbesitzungen in der Ägäis und in Kleinasien, und auch die übrigen griechischen Mittel- und Kleinstaaten fühlten sich bedroht. Sie wandten sich daher an Rom um Hilfe. Der Senat entschloß sich zum Eingreifen, mußte aber die nach dem langen 2. Punischen Krieg kriegsmüde Volksversammlung erst zur Zustimmung überreden.
Der Makedonenkönig wurde durch ein römisches Heer geschlagen und mußte Frieden schließen. Der römische Feldherr Flaminius proklamierte während der Isthmischen Spiele 196 v. Chr. die Freiheit aller Griechenstädte. Rom erklärte sich damit zur **Garantiemacht** Griechenlands.
Die **Gründe** für das Eingreifen der Römer im Osten sind **in der Geschichtsschreibung umstritten.** Die Frage ist, ob Rom nach der Niederwerfung Karthagos im Westen zugleich den Weg des Imperialismus im Osten beschritten habe, oder ob es wegen des gestörten Gleichgewichts durch die Schwäche des Ptolemäerreiches eingriff, ohne Eroberungen zu beabsichtigen (so Mommsen).
Die heutige Forschung tendiert dahin, die **treibende Kraft** in den griechischen Klein- und Mittelstaaten (Pergamon, Thodos etc.) zu sehen, die ein Eingreifen Roms dringend wünschten und daher das makedonisch-seleukidische Bündnis als Gefahr für die Sicherheit Roms aufbauschten.

Dieser (2. Makedonische) Krieg war der Auftakt zu einer ständigen Einmischung Roms im östlichen Mittelmeer. Sie wurde allerdings, dies darf nicht übersehen werden, dadurch provoziert oder zumindest erleichtert, daß die rivalisierenden Staaten und Stadtstaaten jeweils Rom als Schiedsrichter anriefen oder es um Hilfe baten.
Zunächst führten die Römer gegen den Seleukidenherrscher Antiochos Krieg, der versucht hatte, das Erbe der Makedonen in Griechenland anzutreten, und warfen ihn in mehreren Feldzügen nieder. Damit war das hellenistische System endgültig zerstört, alle drei Diadochenreiche waren entscheidend geschwächt. Ein Versuch des Makedonenherrschers Perseus, die mit Roms (indirekte) Herrschaft unzufriedenen Griechenstädte unter seiner Führung zu einigen, beantworteten die Römer sofort mit militärischem Eingreifen (3. Makedonischer Krieg 171–168 v. Chr.). Perseus wurde vernichtend geschlagen, das Makedonenreich wurde aufgelöst. Die Griechenstädte, die mit Perseus verbündet gewesen waren, wurden „bestraft", zahlreiche Orte wurden zerstört, 150 000 Menschen in die Sklaverei geführt. 2000 führende Griechen wurden als Geiseln nach Italien geführt, darunter der Historiker Polybios.
Noch einmal erhoben sich die Griechen, nun außer aus nationalen auch aus sozialen Gründen (der wirtschaftliche Niedergang hatte die Massen in den früher blühenden griechischen Städten ins Elend gestürzt, und sie machten Rom dafür verantwortlich, denn die Römer stützten sich in ihrem Einflußgebiet auf die Besitzenden). Die Römer gingen mit ungeheurer Brutalität vor, die in der Erhebung führende Stadt **Korinth** wurde zerstört. Schon zuvor war Makedonien dem römischen Herrschaftsbereich einverleibt worden (**Provinz Macedonia** 148 v. Chr.). Ihm wurde 146 der größte Teil Griechenlands zugeschlagen. Der letzte König von **Pergamon** zog die Konsequenzen und vermachte sein Reich testamentarisch den Römern, 133 v. Chr. wurde es zur **Provinz Asia.**

Der römische Imperialismus

Innerhalb von 200 Jahren (ca. 340–133 v. Chr.) hatte der mittelitalienische Stadtstaat Rom zunächst Italien und dann ein Weltreich erobert. Der römische Imperialismus wird seit langem unter der Fragestellung diskutiert, was die Römer eigentlich zu ihrer Expansionspolitik veranlaßt habe und weshalb sie nicht an irgendeinem Punkt saturiert waren. Unter den Zeitgenossen (in Rom) war die Lehre Ciceros akzeptiert, daß die von Rom geführten Kriege prinzipiell **gerechte Kriege** (bellum iustum) seien, weil sie zur Verteidigung der Bundesgenossen unternommen worden seien. Eine andere Rechtfertigung war die Vorstellung von **Rom als Friedensbringer** (Pax Romana = römischer Frieden).

Jochen Bleicken faßt die Diskussion wie folgt zusammen:

Mommsen legt seiner ‚Römischen Geschichte' die Vorstellung zugrunde, daß das römische Weltreich die Konsequenz einer eher defensiven Außenpolitik war: Das römische Sicherheitsstreben habe durch die folgerichtige Absicherung des im Konfliktfall (Krieg) Gewonnenen jeweils zur Erweiterung des vorherigen Machtbereichs geführt. Die These will das römische Verhalten nicht rechtfertigen, räumt selbstverständlich auch dem Ehrgeiz und dem persönlichen Interesse einzelner oder von Gruppen einen angemessenen Anteil an dem Expansionsdrang ein, sieht aber in dem Gedanken der Sicherheit den Motor der steten Ausdehnung der römischen Macht (‚defensiver Imperialismus'). Die These, die sich auf manche Verhaltensweisen und politischen Prinzipien, die wir von den Römern kennen (Politik der Gründung von Siedlungen als Festungen; Stärke der defensiven gegenüber der offensiven Kriegsführung u. a.), berufen kann, hat breite Anerkennung gefunden..., und sie hat in der Tat auch manches für sich. Denn sie verbindet das eigene, römische Interesse, in das gegebenenfalls auch sehr Verschiedendes und Besonderes hineingelegt werden kann, mit dem guten Gewissen dessen, der auf diese Weise Macht gewinnt.
...Es bedarf sowohl die defensive Verhaltensweise selbst als auch das trotz dieser Haltung doch unübersehbare, immer bereite militärische Engagement der Römer einer Erklärung. Die römische Stärke in der Defensive mag u. a. auf die besonderen Verhältnisse der römischen Familie und Clientel zurückführen, die dem römischen Soldaten an Gehorsam und Disziplin zumuten konnte, was kein anderes Land der damaligen Welt von seinen Bürgern verlangen durfte. Die stets bereite kriegerische Energie ferner hat gewiß auch darin eine ihrer Ursachen, daß die Zugehörigkeit zur regierenden Gesellschaft auf dem Nachweis von öffentlicher Tätigkeit und hier in erster Linie von militärischer Leistung beruhte und also die besondere, auch in der Antike einmalige Beschaffenheit dieser Gesellschaft eine Bedingung der Expansion war.
...Die defensive Einstellung der Römer ist daher immer nur eine von mehreren möglichen Denk- und Verhaltensweisen; vielleicht ist die tragende, auf jeden Fall die immer wiederkehrende und angesichts der wachsenden Dissonanz zwischen den eigenen Kräften und dem Umfang der Macht eine eher zunehmende als abnehmende Haltung. Aber daneben steht das politische Spannungsfeld der Familien und Einzelpersönlichkeiten, aus dem Impulse für die Außenpolitik kommen, und ein immer wacher Trieb nach Erweiterung der persönlichen Einkommensbasis. Schließlich entwickelte die einmal vollendete Machtstellung Roms dann auch aus sich heraus eine Eigendynamik, die außerhalb jeder Kontrolle von seiten der Regie-

renden stand und auf die weiter nicht reflektiert wurde. Sie konnte sich in der Notwendigkeit nach weiterer Absicherung der Herrschaft, aber auch in willkürlichem Machtgebrauch, der allein um der Mehrung willen nach Expansion strebte, äußern, und sie dürfte in zunehmendem Maße nicht nur bei den Aristokraten, sondern auch unter den einfachen Bürgern einen ganz ‚naiven Besitzanspruch', in dem Expansionsstreben und Rechtfertigung zu einer Einheit verschmolzen sind, erzeugt haben.
(Jochen Bleicken, Geschichte der Römischen Republik, Oldenbourg Verlag, München 1980, S. 149ff.)

Die Republik

Mit dem Sturz der etruskischen Königsherrschaft (s. S. 141) begann die Zeit der Republik. Sie war schon in den Anfängen von schweren inneren Auseinandersetzungen zwischen den beiden Ständen der römischen Gesellschaft, den **Patriziern** und den **Plebejern,** gekennzeichnet, die als **Ständekämpfe** bezeichnet werden.

Die altrömische Familie

Sie hat ihren Ursprung in der Sozialstruktur des frühen Rom. Deren Kernstück war die **Familie**. An ihrer Spitze stand der Vater (**pater familias**), der die unumschränkte Macht über die Familie ausübte (bis hin zum Recht über Leben und Tod). Zur Familie gehörten nicht nur Frauen und Kinder, sondern auch Schwiegertöchter und -söhne sowie die Sklaven und die Klienten (die dem Familienvater anvertrauten Schutzbefohlenen). Starb der Familienvater, so löste sich die Familie auf. An seine Stelle trat der älteste Sohn, unter dessen Vormundschaft die Witwe und die noch nicht mündigen Kinder kamen. Die anderen Söhne gründeten eigene Familien.

Patrizier und Plebejer

Nur die Oberhäupter der Patriziergeschlechter, alle Familienväter waren Bürger und besaßen Bürgerrechte. Ein Teil von ihnen waren als **Klienten** an ein patrizisches (Adels-)Geschlecht gebunden. Es waren entweder frühere freie Bauern, die verarmt und in Abhängigkeit geraten waren, oder Bewohner eroberter Gebiete, die nicht Bürger werden konnten und als Schutzbefohlene einem Patriziergeschlecht zugeteilt wurden. Der patrizische Patron hatte seine Klienten bei Geschäften und vor Gericht zu vertreten, zwischen Patron und Klienten bestand ein Treueverhältnis.
Später (im 4. Jh. v. Chr.) erhielten die Klienten volle Rechtsfreiheit, das Abhängigkeitsverhältnis wurde zu einem Pietätsverhältnis. Der Adlige verpflichtete seine Klienten durch Wohltaten (Geschenke, Kostgeld, Rat, Hilfe), diese begleiteten ihn zum Forum (Marktplatz) oder zur Kurie (dem Versammlungsplatz des Sippenverbandes) und erhöhten damit sein Ansehen. Bei Wahlen stimmten sie für ihn.
Der andere Teil der Plebejer waren freie Bauern und stellten die steigende Zahl von Handwerkern und Kaufleuten.

Die Ständekämpfe

Die Auseinandersetzungen zwischen Patriziern und Plebejern, die Ständekämpfe, wurden wahrscheinlich in erster Linie durch das wachsende Selbstbewußtsein der Plebejer ausgelöst, das aus ihrem ständig steigenden Anteil an den Lasten des Krieges resultierte. Im 6./5. Jh. v. Chr. wandelte sich von Griechenland herkommend die Kampftaktik: Anstelle des (adligen) Einzelkämpfers zu Pferde oder auf dem Streitwagen trat jetzt die Phalanx der Schwerbewaffneten. Die erforderliche große Anzahl von Kriegern konnte nur aus den Reihen der Plebejer rekrutiert werden.
Die Patrizier lehnten die Forderungen der Plebejer nach politischer Mitsprache strikt ab. Die Plebejer bauten daher eine eigene politische Organisation auf, die eine Art Staat im Staat bildete: Eine plebejische **Volksversammlung** wurde gebildet, die eigene Beamte wählte, die **Volkstribunen,** die als unter dem Schutz der Götter stehend als unverletzlich (sakrosankt) erklärt wurden. Um 450 v. Chr. dürfte ihre Zahl 10 erreicht haben. Wenn ein patrizischer Beamter einen Plebejer strafen wollte, rief dieser einen Tribunen an, der den Beamten am Zugriff hinderte. Griff der Beamte den Tribunen an, versammelten sich die Plebejer und griffen den Beamten als Gottesfrevler an. Ein anderes Mittel des politischen Kampfes war der politische Streik in Form der Verweigerung des Militärdienstes oder überhaupt jeder Tätigkeit. Dieser Generalstreik wird in den Quellen symbolisch als Auszug der Plebejer aus dem Staat dargestellt.
Schließlich wurde ein Kompromiß geschlossen. Die Patrizier billigten die Bildung einer neuen Volksversammlung, der **Centurienversammlung,** die der militärischen Gliederung entsprach. Sie beruhte auf den militärischen Einheiten der Centurien (Hundertschaften) und war nach timokratischen Grundsätzen organisiert (s. S. 118, Verfassung des Solon): Die Versammlung wurde nach Besitz und militärischer Leistung in sechs Klassen gegliedert, die wiederum in eine unterschiedliche Anzahl von Abstimmungsabteilungen (Centurien) untergliedert waren. Die höchste Vermögensklasse, der Adel, stellte die Reiterei (18 Centurien), die erste Bürgerklasse die Schwerbewaffneten (80 Centurien) sowie drei weitere Bürgerklassen die Leichtbewaffneten (zusammen 90 Centurien), die fünf verbleibenden Centurien wurden von Handwerkern, Spielleuten und Besitzlosen (proletarii) gestellt.

Reiter und Schwerbewaffnete hatten mit 98 gegenüber den übrigen (95) Centurien die Mehrheit. Die Centurienversammlung beschloß über Krieg und Frieden, die Wahl der Beamten, über Gesetze u. a. m. Eine weitere Konzession der Patrizier an die Plebejer war die Kodifikation des geltenden (Gewohnheits-) Rechts. Eine Zehnmannkommission, die Decemvirn, wurde eingesetzt, das Ergebnis ihrer Arbeit waren die **Zwölf Tafeln**, auf denen das Privat-, das Straf- und das Sakralrecht aufgezeichnet waren (um 450 v. Chr.). Damit war die Rechtsunsicherheit beseitigt, das Recht war keine Geheimwissenschaft mehr, sondern öffentlich bekannt und damit der Interpretation, Kommentierung und Weiterentwicklung zugänglich. Wenig später wurde auch das **Eheverbot** zwischen Patriziern und Plebejern **aufgehoben**, die Verschmelzung der beiden sozialen Schichten war damit eingeleitet.

Die Auseinandersetzungen zwischen den „Ständen" lebten wieder auf, als durch den Galliereinfall und die schweren Kämpfe mit den Latinern der (patrizische) Staat in eine schwere Krise geriet, die erneut zu Unruhen bis hin zu anarchischen Zuständen führte. Schließlich wurde ein Kompromiß geschlossen, das unter dem Namen der Volkstribunen Licinius und Sectius überlieferte und auf das Jahr 367 v. Chr. datierte Gesetzeswerk, das eine Schuldenermäßigung für die in Not geratenen Bauern und eine gewisse Beschränkung des Besitzes an Gemeindeland verfügte und eine politische Neuordnung vornahm.

Das oberste Staatsamt wurde (wieder) geteilt. An der Spitze des Staates standen künftig **zwei Konsuln,** von denen einer Plebejer sein sollte. Da die Konsuln nach dem Ende ihrer Amtszeit in den Senat eintraten, erhielt dieser einen immer stärkeren Anteil an Plebejern, darunter viele hervorragende Feldherrn. Auch die übrigen hohen Ämter wurden nacheinander den Plebejern zugänglich, und um 300 v. Chr. gab es kein Amt mehr, das nicht auch Plebejer innehaben konnten. Die Ständekämpfe waren damit beendet, der Ausgleich zwischen den Ständen vollendet.

Gleichwohl partizipierten die Plebejer in unterschiedlichem Maße an diesen Veränderungen. Es entstand eine **neue Adelsschicht,** die **Nobilität,** die sich aus den alten patrizischen Geschlechtern (**Geburtsadel**) und einer Reihe von plebejischen Geschlechtern, die den Zugang zum Konsulat erreicht hatten (**Beamtenadel**), zusammensetzten. Um die Mitte des 3. Jahrhunderts war diese Adelsschicht bereits ein geschlossener Kreis geworden, in den einzudringen immer schwieriger wurde. Später, gegen Ende des 3. und im 2. Jahrhundert, bildete sich eine dritte Adelsschicht. Sie verdankte ihren Einfluß dem Reichtum, den sie als Großhändler, Bankiers, Reeder, Heereslieferanten, als Steuerpächter etc. erworben hatten. Sie wurden **Ritter** (equites) genannt, weil sie durch ihren Reichtum in die Zensusklasse einrückten, die im Heer den vornehmen und kostspieligen Reiterdienst leisten sollte.

Dieser **Geldadel** profitierte von der Ausdehnung der römischen Macht, ihm erwuchsen aus seinem Einfluß, anders als den Angehörigen der Mobilität, aber keinerlei Verpflichtungen, ihre privaten Interessen waren nicht mit denen des Staates identisch.

Die Krise der Republik (133–44 v. Chr.)

Das weit länger als ein Jahrhundert währende Zeitalter kriegerischer Auseinandersetzungen (die Punischen Kriege) hatten eine **wirtschaftliche und soziale Umwälzung** größten Ausmaßes zur Folge. Vor allem der 2. Punische Krieg, während dessen über viele Jahre Italien Schlachtfeld gewesen war, hatte entscheidend dazu beigetragen, die Schicht freier Bauern zu ruinieren. Der lange Kriegsdienst und die schweren Menschenverluste führten dazu, daß die Höfe nicht mehr ordnungsgemäß bewirtschaftet werden konnten und sich schwer verschuldeten oder sogar aufgegeben werden mußten.

Nutznießer dieser Entwicklung waren die adligen Grundbesitzer. Sie waren gleich mehrfach begünstigt. Aus den in den Kriegen eroberten Provinzen strömten gewaltige Kapitalien nach Rom (Kriegsbeute, Ausbeutung durch die römischen Statthalter und Beamten), die bevorzugt in Landbesitz angelegt wurden. So wurde auf die verschuldeten Bauern starker Druck ausgeübt, um sie zum Verkauf ihres Besitztums zu veranlassen. Durch die Kriege hatte sich die Zahl der Sklaven vervielfacht, die Preise für Sklaven waren stark gesunken. Im Wettbewerb mit der billigen Sklavenarbeit mußten die selbständigen Bauern den kürzeren ziehen.

Zugleich wurde aus den Provinzen (Sicilia, Africa) billiges Getreide eingeführt. Dadurch änderte sich die landwirtschaftliche Nutzung. Statt Getreide wurden Wein, Oliven und Gemüse angebaut. Die Umstellung erforderte Kapital, über das nur die wohlhabenden Grundbesitzer verfügten. Andere Güter stellten sich auf Weidewirtschaft um, die weit weniger arbeitsintensiv war.

All dies führte dazu, daß die nunmehr besitzlosen Bauern zumeist auch jede Arbeitsmöglichkeit verloren hatten. Ein großer Teil von ihnen ging nach Rom, wo sie ebensowenig Arbeit fanden, da auch das Handwerk sich immer mehr auf Sklavenarbeit umstellte. So vermehrten sie in Rom die Zahl der **Proletarier** (von proles = Nachkomme; Leute, die keine Steuern zahlen konnten und von denen daher als Leistung für den Staat nur Nachkommen zu erwarten waren). Sie lebten in erster Linie von dem Getreide, das reiche Herren kostenlos verteilten, um damit bei Wahlen Stimmen zu „erkaufen".

Die Reformen der Gracchen (133–121 v. Chr.)

Durch die Verluste in den Kriegen und auch durch die **Proletarisierung des Bauernstandes** ging die Zahl der waffenfähigen Bürger immer weiter zurück. Da die Soldaten sich selbst ausrüsten mußten, war für den Dienst mit der Waffe ein gewisses Vermögen erforderlich – in der Regel ein mittlerer Bauernhof. Obwohl der Mindestcensus, der Steuersatz der Waffenträger, mehrfach gesenkt wurde, sank die Zahl der waffenfähigen römischen Bürger von 273000 im Jahr 225 auf 214000 im Jahr 204 und von 337000 im Jahr 164 auf 318000 im Jahr 136. Die Zahl der männlichen Empfänger kostenlosen Getreides, also der Proletarier, ist für das Jahr 5 v. Chr. mit 320000 bezeugt; sie dürfte jedoch im 3. und 2. Jahrhundert noch erheblich niedriger gewesen sein.

Nach einem wegen heftigen Widerstandes schnell aufgegebenen Versuch einer **Agrarreform** durch C. Laelius, einem Freund Scipios, brachte **Tiberius Gracchus,** der 133 v. Chr. zum Volkstribun gewählt worden war, einen Gesetzesantrag ein, der den Besitz von Staatsland (nicht etwa von Privatland, das völlig unberührt bleiben sollte) auf 500 Joch (Morgen), zusätzlich für jeden Sohn 250 Joch bis zur Höchstgrenze von 1000 Joch pro Familie beschränkte. Das frei gewordene Land sollte in Parzellen zu 30 Joch an landlose Bauern vergeben werden. Dieser Plan einer Agrarreform stieß auf den erbitterten Widerstand der reichen Landbesitzer im Senat. In ihrem Auftrag erhob der zweite Volkstribun Einspruch gegen die Abstimmung vor der Volksversammlung.

Tiberius Gracchus tat in seinem Zorn einen „verfassungswidrigen" Schritt, indem er seinen Kollegen von der Volksversammlung absetzen ließ. Daraufhin ging der Gesetzesantrag durch, die Agrarreform war in Gang gesetzt. Die erforderlichen Mittel für die Ausstattung der neuen Bauernstellen sollten nach einem von Tiberius Gracchus herbeigeführten Beschluß der Volksversammlung aus dem Rom vermachten Erbe des Königs von Pergamon bezahlt werden – ein zweiter revolutionärer Schritt, weil dem Senat die Budgethoheit zustand. Schließlich betrieb Tiberius Gracchus, erneut entgegen der (ungeschriebenen) „Verfassung", seine Wiederwahl als Volkstribun. Während der Wahlversammlung wurde Tiberius zusammen mit 300 seiner Anhänger von den aus einer Senatssitzung herausstürmenden Senatoren erschlagen – „eine Art improvisierter Lynchjustiz" (Alfred Heuss).

Dieses Vorgehen war ebenso ungesetzlich wie die Handlungen des Tiberius. Der Senat rechtfertigte es im nachhinein, indem er einen **Staatsnotstand** konstatierte, in dem es erlaubt sei, Maßnahmen gegen die Gefährdung von Staat und Staatsordnung zu ergreifen – eine Art „Ermächtigungsgesetz", ohne daß die historische Parallele überstrapaziert werden sollte, denn im Unterschied zu den vom Ermächtigungsgesetz des Jahres 1933 „Betroffenen" handelte Tiberius Gracchus eindeutig verfassungswidrig.

Die **Agrarreform** wurde zunächst fortgeführt. Die Zahl der waffenfähigen Bürger erhöhte sich von 319000 im Jahr 131 auf 394000 im Jahr 115. Es erwies sich jedoch, daß die Agrarreform die Bundesgenossen benachteiligte. Das von ihnen besetzte Staatsland wurde in die Aufteilung einbezogen, andererseits konnten sie als Nicht-Bürger bei der Ackerverteilung nicht berücksichtigt werden. Die Landverteilung geriet ins Stocken.

Nun nahm der jüngere Bruder des Tiberius, der 22jährige **Gaius Gracchus**, dessen Politik wieder auf. Er ließ sich 123 v. Chr. und erneut 122, nachdem die Wiederwahl legalisiert worden war, zum Volkstribun wählen. Vergebens hatte ihn seine Mutter Cornelia, die berühmte „Mutter der Gracchen", in einem überlieferten Brief davor gewarnt, sich von dem Rachedurst für die Ermordung des Bruders bestimmen zu lassen. Gaius Politik zielte darauf ab, die Senatsherrschaft zu schwächen und die Volksherrschaft bzw. die seiner Führer zu stärken. Die Proletarier gewann er durch ein Gesetz, durch das sie verbilligtes Getreide erhielten, den Stand der Ritter macht er sich geneigt, indem ihnen die Ausbeutung der Provinzen durch Verpachtung der Steuern und Abgaben an Kapitalgesellschaften überlassen wurden. Das Richtergesetz bestimmte zudem, daß die Gerichtshöfe, die über Vergehen senatorischer Statthalter in den Provinzen zu urteilen hatten, aus dem Ritterstand besetzt wurden. Damit waren die Provinzen den Rittern ausgeliefert.

Zum Verhängnis wurde Gaius Gracchus, daß er beantragte, den **Bundesgenossen** (Latiner und Italiker) das **Bürgerrecht** zu verleihen. Ihre Privilegien mochten auch die Ritter und das Volk von Rom nicht mit anderen teilen. Sie wandten sich von Gaius ab, er wurde 121 v. Chr. nicht wieder gewählt, und der Senat konnte zum Gegenangriff übergehen. Er erklärte den Staatsnotstand und setzte Truppen gegen die auf dem Aventin verschanzten Parteigänger des Gaius und ihren Führer ein. 3000 wurden niedergemetzelt. Gaius Gracchus ließ sich von einem Sklaven töten.

Die **Motive der Gracchen** sind in der Forschung **strittig.** Seit Mommsen (Gaius Gracchus, ein „poltischer Brandstifter") ist die Mehrheit der Historiker der Auffassung, Tiberius und insbesondere Gaius Gracchus hätten die Agrarreform nur als Mittel benutzt, um die bestehende politische Ordnung zu verändern, d. h. den Senat zu entmachten und durch eine „Volksherrschaft" unter Führung eines demagogischen Politikers zu ersetzen, sie hätten den Schritt vom „Reformator zum Sozialrevolutionär" getan. Dem widersprechen andere Historiker. Alfred Heuss z. B. vertritt die Meinung, das primäre Ziel beider Gracchen sei die Agrarreform gewesen, sie seien keine Revolutionäre gewesen. „Im Grunde wollten sie nicht einmal das bestehende Regierungssystem prinzipiell in Frage ziehen. Sie betrieben nur ihre in den Zielen eben doch begrenzte Politik mit anderen als in der Verfassung vorgesehenen Mitteln." (Propyläen Weltgeschichte, IV, S. 196).

In der Zeit nach den Gracchen nannten sich die Verfechter der Senatsherrschaft **Optimaten**, die einer Volksherrschaft **Popularen,** wobei vor einer Simplifizierung dieses Gegensatzes als ein Kampf verschiedener sozialer Gruppen zu warnen ist. Auch bei den Popularen machen einzelne Politiker, und zwar ebenfalls aus den einflußreichen Adelsfamilien, die Politik, nicht das Volk.

In der Reaktion auf die Gracchen wurde der Agrarreformpolitik der Boden entzogen, indem das Staatsland in Eigentum der derzeitigen Inhaber verwandelt und damit verkäuflich gemacht wurde. Damit konnte es nicht mehr eingezogen und neu verteilt werden. Dagegen blieben die eher negativ zu bewertenden und von den Gracchen nur als Mittel der Politik betrachteten Neuerungen bestehen: das Getreidegesetz und die die Ritter betreffenden Gesetze.

Die Heeresreform des Marius (um 107 v. Chr.)

Das Übergewicht der Optimaten wurde durch äußere Ereignisse in Frage gestellt, nämlich eine Reihe schwerer militärischer Niederlagen: gegen den Numiderkönig Jugurtha und vor allem gegen die seit 113 v. Chr. an den Grenzen des Reiches auftauchenden Germanenstämme, die **Kimbern** und **Teutonen.** Nun wurde ein Nicht-Adliger, ein hervorragender Heerführer, C. Marius, zum Konsul gewählt und erhielt damit den Oberbefehl. Er beendete erfolgreich den Krieg gegen Jugurtha und schlug schließlich auch die Teutonen und die Kimbern vernichtend.

Ermöglicht wurden diese Siege durch eine revolutionäre **Heeresreform**. Das bäuerliche Milizheer wurde abgelöst durch ein **Söldnerheer.** Besitzlose Freiwillige wurden angeworben und vom Staat ausgerüstet. Angelockt wurden sie von dem Versprechen der Beteiligung an der Beute und der wirtschaftlichen Sicherung nach der Entlassung, was nach Lage der Dinge nur durch Zuweisung eines Landgutes möglich war. Von nun sollte sich die Agrarfrage unter dem Vorzeichen der **Veteranenversorgung** immer wieder neu stellen. Marius gliederte das Heer auch taktisch neu, nämlich in Kampfgruppen von 600 Mann, die **Kohorten**, von denen zehn eine **Legion** bildeten. Diese Gliederung blieb auch in der Kaiserzeit bestehen.

Die Wiederherstellung der Senatsherrschaft durch Sulla (um 80 v. Chr.)

Zu Beginn des 1. Jahrhunderts v. Chr. geriet Rom in eine außerordentlich **schwere Krise.** Sie begann mit einem **Aufstand der italischen Bundesgenossen,** nachdem ein von dem Volkstribun Marcus Livius Drusus unternommener Vorstoß, den Bundesgenossen das Bürgerrecht zu verleihen, gescheitert war. Der Zorn der enttäuschten Italiker entlud sich in einem allgemeinen Aufstand gegen Rom. Sie gründeten einen eigenen Bundesstaat mit der Hauptstadt Italia. Ein furchtbarer Bürgerkrieg brach aus. Nach mehreren schweren Niederlagen entschlossen sich die Römer, den Aufständischen entgegenzukommen und gestanden den Italikern das Bürgerrecht zu (89 v. Chr.).

Unmittelbar nach Beilegung dieser inneren Krise geriet die Reichsherrschaft in eine kritische Situation. Im Osten hatte der **König Mithradates** von Pontos unter Ausnutzung der Schwäche Roms ein großes Reich um das Schwarze Meer errichtet und fiel nun in die römische Provinz Asia ein, das ehemalige Pergamon. „Die schamlose Ausplünderung, welche in der Hauptsache die römischen Kapitalisten in der Provinz Asia" (Alfred Heuss) betrieben hatten, eine Folge des Bündnisses von Gaius Gracchus mit den Rittern, hatte in der Bevölkerung einen abgrundtiefen Haß erzeugt, der sich nun in einem Blutrausch Luft machte. 80 000 Römer und Italiker wurden in der „Vesper von Ephesus" niedergemetzelt. Mithradates fiel nun auch Griechenland zu.

Ein römisches Heer wurde in den Osten entsandt. Der Oberbefehl wurde dem Konsul Cornelius **Sulla**, einem kampferprobten Feldherrn und führenden Optimaten, übertragen. Als ein Volkstribun ihm den Oberbefehl wieder entzog und dem Popularen Marius übertrug, zog Sulla mit seinem Heer nach Rom und besetzte es. Damit wurde der schwerste **Bürgerkrieg** (88–82 v. Chr.) in Roms bisheriger Geschichte eröffnet. Als Sulla die Senatsherrschaft wieder genügend befestigt erschien, zog er nach Griechenland. Nun setzten die Popularen zum Gegenangriff an. Marius besetzte Rom, ein furchtbares Gemetzel unter den Optimaten folgte. Sulla gelang es, Mithradates aus Griechenland zu verdrängen, doch schloß er, um möglichst schnell nach Rom zurückkehren zu können, einen für Mithradates günstigen Frieden (Wiederherstellung des Status quo ante).

Ende 82 v. Chr. zog Sulla in Rom ein. Das Gemetzel, das die Anhänger des Marius angerichtet hatten, wiederholte sich nun mit umgekehrtem Vorzeichen. Sulla, gedrängt, dem wilden Blutrausch ein Ende zu bereiten, brachte nun Methode in den Rachefeldzug: Die Namen der Todgeweihten wurden durch öffentlichen Anschlag (proscriptio) bekannt gemacht. Die-

sen **Proskriptionen** fielen 40 Senatoren und 1400 Ritter zum Opfer (nach anderen Berichten mehrere tausend), sämtlich wohlhabende Leute, deren Vermögen eingezogen wurde. Spielte sich in Rom der Bürgerkrieg innerhalb der Oberschicht ab, so traf dies nicht für die Italiker zu. Dort ließen die Soldaten Sullas die gesamte Bevölkerung zahlreicher Städte über die Klinge springen. Auf dem herrenlos gewordenen Land siedelte Sulla seine Veteranen an. Die Änderung der Heeresorganisation vom Milizheer zum ständigen Söldnerheer hatte die politischen Verhältnisse verändert; Heere dienten ihren Feldherrn bei Bedarf als Bürgerkriegsarmee.
Sulla ließ sich zum Diktator der Zeit ausrufen, „um den Staat auf gesetzlicher Grundlage wiederherzustellen". Er stellte die Senatsherrschaft wieder her, indem er die Rechte der Volkstribunen und der Ritter beschnitt. Die Militarisierung der Politik versuchte er rückgängig zu machen, indem die römischen Beamten (Konsuln, Prätoren) nur noch zivile Funktion hatten. Erst nach Ablauf ihrer zivilen Amtszeit übernahmen sie für ein Jahr als Statthalter mit militärischer Kommandogewalt eine der Provinzen, durften aber ohne Erlaubnis des Senats weder ihre Provinz verlassen noch Krieg führen. Auch andere Teile des umfangreichen Gesetzgebungswerkes waren durchaus sinnvolle Reformmaßnahmen.
Im Jahre 79 v. Chr. legte Sulla sein Amt als Diktator nieder, zur Überraschung vieler seiner Zeitgenossen. Sulla ist eine schwer klassifizierbare Persönlichkeit. Einerseits ein klar denkender Politiker – Alfred Heuss nennt ihn sogar „die stärkste staatsmännische und organisatorische Potenz, welche das republikanische Rom jemals besessen hat" –, war sein Handeln besonders nach der Rückeroberung Roms von einem pathologischen Haß bestimmt. Niebuhr nannte ihn ein „blutbeflecktes Ungeheuer".

Militärdiktatur und Prinzipat (44 v.–14 n. Chr.)
Die **Militärordnung Sullas** hatte das vorrangige Ziel, Italien und die Hauptstadt vor der Invasion mächtiger militärischer Befehlshaber (von Sulla selbst zweimal praktiziert) zu schützen. Die zeitliche (ein Jahr) und räumliche Beschränkung (eine Provinz) jeglicher militärischer Kommandogewalt führte jedoch dazu, daß umfassenderen **Bedrohungen der römischen Herrschaft** nicht mehr wirksam entgegengetreten werden konnte. Es bedurfte außerordentlicher, d. h. die geltende Verfassung sprengender Vollmachten, um solcher Bedrohungen Herr zu werden. Deren gab es gleich mehrere. In **Spanien** hatte sich der ehemalige Prätor Sertorius an die Spitze eines Aufstandes gestellt und eine Gegenregierung vor allem aus ehemaligen Anhängern des Marius gebildet in der Absicht, Rom von der Provinz her zu erobern. Nach der Vernichtung der regionalen Seemächte durch Rom hatten die **Seeräuber** ihre Herrschaft über immer größere Teile des Mittelmeeres ungehindert ausbreiten können. **Mithridates** von Pontos erhob sich erneut gegen Rom.
Schließlich kam noch ein **Aufstand der Sklaven** in Italien hinzu. Unter Führung des **Spartacus**, eines klugen und mutigen Sklaven thrakischer Herkunft, hatten Gladiatoren der Fechterschule von Capua eine Revolte ausgelöst, die sich schnell zum größten Sklavenaufstand der römischen Geschichte entwickelte. Das Sklavenheer von schließlich 70 000 Mann schlug mehrere römische Legionen und durchzog ganz Italien.
Der junge Cn. **Pompeius**, der unter Sulla mit einer Art von Privatarmee große militärische Erfolge erzielt hatte und von seinen Soldaten vergöttert wurde, erhielt nun solche außerordentlichen Vollmachten. Er schlug die Erhebung des Sertorius nieder und eroberte Spanien zurück. Der Sklavenaufstand wurde von **M. Licinius Crassus,** der sich unter Sulla an den Gütern der Proskribierten bereichert hatte und als der reichste Römer galt, niedergeworfen. 6000 Gefangene ließ Crassus entlang der Via Appia kreuzigen. Eine nach Oberitalien entkommene Abteilung der Sklaven wurde von Pompeius vernichtet, der gerade aus Spanien zurückkehrte.
Zur Belohnung erhielten Pompeius und Crassus das **Konsulat** des Jahres 70 v. Chr., obwohl sie nach der Verfassung hierfür nicht in Frage kamen. Während des Konsulats betrieben sie die Aushöhlung der Verfassung Sullas; vor allem stellten sie die Macht des Volkstribunats wieder her. Ein Volkstribun übertrug denn auch Pompeius ein außerordentliches Kommando für das gesamte Mittelmeergebiet zur Bekämpfung der Seeräuber. Innerhalb von 40 Tagen war die Macht der Seeräuber gebrochen. Sogleich erhielt Pompeius den Oberbefehl gegen Mithridates, den er vernichtend schlug. Er errichtete eine völlig neue politische Ordnung im Osten, schuf zwei neue Provinzen (Bithynien/Pontos und Syrien) und ein vorgelagertes System von Klientelfürstentümern zum Schutz gegen die Parther.
62 v. Chr. kehrte er nach Italien zurück, wo er sogleich sein Heer entließ. Obwohl er zur Erleichterung des Senats seine Macht und Autorität nicht zur Erringung der Alleinherrschaft genutzt hatte, verweigerte der Senat die Anerkennung der Neuordnung im Osten und die Versorgung seiner Veteranen. Daraufhin verband sich Pompeius mit den mächtigsten Politikern seiner Zeit, mit **Caesar** und **Crassus.**

Caesars Weg zur Alleinherrschaft
C. Julius Caesar, der Führer der popularen Richtung, war für das Jahr 59 v. Chr. zum Konsul gewählt worden, mußte aber mit dem Widerstand der Senatsmehrheit gegen seine politischen Pläne rechnen. Die

Verbindung der drei Männer, als **Erstes Triumvirat** bezeichnet, machte sie zur mächtigsten politischen Gruppierung in Rom. Caesar ging sofort an die Durchführung eines großen Gesetzgebungswerkes. Siedlungsgesetze teilten das Staatsland unter landlose Siedlungswillige (und die Veteranen des Pompeius) auf, ein anderes Gesetz schützte die Einwohner der Provinzen vor der Willkür der Statthalter und ihrer Beamten.

Um sich eine militärische Machtbasis zu schaffen, ließ er sich ein auf zunächst fünf Jahre bemessenes außerordentliches militärisches Kommando für die Provinzen Gallia Cisalpina (Oberitalien), Illyricum (Dalmatien) und Gallia Narbonensis (Südfrankreich) übertragen. Er blieb acht Jahre in Gallien und eroberte während dieser Zeit gegen erbitterten Widerstand ganz Gallien, das 51 **römische Provinz** wurde. Der Rhein und der Atlantik wurden zur Grenze des Reiches. Darüber hinaus unternahm er Expeditionen nach Britannien, das jedoch erst ein Jahrhundert später unterworfen wurde.

Caesar hat sich und seinem Eroberungswerk in seiner Schrift „De bello Gallico“ ein einzigartiges Denkmal gesetzt. Jeder Schüler, der einmal Latein gelernt hat, kennt zumindest Auszüge daraus.

Die Eroberung Galliens ist in der Geschichtsschreibung unterschiedlich beurteilt worden. Jochen Bleicken setzt kritische Akzente:

Für den Historiker ist von besonderem Interesse die Frage nach dem Ziel des gallischen Feldzuges. Es lag zunächst nahe, die Eroberung des ganzen freien Keltenlandes als imperiale, die weltumspannende Größe Roms versinnbildlichende Tat zu feiern. Entsprechende Töne, welche die Eroberung ganz unreflektiert und naiv mit der Größe Roms in eins setzten, hören wir bereits von den Zeitgenossen Caesars, so von Cicero...

Da das von Caesar eroberte Keltengebiet schon sehr bald zu einem der Schwerpunkte der kaiserzeitlichen Kultur wurde und auch das spätere Frankreich aus seiner römischen Vergangenheit Kraft und Selbstidentifikation schöpfte, hat der Krieg Caesars in der Weltliteratur kaum Kritik gefunden...

Die Weite der römischen Herrschaft und die vorausgesetzte Überlegenheit der römischen Zivilisation läßt gar nicht den Gedanken von dem Unrecht der Tat aufkommen, sondern faßt Herrschaft und Verteidigung, Eroberung und Patronat über die Völker zu einer Einheit zusammen, in der die einzelnen Elemente nur unvollkommen, allenfalls bei konkretem Anlaß (z. B. in der Kritik des innenpolitischen Gegners) für kurze Zeit bewußt werden.

(Bleicken, a.a.O., S. 214)

Joseph Vogt sieht das Ergebnis ungleich positiver:

So war das große gallische Land zur römischen Provinz geworden. Wir sind gewohnt, dieses Ereignis in dem geschlossenen Zusammenhang von Cäsars persönlicher Machtpolitik zu sehen und seine grundlegende Bedeutung für die Überwindung der Senatsregierung hervorzuheben. Nun ist es aber charakteristisch für die Großen in der Geschichte, daß ihr schöpferisches Werk in vielen, fest untereinander verbundenen Stufen sich erhebt und vollendet, daß aber jede einzelne dieser Stufen, weltgeschichtlich betrachtet, ihre besondere Stellung und selbständige Geltung besitzt. Die Eroberung Galliens durch Cäsar hatte zur Folge, daß der europäische Norden zum Mittelmeer hin orientiert wurde. Länder von einfacher Kultur nahmen die von Rom vermittelte antike Lebensordnung an und führten sie auf ihrem Gang durch die Geschichte einer in Raum und Zeit unermeßlichen Wirkung zu. Neben Spanien, dessen Ausstrahlung durch natürliche Bedingungen vorwiegend dem benachbarten Afrika und den Inseln des westlichen Mittelmeers zugewandt war und später durch die großen Länderentdeckungen nach dem neuen Erdteil jenseits des Ozeans gelenkt werden sollte, wurde Gallien, seit Cäsar das Vorwerk des römischen Reiches im Norden, für alle Folgezeit das wichtigste Neuland lateinischer Kultur in Europa.

Weltreich und Krise. Römische Republik II, Herder Verlag, München 1962, S. 109.

Während Caesars Abwesenheit hatten sich in Rom die Machtverhältnisse verschoben. Die Senatsmehrheit hatte es durch verlockende Angebote vermocht, Pompeius auf ihre Seite zu ziehen. 52 v. Chr. war er zum einzigen Konsul, also zum Alleinregenten, gewählt worden. Überdies war Crassus auf einem Kriegszug gegen die Parther in Syrien gefallen. Das Triumvirat war damit aufgelöst.

Caesar auf der anderen Seite verfügte über eine starke, kampferprobte Armee, über reichhaltige Geldmittel aus der Gallischen Beute und über eine ihm ergebene Bevölkerung in der Gallia Cisalpina. Der Senat forderte die Niederlegung des militärischen Kommandos und die Auslieferung der Provinzen. Beide Seiten sahen wohl den Bürgerkrieg für unvermeidlich an. Am 10. Januar 49 v. Chr. überschritt Caesar den **Rubicon,** das nördlich von Rimini gelegene Grenzflüßchen zwischen der Provinz Gallia Cisalpina und Italien (berühmt Caesars Ausspruch: alea iacta est – „Der Würfel ist gefallen“).

Pompeius und mit ihm zahlreiche Senatoren verließen Italien und wichen nach Griechenland aus. Innerhalb von vier Jahren eroberte Caesar in einer Reihe von Feldzügen, in denen er stets siegreich war, das gesamte Reich. Im Jahr 45 war er de facto, wenn auch nicht formal, **Alleinherrscher.** Die Institutionen der Republik bestanden zwar fort, doch büßten sie ihre politische Bedeutung ein oder wurden von Caesar sogar in Werkzeuge seiner Herrschaft umgewandelt. Der Senat wurde durch Parteigänger

Caesars auf 900 Mitglieder vermehrt. Die Zahl der Beamten wurde stark erhöht, zumeist wurden sie von Caesar ernannt, ihre Wahl durch das Volk hatte rein formalen Charakter.
Caesar selbst ließ sich mehrfach zum Konsul wählen, 44 v.Chr. zum **Diktator** auf Lebenszeit. Schließlich ließ er sich mit **kultischen Ehren** überhäufen. Er erhielt die Titel pater patriae (Vater des Vaterlandes) und divus Julius (Gott Julius). Eine Statue Caesars wurde im Tempel des Quirinus (des vergöttlichten Stadtgründers Romulus) aufgestellt. In der Öffentlichkeit trat er im Triumphgewand und mit goldenem Lorbeerkranz auf wie einstmals die Könige.
Ausgestattet mit unbegrenzter Macht setzte Caesar ein umfangreiches **Reformwerk** in Gang. Innerhalb von fünf Jahren, von denen er nur 15 Monate in Rom war, wurden zahlreiche Gesetze erlassen. Die Bewohner der Provinz Gallia Cisalpina erhielten das Bürgerrecht. Veteranen und arbeitslose römische Proletarier wurden in Italien und in den Provinzen angesiedelt, die Zahl der Getreideempfänger sank von 300000 auf die Hälfte. Zugleich wurden so zahlreiche römische Städte gegründet und die Romanisierung des Reiches vorangetrieben. Eine Kalenderreform ersetzte das alte Mondjahr durch das Sonnenjahr (Julianischer Kalender). Weitere Projekte kamen nicht mehr zur Ausführung, so die Trockenlegung der Pontinischen Sümpfe südlich von Rom.
Gegen den Diktator, den Zerstörer republikanischer Freiheiten, zum Teil auch aus weniger edlen Motiven, fanden sich 60 **Verschwörer** zusammen, fast alles Senatoren. An ihrer Spitze stand M. Junius **Brutus**, der schon zum engsten Kreise Caesars gehört hatte, und sein Schwager Cassius. Am 15. März 44 v.Chr. (den „**Iden des März**") schlugen die Verschwörer zu. Mehrere von ihnen stachen mit Dolchen auf ihn ein („Auch Du, mein Sohn Brutus" soll Caesar gerufen haben, bevor er starb). Der Mord stellte nicht die Republik wieder her, wie die Täter beabsichtigt hatten, sondern stürzte das Reich in einen 14 Jahre währenden Bürgerkrieg.
Die Ursachen des Untergangs der Republik faßt Jochen Bleicken wie folgt zusammen:
Die moderne Forschung hat keine große Diskussion über die Ursachen des Zusammenbruchs der Republik geführt, wie wir sie für den Untergang des römischen Kaiserreiches kennen, obwohl die Umstände des Zusammenbruchs nicht weniger dramatisch verliefen als in der Spätantike. Der Grund liegt auf der Hand; man war und ist sich heute – jedenfalls außerhalb der marxistischen Geschichtsbetrachtung – über das Problem im großen ganzen einig: Die Krise der Republik war eine Krise der aristokratischen Gesellschaft, die ihrerseits wiederum letztlich auf Dissonanz zwischen der Weltherrschaft und den Möglichkeiten eines aristokratisch-stadtstaatlichen Regiments zurückzuführen ist. Sie war also eine politisch-strukturelle Krise und als solche identisch mit der Auflösung des politischen Grundkonsenses innerhalb der Oberschicht. Auch bei den Römern selbst wuchs seit dem 2. Jh. n. Chr. das Bewußtsein einer Krise; als ihre Ursache erkannten sie den Verfall der Sitten aufgrund der Größe der römischen Herrschaft. Auch in manchen Darstellungen der neueren Zeit wird noch bisweilen die antike Vorstellung vom Sittenverfall, jedenfalls bis zu einem gewissen Grade, als ein eigener, in sich selbst ruhender Faktor für den Untergang der Republik angesehen. Die Rückkehr zu einer rein moralisierenden, den Wandel des politischen und sozialen Gefüges nicht oder nur bedingt einschließenden Betrachtungsweise ist als ein Rückschritt anzusehen. Die Moral steht nicht in einer Spannung zu dem Umfang des römischen Herrschaftsraumes, der als Abstraktum gar keine negative oder positive Haltung hervorbringen konnte, sondern zu den (durch die Expansion Roms sich allmählich wandelnden) wirtschaftlichen und sozialpolitischen Bedingungen...
(Bleicken, a.a.O., S. 192)

Der Principat des Augustus (31 v.–14 n.Chr.)

Aus dem Bürgerkrieg ging der Großneffe Caesars, Octavius, den Caesar testamentarisch adoptiert hatte, als Sieger hervor. Er war de facto Alleinherrscher, versuchte aber einen Ausgleich mit der Aristokratie, indem er an die Reformen der Republik anknüpfte. Die im Jahr 27 v.Chr. entstandene **Verfassung des Principats** stellte scheinbar die Republik wieder her, schuf tatsächlich aber eine Monarchie – das **römische Kaisertum.**
Octavian, nun **Augustus** (der „Erhabene") genannt, hatte als **princeps,** als erster Bürger, die höchste autoritas (Autorität) im Staat. Er wurde Tribun auf Lebenszeit und hatte damit das Recht auf Gesetzesinitiative und ein Vetorecht, damit praktisch die entscheidende politische Macht. Als Tribun genoß er den Oberbefehl über die wichtigsten Grenzprovinzen, in denen die Legionen lagen. Sie wurden nun kaiserliche Provinzen genannt. Der Senat behielt die Herrschaft über die militärisch unwichtigen inneren („senatorischen") Provinzen. Später ließ sich Augustus den Oberbefehl auch über die Truppen in Italien übertragen und besaß damit auch die ausschließliche militärische Macht.
Nach einem hundertjährigen Bürgerkrieg war die Sicherung des Friedens die entscheidende Grundbedingung für den Bestand der Herrschaft des Augustus. In der Tat stellt seine Regierungszeit eine Periode ungestörten **inneren Friedens** dar. Nach außen konzentrierte er sich im großen und ganzen auf die Sicherung und Verteidigung des Imperiums, wenn auch die Reichsgrenze an verschiedenen Stellen

noch vorgeschoben wurde, so bis an die Donau (neue Provinzen Raetia und Noricum). Der Vorstoß an die Elblinie scheiterte durch die Niederlage des **Varus** gegen die Germanen **Hermann des Cheruskers** (Arminius) im Teutoburger Wald 9 n. Chr., bei der drei Legionen vernichtet wurden.
Der Friede brachte einen außerordentlichen wirtschaftlichen Aufschwung mit sich, eine Voraussetzung für die Blüte der Künste, voran der enormen Bautätigkeit, aber auch der Literatur, die ihren klassischen Höhepunkt erreichte (Vergil, Horaz, Ovid, Livius).

Die innere Struktur des Imperiums
Die Herrschaft des Augustus war eindeutig auf seine Persönlichkeit zugeschnitten gewesen. Es sollte sich als Verhängnis erweisen, daß in der Herrschaftsform des Prinzipats die **Nachfolge** nicht eindeutig geregelt war.
Wichtigste Stütze der Macht war das **Heer.** Seit Augustus war es ein stehendes Heer aus Berufssoldaten (350000 Mann). Es bestand aus 28 Legionen, in denen nur römische Bürger dienen konnten. Dazu kamen aus Provinzialen bestehende Hilfstruppen. Eine auserlesene Schutztruppe der Kaiser war die **Prätorianergarde** (9 Kohorten zu 1000 Mann), die in Rom und Umgebung stationiert war. Die Prätorianer spielten bald eine verhängnisvolle Rolle. Sie, oder vielmehr ihre Befehlshaber (Prätorianerpräfekten), griffen vielfach bei Thronwechseln ein. Sie spannen Intrigen, inszenierten Palastrevolutionen und spielten bei der Ermordung einer Reihe von Kaisern die führende Rolle.
Die zweite Stütze der kaiserlichen Macht war die **Beamtenschaft.** Aus den Wahlbeamten (deren Ämter wegfielen oder in ihrer Bedeutung ausgehöhlt wurden) wurden nun Berufsbeamte, die vom Kaiser eingesetzt wurden. Die Beamten kamen zumeist aus dem Hinterland, teilweise wurden die Stellen auch durch Freigelassene des Kaisers besetzt. Der Personalbestand war in Relation zur Größe des Reiches außerordentlich gering. Die Provinzen wurden von der (einheimischen) Oberschicht „regiert", die Städte genossen weitgehende Selbstverwaltung. Der römische Statthalter hatte nur einen kleinen Stab. Im übrigen war er auf gute Beziehungen zu den einflußreichen Kräften der Provinz angewiesen, wenn er seine Hauptaufgabe, die Aufrechterhaltung der Ordnung, erfüllen wollte. Man kann dies an mehreren Stellen im Neuen Testament erkennen, vor allem natürlich beim Prozeß Jesu, wo Pilatus keine andere Wahl hat, als Jesus hinrichten zu lassen, wenn er eine ernstliche Störung von Ruhe und Ordnung vermeiden will. Diese relative Selbständigkeit der Reichsteile ist wohl auch eine Erklärung dafür, daß das Reich eine Reihe unfähiger Kaiser ertragen konnte.

Vom Principat zum Dominat
Augustus' Nachfolger kamen aus seiner Familie, dem „Julisch-Claudischen Haus", wenn es auch in keinem Falle direkte Nachkommen waren (wie ja auch schon Augustus nur ein Adoptivsohn des Juliers Caesar gewesen ist). Einige waren wahre Monster (Caligula, Nero). Die Mißwirtschaft Neros trieb das Heer in den Provinzen zum Aufstand. Aus den Machtkämpfen ging der aus dem italischen Bürgertum stammende Heerführer Vespasianus als Sieger hervor, ein tüchtiger Verwalter, unter dem wieder geordnete Verhältnisse einkehrten. Er begründete die kurzlebige Dynastie der **Flavier,** der schließlich eine Verschwörung der Prätorianerpräfekten gegen den Gewaltherrscher Domitian ein Ende machte.
Die folgende Periode bezeichnet man als die der **Adoptivkaiser,** weil die jeweiligen Kaiser ihre Nachfolger durch Adoption bestimmten. Die „Dynastien" hatten sich als unfähig erwiesen, fähige Thronfolger hervorzubringen, nun sollte, gemäß der herrschenden philosophischen Lehre, der Stoa, der Beste erwählt werden. Allerdings waren sämtliche Adoptivkaiser ohnehin kinderlos, außer Marc Aurel, der dann auch seinem unfähigen Sohn Commodus die Nachfolge übertrug. Die Adoptivkaiser stammten aus den Provinzen (Spanien, Gallien). Es waren sämtlich hervorragende Regenten, das knappe Jahrhundert ihrer Herrschaft war das glücklichste der Kaiserzeit.
Nach dem Tode des Commodus bestimmte das Heer, wer auf dem römischen Thron sitzen sollte. Schon Septimus Severus, der Begründer der kurzlebigen Dynastie der **Severer**, war vom syrischen Heer auf den Schild gehoben worden, der letzte dieses Geschlechts wurde von Soldaten erschlagen. In den folgenden 50 Jahren riefen die Grenztruppen 22 Kaiser aus, daher **Soldatenkaiser** genannt, und beseitigten sie wieder, wenn sie die Erwartungen nicht erfüllten. Nur ein einziger von ihnen starb eines natürlichen Todes.

Ausdehnung und Sicherung des Reiches im 1.–2. Jh. n. Chr.

Im Jahr 117 n. Chr. hatte das Römische Reich seine größte Ausdehnung erreicht. Augustus hatte seine Nachfolger ermahnt, die **natürlichen Grenzen** des Reiches an Rhein, Donau und Euphrat nicht zu überschreiten. Im 1. Jahrhundert nach Augustus setzten die Kaiser die Politik der aktiven Grenzsicherung fort. Im Jahr 43 wurde **Britannien** erobert und später durch ein Grenzsicherungssystem (Hadrianswall 122, Antoniuswall 143) geschützt.
Unter den flavischen Kaisern wurde das Gebiet zwischen Rhein und Donau, das Dekumatenland (heutiges Württemberg), erobert und durch einen 500 km langen Schutzwall, den obergermanisch-rätischen

Limes gesichert. An der Nordgrenze wurde schließlich unter Trajan noch Dakien, das heutige Rumänien, erobert (106 n. Chr.). Im **Osten** hatte sich eine neue Großmacht, das Reich der **Parther**, gebildet. Trajan führte einen erfolgreichen Krieg gegen die Parther und eroberte Armenien, Mesopotamien und Assyrien, die römische Provinzen wurden (114–117 n. Chr.).
Diese **maximale Ausdehnung des Reiches** hatte nicht lange Bestand. Schon Hadrian gab die von Parthern eroberten Provinzen wieder auf, er glaubte nicht, daß das Reich noch die Kraft habe, diese weiten Gebiete zu verteidigen und sich einzuverleiben.

Die Krise des Reiches im 3. Jh. n. Chr.

Nach dem Ende der Severischen Dynastie geriet das Reich in eine schwere Krise. Der Schutz der Grenzen konnte nicht mehr gewährleistet werden, die Verteidigung gegen die anstürmenden Germanenvölker und gegen das Neupersische Reich unter der Sasaniden-Dynastie brach zeitweise völlig zusammen.
Das **Heer** hatte sich zu einer Kaste verselbständigt, die sich aus sich heraus rekrutierte. Es bestand nicht mehr aus römischen Bürgern, sondern aus Bewohnern der Grenzprovinzen. Sie hatten keine Bindungen an den Staat, das ferne Rom, sie fühlten sich nur ihren militärischen Führern verpflichtet, die sie nach Belieben zu Kaisern erhoben (siehe oben unter Soldatenkaiser). Die Kaiser mußten sich die Loyalität der Soldaten durch hohe Soldzahlungen erkaufen.
Zugleich entwickelte sich auch eine schwere **Wirtschaftskrise.** Die steigenden Ausgaben des Staates für das Heer und die Verwaltung wurden durch immer höhere Steuern und Abgaben sowie durch Münzverschlechterung (Rückgang des Gehalts an Edelmetall – der Silbergehalt des Denars sank auf 1–5%) und Geldschöpfung (Prägung großer Mengen neuer Münzen) aufgebracht. Da wegen der wirren Verhältnisse die Produktion zurückging, entwickelte sich eine galoppierende **Inflation.** Ende des 3. Jahrhunderts hatte der Denar nur noch den 15000. Teil seines ursprünglichen Wertes. In weiten Bereichen kehrte man zur Naturalwirtschaft zurück. Das Reich konnte seine beiden wichtigsten Aufgaben, den Schutz seiner Bürger vor äußerer Bedrohung und die Sicherung erträglicher Lebensbedingungen, nicht mehr erfüllen.

Die Spätantike (284–476 n. Chr.)

Die Spätantike umfaßt die letzte Phase des Römischen Reiches vom Regierungsantritt Diokletians 284 bis zur Absetzung des letzten weströmischen Kaisers Romulus Augustus 476. (Es gibt auch andere Datierungen, weil keine dieser Daten einen abrupten Einschnitt in der historischen Entwicklung darstellt.)

Die Reichsreform Diokletians

Dem Illyer Diokletian (284–305) gelang es, die Anarchie im Innern zu beseitigen und die äußere Bedrohung zu bannen. Um eine wirksame Verteidigung zu gewährleisten, übertrug er die Mitherrschaft seinem Waffengefährten Maximilian, der Kaiser (Augustus) des Westens mit Sitz in Mailand wurde, während Diokletian als Kaiser des Ostens in Nikomedia (Kleinasien) residierte. Beide ernannten einen Caesar, den sie zum Schwiegersohn machten und zugleich adoptierten: Im Westen war dies Constantius mit Sitz in Trier, im Osten Galerius mit Sitz in Sirmium. Trotz dieser **Viererherrschaft (Tetrarchie)** wurde das Reich als eine Einheit betrachtet. Rom behielt einen Ehrenvorrang, wenn auch die Residenzen in Grenznähe lagen. Militärische und zivile Gewalt wurden getrennt, in den vier Verwaltungsgebieten wurden Reichspräfekturen eingerichtet, die wiederum in 12 Diözesen und insgesamt 100 Provinzen aufgeteilt wurden. Sie wurden vom kaiserlichen Hof aus zentralistisch-bürokratisch regiert.

Absolute Herrschaft

Eine **Steuerreform** stellt die Besteuerung auf neue Grundlagen. Bisher hatten die städtischen Selbstverwaltungsorgane die vom Staat geforderten Leistungen aufgebracht. Nun wurde der Grundbesitz in regelmäßigen Abständen geschätzt und mit einer in Naturalien zu zahlenden Steuer belegt, Nichtgrundbesitzer zahlten eine Kopfsteuer. Eine Höchstpreisverordnung, die die Preise für Waren, Dienstleistungen und Löhne (insgesamt etwa 400 Positionen) festlegte, sollte die Inflation stoppen. Die rigorose Besteuerung und die Reglementierung jeder wirtschaftlichen Tätigkeit erstickten schließlich jede Initiative, die frühe „Zentralverwaltungswirtschaft" scheiterte. Das Edikt hatte keineswegs überall im Reich gegolten, es wurde nach kurzer Zeit wieder aufgehoben. Die **Herrschaftsform** war absolutistisch. Der (die) Kaiser nannte(n) sich dominus et deus (Herr und Gott), der über Untertanen herrschte, nicht mehr über Bürger. Mommsen hat dafür den Begriff „**Dominat**" geprägt, Rostovtzeff spricht von einer „orientalischen Despotie". Das orientalische Hofzeremoniell, das sich schon unter den Severern entwickelt hatte, wurde noch weiter ausgestattet. Unter Domitian wurde der Kaiserkult zwangsweise als Staatsreligion wiederhergestellt. Das Christentum wurde als eine staatsfeindliche Sekte angesehen, 303 n. Chr. kam es zur letzten und größten Christenverfolgung.

Frauen in Rom

Die römischen **Frauen der Oberklasse** führten ein **wesentlich freieres Leben** als ihre Standesgenossinnen in Athen oder den anderen griechischen Stadtstaaten. Die Griechin lebte völlig zurückgezogen in ihrem Hause, während die Ehemänner ihre freie Zeit außerhalb der Familie verbrachten. Die Römerin war zwar für die Führung des Haushaltes verantwortlich, doch bestanden ihre Aufgaben vornehmlich in der Überwachung der Sklaven und in der Erziehung der Kinder. Die eigentliche Hausarbeit wurde von den Sklaven erledigt, die bei den im Vergleich zu den Griechen viel wohlhabenderen Römern zahlreicher und besser qualifiziert waren. Die Römerin nahm aber darüber hinaus am **öffentlichen Leben** Anteil. Sie machte Einkäufe und nahm mit ihrem Mann an Gelagen, Empfängen, Spielen und sogar politischen Versammlungen teil.
Jungen und Mädchen wuchsen gemeinsam auf und besuchten zusammen die **Elementarschule,** nach deren Beendigung wurden die Kinder der gutsituierten Familien von **Privatlehrern** unterrrichtet. Allerdings brachen Mädchen ihre Ausbildung früher ab, weil sie im Alter von 12–15 Jahren heirateten. Intellektuelle und künstlerische Fähigkeiten wurden keineswegs negativ bewertet, sondern erhöhten das Ansehen einer Frau. Es gab Frauen, die literarische Salons führten oder literarischen Zirkeln angehörten, manche betätigten sich als Schriftstellerinnen und Dichterinnen. Auch am politischen Leben hatten Frauen Anteil. Es sind zahlreiche Episoden überliefert, bei denen Frauen in kritischen Zeiten Einfluß auf die Staatsgeschäfte nahmen.
Grundsätzlich stand die römische Frau jedoch unter **männlicher Vormundschaft.** Als Kind war sie der Machtbefugnis des ältesten männlichen Familienmitgliedes, des pater familias, unterworfen, der sogar über Leben und Tod bestimmen konnte. Nach dessen Tod erlangten die männlichen erwachsenen Familienmitglieder die Freiheit, die Vormundschaft über die Frauen ging auf den nächsten männlichen Verwandten über. Seit Augustus wurde eine Frau, die drei Kinder zur Welt gebracht hatte, der männlichen Vormundschaft ledig. In der Kaiserzeit wurden die Vormundschaftsgesetze immer mehr ausgehöhlt, der Vormund wurde zunehmend nur noch bei Rechtsgeschäften herangezogen, im übrigen bestimmten die Frauen über sich selbst.
Bei der **Eheschließung** wurde die Frau in die Familie ihres Gatten aufgenommen und unterstand seiner **ehelichen Gewalt** (manus). Es gab aber auch die **freie Eheschließung** (sine manu), bei der die Frau weiter der elterlichen Familie angehörte, der Gewalt ihres Vaters unterstand und die Erbrechte der eigenen Familie beibehielt. Auch in der manus-Ehe hatte aber der Ehemann (ebensowenig wie der Vormund bei verwitweten oder geschiedenen Frauen) keine unumschränkte Gewalt über seine Gattin wie der pater familias über seine Kinder.
In der Oberschicht waren die **Männer in der Überzahl,** weil neugeborene Mädchen häufiger getötet oder ausgesetzt wurden und weil Knaben mit größerer Sorgfalt aufgezogen wurden als Mädchen, auch wegen der allgemein kürzeren Lebenserwartung der Frauen. Es war für Frauen daher leicht, einen Ehemann zu finden, auch für eine zweite Ehe. Eine **Wiederverheiratung** war allerdings bis in die Kaiserzeit verpönt. Auf Grabsteinen wurde häufig vermerkt, daß eine Frau nur einen Gatten gehabt hatte. Die **Ehe** wurde von den Römern als eine besonders feste Verbindung betrachtet, die Familie wurde als **unantastbare Grundlage des Staates** betrachtet.
Die **Scheidung** einer Ehe sine manu war einfach, sie ging in der Regel vom Mann, gelegentlich auch von der Frau aus. Es genügte eine Mitteilung, die durch einen Brief oder mündlich durch einen Sklaven überbracht werden konnte. Eine Scheidung von manus-Ehen war dagegen selten. Als Gründe für eine Auflösung der Ehe wurden häufig Unfruchtbarkeit der Frau, aber auch Untreue genannt. **Ehebruch** der Frau galt als schweres Vergehen. Sie verlor die Hälfte der Mitgift, und auch ihr Liebhaber mußte einen Teil seines Vermögens abgeben, beide wurden getrennt in die Verbannung geschickt. In der Kaiserzeit lockerten sich allerdings die Sitten.
Über die **Frauen der unteren Schichten** wissen wir sehr wenig, allenfalls einiges über die Sklaven (und Freigelassenen) der Oberklasse. **Sklavinnen** arbeiteten im Haushalt oder als Ammen und Kinderfrauen, in besonders wohlhabenden Haushalten mit sehr vielen Sklaven auch in spezialisierten Berufen, wie Friseusen, Masseusen, Vorleserinnen, Unterhalterinnen, Krankenpflegerinnen oder Buchhalterinnen. Sklaven konnten keine offizielle Ehe eingehen, doch lebten sie oft in informellen ehelichen Gemeinschaften zusammen. Vielfach kauften auch Sklaven, denen erlaubt war, Ersparnisse anzusammeln, sich eine Sklavin, um sie zur Ehefrau zu nehmen. Sie durften dann nicht an verschiedene Besitzer weiterverkauft werden. Ein Gesetz aus dem Jahre 4 n. Chr. legte das Mindestalter für eine **Freilassung** auf 30 Jahre fest, doch wurden viele Sklaven auch schon früher freigelassen, Frauen oftmals früher als Männer, weil sich ihr Wert mit zunehmendem Alter verringerte, während der Wert eines gut ausgebildeten Sklaven eher stieg. Andererseits hatten solche Männer weit mehr die Möglichkeit, Ersparnisse anzusammeln, um sich freizukaufen.

Freigelassene Frauen arbeiteten im allgemeinen in den Berufen, in denen sie als Sklavinnen ausgebildet worden waren, sie stellten den Großteil der **Arbeite-**

rinnen in Rom, zum Beispiel der Weberinnen in kleinen Industriebetrieben, als Bedienung in Tavernen und Garküchen. Vielfach übten sie auch kaufmännische Tätigkeiten aus. Andere gingen der Prostitution nach, einem anerkannten und steuerpflichtigen Gewerbe.

Freigelassene waren verpflichtet, ihrem ehemaligen Herrn (patron) weiter zu dienen, ausgenommen die Zeit, die zur Bestreitung des Lebensunterhaltes erforderlich war. Viele arbeiteten auch gegen Bezahlung bei ihrem bisherigen Herrn bzw. ihrer Herrin.

Über die **Armen** wissen wir so gut wie gar nichts. Ihr Los war wohl schlimmer als das der Sklaven und Sklavinnen, die jedenfalls versorgt wurden, weil sie einen gewissen Wert darstellten.

Der Aufstieg des Christentums

Der Götterglaube der Römer

Religion war bei den Römern **nicht Privatsache.** Die religiösen Angelegenheiten wurden gewissermaßen vom **Staat** verwaltet. Man bemühte sich, die göttlichen Weisungen zu erkennen und zu befolgen. Vor jedem bedeutenden Staatsakt wurden die Götter befragt, und zwar durch Beobachten der Vögel beim Fliegen, Fressen etc. (auspicium = Vogelschau) und durch Beschauen der Eingeweide der Opfertiere. Im übrigen waren die Römer in religiösen Angelegenheiten tolerant und beließen den unterworfenen Völkern ihre Götter. Sie waren auch bereit, neue Kulte und Götter zu übernehmen.

In der Kaiserzeit genossen die Kaiser selbst göttliche Verehrung. Schon Augustus wurde in Ägypten als Gott verehrt, unter seinen Nachfolgern entwickelte sich ein regelrechter **Kaiserkult** als Institution mit eigenen Priestern und Tempeln.

Im 3. Jahrhundert begann die Abwendung von der politischen Diesseitsreligion. Aus dem Osten drangen spiritualistische, transzendente Religionen in den Westen ein, doch sanken sie schnell wieder in die Bedeutungslosigkeit zurück.

Die Christen – eine verfolgte Minderheit

Das Christentum hingegen erlebte in relativ kurzer Zeit einen beispiellosen Aufstieg von einer verachteten Sekte zur Staatskirche, die geradezu das Erbe des Reiches antrat.

Die Ausbreitung der christlichen Lehre wurde durch die ausgedehnte jüdische Diaspora wesentlich begünstigt (während die Zahl der Judenchristen in Palästina sehr gering war). Dadurch wurden die Christen zunächst mit den – bei den Römern verachteten – Juden zusammengebracht. Durch ihren eigenen Kult und den engen Zusammenhalt sonderten sie sich von der übrigen Gesellschaft ab. Die **Ablehnung des Kaiserkultes** ließ sie vollends als **Staatsfeinde** erscheinen.

Eine erste **Christenverfolgung** gab es schon 64 unter Nero (Petrus und Paulus hatten dabei den Tod gefunden), doch war dies eher ein auf Rom beschränkter Pogrom, den die aufgehetzte Menge verübte (Nero hatte das Gerücht ausstreuen lassen, die Christen hätten den katastrophalen Brand Roms verursacht). Eine weitere Verfolgung initiierte Domitian. Die Staatsfeindlichkeit der Lehre hatte schon Trajan 112 in seiner Antwort auf eine Anfrage des Statthalters Plinius d. J. festgestellt. Dennoch konnte sich der Glaube bis ins 3. Jahrhundert hinein verhältnismäßig ungehindert ausbreiten. Verfolgungen behielten meist örtlichen Charakter und wurden in der Regel nur auf eine Anzeige ausgelöst.

Eine schwere systematische Verfolgung im ganzen Reich, die zahlreiche Blutopfer forderte, mußten die Christen erstmals 250 unter **Decius** erdulden. Ein kaiserliches Edikt forderte, daß alle des Christentums Verdächtigten ein Opfer darbringen mußten, worüber sie eine Bescheinigung erhielten. Wer sich weigerte, wurde mit dem Tode bestraft.

Die letzte, noch längere und gewalttätigere Verfolgung ordnete **Diokletian** an. Sie forderte eine große Zahl von Opfern vornehmlich im Osten, während man im Westen viel milder verfuhr. Diesmal gab es besonders viele Märtyrer in den oberen Bildungsschichten, unter Offizieren, Beamten, Ärzten. Das Christentum war schon lange nicht mehr nur die Religion der Unterdrückten und Sklaven.

Nach dem Thronverzicht Diokletians kam es zu einem Kampf um die Nachfolge, aus dem nach Ausschaltung seines Rivalen Maxentius in der entscheidenden Schlacht an der Milvischen Brücke unweit Roms 312 **Konstantin** als Sieger hervorging (324 Alleinherrscher).

Sogleich nach diesem Sieg erließ er das **Toleranzedikt von Mailand** (313), in dem den Christen volle Freiheit der Religionsausübung und Gleichstellung mit allen anderen Religionen zugesichert wurde.

Staat und Kirche
Wenn die Kirche die Reichseinheit garantieren sollte, so mußte sie selbst einig sein. Konstantin griff daher in die Auseinandersetzungen innerhalb der Kirche über das Wesen Christi ein (Lehre des Athanasius = Christus „wesenseins" mit Gottvater; Lehrer des Arianus = Christus „wesensähnlich" mit Gottvater). Er berief das erste ökomenische **Konzil von Nicäa** ein (325), auf dem auf sein Drängen hin die Lehre des Athanasius als verbindlich erklärt wurde.
Das Konzil legte auch die Organistion der nunmehrigen **Reichskirche** fest. Sie wurde der Provinzialeinteilung angepaßt, an der Spitze der Kirchenprovinz stand der Bischof der Provinzhauptstadt. Die höchsten Staatsämter wurden Christen zugänglich. Die Geistlichen wurden von den Steuerlasten befreit, der Sonntag wurde Staatsfeiertag.
Der Bruch mit der römisch-heidnischen Vergangenheit symbolisiert sich in der Gründung einer neuen Hauptstadt, **Konstantinopel.** Dort gab es keinen heidnischen Tempel mehr, nur noch christliche Kirchen. Andererseits wuchs die Bedeutung des **Bischofs von Rom,** dessen Ehrenvorrang als Nachfolger des Apostels Petrus schon im 1. Jahrhundert anerkannt war. Im 4. Jahrhundert setzte sich das Primat des römischen Bischofs, des **Papstes**, immer mehr durch, gefördert von den letzten weströmischen Kaisern, die in der Kirche ein Mittel sahen, das verfallende Imperium zusammenzuhalten. Die Verlegung der Reichshauptstadt in den Osten befreite Rom und damit den Papst von der Bevormundung durch den Kaiser. Im Osten geriet die Kirche dagegen immer stärker unter den Herrschaftsanspruch des Staates (Caesaro-papismus = weltlicher Herrscher als Oberhaupt der Kirche).
Eine letzte Blüte erlebte das Reich unter dem **Kaiser Theodosius** (379–395), der letzten überragenden Gestalt unter den Lenkern des Imperiums. Unter ihm wurde das **Christentum Staatsreligion.** Überzeugt von seiner göttlichen Legitimation trieb er die Glaubenseinheit des Reiches voran. Die ecclesia catholica, das nicäanische Christentum, dem auch die Bischöfe von Rom anhingen, wurde durch Edikt das verbindliche Bekenntnis des Reiches. Häretiker und Heiden wurden verfolgt. Das Heidentum verschwand rasch. 393 fanden zum letzten Mal Olympische Spiele statt, gleichzeitig verschwanden die Mysterien von Eleusis und das Orakel von Delphi.
Nach dem Tode des Theodosius wurde das Reich unter seine Söhne Arcadius (im Osten) und Honorius (im Westen) geteilt. Diese Teilung sollte sich als endgültig erweisen. Das Römische Reich hatte aufgehört zu bestehen. Im Osten lebte es im Byzantinischen fort, im Westen ging es unter.

18.1 Was wir über die Anfangszeit Roms wissen

18.1.1 Wissensziele

Die Gründungssage Roms ist erst lange nach den Anfängen Roms entstanden. Schriftliche Aufzeichnungen gibt es erst seit dem 3. Jahrhundert v. Chr. Was in den Jahren dazwischen geschah, kann man aus Bodenfunden erschließen. Die Geschichte der Frühzeit ist zum großen Teil nicht beweisbar.

18.1.2 UE-Ziele

(1) Die sagenhaften Anfänge Roms.
(2) Aussagekraft verschiedener historischer Informationen.

18.1.3 Einstieg

- **Dia-Reihe:** Jünger, Die römische Antike – Griechenland und die republikanische Zeit
- **Bild:** Die römische Wölfin (Gfm)

18.1.4 Didaktisch-methodische Vorschläge

Das Bild „Die römische Wölfin" zeigt Romulus und Remus, zwei in der Wildnis ausgesetzte Zwillingsbrüder, die von einer Wölfin gesäugt und von einem Hirtenehepaar aufgezogen wurden. Diese und andere Sagen sind zu bestimmten Zeitpunkten mit ganz bestimmten Zielrichtungen entstanden. Tugenden wie kriegerische Haltung sollten beschworen werden. Das besagt im wesentlichen die Aussage des Historikers Livius (Gfm).

18.2 Wie die Römer ihr Imperium errichteten

18.2.1 Wissensziele

Das Römische Imperium dehnte sich durch Jahrhunderte ständig aus. Das geschah durch Kriege oder durch friedliche Mittel. Oft schlossen die Römer mit unterworfenen Völkern Verträge, ernannten sie zu Bundesgenossen und gaben ihnen später das römiche Bürgerrecht. Das hatte für beide Seiten Vorteile. Gegner, die ihnen gefährlich werden konnten, bekämpften die Römer bis zur Vernichtung. Ein Beispiel hierfür ist die Vernichtung der großen Handelsstadt Karthago. Nach ihrer Zerstörung herrschten die Römer im westlichen Mittelmeer. Um 150 v. Chr. hatten sie nach Kämpfen in Griechenland und der Zerstörung von Korinth auch die Herrschaft über das östliche Mittelmeer an sich gerissen.

18.2.2 UE-Ziele

(1) Territoriale Veränderungen im Römischen Reich und deren Ursachen.
(2) Ursachen und Auswirkungen der Punischen Kriege.
(3) Gründe für die erfolgreiche Kriegführung der Römer.

18.2.3 Einstieg

● **Kartenreihe:** Die Entstehung des Römischen Reiches (Gfm oder Westermann 28,34)
● **Wirtschaftskarte** des Römischen Weltreiches (Gfm)

18.2.4 Didaktisch-methodische Vorschläge

Eine vollständige Analyse der Gesellschaftsstruktur im Römischen Reich und ihrer Veränderungen ist kaum möglich. Im Rahmen des politisch-historischen Unterrichts geht es um die Interdependenz der politischen, sozialen und ökonomischen Situation und um die Bedingungen für die Veränderung dieser Situationen.
Die Geschichte des Römischen Reiches soll vornehmlich unter dem Aspekt des Zusammenhangs zwischen der Expansion des Reiches und der Veränderung der Gesellschaftsstruktur gesehen werden. Um einer weiteren Grundforderung zu genügen, nämlich dem Schüler historische Erscheinungsformen auf einer ihm zugänglichen Ebene zu vermitteln, soll die Problemfrage dieser Unterrichtsreihe lauten: Welche Konsequenzen haben sich aus der Entwicklung vom Stadtstaat zur Weltmacht für die Menschen der verschiedenen gesellschaftlichen Gruppen ergeben?
Die Kartenreihe über die Entwicklung des Römischen Weltreiches (Gfm oder Westermann) bildet den Ausgangspunkt. Die Schüler sollen versuchen, ihr zunächst unstrukturierte Erkenntnisse abzugewinnen, die unter Verwendung einer tabellarischen Übersicht und bestimmten Untersuchungskriterien strukturiert werden. Solche Kriterien können sein: Zeitpunkt, Umfang des Herrschaftsgebietes zu diesem Zeitpunkt, Klärung der Begriffe, Stadtstaat, Landmacht usw., Vermutungen über die Auswirkung der Expansion.
Die inhaltlichen Ergebnisse der letzten Spalte des folgenden Tafelbildes stellen Vermutungen dar, die für die Unterrichtsplanung insoweit wichtig sind, als sie die Basis für die Ableitung und Formulierung weiterer Problemfragen bilden können.

T Die Ausdehnung des Römischen Weltreiches und Vermutungen über die Folgen

	Umfang des Herrschaftsgebietes – Welche Staaten gibt es heute dort?	Vermutungen über militärische, wirtschaftliche, verwaltungstechnische Aufgaben und Schwierigkeiten
600 v. Chr.	Rom (Siedlung am Tiber)	
300 v. Chr.	Italienische Halbinsel (Apenninenhalbinsel)	Erhebliche Vergrößerung, Eroberung durch Kriege. Gegen wen wurden diese Kriege geführt?
150 v. Chr.	Apenninenhalbinsel, Sizilien, Korsika, Sardinien, Griechenland, Spanien, Teile Nordafrikas und Kleinasiens, Kreta	Weitere erhebliche Vergrößerung, Beherrschung der nördlichen Mittelmeerküste; Herrschaft über das Mittelmeer. Frage nach den Ursachen für diese Vergrößerung; Auswirkungen auf Handel und Wirtschaft.
150 n. Chr.	Britannien, Spanien, Frankreich, Alpengebiete, Balkan, Kleinasien, Ägypten, Nordafrika	Herrschaft über die damals bekannte Welt; Handelsmacht; Militärmacht. Schwierigkeiten: Verwaltung, Aufstände der Völker.
395 n. Chr.	Umfang unverändert; Teilung in Oströmisches und Weströmisches Reich	Machteinbuße, Konkurrenz zwischen beiden Teilen.
600 n. Chr.	Stadt am Tiber	Römisches Reich existiert nicht mehr; Frage nach den Gründen.

Die sich daraus ergebenden Problemfragen könnten lauten:

– Wie gelang es den Römern, ein solch großes Reich zu schaffen?

– Welche Rolle spielten Kriege beim Aufbau des Römischen Reiches und bei seinem Untergang?

Diese oder ähnliche Fragen sollten an einzelnen Beispielen aus der römischen Geschichte untersucht werden. Dazu bietet sich der Krieg mit Karthago an. Es ist nicht vorgesehen, den Ablauf des Krieges in seinen Einzelheiten zu besprechen, sondern anhand des Textes in Gfm die Kriegsführung der Römer exemplarisch zu beleuchten.

Arbeitsaufgaben	denkbare Formulierungen
1. Welche Rechte und Pflichten sind von den Römern und den Latinerbrüdern vereinbart worden?	Friedensvertrag zwischen Rom und den Latinerstädten, gegenseitige Unterstützung im Krieg, der eventuell von anderen angezettelt wird, gemeinsame Beute bei gemeinsamer Kriegführung.
2. Wie ist dieser Vertrag zu beurteilen?	Das ist ein maßvoller Frieden, denn der ehemalige Kriegsgegner wird zum Verbündeten, dem auch Vorteile zufallen.
3. Wie waren die Machtverhältnisse im westlichen Mittelmeer vor Beginn des ersten Krieges gegen Karthago?	Die italienische Halbinsel wird von den Römern beherrscht (s. Kartenreihe Gfm). Aus der Lage Karthagos und seines Herrschaftsbereichs kann man auf Seemacht und Fernhandel schließen.
4. Warum waren die beiden Mächte Rom und Karthago vorher miteinander ausgekommen. Was hatte das gute Einvernehmen beendet?	– Die Karthager waren eine See- und Handelsmacht; ihnen kam es darauf an, die Seewege und den Handel zu schützen. – Die Römer hatten bis dahin keine Handels- oder Kriegsflotte; sie waren ein Bauernvolk. – Der Zwist entzündete sich, als die Karthager die sizilianische Stadt Messena (Messina) besetzten. Damit beherrschten sie die Meerenge zwischen Italien und Sizilien, was die erstarkten Römer nicht zulassen wollten.
5. Wie beurteilt ihr die Kriegführung der Römer und der Karthager?	– Militärische Ausdehnung (Expansion) wird als Mittel zur Machtsicherung eingesetzt (Spanien). – Friedensverträge können Instrumente der staatlichen Machtausübung und Ausbeutung sein. – Der letzte Friedensschluß entmachtet Karthago und nimmt ihm die Souveränität.

Damit ist zunächst erst **ein** Aspekt des Krieges in den Unterricht einbezogen worden, der durch folgendes Tafelbild verdeutlicht werden soll:

T Die Errichtung des römischen Imperiums

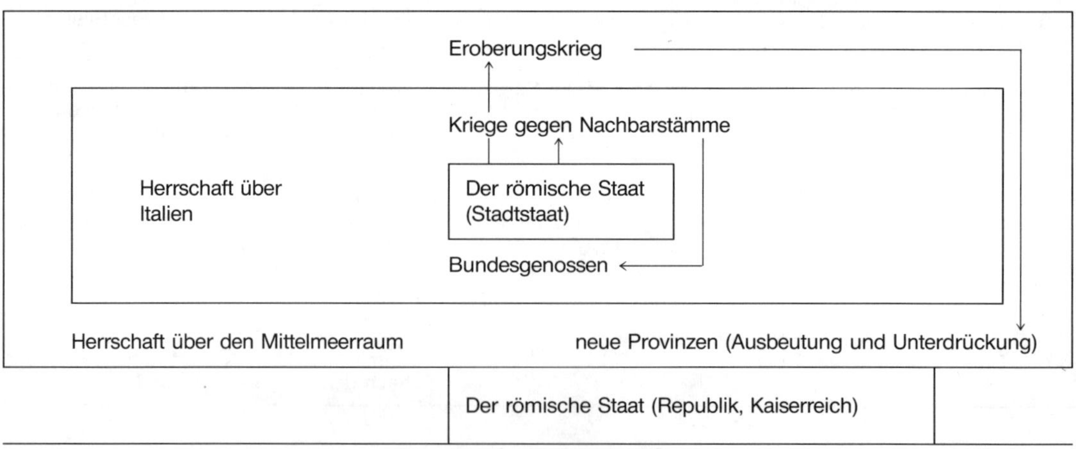

18.3 Wodurch das römische Heer so erfolgreich war

18.3.1 Wissensziele

Das Heer war mit den besten Waffen ausgerüstet und straff gegliedert. Grenzen, an denen den Römern starke Völker gegenüberstanden, wurden durch Wälle und Gräben gesichert. Eine dieser Anlagen ist der Limes. Das Römische Reich konnte sich so schnell ausdehnen, weil es ein starkes Heer und eine gute Verwaltung hatte.

18.3.2 UE-Ziele

(1) Gründe für die militärischen Erfolge der Römer.
(2) Kriegsrüstung, Bewaffnung, Kampfesweise der römischen Soldaten.
(3) Das Leben von einfachen Soldaten, Offizieren und Feldherrn.
(4) Zusammenhänge zwischen den militärischen Erfolgen und der Struktur des römischen Heerwesens.

18.3.3 Einstieg

- **Dia-Serie:** FWU 10 2634 Grenzsicherung und Verkehr im Römischen Reich
- **Filme:** WBF „Aus dem Alltag des römischen Legionärs" und „Vom Bürgersoldaten der Punischen Kriege zum Berufssoldaten und Christi Geburt"
- **Textquelle:** Triumphzug (Gfm)

18.3.4 Didaktisch-methodische Vorschläge

Dieser Teil der Unterrichtsreihe soll einen Schwerpunkt bilden. Während die beiden Einheiten 18.1 und 18.2 der allgemeinen Information dienen, soll jetzt anhand von Lebensläufen, Berichten und anderen Quellen exemplarisch das Leben einer bestimmten Bevölkerungsgruppe im Mittelpunkt stehen.
Die römischen Erfolge werden vielfach mit bestimmten Charakteristika des römischen Heerwesens erklärt.

Vergleich des römischen und des karthagischen Heeres durch den römischen Schriftsteller Polybios:

„Wenn wir uns den Einzelheiten zuwenden, und zwar gleich dem Kriegswesen, so stellen wir fest, daß sich die Karthager besser um das Seewesen kümmern und dafür größere Rüstungsanstrengungen machen..., während sich die Römer viel besser um die Landtruppen kümmern. Die Karthager vernachlässigen das Landheer vollständig und schenken nur der Reiterei Beachtung. Schuld daran ist, daß sie sich fremde Söldnertruppen halten, die Römer aber Truppen aus Einheimischen und Bürgern haben. Deshalb muß man auch in dieser Beziehung die römische Verfassung mehr bejahen als die karthagische. Denn für die einen liegt die Hoffnung, sich die Freiheit erhalten zu können, immer in der Tapferkeit der Söldner, für die Römer aber hängt die Freiheit von der eigenen Tapferkeit und der Unterstützung durch die Bundesgenossen ab. Wenn nun die Römer zu Beginn eines Krieges einmal unterliegen, so gleichen sie die Niederlage durch neue Kampfeskraft am Ende wieder vollständig aus, die Karthager dagegen nicht. Da sie (die Römer) für ihr Vaterland und ihre Kinder kämpfen, läßt ihre Beharrlichkeit niemals nach, sondern sie kämpfen weiter auf Leben und Tod, bis sie ihre Gegner überwunden haben.
(Polybios, Historien, Reclam 6210, S. 62, 6. Buch, Kap. 52)

Arbeitsaufgaben		denkbare Formulierungen
1. Stellt in einer Tabelle Vor- und Nachteile des römischen und karthagischen Heerwesens aus der Sicht des Polybios zusammen.		
	Römer	**Karthager**
Vorteile/ Nachteile	haben keine fremden Truppen, eigene Soldaten kämpfen besser; da sie wissen, wofür sie kämpfen, sind auch nach anfänglichen Niederlagen weiter bereit zu kämpfen.	sind eine Seemacht, halten sich zu Lande ein Söldnerheer, das nicht mit Engagement um Leben und Tod kämpft.
2. Sucht aus der Beschreibung der Kriege gegen Karthago Stellen heraus, aus denen man erkennen kann, wo die Aussagen von Polybios zutreffen.		Als Hannibal einige römische Heere besiegt hatte, gaben die Römer nicht auf und kämpften weiter.
3. Was könnt ihr gegen die Ansicht des Polybios über das Verhalten der Römer kritisch einwenden?		Die Römer waren keineswegs ausschließlich als Verteidiger aufgetreten.

In der obigen Quelle kommt nicht zum Ausdruck, ob es auch Unterschiede und unterschiedliche Interessen zwischen den römischen Kämpfern gab. Polybios spricht von **den** römischen Soldaten.
Im folgenden sollen die Schüler an drei Biografien von römischen Soldaten der Frage nachgehen, was die einzelnen Soldaten voneinander unterscheidet und worin sie sich gleichen.

Der Soldat

Alle Fußsoldaten hatten die gleiche Bewaffnung. Ein Metallhelm mit Backenriemen schützte den Kopf, ein Lederpanzer den Leib. Dazu trug der Soldat den festen Schild, den Speer sowie Schwert und Dolch.
Warum kämpften die römischen Soldaten so hart und so erfolgreich? Im folgenden werden vier Gründe genannt:
Die römischen Soldaten kamen in fremde Länder. Wenn es auch manchmal harte Kämpfe gab, lebten sie doch gut auf Kosten der einheimischen Bevölkerung.
Wenn der Soldat 20 Jahre gedient hatte, erhielt er eine Altersversorgung mit Haus und Hof.
Manche Römer wurden auch deshalb Soldat, weil sie glaubten, daß sie der ganzen Welt die römische Ordnung bringen müßten. Was hältst du davon?
Der griechische Schriftsteller Polybios, gestorben um 120 v. Chr., berichtet über die militärische Zucht in der römischen Armee:
Bei einem Vergehen gegen die militärische Vorschrift halten die Militärtribunen sogleich das Standrecht ab, und der Schuldige wird von allen übrigen Soldaten mit Stöcken geschlagen und mit Steinen beworfen. Dabei finden die meisten noch im Lager den Tod. Es wird als Feigheit und Schande angesehen, wenn Soldaten aus Furcht ihren Posten verlassen oder im Kampf die Waffen wegwerfen. Darum lassen sich manche lieber auf verlorenem Posten niederhauen, aus Furcht vor Strafe daheim, auch wenn ein vielfach überlegener Feind über sie herfällt."
(Polybios, Geschichte, herausgegeben von H. Drexler, Band 1. Artemis Verlag, Zürich 1961 [Bibliothek der Alten Welt]).

Der Feldherr

Für seine Taten bewilligte die Volksversammlung in Rom dem Feldherrn Lucius Aemilius Paullus im Jahr 167 einstimmig einen Triumph. Dieser Triumphzug ist typisch für das damalige militärische Gepränge des römischen Weltreiches: „Der Umzug war auf drei Tage verteilt. Der erste Tag, an dem die erbeuteten Statuen, Gemälde und Riesenstandbilder auf 250 Wagen vorübergeführt wurden, reichte kaum aus.
Am zweiten Tage kamen auf einer Menge von Wagen die kostbarsten und schönsten Waffen der Makedonen. Den Waffenwagen folgten 3000 Männer, die silberne Münzen in 750 Gefäßen trugen. Jedes enthielt drei Talente und mußte von vier Männern getragen werden. Andere trugen silberne Mischkessel, Trinkgefäße, Schalen und Becher. Sie waren alle für die Schau prächtig geschmückt.
Am dritten Tag kamen in aller Frühe zuerst die Trompeter. Hinter ihnen wurden 120 Mastochsen, mit goldenen Hörnern, Binden und Kränzen geschmückt, für die Opferhandlung vorübergeführt.
Mit kleinem Abstand dahinter wurden die gefangenen Kinder des Königs geführt.
Sie waren begleitet von einer Schar ihrer Wärter, Lehrer und Hofmeister. Diese streckten unter Tränen ihre Hände nach den Zuschauern aus und hielten auch die Kinder an, ebenso zu weinen und zu bitten. Perseus selbst ging hinter den Kindern und deren Gefolge in einem schwarzen Gewand und makedonischen Stiefeln. Die Größe seines Unglücks ließ ihn immer wieder zusammenzucken, und er gebärdete sich wie ein Wahnsinniger. Hinter ihm schritt mit niedergeschlagenen Augen die Schar seiner Diener und Hofleute. Anschließend wurden an die 400 goldene Kronen getragen, welche die griechischen Städte dem Aemilius durch Abordnungen übersandt hatten, um seine Gunst zu gewinnen.
Endlich folgte Aemilius selbst auf einem prächtig geschmückten Wagen. Er trug ein golddurchwirktes Purpurgewand und hielt in der Hand einen Lorbeerzweig. Lorbeerkränze trugen auch seine Soldaten. Sie folgten in verschiedenen Abteilungen dem Wagen des Feldherrn und sangen teils die üblichen Spöttereien, teils Sieges- und Loblieder auf die Taten des Aemilius."
(Plutarch, 46–120 n. Chr., Römisches Heldenleben. Ha. v. W. Ax. Stuttgart [5]1933)

Der Offizier

Spurius Lingustinus war ein typischer Truppenoffizier. Aus einfachen Verhältnissen und aus dem Mannschaftsstand stieg er bis zum Hauptmann auf. Erst in späterer Zeit konnten tüchtige Truppenoffiziere aus einfachen Verhältnissen auch höhere Offiziersränge erreichen. Spurius Lingustinus schreibt: „Ich, Spurius Lingustinus, stamme aus dem Sabinerland. Mein Vater hinterließ mir einen Morgen Acker und eine kleine Hütte. In ihr wurde ich geboren und aufgezogen. Dort wohne ich noch heute. Soldat wurde ich im Konsulat des P. Sulpicius und C. Aurelius. In diesem Heer, das nach Makedonien übergesetzt wurde, diente ich zwei Jahre als gemeiner Soldat im Krieg gegen König Philipp. Im dritten Jahr wies mir T. Quinctius Flaminius aufgrund meiner Tapferkeit den 10. Manipel (Kompanie) der Speerträger zu. Als wir entlassen waren, bin ich anschließend als Freiwilliger mit dem Konsul M. Portius (Cato) nach Spanien gezogen. Diesem schien ich würdig, die erste Centu-

rie (Hundertschaft) zu übernehmen. Zum dritten Mal diente ich als Freiwilliger in dem Heer, das gegen die Ätoler und König Antiochus angesagt wurde. Danach habe ich zweimal in den Legionen gedient, die nur ein Jahr Kriegsdienst machten. Danach habe ich zweimal in Spanien gedient. Ich gehöre zu den Soldaten, die Flaccus wegen ihrer Tapferkeit aus der Provinz mitnahm nach Rom, um sie am Triumphzug teilnehmen zu lassen. Vierunddreißigmal erhielt ich vom Feldherrn Geschenke zum Lohn für meine Tapferkeit; sechs Bürgerkränze (für die Rettung eines Bürgers aus Lebensgefahr). Zweiunddreißig Dienstjahre habe ich im Heer zugebracht und bin über 50 Jahre alt. Ich werde niemals von einer Entschuldigung Gebrauch machen, solange mich auch nur einer, der ein Heer aushebt, für tauglich hält. Keiner wird mich im Heer an Tapferkeit übertreffen. Dafür werde ich sorgen."
(Livius 42, 34ff. Arend. Altertum. Geschichte in Quellen, Band 1, München 1965, S. 448ff.)

Es bietet sich die Bearbeitung in Gruppen an:

Gruppe 1 (Soldat)

Arbeitsaufgaben	denkbare Formulierungen
1. Wie sind die Strafbestimmungen zu erklären?	Diese strengen Strafbestimmungen sollen dazu führen, daß die Soldaten hart und verbissen kämpfen.
2. Diskutiert in eurer Gruppe über diese strengen Maßnahmen.	– Die Römer sind keineswegs von Natur aus mutig, sondern werden zum Mut gezwungen. – Die strenge Bestrafung vor den Augen der anderen ist äußerst schmachvoll.
3. Diskutiert darüber, ob die genannten Gründe für die Qualität der römischen Soldaten zutreffen.	Kriegführen bedeutete für den Römer Anreize: Beute, Abenteuer, „Altersversicherung", Selbst- und Sendungsbewußtsein. Andererseits setzte er sein Leben aufs Spiel, mußte Haus und Hof oft für Jahre seinem Schicksal überlassen.

Gruppe 2:

Arbeitsaufgaben	denkbare Formulierungen
1. Wie ist Spurius Offizier geworden?	Er ist vom einfachen Soldaten zum Offizier aufgestiegen. Er ist Landwirt gewesen und stammt aus kleinsten Verhältnissen. Seinen Aufstieg verdankt er seinen militärischen Leistungen.
2. Welche Eigenschaften hält Spurius für besonders erstrebenswert?	Tapferkeit, körperliche Abhärtung, anspruchslose Lebensführung, treuer Dienst für den Staat.

Gruppe 3:

Arbeitsaufgaben	denkbare Formulierungen
1.- Wie wird der Anblick der Triumphbögen auf die Römer gewirkt haben?	Sie wurden an die Siege und Erfolge des römischen Volkes, an deren Feldherrn und die Beute erinnert. Sie fühlten Größe und Macht des Römischen Reiches.
2. Beschreibt, wie sich die römischen Bürger und die Soldaten beim Umzug verhalten haben. Stellt Vermutungen darüber an, welche Wirkung ein solcher Triumphzug erzielen sollte.	Sie identifizierten sich mit dem siegreichen Heer. Der Feldherr und die Soldaten nehmen am Ruhm teil. Der Bevölkerung wird vor Augen geführt, welche Vorteile der Krieg mit sich gebracht hat.

In der Zusammenschau der Gruppenarbeitsergebnisse muß zum Ausdruck kommen, warum das römische Heer so erfolgreich kämpfen konnte:
- Im römischen Heer dienten vor allem die selbständigen Bauern und andere, die über Besitz verfügten, auf eigene Kosten. Der Staat griff auf seine bewaffneten Bürger zurück.
- Später kamen die Truppen der Bundesgenossen hinzu, die im Kriegsfall ihre Soldaten unter römischen Oberbefehl stellen mußten.
- Bei den Römern bildete Staatsvolk und Heer eine Einheit, worauf sich die Kampfbereitschaft römischer Heere gründete.

19. Die Sicherung des Imperiums

19.0.2 UR-Ziele

(1) Grenzsicherung durch militärische Mittel, durch Handel und kulturelle Durchdringung.
(2) Die Ausbeutung der römischen Provinzen.

19.0.3 Medien

(Siehe 18.0.3, Seite 140 f.)

19.1 Wie die Römer ihre Herrschaft festigten

19.1.1 Wissensziele

Ein Beispiel für die Verhältnisse an den Grenzen des Römerreiches bietet Germanien. Im römischen Teil Germaniens gab es Verwaltungsstädte und Heerlager. Die Grenzen wurden durch einen Grenzwall, den Limes, geschützt. Die regen Handelsverbindungen über den Limes hinweg führten dazu, daß Elemente der römischen Kultur von den Germanen übernommen wurden. Das ist heute noch an den Lehnwörtern aus dem Lateinischen zu erkennen.

19.1.2 UE-Ziele

(1) Ausbreitung der römischen Kultur und Städtegründungen.
(2) Die Rolle des Heeres bei der Ausbreitung römischer Lebensweise.
(3) Lebensbedingungen und Versorgungseinrichtungen von Städten an der Grenze nach Germanien.
(4) Die Bedeutung von Handel und Wirtschaft bei der Sicherung des Imperiums an den Grenzen.

19.1.3 Einstieg

- **Bilder:** Eingangstor zur Saalburg im Taunus, die Saalburg, ein römisches Heerlager, Limes-Rekonstruktion, Modell eines römischen Gutshofes (Gfm)
- **Film:** WBF Die Römer am Limes zwischen Donau und Rhein

19.1.4 Didaktisch-methodische Vorschläge

Um deutlich zu machen, wie das Römische Imperium gesichert wurde und welche Probleme dabei auftraten, wird eine räumliche und zeitliche Eingrenzung vorgenommen. Der chronologische Ablauf tritt in den Hintergrund. Am Beispiel der germanisch-römischen Grenze zu Beginn der Kaiserzeit soll die Romanisierung des germanischen Grenzraums erarbeitet werden. Dabei stehen drei Schwerpunkte im Zentrum des Unterrichts: die römische Lebensweise in den Grenzgebieten, die Bedeutung des römischen Heeres, das wirtschaftliche Leben. Zunächst sollen die Funktionen der Grenzen zwischen Römern und Germanen erkannt werden. Sowohl das Bild des obergermanischen Limes (Gfm) als auch die Karte „Die Römer in Germanien" (Gfm) sind geeignet, Aufgaben und Funktionen des Limes zu verdeutlichen.

Arbeitsaufgaben und denkbare Formulierungen

1. Zeichne einen Querschnitt. Schätze die einzelnen Maße ab, indem du mit der Größe der Menschen vergleichst.
2. Stelle dir vor, die Germanen greifen die Grenzbefestigung an. Welche Vor- und Nachteile waren auf seiten der Germanen bzw. Römer?

Vorteile	Nachteile
für die Römer:	
– Schutz durch den Wall, die Palisaden und den Graben.	– Die Römer mußten ihre Verteidigungskräfte weit verteilen, da die gesamte Grenze bewacht werden mußte.
– Da die Wälder im Vorfeld abgeholzt waren, bot sich den Verteidigern am Tage gute Sicht.	– Bei Nachtangriffen nutzte die abgeholzte Fläche nicht viel.
– Ein gut funktionierendes Alarmsystem durch Signale auf den Wachtürmen.	– Nebel, Regen, Schnee konnten die SIcht beeinträchtigen. Dauernde Wachbereitschaft zermürbte die Mannschaften.
für die Germanen:	
– Die Germanen konnten den Zeitpunkt des Angriffs bestimmen. – Sie konnten Scheinangriffe durchführen und dann an anderen Stellen mit der Hauptmacht angreifen. – Sie konnten als Händler über die Grenze reisen, im Hinterland kämpfen und Kundschafterdienste leisten.	– Die Germanen mußten das abgeholzte Gebiet überwinden ebenso wie die Befestigungsanlagen des Limes.

Arbeitsaufgaben

3. Betrachte die Karte „Die Römer in Germanien" (Gfm).
a) Zeichne den Verlauf des Limes in eine physikalische Karte ein und bestimme seine Gesamtlänge!
b) Wie heißen die in der Karte eingezeichneten Römerstädte heute?
c) Welche Aufgaben mußten die Römer erfüllen, um die Grenze zu sichern?

Die Beschreibung der Verteidigungsanlage sowie die Darstellung ihrer Zweckmäßigkeit sollte vor allem die Grenz- und Schutzfunktion des Limes verdeutlichen. Die zweite Funktion liegt in den Möglichkeiten des Austausches von Handelsgütern. Die dritte bot die Chance, trotz unterschiedlichen Zivilisationsstandes Begegnungen zwischen den Menschen herbeizuführen. Diese drei Aspekte spielen in der folgenden Erzählung eine Rolle:

Am Limes

Gähnend lehnten die Wachsoldaten am Tor. Hartmut hatte den Helm am Torbalken aufgehängt, und Wigand, sein Kamerad, saß auf einem Stein daneben und kratzte gelangweilt mit der Lanze im Sande. Hinter ihnen auf dem steinernen Turm lehnten die anderen Wachsoldaten über dem Geländer und blinzelten schläfrig in den heißen Tag. Es waren friedliche Zeiten. Seit vielen Jahren war es an der Grenze ruhig geblieben, und die Römer überließen ihre Wache ihren germanischen Hilfstruppen.
Gundmar auf dem Turm stößt seinen Nebenmann an. „Ein Wagen!" ruft er. Nun sehen auch die anderen Wächter auf. Aus dem Wald heraus über den kahlgeschlagenen Grenzstreifen rumpelt ein Wagen. Zwei Ochsen ziehen das vollgepackte Gefährt. Ein germanischer Bauer geht daneben her. Er hält einen Stock in der Hand und treibt die Tiere von Zeit zu Zeit an. Auf dem Wagen – zwischen Säcken, Stroh, allerlei Krügen und Hausrat – sitzt die Frau. Die Kinder traben barfuß – nur mit einem kurzen Kittel bekleidet – hinterher. „Prr!" ruft der Mann. Der Wagen steht. „Wohin des Weges?" fragt Hartmut. Er hat inzwischen den Helm aufgesetzt, und Wigand richtet die Lanze auf. Die Fremden sollen Achtung haben vor den Soldaten des Kaisers. „Wir sind auf dem Wege in die Stadt Mainz, um unsere Waren feilzubieten auf dem Markt der großen Stadt." „Was habt ihr geladen?" „Schöne Gänsefedern, zwei ganze Säcke voll", antwortet der Bauer stolz, „und Felle und langes, seidiges Frauenhaar und Honig und schönen, glattgeschliffenen Bernstein." – „Habt ihr auch keine Waffen versteckt?" fragt Hartmut streng. „Ihr wißt, wer Waffen heimlich mit sich führt, der ist des Todes. Ihr kommt in ein friedliches Land und Waffen tragen darin nur des Kaisers Legionäre." „Schaut nur nach", erwidert der Bauer, „ihr werdet keine finden".
„Durchsucht den Wagen!" ruft der Wachführer vom Turm herab. „Absteigen!" befiehlt Hartmut der Frau. Zwei Männer klettern auf den Wagen, wühlen in Kästen und Säcken und schütteln argwöhnisch Kannen und Krüge. „Keine Waffen" ruft Hartmut befriedigt, „aber ihr habt euren Hausrat auf dem Wagen. Wozu braucht ihr Töpfe, Hacke, Spaten und Pflug? Wer soll euch das abkaufen in der Stadt Mainz?" „Das will ich nicht verkaufen", antwortet der Bauer. „Das brauche ich für einen neuen Hof. Ich will Pächter werden im Zehntland.
„So, Pächter willst du werden, Land des Kaisers willst du bestellen! Es gefällt dir wohl nicht mehr im Land deiner Väter, wie?" „Du sagst es, Freund. Mein Sohn lebt auch im Zehntland zwischen Rhein und Donau, ist Legionär wie du. Vergangenes Jahr war ich in Mainz mit Handelsgut. Da hab ich viel gesehen, was mir gefiel. Das Korn steht dicht und hoch in eurem Lande. Die Früchte sind dicker und süßer als bei uns. In euren Städten mit den steinernen Häusern gibt es gar manches einzuhandeln, was der Bauer brauchen kann. Und die Straßen dahin sind breit und sicher. Gern will ich den Zehntteil meiner Ernte geben, weil ich weiß, daß ihr die Grenzen schützet vor den Feinden."
Inzwischen ist auch die Frau zutraulicher geworden. Während der Bauer Kisten, Säcke und Krüge wieder auf seinen Wagen lädt, spricht die Frau die Soldaten an: „Es ist kein leichtes Leben mehr im freien Germanien. Aus dem Osten fallen immer wieder fremde Stämme in unser Land ein. Viel Haß und Kampf ist zwischen uns und ihnen. Es drängen alle nach dem Westen. Das Römerreich zieht mit Macht sie an, grad' wie das Feuer die Wölfe. Schwere Zeit wird's geben an der Grenze. Ich seh den Tag schon kommen, da dieser starke Zaun im hellen Brande loht."
„Schwatz nicht so töricht, Weib!" herrscht der Wachführer die Frau an. „Das fehlte noch, daß Weiber uns erschrecken können!" Schnell nimmt er seine Lanze, schlägt mit dem stumpfen Ende auf die Ochsen ein, und rumpelnd rollt der Wagen durchs Tor über den Knüppeldamm auf die glatte, gepflasterte Straße ins Reich der Römer.
(Heerdt-Heumann, Geschichtserzählungen. Unser Weg durch die Geschichte 1966, S. 18ff.)

▶ **Quelle:** Ma III 13ff.

Arbeitsaufgaben	denkbare Formulierungen	
1. Warum überließen die Römer die Bewachung der Grenze den germanischen Hilfstruppen?	Es war jahrelang ruhig am Limes gewesen. Man hatte nicht mehr genügend eigene Wachmannschaften. Germanen dienten im römischen Heer.	
2. Welche Nachteile und welche Vorteile waren damit verbunden?	Vorteile: Die germanischen Wachmannschaften brachten vielfach ihre Familien mit und wohnten im römischen Teil. Dadurch verteidigten sie ihre eigenen Interessen.	Nachteile: Es war fraglich, ob man sich immer auf fremde Wachmannschaften verlassen konnte. Möglicherweise war ihr Einsatz im Ernstfall (gegen ihre eigenen Stammesgenossen) eine Gefahr.
3. Welche Waren konnten die Germanen tauschen?	Gänsefedern, Pelze, Frauenhaar, Honig, Bernstein, Vieh, Geflügel.	
4. Welche Motive veranlaßten die Germanen, Pächter im Zehntland zu werden?	– Bessere Ackerbestellung – Bessere Qualität der Früchte – Bessere Möglichkeiten des Handelsaustausches – Bequeme und sichere Handelswege – Bedrohung durch fremde Stämme aus dem Osten	
5. Vergleiche den Stand der Zivilisation bei Römern und Germanen!	Römer in Trier: Mehrstöckige Wohnhäuser aus Stein, Kirchen, Theater, Bäder, Brücken, Wasserleitungen, Straßen. Reger Handel mit den Nachbarn, Fern- und Seehandel. Ausgedehntes Kunststraßennetz, Fluß- und Seewege.	Germanen: Langhäuser aus Lehm und Schilf. Handel kaum entwickelt, erfolgte auf Flüssen und Wegspuren, Warenaustausch.

T Wie wirkte sich der Bau des Limes auf die Beziehungen zwischen Römern und Germanen aus?

Die Römer schützten die Grenze nach Germanien

dazu bauten sie ↙ ↘

den Limes ↓ der Limes erforderte Bewachung ↘ erfolgte durch →

die Kastelle ↓ beherbergten Wachmannschaften (Legionäre, z. T. germanischer Herkunft) ↓ sie benötigten Nahrung, Kleidung, Waffen, Geräte (Produktion, Verteilung, Reparatur) ↓ wurden geliefert, produziert und repariert von germanischen Händlern, römischen Händlern und Handwerkern

Bewachung ↓ es herrschte ein großer Bedarf an Soldaten ↓ Germanen meldeten sich zum Soldatendienst ↓ siedelten an der Grenze

↓ Bevölkerungszunahme ↓ Bedarf an Wohnungen ↓ Städte

Arbeitsschritte:

1. Die unterstrichenen Passagen stehen an der Tafel oder auf einem Arbeitsblatt.
2. Im Unterrichtsgespräch wird versucht, die in den Kästchen stehenden Begriffe bzw. Stichwörter herauszufinden.
3. Die unterstrichenen Passagen werden durch Pfeile ersetzt.

Mit Hilfe dieser Kausalkette kann die Frage geklärt werden, welche Folgen die massenweise Übernahme germanischer Soldaten hatte.

Nachdem die Schutz-, Grenz- und Kontrollfunktion der Grenze ebenso herausgearbeitet worden ist wie die Chancen zum Austausch von Gedanken, Systemen, Waren usw., soll der Transfer auf die Gegenwart erfolgen. Das kann wie folgt aussehen:

Es kann ermittelt werden, welche Schüler bereits im Ausland waren und welche Beobachtungen an den Grenzübergängen gemacht wurden. Gewöhnlich beschränken sich die Beobachtungen auf Paßkontrollen und den Transport unverzollter Waren. Schüler, die die DDR oder Berlin besucht haben, erinnern sich sicherlich aber auch an Mauern, Stacheldraht und Wachtürme.

Die Materialien in Gfm vermitteln einen anschaulichen Einblick in den Bau und die Versorgungseinrichtungen einer römischen Stadt. Reichhaltiges Material über die Anlage römischer Städte und das Leben in ihnen enthält auch die Dia-Reihe FWU

10 2500–10 2503 „Das stadtrömische Trier". Im Vorgriff auf das Bild „Die Stadt Rom zur Kaiserzeit" (Gfm) können die Schüler die charakteristischen Elemente der Stadt Rom herausfinden und mit dem Aussehen der Städte in den Provinzen und an der Grenze vergleichen.

Arbeitsaufgaben	denkbare Formulierungen
1. Welche Merkmale kennzeichnen die römischen Städte?	Arenen, Tempel, Thermen, rechtwinklige Straßen, Triumphbogen, Theater.
2. Was wird aus dem Bericht über die Gründung der „colonia raurica" deutlich?	– Die Gründung der Kolonie ist ein staatlicher Akt. – Die Kolonie besteht aus dem städtischen Zentrum und dem umliegenden Land. – Ein Kriegsveteran wird für treue Dienste als römischer Soldat mit einem Landgut belohnt.
3. Stellt Vermutungen darüber an, wie sich die Gründung der Kolonie auf das Verhalten der dort lebenden Bevölkerung ausgewirkt haben mag.	Den Raurikern wird das Land einfach von den Römern weggenommen, so daß zu erwarten steht, daß sie sich zur Wehr setzen. Es ist aber auch denkbar, daß sie sich den Römern anpassen und vieles von den Römern übernehmen.

Für die folgende Sequenz wird außer der genannten Dia-Reihe auf die Diareihen FWU 10 2634 „Grenzsicherung und Verkehr im Römischen Reich" und FWU 10 2000–10 2003 sowie auf den Film WBF „Ein römischer Kaufmann nördlich der Alpen" verwiesen. Wir schlagen vor, die Romanisierung des Lebens in den Provinzen an den Faktoren Verkehr, Städtebilder, Versorgungseinrichtungen sowie Wirtschaft und Lebensweise zu verdeutlichen.
Der Lehrer, der aufgrund der Gegebenheiten in seiner speziellen Lerngruppe stark reduzieren muß, kann diesen Komplex auch exemplarisch etwa so thematisieren: „Die römischen Straßen – Schlagadern des Weltreiches".

Arbeitsaufgaben	denkbare Formulierungen
1. Was läßt sich daraus schließen, daß die alten Römerstraßen teilweise noch nach über 2000 Jahren benutzt werden?	– Hohes handwerkliches und baumeisterliches Können, solider und sorgfältig durchgeführter Bau, Unterbau, der bis zu einem Meter dick ist und aus vier Lagen besteht (festgestampftes Steingeröll, gebrochene und mit Mörtel gemauerte Steine, Steinschotter) und Ziegel (gebunden mit Mörtel), Kiesschicht oder feste Decke aus harten Steinen, Wasserablaufmöglichkeit.
2. Welche Aufgaben und Funktionen hatten die Straßen im römischen Reich? (Karte!)	Die Straßen waren Rückgrat des Reiches. Auf ihnen spielten sich der Handelsverkehr, der Postverkehr, die Reisen ab. Sie waren wichtig für militärische Unternehmungen.
3. Vergleicht Bauten und Aussehen von Trier, Köln oder Augsburg mit Rom.	Rom ist Vorbild für diese Städte gewesen: (Thermen, Theater, Speicher, Mauern, Tore).
4. Stellt anhand des Textes in Gfm zusammen, wodurch das Römische Reich zusammengehalten wurde	

T

ROM
↓
Verbreitung römischer(n)
↙ ↓ ↓
Lebensweise — Wirtschaftsformen — Kultur
↙ ↓ ↓ ↓ ↘
Sprache — Verkehr — Verwaltung — Rechtsprechung — Militär

EINHEITLICHES RÖMISCHES IMPERIUM

19.2 Wie Rom seine Provinzen ausbeutete

19.2.1 Wissensziele

Die Regierung in Rom verpachtete die Steuern einer Provinz gegen eine hohe Summe an einen Steuerpächter. Dieser suchte dann ein Mehrfaches der gezahlten Summe aus der Provinzbevölkerung herauszupressen. Dafür lebte die Bevölkerung in der Pax Romana, im „Frieden Roms". Sie war sicher vor feindlichen Nachbarn.

19.2.2 UE-Ziele

(1) Maßnahmen der Römer gegen unterworfene Völker.
(2) Auswirkungen auf die Bevölkerung in den unterworfenen Gebieten.

19.2.3 Einstieg

● Ermittlung von Voreinstellungen der Schüler zu den Stichwörtern Krieg und Eroberung.
● **Bild:** Germanische Bauern zahlen Steuern (Gfm)
● Anknüpfung an den Bericht über einen Triumphzug (Gfm)

19.2.4 Didaktisch-methodische Vorschläge

Im Zentrum dieser Unterrichtseinheit steht die Frage nach den Eroberungs- und Herrschaftspraktiken der Römer und den Auswirkungen auf das Leben der Menschen. Zunächst kann man fragen, welche Möglichkeiten für die Beziehungen zwischen Gegnern nach einem Konflikt oder gar Krieg möglich sind:

Auf welche Weise die Römer besiegte Völker behandelten, ist bereits mehrfach angeklungen. Bereits die Quelle „Vertrag mit den Latinerstädten" (Gfm) weist auf folgende Rechte und Pflichten der Bundesgenossen hin:

T Rechte und Pflichten der Bundesgenossen

Rechte	Pflichten
Römisches Bürgerrecht: Wahlrecht.	Verbot der Kriegsführung gegen die Römer.
Erwerb von Grundstükken.	Verbot, sich mit anderen Stämmen zu verbinden.
Einheirat in führende römische Familien.	Verbot, Kriegsführenden Durchzug zu gewähren.
Gleicher Anteil an Beute im Kriegsfall, gleiche Beteiligungen an Kriegen.	Anweisung, alle vom Krieg betroffenen Verbündeten zu unterstützen.

Analysiert und beurteilt man einen derartigen Vertrag, so entsteht der Eindruck eines maßvollen Friedensschlusses, der den Besiegten erhebliche Fortschritte bringt. Rom herrscht zwar, aber es bleibt eine gewisse Selbständigkeit, wobei die wirtschaftlichen und sozialen Vorteile hoch zu veranschlagen sind.
In diesem Zusammenhang ist der Grundsatz „divide et impera" („teile und herrsche") wichtig. Er bedeutet, daß den Besiegten unterschiedliche Rechte eingeräumt wurden, so daß die Nachbarn und möglichen Gegner sich nicht zum Kampf gegen Rom vereinigten.

T Denkbare Beziehungen von Staaten nach einem Krieg

	pro	contra
Vernichtung bzw. Ausbeutung des Gegners	Der Sieger nahm Land in Besitz, machte Beute (Schätze, Sklaven, Waffen, Gefangene), so daß der Unterlegene auf lange Zeit wirtschaftlich und militärisch geschwächt blieb.	Der besiegte Gegner versuchte, das Joch der Unterdrückung gewaltsam abzuschütteln, sobald er die geringste Chance dafür sah.
Schonung des Gegners, Zusammenarbeit	Der besiegte Gegner konnte durch Eingliederung in den neuen Staat einen erheblichen Zuwachs an Land, Bevölkerung, Bodenschätzen und damit an Macht bedeuten.	Gelang die Eingliederung der Besiegten nicht vollständig, war die Gefahr eines Aufstandes nicht ausgeschlossen.

Das System der Ausbeutung kann an den in Gfm abgedruckten Materialien erarbeitet werden.

Das System der Ausbeutung

Arbeitsaufgaben	denkbare Formulierungen	
1. Wie mußte sich ein Statthalter gegenüber dem Steuerpächter verhalten?	Da die Steuerpächter dem Staat die Steuern für ein Jahr im voraus entrichten mußten, waren sie bestrebt, diese Steuern – und noch mehr – wieder hereinzubekommen. Der Statthalter hingegen mußte dafür sorgen, daß die Provinzen wirtschaftlich nicht ruiniert wurden.	
2. Welche Vor- und Nachteile hatten die besiegten Völker durch die römische Herrschaft?	Vorteile: Sie lebten im „Frieden Roms", waren relativ sicher vor den Überfällen fremder Völker.	Nachteile: Sie waren wirtschaftlich und politisch von den Römern abhängig.
3. Überprüfe die vor und Nachteile römischer Herrschaft anhand der Urteile römischer Schriftsteller (Gfm)!		
	Vorteile:	Nachteile:
Sallust 60 v. Chr.		Begierde nach Herrschaft und Reichtum waren die Hauptmotive Roms für die Kriege.
Diodorus 50 v. Chr.	Anständige Behandlung der Unterworfenen, keine Grausamkeit und Rachsucht.	
Livius (Zur Zeit des Augustus)	Rom führte Kriege nur um der Freiheit anderer Völker willen, damit bei ihnen Recht und Gesetz herrschten.	
Cicero 50 v. Chr.	Schutz vor feindlichen Nachbarn.	Prangert die Willkür römischer Beamten an. Kriege wurden unter Vorwänden begonnen.

Es zeigt sich, daß je nach Standpunkt die Frage, ob und inwieweit die von Rom beherrschten Völker Vor- oder Nachteile hatten, verschieden beantwortet ist. Bei der Wertung dieser Aussagen muß zudem bedacht werden, daß diese Aussagen zu verschiedenen Zeitpunkten gemacht wurden. Überdies gilt es in Rechnung zu stellen, daß hier nur kurze Aussagen aus einem größeren Textzusammenhang herausgelöst worden sind und nicht zuletzt mögen persönliche Interessen oder aktuelle Anlässe die Aussagen beeinflußt haben.

T Rom und seine Provinzen – Ausbeutung oder Fortschritt

Die Römer brachten/	... verursachten ...
einerseits ...	andererseits ...
– technischen Fortschritt (Städtebau, Straßenbau, Brückenbau) – erweiterten Warenaustausch – römische Lebensweise (Thermen, Theater) – römische Gesetze – den „römischen Frieden" (Sicherheit) gegen Angriffe von außen	– den Verlust der Selbständigkeit – fremde Regierung durch römische Statthalter – übermäßige Steuerzahlungen – den Zwang, Soldaten für die Römer zu stellen – die Sklaverei
Frieden, Wohlstand, Sicherheit, Fortschritt	Ausbeutung/Unterwerfung

20. Die römische Gesellschaft

20.0.2 UR-Ziele

(1) Territoriale Veränderungen und Auswirkungen auf die gesellschaftlichen Verhältnisse im Römischen Reich.
(2) Innergesellschaftliche Konflikte vom 3. bis 1. Jahrhundert v. Chr. im Römischen Reich.
(3) Die Bedeutung der Sklaverei im Römischen Reich.

20.0.3 Medien

Siehe 18.0.3, Seite 140f.

20.1 Welche Merkmale die Gesellschaft prägten

20.1.1 Wissensziele

Die Römer waren anfangs ein Bauernvolk. Die Tradition wurde hochgeschätzt. Werte waren Tapferkeit, Gehorsam, Ausdauer, Frömmigkeit sowie Ehrfurcht gegenüber dem Staat.

20.1.2 UE-Ziele

(1) Die Rolle der Vorfahren als Vorbilder in der römischen Gesellschaft.
(2) Die Rolle der Familie in der altrömischen Gesellschaft.

20.1.3 Einstieg

- **Grafik:** Aufbau der römischen Familie (Gfm)

Einstiegs-Geschichte: Gleiches Recht für alle

Wie überall gab es auch in Rom reiche und arme Leute. Die Reichen konnten in der Volksversammlung Gesetze durchsetzen, die ihnen selbst Vorteile, den Armen aber Nachteile brachten. Bei Gerichtsverhandlungenm konnten die Richter entscheiden, wie sie wollten, weil die Gesetze nicht aufgeschrieben waren.
Die armen Leute beschwerten sich in der Volksversammlung und verlangten eine Änderung dieses Zustandes. Als das nichts half, zogen sie aus der Stadt und ließen die Reichen allein zurück. Wer sollte jetzt alle Arbeiten verrrichten, die in einer Stadt notwendig sind? Es gab in Rom plötzlich keine Bauern und Arbeiter, keine Handwerker und Händler mehr.
Ein kluger Mann wußte eine Lösung des Konflikts: Er schlug vor, Rechtsgrundsätze zu schaffen, die für alle Bürger gelten sollten. Alle Bürger müßten vor dem Gesetz gleich sein. Diese Grundsätze des Rechts müssen öffentlich aufgeschrieben werden, so daß jeder sie lesen könnte.
So wurde es gemacht. Um 450 v. Chr. wurden auf dem Forum, wo die Volksversammlung stattfand, 12 Tafeln aus Erz aufgestellt und die Rechtsgrundsätze eingemeißelt. Hier einige Beispiele:
Wenn jemand vor Gericht klagt, muß auch der Beklagte gehört werden. Niemand darf zweimal für das gleiche Vergehen bestraft werden. Niemand darf bestraft werden, dem die Schuld nicht nachgewiesen ist.

20.1.4 Didaktisch-methodische Vorschläge

Ahnenkult und Familie im alten Rom können den Schülern ein Fremdheitserlebnis vermitteln, das sie mit ihren eigenen Erfahrungen konfrontieren sollen. Außerdem soll erneut die Frage aufgegriffen werden, warum die Römer den anderen Völkern überlegen waren und auch in kritischen Situationen nicht aufgegeben haben (s. UR 18). In diesem Zusammenhang soll die Rolle von Ahnenverehrung und Familie beleuchtet werden.
Im Zentrum der Erarbeitung soll die Quelle des Polybios über die Ahnenverehrung stehen (Gfm).

Arbeitsaufgaben	denkbare Formulierungen
1. Was geschieht, wenn in Rom ein Adliger stirbt?	– Sein Leichnam wird geschmückt auf die Rednertribüne des Marktes aufrecht hingesetzt. – Sein Sohn oder jemand anderes aus der Familie hält eine Lobrede über Taten und Eigenschaften des Verstorbenen. – Nach dem Begräbnis wird ein Bildnis des Verstorbenen in einem Schrein aufgestellt. Dieser Schrein wird im Hause des Verstorbenen aufbewahrt, bei festlichen Angelegenheiten geschmückt und bei Trauerzügen mitgeführt. – Beim Begräbnis wird der Redner auch auf die Taten und Erfolge der anwesenden Familienmitglieder eingehen.

Arbeitsaufgaben	denkbare Formulierungen
2. Welche Wirkungen sollten mit diesen Handlungen erzielt werden?	Die adligen jungen Männer sollen auf die Taten und Vorbilder ihrer Vorfahren aufmerksam werden und ihnen nacheifern.
3. Was läßt sich über die Auswirkungen eines solchen Ahnenkults vermuten?	Ahnenverehrung in dieser Form läßt auf eine konservative Grundhaltung schließen. Man hielt an Traditionen fest und betrieb fast einen Kult mit der Vergangenheit. Eine der Ursachen für die römischen Erfolge wird in der Pflege der Tugenden Tapferkeit, Gehorsam, Hartnäckigkeit zu suchen sein. Andererseits ist damit eine Abneigung gegen Veränderungen und Reformen verbunden. Man will die alten Machtverhältnisse erhalten.
4. Was läßt sich aus dem Aufbau der Familie, insbesondere aus der Rolle des Familienvaters schließen?	Ebenso wie die Alten über die Jungen zu herrschen versuchen, so herrschen die Väter über ihre Familien. Es steht zu vermuten, daß auch die Machtverhältnisse in Staat und Gesellschaft Abwandlungen der väterlichen Gewalt in der Familie sind.

20.2 Welche Stände es in der römischen Gesellschaft gab

20.2.1 Wissensziele

Zuerst herrschten Könige, dann die Patrizier. Diese mußten später eine Einschränkung ihrer Macht hinnehmen und die Plebejer an der Herrschaft teilhaben lassen.

20.2.2 UE-Ziele

(1) Ursachen und Folgen des Konflikts zwischen Patriziern und Plebejern.
(2) Wechselwirkung zwischen der territorialen Ausdehnung des Römischen Reiches und den inneren Konflikten.

20.2.3 Einstieg

- **Kartenreihe:** Die Ausdehnung des Römischen Reiches (Gfm)
- **Film:** FWU 32 0474 Das antike Rom

20.2.4 Didaktisch-methodische Vorschläge

Im Rahmen des politisch-historischen Unterrichts geht es um das Erfassen der Interdependenz von politischen, sozialen und ökonomischen Situationen und um das Herausstellen der Bedingungen für die Veränderung dieser Situationen.
Die Geschichte des Römischen Reiches wird hier vornehmlich unter dem Aspekt des Zusammenhangs zwischen der Expansion des Reiches und der Veränderung der Gesellschaftsstruktur gesehen werden. Um einer weiteren Grundforderung zu genügen, nämlich dem Schüler historische Erscheinungsformen auf einer ihm zugänglichen Ebene zu vermitteln, soll die Problemfrage dieser Unterrichtsreihe lauten: Welche Konsequenzen haben sich aus der Entwicklung vom Stadtstaat zur Weltmacht für die Menschen der verschiedenen gesellschaftlichen Gruppen ergeben?
Die Kartenreihe über die Entwicklung des Römischen Weltreiches (Gfm) bildet den Ausgangspunkt. Die Schüler sollen versuchen, ihr zunächst umstrukturierte Erkenntnisse abzugewinnen, die unter Verwendung einer tabellarischen Übersicht und bestimmten Untersuchungskriterien strukturiert werden. Solche Kriterien können sein:
Zeitpunkt, Umfang des Herrschaftsgebietes zu diesem Zeitpunkt, Klärung der Begriffe Stadtstaat, Landmacht usw., Vermutungen über die Auswirkung der Expansion.
Die inhaltlichen Ergebnisse der letzten Spalte des folgenden Tafelbildes stellen Vermutungen dar, die für die Unterrichtsplanung insoweit wichtig sind, als sie die Basis für die Ableitung und Formulierung weiterer Problemfragen bilden können.

T Die Ausdehnung des Römischen Weltreiches und Vermutungen über die Folgen

	Umfang des Herrschaftsgebietes – Welche Staaten gibt es heute dort?	Vermutungen über militärische, wirtschaftliche, verwaltungstechnische Aufgaben und Schwierigkeiten
600 v. Chr.	Rom (Siedlung am Tiber)	
300 v. Chr.	Italienische Halbinsel (Apenninenhalbinsel)	Erhebliche Vergrößerung, Eroberung durch Kriege. Gegen wen wurden diese Kriege geführt?
150 v. Chr.	Apenninenhalbinsel, Sizilien, Korsika, Sardinien, Griechenland, Spanien, Teile Nordafrikas und Kleinasiens, Kreta	Weitere erhebliche Vergrößerung, Beherrschung der nördlichen Mittelmeerküste; Herrschaft über das Mittelmeer. Frage nach den Ursachen für diese Vergrößerung; Auswirkungen auf Handel und Wirtschaft.
150 n. Chr.	Britannien, Spanien, Frankreich, Alpengebiete, Balkan, Kleinasien, Ägypten, Nordafrika	Herrschaft über die damals bekannte Welt; Handelsmacht; Militärmacht. Schwierigkeiten: Verwaltung, Aufstände der Völker.
395 n. Chr.	Umfang unverändert; Teilung in Oströmisches und Weströmisches Reich	Machteinbuße, Konkurrenz zwischen beiden Teilen.
600 n. Chr.	Stadt am Tiber	Römisches Reich existiert nicht mehr; Frage nach den Gründen.

Zur Strukturierung des Textmaterials gibt der Lehrer ein Schema (Arbeitsblatt oder Tafel) vor, wobei bestimmte Spalten schon ausgefüllt sind, während die Schüler die entsprechenden „Leerstellen" formulieren. Im nachfolgenden Tafelbild sind die vorgegebenen Textstellen halbfett gedruckt.
Die letzte Arbeitsaufgabe weist bereits auf den Konflikt zwischen den beiden Gruppen hin, der mit Hilfe weiterer Arbeitsaufgaben bearbeitet werden soll:

– Worüber beschwerten sich die Plebejer? (Verarmung durch zahlreiche Kriegszüge, Erhöhung der Steuern)
– Welche Mittel wandten die Plebejer an, um ihre Forderungen durchzusetzen? (Verweigerung des Kriegsdienstes, Flucht auf den „Heiligen Berg")
– Der Sage nach gelang es einem Patrizier, die Plebejer durch eine Fabel zu überreden. Wie beurteilst du diese Fabel?

T Gegenüberstellung: Patrizier und Plebejer

Frage	Patrizier	Plebejer
Wie groß ist der Anteil an der Bevölkerung?	**Die Gruppe der Patrizier besteht aus wenigen Familien.**	Die Plebejer machen die Masse des Volkes aus.
Welche Hauptätigkeiten üben die Angehörigen beider Gruppen aus?	Viehzucht, militärische Übungen.	**Handwerker, Händler, abhängige Bauern.**
Welche Stellung und welche Rechte haben die Angehörigen der beiden Gruppen?	**Besetzen Staatsämter, besitzen Privilegien (Benutzung des Staatslandes, Verfügung über Kriegsgefangene und Kriegsbeute).**	Besitzen keine Privilegien, haben keinen Anteil an der Regierung; dürfen keine Staatsämter besetzen.
Der adlige Einzelkämpfer genügte nicht mehr; die Anzahl der Kämpfer muß erhöht werden. Wie wirkt sich diese Tatsache aus?	Patrizier sind auf die militärische Hilfe der Plebejer in Kriegszeiten angewiesen. Sie müssen den Plebejern Rechte zugestehen.	Plebejer, die die erforderliche Ausrüstung stellen, können mitkämpfen. Dadurch werden die Plebejer selbstbewußt und fordern Rechte.

20.3 Was es bedeutete, Sklave zu sein

20.3.1 Wissensziele

In der Antike wurde der Kriegsgefangene Eigentum des Siegers. Er wurde vekauft und mußte im Haus oder in der Produktion als Sklave arbeiten. Auch für kleine Vergehen wurde er hart bestraft. Daher gab es manchmal Aufstände der Sklaven, die von römischen Heeren nur mit Mühe niedergeschlagen werden konnten.

20.3.2 UE-Ziele

(1) Ursachen für die Wirtschaft mit Sklaven.
(2) Unterschiedliche Lebensbedingungen für Haus-, Guts- und Fabriksklaven.
(3) Verlauf und Ausgang von Sklavenaufständen.
(4) Bewertung der Sklaverei.

20.3.3 Einstieg

● **Unterrichtsgespräch:** Wie werden heute schmutzige oder schwere Arbeiten erledigt? Wie wäre es, wenn plötzlich alle Maschinen „weggezaubert" würden?
● Ermittlung über Voreinstellungen der Schüler zum Begriff „Sklaven"
● **Quellenberichte** über die Behandlung von Sklaven (Gfm)
● **Quelle:** Bericht über das Leben der Sklaven (Ma II 187 f.)

20.3.4 Didaktisch-methodische Vorschläge

Man kann davon ausgehen, daß die Schüler bestimmte Vorstellungen über die Sklaverei haben (u. a. „Onkel Toms Hütte"). Das Vorwissen der Schüler über die Sklaverei in Ägypten und Griechenland kann aktiviert werden. Im Zusammenhang mit der römischen Geschichte sollte das Problem aus der Unterrichtseinheit 7.3 wieder aufgenommen werden. Die Betrachtung des hohen kulturellen Niveaus der Griechen und mit Abstand auch der Römer sowie das offenkundige Elend der Proletarier und der Sklaven veranlassen die Frage nach den Gründen und Auswirkungen dieser Widersprüche. Es sollen die konkreten Lebenssituationen der Sklaven, ihre Rechtslage und ihre Protestformen ermittelt und beschrieben sowie die wirtschaftliche Bedeutung der Sklaverei analysiert werden.
▶ **Material:** Ma II 187 – Gfm

Die Sklaven stellten durchaus keine sozial homogene Schicht dar, sondern führten unterschiedliche Tätigkeiten aus.

Arbeitsaufgaben	denkbare Formulierungen
1. Stelle eine Liste der Tätigkeiten auf, die die Sklaven ausführen mußten.	– Landarbeit auf den Latifundien – Arbeit in Bergwerken oder als – Gladiatoren – Handwerker – Aufseher – Tätigkeiten als Dienstpersonal im Hause – Verwaltungsarbeiten – Erziehungsaufgaben
2. Ordne die Tätigkeiten nach der Schwere der Arbeiten.	– Arbeit in Bergwerken/Steinbrüchen – Gladiatoren – Arbeit auf den Äckern – Handwerker – Aufseher – Verwaltungsaufgaben – Erziehungsaufgaben – Hausangestellte
3. Stelle eine Liste über den Umgang mit Sklaven auf und versuche, die einzelnen Maßnahmen zu begründen.	

Maßnahme:	Begründung:
– Sklaven wurden als Kriegsgefangene auf dem Sklavenmarkt verkauft. Junge Sklaven wurden bevorzugt.	Sklaven wurden als Waren/Sachen betrachtet. Junge Sklaven ließen sich leichter „dressieren" als ältere.
– Betreten fremder Häuser war untersagt.	Kontaktverbot zu anderen Sklaven.
– Sie durften nur arbeiten und schlafen.	Keine Freizeit, Ausbeutung der Arbeitskraft.
– Strenge Bestrafung der Sklaven bei Vergehen oder sogar Versehen.	Furcht vor dem Herrn wurde als nötig erachtet.
– Sklaven sollten untereinander streiten.	Verhinderung der Solidarisierung und gemeinsamer gegen die Herren gerichteten Aktionen.
– Hinrichtung von Sklaven, die von anderen Sklaven für schuldig befunden wurden.	Anschein der Rechtmäßigkeit.

Die Leistungen der Sklaven werden gewürdigt, wenn der Lehrer die Behauptung diskutieren läßt, in den römischen Baudenkmälern hätten sich die römischen Sklaven selbst ein Denkmal gesetzt.
Auf einer höheren Abstraktionsebene soll nun untersucht werden, wie am Beispiel der Sklaverei die Verflochtenheit von Wirtschaft und Gesellschaft deutlich wird.

Die Schüler können sich vorstellen, was passiert, wenn heute plötzlich alle Maschinen „weggezaubert" werden. Sie sollen Vermutungen darüber äußern, was dann geschehen würde: Die Arbeiten in der Landwirtschaft, auf Baustellen, in der Industrie müßten wieder von Menschenhand verrichtet werden.

Wie konnten sich die Sklaven gegen diese Zustände wehren? Die Schüler vermuten: – durch nachlässige Behandlung von Geräten, Vieh..., – durch Flucht aus der Gefangenschaft..., – durch Aufstände..., – durch Freilassung... Sie sollen auch versuchen, die Chancen der einzelnen Maßnahmen abzuwägen.

Der Aufstand des Spartacus

„Um diese Zeit war in Italien unter den Gladiatoren, die in Capua für öffentliche Schauspiele ausgebildet wurden, ein Thraker namens Spartacus... in Gefangenschaft geraten und unter die Gladiatoren verkauft worden. Dieser überredete etwa 70 Gladiatoren, ihr Leben lieber für die Freiheit zu wagen als für ein Schauspiel im Theater. Mit ihnen überwältigte er die Wachen und entlief. Er bewaffnete sie mit Stöcken und Dolchen, die Leuten abgenommen wurden, die des Weges daherkamen, und floh auf den Vesuv. Hier erhielt er Verstärkung durch viele entlaufene Sklaven und auch durch einige Freigeborene vom Lande und plünderte die Umgebung. Dabei waren seine Unterführer die Gladiatoren Oinomaos und Krixos. Da Spartacus allen den gleichen Beuteanteil zukommen ließ, hatte er bald eine Menge Leute zusammen...

...denn noch glaubten die Römer, daß es sich nicht um einen Krieg handle, sondern um einen Überfall, und daß das ganze Unternehmen einem Raubzug ähnlich sehe – und wurden so beim Zusammentreffen mit den Sklaven geschlagen... Hierauf strömten zu Spartacus noch viel mehr Leute, und sein Heer zählte schon 70000 Mann. Er ließ Waffen schmieden und Vorräte anlegen. Aus Rom wurden nun die beiden Konsuln mit zwei Legionen gegen ihn in Marsch gesetzt. Der eine von ihnen schlug... den Krixos, der 30000 Mann befehligte. Krixos selbst und zwei Drittel seines Heeres fanden dabei den Tod. Dem Spartacus... kam der eine Konsul zuvor und verlegte ihm den Fluchtweg, während der andere ihn verfolgte. Der aber wandte sich gegen beide einzeln und schlug sie der Reihe nach, so daß die Konsuln in Unordnung das Feld räumen mußten.

...Nun ging der schreckliche Krieg... schon ins dritte Jahr. Als die Wahl neuer Feldherrn angeordnet wurde, zögerten alle, ...bis Licinius Crassus, ...das Kommando übernahm und mit sechs Legionen gegen Spartacus ins Feld rückte... Er überwältigte nun sofort 10000 Spartacusleute..., machte zwei Drittel von ihnen nieder und ging... gegen Spartacus selbst vor. Auch über ihn errang er einen glänzenden Sieg und verfolgte den... Fliehenden... Es kam zu einer großen und erbitterten Schlacht, wie es angesichts so vieler Tausender von Verzweifelten nicht anders zu erwarten war. Als Spartacus durch einen Wurfspieß an der Hüfte verwundet wurde..., wehrte er sich so lange gegen seine Angreifer..., bis er gefallen war.

...Aber noch war eine Menge Sklaven... im Gebirge. Sie teilten sich in vier Haufen und wehrten sich so lange, bis alle außer 6000 gefallen waren. Die wurden gefangengenommen und längs der ganzen Straße von Rom nach Capua ans Kreuz geschlagen."

(Geschichte der alten Welt, Chrestomathie Band 3, Berlin-O. 1957, S. 169ff.)

Arbeitsaufgaben	denkbare Formulierungen
1. Welche Motive gab es für den Aufstand?	Sklaven wurden gedrillt, sich im Zirkus als Gladiatoren gegenseitig zu töten.
2. Welches Ereignis löste den Aufstand aus?	Spartacus überwältigte mit rund 70 Gladiatoren die Wächter einer Gladiatorenschule.
3. Welches waren die Ziele der Aufständischen?	Wiedererlangung der Freiheit; Rückkehr in die alte Heimat.
4. Warum erhielt Spartacus einen so starken Zulauf?	Neben den Sklaven schlossen sich auch Bauern, denen das Land verlorengegangen war, an. Ihr Ziel: Wiedererlangung des Besitzes.
5. Warum konnten die Sklaven zunächst die Römer besiegen?	Gute Führung, Kampfesmut, Unterschätzung durch die Römer.
6. Warum gelang es den Römern dennoch, das Sklavenheer zu besiegen?	Die Sklaven verfolgten unterschiedliche Ziele, daher Trennung der Heere.
7. Welche Folgen hatte der Sklavenaufstand?	**Wirtschaft:** Sklavenmangel führte zur Aufteilung des Grundbesitzes. **Herrschaft:** Im Zusammenhang mit den Aufständen/Revolutionen Ruf nach dem „starken Mann". Mildere Behandlung der Sklaven. Es gab keine Aufstände mehr.

21. Die Krise der Republik

21.0.2 UR-Ziele

(1) Ursachen und Folgen der innerpolitischen Auseinandersetzungen in Rom.
(2) Rückwirkungen der äußeren Expansion auf die innere Entwicklung.
(3) Reformversuche als Antwort auf die Herausforderungen der Konflikte zwischen verschiedenen Gesellschaftsschichten.

21.0.3 Medien

Siehe 18.0.3, Seite 140f.

21.1 Wie Rom regiert wurde

21.1.1 Wissensziele

In der Verfassung gab es folgende Einrichtungen: 1. den Senat (300 Mitglieder, die die Politik der Regierung bestimmten), 2. die Volksvertretung (welche Gesetze beschloß und die Magistrate = Behörden wählte), 3. den Magistrat (an seiner Spitze zwei Konsuln; sie regierten Rom), 4. den Volkstribun (gewählt von den Plebejern, der durch sein Veto Senatsbeschlüsse verhindern konnte, wenn sie für die Plebejer schädlich waren). Die Grundsätze des römischen Rechts waren vorbildlich für alle späteren europäischen Gesetzeswerke.

21.1.2 UE-Ziele

(1) Verfassungsorgane der römischen Republik.
(2) Grundsätze römischer Rechtsprechung.

21.2.3 Einstieg

- **Fabel** vom Magen, gegen den sich die Glieder empören
- **Verfassungsschema** (Gfm)

Einstiegs-Geschichte: Die Riesen aus dem Norden

Schreckensnachrichten kamen von den nördlichen Grenzen des Reiches. In Rom sprach sich in Windeseile herum, was der Militärbefehlshaber in Gallien an die Konsuln in der Hauptstadt berichtet hatte:
„Aus Norden nähert sich ein wildes Germanenvolk unseren Grenzen. Der Zug besteht aus Tausenden von Ackerwagen, die von Ochsen gezogen werden. Auf den Wagen fahren die Frauen und Kinder. Sie sitzen auf dem Hausrat und dem Ackergerät. Die älteren Männer treiben die Ochsen an. Die Krieger des Volkes bilden die Spitze und marschieren an den Seiten des Wagenzuges. Sie sind so groß und stark, wie man Menschen noch nie gesehen hat. Schwerter und Äxte sind ihre Waffen. Ihre Schilde sind so schwer, daß sie kein Römer tragen könnte. Das Schlimmste ist, daß unsere Soldaten von dem Anblick dieser Menschen wie gelähmt sind. Eine Abteilung unserer Soldaten wurde ihnen entgegengesandt, um sie aufzuhalten. Der Anführer ließ ein befestigtes Lager aufschlagen, wie üblich mit Wall und Graben versehen. Die Germanen zogen unter lautem Gebrüll mehrere Tage und Nächte um das Lager herum. Manche unserer Soldaten konnten den Anblick nicht ertragen und verkrochen sich in den Zelten. Doch die Germanen griffen nicht an. Ihre Führer ließen uns sagen, daß sie nur Land zum Siedeln suchten, weil ihr Land weit im Norden von einer Sturmflut des großen Meeres völlig zerstört wäre. Sie drohten allerdings, wenn sie kein Land zugewiesen erhielten, würden sie nach Italien ziehen und Rom zerstören.

21.1.4 Didaktisch-methodische Vorschläge

Nachdem in der Unterrichtsreihe 19 der Zustand der römischen Gesellschaft zur Zeit der Republik untersucht worden ist, wobei Rom statisch erschien, sollen in den Unterrichtsreihen 21 und 22 die Verhältnisse im Innern des Römischen Reiches sowie die Wechselwirkungen zwischen innerer und äußerer Entwicklung herausgearbeitet werden.
Es soll die Frage aufgeworfen werden, welchen gesellschaftlichen Schichten und Gruppen diese Verfassung nütze und ob die unterlegenen oder benachteiligten Gruppen sich dagegen auflehnten. Die Fabel vom Magen, gegen den sich die Glieder des Leibes empörten, kann diesen Sachverhalt auf einer den Schülern verständlichen Ebene deutlich machen. Der Text stammt vom römischen Patrizier Menenius Agrippa und soll die unzufriedenen Plebejer, die beschlossen hatten, die Stadt Rom zu verlassen, zur Rückkehr bewegen:
„Wer törichterweise die Seinen im Stich läßt, täuscht sich zuerst. Niemand taugt etwas ohne die Seinen. So erzählt man sich von den Körperteilen, Hände und Füße seien empört gewesen und hätten sich geweigert, dem Magen Nahrung zu liefern, weil er Tag für Tag ohne irgendwelche Bemühungen angefüllt werde.

Er selbst sitze untätig dabei. Als der Magen aber hungerte, erhob er ein Geschrei. Doch wollten sie ihm einige Tage lang nichts geben. Da nun der Magen nichts bekam, erschlafften alle Glieder. Als sie ihm dann wieder Nahrung geben wollten, weigerte sich der Magen, weil er die Wege schon zugemacht hatte. So gingen Magen und Glieder vor Erschöpfung zugrunde.

Diese Fabel mahnt die Diener zur Treue, weil sie nur dadurch stark sind und Bestand haben."

(zit. nach: H. Ide [Hrsg.], Projekt Deutschunterricht Band 1, Stuttgart 1971, S. 67.)

Arbeitsaufgaben	denkbare Formulierungen
1. Übertragt die Aufgabe des Magens und der Glieder auf die römische Gesellschaft.	Die Glieder (Plebejer) wehren sich gegen den Magen (Patzrizier), weil sie mit den bestehenden politischen und sozialen Verhältnissen nicht einverstanden sind.
2. Was will die Fabel über das Verhältnis von einzelnen Teilen in Staat und Gesellschaft und deren Zusammenwirken aussagen.	Der Erzähler will sagen: Der gesamte Staat geht ähnlich wie der Organismus zugrunde, wenn die Glieder nicht zuliefern.
3. Diskutiert diese Aussage der Fabel.	Auf den ersten Blick scheint die Kernaussage einleuchtend. Allerdings ist zu fragen, ob man den biologischen Organismus mit den sozialen und politischen Gegebenheiten gleichsetzen darf. Ferner ist zu fragen, ob die Versorgung des Magens durch die Glieder von vornherein besagt, daß es Vorrecht einer ganz bestimmten Schicht oder Gruppe ist, von anderen beliefert zu werden. Dieses Bild führt zu dem Eindruck, daß die Patrizier sich als Arbeit- und Brotgeber betrachten, während sie die Früchte der Arbeit anderer für sich ausnutzen. Nach dem Bild der Fabel bedeutet das Verlangen nach Veränderung dieser Verhältnisse den Untergang des gesamten Staatswesens.
4. Faßt nach dem Text „Die Verfassung der Republik im 2. Jahrhundert v. Chr." und der Grafik „Die Verfassung der Republik im 2. Jahrhundert v. Chr." (Gfm) zusammen, welche Aufgaben a) die Volksversammlung, b) der Magistrat, c) der Senat hatten.	**Volksversammlung:** Abstimmung über Gesetze, Wahl der obersten Beamten, Kriegserklärungen. **Magistrat:** Verantwortlich für Heeresverwaltung, Heeresführung, Staatsverwaltung und Gerichtswesen. **Senat:** Beratungen, Finanzentscheidungen, Diplomatie.
5. Welche Entscheidungsbefugnisse hatten die Angehörigen verschiedener Gesellschaftsschichten?	**Senatoren** – wurden auf Lebenszeit gewählt, – bestätigten Gesetze und Wahlen, – fällten außenpolitische Entscheidungen, – kontrollierten Finanzen. **Konsuln** – wurden von der Volksversammlung auf ein Jahr gewählt, – beriefen Senat und Volksversammlung ein, – leiteten Sitzungen, – führten die Heere, – sorgten für die Durchführung von Beschlüssen. **Volkstribun** – besaß Vetorecht gegen Senatsbeschlüsse, – berief die Versammlungen der Plebejer ein.
6. Was besagte die Abstimmung in der Heeresversammlung über die Machtverhältnisse?	Die Entscheidungsgewalt lag letztlich trotz aller Abstimmungen bei den besitzenden Schichten.
7. In den Jahren 232 bis 133 v. Chr. gab es 200 Konsuln. Davon stammten 159 aus 26 Familien. Von ihnen kamen 62 aus 5 Familien. Was besagen diese Zahlen?	Die höchsten Beamten kamen aus wenigen Familien, die sich die Macht im Staate teilten.

Die Bedeutung der Rechtsverhältnisse für das Leben der Menschen wird dann deutlich, wenn überlieferte Rechtssätze, z. B. aus dem Zwölftafelgesetz, in ihren konkreten Auswirkungen für die Beteiligten untersucht werden. So weist die Festlegung der Rechte des Gläubigers gegenüber dem Schuldner aus, daß die Situation eines Pachtbauern gegenüber dem Grundbesitzer auch nach 400 v. Chr. keineswegs besser geworden war.
Folgende Details beleuchten diesen Sachverhalt:
– Wenn der Schuldner binnen 30 Tagen seine Schuld nicht bezahlt hatte, war die Ergreifung des Schuldners statthaft. Der Gläubiger konnte ihn vor Gericht stellen.
– Erfüllte der Gläubiger die Forderungen des Schuldners immer noch nicht, konnte ihn der Gläubiger mit sich nehmen und ihn fesseln (entweder mit einem Strick oder mit Fußfesseln im Gewicht von 15 Pfund).
– Der Schuldner durfte sich mit Genehmigung des Gläubigers selbst verpflegen. Im anderen Falle mußte der Gläubiger den Schuldner in der Gefangenschaft täglich mit einem Pfund Weizenbrei versorgen.
– Konnte der Schuldner nach 60 Tagen die Schulden nicht bezahlen, durfte er getötet oder als Sklave verkauft werden.
Es soll aber am Zwölftafelgesetz auch die Bedeutung Roms für das abendländische Recht verdeutlicht werden. Seine Grundsätze, z. B. „Keine Strafe ohne Gesetz" (Gfm), können an damaligen und heutigen Beispielen erläutert werden.

21.2 Wie die Ausweitung des römischen Staates die Gesellschaft veränderte

21.2.1 Wissensziele

Die Ungleichheit zwischen den Ständen in Rom wuchs immer mehr. Die Großgrundbesitzer und Großunternehmer konnten mit Sklaven billiger produzieren und wurden immer reicher. Die kleinen Bauern und Handwerker mußten Schulden machen und verarmten. Sie zogen als Proletarier in die Hauptstadt. Weil ihre Stimme in der Volksversammlung wichtig war, wurden sie von ehrgeizigen Politikern kostenlos ernährt. Sie leisteten keine Arbeit und fühlten keine Verantwortung für den Staat.

21.2.2 UE-Ziele

(1) Territoriale Ausdehnung und deren Auswirkungen auf die Schichten der Bevölkerung im Anschluß an die Punischen Kriege.

(2) Reformversuche als Antwort auf soziale und politische Veränderungen und das Ergebnis.

21.2.3 Einstieg

- **Quelle:** Zwei Ansichten über die Auswirkungen der Punischen Kriege auf die innere Lage des Römischen Reiches (s. u.)
- **Bild:** Römischer Bauer auf dem Weg zum Markt (Gfm)

21.2.4 Didaktisch-methodische Vorschläge

Im Mittelpunkt der Auseinandersetzungen stand bisher die Frage, wie sich die römischen Expansionen auf die Unterworfenen ausgewirkt haben. Nunmehr soll gefragt werden, wie die Expansionen die inneren Verhältnisse in Rom und Italien beeinflußten. Es soll untersucht werden, ob alle Schichten und Gruppen der römischen Bevölkerung, die sich am Kriege gegen Karthago beteiligt hatten, die gleichen Vorteile oder Nachteile hatten.
Um einen anschaulichen und für die Schüler verständlichen Zugang zu gewährleisten, erscheint es ratsam und vertretbar, ein fiktives Gespräch einzusetzen, in dem die Folgen des letzten Punischen Krieges für die bäuerliche Bevölkerung deutlich wird.
Wie sah es nun mit den Bauern aus, wenn sie nach Rom gingen? Dazu kann den Schülern die nachfolgende kurze Erzählung einen Einblick gewähren:

T Auswirkungen des Krieges auf die Reichen und Armen in Rom (nach Appian)

Reiche	Arme
Sie rissen den größten Teil des Bodens an sich. Sie kauften den Kleinbesitz der Armen auf oder nahmen ihnen den Besitz mit Gewalt ab. Sie erhielten billige Arbeitskräfte (Sklaven).	Der Besitz der Bauern war durch die Kriege verschuldet, manchmal auch zerstört. Da die Reichen lieber (billige) Sklaven als freie Bauern beschäftigten, wanderten letztere in die Stadt ab.
↓	↓
Bildung riesiger zusammenhängender Güter (Latifundien)	Die Armen waren oft arbeitslos und wohnten in Mietshäusern.
↓	↓
Verschwenderische Lebensführung	Sie lebten in der Hauptsache von den Gaben reicher Gönner, denen sie ihr Stimmrecht verkauften.

Bericht des Appian:
Denn die Reichen rissen den größten Teil dieses nicht verteilten Bodens an sich und kamen mit der Zeit zu der festen Überzeugung, niemand werde ihnen das wieder wegnehmen. Und von dem angrenzenden Land und sonstigem Kleinbesitz der Armen kauften sie das eine auf, indem sie ihnen gut zuredeten, das andere nahmen sie mit Gewalt fort; so bebauten sie bald große Landgebiete anstelle einzelner Plätze, die sie mit gekauften Landarbeitern und Hirten bewirtschafteten, um zu vermeiden, daß freie Bauern von der Landarbeit für den Kriegsdienst abgezogen würden. Dazu brachten ihnen jene auch noch reichen Gewinn ein und durch ihren Kinderreichtum, da sie sich dank ihrer Befreiung vom Kriegsdienst stark vermehrten. Infolgedessen wurden die Mächtigen immer noch reicher, und die Klasse der Sklaven nahm auf dem Lande überhand, während die Italiker an Zahl und Stärke abnahmen, da sie durch Armut, Steuern und Kriegsdienst aufgerieben wurden. Auch wenn sie einmal hiervor Ruhe hatten, waren sie doch zu Müßiggang gezwungen, da das Land im Besitz der Reichen war und diese Sklaven statt freier Landarbeiter beschäftigten.
(Lautemann, Geschichte in Quellen, Band 1, Altertum, Seite 470).

Tullius, Statthalter in Afrika, reist nach Rom
Mit gleichmäßigem Ruderschlag glitt eine vornehme Barke den Tiber aufwärts in die Hauptstadt des Weltreiches. Auf einem gepolsterten Sessel, im Schatten eines kostbaren Baldachins, saß Tullius, Statthalter von Afrika. Faltenreich fiel die weiße Toga über seinen Körper bis hinab zu den teppichbelegten Schiffsplanken.
Aus dem Innern der Barke drang das eintönige Klopfen des Vormannes, nach dessen Takt die Rudersklaven ihre schweißnassen Körper beugten und streckten. Am Uferdamm lungerten die Männer Roms zu Hunderten müßig herum. Einige hatten Angeln ausgeworfen, andere hockten zusammen, schauten zum Boot hinüber, wieder andere waren ins Würfelspiel vertieft und ließen sich nicht davon ablenken.
Tullius wandte sich grimmig seinem Sekretär zu, der hinter dem Stuhl des Statthalters stand: „Dieser Nichtstuer wegen muß ich drei Tage lang über See fahren, um hier Bericht zu erstatten. Sie liegen dem Staat zur Last und müssen von meiner Provinz mit Weizen versorgt werden. Staatslieferungen sind es. Der Staat schreibt die Preise vor, und ich kann nichts daran verdienen, indessen der Statthalter von Spanien an den Gold- und Kupferminen seines Landes zum reichsten Manne des Römischen Imperiums wurde. – Seht nur die großen Speicher dort am Ufer, vollgeladen mit Getreide, Obst und Wein. Seht, da wird schon wieder ein Schiff aus meiner Provinz entladen. Schaut nur die prallen Säcke auf den krummen Rükken der Sklaven. Alles wird von Staatsgeldern bezahlt, damit die Proletarier von Rom einen guten Tag haben; je mehr Sprößlinge, desto mehr Getreide für die Familie."
„Es ist das Recht der Bürger Roms, durch alten Brauch geheiligt, daß sie mit ihrer Wahl bestimmen, wer zu Amt und Würden kommt im Staate", erwiderte der Sekretär.
„Und damit sie dem Wunsch des Kaisers immer brav gehorchen und wählen, wen er will, gibt der Staat ihnen nicht nur Brot, sondern auch noch Spiele dazu." Plötzlich verstummte das gleichmäßige Klopfen des Vormannes. Die Rudersklaven hielten keuchend inne. Die Aemiliusbrücke war erreicht. Sacht legte sich die Barke an die Ufermauer. Tullius betrat den Boden Roms. Eine prachtvolle Sänfte stand bereit. Von Dienern geleitet, ließ sich der Statthalter darin nieder. Bald erreichte der Zug die heilige Straße, die zum Forum Romanum führt. An dem Gerichtspalast und der Rednertribüne vorbei bog die Leibwache um den Saturntempel und stieg alsbald die Stufen zum Kapitol empor.
Von der Höhe des Kapitols blickte Tullius über viele tausend Dächer. Dort wohnten sie: Römer, Griechen, Ägypter, Juden, Germanen und viele, viele andere. Tullius lächelte stolz und sprach: „Es gibt keine Stadt, die sich mit Rom vergleichen könnte, weder an Größe noch an Reichtum, noch an Schönheit."
(Unser Weg durch die Geschichte NRW 1, 1971[3], S. 70ff.)

Der Lehrer sollte nach dem Vortragen/Vorlesen der Erzählung breiten Raum für Spontanäußerungen, Fragen, Feststellungen und Begriffserklärungen geben und diese ggf. auch aufschreiben. Danach kann der Lehrer durch die Frage „Was scheint euch an der Geschichte sonderbar bzw. widersprüchlich zu sein?" die Aufmerksamkeit auf ein wichtiges Motiv in dieser Erzählung lenken: den Gegensatz zwischen dem prachtvollen Äußeren der Stadt Rom (Bauten!) und dem mit der Arbeitslosigkeit der Proletarier verbundenen Elend der Massen. Dieser Gegensatz provoziert die Frage nach den Gründen. Sie wird auch in dem Gespräch zwischen dem Statthalter und seinem Sekretär in der Erzählung aufgegriffen.
Damit kann die Problemfrage wie folgt formuliert werden: „Wie sind die Widersprüche zwischen dem prachtvollen Äußeren und der offensichtlich herrschenden Arbeitslosigkeit der Massen zu erklären?" An dieser Stelle sollten die Schüler Vermutungen äußern. Unter Umständen wird in diesem Zusammenhang die Arbeitslosigkeit unserer Zeit zur Sprache kommen. Die Schüler bringen Beispiele, wie sich die Arbeitslosigkeit auf das Leben der Menschen aus-

wirkt. Das historische Beispiel läßt keinen inhaltlichen Vergleich zu, weil die Voraussetzungen völlig anders sind.

Da dieser Text den komplexen Zusammenhang zwischen der wirtschaftlichen, politischen und gesellschaftlichen Entwicklung aufzeigt, skizzieren wir nachfolgend einen methodischen Weg, nach dem der Text analysiert und strukturiert werden kann:

An der Tafel oder auf einem Arbeitsblatt sind Arbeitsaufgaben so angeordnet, daß die Reihenfolge der Ergebnisse die Basis für eine Kausalkette bildet. (Die Zahlen an der Kausalkette beziehen sich auf die Arbeitsaufgaben.)

Arbeitsaufgaben:

1. Wer bewirtschaftete den Bauernhof, als der Bauer als Soldat im Krieg war?
2. Was waren die Folgen?
3. Was konnte der Bauer tun, wenn er nach Kriegsende nach Hause kam?
4. Welche Folgen ergaben sich für den Grundbesitzer – im Gegensatz zum Bauern –, wenn er aus dem Kriege kam?
5. Infolge der siegreichen Kriege kamen viele Sklaven hinzu. Außerdem konnte billiges Getreide eingeführt werden. Welches waren die Folgen?
6. Welche Folgen ergaben sich in der Stadt?
7. Was läßt sich über die Lebensweise der Proletarier aussagen?
8. Welche Möglichkeiten gab es, die Probleme zu lösen?

T Kausalkette

1 Bewirtschaftung des Hofes erfolgte durch Angehörige (Frauen, Kinder).
↓
2 geringere Ernteerträge, manchmal Schulden
↓
3 Schulden konnten oft nicht beglichen werden
↓
Der Hof konnte an einen reichen Grundbesitzer verkauft werden.
↙ Landarbeiter beim Grundbesitzer
↘ Abwanderung in die Stadt (Soldat)
↓
Proletarier – niedriger Lebensstandard
↓
7 Soziale Spannungen – kostenlose Getreideversorgung – „Brot und Spiele"
Proletarier als „Stimmvieh"

4 Der Ritter erhielt reichere Beute (Schätze, Sklaven) und konnte das Land der Bauern aufkaufen. ←→ Der Hof konnte an einen reichen Grundbesitzer verkauft werden.
↓
5 Sklaven waren billigere Arbeitskräfte als Landarbeiter.
Umstellung von Getreideproduktion auf Schafzucht und Ölbaumanbau.
Große Landgüter – Großgrundbesitz
↓
reiche Großgrundbesitzer – hoher Lebensstandard ←→ Proletarier – niedriger Lebensstandard
↓
6 Sklaven produzieren billiger
Entstehung von Großwerkstätten und Großunternehmen
selbständige Handwerker machen Konkurs

8 Aufstände Revolutionen
- Bürgerkriege
- Sklavenaufstände

Ablenkung der sozialen Spannungen
- „Brot und Spiele"
- Getreidespenden

Reformen
- Landreformen
- Bildung eines Berufssoldatentums

21.3 Wie es den Sozialreformern erging

21.3.1 Wissensziele

Die Volkstribunen Tiberius Gracchus und später Gaius Gracchus setzten sich für eine Landaufteilung zugunsten der Kleinbauern ein. Sie wurden von Anhängern der Senatspartei ermordet.
Marius, ein Feldherr, wandelte das Heer in eine Gemeinschaft lang dienender Berufssoldaten um. Das Heer war von Feldherrn abhängig und dieser von einer Partei. Es gab damals die Senatspartei und die Volkspartei. In den Kämpfen beider gegeneinander wurden Zehntausende getötet.

21.3.2 UE-Ziele

(1) Gesetz des Tiberius Gracchus über die Verteilung von Staatsland an verarmte Bauern.
(2) Gründe für das Scheitern der Gesetzesvorhaben.
(3) Heeresreform des Marius und ihre Auswirkungen.

21.3.3 Einstieg

- **Quelle:** Die Sozialreform der Gracchen (Gfm)
- **Bildmaterial:** Arbeiten in Rom (Gfm)

21.3.4 Didaktisch-methodische Vorschläge

Die Quelle über die Auswirkungen des letzten Punischen Krieges auf die Landbevölkerung soll den Schülern noch einmal folgende Sachverhalte ins Gedächtnis rufen:

Die Sozialreformen der Gracchen können in enger Anlehnung an den Buchtext (Gfm) erarbeitet werden. Zuvor sollten die Spannungen zwischen den Gegnern deutlich hervorgehoben werden.

auf der einen Seite...	auf der anderen Seite
– waren viele Bauern, die durch Kriegsdienst, Verschuldung und Kapitalmangel verarmt waren, – gab es in den Städten viele Freie, die als Lohnarbeiter in scharfer Konkurrenz zu den billigeren Sklaven standen, – gab es eine wachsende Landflucht, die in den Städten zu Wohnungsknappheit, Mietwucher und Arbeitslosigkeit führte.	– gab es Großgrundbesitzer, die sich auf Kosten der verarmten Bauern bereichert hatten, – verschaffte sich der Adel durch Einnahmen aus den eroberten Provinzen und durch Sklavenarbeit ungeheure Vermögen, – führte dieser Reichtum zu luxuriösem Lebensstil, – versuchten die Reichen durch Bestechung und Wahlgeschenke (Brot und Spiele!) politische Macht zu gewinnen.

Unter Einbeziehung der Grafik „Die Verfassung der Republik" (Gfm) können die Schüler Vermutungen darüber anstellen, welche Auswirkungen sich jetzt auf die politische Situation ergeben könnten.
Sodann könnten sie mit Hilfe des Buchtextes (Gfm) und unter Zuhilfenahme folgender Leitfragen eine Übersicht erstellen.

Auf dem Lande, in der Provinz...	In Rom...
↓ besitzlose Landbevölkerung ↓ keine Arbeitsmöglichkeiten der besitzlosen Landbevölkerung auf den großen Gütern ↓ Grund: wachsende Verbreitung der Sklaverei in der Landwirtschaft ↓ starker Anstieg der Getreideproduktion durch äußerste Ausbeutung der Sklaven sowie durch neue Anbaumethoden ↓ umfangreiche Getreideeinfuhren aus den eroberten Ländern ↓ besitzlose Landbevölkerung zieht in die Städte	fließt der Reichtum der unterworfenen Gebiete zusammen, rege Bautätigkeit, Entwicklung eines spezialisierten Handwerkertums, Arbeitsmöglichkeiten für die Bauern auf Baustellen, im Hafen oder in Werkstätten

Wer schlug die Maßnahmen vor?	Welche Maßnahmen wurden vorgeschlagen?	Für welche Gruppen wirkten sie sich vorteilhaft aus?	Für welche Gruppen wirkten sie sich nachteilig aus?
Tiberius Gracchus	Neuverteilung des Staatslandes, um wieder genügend besitzende Bauern für den Heeresdienst zu haben.	Für die besitz-, landlosen und verarmten Bauern.	Gutsbesitzer mit großen Landgütern.
Gaius Gracchus	Reformen auch für die italischen Bundesgenossen.	Für die italischen Bundesgenossen.	Senatoren, stimmberechtigte Bürger in Rom, Ritter.
Marius	Heeresreform: Aufstellung eines Berufsheeres, zu dem jeder Mann Zutritt hatte; 20 Jahre Verpflichtung, Staat sorgt für Ausrüstung und Versorgung.	Für die verarmten Proletarier und besitzlosen Bauern.	Senatoren, Ritter.

Ebenso ist es denkbar, einen Vergleich zwischen den Reformen der Gracchen und Marius durchzuführen:

Reformen der Gracchen	**Reform des Marius**
Besitzloser Bauer/Bürger	Besitzloser Bauer/Bürger
↓	↓
Landzuweisung durch Volkstribun	Berufssoldaten
↓	↓
Bauer mit Landbesitz	Versorgung der Soldaten mit Land
↓	↓
Bauernsoldaten können wieder Heeresdienst leisten	Bauern mit Landbesitz

In einem weiteren Unterrichtsabschnitt kann auf die Ursachen und Folgen der Reformen eingegangen werden:

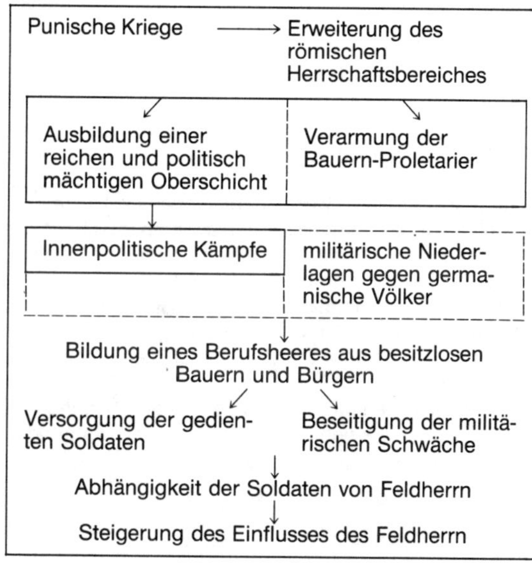

22. Militärdiktatur und Prinzipat

22.0.2 UR-Ziele

(1) Die Rolle der Feldherrn im Kampf um die Staatsmacht.
(2) Bürgerkriege und die Bereitschaft, die Staatsmacht einem „starken Mann“ zu übertragen.
(3) Verfassungsnormen und Verfassungswirklichkeit zur Zeit des Augustus.

22.0.3 Medien

Siehe 18.0.3, Seite 140f.

22.1 Wie ein Feldherr politische Macht erringen konnte

22.1.1 Wissensziele

Gaius Julius Caesar war ein Politiker aus vornehmer Familie. Durch Bündnisse mit anderen mächtigen Politikern stieg er schon in jungen Jahren in höchste Staatsstellen auf. Er eroberte Gallien sowie Teile von Britannien und Germanien. Dabei erwarb er ungeheure Reichtümer. Er vertrieb seinen Gegner Pompeius aus Rom und war nun der mächtigste Mann im Imperium.
Einige Senatoren fürchteten, Caesar wolle Alleinherrscher, König, werden. Sie ermordeten ihn während einer Senatssitzung.

22.1.2 UE-Ziele

(1) Wandlungen vom Volksheer zum Berufsheer und deren militärische und politische Folgen.
(2) Caesars Lebenslauf und die Rolle des Feldherrn im politischen und militärischen Leben.
(3) Zusammenhänge von Innen- und Außenpolitik am Beispiel von Caesars Lebenslauf.

22.1.3 Einstieg

- **Bild:** Gaius Julius Caesar (Gfm)
- **Karte:** Caesar im Bürgerkrieg (Gfm)
- **Textquelle:** Lebenslauf Caesars (s. u.)
- **Dia-Reihe:** FWU 10 2137 Bilder zu Caesars Bellum Gallicum

22.1.4 Didaktisch-methodische Vorschläge

Die Unterrichtsreihe 22 umfaßt den Zeitraum von 79 v. Chr. bis 14 n. Chr. Im Rahmen der didaktischen Reduktion können die komplizierten Ereignisse und Entwicklungen in ihrer chronologischen Abfolge nicht behandelt werden. Statt dessen sollen am Beispiel des Lebenslaufes Caesars die Ursachen für den Untergang der Republik erarbeitet werden.
Den Schülern muß an dieser Stelle verdeutlicht werden, daß im Jahr 300 v. Chr. im Römischen Reich eine breite Bevölkerungsschicht im politischen Leben mitbestimmte, während um das Jahr 100 v. Chr. nur wenige mächtige Personengruppen den Staat beherrschten.

Am Beispiel Caesars soll aufgezeigt werden, welchen Einfluß erfolgreiche Feldherrn auf die Politik gewinnen können.

Lebenslauf Caesars (nach Plutarch und Sueton)
„In wenigen Jahren eroberte Caesar ganz Gallien und machte es zu einer römischen Provinz. Er hob dort aus eigenen Mitteln Soldaten aus und bewaffnete sie. Mann für Mann beschenkte er sie später mit dem römischen Bürgerrecht. Die Einwohner Galliens belegte er mit einer jährlichen Abgabe von 40 Millionen Sesterzen (heute etwa 8 Millionen DM).
Als erster Römer schlug er eine Brücke über den Rhein und besiegte die Germanen. Er setzte nach Britannien über, besiegte dieses bisher unbekannte Volk und forderte von ihm Geld und Geiseln. Solange er in der Provinz weilte, verstand er es, die Beamten in Rom durch Bestechung auf seine Seite zu ziehen. Er ließ nur solche in Ämter gelangen, die seine Absichten unterstützten. Die Löhnung seiner Legionen verdoppelte er für alle Zeit. Er verteilte Getreide unter sie, soviel sie wollten. Manchmal beschenkte er jeden Soldaten mit einem Sklaven aus der Kriegsbeute. Aus seinem Beuteanteil baute er in Rom ein Forum. Als seine Tochter Julia gestorben war, veranstaltete er zur Gedächtnisfeier ein Gladiatorenspiel und ein großes Festessen für das römische Volk. In Gallien raubte er die mit kostbaren Weihegeschenken gefüllten Heiligtümer und Tempel der Götter aus. Bald hatte er Gold in solchem Überfluß, daß er es in Italien und in den Provinzen zu Schleuderpreisen – ein Viertel des Wertes – anbieten lassen konnte. In Rom versuchte er, Angehörige des Senats auf seine Seite zu ziehen, indem er ihnen Geld lieh, ohne Zinsen zu verlangen. Bald war Caesar für Angeklagte, Verschuldete oder verschwenderische Leute die einzige Rettung. Den Königen der Nachbarstaaten machte er Tausende von Kriegsgefangenen zum Geschenk oder schickte ihnen ohne Zustimmung des Senats Hilfstruppen. Städte in Italien, Griechenland, Spanien und Gallien schmückte

er mit prächtigen Bauwerken aus. Bald fragte man sich in Rom, welche Ziele er damit wohl verfolge.
Mit Pompeius, dem mächtigen Politiker, und Crassus, dem reichsten Mann Roms, schloß Caesar ein Bündnis. Jetzt beherrschten die drei mächtigsten Männer den Senat und die Politik. Pompeius und Crassus wurden mit Zustimmung Caesars ein zweites Mal zu Konsuln gewählt. Anschließend sollten durch Kriegsbeschluß die Provinzen an die drei vergeben werden. Da versuchte der Politiker Cato die Abstimmung durch Dauerreden hinauszuzögern. Er wurde aber durch die Leute der drei von der Rednertribüne heruntergerissen und ins Gefängnis gesperrt. Der Volkstribun Aquillus wurde durch Bewaffnete eingesperrt. Andere Gegner wurden getötet oder verletzt. So wurde das Gesetz durch Anwendung von Gewalt endlich beschlossen.
Crassus starb bald darauf. Caesar entzweite sich mit Pompeius. Entgegen allen Gesetzen und gegen den Befehl des Senats marschierte er darauf mit seinem Heer aus Gallien nach Rom. Es kam zum Bürgerkrieg, in dessen Verlauf Pompeius mit seinen Anhängern nach Griechenland floh. Caesar setzte ihm nach, besiegte ihn und verfolgte ihn bis nach Ägypten. Dann kehrte er als Sieger nach Rom zurück und hielt alle Macht allein in Händen.
Seine im Verlauf und nach siegreicher Beendigung des Bürgerkrieges bewiesene Mäßigung und Milde waren bewundernswert. Pompeius hatte bekanntgegeben, er werde jeden als Feind ansehen, der sich nicht auf seiten der Republik stelle. Caesar aber verkündete öffentlich, er werde alle, die sich neutral verhielten, als Freunde betrachten. Allen denen, die er früher auf des Pompeius Empfehlung zu Offizieren befördert hatte, stellte er frei, zu jenem überzutreten. Bei Pharsalus erließ er den öffentlichen Armeebefehl: „Allen Bürgern ist zu verzeihen!" Man wird auch keinen mehr finden, der durch ihn – außer in der Schlacht – ums Leben gekommen ist. Endlich gestattete er in der letzten Zeit seines Lebens allen Leuten, die er nicht ausdrücklich begnadigt hatte, die Rückkehr nach Italien und die Übernahme von Zivil- und Militärämtern. Sogar die vom Volk niedergerissenen Statuen des Lucius Sulla und des Pompeius ließ er wieder aufstellen.
Feindselige Anschläge und Äußerungen, die in der späteren Zeit gegen ihn gerichtet waren, wollte er lieber verhindern als bestrafen. Daher verfolgte er aufgedeckte Verschwörungen und nächtliche Versammlungen auch nicht weiter. Er verkündete nur, sie seien ihm bekannt. Wenn Leute gehässig über ihn sprachen, begnügte er sich, sie in öffentlicher Versammlung zu warnen.
Caesar nahm alle ihm angebotenen Ehrenämter an, die stetige Wiederwahl zum Konsul, die dauernde Würde eines Diktators (Alleinherrscher), das oberste Sittenrichteramt, den Vornamen ‚Imperator' (Feldherr), den Beinamen ‚Vater des Vaterlandes', die Aufstellung seines Standbildes unter den Königen, den Thronsitz in der Orchestra des Theaters. Er duldete Ehrungen, die das menschliche Maß weit überstiegen: den goldenen Sessel im Gebäude des Senats, Altäre, die Aufstellung seines Bildnisses neben den Götterbildern und die Benennung des Monats Juli nach seinem Namen. Er bekleidete unausgesetzt das Amt des Konsuls, ernannte Konsuln, Volkstribunen und andere hohe Beamte, ohne Wahlen abzuhalten. Das Münz- und Zollwesen ließ er durch einen seiner Sklaven verwalten, nicht wie üblich durch Männer aus dem Ritterstand.
Mit der Zeit fand sich eine Verschwörergruppe von 60 Mitgliedern zusammen. Es waren alles Mitglieder des Senats. Ihre Häupter waren Gaius Cassius, Marcus Brutus und Decimus Brutus. Marcus Brutus galt vorher als einer der engsten Freunde Caesars. Nachdem verschiedene Pläne verworfen worden waren, beschlossen sie, Caesar in der Senatssitzung an den Iden des März (15. März) zu ermorden. Das Attentat gelang. Caesar brach unter 23 Messerstichen zusammen.
Wichtig für die Stellung der späteren Kaiser ist es, daß man bereits Caesars Verbindung mit den Göttern hervorhob: Er wurde ‚divus Julius', göttlicher Julius genannt. Schlechte Vorzeichen bei den Opfertieren kündigten seinen Tod an. Sieben Nächte erschien ein Komet über Rom, als sein Nachfolger Octavian die Göttlichkeit Caesars verkündete. Man glaubte, der Komet sei die Seele des in den Himmel aufgenommenen Caesar."
(Nach Sueton und Plutarch, stark gekürzt)

Arbeitsaufgaben	denkbare Formulierungen
1. Gliedere den Text in Abschnitte und gib jedem eine Überschrift!	– Caesars Herkunft und Werdegang – Eroberung von Provinzen – Sicherung seiner Machtstellung in den Provinzen und in Rom – Ausschaltung seiner Gegner im Kampf um die Alleinherrschaft – Behandlung seiner Gegner nach seinem Sieg – Ehrungen – Caesars Ermordung
2. Was spricht für, was gegen Caesar?	

3. Beschreibe die Maßnahmen Caesars für seine Soldaten.	Verleihung des römischen Bürgerrechts
4. Beschreibe, was Caesar unternahm, um seine Macht zu festigen.	– Bau eines Forums in Rom – Brot und Spiele für die Massen – Gewährung zinsloser Darlehen für politisch einflußreiche Leute – Hilfstruppen und Kriegsgefangene für die Nachbarstaaten
5. Welche Maßnahmen traf Caesar nach Beendigung der kriegerischen Auseinandersetzungen? Welche Gründe hatte er dafür?	Milde gegen seine ehemaligen Gegner, um Freunde und Mitarbeiter für seine Politik zu gewinnen.
6. Welche Verstöße beging Caesar gegen die römische Verfassung?	– Er durfte keine Truppen an benachbarte Könige senden. Dafür war der Senat zuständig. – Ein Konsul durfte nur einmal wiedergewählt werden. – Er mißachtete Befehle des Senats.
7. Welche Gründe waren maßgebend, daß das römische Volk nichts dagegen unternahm?	– Außenpolitische Erfolge lenkten von innenpolitischen Schwierigkeiten ab. – Reiche Beute – Gladiatorenspiele – Beseitigung einiger Mißstände

Bei der Beantwortung können die Schüler keineswegs zu „richtigen“ Ergebnissen gelangen, sondern sie sollen feststellen, daß es auf den jeweiligen Standpunkt ankommt, ob eine Handlungsweise als richtig bzw. als falsch beurteilt wird. Das soll an zwei Beispielen verdeutlicht werden:

a) Für die Römer war die von den Galliern zu zahlende Abgabe von 40 Mill. Sesterzen sicherlich von Vorteil, für die Gallier bedeutete sie ein großes Opfer.

b) Die Legionäre betrachteten die Verdoppelung ihres Soldes sicherlich anders als jene, die diese Mittel für die Verdoppelung bereitstellen mußten.

T Wie Caesar Staat und Gesellschaft veränderte

Caesar
↓
Feldzug in Gallien
↓
Schaffung eines starken Heeres
↓
Sieger in den inneren Auseinandersetzungen
↓

- Oberbefehlshaber für alle Truppen
- Diktator auf Lebenszeit
- Verfügungsgewalt über die staatlichen Finanzen

Maßnahmen Caesars:

er gab den **Proletariern**
...
Arbeit und Brot
großartige Schauspiele

er gab den **Menschen in den Provinzen**
Schutz vor Ausbeutung römischer Beamter

er nahm
dem **Senat** (Optimaten)
die Macht
↓
Feinde Caesars (Senat)
↓
Ermordung Caesars

22.2 Welche Stellung der Princeps in der neuen Verfassung hatte

22.2.1 Wissensziele

Aus den Kämpfen um Cäsars Nachfolge ging Augustus als Sieger hervor. Seine Regierungszeit war eine lange Friedenszeit, in der vor allem die Hauptstadt prächtig ausgebaut wurde. Die Kaiser nach ihm haben zum Teil ihre uneingeschränkte Macht in schändlicher Weise mißbraucht, so etwa Caligula oder Nero. Andere haben vorbildlich für das Wohl des Riesenreiches gesorgt, wie etwa Marc Aurel.

Die Angehörigen der Oberschicht übernahmen die hellenistische Kultur. Auch in Rom konnten die Mädchen nicht die gleiche Bildung erwerben wie die Jungen. In der Kaiserzeit herrschte ein ungeheurer Luxus. Die Mittelschicht der kleinen Gewerbetreibenden und Händler hatten hieran jedoch keinen Anteil.

22.2.2 UE-Ziele

(1) Die Machtstützen des Augustus.
(2) Gründe für den politischen Erfolg des Augustus.

22.2.3 Einstieg

● **Bilder:** Kaiser Augustus (Gfm)
● **Dia-Reihen:** Jünger: Die römische Antike, das frühe Kaiserreich Stoedtner: Römische Geschichte, Kaiserzeit.

22.2.4 Didaktisch-methodische Vorschläge

In dieser Unterrichtseinheit geht es um die Entwicklung von der Militärdiktatur zum Prinzipat. Der Text in Gfm informiert die Schüler über die Verfassungsänderungen und über das Zeitalter des Augustus, dem dieser das Image des „goldenen Zeitalters" zu geben vermochte.
Es wird zu fragen sein, warum die Römer ihre ehemals republikanische Verfassung zugunsten einer Verfassung, die auf der Herrschaft eines einzelnen Mannes beruhte, aufgaben oder aufgeben mußten.
Ansatzpunkt für diese Fragestellung könnte die Marmorstatue des Augustus sowie die römische Gemme (Gfm) einschließlich des beschreibenden Textes sein. Es ist zu fragen, ob die Leistungen des Augustus die Charakterisierung des Zeitalters als des „goldenen Zeitalters" rechtfertigen. Unter Einbeziehung des Textes „Die Errichtung des Prinzipats" und der Grafik „Die Verfassung unter dem Prinzipat des Augustus" (Gfm) soll untersucht werden, ob die Republik nicht nur Schein war und ob in Wirklichkeit nicht eine Monarchie herrschte.

Arbeitsaufgaben	denkbare Formulierungen
1. Schreibt die Tätigkeiten des Augustus auf und überlegt, welche Vor- und Nachteile damit verbunden waren.	

Maßnahmen	Vorteile für ...	Nachteile für ...
Wiederaufbau von zerstörten Gebäuden in Rom	Bauarbeiter, Bauuntermehmer	
Brot und Spiele	die Stadtbevölkerung: Ablenkung, Entspannung, Freizeit	Stadtbevölkerung soll sich nicht so sehr um politische Belange kümmern
Soldaten	Altersversorgung, Ansiedlung, gutes Auskommen	Leben in den Provinzen, lange Dienstzeit
hohe Politiker, z. B. Senatoren	Viele Ehrenämter, Sicherheit, Reichtum	politisch entmachtet

2. Diskutiert die Lage der Bevölkerung während der Herrschaft des Augustus.

einerseits:	andererseits:
Die Verfassung scheint nicht angetastet; die Staatsform der Republik bleibt erhalten.	Die Verfassungswirklichkeit sieht so aus, daß einer herrscht (Augustus-Monarchie).
Die Wirtschaft blüht auf.	Bauernverarmung, Reichtum und Luxus bei Wenigen.
Ritter und Senatoren stark begünstigt, auch die Soldaten.	Große Unterschiede zwischen den Begünstigten und dem „normalen" Bürger.
Das Römische Reich wurde weiter vergrößert.	Damit wurden weitere Völker unterworfen.
Römer gaben vor, den unterworfenen Völkern Frieden, Wohlstand und Kultur zu bringen.	Sie beanspruchten aber auch die Vorherrschaft, beuteten sie aus, entfremdeten die Menschen von althergebrachten eigenen Sitten und Gebräuchen.

23. Rom zur Kaiserzeit

23.0.2 UR-Ziele

(1) Repräsentative Bauten und ihre Funktionen.
(2) Das Alltagsleben der Römer.
(2) Bildung und Erziehung in Rom.

23.0.3 Medien

Siehe 18.0.3, Seite 140f.

23.1 Welche öffentlichen Bauten es gab

23.1.1 Wissensziele

In der Kaiserzeit wurde die Weltstadt Rom mit vielen öffentlichen Gebäuden aus Marmor geschmückt. Sie sollten die Macht des Römischen Reiches dokumentieren. Sie dienten aber auch der Freizeitgestaltung der städtischen Bevölkerung.

23.1.2 UE-Ziele

(1) Wichtige öffentliche Gebäude in Rom zur Kaiserzeit.
(2) Funktion der öffentlichen Gebäude.

23.1.3 Einstieg

23.1.4 Didaktisch-methodische Vorschläge

Das tägliche Leben in Rom zur Kaiserzeit soll den Schülern Einblicke in Lebensbereiche geben, die ihren Erfahrungen nahekommen. Diese Dimension „Geschichte des Alltags" läßt die Schüler zunächst ihr Augenmerk auf Erscheinungsformen des täglichen Lebens in Rom oder einer anderen römischen Stadt richten. In Form einer Strukturanalyse kann dieser sozialgeschichtlich orientierte Bereich anregende und reizvolle Erkenntnisse vermitteln. Unterhalb der Strukturen von Staat, Parteien und Politik schlechthin entsteht somit „Geschichte von unten".

Allerdings würden diese Ansätze nicht leicht verstanden, wenn nicht die Darstellung der Alltagswelt gleichzeitig Moment einer gesamtgesellschaftlichen Analyse wird. Es wird also immer auch zu fragen sein, inwieweit der Alltag Spiegelbild der gesellschaftlichen Realität und der Konflikte ist und inwieweit sich politische Großereignisse und Entwicklungen in den alltäglichen Lebensbereichen auswirken. Für die didaktische Planung würde dies bedeuten, daß der Lehrer erst nach der Behandlung der Unterrichtsreihe 23 auf die oder einige der vorangegangenen Unterrichtsreihen zurückgreift.
So wird z.B. zu fragen sein, auf welcher Grundlage die großen Leistungen in der Baukunst entstanden sind. Die in den Unterricht einzubringenden Bildmaterialien vermitteln eine anschauliche Vorstellung und rufen Staunen und Bewunderung bei den Schülern hervor.
Andererseits muß auch die Funktion dieser Gebäude und anderer Einrichtungen geprüft werden. Es bietet sich an, von der Darbietung einer Dia-Auswahl auszugehen (vgl. 18.0.3, Seite 140f.). Als besonders geeignet erweist sich die Abbildung des Modells „Die Stadt Rom zur Kaiserzeit" (Gfm), deren Aussagen in Verbindung mit dem Buchtext erarbeitet werden können.

Welche Aufgaben und Funktionen haben die Bauten?

Bauwerk	Funktion
Forum	Ansprachen von Politikern öffentliche Versammlungen
Statuen von Kaisern, Triumphbögen	Erinnerung an Kriegszüge, Feldherrn und große Siege, Beute
Jupitertempel	Gottesdienste, Jupiter war höchster Gott der Römer
Theater	Aufführung von Theaterstükken
Paläste	Prunkvolle Wohn- und Regierungssitze der Herrscher
Circus Maximus	Pferde- und Wagenrennen zur Ablenkung des Volkes von politischen und wirtschaftlichen Schwierigkeiten
Colosseum	Gladiatorenkämpfe, Tierhetzen
Aquädukte	Heranführung von Trinkwasser und Beseitigung der Abwässer
Thermen	Erholung, Zeitvertreib für die Römer

23.2 Wie die reichen Leute lebten. Wie die armen Leute lebten

23.2.1 Wissensziele

Die reichen Leute besaßen prächtige Villen, wähend die Armen in Mietshäusern wohnten. Aber auch die armen Bürger hatten das Wahlrecht. Wer als Politiker gewählt werden wollte, versuchte die Wähler mit Brot und Spielen im Zirkus und im Collosseum für sich zu gewinnen.

23.2.2 UE-Ziele

(1) Alltagsleben der armen und reichen Römer.
(2) Wirtschaftliches und kulturelles Leben in Rom zur Kaiserzeit.
(3) Lebensweise, Lebensstandard und Wertmaßstäbe eines römischen Bürgers.
(4) Die Rolle der Frauen in der römischen Gesellschaft.
(5) Die Rolle der Zirkusspiele und Gladiatorenkämpfe in Rom.

23.2.3 Einstieg

- **Dia** aus der Tonbildreihe „Aus dem Leben des Lucius Caelius Jucundus", Bilder 3,10,24,16.17
- **Gegenüberstellung und Vergleich zweier Häuser:** Römische Luxusvilla und römisches Mietshaus (Gfm)
- **Bild:** Gladiatorenkämpfe (Gfm)
- **Filmausschnitt:** WBF: Ein römischer Kaufmann nördlich der Alpen

23.1.4 Didaktisch-methodische Vorschläge

Es bestehen vielfältige Möglichkeiten, das Alltagsleben in Teilbereiche zu untergliedern und didaktisch aufzubereiten. Man kann einen Bereich, der die Schüler besonders interessiert, z. B. Gladiatorenkämpfe, in den Mittelpunkt stellen. Man könnte aber auch den normalen Tagesablauf in Rom beschreiben. (Dazu: Jerome Carcopino, Rom – Leben und Kultur in der Kaiserzeit, Reclam, Stuttgart [2]1984). Man könnte aber auch von einer Gegenüberstellung der Lebensbedingungen verschiedener Gesellschaftsschichten ausgehen.

Diesen Ansatzpunkt verfolgend betrachten Schüler die beiden Bilder „Eine römische Luxusvilla" und „Römisches Mietshaus".

Arbeitsaufgaben	denkbare Formulierungen
1. Vergleicht die Wohnungen miteinander.	
Luxusvilla Zimmer sind um einen Innenhof herum angeordnet, Fenster öffnen sich zum Innenhof, Badezimmner mit Umkleideraum, Schwimmbecken, Heizung unter dem Fußboden, prachtvolle Innenausstattung, Marmor, Mosaikfußboden, Wandmalereien.	**Mietshaus** Wohnhaus mit sechs bis acht Stockwerken, keine Heizung, kein Wasseranschluß, keine sanitären Anlagen, Verwendung minderwertiger Baustoffe, enge Wohnverhältnisse, im Erdgeschoß Läden und Handwerksbetriebe.
2. Warum waren die Mietshäuser (Mietskasernen) so schlecht gebaut, wie es Juvenal in seiner satirischen Beschreibung ausdrückt? Zieht auch die Aussage des Vitruvius (Gfm) heran.	Der Baugrund wurde im Laufe der Zeit immer teurer, da sich viele Menschen in der Stadt um Wohnraum bemühten. Der einzige Ausweg war, die Häuser nach oben auszudehnen. Die zur Verfügung stehende Grundfläche entsprach bald nicht mehr der Höhe der Häuser (Einsturzgefahr). Zudem wollten die Eigentümer am Baumaterial sparen, was die Qualität des Mauerwerks beeinträchtigte. Auch drohten Feuersbrünste durch Heizbekken, Kerzen und Lampen.
3. Überlegt, welche Folgen sich daraus für die Mieter in finanzieller Hinsicht ergaben.	Da die Bevölkerung ständig wuchs, überstieg die Wohnungsnachfrage das Angebot bei weitem. Für armselige Behausungen mußten hohe Mieten bezahlt werden. Viele Familien vermieteten deswegen ihre Zimmer weiter.

Neben den Wohnverhältnissen sollten als weitere Schwerpunkte Arbeit und Wirtschaftsleben im Vordergrund stehen. Als Materialgrundlage schlagen wir die Texte „Rom als wirtschaftliche Metropole" sowie „Rom – eine Millionenstadt" (Ma II, S. 254 ff.) vor.

Arbeitsaufgaben	denkbare Formulierungen
1. Wovon lebten die Menschen in Rom?	Es gibt Handwerker, die eine Werkstatt besitzen. Daneben gibt es Lohnarbeiter, die im Tagelohn als Lastträger oder als Bauarbeiter beschäftigt waren. Die Lohnarbeit wurde jedoch von der Sklavenarbeit verdrängt.
2. Welche Probleme werden im Wirtschaftsleben aufgetaucht sein?	Da die Tagelöhner nur kurzfristig Arbeit erhielten, werden sie häufig arbeitslos gewesen sein; Sklaven, Handwerker sowie Kleinbauern auf dem Lande waren saisonal bedingt mehr oder weniger beschäftigt.
3. Wie hat man versucht, diese Probleme zu lösen?	Beschäftigung bei staatlichen Bauten (Wasserleitungen, Straßen, Bädern, Brücken, Häfen, Lagerhäusern). „Brot und Spiele", Getreidegeschenke und Zerstreuung durch Gladiatorenkämpfe und Zirkus.

Der letzte Punkt kann zu einem Arbeitsschwerpunkt innerhalb dieser Unterrichtseinheit ausgebaut werden, da das Thema „Brot und Spiele" bei den Schülern auf besonderes Interesse stößt.
Die beiden Bilder in Gfm sowie andere Bildmaterialien (z. B. in: Josef Nyary, Die Gladiatoren, Ullstein TB 34251, oder: Michael Grant, Die Gladiatoren, Ullstein TB 39049) veranlassen die Schüler, ihre Vorkenntnisse einzubringen, Einzelheiten der Bilder zu beschreiben und weitere Fragen zu formulieren. Anregende Textmaterialien findet der Lehrer in Ma II, S. 265–268. Besonders eindrucksvoll wird ein Gladiatorenkampf in dem oben erwähnten Werk von Josef Nyary geschildert. Dieser Text stellt auch für Schüler des 5. Schuljahres – in Auszügen dargeboten – keine sprachliche Überforderung dar.

Arbeitsaufgaben	denkbare Formulierungen
1. Wie sind die Gladiatorenkämpfe entstanden?	Zuerst wurden Kriegsgefangene und verurteilte Verbrecher zu Zweikämpfen gezwungen, und zwar zu Ehren eines Verstorbenen (Beginn 264 v. Chr.). Im weiteren Verlauf erhöhte sich die Zahl der Gladiatorenkämpfer sowie die Anzahl der Austragungen beträchtlich. Um 100 v. Chr. benutzten Politiker die Gladiatorenkämpfe, um diese populären Veranstaltungen für ihre Ziele einzusetzen und das Volk militärisch zu schulen. Die Ausweitung des Gladiatorenwesens führte zu Auswüchsen: Die Kämpfe wurden immer grausamer. Es wurden Gladiatorenschulen gegründet. Insbesondere Caesar stellte die Gladiatorenkämpfe in den Dienst seiner Politik. Damit wollte er seine Popularität steigern.
2. Wie waren die Spiele organisiert und wie verliefen sie zur Kaiserzeit?	Hauptorganistor war der Kaiser, aber es gab auch andere, reiche Veranstalter. Für die Kämpfe wurde intensiv Reklame gemacht. Die Kämpfer erhalten vor dem Kampf eine üppige Mahlzeit. Der Veranstalter präsentiert sich beim Wagenumzug zusammen mit den Gladiatoren. Bei den Spielen selbst war eine gewisse Dramaturgie erkennbar: zuerst Scheingefechte, danach Steigerung der Ernsthaftigkeit bis zur Entscheidung auf Leben und Tod.
3. Welche Waffen wurden beim Kampf benutzt?	**Myrmillo:** Gesichtshelm, rechteckiger oder ovaler Schild, Dolch, kurzes Schwert, Beinschiene, Armlederbänder. **Netzfechter:** Dreizack, Dolch, Netz, metallenes Schulterstück. **Anabatae:** Kampf zu Pferde oder vom Pferdewagen aus.
4. Welche weiteren Schauspiele gab es neben den Gladiatorenkämpfen?	Hetzjagden mit wilden Tieren, Wagenrennen, Theateraufführungen.
5. Versucht, die gesellschaftlichen und politischen Hintergründe der Spiele zu beschreiben.	Die Spiele dienten als Massenunterhaltung, waren Freizeitvergnügen, lenkten das Volk von politischen Problemen ab. Gladiatoren als Gefahrenquelle für Rom (Spartacus!), gesellschaftliche Mißachtung des Gladiatorenstandes, Hauptanziehungspunkt waren Grausamkeit und Brutalität.
6. Wie ist es zu erklären, daß die Römer als „Herren der Welt" oft nicht genügend Getreide hatten, um die Menschen zu ernähren, so daß die Herrscher kostenlos Getreide verschenken mußten?	Als Folge der Punischen Kriege kam es zu einer Krise in der Landwirtschaft. Der Staat sorgt für erschwingliche Getreidepreise, auf das jeder Bürger ein Anrecht hatte. Später verschenkten Politiker Getreide, um ihre Anhänger zufriedenzustellen.

23.3 Wie die Jugend ausgebildet wurde Welche Rolle die Römer in der Tradition der europäischen Kultur spielen.

23.3.1 Wissensziele

Auch in Rom konnten die Mädchen nicht die gleiche Ausbildung erwerben wie die Jungen. Die Angehörigen der Oberschicht übernahmen die hellenistische Kultur.

23.3.2 UE-Ziele

(1) Die Rolle der Schule in Rom.
(2) Tradition der römischen Kultur.

23.3.3 Einstieg

- **Bilder:** „Vor 2000 Jahren in Rom" (Gfm) und „Spielende Kinder" (Gfm)

23.3.4 Didaktisch-methodische Vorschläge

Es erscheint angebracht, an dieser Stelle die Schüler auf die ersten Stunden des Geschichtsunterrichts hinzuweisen, in denen die Schule zu verschiedenen Zeiten im Mittelpunkt stand. Bildeten damals die Bilder und Quellen gewissermaßen den Auftakt zum Geschichtsunterricht, indem sie erste Informationen lieferten und zu ersten historischen Fragen provozierten, so soll jetzt die Schule auf dem historischen Hintergrund gesehen werden. Um die Abhängigkeit der Institution Schule von den gesellschaftlichen Zuständen und darüber hinaus die Kategorie des historischen Wandels zu erkennen, sollen die Schüler folgende Tabelle erstellen:

	Griechenland	Rom
Welche Fächer gab es?	Schreiben, Musik, Gymnastik, Malen.	Schreiben, Lesen, Rechnen.
Nach welchen Methoden wurde vorrangig unterrichtet?	Auswendiglernen, Schreiben nach Anweisung, kaum Lehrbücher, ein Lehrer unterrichtet in der Regel alle Fächer, Lehrervortrag dominiert, ständiges Wiederholen.	Lehrer doziert, Schüler lernen auf mühevollem Wege Lesen und Schreiben. Erst mußten die einzelnen Buchstaben des Alphabets beherrscht werden, dann kamen die Silben, dann die Wörter und Sätze. Bevorzugte Methode war das Auswendiglernen. Für das Fach Rechnen gab es einen besonderen Lehrer.
Strafen	Strenge Bestrafung, Prügel, Strafarbeiten.	Sehr strenge Bestrafungen.
Schulaufsicht	In Athen erfolgte der Unterricht größtenteils auf privater Basis, in Sparta waren Erziehung und Schule Sache des Staates.	Schulen standen vorwiegend unter privater Leitung. Staatliche Bemühungen und Bereitstellung von Schulgebäuden und Lehrern gab es ebensowenig wie eine Schulpflicht.
Welche Unterschiede gab es zwischen Jungen- und Mädchenbildung?	Die Ausbildung der Mädchen beschränkte sich auf das Hauswesen.	In den Grundschulen wurden Mädchen unterrichtet.

Um in einem weiteren Schritt die Veränderungen und Entwicklungen in Gesellschaft, Politik und Kultur zu kennzeichnen, sollte zum Abschluß dieser Unterrichtsreihe folgende Übersicht erarbeitet werden:

T	Ägypten um 2500 v. Chr.	Athen um 430 v. Chr.	Rom um Christi Geburt
Landwirtschaft	Bewässerungssysteme; Hafer, Hirse. Land gehört dem Staat.	Getreideimport. Land ist privates Eigentum.	Tierhaltung für Fleisch und Wolle, Getreideimport, Großgrundbesitz.
Handwerk	Türen, Tische, Stühle, Betten.	Töpfer, Schmiede.	Glas, Eisen.
Handel	Staatlicher Großhändler.	Spezialisierte Händler.	Private Großhändler, Anfänge des Bankwesens.
Familie	Wenig bekannt.	Vaterrecht, Unterordnung der Frau.	Extremes Vaterrecht, Rechte für die Frau.
Gesellschaft	Kein Privateigentum, Stadtkultur über dörflicher Umwelt.	Fortschreitende Arbeitsteilung, Sklavenhaltung.	Privateigentum, Geldwirtschaft.
Staat	Zentralisierter Zwangsstaat, Beamtenapparat, Königtum.	Demokratie, gewählte Beamte als Leiter des Staates, rigorose Verteilung der Macht.	Adelsherrschaft, Beamte – Kaisertum, Imperium, Machtkonzentration.
Religion	Vergöttlichung des Pharao, Glaube an ein Weiterleben.	Vielgötterglaube, Götter in menschlicher Gestalt.	Zusätzliche göttliche Verehrung des Kaisers.
Kunst	Pyramiden, Paläste und Tempel, Bildhauerei.	Tempel, Theater.	Übernahme der Kunst aus Griechenland.
Schule	Nur für angehende Beamte.	Schulen nur für Jungen, Gymnasien für eine kleine Schicht.	Schule wie in Griechenland, Lehrer meist griechische Sklaven.
Rechtsprechung	Beamte urteilen nach Gewohnheitsrecht.	Laienrichter.	Klare Rechtsgrundsätze, staatliche Rechtspflege.

24. Das Imperium in der Kaiserzeit

24.0.2 UR–Ziele

(1) Gründe für den Niedergang des Römischen Weltreiches.
(2) Zusammenhänge zwischen wirtschaftlichen, gesellschaftlichen und politischen Faktoren.
(3) Maßnahmen zur Rettung und Festigung des Römischen Reiches.

24.0.3 Medien

Siehe 18.0.3, Seite 140f.

24.1 Warum die Macht des Reiches immer mehr verfiel

24.1.1 Wissensziele

Seit Augustus wurde das Römische Reich ununterbrochen von Kaisern regiert. Unter Trajan erhielt das Reich seine größte Ausdehnung. Unter den „Soldatenkaisern" beherrschten die Soldaten das Reich. Im 4. Jahrhundert konnte sich das römische Imperium nicht mehr ausdehnen. Es gab keine Kriegsbeute mehr und keine billigen Lieferungen von Nahrungsmitteln. Das Heer und die Verwaltung kosteten aber weiterhin ungeheure Summen. Sie mußten durch ständige Erhöhung der Steuern beschafft werden. Die Bevölkerung verarmte mehr und mehr.

24.1.2 UE-Ziele

(1) Innere Schwierigkeiten im römischen Reich: Erschütterung der sozialen, wirtschaftlichen und politischen Ordnung.
(2) Bedrohungen von außen durch andere Völker.
(3) Vielfalt der Erklärungsversuche für die Veränderungen im Römischen Reich.

24.1.3 Einstieg

● **Karte:** Die Entstehung des römischen Reiches (Gfm)

24.1.4 Didaktisch-methodische Vorschläge

Die Kartenreihe „Die Entstehung des römischen Reiches" sollte jetzt noch einmal mit den Schülern besprochen werden. Sie vermittelt ihnen den Eindruck des Aufstiegs, des Höhepunktes und des Niedergangs. Es wäre nicht möglich, im Rahmen des Geschichtsunterrichts in 5., 6. oder 7. Klassen die Vielfalt und Komplexität dieser Entwicklung nachzuvollziehen und die Fülle der Antworten auf die Frage nach dem „Untergang" Roms zu analysieren.
Den Schülern dieser Altersstufe kann jedoch nahegebracht werden, daß es zu einer gravierenden Veränderung in der gesamten sozialen, wirtschaftlichen und politischen Ordnung gekommen ist.
Als Ansatzpunkt schlagen wir den Einsatz einer Quelle vor, in der ein zeitgenössischer Beobachter (Ammianus Marcellinus) einige Gründe für die wachsende Bedeutungslosigkeit Roms aufzählt:
„Das Volk dieser Stadt hat von seiner ersten Kindheit an bis zum Ende des Knabenalters, in einem Zeitraum von etwa dreihundert Jahren, Kriege im Umkreis seiner Mauern bestanden. Als es danach in ein gereifteres Alter eingetreten war, drang es nach vielfachen Kriegsstürmen über die Alpen und das Meer vor. Zum Jüngling und Mann herangereift, hat es in allen Gegenden des Erdkreises Lorbeeren und Triumphe geerntet. Schließlich schon dem Greisenalter nahe und zuweilen alleine durch seinen Namen überlegen, hat es sich einem ruhigeren Leben zugewandt... und wie eine besonnene, kluge und reiche Mutter den Kaisern als ihren Söhnen die Verwaltung ihres Erbteils anvertraut..."
(W. Raith, Das verlassene Imperium, Berlin 1982, S. 15.)

Arbeitsaufgaben	denkbare Formulierungen
1. Worin erblickte der Verfasser die Gründe für die nachlassende Bedeutung Roms im 4. Jh. n. Chr.?	Irgendwann muß seiner Ansicht nach eine weltbeherrschende Macht ins Alter kommen und sterben.
2. Vergleicht die einzelnen Lebensabschnitte mit der historischen Entwicklung Roms. Verwendet dazu die o. g. Kartenreihe.	Kindheit und Knabenalter: Karten A und B Jüngling und Mann: Karten C und D Greisenalter: Karte E
3. Welche Hoffnung verbindet der Verfasser mit dem letzten Satz?	Die „Erben" sollten das zuvor Erreichte sichern und bewahren.

Daß diese Hoffnung sich nicht erfüllte, läßt die Kartenreihe vermuten. Einzelheiten dieses „Niedergangs" sollen erarbeitet werden. Es ist zu fragen, warum im Verlauf weniger Jahrhunderte das riesige Römische Reich zerfiel.

Arbeitsaufgaben	denkbare Formulierungen
1. Stellt in Stichpunkten die wichtigsten Gründe für den „Niedergang“ Roms dar. 2. Welche „Hypotheken“ übergab Augustus seinen Nachfolgern?	Weitere Ausdehnungen des Reiches sind nicht mehr zu finanzieren gewesen. Das Erreichte mußte gesichert werden. Dazu war eine starke Zentralgewalt notwendig. Seit dem 3. Jh. n. Chr. verschwand die starke Zentralmacht jedoch. Damit einher ging der Verlust der früheren städtisch orientierten Wirtschaftsformen: differenzierte Arbeitsteilung, Fernhandel, Geld und Bankwesen. – Einnahmen des Staatshaushaltes wurden geringer, so daß die Staatsausgaben nicht mehr zu decken waren. – Nachfolger des Augustus stützten sich zunehmend auf das Militär. – Wachsende Opposition des Senats gegen die kaiserliche Alleinherrschaft. – Rückzug verdienter und angesehener Römer aus der Politik. – Wachsende innenpolitische Auseinandersetzungen (Brutalität und Mord). – Herrscher/Regierung entfernten sich immer mehr vom Volk.

Besonderer Aufmerksamkeit bedürfen die Krisenerscheinungen in der Wirtschaft. Ausgangspunkt soll ein Edikt des Kaisers Diokletian sein, durch das die Krisenerscheinungen, so wie er und seine Berater sie sahen, deutlich werden:

„Wer... bemerkte (nicht), daß auf den Märkten unserer Städte unmäßige Preise herrschten... Es gibt Leute, deren Ziel es ist, den allgemeinen Wohlstand einzuschränken, um wucherische und verderbliche Gewinne einzustreichen... Habgier wütet in der ganzen Welt. Wohin auch unsere Armeen im Interesse der gemeinsamen Sicherheit gehen müssen, kommen Profitgierige, die nicht nur das Vier- und Achtfache der gewöhnlichen Preise verlangen, sondern Wucherpreise fordern, die sich gar nicht mehr beschreiben lassen. Manchmal muß der Soldat seinen ganzen Sold und seine ganze Prämie für einen einzigen Einkauf aufwenden, so daß die Erträge der ganzen Welt für den Unterhalt der Armeen nur elenden Beutegeiern zufallen.“

(Zit. nach: Will Durant, Caesear und Christus, Bern 1959³, S. 673)

Arbeitsaufgaben	denkbare Formulierungen
1. Welche Gründe hatte der Kaiser für diesen Erlaß?	Die Verwaltungskosten für den gewaltigen Beamtenapparat waren enorm. Die Steuerabgaben, die für den Unterhalt des Beamtenapparates, des Heeres, der Bauten und des kaiserlichen Hofes notwendig waren, überstiegen die Steuerkraft.
2. Welche Folgen hatten die Maßnahmen, die der Kaiser zur Behebung der Wirtschaftskrise getroffen hatte?	Der **Preisstopp** führte dazu, daß beinahe alle Waren aus den Geschäften verschwanden, die Kaufleute verbargen die Waren für spätere Zeiten, ein „schwarzer“ Markt bildete sich, die Güter wurden knapp. Im **Arbeitsleben** waren die Arbeiter und Bauern zwangsweise an ihren Arbeitsplatz gebunden. Zweck war die Sicherung der Nahrungsmittelversorgung.

3. Stellt in einer Tabelle zusammen, welche Erscheinungsformen, welche Ursachen, welche Auswirkungen der Krise spürbar waren und wie sie bekämpft wurde.

Erscheinungsformen	**Wie der Kaiser die Ursachen sieht**	**Wo die Ursachen wirklich lagen**	**Mittel gegen die Krise**
Der Staat kann seine hohen Ausgaben aus den Steuermitteln nicht mehr decken.	Die Steuerpflichtigen entziehen sich der Steuerzahlung.	Verschwenderischer Hofstaat, hohe Kosten für Heer und Verwaltung, zu hohe Steuerbelastung.	Steuererhöhungen, harte Steuereintreibung.
Anstieg der Preise.	Profitgier.	Hohe Steuern, Geldentwertung durch Münzverschlechterung.	Lohn- und Preisstopp.
Wirtschafts- und Arbeitsleben.	Stadtflucht der Handwerker und kleinen Händler. Landflucht der Bauern, Sklavenmangel.	Bauern produzieren nur soviel, wie sie benötigen, hohe Steuern.	Pächter sind ebenso wie die Gewerbetreibenden an den Ort gebunden. Zwangslieferungen an den Staat.

25. Das Christentum – Von der verfolgten Minderheit zur Staatskirche

25.0.2 UR-Ziele

(1) Gründe für die Verfolgung der Christen.
(2) Motive für die Änderung der Haltung der römischen Herrscher gegenüber dem Christentum.
(3) Neue Rolle des Christentums als Staatsreligion.

25.0.3 Medien

Siehe 18.0.3, Seite 140 f.

25.1 Warum viele Römer Christen wurden

25.1.1 Wissensziele

Die Römer glaubten an Naturgottheiten. Später übernahmen sie den Götterglauben der Griechen. Alle römischen Untertanen mußten daneben an die Göttlichkeit des Kaisers glauben und ihm opfern.
Die Christen verkündeten folgende revolutionäre Idee: Alle Menschen sind gleich, denn der Mensch ist von Gott geschaffen; der Starke soll nicht herrschen, sondern dienen, nicht erobern, sondern helfen. Die Christen wollten dem Kaiser nicht opfern. Viele mußten daher den Märtyrertod erleiden.

25.1.2 UE-Ziele

(1) Römische Vorstellungen von der Götterwelt.
(2) Gründe für die Attraktivität christlicher Lehren für die Römer.
(3) Gründe für die Verfolgung der Christen durch die Römer.

25.1.3 Einstieg

- **Karte:** Ausbreitung des Christentums (dtv I 106, Westermann 44, Gfm)
- **Transparente:** Westermann, Ausbreitung des Christentums
- **Bild:** Christen werden im Zirkus von wilden Tieren zerrissen (Gfm)

Einstiegs-Geschichte: Bereit zu sterben
In den Gefängnissen römischer Städte schmachteten unter der Regierung mancher Kaiser vor allem Christen. Sie wurden als Staatsfeinde wie Verbrecher behandelt und hatten die Todesstrafe zu erwarten. So war es auch in Karthago.
Ächzend unter der Last des Eisens öffnet sich eines Tages die Tür des Kerkers. Herein tritt der Richter, der die Prozesse gegen die Christen leitet. Mit sanfter Stimme spricht er zu dem Gefangenen, der auf dem stinkenden Stroh in der Ecke des Verließes hockt: „Ich kenne dich, du bist der Vorsteher der Bibliothek in Karthago. Man sagt mir, du wärst Christ und hast es abgelehnt, der Göttlichkeit des Kaisers ein Opfer zu bringen. Warum bist du, ein gelehrter Mann, so dumm? Du wirst ja nicht verfolgt, weil du Christ bist, sondern weil du dem Kaiser nicht opfern willst. Also opfere zum Schein dem Kaiser und du bist frei. Es täte mir leid, einen so angesehenen Mann verurteilen zu müssen."
In heftiger Erregung antwortete der Gefangene: „Mein Gott hat gesagt: Ich bin der Herr dein Gott. Du sollst keine anderen Götter haben neben mir! Wie soll ich ins Paradies kommen, wenn ich gegen ein Gebot meines Gottes handele?"
Mit ernster Stimme spricht der Richter: „Der Staat und der Kaiser sind eins. Das Wohl des Staates hängt von den Göttern ab. Mit ihnen kann allein der Kaiser verhandeln, weil auch er ein Gott ist. Also opfere ihm! Ich kann dich nicht freilassen. Wenn alle so denken würden wie du, ist der Staat in Gefahr."
Der Gefangene antwortet: „Ich bin bereit zu sterben. Das Ende aller Tage ist nah. Das wissen wir von unserem Herrn Christus. Wer an ihn glaubt, kommt in den Himmel und erlangt das ewige Leben. Nun geh und verurteile mich!"
Langsam, in tiefer Betroffenheit, schließt der Richter die Tür des Gefängnisses.

25.1.4 Didaktisch-methodische Vorschläge

Die Rolle des Christentums und der christlichen Kirche soll im Zusammenhang mit der ökonomischen, sozialen und politischen Entwicklung im Römischen Reich gesehen werden. Hauptproblem: Wie kam es, daß sich das Christentum im Römerreich verbreiten konnte, unter welchen Umständen geschah das, welches waren die Konsequenzen?
Schülervermutungen: Die Römer waren mit ihrem Glauben nicht mehr zufrieden... – Sie konnten nicht mehr an ihre Götter glauben... – Die Übernahme des christlichen Glaubens scheint nur unter großen Hemmnissen erfolgt zu sein...
Diese oder ähnlich zu erwartende Vermutungen können veranlassen, konkretere Fragen aufzuwerfen,

z. B., Welche Unterschiede gab es zwischen den römischen und christlichen Glaubensvorstellungen? – Warum kam es zu Christenverfolgungen? Welche Auswirkungen hatten sie? – Welche Motive führten zur Übernahme des Christentums als Staatsreligion? Zur Klärung der ersten Frage kann der Text in Gfm herangezogen werden.

T Glaubensgrundsätze

Römischer Glaube	Christlicher Glaube
Der Kaiser garantierte durch seine Verbindung mit den Göttern den Bestand des Staates. Ihm zu opfern, war politische Pflicht. Wer sie verweigerte, beging Hochverrat.	Es gibt nur einen Gott (1. Gebot). Glaube und Politik waren voneinander getrennt. Keine Opferpflicht gegenüber dem Kaiser.

Daß bestimmte Grundsätze des Christentums auch Hoffnungen auf soziale Veränderungen wecken konnten, wird aus folgenden Grundsätzen herauszulesen sein:

– Alle Menschen sind vor Gott gleich. – Der Mensch soll seine Feinde lieben. – Der Starke soll nicht herrschen und erobern, sondern dienen und helfen.	Ausgebeutete und Unzufriedene, wie Sklaven, Plebejer, Menschen in den eroberten Provinzen, erblickten in diesen Forderungen eine Grundlage für wirtschaftliche und soziale Verbesserungen.

Es empfiehlt sich, den oben herausgearbeiteten Konflikt zwischen dem Anspruch des römischen Kaisers und den christlichen Geboten an einem konkreten Beispiel aufzuzeigen. (Gfm-Ma II, 290 ff.)

Arbeitsaufgaben	denkbare Formulierungen
1. Was warf man den Angeklagten vor?	Der Hauptvorwurf richtete sich gegen die Verweigerung des Opfers für den Kaiser. Weiterhin befürchtete man den „Untergang der Götter Roms" und die „Zerstörung unserer heiligen Gesetze".
2. Wie reagierten die Angeklagten?	Auf das Todesurteil reagierten sie gleichmütig.

Ergänzendes Quellenmaterial hilft die Fragen nach den Motiven und den Auswirkungen der Christenverfolgungen zu beantworten.

▶ **Quellen:** Ma II 285 ff. – Lesewerk 2, 138 ff. – Hist. Szenen, 3,15 f. – Aufriß I 203 – Geschichte 120 ff.

Briefwechsel zwischen Statthalter Plinius und Kaiser Trajan

Plinius an den Kaiser Trajan:

„Vorläufig habe ich bei denen, die mir als Christen angezeigt worden sind, folgendes Verfahren angewandt. Ich fragte sie, ob sie Christen seien. Bekannten sie sich dazu, so legte ich ihnen diese Frage unter Androhung der Todesstrafe ein zweites und ein drittes Mal vor. Blieben sie verstockt, ließ ich sie hinrichten. Denn für mich bestand kein Zweifel: Was es auch sein mochte, was sie zu gestehen hatten, ihr Starrsinn und unbeugsamer Trotz verdiente unbedingte Strafe. Einige andere, die vom gleichen Irrwahn ergriffen waren, ließ ich zur Verschickung nach Rom vormerken, da sie römische Bürger waren. Schon dieses gerichtliche Einschreiten hat, wie gewöhnlich, bald weitere Beschuldigungen nach sich gezogen, und so gelangten noch mehr Fälle zur Anzeige.

Es lief eine anonyme Anklageschrift ein, die eine Menge Namen enthielt. Einige der Beschuldigten bestritten, Christen zu sein oder je gewesen zu sein. Ich sprach ihnen darauf die Schwurformel vor: Wenn sie danach die Götter anriefen, zu Deinem Standbild (das ich für diesen Zweck nebst den Götterbildern eigens hatte anbringen lassen) unter Wein- und Weihrauchopfer beteten und außerdem Christus lästerten, so waren sie meines Erachtens freizulassen; denn zu all dem lassen sich wahre Christen, wie es heißt, nicht zwingen.

Andere, die auf der Liste dieses Angebers standen, bekannten sich wohl als Christen, nahmen aber ihr Geständnis gleich wieder zurück; sie seien es einmal gewesen, dann aber abgefallen, und zwar manche vor drei Jahren, manche vor noch längerer Zeit, einige sogar schon vor zwanzig Jahren. Auch sie haben ausnahmslos Deinem Bilde und den Götterstatuen ihre Verehrung bezeigt und Christus gelästert. Ihre Aussage aber lautete: ‚Unser ganzes Vergehen oder Versehen lag darin, daß wir uns regelmäßig an einem bestimmten Tage vor Sonnenaufgang zusammenfanden; dabei sangen wir im Wechselvortrag ein Loblied auf Christus als unseren Gott und verpflichteten uns durch einen feierlichen Eid nicht etwa zu verbrecherischem Tun, sondern zur Unterlassung von Diebstahl, Raub, Ehebruch, Treulosigkeit und Unterschlagung anvertrauten Gutes. Hierauf trennten wir uns immer und trafen uns erst wieder zur Einnahme eines Mahls, das jedoch gewöhnlicher und harmloser Art war.' Doch auch dies hätten sie nach Erscheinen meiner Verordnung unterlassen, in der ich Deinem Befehl zufolge alle Vereine verboten hatte. Daher erachtete ich es für eine dringende Notwendigkeit, aus zwei Mägden, die man dort ‚Dienerinnen' (Diakonissen) nannte, die Wahrheit auch noch durch die Folter herauszubringen. Doch ich konnte nichts weiter finden als einen verschrobenen grenzenlosen Aberglauben.

Trajan an Plinius:
„Bei der Prüfung der Anklagen gegen die Leute, die man Dir als Christen bezeichnete, mein Secundus, hast Du das richtige Verfahren befolgt. Etwas allgemein Gültiges, das gewissermaßen als feste Regel gelten könnte, läßt sich da nicht aufstellen. Eigens aufspüren sollte man diese Leute nicht. Werden sie angezeigt und überwiesen, so muß man sie strafen. Doch ist dabei folgendes zu beachten: Wer bestreitet, Christ zu sein und dies durch sein Verhalten zu erkennen gibt – nämlich durch sein Gebet zu unseren Göttern –, der soll aufgrund seiner Reue begnadigt sein, auch wenn von früher her ein Verdacht auf ihm liegt. Anonyme Anklageschriften dürfen aber bei keiner Anschuldigung Beachtung finden. Denn das gäbe ein ganz übles Beispiel und entspricht nicht dem Geist unserer Zeit."
(Lesewerk 2,64)

Arbeitsaufgaben	denkbare Formulierungen
1. Welche Vorwürfe richtete man gegen die Christen?	Starrsinn, unbeugsamer Trotz, Weigerung, das kaiserliche Standbild anzubeten.
2. Welche Zweifel bewegten den Statthalter Plinius?	Eine große Zahl der Menschen war christlich. Sie gehörten allen Ständen an und waren charakterlich einwandfrei.
3. Wie reagierte der römische Kaiser auf die Anfrage und wie begründete er seine Anweisung?	Keine Verfolgung der Christen, Bestrafung nur bei Anzeige. Entscheidendes Kriterium für die Freilassung war das Gebet zu den römischen Göttern.
4. Welche Vorwürfe machte man den Christen nach Tertullian?	Christen seien unnütz für den Handel. Sie besuchten keine Schauspiele und Spiele, verabscheuten Opferfleisch und Opferwein, bekränzten sich nicht.

25.2 Wie das Christentum Staatsreligion wurde

25.2.1 Wissensziele

Im 4. Jahrhundert hatten sich die Christen durchgesetzt. Das Christentum wurde Staatsreligion. In jeder Stadt leitete ein Bischof die Kirche. Der Bischof der Hauptstadt Rom wurde Papst.

25.2.2 UE-Ziele

(1) Die Rolle des Christentums für den römischen Kaiser als einigende und die Stellung des Kaisers stützende Macht.
(2) Auswirkungen der veränderten Stellung des Christentums auf seine Glaubenssätze und Organisation.

25.2.3 Einstieg

- **Bild:** Christusdarstellungen im Wandel (Gfm)

25.3.4 Didaktisch-methodische Vorschläge

Die Darbietung und der Vergleich der Bildreihe „Christusdarstellungen im Wandel" sollen den Schülern vor Augen führen, daß sich in der Stellung und Bedeutung der Kirche ein Wandel vollzogen hat. Die drei Bilder kennzeichnen den Wandel von der dienenden zur herrschenden Stellung der Kirche.
Es gab folgende Phasen der Durchsetzung des Christentums (Gfm):
Kaiser Konstantin gewährte volle Religionsfreiheit und duldete alle Religionen und Kulte.
Die nächsten drei Kaiser machten das Christentum zur Staatsreligion, d. h., nur das Christentum wurde als Religion zugelassen.
Es stellt sich zwangsläufig die Frage nach Motiven für eine solche Wandlung in den Auffassungen der römischen Kaiser. Ebenso wichtig ist die Frage, inwieweit sich das Christentum dadurch veränderte.
So kennzeichnen die drei Bilder in Gfm den Wandel von der dienenden zur herrschenden Stellung der Kirche. Die wesentlichen Motive können aus dem Text Gfm erschlossen werden.

T Ziele von Staat und Kirche

Römischer Staat (Kaiser)	Christentum
Ziele: Den drohenden Zerfall des Reiches und den wirtschaftlichen Niedergang verhindern.	Ziele: Im Römischen Staat nach ihrem Glauben leben.
Kaiser erheben das Christentum zur Staatsreligion.	Sie erkennen die bestehende Herrschaftsform an.
↘ **Kompromiß** ↙	
Die Kaiser griffen in die Organisation der Kirche ein.	Der Bischof bekam die Stellung eines Senators.
↘ **Konflikte** ↙	

26. Die Völkerwanderung

26.0.1 Literaturangaben

Handbücher
FWG 9, Oldenbourg 4, Propyläen V, Schieder 1

Gesamtdarstellungen, einzelne Germanenstämme und -reiche

Claude, Dietrich, Geschichte der Westgoten, Urban TB 128, Kohlhammer, Stuttgart 1970
Diesner, H. J., Die Völkerwanderung, Bertelsmann, Gütersloh [2]1980
Jamut, Jörg, Geschichte der Langobarden, Urban TB 339, Kohlhammer, Stuttgart 1982
Kornemann, Ernst, Geschichte der Spätantike, BSR 175, Beck, München 1978
Riehl, H., Die Völkerwanderung, Lübbe, Bergisch Gladbach 1978

Jugendbücher

Grund, Josef Carl, Feuer am Limes, Loewes, Bayreuth 1983 (Geschichtserzählung aus der Zeit des Zusammenpralls von Alemannen und Römern um 250 n. Chr.)
Grund, Josef Carl, Reiter aus der Sonne, Loewes, Bayreuth, 1987 (Erzählung aus der Hunnenzeit)
Kutscha, Gudrun, Der Weg ins Abendland, Überreuter, Wien/Heidelberg (Zeugnisse der Völkerwanderung anhand schriftlicher Quellen und der Ergebnisse der Ausgrabungen)
Schreiber, Hermann, König Attila, Überreuter, Wien 1983 (Das Leben des Hunnenkönigs)
So lebten sie zur Zeit der Völkerwanderung, Tessloff, Hamburg 1984 (Das Alltagsleben der Menschen, als Barbarenvölker das Weströmische Kaiserreich bedrohten, erste einfache Einführung, ab 10 J.)
Was ist Was, Die Völkerwanderung, Tessloff, Hamburg 1980 (Reich bebildertes Sachbuch zur ersten einfachen Einführung, ab 10 J.)

26.0.2 UR-Ziele

(1) Ursachen der germanischen Wanderungen und die Reichsgründungen auf dem Gebiet Westroms.
(2) Vorgänge in der Völkerwanderungszeit und deren Bedeutung für das Mittelalter.

26.0.3 Medien

Wandkarten

Perthes	Europa zur Zeit der germanischen Völkerwanderung und Staatenbildung etwa 375–580 n. Chr.
Westermann	Völkerwanderung und Staatenbildung vom 4.–8. Jahrhundert

Atlas

dtv	
Westermann	40–43, 48

Tonband

FWU	22 2351	Römer gegen Goten: Eine Gerichtsverhandlung aus der Zeit Theoderichs 17 min

Dias

Flemming	10 5119	Völkerwanderungszeit 10 f
Jünger		Das Abendland erwacht 51 f
		Europa formt sich 50 f
Stoedtner		Berührung der Römer mit den Germanen 22 sw
	10 5801	Beginn der Völkerwanderung 10 sw
		Wanderung der Westgoten 10 sw
	10 5802	Wanderungen der Vandalen, Burgunder, Angeln und Sachsen 6 sw
	10 5808	Wanderungen der Ostgoten 13 sw
	10 5804	Wanderungen der Langobarden 10 sw
		Franken und Alemannen 15 sw
		Sitze der deutschen Stämme am Ende der Völkerwanderung 6 sw
	10 5865	Kunst der Völkerwanderungszeit 32 sw
Westermann	10 6608	Völkerwanderung und Wikingerzüge 35 f

Filme

FWU	36 0637	Völkerwanderung: Züge der Germanen 45 min f

Transparente

Westermann	Der Untergang des Römischen Reiches und die Völkerwanderung

26.0.4 Fachwissenschaftliche Einführung

Die Ursachen für den Untergang des Römischen Reiches

Der Untergang des Römischen Reiches, das den Zeitgenossen als der krönende Abschluß der Geschichte galt und unstreitig die weltbeherrschende Macht mit einer überlegenen Zivilisation war, gehört zu den faszinierendsten Phänomenen der Weltgeschichte. Der Altlhistoriker Eduard Meyer hat es „vielleicht das wichtigste und interessanteste Problem der Universalgeschichte" genannt.

Spätestens seit dem monumentalen Werk des Briten Edward Gibbon „History of the Decline and Fall of the Roman Empire" (1756) diskutieren immer neue Generationen von Historikern die **Ursachen** und vor allem die Frage, inwieweit das Reich untergegangen ist oder inwieweit es in den germanischen Nachfolgestaaten und im Christentum fortlebte. Die Pole dieser Auseinandersetzung werden mit den Begriffen **Untergang** bzw. **Kontinuität** beschrieben.

Die **Untergangstheorie** weist der Völkerwanderungszeit die Bedeutung einer radikalen Zäsur zu. Sie hatte schon Gibbon vertreten, der den Untergang des Reiches auf den Einbruch der Barbaren und den Sieg des Christentums mit seiner Weltflucht zurückführte. Seitdem sind eine Vielzahl von Ursachen oder Ursachenbündeln angeführt worden, so die Ausrottung der Besten, der Aristokratie (Otto Seeck 1897), oder der Ausbruch von Seuchen und gewaltigen Massenneurosen (Kaphan 1947) oder Klimaverschlechterung und Erschöpfung des Bodens (Huntingdon 1917) und viele andere.

In der Sicht dieser und anderer Historiker ging der Untergang des Reiches auf **innere Gründe** zurück. Der Zerfall von Gesellschaft und Wirtschaft und die geistige Erstarrung seien soweit gediehen gewesen, daß der Einbruch der Germanen dem Imperium nur noch den letzten Stoß versetzt habe.

Sozialökonomische Gründe für den Verfall, wie sie vor allem Max Weber und nach ihm andere vertreten haben, werden von dem besten Kenner der antiken Wirtschaftsgeschichte, Michael Rostovtzeff (1926), energisch bestritten, der eine kulturelle Nivellierung für den Niedergang verantwortlich macht.

Andere wieder hielten äußere Gründe für maßgebend, sie meinen, die Germanen hätten ein durchaus lebendiges und lebensfähiges Reich zerstört. Der französische Althistoriker André Piganiol brachte diese Auffassung auf die zugespitzte Formel, die römische Welt sei nicht eines natürlichen Todes gestorben, sondern „ermordet" worden (1947).

Die **Kontinuitätstheorie** wurde zuerst von Alfons Dopsch (1923/24) vertreten, der einen bruchlosen Übergang von Antike zum Mittelalter im Zeichen einer **römisch-germanischen Symbiose** nachzuweisen versuchte, ebenso auch durch Christopher Dawson (1961), der besonders die Rolle der Kirche bei der Überlieferung der antiken Kultur betonte.

Eine interessante Variante brachte der belgische Historiker Henri Pirenni (1936) ins Spiel. Nach ihm blieb die Einheit der Mittelmeerkultur auch nach der Völkerwanderung erhalten, weil die Germanenreiche auf dem Boden des früheren Imperiums wesentliche Elemente der römischen Kultur bewahrten. Die eigentliche Zäsur sei durch den **Einbruch des Islam** im 7. und 8. Jahrhundert erfolgt. Die antike Weltwirtschaft sei dadurch zerstört, Orient und Abendland voneinander geschieden worden, und der politisch-kulturelle Schwerpunkt habe sich aus dem Mittelmeerraum in den germanischen Norden verschoben. (Der Titel seines Buches ist denn auch „Mahomet und Karl der Große".)

Keine dieser Theorien ist absolut überzeugend, gegen alle sind auch mehr oder minder durchschlagende **Einwände** vorgebracht worden. Eine Art von Synthese lieferte der Geschichtsphilosoph Arnold Toynbee (1934–1939), der die Zeit von 375–675 als **Zwischenzeitraum** zwischen den zwei Phasen unserer Kultur, der hellenistisch-römischen und der abendländischen, bezeichnete, die in einem Mutter-Tochter-Verhältnis stehen. Die Bedeutung des Einbruchs des Islam betont neuerdings Theodor Schieffer (Handbuch der Europäischen Geschichte, Bd. 5,1976), der ihn als den tiefsten Einschnitt zwischen der mediterranen Antike und dem europäischen Mittelalter bezeichnet. Es sei durchaus eine Katastrophe, wenn der das Mittelmeer umschließende römisch-griechisch-christliche Kulturkreis von außen her gewaltsam aufgesprengt wurde und die kulturell und wirtschaftlich so reichen Provinzen des Südens und Ostens verloren gingen.

In jüngster Zeit hat der Berliner Althistoriker Alexander Demandt in seinem bedeutenden Buch „Der Fall Roms. Die Auflösung des Römischen Reiches im Urteil der Nachwelt" (1984) eine Bilanz der bisherigen Deutungen gezogen. Demandt hat alle diese Erklärungsversuche – er kommt auf etwa 400 Autoren, nicht nur Historiker, sondern auch Ökonomen, Philosophen, Politiker, Schriftsteller – gesammelt, ausgewertet und in ein typologisches System gebracht. Er unterscheidet sechs verschiedene Typen von Erklärungen für Roms Fall:

1. Religionsgeschichtliche Deutung: Der Aufstieg des Christentums.
2. Sozialökonomische Erklärungen: Gegensätze zwischen arm und reich.
3. Naturwissenschaftliche Erklärungen: Erschöpfte Lebensgrundlagen.
4. Innenpolitische Erklärungen: Versagen des Staates.
5. Kulturmorphologische: Zyklische Dekadenz.

6. Außenpolitische Erklärung: Ausbreitung der Germanen.
Demandt schließt sich selbst der letzteren Deutung an: Das durch innere Schwächen nicht mehr hinreichend widerstandsfähige Reich ist den kriegerischen Germanen zum Opfer gefallen.

Wanderungsbewegungen in der Geschichte
Unter Völkerwanderung versteht man im allgemeinen die Wanderungen der germanischen Stämme im 3.–6. Jahrhundert im Zusammenhang mit dem Untergang des (West-)Römischen Reiches.
Dies sollte nicht den Blick dafür verstellen, daß diese Wanderungsbewegung keinesfalls ein singuläres Ereignis darstellt. **Wanderungen von Völkern** hat es durch die **ganze Geschichte** hindurch gegeben. In unserer bisherigen Darstellung sind bereits die indoeuropäische Wanderung nach Griechenland (um 2000 v. Chr.), die Wanderung der „Seevölker" (um 1200 v. Chr.), zu der die Dorische Wanderung sowie die Einwanderung der Italiker und Illyer nach Italien gehören, die Wanderung der Etrusker (seit 1000 v. Chr.) und andere erwähnt worden. Später sollte der Aufbruch der arabischen Hirtenvölker aus der südarabischen Wüste in die große Expansion des Islam münden, die bis an die Pyrenäen führte.
Die **Ursachen solcher Wanderungen** sind im allgemeinen in der Übervölkerung in agrarisch und klimatisch ungünstigen Räumen zu suchen. Im eurasischen Kontinent gab es begünstigte Gebiete, wie die Stromtäler von Nordchina, Mesopotamien und Ägypten, wo sich schon im 4. und 3. Jahrtausend v. Chr. Hochkulturen mit dichter Bevölkerung bildeten. Dagegen konnten die Steppen-, Wald- und Wüstenzonen nur eine dünne Bevölkerung ernähren. Von Zeit zu Zeit brachen Völkergruppen aus diesen Zonen (eurasischer Steppengürtel, Nordeuropa, Arabien) hervor und überfluteten die Gebiete der Hochkulturen.
Eine andere Wanderungsbewegung in der Neuzeit ist z. B. die koloniale Ausdehnung der Europäer über die Erde. In der Gegenwart zeichnen sich angesichts der gewaltigen Bevölkerungszunahme in den Ländern des „Südens" riesige Wanderungsbewegungen ab.

Die germanischen Wanderungen
Der erste Vorstoß der Germanen in das Römische Reich war die Wanderung der Kimbern und Teutonen, der Marius 102/101 v. Chr. ein Ende gesetzt hatte. Seit dem 2. Jahrhundert n. Chr. fielen erneut Germanenstämme in das Gebiet des Römerreiches ein, um 160–180 die Markomannen, Anfang des 3. Jahrhunderts die Alemannen, vor denen schließlich um 260 der obergermanische Limes aufgegeben werden mußte, sowie die Goten und andere Stämme, die immer wieder die Donaugrenze überschritten.
Seit Diokletian konnten die Rhein- und Donaugrenzen jedoch im großen und ganzen gehalten werden. Um 375 gerieten die Germanenstämme durch den Einfall des aus den Steppen Innerasiens kommenden Reitervolkes der **Hunnen** erneut in Bewegung. Ihr Vordringen fiel zusammen mit dem Niedergang der Reichsgewalt in der letzten Hälfte des 4. Jahrhunderts. Germanenstämme durchbrachen die Reichsgrenze und überfluteten rasch die griechisch-römische Mittelmeerwelt. 410 **nahmen** die **Westgoten unter Alarich Rom ein,** ein Ereignis, das die Welt erschütterte, hatte doch seit dem halb sagenhaften Keltensturm unter Brennus 387 v. Chr. (s. S. 142) acht Jahrhunderte hindurch kein Feind mehr die Stadt erobern können. Immer neue germanische und andere Völkerschaften brachen in das Gebiet des Imperiums ein und gründeten eigene Reiche, die jedoch zumeist keinen Bestand hatten.
Die **ostgermanischen Stämme** (Westgoten, Ostgoten, Burgunder, Vandalen, Gepiden, Heruler) waren in weiträumigen Wanderungen aus ihrer Heimat zwischen Ostsee und Schwarzem Meer nach West- und Südeuropa und sogar bis nach Afrika gezogen und bildeten in ihren Reichen eine dünne Herrenschicht. Diese Stammesgruppen sind keinesfalls als biologische Einheiten, sondern vielmehr als **sozio-kulturelle** oder **politische Gruppierungen** vorzustellen, die sich von Fall zu Fall zusammenschlossen oder auflösten. Ihre Größe ist schwer zu schätzen. Sie umfaßten wahrscheinlich zwischen 25000 und 100000 Personen, davon ein Fünftel Kämpfer. Unter König Walia (415–418) sollen z. B. 100000 Westgoten nach Spanien gekommen sein. Ihre Reiche konnten sich nicht halten und gingen sämtlich unter (s. Tabelle in Gfm).
Hingegen behielten die **westgermanischen Stämme** (Franken, Alemannen, Sueben, Bayern, Angeln, Sachsen, Jüten) Verbindung zu ihrer alten Heimat in Mitteleuropa und konnten daher Kräfte nachziehen. Ihre Reiche, vor allem das der Franken und das der Angeln, Sachsen und Jüten in England, blieben bestehen.

26.1 Welche Veränderungen es in Europa um 500 n. Chr. gab

26.1.1 Wissensziele

Die germanische Völkerwanderung lösten die Hunnen aus. Sie zerstörten das Reich der Ostgoten und drückten die Westgoten ins Römische Reich. Die Westgoten siedelten sich schließlich in Spanien an, die Ostgoten in Oberitalien. Auf dem Gebiet des

Römischen Weltreiches gründeten die Germanen noch folgende Reiche: die Burgunder in Südfrankreich, die Vandalen in Nordafrika und die Franken in Gallien. Die Angeln und Sachsen siedelten in Britannien.

Einstiegs-Geschichte: Warum wanderten die Völker?

Die Kundschafter der Goten waren zurückgekehrt und berichteten in der Volksversammlung, was sie gesehen und gehört hatten:

„Im Süden ist viel fruchtbares Land. Das Klima ist wärmer als bei uns. Das Getreide wächst gut und trägt dicke Körner, wie wir sie hier gar nicht kennen. Das Vieh ist gut genährt. Da müßte man leben! Die Menschen dort haben eine alte Kultur. Das sieht man an ihrer Landwirtschaft und bei ihren Handwerkern. Das Land wird regiert von einem mächtigen Kaiser. Er hat viele Tausend Soldaten und soll unbesiegbar sein.

Wenn unser ganzes Volk nach Süden ziehen will, müssen wir reißende Ströme, wasserlose Wüsten und hohe Gebirge hinter uns bringen. Der mächtige Kaiser wird uns das Land nicht umsonst geben. Vielleicht müssen wir es mit Gewalt nehmen. Bedenkt euch wohl, ihr Fürsten, ehe ihr euch zum Aufbruch entschließt."

Als die Kundschafter geendet hatten, berieten die Stammesfürsten in der Versammlung tagelang über die Frage – auswandern oder nicht. Die Mehrheit war der Meinung, das Land hier würde in absehbarer Zeit nicht mehr ausreichen, die gesamte Bevölkerung zu ernähren. Außerdem kamen immer schlimmere Nachrichten aus dem Land der aufgehenden Sonne. Reitervölker von unvorstellbarer Wildheit überfielen dort die Siedlungen und töteten Mensch und Vieh. Vielleicht war es nur eine Frage der Zeit, daß diese Horden auch in das Land der Goten einfielen.

Stellt euch vor, ihr hättet damals gelebt. Wofür hättet ihr gestimmt? Wie hättet ihr euch ggf. auf die große Wanderung vorbereitet?

26.1.2 UE-Ziele

Siehe 26.0.2, Seite 194.

26.1.3 Einstieg

- **Wandkarten:** Perthes und Westermann
- **Karten:** Völkereinbrüche seit 375 n. Chr., Germanische Reichsbildungen auf dem Boden des Römischen Reiches um 500 (Gfm)
- **Wandbild:** te Neues: Germanisches Bauerngehöft
- **Film:** FWU 30 0637 Völkerwanderung, Züge der Germanen
- **Bild:** Germanen bestürmen ein römisches Lager (Gfm)

26.1.4 Didaktisch-methodische Vorschläge

Diese Unterrichtsreihe soll insbesondere an die Unterrichtseinheit 24 anknüpfen, in der es um die Gründe für den „Niedergang" des Römischen Reiches ging. Im Rahmen der Unterrichtsreihe 26 soll verdeutlicht werden, was an die Stelle des Römischen Reiches trat, welche Gründe für die Wanderung der Völker maßgebend waren und welche Veränderungen diese in den politischen Kraftfeldern des europäischen Raumes herbeiführten.

Um die Frage nach den Gründen für die Wanderungen der Völker zu motivieren, kann der Lehrer auf das Wandbild „Germanisches Bauerngehöft" verweisen, auf dem das Verlassen eines Hofes und die Auswanderung zu sehen sind. Die Schüler können zunächst Vermutungen über die Motive anstellen und anschließend ihre Vermutungen mit den Tatsachen vergleichen.

An dieser Stelle können Dia-Serien (Stoedtner, vgl. 26.0.3) oder der Film FWU 36 0637 eingesetzt werden. Der Film hat gegenüber dem Kartenmaterial und den Dias den Vorteil, daß er die Völkerbewegungen dynamisch zu erfassen versucht. Zudem wird in ihm eine Eingrenzung auf die „Wanderungen" der Burgunder, Alemannen, Franken, Ostgoten und Westgoten vorgenommen, die die wichtigsten Gegner der Römer waren.

Der Film kombiniert an den entscheidenden Einschnitten Filmsequenzen und einzelne Bilder. Diese Szenen zeigen, wie ein germanischer Stamm ein römisches Lager bestürmt, wie die Germanen die römische Grenze überschreiten, schließlich als Zeichen germanischer Reichsgründung das Grabmahl des Theoderich in Ravenna.

An dieser Stelle soll die Auswertung und Orientierung einer historischen Karte („Völkerwanderung", Gfm, Westermann 48) erfolgen. Unter der Fragestellung „Wie haben sich die politischen Verhältnisse in Europa durch die Völkerwanderung verändert?" sollen die Schüler zunächst die Informationen herausarbeiten, die aufgrund der Legende ermittelt werden können. Dabei sollen sie die Informationsträger wie Farben, Zahlen, Schriften, Grenzen, Pfeile usw. untereinander in Beziehung setzen. Folgender Katalog von Arbeitsanweisungen, aus denen schwerpunktmäßig einige bearbeitet werden können, kann dazu dienen:

T Die Wanderungen der Völker

Stamm/Volk	Wegstrecke	Zeit der Wanderung von ... bis ...	Gründung eines Reiches: Wo? Wann?	wichtige Schlachten
Hunnen	Ostasien, Innerasien, Mitteleuropa, Gallien	seit 200 in Asien, von 375 bis etwa 450 in Europa	nein	Katalaunische Felder, Niederlage
Goten	Schweden, Ostsee, Weichsel, Schwarzes Meer	etwa 200–375	nein	
Westgoten	Griechenland, Italien, Spanien	375–493	in Spanien, 418–711	410 Plünderung Roms, beteiligten sich an der Schlacht auf den Katalaunischen Feldern
Ostgoten	Rumänien, Jugoslawien, Italien	375–418	in Italien, 493–553	Besiegt von einem Heer Ostroms
Vandalen	Schlesien, Süddeutschland, Gallien, Spanien, Nordafrika	400–429	in Nordafrika 429–553	Besiegt von einem Heer Ostroms am Vesuv
Burgunder	Odergebiet, Burgund	400–433	in Burgund 443–534	Schlacht auf den Katalaunischen Feldern
Angeln/ Sachsen	Jütland, Norddeutschland, Nordsee, England	bis 450	in England 450	
Franken	Rheingebiet, Gallien	bis 486	in Gallien 486–880	Schlacht auf den Katalaunischen Feldern

Arbeitsaufgaben	denkbare Formulierungen
1. Erläutere die Bedeutung der verschiedenen Farben der Karte.	Es handelt sich um die Siedlungs- und Wohngebiete der Stämme nach der Wanderung.
2. Beschreibe den Weg der verschiedenen Völker.	
3. Versuche zu ermitteln, wie lange die einzelnen Völker unterwegs waren und welche Strecke sie zurücklegten. Versuche ferner herauszufinden, ob Reiche gegründet wurden, wie lange sie Bestand hatten und welche wichtigen Schlachten stattfanden.	

Arbeitsaufgabe	denkbare Formulierungen
4. Vergleiche die Züge der ost- und westgermanischen Stämme, vor allem im Hinblick auf die Länge des Weges.	Burgunder, Franken, Angeln und Sachsen legten verhältnismäßig kurze Wege zurück. Sie verlagerten ihre Siedlungs- und Wohngebiete, während die Ostgermanen (Goten, Vandalen) ihre Heimat verließen und Tausende von Kilometern zurücklegten.

Die Arbeitsanweisungen 4 und 5 beziehen sich auf die Auswertung der Karteninformation. Sie erfordern die Fähigkeit, Informationen miteinander zu verknüpfen und Kenntnisse in Erkenntniszusammenhänge umzuwandeln.

	Hunnen	Westrom	Ostrom	Westgermanen	Ostgermanen
5. Zeige, wie die fünf politischen Kraftfelder mit den Gebieten zusammenhängen, indem du folgende Tabelle ausfüllst!	375 Zerstörung des Ostgotenreiches 453 Attilas Tod	378 Kaiser Valens' Niederlage durch die Westgoten 410 Westgoten unter Alarich in Rom 476 Odovakers Thronbesteigung	553 Justinians Sieg über Teja (letzter Ostgotenkönig)	um 500 Chlodwigs Bündnis mit Theoderich	493 Eroberung Ravennas durch Theoderich

27. Das Oströmische Reich

27.0.1 Literaturangaben

Handbücher

FWG 9, Oldenbourg 4 (i. Vorb.), 22, Propyläen V, Schieder 1

Gesamtdarstellungen

Beck, Hans Georg, Das byzantinische Jahrtausend, dtv 4008

Grant, Michael, Morgen des Mittelalters, Lübbe, Bergisch-Gladbach

Haussig, Hans-Wilhelm, Byzantinische Geschichte, Urban TB 117, Kohlhammer, Stuttgart 1969

Haussig, Hans-Wilhelm, Kulturgeschichte von Byzanz, Kröner KTA 211, Stuttgart ²1966

Ostrogorsky, Georg, Geschichte des byzantinischen Staates, Beck, München ²1980

Runciman, Steven, Kunst und Kultur in Byzanz, Beck, München 1978

Wirth, Peter, Grundzüge der byzantinischen Geschichte, Wiss. Buchgesellschaft, Darmstadt 1976

27.0.2 UR-Ziele

(1) Gründe für die Teilung in Ost- und Westrom.
(2) Die Rolle des Herrschers in Ostrom.
(3) Veränderungen im Christentum.

27.0.3 Medien

Wandkarten

Perthes Vom Weltreich Roms zum Reich Karls des Großen (395–814 n. Chr.)

Atlas

dtv

Westermann 42–43, 49

Dias

Jünger Europa formt sich 50 f.

Stoedtner Altbyzantinische Kunst 40 sw.
Ravenna: Bauten und Mosaiken 10 f.
Das altchristliche Ravenna 12 f.
Die Mosaiken von Ravenna 12 f.
Byzantinische Kunst des Mittelalters 20 sw.

V-Dia Die Mosaiken von Ravenna 22 f.
Byzantinische Mosaiken 24 f.

Film

FWU 32 2460 Konstantinopel – Großstadt im Mittelalter, 17 min f.

27.0.4 Fachwissenschaftliche Einführung

Im Gegensatz zur weströmischen Reichshälfte hat sich das Oströmische Reich noch ein ganzes Jahrtausend gehalten (bis 1453). Seine Fundamente waren die **griechische Kultur,** der **römische Staatsgedanke** und der **christliche Glaube.**

Obwohl nach der Verlegung des Staatszentrums in den hellenisierten Osten (Konstantinopel) Ostrom immer mehr gräzisiert wurde, betrachtete sich das Oströmische Reich als **Erbe des Römischen Imperiums.** Es nannte sich Imperium Romanum Christianum (Römisches Christliches Reich), die Reichsbevölkerung nannte sich Rhomäer (Römer), der Kaiser trug die Bezeichnungen Imperator Caesar Augustus, die Hauptstadt verstand sich als das „zweite" oder das „neue Rom".

Der Staat wurde verkörpert durch die geheiligte Person des **Kaisers,** der unumschränkter Herrscher war (Autokratie). Dieser stützte sich auf einen zentralistisch aufgebauten Beamtenapparat, ein wohlorganisiertes Heer, ein ausgebildetes Rechtswesen und ein hochentwickeltes Wirtschafts- und Finanzsystem.

Die **Kirche** war Reichskirche, mit dem Staat untrennbar verbunden. Der christliche Glaube durchdrang wie in wenigen anderen historischen Gesellschaften alle Bereiche des Lebens. Es war charakteristisch für Ostrom, daß theologische Streitfragen (ob Christus nur eine einzige, nämlich die göttliche Natur habe, wie der in der syrisch-ägyptischen Reichsbevölkerung verbreitete „Monophysitismus" lehrte, oder ob in der Person Christi zwei Naturen, die göttliche und die menschliche, vereinigt sind, wie die katholische Reichskirche und die katholische Kirche des Westens lehrten und der griechische Bevölkerungsteil glaubte) jahrhundertelang in der öffentlichen Meinung leidenschatlich erörtert wurden und das Reich an den Rand der Auflösung brachten.

Der Kaiser war Statthalter Gottes auf Erden, er war jedoch nicht das Haupt der Kirche, er besaß weder priesterliche Würde noch Lehrgewalt. Der Patriarch von Konstantinopel beanspruchte die Führung der Ostkirche (Titel: ökumenischer Patriarch), der Primat des Papstes wurde nicht anerkannt. Patriarch und Kaiser waren zwei Formen der einen Gewalt, die von Gott ausgeht. In der Praxis war die Kirche zu manchen Zeiten vom Kaiser stark abhängig. Vor allem Kaiser Justinian übte eine nahezu unbestrittene Herrschaft über die Kirche aus, er setzte Patriarchen ab und traf dogmatische Entscheidungen durch Verordnungen.

Kaiser Justinian

Justinian (527–565) wird als der letzte römische Kaiser auf dem Thron des oströmischen Reiches bezeichnet. Das große Ziel seiner Politik war die **Wie-**

dererrichtung des (ganzen) **römischen Reiches** (renovatio imperii). Es gelang seinen Heerführern, die schwachen Germanenreiche auf dem Boden Westroms zu vernichten und den Machtbereich des Imperiums bis nach Südspanien auszudehnen und das Mittelmeer wieder zu einem römischen Meer zu machen.
Auch die große Sammlung des gesamten überlieferten römischen Rechts, des Codex Justitianus, der viel später als **Corpus Juris Civilis** bezeichnet wurde, sollte der Reichseinheit dienen. Nach seiner Wiederentdeckung im Mittelalter trug der Corpus Juris Civilis entscheidend zur europäischen Rechtsentwicklung bei.

Ostrom und die Slawen

Während der Völkerwanderung geriet auch die indoeuropäische Völkergruppe der Slawen, ursprünglich nördlich der Karpaten zwischen Weichsel und Dnjepr beheimatet, in Bewegung. Sie drangen schon im 5. und 6. Jahrhundert in die verlassenen Wohnsitze germanischer Stämme ein. Im 6. Jahrhundert überrannten die Slawen die gesamte **Balkanhalbinsel** einschließlich Griechenlands und bedrohten bis ins 9. Jahrhundert das Reich und seine Hauptstadt Konstantinopel.
Zugleich übten die überlegene Kultur und materielle Zivilisation von Byzanz einen wachsenden Einfluß auf die barbarischen Nachbarn aus. Das Oströmische Reich spielte für die Slawen eine ähnliche Rolle wie das Weströmische für die Germanen. Die Slawen sollten sogar noch viel stärker als die Germanen **Erben des (zweiten) Rom** werden. Die Süd- und Ostslawen übernahmen die Religion, die Kultur und die Herrscheridee Ostroms.
Im 9. Jahrhundert begann die **Christianisierung der Slawen.** Sie ging zugleich von Rom und von Byzanz aus. Die **Westslawen** (Polen, Tschechen, Slowaken) und von den Südslawen die Kroaten und Slowenen gehören seitdem zur römisch-katholischen, die meisten **Südslawen** (Bulgaren, Serben) und die **Ostslawen** (Russsen, Ukrainer etc.) zur griechisch-orthodoxen Kirche. Die ersten und bedeutendsten Lehrer und Apostel der Slawen waren das Bruderpaar **Kyrillos** und **Methodios** aus Thessaloniki. Sie schufen das slawische Alphabet und übersetzten biblische und liturgische Texte ins Slawische. Im 10. Jahrhundert entstand eine abgewandelte Schrift aus dem griechischen Alphabet unter Berücksichtigung slawischer Besonderheiten, die **kyrillische Schrift,** die zur Schrift aller Slawen des griechisch-orthodoxen Kulturkreises wurde.
Die Einflußbereiche des Byzantinischen Reiches und der römischen Kirche sind noch heute sichtbar in der geistigen Grenzscheide zwischen Mittel- und Osteuropa. Im griechisch-slawischen Osten ist eine eigene Form der europäischen Kultur entstanden, die wesentliche geistige Entwicklungen des Westens, wie Renaissance und Aufklärung, nicht mitvollzog.
Mit dem Anspruch, das **„Dritte Rom“** zu sein, wurde **Rußland** zum Erben von Byzanz und begründete seine Führungsrolle im slawischen Osten. Der welthistorische Anspruch der heutigen Sowjetunion in seiner säkularisierten Heilsgewißheit ist ohne Rückgriff auf die byzantinische Tradition nicht zu verstehen.

27.1 Welche Rolle der Kaiser in Ostrom spielte
Wie das Christentum von der politischen Entwicklung beeinflußt wurde
Wie in Europa eine Kulturgrenze zwischen Ost und West entstand

27.1.1 Wissensziele

Die Spaltung des Römischen Weltreiches führte auch zur Spaltung der christlichen Kirche in die römisch-katholische und die griechisch-orthodoxe Kirche. Justinian, der Kaiser von Ostrom, hatte zugleich eine starke Stellung in der Kirche. Er wurde auch als „Kaiserpapst“ bezeichnet, ebenso wie seine Nachfolger. Die Ostkirche entwickelte eigene Formen des Gottesdienstes und des kulturellen Lebens. Die slawischen Völker auf dem Balkan wurden von Byzanz aus zum Christentum bekehrt. Es kam zu einer Kulturgrenze zwischen West- und Ostkirche, zwischen West- und Osteuropa.

27.1.2 UE-Ziele

Siehe 27.0.2, Seite 199.

27.1.3 Einstieg

● **Wandkarten:** Perthes und Westermann (vgl. 26.0.3)
● **Karten:** Völkereinbrüche seit 375 v. Chr., Germanische Reichsbildungen auf dem Boden des Römischen Reiches um 500, Die Ausbreitung des Christentums (Gfm)
● **Karte:** Römer und Germanen im 4.–6. Jahrhundert sowie Justinian und Westrom, Westermann 48, 49

27.1.4 Didaktisch-methodische Vorschläge

Die Frage nach den Gründen für die Teilung des Römischen Reiches läßt sich durch die Kartenreihe „Die Ausdehnung des Römischen Weltreiches" (vgl. 20.2.3) einleiten. Eine ergänzende Auswertung der Karten aus dtv läßt die Vermutung zu, daß die Bedrohung von außen wesentlich zur Teilung und letztlich zum Untergang des Weströmischen Reiches beigetragen hat. Es gab aber auch innenpolitische Gründe:

▶ **Material:** Histor. Szenen 3, 32f. und Gfm.

Arbeitsaufgaben	denkbare Formulierungen
1. Wie wird die Lage der Bauern im vierten Jahrhundert geschildert?	Unmenschliche Behandlung der Bauern durch die Grundbesitzer: Abgaben und Dienstleistungen, schwere Arbeit, Schulden.
2. Wodurch kam es zu einer Krise in der Landwirtschaft?	– Die Kriegsführung der Kaiser verschlang viel Geld. – Steuererhöhung. – Kein Nachschub von Sklaven und Getreide. – Beides wurde teurer.
3. Welche Maßnahmen wurden ergriffen, um die Probleme zu lösen?	– Bauern und Handwerker durften ihre Dörfer nicht verlassen. – Steuerentrichtung in Form von Getreide, Vieh oder handwerklichen Erzeugnissen. – Festsetzung von Löhnen und Preisen.
4. Was wollte der Kaiser mit diesen Maßnahmen erreichen? Wie wirkten sie sich aus?	Die Bauern sollten vom Grundbesitzer abhängig bleiben. Sie sollten sich nicht zu Aufständen zusammenschließen können.

T Gründe für den Untergang des Römischen Weltreiches

wirtschaftlichen Schwierigkeiten ← bedingten → soziale Spannungen — Bedrohung von außen

→ Krisen ←

Maßnahmen:
- Festsetzung der Löhne und Preise
- Steuerentrichtung in Naturalien
- Verbot, Dörfer zu verlassen

Festigung des Staates: Christentum wurde Staatsreligion	**Festigung durch militärische Sicherheit:** Stärkung des Heeres	**Festigung durch bessere Verwaltung:** Teilung des Reiches

Wenn darauf hingewiesen wird, daß das Weströmische Reich sehr bald unterging, das Oströmische Reich aber weitere tausend Jahre bestand, dann liegt die Frage nach den Gründen nahe. Diese Gründe sollen erarbeitet werden, indem die Situation in beiden Reichen miteinander verglichen wird. Dabei sollen folgende Aspekte hervorgehoben werden: Verhalten gegenüber fremden Völkern, Sicherungsmaßnahmen an den Grenzen, geografische Lage, wirtschaftliche und soziale Situation, Machtstellung des Kaisers, Verhältnis zwischen Staat und Kirche, Verwaltung.

T Vergleich zwischen Ostrom und Westrom

	Westrom	Ostrom
Geografische Situation	lange Grenzen, flächenmäßig größer als Ostrom	kürzere Grenzen, flächenmäßig kleiner als Westrom
Verhalten gegenüber fremden Völkern	kriegerische Auseinandersetzungen mit den vordringenden Stämmen	Verhandlungen mit fremden Stämmen
Sicherungsmaßnahmen an den Grenzen	Verstärkung der militärischen Macht	Grenzschutz durch freie „Wehrbauern"
wirtschaftliche Grundlage	Landwirtschaft, Handwerk, auf den Gutshöfen und in den Städten, Handel verfielen zunehmend	Reichtum durch zunehmenden Handel, blühende Landwirtschaft
Machtstellung der Kaiser	Machtstellung des Kaisers verringert sich immer mehr. Konflikte mit der Kirche (Dualismus Kaiser–Papst)	große Machtstellung durch – Eroberungen – einheitliche Rechtsprechung – Beherrschung der weltlichen und geistlichen Gewalt

28. Der Islam

28.0.1 Literaturangaben

Handbücher
FWG 9, Propyläen V, Schieder 1

Gesamtdarstellungen
Endreß, Gerhard, Einführung in die islamische Geschichte, Beck, München 1982
Kreiser, K., u. a., Lexikon der islamischen Welt, 3 Bde., Urban TB 200/1–3, Kohlhammer, Stuttgart 1974
Watt, W. M., A. T. Welch, Der Islam I: Mohammed und die Frühzeit – Islamisches Recht – Religiöses Leben, II.: Politische Entwicklungen und theologische Konzepte, Kohlhammer, Stuttgart 1980 u. 1985.
Neuwirth, Angelika, Einführung in die Islamkunde, Wiss. Buchgesellschaft, Darmstadt (i. Vorb.)

Jugendbuch
Mokhtar, Mokhtar, So lebten sie in den ersten Jahrhunderten des Islam, Tessloff, Hamburg 1986 (Reich bebildertes Sachbuch als erste einfache Einführung, ab 10 J.)

28.0.2 UR-Ziele

(1) Politische Entwicklung in Europa und im islamischen Machtbereich im Vergleich.
(2) Abendländische Kultur und islamische Kultur im Vergleich.

28.0.3 Medien

Wandkarten
Westermann Europa in der Zeit der Ottonen und Salier

Atlas
dtv
Westermann 50–51, 57, 64, 65

Dias
Stoedtner Islamische Kunst: Arabien, Syrien, Persien, Spanien 20 sw.
Islamische Kunst: Moscheen in Kairo 10 f.
Granada: Die Alhambra 10 f.
Islamische Kunst: Kunstgewerbe 15 f.

Filme
FWW 32 3291 Mohammed – Der Prophet und sein Volk 25 min f.
Jünger Die Welt des Islam 70 f.
WBF 32 5935 Mohammed, Koran und Gebet – Grundzüge einer Weltreligion 14 min f.
Die Ausbreitung des Islam über die Welt 13 min f.

28.0.4 Fachwissenschaftliche Einführung

Islam (= Hingabe an Gott) ist die Bezeichnung für die jüngste der monotheistischen Weltreligionen, nach dem Judentum und dem Christentum. Sein Stifter ist der Kaufmann **Mohammed** (569–632) aus Mekka. Er sah sich aufgrund eines Offenbarungserlebnisses zum Propheten berufen, der im Namen Gottes (arab. Allah) die Menschen zur Umkehr mahnt. Die Sammlung der Offenbarungen nennt man Koran (d. h. Vertrag).
In **Mekka,** einem religiösen Zentrum der Religion, stieß Mohammed mit seiner neuen Lehre auf heftigen Widerstand. Er zog schließlich 622 aus Mekka aus und wechselte nach dem nahegelegenen Jathrib über, das später „Stadt des Propheten" (Medinat an-Nabi) oder kurz „Stadt" (al **Medina**) genannt wurde. Diese Auswanderung („Hedschra") gilt als der Beginn der islamischen Zeitrechnung. Mohammed, zunächst geistliches Oberhaupt einer kleinen Gruppe von Gläubigen gewann in Medina eine große Anhängerschaft und wurde als Stadtoberhaupt von Medina zugleich politischer Führer. Grundprinzip der islamischen Staatslehre ist seither die völlige **Einheit von Religion und Staat.** Die **Muslime** (= die sich Gott unterwarfen) bilden eine einzige Gemeinschaft (Umma) unter seinem Oberhaupt (Iman).
Bis zu seinem Tode 632 hatte Mohammed die gesamte arabische Halbinsel unterworfen. Danach entbrannte sofort ein **Streit um die Nachfolge.** Schließlich wurde der Schwiegervater Mohammeds, Abu Bakr, zum Kalifen (Stellvertreter, Nachfolger) ausgerufen. Er starb bald darauf, seine beiden Nachfolger wurden ermordet. Als vierter Kalif wurde Ali gewählt, ein Schwiegersohn Mohammeds, allerdings nur von einem Teil der Wahlmänner, den in Medina versammelten Gemeindeoberhäuptern. Der Statthalter in Syrien Moawija rebellierte. Es kam zu einem Bürgerkrieg, der schließlich durch ein Schiedsgericht beendet wurde. Die Anhänger Alis spalteten sich in die Partei Alis (Schiat Ali, kurz Schia) und die rigorosen Charidschiiten (= Ausziehenden). Ali richtete unter diesen ein Blutbad an und wurde 661 von einem Rächer ermordet. Nun begründete Moawija die Dynastie der **Omajaden** mit Sitz in Damaskus, die ein Jahrhundert herrschen sollte.
Diese 30 Jahre dauernden Streitigkeiten und Kämpfe haben Auswirkungen bis in die Gegenwart. Die über-

wiegende Anzahl der Muslime (90%) sind **Sunniten.** Sie erkennen auch jene Nachfolger Mohammeds an, die nicht dessen Nachkommenschaft entstammen. Richtschnur ist für sie die Sunna (= Überlieferung) des Propheten. Dagegen sehen die **Schiiten** nur die Abkömmlinge Alis als rechtmäßige Imame an und betrachten alle Dynastien von den Omajaden an als Usurpatoren. Zu ihnen zählen sich etwa 10% der Muslime; im Iran und im Irak bilden sie die Mehrheit. Von den Charidschiiten befinden sich nur noch Reste in Oman und Maghreb.
Der Islam verbreitete sich nach dem Tode Mohammeds mit erstaunlichem Erfolg. Innerhalb von zwei Jahrzehnten eroberten die arabischen Armeen die Kulturländer des Nahen Ostens: Syrien, Ägypten, Mesopotamien, Persien. In einer zweiten Ausdehnungswelle im 8. Jahrhundert wurden ganz Nordafrika und Spanien im Westen und Buchara, Samarkand sowie das Indusgebiet an den Grenzen von China und Indien erobert. Das Ausgreifen auf das Frankenreich mißlingt. In der schon erwähnten Schlacht bei Tours und Poitiers 732 werden die Araber zurückgeschlagen.
Eine zweite Ausdehnungswelle begann im 12. Jahrhundert. Große Teile Indiens wurden erobert bzw. islamisiert (Mamluken-Sultanat Delhi 1206, später Reich der Moguln). Die Osmanen (Türken) besiegten in jahrhundertelangen Kämpfen das Byzantinische Reich (Eroberung Konstantinopels 1453) und drangen auf dem Balkan bis an die Tore Wiens vor, das sie zweimal vergeblich belagerten (1529 und 1683).
Den unterworfenen Völkern wurde der Islam nicht gewaltsam aufgezwungen. Innerhalb des islamischen Staatsgebietes (außer im Zentrum des islamischen Gottesstaates, der arabischen Halbinsel um Mekka und Medina), wurden die „Ungläubigen" toleriert. Juden und Christen nahmen gegenüber den Heiden insofern eine Sonderstellung ein, als ihre Religion ebenso wie der Islam auf einen gemeinsamen Ursprung, nämlich den **Stammvater Abraham,** zurückging, der in Mekka den Glauben an den einen Gott begründet habe. Alle folgenden Propheten Gottes, auch Jesus, stehen in einer Reihe von Gleichberechtigten, an deren Ende der wahre Prophet Mohammed steht. Sie gelten nicht als Heiden, weil sie „die Schrift" besitzen. Juden und Christen konnten innerhalb des islamischen Gebietes als **Schutzbefohlene** (Dhimmi) ihre Religion ausüben, doch waren ihnen durch ein Gesetz Omars I. (632–634) lautes Glockenläuten und Singen, Prozessionen und jede Missionierung verboten. Sie waren vor dem Gesetz nicht gleich gegenüber Muslimen, sie hatten eine besondere Steuer zu zahlen, durften keine Waffen tragen und nicht reiten (dies ist bezeichnend für das Selbstwertgefühl der als Reiterheere gekommenen Sieger).
Außerhalb des islamischen Staatsgebietes mußten die Ungläubigen bekämpft werden. Hierzu konnte der **Heilige Krieg** (Dschihad) ausgerufen werden (jedoch nicht zur gewaltsamen Bekehrung zum Islam).

28.1 Was der Koran von seinen Gläubigen verlangt Wie der Islam eine Weltmacht wurde

28.1.1 Wissensziele

Mohammed gründete eine neue Religion, den Islam. Ihr Gott wird Allah genannt. Das Glaubensbuch heißt Koran, das Gotteshaus Moschee. Die Muslime erkennen auch Abraham und Jesus als Propheten an. Sie glauben jedoch nicht, daß Christus Gottes Sohn ist. Eine der heiligen Stätten der Moslems ist Jerusalem. Der oberste Geistliche, der Kalif, ist zugleich auch Inhaber der weltlichen Macht. Eine Trennung zwischen Staat und Kirche wie im Abendland gibt es im Islam nicht. Mohammed forderte, den Islam notfalls mit Gewalt auszubreiten.
Der Islam drang über Nordafrika bis Spanien und über Vorderasien bis Indien und Indonesien vor. Diese Ausdehnung wurde möglich durch kampferfahrene Reiterheere, gute Organisatoren, eine kämpferische Religion und geschickte Händler.

Einstiegs-Geschichte: Wie erobert man die Welt?
Der Feldherr des großen Araberheeres, das durch Spanien nach Norden zog, tobte vor Zorn. Man hatte ihm gemeldet, daß ein Unterführer in einem Tal des Landes befohlen habe, alle spanischen Bauern zu töten und das ganze Vieh abzuschlachten. Sofort ließ er diesen Unterführer zu sich kommen und bestrafte ihn hart.
Ehe er ihm ein neues Kommando anvertraute, belehrte er ihn eingehend über die Grundsätze der arabischen Kriegsführung:
„Seit uralter Zeit sind die Beduinen als Hirten den Bauernvölkern überlegen. Hirten müssen zäh und ausdauernd sein, um das Leben in der Wüste zu überstehen. Sie müssen die Märsche zu den Wasserstellen planen und ihre Herden wohlbehalten ans Ziel bringen. So lernen sie, mit immer neuen Verhältnissen fertig zu werden und alles zu organisieren. Die Bauern dagegen leben ruhig dahin, mißtrauisch gegen alles Neue und Ungewohnte.
Wir sind ein Hirtenvolk. Wir haben gelernt, unsere Herden gegen Feinde zu verteidigen. Das sind Gründe, warum unsere Heere in wenigen Jahren ganz

Nordafrika und halb Spanien erobert haben und bald auch über die Länder im Norden bis zum großen Meer herrschen werden.
Bauern tötet man nicht. Wovon sollen wir Soldaten leben? Wir Araber sind die Soldaten und die Verwaltungsbeamten in den besetzten Gebieten. Wir hüten die Bevölkerung wie der Hirt seine Herde. Die Bauern, auch die Handwerker, ja sogar die Gelehrten und Künstler arbeiten für uns. Zumindest zahlen sie Steuern. Deshalb lassen wir auch die Juden und Christen nach ihrer Religion leben. Sie dürfen aber nicht reiten. Das ist uns, den Herren, vorbehalten.
Im Koran, unserem heiligen Buch, hat der Prophet auch an den Krieg gedacht. Der Kalif, der Nachfolger Mohammeds, kann einen Krieg als „heilig" erklären. Wenn ein Moslem im „Heiligen Krieg" stirbt, kommt seine Seele direkt ins Paradies. Dort gibt es – die Sehnsucht eines jeden Beduinen – genug Wasser und ein Leben der Freude. Der Beduine kämpft auch furchtlos, denn ihm kann nichts geschehen, wenn nicht Allah seine Todesstunde bestimmt hat."
Der Unterfeldherr sah ein, was er für einen großen Fehler gemacht hatte und war froh, daß er mit heiler Haut davon kam. Er war ein hoher Adliger, aber nun wußte er, daß er beim nächsten Verstoß gegen die Gebote des Propheten den Kopf verlieren würde.

28.1.2 UE-Ziele

(1) Islam und Christentum im Vergleich.
(2) Die Ausdehnung des Islams und seine Gründe.

28.1.3 Einstieg

● **Karte:** Die gegenwärtige Verbreitung des Islams (Gfm oder Atlas)
● **Film:** WBF 32 5935, Mohammed, Koran und Gebet, Grundzüge einer Weltreligion

28.1.4 Methodisch-didaktische Vorschläge

Das Alltagsleben der Schüler ist dadurch gekennzeichnet, daß Menschen anderer Religionen an ihm teilhaben. Auch die Freizeit- und Urlaubswelt vermittelt Eindrücke von fremden Religionen. Trotz dieser Berührungen und Begegnungen sind häufig Unwissen und Vorurteile gegenüber diesen Religionen anzutreffen. Im Rahmen des Geschichtsunterrichts spielt die nachfolgende Unterrichtsreihe deswegen eine wichtige Rolle, weil hier versucht werden soll, Informationen über Ursprung und Geschichte, Ausbreitung, Handlungsnormen und wesentliche Lehren zu verarbeiten und Vorurteile abzubauen.

Dazu eignet sich der unter „Einstieg" aufgeführte Film ganz besonders. Dieser Film zeigt Aufnahmen von historischen Baudenkmälern und aus dem heiligen Bezirk von Mekka.
In Verbindung mit dem Buchtext können die Schüler folgende Kennzeichen des Islam erarbeiten.
Weltbild des Islam:
Glaube an einen über der Welt stehenden und sie beherrschenden persönlichen Gott
Religiöse Gebräuche: weder Bilder noch Musik, fünf Hauptpflichten („Fünf Säulen des Islam"): Glaubensbekenntnis, Ritualgebet, Zahlen einer Armensteuer, Fasten während des Monats Ramadan, Wallfahrt nach Mekka.
Eine Kurzanalyse der Karte über das Vordringen des Islam (Gfm oder Atlas) kann mit Hilfe folgender Arbeitsaufgaben einige wesentliche Teilerkenntnisse erbringen.

Arbeitsaufgaben	denkbare Formulierungen
1. Was läßt sich über das Leben der Nomaden (Beduinen) aussagen? (Lexikon)	– Wirtschaftliche Grundlage ist die Viehzucht (Kamele, Pferde, Schafe). – Keine festen Ansiedlungen, sondern Wandern von einem Weideplatz zum anderen. – Krieger, die dem Befehl des Stammesführers gehorchen und die Herde schützen.
2. Was läßt sich aus dem Bildmaterial (Gfm) über die Wirtschaft in der Stadt schließen?	– Städte als Mittelpunkte des Handelns und des Handwerks (Sklavenhandel). – Geldwirtschaft, Bildung eines reichen Bürgertums.
3. Welches waren die wichtigsten Glaubenssätze des Islam? Welche Auswirkungen hatten sie?	– Glaube an einen Gott. – Fünfmaliges Beten am Tag. – Almosen an die Armen. – Einhaltung des Fastenmonats. – Wallfahrt nach Mekka. – Verpflichtung zum heiligen Kriege gegen die Ungläubigen.

Auf der Grundlage dieser Ergebnisse läßt sich die Frage formulieren: Wie ist es zu dieser Ausdehnung gekommen? Die Beantwortung dieser Frage soll unter drei Aspekten erfolgen: 1. die natürlichen Umweltbedingungen und die damit zusammenhängende Wirtschafts- und Gesellschaftsordnung. 2. die Rolle der religiösen Vorstellung, 3. die Rolle des Handels.

28.2 Wie der Islam die europäische Kultur bereichert hat

28.2.1 Wissensziele

Die Araber übernahmen die Kultur der eroberten Völker und entwickelten sie weiter, vor allem die Kulturen Ostroms, Persiens und Indiens. Bei ihnen waren Mathematik, Astronomie, Biologie und Medizin hoch entwickelt.

28.2.2 UE-Ziel

(1) Vergleicht zwischen abendländischer und islamischer Kultur.

28.2.3 Einstieg

● **Quelle:** Kaufmann Guido aus Padua reist nach Kairo (s. u.)
● **Film:** WBF Die Ausbreitung des Islam über die Welt

28.2.4 Didaktisch-methodische Vorschläge

Neben der Entwicklung und den Denkmälern arabischer Kultur soll der Kulturaustausch zwischen Abendland und Morgenland Thema dieser Unterrichtseinheit sein. Es geht nicht zuletzt auch darum, das Vorurteil von der überlegenen Rolle der abendländischen Kultur gegenüber allen anderen Kulturen abzubauen. Die Schüler müßten sogar erkennen, daß die abendländische Kultur damals nicht den Stand der morgenländischen erreichte. Ein wesentliches Ziel wird darin bestehen, die Gründe dafür herauszufinden.
Der unter „Einstieg" aufgeführte Film zeigt die Ausbreitung des Islam sowie die Auswirkungen kultureller und historischer Art bis in die Gegenwart hinein. Zugleich gibt er auch prägnante Beispiele für die kulturelle Beeinflussung in Europa und Asien, z. B. im Bereich der Architektur, der Medizin, der Naturwissenschaft und Technik.
Vertieft und ergänzt werden die Filmaussagen durch den Text „Kaufmann Guido reist nach Kairo".
Im Mittelpunkt der Erarbeitung soll die Analyse des Textes stehen. Aufgabe der Schüler ist es zunächst, den umfangreichen Text zu strukturieren – was mit Hilfe der Textüberschriften leicht gelingt – und sodann morgenländische und abendländische Kultur zu vergleichen. Die Arbeitsergebnisse können in Form einer Tabelle gegenübergestellt werden:

T Vergleich Islam – christliches Abendland 12. Jh.

Islam	christliches Abendland
Häuser bis zu zehn Stockwerken,	niedrige Häuser
öffentliche Badeanstalten	öffentliche Badestuben, erst im 14. und 15. Jh.
Moscheen	Kirchen
Koranschulen: Die Hälfte der Bevölkerung konnte lesen und schreiben.	Klosterschulen: Nur ein geringer Prozentsatz der Bevölkerung konnte lesen und schreiben.
Verkehrsmittel für den Fernhandel: Lastkamele, Pferde, Maultiere. Städte waren durch zahlreiche Wege miteinander verbunden.	Nur wenige Städte und wenig Fernhandel, kaum Straßen, Planwagen.
Warenproduktion verrät fortgeschrittenes Handwerk (Arbeitsteilung)	Beginn der Ausbildung eines städtischen Handwerks,
Sklavenhandel.	kein Sklavenhandel,
Scharfe Trennung zwischen den Geschlechtern. Es waren mehrere Frauen erlaubt.	Einehe
Frauen aus der Unterschicht mußten neben der Hausarbeit auch andere Arbeiten verrichten.	Frauen arbeiteten im eigenen Haushalt oder als Mägde.

Bericht des Kaufmann Guido aus Italien von seiner Handelsreise, die ihn im Frühjahr 1172 zu seinem Geschäftsfreund Abu al-Hassan als Hashab nach Kairo führte:
„Die neue fremdartige Umgebung versetzt den Ankömmling in höchste Verwunderung. Auf jeder Straßenseite erheben sich Häuser so hoch wie Berge, manche haben bis zu zehn Stockwerke. Überall springen balkonartige Erker, die mit hölzernen Gittern verkleidet sind, in die Straßen vor. Dahinter liegen die Haremsgemächer, wo sich die Frauen der Bürger aufhalten, wenn sie nicht gerade – natürlich verschleiert – eine Spazierfahrt in der Kamelsänfte unternehmen.
Schon sehr früh am Morgen begibt sich Abu al-Hassan ins Hammam, die öffentliche Badeanstalt. Hier nimmt er in dem großen Becken ein Bad, läßt sich den Kopf waschen und rasieren und zieht reine Wäsche an. Wenig später ruft der Muezzin (Gebetsrufer) vom Minarett (Turm einer Moschee) herab die Gläubigen zum Morgengebet. Abu al-Hassan wendet sich gen Mekka und verrichtet das erste der fünf vorgeschriebenen Tagesgebete, indem er, die Hände flach vorgestreckt, den Oberkörper mehrmals neigt und mit der Stirn den Boden berührt.
Hernach beschreibt er seinem Gast das Innere der Moschee, die nur mit bloßen Füßen betreten werden

darf. Er erzählt ihm vom Brunnenhof, in dem die Waschungen vorgenommen werden, von der Gebetsnische, die in Richtung nach Mekka liegt, und von der Kanzel, von der herab der Imam (Priester) der Gemeinde vorbetet. Den Moscheen sind auch die Koranschulen angegliedert, wo ein Lehrer die Schüler, die mit gekreuzten Beinen um ihn herum sitzen, die Suren (Sätze) des Heiligen Buches auswendig lernen und niederschreiben läßt. Der Unterricht ist in den islamischen Ländern viel mehr Menschen zugänglich als in Guidos Heimat: Die Hälfte der Bevölkerung kann lesen und schreiben."

Was Guido weiter auffiel:

„Basar nennt man eine meist ziemlich lange, etwa fünfzehn Meter breite Straße, die mit vielen aneinander gereihten Kuppeldächern überwölbt ist.

Im allgemeinen ist immer ein Basar einer bestimmten Zunft vorbehalten, nur Bäcker, Garköche, Schenkwirte, Getränkeverkäufer, Gaststätten und Weinstuben sind auf allen Basaren zu finden. Der Basar der Kesselschmiede hallt den ganzen Tag hindurch vom Hämmern wider, und allenthalben sieht man Berge von kupfernen Becken, Wasserkannen, Bratpfannen und den verschiedenartigsten anderen Gegenständen angehäuft. Daneben werken die Verzinner, frischen Küchengeräte auf und verleihen blinden Spiegeln neuen Glanz. Die Damaszierkünstler legen Schatullen, Dolchscheiden und ähnliches in Gold oder Silber ein. Der schönste Basar ist wohl der der Goldschmiede und Juweliere, in dem es nur so funkelt und blitzt von all den edlen Steinen und Metallen. Die Wände in den Basarbuden der Schneider hängen voll mit Ballen von Tuch, Leinen und Atlas.

Der wahre Tempel der Naschhaftigkeit ist der kleine Basar der Zuckerbäcker, in dem man allenthalben Schachteln mit Halwâ ausgestellt sieht. Halwâ ist ein köstliches Nugat aus weißem, wildem Honig, der im Iran auf Tamarisken gesammelt wird, und gehackten Pistazien und Mandeln. Ganze Berge von Honigwaffeln, Biskuits und Reismehl, rautenförmigen Stücken aus Mandel- und Eibischmasse, Zuckerstangen, Lukums, das ist eine marzipanartige Paste aus stark gewürztem und gezuckertem Stärkemehl, und rosa- und weißglasierte Zuckermandeln türmen sich auf den Theken. Dazwischen stehen kupferne Tabletts, auf denen in hundert leuchtenden Farben Ingwer-, Granatapfel-, Quitten- und Anispastillen prangen."

Im europäischen Bereich vollzog sich über Jahrhunderte eine Entwicklung, die sich im Kern auf folgende Bedingungen und Hauptlinien reduzieren läßt:

Die Wirtschafts- und Gesellschaftsstruktur basierte auf der Verfügungsgewalt über Grund und Boden. Damit verbunden waren Abhängigkeiten: Der weltliche oder geistliche Adel herrschte über die abhängigen Bauern, der König verlieh dem Adel Land, wofür ihm dieser Kriegsdienst zu leisten hatte. Mit der Entstehung der Städte, des Handwerks, des Geldwesens vollzogen sich tiefgreifende Veränderungen in ökonomischer und machtpolitischer Hinsicht. Es gilt jetzt zu prüfen, welche Grundstrukturen sich in den islamischen Ländern erkennen lassen.

T Fortschritte in Handwerk und Technik: Papierherstellung, Stahlherstellung, Glas, Gewürze	Zu der Zeit in Europa unbekannt (Glas in Deutschland im 14. Jh.; Papierherstellung wird um 1170 durch Araber in Spanien bekannt).
Fortschritte in der Wissenschaft: Medizin, Mathematik, Chemie	Kaum Fortschritte. Arabische Erkenntnisse wurden weitgehend übernommen.
Herrschaftsform: Der Kalif war weltliches und geistliches Oberhaupt.	Der König/Kaiser war nur weltliches Oberhaupt.

Warum befand sich im 12. Jahrhundert die islamische Kultur auf einer höheren Stufe als die europäische? Denkbar sind folgende Argumente:

T Islam	Christliches Abendland
Die arabischen Herrscher übernahmen die Kenntnisse der eroberten alten Kulturen. Errungenschaften und Erkenntnisse der Antike wurden weiterentwickelt.	Mitteleuropa fiel in eine Agrarstruktur zurück. Errungenschaften und Erkenntnisse der Antike gingen verloren.

Abschließend zwei wichtige Fragen:

1. Stimmen die Merkmale der Überlagerung (Rinderhirten über Bauern) bei der Ausbreitung des Islam und der Begründung seiner Kultur?
2. Wie ist die spätere Entwicklung zu erklären?

T Es durfte grundsätzlich an den Einrichtungen des Islam nichts geändert werden. Daher nahmen die islamischen Länder an der europäischen Aufklärung und am Fortschritt der Naturwissenschaften nicht teil und sanken im Vergleich zu Europa auf den Status von Entwicklungsländern ab. Eine lange Entwicklung wird heute erst nachgeholt.	Naturwissenschaftliche Erkenntnisse und Neuerungen wurden verbreitet. Europa entwickelte sich mit Beginn der Neuzeit.

Die Blüte der arabischen Hochkultur zwischen 800 und 1200 hat das europäische Mittelalter nicht überdauert. Die islamische Religion selbst hat eine Fortentwicklung verhindert. Der Koran mußte dem Buchstaben nach genau erfüllt werden. Es durfte sich im Leben der Gläubigen nichts verändern.

29. Die westgermanischen Stämme

29.0.1 Literaturangaben

Handbücher
FWG 8, Gebhardt dtv 4201, Schieder 1

Gesamtdarstellungen
Franke, Alfred, Rom und die Germanen. Das neue Bild der deutschen Frühgeschichte, Grabert, Tübingen 1980
Mildenberger, Gerhard, Sozial- und Kulturgeschichte der Germanen, Urban TB 149, Kohlhammer, Stuttgart ²1977
Prinz, Friedrich, Grundlagen und Anfänge Deutschlands bis 1086, Beck, München 1985
Schmidt, Ludwig, Geschichte der deutschen Stämme bis zum Ausgang der Völkerwanderung, 4 Bde., Beck, München
Werner, Karl Ferdinand, Die Entstehung des deutschen Volkes. Historische Grundlagen der Entstehung Mitteleuropas 600–1024, Propyläen, Berlin 1986

Sachbücher
Morgen des Abendlandes. Von der Antike bis zum Mittelalter, Reihe „Knaurs große Kulturen in Farbe", Knaur TB 3621
Pörtner, Rudolf, Bevor die Römer kamen, Moewig TB 3160

Jugendbücher
Grund, Josef Carl, Feuer am Limes, Loewes
ders., Geiseln für Caesar, Loewes, Bayreuth 1985 (Aus der Zeit des Zusammenpralls zwischen Germanen und Römern zur Zeit Caesars und um 250 n. Chr.)
Jung, Ernst F., In den Krallen des römischen Adlers, Boje, Stuttgart (Kämpfe zwischen Römern und Germanen 14–16 n. Chr.)
Nack, Emil, Germanien. Länder und Völker der Germanen, Überreuter, Wien/Heidelberg 1981
Völcker, Werner, Ein gewisser Arminius. Versuch einer Rekonstruktion – die Schlacht im Teutoburger Wald, Anrich, Kevelaer 1983

29.0.2 UR-Ziele

(1) Die Wohn- und Siedlungsgebiete der Germanen.
(2) Wirtschaftsgrundlage und Wirtschaftsordnung.
(3) Sozialordnung und Rechtsprechung.

29.0.3 Medien

Wandkarten
Westermann Das Römische Reich seit Caesar und Augustus (Nebenkarte: Germanien zur Römerzeit)

Atlas
dtv
Westermann 37, 40–41

Dias
Flemming So lebten die Römer in Deutschland 45 f.
FWU 10 2635 Funde aus der Zeit der Germanen 11 f.
Jünger Europa formt sich 50 f.
Westermann Germanische Vor- und Frühzeit 36 f.
V-Dia Der Limes 24 f.

Filme
FWU 36 0637 Völkerwanderung – Züge der Germanen 9,5 min f.
WBF Alltag in einem germanischen Gehöft um 50 v. Chr. 13 min f.
Aus dem Wirtschaftsleben der Germanen – um 50 v. Chr.
Frühe Formen der Landwirtschaft und des Handwerks 13 min f.

29.0.4 Fachwissenschaftliche Einführung

Unter Germanen ist eine Gruppe von Völkern zu verstehen, die sich durch die Entwicklung einer gemeinsamen Sprache (germanische Lautverschiebung wahrscheinlich zwischen 600 und 300 v. Chr.) und ein gewisses Zusammengehörigkeitsgefühl von den Nachbarn unterscheiden, die gleichfalls indogermanische Sprachen sprechen (Italiker, Kelten, Illyrer u. a.). Die Germanen hatten keine Schrift. Daher sind wir für ihre Geschichte auf **archäologische Funde** (Gräber, Siedlungsreste, vergrabene oder verlorene Gegenstände) und auf **schriftliche Quellen** angewiesen. Diese stammen vor allem von griechischen und römischen Schriftstellern.
Die älteste Nachricht von dem griechischen Seefahrer Pytheas von Massilia (Marseille), der um 340 v. Chr. die germanische Nordseeküste erreichte. Der griechische Historiker Poseidonios erwähnte in seinen Historiai etwa 60 v. Chr. erstmals den keltischen Namen „Germanen". Ausführlich berichtet **Caesar** über die Germanen, auf die er in seinen Feldzügen gestoßen war; er hat als erster die Germanen von den Kelten unterschieden (De bello Gallico VI, 21–28).

Das wichtigste Werk über die Germanen ist die „Germania" des **Tacitus** (ca. 98 n. Chr.), ein geografisch-ethnografisches Werk, das den Germanen nach bestem Wissen und Gewissen gerecht zu werden versuchte. Tacitus schilderte das unverdorbene Naturvolk mit seiner Kraft, seiner Einfachheit und seinem Freiheitsdrang mit spürbarer Sympathie, verschweigt aber auch nicht ihm tadelnswert erscheinende Züge. Er entwirft also keineswegs ein idealisiertes Bild der Germanen. Dennoch ist überdeutlich, daß er dem Rom seiner Zeit, das sich der hemmungslosen Genußsucht ergeben hatte, einen Spiegel vorhalten wollte; er zieht durchgehend ausdrückliche Vergleiche zwischen Römern und Germanen, und selbst wo dies nicht ausdrücklich geschieht, kann man die Absicht aus der ständigen Betonung der Einfachheit, Natürlichkeit und Bescheidenheit erkennen.
Die Bedeutung der **Sippe** ist wohl überschätzt worden. Jedenfalls läßt sich die Vorstellung von festen Sippenverbänden, die Siedlungsgemeinschaften und militärische Verbände gewesen sind, nicht halten. Zumindest in der Frühzeit war die Sippe jedoch eine Rechts- und Schutzgemeinschaft. Die Sippenangehörigen waren verpflichtet, einem angegriffenen Mitglied beizustehen, gegebenenfalls ein an ihm begangenes Unrecht zu rächen (Blutrache). Im frühen Mittelalter verlor die Sippe diese Funktionen, da sie mit der neuen Herrschaftsverfassung und dem Christentum nicht mehr vereinbar waren.
Die nächst größeren Einheiten waren der **Gau** (vielleicht eine Siedlungsinsel) und der **Stamm**, der die eigentlich handelnde politische Einheit bildet.

Die politische Organisation
Wichtig ist die Erkenntnis, daß die germanische Welt sich prinzipiell vom Römischen Reich oder anderen Reichen der Mittelmeerwelt unterscheidet. War das Imperium Romanum ein institutionelles Staatswesen, eine Stadtkultur, deren Bürger ein einheitliches Bürgerrecht besaßen, so handelte es sich bei den Germanen um eine Vielzahl von Stämmen, die unter einem Führer (Heer-König) als politische und militärische Verbände ein bestimmtes Gebiet beherrschten. Die Stämme waren Personenverbände, und ihre Könige waren Könige der Burgunder, Franken, Vandalen etc., nicht Könige von Burgund, von Franken etc.

Die schriftlose Kulturstufe
Die germanische Dorfgemeinschaft ist ein Beispiel dafür, wie in schriftlosen Gesellschaften die Sicherung der Grundbedürfnisse noch gemeinsam erfolgt. Zur Zeit des Augustus befanden sich die Germanen immer noch auf der bäuerlichen Kulturstufe, die in der Unterrichtsreihe „Jungsteinzeit" geschildert wurde.
Die germanische Agrarwirtschaft zeigt im Unterschied etwa zur ägyptischen **geringere staatsbildende Kraft.** Um das zu verstehen, ist ein geografischer Vergleich der beiden Landschaften notwendig. Während es in den großen Flußkulturen nur der gemeinschaftlich organisierten Bewässerung bedurfte, um ein Mehrprodukt zu erzielen, werden die germanischen Bauern durch die Ungunst der Natur immer wieder gezwungen, den Boden entweder nicht voll auszunutzen (Feld-Gras-Wirtschaft) oder sogar ihre Siedlungsgebiete zu verlegen. Immer wieder reicht die Ackerfläche nicht aus, um die wachsende Bevölkerung zu ernähren. Von großen Sturmfluten und Landnot haben die Schüler vermutlich schon bei der großen germanischen Wanderung um 500 v. Chr. gehört. Die ersten Nachrichten über die Germanen berichten von häufigem **Wechsel der Siedlungsplätze,** von einer kämpferischen Haltung und der **Geringschätzung körperlicher Arbeit.**

Die germanische Landwirtschaft
Die Germanen waren jedoch niemals Nomaden. Für wandernde Hirten und Herden, die auf trockenes Klima und steppenartiges Weideland angewiesen sind, war ihre nord- und mitteleuropäische Heimat nicht geeignet. Die Landwirtschaft der Germanen war eine Mischung von Ackerbau und Viehzucht, wobei einmal das eine, ein andermal das andere die Hauptnahrungsquelle bildete. In den römischen Quellen (Caesar, Tacitus) wird möglicherweise die Viehzucht überbetont, da an den römischen Grenzen Stämme auftauchten, die ihre Herden mitführten, aber während ihrer Wanderung naturgemäß keinen Ackerbau trieben.
Die Untersuchung von Siedlungsplätzen zeigt, daß die Äcker nach einem bestimmten Verhältnis geteilt wurden (Realteilung) und feste Grenzen hatten. Die aus Caesar und Tacitus herrührende Vorstellung des urgermanischen „Agrarkommunismus" ist nicht haltbar.

Die Sozialstruktur
Die grundlegende Einheit der germanischen Gesellschaft ist die **Familie**, die in einer Hausgemeinschaft lebt, dem „Haus". Dazu gehörten über die verwandten Familienangehörigen hinaus auch das (unfreie) Gesinde. Alle Mitglieder des Hauses, einschließlich der Ehefrau und der unverheirateten Kinder, unterstanden der Gewalt (munt) des Hausherrn (Patriarchat).
Es fehlt bei den Germanen an staatlichen Einrichtungen politischer, rechtlicher und wirtschaftlicher Art. Sie erzielen keinen wirtschaftlichen Überschuß, der eine stärkere Berufsspezialisierung, besonders in Form einer Priester- und Beamtenschaft, ermöglicht hätte. Die Germanen sind ein Beispiel dafür, wie bei schriftlosen Völkern differenzierte Familien- und Verwandtschaftsorganisationen die Funktionen politischer, rechtlicher und wirtschaftlicher Art innehaben,

die in der Hochkultur besonders dafür eingerichteten Institutionen zufallen.
So wurden Differenzen zwischen Angehörigen verschiedener Sippen aufgrund des Vergeltungsrechts zwischen den Sippen ausgetragen. Es gab keine überparteiliche Gewalt, die das Recht der Einzelperson schützte. Auf dem Thing wurden nur Vergehen gegen die Volksgemeinschaft, wie Gefolgsuntreue, Stammesverrat oder Heeresflucht, verurteilt.
Nur in Recht und Verteidigung gibt es Ansätze für eine staatliche Entwicklung. Außer der Aburteilung von Verbrechen hatte das Thing die **Entscheidung über Krieg und Frieden.** So gab es also auf den Gebieten des Rechtslebens und der Verteidigung Ansätze zu einer staatlichen Entwicklung. Ein deutlicher Unterschied zum Staat der Ägypter oder Römer ist dagegen das Fehlen einer Verwaltungsbürokratie; so wurde im politischen Leben auch eine Schrift nicht vermißt. Die Runenschrift, die während der letzten vorchristlichen Jahrhunderte erfunden wurde, diente zunächst nur der Zauberei. Eine staatsbildende Herrschaft hatte sich bei den Germanen um Christi Geburt auch deshalb noch nicht ausgebildet, weil die **Machtstellung der gewählten Anführer nur auf persönlichem Ansehen** gegründet, konstitutionell aber nicht unterbaut war. Trotz der beschriebenen Ansatzpunkte für die Entwicklung einfacher Staatsmacht im Stammesbereich darf der Begriff „Staat" auf die Germanen der Römerzeit nicht angewendet werden.

29.1 Wie die Germanen lebten
Wie durch die Einwanderung mehrerer Völker in Süddeutschland neue Ortsnamen entstanden
Wie bei den Germanen Recht gesprochen wurde

29.1.1 Wissensziele

Die Flur eines germanischen Dorfes bestand aus den Gewannen und der Allmende. Die gleichzeitige Bebauung mit der gleichen Frucht nennt man Flurzwang. Auf dem Felde arbeiteten nur die Frauen und die Unfreien.
Die Versammlung der freien Männer wurde Ding (nordisch Thing) genannt. Kläger und Beklagte brachten Zeugen mit. Sie leisteten einen Eid. In schwerwiegenden Fällen wurde der Verbrecher geächtet und damit aus der Gemeinschaft ausgestoßen.
Auf dem Ding wurden auch politische Fragen behandelt. Die Germanen hielten die Naturmächte für Götter oder Riesen. Die Götter halfen den Menschen.

29.1.2 UE-Ziele

Siehe 29.0.2, Seite 207.

29.1.3 Einstieg

- **Ermittlung von Vorwissen und Voreinstellungen** zum Stichwort „Germanen"
- **Bildmaterial** (vgl. 29.0.3, insbesondere aus der Diaserie „Funde aus der Zeit der Germanen")
- **Film:** WBF Alltag in einem germanischen Gehöft

29.1.4 Didaktisch-methodische Vorschläge

Die Germanen sind im Zusammenhang mit den Unterrichtsreihen über die Römische Geschichte mehrfach erwähnt worden, weil sie in dem Zeitraum, in dem Rom sich zur Weltmacht ausdehnte und wieder zerfiel, eine bedeutsame Rolle spielten. So naheliegend innerhalb dieser Unterrichtsreihen der Vergleich zwischen Römern und Germanen war, so soll nun versucht werden, die Germanen als eigenständiges Volk mit eigenständiger Geschichte und Kultur zu begreifen. Gleichwohl wird die Verbindung zur europäischen Geschichte nicht aus dem Auge gelassen. So war z. B. mit der Frage, welche Ursachen für den Niedergang des Römischen Reiches verantwortlich waren, die Frage nach dem Leben, der Gesellschafts- und Wirtschaftsordnung der Germanen verbunden, und es wird unabdingbar sein, den Vergleich mit der römischen Ordnung zu führen.
Es erscheint angebracht, einen attraktiven visuellen Zugang zu arrangieren. Gute Dienste leisten die beiden Filme „Alltag in einem germanischen Gehöft" oder „Aus dem Wirtschaftsleben der Germanen" (s. 29.0.3).
Eine Variante ist im Einsatz eines Wandbildes, z. B. „Germanisches Gehöft", zu sehen. Es wird mit dem Impuls präsentiert: „Stellt euch vor, ihr wäret als römische Händler in diesem germanischen Dorf gewesen und berichtet nach eurer Rückkehr, was ihr gesehen habt." Steht das Bild „Germanen und Römer am Limes" (Klett) zur Verfügung, lautet der Impuls: „Stellt euch vor, ihr kommt als Germanen in das römische Lager und berichtet nach eurer Rückkehr, was ihr gesehen habt." Der „Händler" wird die „primitiven" Lebensumstände der Germanen schildern und die Möglichkeiten des Warenaustausches abwägen.

Arbeitsaufgaben	denkbare Formulierungen
1. Auf welcher Grundlage beruhte die Wirtschaft der Germanen?	Ackerbau mit hölzernem Hakenpflug und Zugtieren (Ochsen); Ernten mit Sichel. Hauptanbauprodukte: Gerste, Weizen, Hafer. Zucht von Rindern, Schafen, Schweinen, Ziegen, Pferden.
2. Wie waren die Siedlungen beschaffen?	Siedlungen bestanden zumeist aus wenigen Häusern (Weilern), kaum Dörfern, keine Städte.

Arbeitsaufgaben	denkbare Formulierungen
3. Wie sahen die Häuser aus?	Baustoffe waren Holz, Lehm, Schilf und Stroh; keine Fenster, kein Schornstein, Beheizung durch Feuerstelle.
4. Vergleicht die Lebensweise der Germanen mit der Lebensweise der Römer in bezug auf Siedlung und Hausbau, Bewaffnung, Technik, Kultur.	

T Lebensweise der Germanen und Römer

	Germanen	Römer
Siedlungen	Siedlungen bestanden zumeist aus wenigen Häusern (Weiler).	Große Städte, Dörfer, Gutshöfe.
Hausbau	Häuser waren aus Holz, Lehm, Stroh und Schilf errichtet; keine Fenster, kein Schornstein. Beheizung erfolgte mit Hilfe einer Feuerstelle. Vorratshaltung erfolgte in anliegenden Gebäuden.	Häuser (mehrgeschossige Mietshäuser, Villen), waren zumeist aus Steinen erbaut. Beheizung durch Öfen oder zentrale Fußbodenheizung. Vorratshaltung erfolgte in Kellern.
Bewaffnung	Lanzen, Schwerter, Rüstungen, Pfeil und Bogen, Rundschild.	Lanzen, Schwerter, Pfeil und Bogen.
Technik/Bauten/Kultur	Technik und Kultur auf der Stufe der Bronze- bzw. Eisenzeit.	Fortgeschrittene Technik: Wasserbautechnik, Straßenbautechnik, Heizungsanlagen, Kriegstechnik, Brücken, Theater, Arenen, Paläste, Tempel, Thermen. Dichtung, Plastik, Malerei.

Diese am Bildmaterial gewonnenen Ergebnisse sollen weiter ausgewertet und in Zusammenhang mit den gesellschaftlichen Verhältnissen gebracht werden.
Dazu kann die Quelle „Tacitus berichtet“ (Gfm) eingesetzt werden.

T	Germanen (nach Tacitus)	Römer
Herrschaft/ Machtausübung	Der König wurde gewählt, er besaß keine unumschränkte Macht. Er mußte dem Adel angehören. Heerführer wurde man nur durch Tapferkeit.	Der Kaiser herrschte nahezu unumschränkt, stützte sich auf Beamte und Heer. Kaiser wurde man durch Adoption seitens des Vorgängers, durch Gesetze des Senats, durch Treueeid der Soldaten.
Formen des Zusammenlebens	Sippen, Großfamilien, Bedeutung der Frauen und der Ehe, keine Aussetzung von Kindern und keine Kindestötung.	An der Spitze der Familie stand der Hausvater mit unumschränkter Macht über Frau, Kinder und Sklaven.
Art der Produktion	Landwirtschaft spielte die größte Rolle, wichtig war auch die Jagd.	Landwirtschaft, Handwerk, Handel, Fernhandel.
Soziale Schichtung/ Gruppen	Könige, Adlige, freie Germanen, Knechte, keine Sklaven. Knechte mußten Abgaben an ihre Herren zahlen, verfügten über Landbesitz.	Kaiser, Senatoren, Ritter, Bürger, Freigelassene, Sklaven.
Rechtsverhältnisse, Gericht, Strafen	Gerichtsverhandlungen auf dem Ding; Todesstrafe für Verrat und Feigheit; Bußen. Nur Priester dürfen strafen.	Todesstrafe für öffentliche Verbrechen. Für Privatdelikte gab es Geldstrafen. Ferner gab es: Verbannung, Zwangsarbeit, Schmälerung der bürgerlichen Rechte.

Die Quellenauswertung sollte auch folgende Aspekte einbeziehen:

Arbeitsaufgaben	denkbare Formulierungen
1. Welche Sitten, Gebräuche, Gewohnheiten usw. beurteilte Tacitus positiv?	Tacitus lobte die einfache, natürliche Lebensweise der Germanen sowie deren militärische Tüchtigkeit.
2. Was wollte Tacitus damit bei seinen Landsleuten bewirken?	Er wollte auf die verweichlichte Lebensart der Römer seiner Zeit hinweisen und warnte vor der Gefahr, die die Germanen für den Bestand des Römischen Reiches bildeten.
3. Welche Lebensgewohnheiten erregten das Befremden des Tacitus?	– Die Art der Bestrafung. – Die Rolle der Frauen. – Ihr Unabhängigkeits- und Freiheitsgefühl. – Die damit verbundene Unpünktlichkeit bei Heeresversammlungen. – Die Art der Arbeitsverteilung und des Besitzes.
4. Verschaffe dir Informationen aus anderen Unterlagen (Lexika) über die Lebensgewohnheiten der Germanen und vergleiche sie mit den Aussagen des Tacitus!	
Tacitus:	Neuere wissenschaftliche Forschungen (nach: Mildenberger: Sozial- und Kulturgeschichte der Germanen, UTB 149):
Die Germanen lebten in Großfamilien und Sippen.	Die Größe der Häuser läßt vermuten, daß die Germanen vorwiegend in Kleinfamilien lebten.
Die Germanen hatten keine zusammenhängenden Siedlungen.	Die Gehöfte waren häufig zu Dörfern zusammengefaßt.
Grund und Boden gehörten allen und wurden jedes Jahr neu verteilt.	Es gab Privateigentum an Grund und Boden und keine jährliche Neuverteilung des Bodens.

Wenn von den Schülern im Gespräch der Vergleich zwischen Römern und Germanen gesucht wird, dann werfen sie häufig die Frage nach dem kulturellen Fortschritt der Römer und der vermeintlichen „Primitivität" der Germanen auf. Es stellt sich sodann die Frage, ob und inwieweit die Behauptung, die Germanen seien im Vergleich zu den Römern „primitiv" gewesen, haltbar ist oder nicht. In der Diskussion müßte herausgearbeitet werden, daß die römische Gesellschaft, soweit es die technische Entwicklung (Bauten, Infrastruktur, Medizin usw.) sowie das luxuriöse Leben der Oberschicht, die straffe Verwaltung des Staatsapparates und die Produktionsverfahren in der Wirtschaft, im Handwerk o. ä. anbelangt, auf einer weiter entwickelten Stufe stand. Auf der anderen Seite muß ins Gespräch gebracht werden, daß technischer Fortschritt nicht unbedingt gleichbedeutend mit gesellschaftlicher Ausgewogenheit ist, vor allem, wenn man ins Auge faßt, daß z. B. in der römischen Gesellschaft die Ausbeutung der Arbeitskraft viele Menschen in Abhängigkeit und Unfreiheit beließ, was bei den Germanen in dem Maße wie bei den Römern sicherlich nicht der Fall gewesen ist.

In einem weiteren Schwerpunkt innerhalb dieser Unterrichtsreihe sollen die Schüler einzelne Aspekte des Inhalts „Lebensweise" kennenlernen. Als Materialgrundlage bieten sich die in Gfm abgedruckten Materialien an. Als Arbeitsform kann hier die arbeitsteilige Gruppenarbeit Anwendung finden, wobei die Gruppeneinteilung nach den Kategorien „Haus und Hof", „Familie, Sippe, Stamm", „Vor den Göttern der Germanen", „Runenzeichen", „Rechtsprechung" vorgenommen werden können.

Gruppe 1: Haus und Hof

Arbeitsaufgaben	denkbare Formulierungen
1. Informiert euch über die Lebensweise der Menschen zur Jungsteinzeit und vergleicht damit die Lebensweise der Germanen.	
Ähnlichkeiten	Unterschiede
– Wirtschaftliche Grundlage: Ackerbau und Viehzucht, Tauschhandel, kein Geld.	
– Siedlung in auseinander liegenden Einzelgehöften.	Siedlung auch schon in Dörfern.
– Gemeinsame Nutzung des Bodens, Feld-Graswirtschaft.	
– Man stellte all das, was man zum Leben brauchte, fast ausschließlich selbst her.	

Gruppe 2: Familie, Sippe, Stamm

2. Was erfahrt ihr über das Zusammenleben der Germanen?
– Auf einem Hof lebte eine Familie, mehrere Familien bildeten eine Sippe, mehrere Sippen einen Stamm.
– Vorstand der Familie war der Hausvater, Vorstand der Sippe war der Sippenälteste, Vorstand des Stammes war der Herzog, der Fürst oder der König.
– Die Frauen standen unter der Herrschaft der Männer, dennoch wurden sie nicht unterdrückt, sondern standen in hohem Ansehen.

Gruppe 3: Von den Göttern der Germanen

3. Erläutert die Grundlagen des germanischen Glaubens.
– Glauben an Naturgewalten, die durch verschiedene Götter verkörpert wurden.
– Opfergaben an Götter.

Gruppe 4: Ortsnamen aus der Völkerwanderung

4. Stellt eine Liste zusammen, aus der die Stämme in Süddeutschland, ihre Wohngebiete, die Siedlungsweise, die Endungen von Ortsnamen hervorgeht.

Stämme:	Bayern	Franken	Schwaben (Alemannen)
Wohnsitze	zwischen Alpen und Donau	zwischen Rhein und Main, südliche Grenze: Donau; nördliche Grenze: Thüringer Wald	zwischen Rhein, Main, Bodensee, westlich der Iller
Siedlungsformen	Weiler, Haufendörfer	Straßendörfer mit eng aneinander verbundenen Höfen	Weiler, Haufendörfer und Einzelhöfe
Endungen von Ortsnamen	ing	heim	ingen

Gruppe 5: Rechtsprechung

5. Was läßt sich aus den Berichten und Texten über die Rechtsprechung bei den Germanen im Hinblick auf die Rechte verschiedener gesellschaftlicher Schichten schließen?
– Es gab erhebliche gesellschaftliche Unterschiede: freie Bauern, unfreie Bauern und Sklaven.
– Es gab keine staatlichen Instanzen, die sich um die Rechtsprechung kümmerten. Recht wurde von der Versammlung der freien Männer gesprochen.
– Strafen und Prozeßordnung unterschieden sich von der römischen Rechtsprechung. (Es gab kein geschriebenes Recht, Strafen bestanden aus Bußen an Besitz, in schweren Fällen wurde der Schuldige geächtet.)

30. Die Christianisierung der Germanen

30.0.1 Literaturangaben (siehe auch 29.0.1)

Andresen, Carl, Geschichte des Christentums, I.: Von den Anfängen bis zur Hochscholastik, Kohlhammer, Stuttgart 1975
Baetke, Walter, Die Aufnahme des Christentums bei den Germanen. Wiss. Buchgesellschaft, Darmstadt 1955
Kupisch, Karl, Kirchengeschichte. Von den Anfängen bis zu Karl dem Großen, Urban TB 168, Kohlhammer, Stuttgart ²1982

Sachbücher
Pörtner, Rudolf, Die Erben Roms, Moewig TB 3112
Pörtner, Rudolf, Das Römerreich der Deutschen, Moewig TB 3180

30.0.2 UR-Ziele

(1) Gründe für die Annahme des Christentums.
(2) Auswirkungen der Übernahme des Christentums.

30.0.3 Medien

Atlas
dtv
Westermann 44, 52

Dias
Jünger Europa formt sich 50 f
Stoedtner 10 5805 Einführung des Christentums in Deutschland 10 sw

Transparente
Westermann Die Christianisierung Europas 5 f
Ausbreitung des Christentums 5 f

30.0.4 Fachwissenschaftliche Einführung

Germanen kamen mit dem Christentum zuerst in den Römerstädten am Rhein in Berührung. Bischof Irenäus von Lyon berichtet schon 185 von **christlichen Gemeinden** am Rhein. Es gab sie in den wichtigsten Städten des römischen Germanien, **Xanten, Köln, Koblenz, Mainz, Straßburg,** sicher auch in **Trier,** der damaligen Hauptstadt der Provinz Belgica. Wahrscheinlich hatten Händler und auch römische Soldaten das Christentum aus dem Orient mitgebracht. Die ersten mit Namen bekannten Bischöfe der Rheinlande sind Maternus von Köln und Agricius von Trier, die 314 die Beschlüsse der Synode von Arles unterschrieben haben.
Abgesehen von den gesicherten historischen Zeugnissen existiert für die frühe christliche Zeit eine reiche **Überlieferung.** Die berühmteste ist die zuerst in einem Bericht des Bischofs Eucherius von Lyon (2. Viertel des 5. Jh.) aufgezeichnete Geschichte von der **Thebaischen Legion,** einer Abteilung römischer Legionäre, insgesamt 318 Mann, die nur aus Christen bestand. Sie soll aus dem Osten (wo es in Theben, in Oberägypten in der Tat zwei von Diokletian 296 neu aufgestellte Legionen gab) nach Köln verlegt worden sein, um bei der letzten großen Christenverfolgung unter Maximinius eingesetzt zu werden. Die Soldaten weigerten sich, legten die Waffen nieder und boten sich mit entblößtem Nacken dar. Zweimal wurde jeder Zehnte enthauptet, schließlich wurden alle erschlagen. Ihr Anführer, Gereon, wird Stadtpatron von Köln. Über seinem Grab soll die Kaiserin Helena den Urbau von St. Gereon in Köln errichtet haben. Andere erlitten den Märtyrertod in Xanten (Victor), Bonn (Cassius und Florentius) und Trier (Thyrsus). Eine zweite Abteilung der Legion unter Mauritius soll in Augunum, Wallis/Schweiz niedergemetzelt worden sein, wo das eigentliche Standquartier der Legion gewesen sein soll.
Es ist kaum bekannt, daß die **welthistorische Wende vom Imperium Romanum zum christlichen Mittelalter** von Trier ihren Ausgang genommen hat, wo Konstantin wie schon sein Vater Constantius seinen Sitz als Caesar bzw. Augustus (Kaiser) des Westens gehabt hatte. In Trier hat Helena, Konstantins Mutter, 326 den Grund zur ersten Kirche auf dem Platz des heutigen Domes gelegt. In Köln ließ Konstantin eine Brücke über den Rhein zum Kastell Divitiae (Deutz) erbauen; unter den vier Kaiserfiguren am Portal des Kölner Doms ist als erster Konstantin dargestellt.
Dieses erste Christentum im Rheinland war, dies muß man sehen, ein **römisches Christentum.** Die ersten Christen waren römische Bürger, vielleicht zum Teil germanischer Abstammung, aber keine freien Germanen. Auch im übrigen Römischen Reich waren die Städte die Hauptzentren des Christentums. Die Bewohner des flachen Landes wurden pagani (Bauern, Heiden) genannt. Christliche Mission in größerem Maßstab setzte ein, als die Städte ihre Bedeutung bis auf weiteres verloren hatten.
In intensive Berührung mit dem Christentum gerieten die Germanen durch die Völkerwanderung. Als erste wurden Teile der **Westgoten** für das Christentum gewonnen. Große Verdienste dafür kommen einem Lektor einer politischen Christengemeinde namens **Wulfila** (lat. **Ulfilas**) zu, der 341 zum Bischof „der

Christen im Lande der Goten" geweiht wurde. Er übersetzte die Bibel ins Gotische und zeichnete sie in einer für diesen Zweck aus gotischen Runen und griechischen und lateinischen Buchstaben geschaffenen Schrift auf (ein Exemplar, der „Codex Argenteus", befindet sich in der Universitätsbibliothek von Uppsala in Schweden).
Der historische Zufall wollte es, daß Wulfila das Christentum in der Form des **Arianismus** angenommen hatte und es so an die Goten weitergab. Arius hatte gelehrt, daß es nur einen Gott gebe, Gottvater, während Christus nicht wesensgleich mit ihm sei. Damit hätte das Christentum aufgehört, eine Erlösungsreligion zu sein, denn wenn Christus kein wahrer Gott war, konnte er auch nicht wahrhaft erlösen. Die Lehre des Arius wurde 325 auf dem Konzil von Nicäa und nochmals 381 auf dem 2. Konzil von Konstantinopel zur Häresie erklärt.
Von den Westgoten übernahmen auch die Ostgoten, später die Burgunder, Wandalen und andere germanische Völkerschaften das arianische Christentum. Die Folge war, daß zwischen den germanischen Eroberern und der einheimischen Bevölkerung des Römerreiches, die katholisch war, eine scharfe Trennung aufrechterhalten blieb. Damit wurde eine römisch-germanische Symbiose unmöglich, der Untergang der Germanenstaaten auf dem Boden des Römischen Reiches war programmiert.
Von Bedeutung war der Entschluß des **Frankenkönigs Chlodwig**, zum **katholischen Christentum** überzutreten (siehe S. 218). Mit ihm wurden 498 seiner Gefolgsleute getauft, jedoch kam die Bekehrung der fränkischen Landbevölkerung nur langsam voran und war erst im 7. Jahrhundert abgeschlossen.
Neue Impulse erhielt die fränkische Kirche durch **irische Mönche**. In Irland, das außerhalb des Römischen Reiches lag, gab es keine Städte, die wie auf dem europäischen Kontinent als Bischofssitze hätten dienen können. Hier entstand daher eine Mönchskirche, eine auf einem dichten Netz von Klöstern beruhende kirchliche Organisation. Im Jahr 590 kamen die ersten irischen Mönche, Columban mit zwölf Gefährten, denen zahlreiche weitere folgten, ins Frankenreich. Sie begannen, Klöster zu gründen, von wo aus sie als Missionare unter den nur oberflächlich christianisierten Franken wirkten und später das Christentum auch zu den immer noch heidnischen germanischen Völkern östlich des Rheins trugen.
Bis zum Ende des 7. Jahrhunderts war die Bekehrung der Alemannen und Bayern abgeschlossen, im 8. Jahrhundert folgte die der Hessen und Thüringer. Hier wirkte der angelsächsische Mönch **Winfried** (um 675 in Wessex/England geboren), der 721 von Papst Gregor II. den Auftrag zur Missionierung der noch nicht bekehrten Germanenstämme erhielt und den Namen **Bonifatius** (der gutes Geschick Verheißende) annahm. Seit etwa 730 wandte sich Bonifatius organisatorischen Aufgaben zu. Von Gregor III. zum Erzbischof erhoben und mit dem Recht ausgestattet, Bischöfe einzusetzen, errichtete er im Missionsgebiet ein System von Bistümern, die er mit angelsächsischen Gefährten besetzte. In seinem letzten Lebensabschnitt widmete er sich der Reform der fränkischen Kirchen. Deren höherer Klerus bestand aus Adligen, die sich der lukrativen Ämter bemächtigt hatten, ohne ihre höchst unkanonische Lebensweise aufzugeben, während der niedere Klerus zuchtlos und ungebildet war. Zunächst von den karolingischen Hausmeiern Karlmann und Pippin unterstützt, setzte Bonifatius auf mehreren Synoden Beschlüsse zur Wiederherstellung der kirchenlichen Zucht und Ordnung durch. Im Laufe der Zeit emanzipierte sich die fränkische Kirche vom angelsächsischen Einfluß und führte die kanonische Erneuerung selbst fort. Gegen Ende seines Lebens faßte Bonifatius den Entschluß, nochmals sein Missionswerk aufzunehmen, und zwar bei den Friesen, wo er einst begonnen hatte. Dort ist er 754 mit seinen Gefährten von Heiden erschlagen worden.

30.1 Wie die Germanen den christlichen Glauben annahmen

30.1.1 Wissensziele

Das Christentum an Rhein und Donau verbreitete sich zuerst unter den römischen Soldaten. Im 4. Jahrhundert gab es schon christliche Gemeinden in Trier und Köln. Die Menschen in den Gebieten östlich des Rheins wurden erst im 7. und 8. Jahrhundert bekehrt. Hier wirkten irische und angelsächsische Missionare. Der bedeutendste unter ihnen war Bonifatius. Er hat den Ehrennamen „Apostel der Deutschen" erhalten. Er erlitt 754 den Märtyrertod und wurde im Kloster Fulda begraben. Bedeutsam wurde, daß Bonifatius die Kirche in Germanien dem Papst unterstellte. Im Frankenreich unter Pippin arbeiteten König und Papst, Staat und Kirche zusammen und stützten sich gegenseitig.

30.1.2 UE-Ziele

(1) Germanischer Glaube und christlicher Glaube.
(2) Tätigkeiten der Missionare.

30.1.3 Einstieg

- **Quelle:** Bonifatius, der Apostel der Deutschen (s. u.)
- **Erzählung:** Bonifatius fällt die Donareiche (Geschichtserzählungen 22 ff.)
- **Bilder:** Der Apostel Lukas, Die Bekehrung (Gfm)

Einstiegs-Geschichte: Großmutter erzählt

Die Großmutter setzte sich dicht an den Ofen und pulte Erbsen aus. Gleich hockten sich die Kinder neben sie und wollten mehr von Geistern wissen, die in Haus und Feld ihr Wesen treiben. Großmutter erzählte.

„In der Tiefe des Sees sitzt der Nöck. Er versucht, den Einbaum des Schiffers in die Tiefe zu ziehen. Im See schwimmen die Nixen. Sie tanzen auch ihren Reigen im Schilf. Die Holzmännlein flüstern und wispern im Wurzelwerk der Bäume. Die guten Feldgeister ruhen von ihrer Arbeit aus. Sie haben die Früchte wachsen lassen und zur Reife gebracht." Viele Geschichten weiß die Großmutter von verschiedenen Geistern. „Es gibt auch böse Geister, die Flachsmuhme, die den Flachs vor der Ernte verdirbt. Riesen sitzen auf den hohen Bergen am Rande der Welt und schütten Ströme kalten Wassers auf Mensch und Tier. Ganz schlimm ist Wotans wilde Jagd. Mit furchtbarer Gewalt tobt sie zur Zeit der Tag- und Nachtgleiche über die Erde und zerstört alles, was ihr entgegentritt.

Die Priester sagen, daß die Welt von Göttern regiert wird. Aber wir sind einfache Leute. Davon wissen wir nichts. Unsere Religion ist der alte Volksglaube an die Welt der Geister um uns."

Das war die Religion der germanischen Bauern, ehe das Christentum zu ihnen kam. Was haben die christlichen Missionare wohl zu diesen Bauern gesagt?

30.1.4 Didaktisch-methodische Vorschläge

Ein Problem in den folgenden Unterrichtseinheiten lautet: Wie wirkte sich die Übernahme des Christentums auf die Gesellschafts- und Machtstrukturen der Germanen aus?

Da dieses weitreichende Problemfeld in den nachfolgenden Unterrichtsreihen im Zentrum der Erarbeitung steht, soll in dieser Unterrichtseinheit ein Aspekt herausgehoben werden: Welche Schwierigkeiten gab es bei der Missionierung der Germanen zu überwinden? Nach den ersten Vermutungen der Schüler soll der nachfolgende Text analysiert werden:

Bonifatius, der Apostel der Deutschen

Im Mai des Jahres 719 erhielt Winfried, wie Bonifatius ursprünglich hieß, in Rom vom Heiligen Vater Segen und Auftrag, die wilden Völker Germaniens zu besuchen und zu erforschen, ob sie bereit seien, das Evangelium anzunehmen. Nun reiste er sofort, mit einer großen Menge von Reliquien versehen, nach Oberitalien, wo er sich an den König der Langobarden, Liodobrand, wandte. Ehrenvoll von ihm aufgenommen, ruhte er dort von der beschwerlichen Reise aus. Dann durchwanderte er, reichlich beschenkt, die bergigen Gegenden und Fruchtebenen des Landes und überstieg die steilen Hochjoche der Alpen.

In Bayern betrat er zum ersten Male unbekannte Gebiete und wanderte von da nach Thüringen, um gemäß dem Auftrag des Apostolischen Stuhles dort Umschau zu halten. Er sprach mit den Stammeshäuptlingen und rief sie zurück auf den Weg der wahren Erkenntnis, die sie schon lange und zum größten Teil, von schlechten Lehrern verführt, verloren hatten. Aber auch die Geistlichen und Priester, von denen nur einige den Dienst des Allmächtigen Gottes versahen, andere jedoch verkommen waren, mahnte und belehrte er und führte sie von dem Abweg der Bosheit wieder auf den Pfad der kirchlichen Satzungen zurück. Dann betrat er, von seinen Brüdern begleitet, Franken und fuhr dann, als er hier vom Tod des Friesenkönigs Radbod hörte, rheinabwärts, um nun auch in Friesland das Wort Gottes zu predigen. So kam er nun in Länder, die noch nichts vom Christentum gehört hatten, und da sie jetzt nicht mehr der Verfolgung des Königs Radbod ausgesetzt waren, pflanzte er auch hier den Samen der christlichen Lehre.

Bonifatius durchwanderte auf weiten Umwegen die Gebiete vieler Völker und kam zuletzt zu dem genannten Herzog der Franken, von dem er ehrerbietig aufgenommen wurde. Nachdem er Herzog Karl den Brief des Papstes überreicht hatte, kehrte er mit dessen Erlaubnis zu den schon früher besuchten Gebieten der Hessen zurück.

Damals empfingen viele Hessen die Taufe, andere aber weigerten sich, die unverletzbare Wahrheit des reinen Glaubens anzunehmen, und einige opferten sogar noch heimlich Bäumen und Quellen, ja manche taten dies ganz offen. Mit Rat und Hilfe der schon Getauften wagte es Bonifatius auch, eine ungeheure Eiche, die mit ihrem alten heidnischen Namen die Donareiche genannt wurde, in einem Ort, der Geismar hieß, im Beisein der ihn umgebenden Geistlichen zu fällen. Als er mutig die Axt an den Baum legte, verwünschten ihn die anwesenden Heiden. Kaum hatte er jedoch nur ein wenig den Baum angehauen, wurde die gewaltige Masse der Eiche von höherem göttlichem Wesen geschüttelt und stürzte mit gebrochener Krone zur Erde, und wie durch höheren Winkes Kraft barst sie sofort in vier Teile. Als das die vorher fluchenden Heiden gesehen hatten, wurden sie umgewandelt, ließen von ihrem Lästern ab, priesen Gott und glaubten an ihn. Dann aber erbaute Bonifatius, nachdem er sich mit seinen Brüdern beraten, aus

dem Holz dieses Baumes eine Kapelle und weihte sie zu Ehren des heiligen Petrus.
(Pleticha, Hrsg. Geschichte aus erster Hand, 1966³, S. 154ff.)

Arbeitsaufgaben	denkbare Formulierungen
1. Schreibe auf, welchen Auftrag der Papst dem Mönch Winfried erteilte.	Er sollte „die wilden Völker Germaniens... besuchen und... erforschen, ob sie bereit seien, das Evangelium anzunehmen".
2. Welche Schwierigkeiten hatte Winfried zu überwinden? (Material Gfm–UW)	Sprachschwierigkeiten, Berge, Urwälder
3. Verfolge den Weg des Mönchs Winfried auf einer Karte.	Bayern, Thüringen, Franken, Friesland
4. Welche Erfahrungen machte Winfried in Thüringen mit den Stammeshäuptlingen, Priestern und Geistlichen?	Sie hatten zwar schon vorher den christlichen Glauben angenommen, waren aber wieder in die heidnischen Gewohnheiten verfallen.
5. Warum fällte Bonifatius die Donareiche?	Er mußte den Germanen beweisen, daß der Christengott mächtiger als ihre Götter war.

Als Ergänzung zur letzten Arbeitsaufgabe kann die Quelle („Welche Zauberkraft hatte das Christentum?") (Gfm) eingesetzt werden. Daraus geht hervor, daß dem christlichen Glauben mehr „Zauberkraft" als dem germanischen zugemessen wurde.
Von größter Bedeutung war, daß Bonifatius die Kirche in Germanien dem Papst unterstellte. Er selbst wurde Erzbischof von Mainz.

T Die Bedeutung des Christentums

Germanen (Heiden)	**Römer (Christen)**
→	● Einwanderung ins Römische Reich ↓ ● Übernahme des **Christentums** ↓ ● Gründung germanischer Reiche auf dem Boden des Römischen Reiches
Missionierung der heidnischen Stämme in Germanien ←	
Bonifatius	Germanische Kirche wird dem Papst unterstellt

31. Das Frankenreich

31.0.1 Literaturangaben

Handbücher
FWG 10, Gebhardt 4202, Oldenbourg 5, Propyläen V, Schieder 1

Gesamtdarstallungen
Hawlitschka, Eduard, Vom Frankenreich zur Formierung der europäischen Staaten- und Völkergemeinschaft 840–1046, Wiss. Buchgesellschaft, Darmstadt 1986
Prinz, Friedrich, Grundlagen und Anfänge Deutschlands bis 1056, Beck, München 1985
Riché, Pierre, Die Welt der Karolinger, Reclam, Stuttgart 1981
Wahl, Rudolf, Karl der Große, Bastei-Lübbe TB 61057
Werner, Karl Ferdinand, Die Entstehung des deutschen Volkes. Historische Grundlagen der Entwicklung Mitteleuropas, Propyläen, Berlin 1986
Zöllner, Erich, Geschichte der Franken bis zur Mitte des sechsten Jahrhunderts, Beck, München 1970

Sachbuch
Pörtner, Rudolf, Das Römerreich der Deutschen, Moewig TB 3190 (Deutsche Geschichte 900–1100)

Jugendbücher
Rommel, Alberta, Der Sarazene des Kaisers, dtv Tb 7456 (Ein junger Sarazene lebt am Hof Karls d. Gr.)
von Thadden, Wiebke, Brun – Geisel des Königs im Land der Franken, dtv 7929 (Das Frankenreich Karls des Großen mit den Augen einer sächsischen Geisel gesehen)
Ugolini, Luigi, Karl der Große, Arena TB 1386 (Das Leben Karls des Großen und der Aufstieg des Frankenreiches)

UR-Ziele

(1) Die Rolle der Kirche bei der Gründung des Frankenreiches.
(2) Zusammenhang zwischen der Christianisierung der Sachsen und den politischen Zielen Karls.
(3) Die Bedeutung der Herrschergestalt Karls des Großen.
(4) Kaiserkrönung in Rom und die Bedeutung von Leitbildern und Symbolen.

31.0.3 Medien

Wandkarten

Perthes	Das Frankenreich 496–911
Westermann	Das Reich Karls des Großen

Atlas
dtv 116, 120, 122
Westermann 48–51, 54–55

Dias

Flemming	Europa zur Zeit Karls des Großen
Jünger	Das fränkisch-karolingische Reich 24 f
Stoedtner	Grundlegung des fränkischen Reiches 10 sw
	Karl der Große 12 sw
	Die fränkischen Kaiser 13 sw
	Karolingische Baukunst I 10 f
	Karolingische Baukunst II 10 f
Westermann	10 6634 Die Zeit der Karolinger 25 f

Filme
FWU 32 0479 Ein fränkisches Fürstengrab 16 min sw

Transparente

Westermann	Ausbreitung des Frankenreiches 5 f
	Verfall des Frankenreiches 4 f
	Frankenreich – Entstehung und Teilung 4 f

Tonband
FWU 22 0179 Wirtschaftsprüfung auf dem Königshof 24 min

31.0.4 Fachwissenschaftliche Einführung

Im 3. Jahrhundert hatten sich germanische Völkerschaften am Rhein zum Stamm der Franken zusammengeschlossen. Im 5. Jahrhundert beherrschten sie das Gebiet von Fulda und Werra bis zur Rheinmündung und zur Somme. Das fränkische Gebiet war in eine Vielzahl von Kleinreichen (Gauen) eingeteilt, die von Königen beherrscht wurden. Einer von ihnen war **Chlodwig** von Tournai (482–511) aus dem Geschlecht der Merowinger. Er setzte sich in einem Zeitraum von weniger als 30 Jahren in den Besitz eines Reiches, das vom Böhmerwald und Bayerischen Wald bis zu den Pyrenäen reichte. „Der kometenhafte Aufstieg" des kleinen Gaukönigs zum mächtigsten Herrscher Galliens wirkt wie ein „historisches Mirakel" (Eugen Ewig).
Die erste Etappe war die Vernichtung des letzten Restes der römischen Herrschaft in Gallien, das Reich des römischen Heermeisters Syagrius zwi-

schen Seine und Loire (486). In der Folge verleibte Chlodwig die benachbarten fränkischen Kleinreiche seinem Herrschaftsbereich ein. Als die Alemannen, die am Oberrhein ein Reich gegründet hatten, einen Vorstoß gegen die Rheinfranken unternahmen, eilte Chlodwig diesen zur Hilfe und besiegte die Alemannen in der Schlacht bei Zülpich (496). Die **Alemannenschlacht** ist berühmt geworden, weil sie in Zusammenhang mit Chlodwigs **Bekehrung zum Christentum** gebracht wird. Auf dem Höhepunkt der Schlacht habe Chlodwig, so sein Biograph Gregor von Tours in deutlicher Anlehnung an den Vorgang der Bekehrung Konstantins in der Schlacht an der Milvischen Brücke (s. Seite 214), gelobt, zum Christentum überzutreten, wenn der Christengott ihm den Sieg schenkte.

Der Entschluß zur Konversion war sicher keine Augenblicksregung, sondern seit längerer Zeit vorbereitet worden. Von kaum zu überschätzender Bedeutung war die Entscheidung für das **katholische Christentum**. Chlodwig gewann damit die (an Kopfzahl die fränkische Oberschicht um ein Mehrfaches übersteigende) katholische gallorömische Bevölkerung und die mächtigen Bischöfe Galliens für sich.

Theodor Schiefer bewertet Chlodwigs Entschluß so:

„Die Taufe Chlodwigs ist ein Ereignis von weltgeschichtlicher Tragweite, ein Markstein auf dem Wege Europas von der Antike ins Mittelalter, zur politischen und geistigen Führungsrolle des Frankenreiches im romanisch-germanischen Abendlande. Das Frankenreich blieb als einziger Germanenstaat frei von einem nationalen und religiös akzentuierten Gegensatz zu den Romanen. Dem Ausgleich, dem Zusammenwachsen zu einem neuen Staatsvolk stand kein Widerstreben der Kirche im Wege, die der fränkischen Herrschaft vielmehr auch innerlich gewonnen wurde und sich jetzt leichter von der politischen Tradition des Römerreiches lösen konnte, ohne die geistige Tradition der Antike preiszugeben. Schon für die Zeitgenossen wurden die Franken zur katholischen Vormacht Westeuropas, der die Sympathien der romanischen Untertanen arianischer Könige entgegenschlugen. Im Verhältnis der Kirche zu den ‚Barbaren' trat damit die entscheidende Wende ein."

(Theodor Schiefer „Die Kirche und die ‚Barbaren'", in: Handbuch der Europäischen Geschichte, Bd. 1. Europa im Wandel von der Antike zum Mittelalter, Ernst Klett Verlag, Stuttgart, 1976, S. 294.)

Die Taufe selbst wurde in einem feierlichen Akt am Weihnachtstage 498 durch Bischof Remigius in Reims vollzogen. Nach Gregor von Tours sprach Remigius dabei die berühmten Worte: „Beuge dein Haupt, stolzer Sugambrer! Verbrenne, was du angebetet hast! Bete an, was du verbrannt hast!"

Der Aufstieg der Karolinger

Das germanische Prinzip des Nachfolgerechts aller Königssöhne führte im Frankenreich zu immer neuen Reichsteilungen und in deren Gefolge zu ständigen Familienstreitigkeiten und Erbauseinandersetzungen, die in vielen Bruderkriegen und scheußlichen Morden ausgetragen wurden. Den Niedergang der Königsmacht und -autorität nutzte der Adel zur Stärkung seiner Position. Die eigentliche Herrschaftsgewalt lag schon im 7. Jahrhundert bei den **Hausmeiern** (lat. Majordomus), die zunächst Vorsteher der königlichen Hofhaltung und der Domänen, dann auch Führer der berittenen königlichen Gefolgschaft waren und schließlich in den jeweiligen Reichsteilen Führer des Adels. Unter dem Hausmeier **Pippin (dem Mittleren)** wurde die Einheit des Reiches 687 wiederhergestellt, von nun an waren die Merowinger nur noch nominelle Herrscher. Sein Sohn Karl Martell (= der Hammer) nach dem das Geschlecht der **Karolinger** benannt ist, wehrte den Arabersturm in der **Schlacht bei Tours und Poitiers** 732 ab. Erst dessen Sohn **Pippin (der Jüngere)** wagte die **Beendigung der Merowingerherrschaft** durch Absetzung des Königs.

Pippin versicherte sich dabei der Unterstützung des Papstes, zu dem die karolingischen Hausmeier durch Vermittlung des Bonifatius enge Kontakte hatten. Pippins Anfrage beantwortete Papst Zacharias wunschgemäß dahin, daß derjenige König heißen solle, der die Macht habe. 751 wurde Pippin von einer Reichsversammlung der fränkischen Großen zum König gewählt. Der letzte Merowingerkönig Childerreich III. wurde zum Mönch geschoren und damit seines Haupthaares, des Zeichens königlicher Würde, beraubt und in ein Kloster verbannt. Pippins fehlende Legitimität wurde durch die – für das fränkische Königtum neue – kirchliche Salbung ausgeglichen (ob Bonifatius sie vornahm, ist strittig). Der König wurde dadurch zum Gesalbten Gottes, er wurde zum Herrscher „von Gottes Gnaden", wie die von Karl dem Großen eingeführte Devotionsformel lautete. Hier liegt der Anfang des Gottesgnadentums, das für das ganze Mittelalter bestimmend blieb, seinen Höhepunkt im Absolutismus erreichte und bis in die Gegenwart hineinreicht.

Wenig später kam es zu einem förmlichen **Bündnis zwischen Papst und den karolingischen Königen.** Die Päpste sahen sich durch die Langobarden bedroht, die 751 Ravenna erobert hatten. Papst Stephan III. reiste 754 hilfesuchend ins Frankenreich. Er wiederholte die Salbung Pippins und salbte auch seine Söhne, so den dynastischen Anspruch der Karolinger absegnend. Dafür gelobte Pippin, als Patricius Romanorum (Schutzherr der Römer) die römische Kirche und ihr Oberhaupt zu schützen, und verbriefte ihr das **Patrimonium Petri,** den Landbesitz um Rom und Ravenna, der als **Kirchenstaat** bis 1870

Bestand hatte und heute noch – reduziert auf den Vatikan, dem Palast der Päpste – existiert. Um diese „**Pippinsche Schenkung**" rechtlich abzusichern, wurde die „**Konstantinische** Schenkung" von römischen Geistlichen niedergeschrieben, die berühmteste Fälschung des Mittelalters. Danach habe Kaiser Konstantin, als er seine Residenz nach Konstantinopel verlegte, dem Papst Rom, Italien und die „westlichen Gebiete" überlassen. Diese Fälschung sollte im Hochmittelalter eine außerordentliche Bedeutung erlangen – sie begründete den Streit um die Vormacht von Regnum bzw. Imperium (der weltlichen Gewalt, des Königs bzw. des Kaisers) oder von Sacerdotium (der geistlichen Gewalt, des Papstes).

Karl der Große

Nach Pippins Tod 768 wurde das Reich unter seinen Söhnen Karlmann und Karl aufgeteilt, doch wurde der letztere schon 771 nach seines Bruders Tod Alleinherrscher des fränkischen Gesamtreiches. In einer Expansionsphase schob Karl die Grenzen des Reiches nach Osten und Süden vor. Er eroberte das Langobardenreich in Italien und nahm den langobardischen Königstitel an, es folgten Bayern und das Awarenreich, wodurch die Reichsgrenze bis zur Leitha und Save vorgeschoben wurde. Im Südwesten wurden die Araber bis zum Ebro zurückgedrängt und die Spanische Mark gegründet (von den Kämpfen und dem Tod des Markgrafen Roland bei Roncesvalles 778 erzählt die Sage, das altfranzösische Rolandslied).

Von entscheidender Bedeutung für die Zukunft war die **Unterwerfung und Christianisierung der Sachsen** – es war die Vorbedingung für die spätere Entstehung des deutschen Volkes und Reiches. Einfälle der heidnischen Sachsen hatten das fränkische Grenzgebiet am Niederrhein unsicher gemacht, bevor Karl 772 einen Feldzug gegen sie unternahm und damit einen 30 Jahre währenden wechselvollen und auf beiden Seiten mit damals eher unüblicher Grausamkeit geführten Krieg einleitete. Erbitterung bei den Sachsen löste die Zerstörung der Irminsul aus (= Säule des All, eine hölzerne Kultsäule, die eine symbolhafte Himmelsstütze darstellte und dem Hauptgott Wotan geweiht war). An die **Spitze des sächsischen Widerstandes** stellte sich 778 **Widukind** oder Wittekind (= Wotanssohn). Getragen wurde dieser Widerstand vom einfachen Volk, während der sächsische Adel geneigt war, zu den Franken überzugehen und das Christentum anzunehmen. 782 ließ Karl bei einer Strafexpedition gegen einen **sächsischen Aufstand** eine große Anzahl von Gefangenen (die Zahl 4500 ist sicher weit übertrieben) bei **Verden** an der Aller hinrichten. Diese harte Maßnahme hat lange das Bild Karls in der Geschichte mitgeprägt, im 18. Jahrhundert kam die Bezeichnung „Sachsenschlächter" auf. In der NS-Zeit wurde dieses Karlsbild wieder aufgegriffen, Karl war der „Sachsenschlächter", sein Gegner Widukind wurde zum Helden stilisiert. Man kann an den Vorgang jedoch nicht die Maßstäbe der Aufklärung oder der gegenwärtigen Menschenrechtsdiskussion anlegen, sondern muß aus der Vorstellungswelt des 8. Jahrhunderts urteilen. Die Zeitgenossen konnten weder in der Zerstörung der Irminsul einen Religionsfrevel erblicken – religiöse Toleranz war ihnen völlig fremd – noch in der Bestrafung Eidbrüchiger ein Unrecht sehen.

Um diese Zeit erließ Karl die Capitulatio de partibus Saxoniae, eine Gesetzgebung für die sächsischen Gebiete, die für Verstöße gegen die neue staatlich-kirchliche Ordnung drakonische Strafen androhte. Die harten Zwangsmaßnahmen ließen schließlich den Widerstand erlahmen, Widukind ließ sich 785 taufen. Dies ermöglichte eine mildere Herrschaft. Es kam bald zu der von Karl gewünschten **Verschmelzung von Franken und Sachsen.** Nach der Teilung des Karolingerreiches wurden Sachsen die ersten deutschen Herrscher, Heinrich I. heiratete Mathilde aus dem Geschlechte Widukinds.

Die Kaiserkrönung

Am Weihnachtstag des Jahres 800 wurde Karl in der Peterskirche in Rom von Papst Leo III. zum Kaiser gekrönt. Danach wurde Karl durch Zurufe der anwesenden Römer (Akklamation) zum römischen Kaiser ausgerufen (Bericht im päpstlichen Liber pontificalis). Vordergründig war die Krönung ein Akt der Dankbarkeit des Papstes für die Errettung von einer Verschwörung römischer Adelskreise und die anschließende Wiedereinsetzung. Das tieferliegende Motiv war sicherlich die Absicht, den Anspruch des Papsttums, der geistlichen Gewalt („von Gott gekrönt") auf die Verleihung der weltlichen Herrschaftsgewalt zu begründen. Die Krönung war so einer der wichtigen Akte im Ringen um die Vorherrschaft zwischen geistlicher und weltlicher Gewalt, zwischen Papsttum und Kaisertum.

Die Deutung der berühmten Stelle im Bericht des Karlsbiographen Einhard, Karl sei die Zeremonie so zuwider gewesen, daß er die Kirche nicht betreten hätte, wenn er die Absicht des Papstes hätte vorher wissen können, ist umstritten. Sie wird auf antike literarische Vorbilder (Suetons Biographien der römischen Kaiser) zurückgeführt; der neu gekrönte Kaiser habe so seiner Bescheidenheit Ausdruck verliehen. Andererseits wird argumentiert, die Verstimmung sei echt gewesen. Der Frankenkönig, Herr über Rom und das Abendland, konnten nicht davon angetan sein, daß die Römer, denen die Krönung das Signal für die Akklamation gegeben habe, in der Rolle des führenden Reichsvolkes aufgetreten seien. Fränkische Geschichtsschreiber betonten denn auch, Karl habe

nur den Titel Kaiser angenommen, das Reich, die Macht habe er schon vorher gehabt. Karls späterer Titel lautete „Kaiser, Regent des Römischen Reiches, ... König der Franken und Langobarden" (Imperator, gubernans imperium, ... rex Francorum et Langobardorum). Damit war der Titel „Kaiser der Römer" (Imperator Romanorum) vermieden, durch den die Römer als herrschendes Reichsvolk anerkannt worden wären.
Für Byzanz konnte die Krönung nur ein Akt offener Usurpation sein. In der Tat hatte die römische Kirche mit der Krönung des neuen Kaisers des Westens endgültig die alte römische Reichsordnung verlassen.

Regierung und Verwaltung
Die fränkischen Herrscher hatten keine ständige Residenz. Sie zogen von einer Pfalz (ein zur Aufnahme des Königs und seines Gefolges eingerichtetes Königsgut) zur anderen. Karl d. Gr. hielt sich seit 794 fast ausschließlich in der Kaiserpfalz zu Aachen auf.
Die Spitze der Reichsverwaltung stellte das Gefolge des Herrschers dar, an der Spitze die Inhaber der **vier Hofämter,** deren Bezeichnungen auf die Funktionen auf einem Großbauernhof zurückgehen.
Truchseß (auch Seneschall = Altknecht): althochdeutsch: „der einer Schar vorsitzt", der Oberaufseher des Gesindes (Verpflegung, Hausverwaltung).
Marschall: althochdeutsch „Pferdeknecht" (Quartierbeschaffung, Transportwesen).
Schenk/Mundschenk: Getränkeversorgung.
Kämmerer: Aufsicht über den Schatz, die Schatzkammer (Finanzen).
Neben den Hauptämtern, deren Träger eine Art Minister darstellten, gab es zahlreiche weitere Beamte, Bedienstete etc. Ein bürokratischer Unterbau fehlte. Organisatorisch war das Reich in fast **100 Verwaltungsbezirke (Gaue, Grafschaften)** eingeteilt, die jeweils einem Grafen unterstanden. Die Grafen waren die Sachwalter der königlichen Interessen in ihrem Gebiet. Die Aufteilung mißachtete die alten Stammesgrenzen, um so das Zusammenwachsen zu einem Staatskörper zu fördern. Inwieweit diese Konzeption lückenlos realisiert war, ist schwer abzuschätzen. Der Erfolg hing jedenfalls von der Stärke der Herrscherpersönlichkeit ab. Unter den schwachen Nachfolgern Karls nahm die Macht der feudalen Herrscher wieder zu. So vereinten einzelne Große mehrere Grafschaften in ihrer Hand.
Die Kontrolle über die Lokalverwaltung übte Karl durch die **Königsboten** (missi dominici) aus. Je ein geistlicher (Bischof, Abt) und ein weltlicher (Graf) Königsbote bereisten zusammen ein ihnen fremdes Gebiet des Reiches und kontrollierten die Amtsführung der Grafen. Auch diese Institution verfiel nach Karl.

Der Zerfall des Reiches
Die fränkische Tradition schrieb vor, das Reich in so viele Teile aufzuteilen, wie erbberechtigte Söhne vorhanden waren. Karl erließ noch zu seinen Lebzeiten ein **Reichsteilungsgesetz,** das jedoch wegen des vorzeitigen Todes zweier seiner Söhne nicht in Kraft zu treten brauchte.
Der eine Sohn, **Ludwig der Fromme,** wurde alleiniger Nachfolger. Ludwigs letzte Lebensjahre waren gekennzeichnet durch Kämpfe um die Nachfolgeordnung zwischen ihm selbst und seinen vier Söhnen mit ständig wechselnden Fronten. Nach Ludwigs Tod 840 wurde der Streit fortgesetzt. In dessen Verlauf verbündeten sich Ludwig (der Deutsche) und Karl (der Kahle) gegen Lothar. Ihr Bündnis beschworen sie 842 in Straßburg.
Die Straßburger Eide sind ein Ereignis von epochaler Bedeutung. Karl, der Herrscher des Westfrankenreiches, schwor, an die Ostfranken gewandt, in althochdeutscher Sprache, Ludwig, die Westfranken anredend, in Altfranzösisch. Die Straßburger Eide sind das älteste schriftliche Denkmal in französischer Sprache. Schon eine Generation nach Karl hatte sich das Frankenreich also so weit auseinandergelebt, daß die Sprache auseinanderfiel.
843 wurde das Reich im **Vertrag von Verdun** in drei Teile geteilt, das **Westfrankenreich** (Neustrien, Francia, Aquitanien), das **Mittelreich** (Lotharingen, Burgund, Italien) und das **Ostfrankenreich** (Ostfranken, Bayern, Sachsen).
880 wurde das Mittelreich geteilt, Lotharingen und das nördliche Burgund kamen zum Ostreich, Südburgund zum Westreich. Die während des ganzen Mittelalters gültige Grenze zwischen Frankreich und dem Hl. Römischen Reich deutscher Nation war damit festgelegt, die späteren Länder Frankreich, Deutschland und Italien waren geboren.

Einstiegs-Geschichte: Wer soll König sein?
„Pippin, nur Du kannst das Frankenreich retten". Gero, ein hoher Adliger im Frankenreich redete eindringlich auf seinen Freund ein. „Solange dieser kranke Merowinger die Königskrone trägt, tun die Adligen, was sie wollen. Das Geschlecht der Merowinger hat seine große Zeit vor zwei Jahrhunderten gehabt, als Chlodwig die Alemannen besiegte. Was haben seine Nachkommen auf dem Königsthron geleistet? Nichts! Dein Vater Karl Martell hat das Frankenreich gerettet, als die Araber von Spanien aus einmarschiert sind. Er hat dafür gesorgt, daß nördlich der Alpen heute nicht die grüne Fahne des Propheten weht. Seitdem bist Du der mächtigste Mann im Königreich. Das Geschlecht der Karolinger hat die Macht. Das Geschlecht der Merowinger hat – ganz zu Unrecht – nur noch den Titel des Königs."
„Das ist es ja, Gero, Du bist der einzige, der mich

unterstützt. Den anderen Adligen kommt ein schwacher König gerade recht. Dann können sie die Herren in ihren Gauen sein und dort tun, was ihnen beliebt. Sie sprechen von dem rechtmäßig ererbten Titel und von der Weihe, die das königliche Blut schützt. Die Macht allein genügt nicht. Hinzukommen muß die Weihe der königlichen Geburt".
Jetzt sah Gero den Augenblick gekommen, das schon lange Gedachte, Entscheidende anzusprechen.
„Pippin! Der Heilige Vater in Rom ist die höchste Autorität im Abendland. Schreibe Du an den Papst. Er möge entscheiden, wer König im Frankenland sein soll – derjenige, der den Titel hat oder derjenige, der die Macht hat.
Pippin befolgte diesen Rat. Als der Papst sich für ihn entschied, war er unbestritten König im Frankenreich. Hinter dem Merowingerkönig schlossen sich die Tore eines Klosters. Der Königstitel blieb beim Geschlecht der Karolinger.

31.1 Wie das Frankenreich entstand

31.1.1 Wissensziele

Die Franken eroberten das Gebiet vom Main bis an die Westküste Frankreichs. König aller Franken wurde Chlodwig. Er nahm den christlichen Glauben an und versöhnte dadurch die gallische Bevölkerung mit den fränkischen Eroberern. Er schuf einen Einheitsstaat mit der Hauptstadt Paris.

31.1.2 UE-Ziele

(1) Die Machtstellung des Heerführers im Frankenreich.
(2) Christianisierung der Franken und die politischen Zielvorstellungen Chlodwigs.

31.1.3 Einstieg

- **Kartenreihe** über die territoriale Entwicklung des Frankenreiches (dtv I 120)
- **Quelle:** „Der Krug von Soissons" (Ma III 54)

31.1.4 Didaktisch-methodische Vorschläge

Im Rahmen dieser Unterrichtsreihe steht das Problem im Mittelpunkt, wie sich die Organisation von Herrschaft und Gesellschaft der Gebiete nördlich der Alpen sowohl unter dem Einfluß des Christentums als auch der Synthese zwischen Germanentum und Römertum gestaltete.
Am Beispiel der von Gregor von Tours geschilderten Begebenheit „Der Krug von Soissons" soll die Machtstellung des Frankenkönigs verdeutlicht werden.
Die ersten Arbeitsaufgaben dienen der Gliederung und Strukturierung des Textes:

Arbeitsaufgaben	denkbare Formulierungen
1. Welche Gegner standen sich gegenüber, bevor es zur Begebenheit mit dem Krug kam?	Franken und Römer
2. Erläutere am Beispiel des Kruges, wie die Franken die Verteilung der Kriegsbeute handhaben!	Die Kriegsbeute wurde nach dem Los verteilt.
3. Worum bat der Bischof den König?	Er bat ihn um Rückgabe eines kostbaren Kruges.
4. Wie reagierte Chlodwig auf diese Bitte?	Er wies auf die Sitte der Beuteverteilung hin, nach der die Beute durch das Los verteilt werden mußte.
5. Schildere genau, was bei der Beuteverteilung geschah!	Der König bat darum, ihm außer seinem Anteil auch den Krug zu überlassen. Die Krieger waren einverstanden. Ein Krieger sträubte sich und zerstörte den Krug. Der zerstörte Krug wurde der Kirche zurückgegeben.
6. Wie reagierte Chlodwig ein Jahr später auf dem Märzfeld?	Er demütigte diesen Krieger und ermordete ihn hinterrücks.

Die nachfolgenden Aufgaben sollen dazu beitragen, die Informationen zu verknüpfen und in Erkenntniszusammenhänge umzuwandeln:

7. Was läßt sich aus den beiden Ereignissen, die ein Jahr auseinanderliegen, folgern?	Die Machtstellung Chlodwigs war in dieser kurzen Zeit angestiegen.
8. Stelle Vermutungen darüber an, welche Motive den König zu dieser Tat veranlaßten?	– Festigung seiner Machtstellung – Verbreitung von Furcht und Schrecken – Drohung

9. Vergleiche die Stellung des Heerführers bei den Germanen (etwa zur Zeitenwende) mit der Machtstellung des fränkischen Königs!

Bei den Germanen	Bei den Franken
Bedeutung des Things:	
Beschlüsse des Things, an dem alle freien Männer teilnahmen, waren für alle bindend. Der Heerführer wurde gewählt.	Da die Macht des Königs zunimmt, ging die Bedeutung der Versammlung zurück.
Beuteverteilung:	
Kriegsbeute wurde an alle Krieger verlost.	Diese Sitte bestand zwar noch, konnte jedoch infolge der königlichen Machtstellung in der ursprünglichen Form nicht beibehalten werden.
Bestrafung eines Kriegers:	
Bestrafung konnte nur durch das Thing ausgesprochen werden.	Der König konnte einen Krieger töten, ohne dafür bestraft zu werden.

Es bleibt zu fragen, welche Gründe zu dieser persönlichen Machtfülle des Königs führten.

▶ **Material:** Gfm

T Wie kam es, daß der fränkische König so mächtig wurde?

Franken erobern Gallien (ehemalige römische Provinz)

↓

Vergrößerung des Frankenreiches

neue Probleme:	**Neuverteilung des Bodens**	**Verwaltung**	**Grenzsicherung**
erste Maßnahmen:	Heerführer erhielten das Land zur Nutzung. Weitergabe des großen Landbesitzes an Gefolgsleute.	Übernahme der römischen Verwaltungseinrichtungen.	Gefolgsleute der Heerführer waren für den Schutz der Grenzen verantwortlich.

Folgen:

- Heerführer und König regierten das Frankenreich.
- Von ihnen abhängige Gefolgsleute erhielten Landbesitz; deren Gegenleistung bestand in militärischen Aufgaben.
- Kirche unterstützte die Herrscher und erhielt Land.

31.2 Warum der Frankenkönig Karl „der Große" genannt wird. Was die Kaiserkrönung Karls für Europa bedeutete. Wie das Reich Karls zerfiel

31.2.1 Wissensziele

Der Frankenkönig Karl der Große erweiterte durch eine Reihe von Kriegen die Grenzen seines Reiches. Er wurde König der Langobarden und „Schutzherr der Römer". Nach einem Krieg von 30 Jahren besiegte er auch die Sachsen. Sie nahmen das Christentum an. Auch Bayern wurde ein fränkisches Herzogtum. Karl schützte sein Reich durch befestigte Grenzländer, Marken. Er führte die überlegene römische Kultur im Frankenreich ein und gründete in Aachen eine Schule für künftige Verwaltungsbeamte. 800 wurde Karl in Rom zum Kaiser gekrönt.

Karl der Große teilte das Reich in Gaue ein, die von einem Gaugrafen regiert wurden. Durch „Königsboten" ließ er alles überwachen und die Befehle der Zentrale überbringen. Er selbst reiste von Pfalz zu Pfalz und kümmerte sich auch um die Verbesserung der Landwirtschaft. In Aachen weilte er am liebsten und ließ hier die Pfalz und die Pfalzkapelle prächtig ausbauen. Schon seine Zeitgenossen nannten ihn „Vater Europas".

Nach Karls Tod zerfiel das Reich in mehrere Teile. Daraus sind später die Länder Deutschland und Frankreich entstanden.

31.2.2 UE-Ziele

(1) Die Bedeutung der Kaiserkrönung durch den Papst.
(2) Die Eroberung des Sachsenlandes nach Verlauf und Motiven.
(3) Das Anordnungs- und Berichtswesen als Kennzeichen der Verwaltung im Frankenreich.
(4) Die Aufgaben lokaler und zentraler Gewalten am Beispiel der Gau- und Markgrafen sowie der Königsboten.
(5) Die wirtschaftlichen Grundlagen im Frankenreich am Beispiel der Dreifelderwirtschaft.

31.2.3 Einstieg

- **Bild:** Karl der Große (Gfm)
- **Zusammenstellung** der Feldzüge Karls des Großen (Ma III, S. 75)
- **Bild:** Der Frankenkönig Karl, umgeben von seinen Beratern (Gfm)
- **Tonband:** FWU 22 0179 Wirtschaftsprüfung auf dem Königshof

31.2.4 Didaktisch-methodische Vorschläge

Der erste Schwerpunkt in dieser zentralen Unterrichtseinheit innerhalb der gesamten Unterrichtsreihe betrifft die Frage nach den Auswirkungen der territorialen Ausdehnung des Frankenreiches. In einem zweiten Schwerpunkt sollen danach die Zusammenhänge zwischen äußerer und innerer Entwicklung aufgewiesen werden.
Am Anfang steht die Darbietung eines Bildes, das den Gesamtrahmen problematisieren soll. Dafür eignen sich die unter „Einstieg" angegebenen Bilder sowie das Bild „Karl der Große hält Hof zu Aachen". Die Bilder können als stumme Impulse eingesetzt werden. Am Beispiel des letztgenannten Bildes können die Schüler erste Fragen, Vermutungen und Feststellungen formulieren.
Dabei wird die Personengruppe im Vordergrund beschrieben: Bewaffnete (Lanzen, Schwerter, Rundhelm, Schuppenpanzer) stehen zusammen mit Geistlichen (Bischof, Mönchen) und dem Kaiser einer fremdartig aussehenden Personengruppe (Kleidung, devote Verbeugung, Kniefall) gegenüber. Die Szene ist mit einer Audienz vergleichbar.
Im Hintergrund wird ein langer Zug sichtbar, in dem der dort dargestellte Elefant sicherlich die Aufmerksamkeit der Schüler auf sich zieht und die Frage nach der Herkunft der Gesandtschaft, ihren Absichten und Motiven aufwirft.
Eine Karte (Gfm, Wandkarte oder Atlas) macht dann deutlich, welche Reiche die Küsten des Mittelmeeres beherrschten: Ostrom, Frankenreich, Reich des Islams (Kalifat von Bagdad). Jetzt können die Schüler vermuten, daß die auf dem Bild dargestellte Gesandtschaft aus dem arabischen Raum kam, und die Frage nach den Beziehungen zwischen den politischen Mächten stellen. Eine vom Lehrer erstellte Faustskizze soll diese verdeutlichen:

T Machtpolitische Lage in Europa und im Mittelmeerraum im 8. Jh.

Frankenreich (christlich) → Ostrom (griechisch-orthodox)
Frankenreich ↕ Papst
Papst → Ostrom: Gegner
Ostrom ↕ arabische Reiche (Islam) (vgl. Strukturschema): Gegner

Es besteht die Möglichkeit, die unterschiedlichen und gemeinsamen Interessen der politischen Mächte zu formulieren und anschließend die Kaiserkrönung Karls in Rom im Zusammenhang mit den Interessen dieser Mächte zu betrachten; diese werden in den drei Berichten über die Kaiserkrönung deutlich (Gfm).
Ein zweiter Aspekt innerhalb dieser Unterrichtsreihe betrifft die Sicherung des Reiches unter Karl sowie den damit verbundenen Versuch, unterworfene Völker in das Reich zu integrieren.
Der Text „Karls Feldzüge" (Gfm) demonstriert in Verbindung mit einer Datenliste (dtv I 123) den kriegerischen Charakter der Regierungszeit Karls des Großen. Die Information, daß Karl allein gegen die Sachsen 18 Feldzüge unternahm, läßt die Schüler vermuten, wie heftig sich die Sachsen gewehrt haben und daß sie für Jahrzehnte sich immer wieder gegen die Franken erhoben haben müssen. Damit stellt sich fast zwangsläufig die Frage nach den Ursachen und Motiven für die Kriege.

T Strukturschema

Arabische Kalifate	**Ostrom**	**Frankenreich**	**Papst**
waren unmittelbare Gegner Ostroms aus religiösen und machtpolitischen Gründen.	war der Gegner Karls in der Auseinandersetzung um die Vorherrschaft in Europa.	Karl wollte ein einheitliches christliches Reich schaffen.	war in Bedrängnis und rief König Karl um Hilfe an. Es bestanden Spannungen zwischen Rom und Konstantinopel.

Kaiserkrönung

Arbeitsaufgaben	denkbare Formulierungen
1. Welche Gründe gab Einhard für die Sachsenkriege an?	Die Sachsen waren heidnisch. Sie verletzten die Grenzen und überfielen die Franken in den ungeschützten Grenzgebieten.
2. Woran merkt man, daß Einhards Sympathien auf seiten der Franken sind?	Er betonte, daß die Franken ihre Kriegszüge gegen die Sachsen als Reaktion auf die sächsischen Übergriffe unternahmen.

3. Stelle die Maßnahmen gegen die Sachsen zusammen. Versuche die Absichten und ihre Folgen zu erläutern!

Maßnahme:	Absicht:	Folgen:
Todesstrafe gegen den, der die Taufe verweigerte. Todesstrafe gegen den, der eine Kirche zerstörte. Todesstrafe gegen den, der die Fastenzeit nicht einhielt.	Abschreckungsmaßnahmen. Durchführung der Christianisierung mit allen Mitteln; Bekämpfung heidnischer Sitten und Gebräuche und deren Ausrottung.	Erbitterung bei den Sachsen. Gegenwehr und Aufstände. Widerspruch zwischen der Lehre des Christentums und den gnadenlosen Maßnahmen.
Jede Kirche sollte einen Bauernhof erhalten, der durch Sachsen bewirtschaftet wurde. Ablieferung des Zehnten an die Kirche.	Die materielle Versorgung der Kirche sollte gesichert sein.	Gründung von Klöstern und Gutshöfen. Abhängigkeit der Bauern von der Kirche.
Priester sollten die Durchführung der öffentlichen Versammlungen kontrollieren.	Sicherung der Durchführungen durch die Kirche.	Die Kirche befaßte sich nicht nur mit Glaubensdingen, sondern auch mit Verwaltungsmaßnahmen und war Exekutivorgan.

Die eingangs erwähnte Datenliste soll nachfolgend als Gerüst für die Erstellung einer Kausalkette dienen, in der die Eskalation des Konflikts und seine gewaltsame Lösung entwickelt werden sollen:

T Entwicklung der Sachsenkriege

	Ereignis	Folgen
772	Zerstörung der Eresburg	Religiöse Zwangsbekehrung und politische Unterwerfung.
773	Langobardenfeldzug	Sachsen erhoben sich gegen die fränkische Herrschaft.
774	Feldzug gegen die Westfalen, Ostfalen und Engern	Diese Stämme gerieten unter die sächsische Herrschaft.
777	Feldzug nach Spanien	Erneute Erhebung des sächsischen Volkes.
781	Zug nach Rom	Erneuter Aufstand.
782	Blutbad von Verden	Aufstand der Sachsen und Friesen.
785	Taufe Widukinds	Sachsenaufstand brach zusammen.

In einem weiteren Schwerpunkt soll den Schülern die Verwaltung des fränkischen Reiches verdeutlicht werden, um die Struktur der zentralen und lokalen Gewalten kennenzulernen. Dazu eignet sich das Hörspiel „Wirtschaftsprüfung auf dem Königshof" (FWV 22 0179) in hervorragender Weise. In diesem Hörspiel erfahren die Schüler, wie die Rechtsstellung der verschiedenen gesellschaftlichen Gruppen, wie z. B. Bauern, Gaugrafen, Geistlichen und der weltlichen Adligen, gewesen ist und damit etwas über die Abhängigkeitsverhältnisse. Die damals herrschenden wirtschaftlichen und sozialen Verhältnisse sind ebenso herauszuarbeiten wie die Bedeutung der Klöster und der Königshöfe. Die Handlung erzeugt eine gewisse Spannung, so daß das Interesse der Schüler geweckt wird. Andererseits ist bei der Aufarbeitung zu bedenken, daß in einer altertümelnden Sprache ein ziemlich komplizierter und komplexer Sachverhalt dargestellt wird. Die überraschende Lösung am Schluß ist nicht zu verallgemeinern, denn viele Bauern gerieten gerade zu dieser Zeit in Abhängigkeit.
Es empfiehlt sich, den Inhalt des Tonbandes abschnittsweise zu präsentieren. Im Mittelpunkt der ersten Sequenzen steht die Wirtschaftsprüfung durch die Königsboten, wobei Einzelheiten über die Organisation des Königshofes genannt werden. In diesen Handlungsstrang einbezogen ist der Versuch des Verwalters, des Vogtes und später des Klosterabts, einem freien Bauern das Land wegzunehmen, der dann später scheitert.

Arbeitsaufgaben	denkbare Formulierungen
1. Auf welche Weise ist der Verwalter des Königshofes in Schwierigkeiten geraten, und wie versucht er sie zu beheben?	Er hat unerlaubterweise drei Stück Linnen und zwei Fohlen verkauft und den Verkaufserlös für sich verwendet. Um einer drohenden Bestrafung zu entgehen, bittet er den Vogt, ihm bei der demnächst zu erwartenden Wirtschaftsprüfung die fehlenden Stücke zur Verfügung zu stellen.
2. Welche Gegenleistung verlangt der Vogt?	Der Verwalter soll bei einer Gerichtsverhandlung aussagen, daß der freie Bauer Totha in Wirklichkeit ein Höriger sei. Dadurch erhoffen sich auch beide, dem Bauern Land abnehmen zu können.
3. Stellt in einer Liste zusammen, a) welche Tiere auf dem Königshof gehalten wurden, b) was auf dem Königshof erzeugt wurde, c) welche Geräte verwendet wurden	a) Pferd, Zugochsen, Bulle, Färsen, Esel, Schweine, Kälber, Schafe, Ziegen, Ferkel, Gänse, Hühner, Bienen, b) Malz, Speck, Honig, Würste, Fett, Butter, Seife, Leinen, Federkissen, c) Kessel, Kesselhaken, Leuchter, Zuber, Sicheln, Hacken, Äxte, Fischnetze, Gewänder, Hemden, Mehl.
4. Welche Rolle kommt dem nun auszutragenden Rechtsstreit mit dem Kloster zu?	Der Abt schlägt vor, der Bauer Totha solle sich dem Kloster unterwerfen. Auf der Verhandlung verliest er eine Urkunde, in der der Bauer mehrfach als „frei" bezeichnet wird. Außerdem steht im Text, daß der Bauer das Land dem Kloster übergeben werde. Der Bauer wehrt sich dagegen. Der Richter, der aus dem Text herausgehört hat, daß Totha ein freier Bauer ist, erklärt den Bauern als frei.

Im Anschluß an die Präsentation des Hörspiels sollte der Zusammenhang zwischen den Verwaltungsorganen und den wirtschaftlichen Erfordernissen herausgearbeitet werden:

T

König Karl

- besitzt **Königshöfe** → gibt genaue Anweisungen über Produktionsmethoden → Steigerung der Erträge
- setzt (zu deren Verwaltung) **Amtsleute** ein → **freie Bauern** und **Handwerker, abhängige Bauern** (gibt genaue Anweisungen → freie Bauern)
- setzt **Gau- und Markgrafen** ein (← Kontrolle der Amtsleute) → Aufsicht über Verwaltung, Militär- und Rechtswesen **(Königsboten)**
- verteilt **Kirchen und Hofämter** an **Adlige**

Wichtig ist die Erkenntnis (dicke Pfeile!), daß sich Karl die letzte Entscheidung vorbehielt.
Die Bedeutung der adligen Familien (halbfett) als Stütze der königlichen Macht, aber auch als Bedrohung der königlichen Machtstellung kann in diesem Zusammenhang unter Einbeziehung des Textes „Die Bildungspolitik« (Gfm) aufgegriffen werden.

Um den Schülern einen möglichst anschaulichen Einblick in die Verwaltungsarbeit und in die Regierungsgeschäfte zu geben, greifen wir ein Regierungsjahr, nämlich das Jahr 775, heraus und verfolgen die Regierungstätigkeiten im „Terminkalender" des Königs.

Januar bis März: Aufenthalt in der Pfalz Quiercy. Hier wird ein Feldzug gegen die Sachsen beschlossen.
April/Mai: Aufenthalt in der Königspfalz Diedenhofen (Mosel).
Mai: Erneuter Aufenthalt in der Pfalz Quiercy.
Während dieser Aufenthalte verleiht der König mehreren Klöstern bestimmte Rechte, schenkt ihnen Landbesitz und Landgüter.
Juli: Reichsversammlung in der Pfalz Düren.
August/September: Heereszug gegen die Sachsen in Richtung Eresburg/Weser.
Oktober/November: Aufenthalt in den Pfalzen Düren und Diedenhofen.
Dezember: Zug nach Italien; Weihnachtsaufenthalt in der Pfalz Schlettstadt.

In Verbindung mit den Texten „Die Wirtschaftspolitik“ und „Die Kaiserpfalz in Aachen“ (Gfm) können folgende Arbeitsaufgaben gestellt werden:

Arbeitsaufgaben	denkbare Formulierungen

1. Welche Arbeiten verrichteten die Menschen auf dem Königshof?
Ordne die Tätigkeiten nach den Gesichtspunkten: – Tätigkeit – Zeit – von wem hauptsächlich durchgeführt?

Tätigkeit	Zeit	Von wem durchgeführt?
Bearbeitung der Sommergetreideflur mit Pflug und Egge – Aussäen von Hafer, Gerste, Hülsenfrüchten	Frühjahr	Von den spanndienstpflichtigen Leuten. (Für drei Tage in der Woche mußte für die Herrschaft gearbeitet werden.)
Ausbesserung von Wegen und Zäunen, von Wohn- und Wirtschaftsgebäuden		Von den handdienstpflichtigen Leuten. (Für drei Tage in der Woche mußte für die Herrschaft gearbeitet werden.)
Düngung und Bearbeitung der Brachflur	Juni	
Einbringen der Heuernte	Juli	
Getreideernte	August/ September	Außer den Frondienstpflichtigen auch Handwerker, Hofgesinde, Jugendliche
Einsaat des Wintergetreides		
Garten- und Obsternte, Weinlese	Oktober	
Ausdreschen des Getreides, Waldarbeiten, Ausbesserung von Hand- und Spanngeräten	Winter	Handwerker
Flachs und Wolle wurden zu Stoffen verwebt, gefärbt, Seife gekocht, Butter und Käse produziert.	Winter	Frauen

2. Worin bestand der Hauptunterschied zwischen Dreifelderwirtschaft und Feld-Gras-Wirtschaft? (Gfm)	Bei der Dreifelderwirtschaft wurde das Ackerland in drei Teile aufgeteilt, d. h., ein Drittel der Ackerflur lag während des Jahres brach. Bei der Feld-Gras-Wirtschaft wurde das Ackerland in zwei Teile aufgeteilt, d. h., die Hälfte der Ackerflur lag brach.
3. Erläutere an einer Skizze, wie der König über die Königshöfe gebot.	König setzt ein ↓ Amtmänner (Freie, Leute seines Vertrauens) setzen ein ↓ Meier, Förster (Freie und auch Unfreie) hatten Nutzungsrecht an einer Besitzung, hatten Abgaben zu erbringen Bauernfamilien (verfügten über einen kleinen Hof, leisteten Dienste und Abgaben) Unfreie Bauern besaßen kein Land

T Aufgaben der hohen Beamten am Königshof

Amt	Funktion
Der Kaplan	war der Leiter der kirchlichen Angelegenheiten und der Geistliche am Hof.
Der Erzkanzler (Sekretär)	war verantwortlich für die Aufbewahrung von königlichen Erlassen.
Der Pfalzgraf (Kämmerer)	kümmerte sich um die Verwaltung und um die Rechtsprechung. Bei Rechtsstreitigkeiten am Hofe fällte er das Urteil.
Der Seneschalk	benachrichtigte die königlichen Verwalter, wo der König seinen Aufenthalt plante.
Der Mundschenk	war für die Getränke verantwortlich.
Der Marschalk	hatte für das Futter der Pferde zu sorgen
Der Quartiermeister	bereitete die Unterkünfte für den König und sein Gefolge vor.
Die Grafen	hielten Gericht, führten dem König das Heeresaufgebot zu und sorgten für die königlichen Einkünfte.
Die Sendboten	überwachten die Durchführung der königlichen Anordnungen, beaufsichtigten die Regierung der Grafen, hielten Gericht ab und nahmen Beschwerden entgegen.

Am Königshof gab es eine Reihe von Ämtern, welche die Versorgung der obersten Regierungsorgane wie die zentrale Lenkung des Reiches garantierten (Pfalzordnung des Erzbischofs Hinkmar von Reims).

▶ **Quelle:** Geschichte in Quellen II 78 ff.

Es sollten die Passagen zitiert werden, die sowohl die Ämter als auch die Funktion dieser Ämter verdeutlichen.

Die Persönlichkeit Karls des Großen

Zum Abschluß dieser Unterrichtsreihe: Ein gegenwartsbezogener Aspekt liegt in der Beurteilung der Auswirkungen Karls des Großen auf die Geschichte Europas. Man kann dabei auf die Verleihung des Karlspreises der Stadt Aachen oder auf die Bezeichnung Karls als „Vater Europas" im Zusammenhang mit den vorher erwähnten Texten verweisen.

Wichtig sind die Auszüge aus den Schulbüchern anderer Länder (Gfm). Dieses Handbuch ist einer universalen Geschichtsschau verpflichtet. Daher sollen unsere Schüler auch wissen, was die Kinder in anderen Ländern lernen. Es relativiert den eigenen Standpunkt und schafft die Grundlagen für ein Verständnis anderer Völker. Leider läßt sich dieses Verfahren nur an ausgewählten Beispielen durchführen. Es wird aber mit dem Alter der Schüler zunehmend Raum gewinnen.

Die Auswertung im Unterricht: Zuerst lesen die Schüler alle drei Texte. Der Lehrer wartet spontane Äußerungen der Schüler ab. Diese werden im Unterrichtsgespräch geordnet).

T Die Eigenschaften Karls

Franz. Schulbuch:
- Freundlichkeit
- Großzügigkeit
- Alle mochten ihn gern
- Starke Frömmigkeit
- Verwirklichte großartige Pläne
- Kühne und vorsichtige Klugheit
- Heldentaten
- Legte die Fundamente für Europa
- Vermochte sich Gehorsam zu verschaffen
- Manchmal war er grausam

USA-Schulbuch:
- Er gründete die europäische Einheit
- die von ihm geschaffene Ordnung war nur von kurzer Dauer

UdSSR-Schulbuch:
- Energischer Regent
- Erfolgreicher Heerführer
- Vergrößerung des fränkischen Reiches
- Er verfuhr grausam mit den Bauern
- Er kannte keine Gnade den Unterworfenen gegenüber
- Er unternahm Raubzüge
- Er machte die freien Bauern zu Leibeigenen

Diese erste Übersicht läßt erkennen: Vor allem die Aussagen im sowjetischen und im französischen Schulbuch widersprechen sich. Im französischen Buch werden fast ausschließlich positive, im sowjetischen fast nur negative Aussagen über Karl gemacht. Sicherlich werden die Schüler feststellen, daß manche Aussagen sowohl positiv als auch negativ bewertet werden können (z. B. er kümmerte sich um jede Kleinigkeit).

In der Erprobung dieser Texte im Unterricht zeigte es sich, daß einzelne Schüler sogar verblüffende Aussagen über die Interessen der jeweiligen Verfasser machten: „Die Franzosen lieben Karl. Für sie ist er ihr erster König." – „Die Russen sind gegen die Adligen."

Auch ein geschichtsdidaktisches Werk, das die Sozial- und Wirtschaftsgeschichte stärker in den Vordergrund stellt, als es bisher üblich war, darf den Einfluß großer Persönlichkeiten auf die Geschichte nicht negieren. Sonst würde es – unter anderen Vorzeichen – der Einseitigkeit mancher früheren Geschichtswerke verfallen. Im Band 1 sind es Alexander, Cäsar und Karl der Große, deren Persönlichkeit und Werk exemplarisch gewürdigt wurden.

32. Das Lehnswesen

32.0.1 Literaturangaben

Handbücher
Propyläen V, Schieder 1

Gesamtdarstellungen
Bloch, Marc, Die Feudalgesellschaft, Propyläen, Berlin 1982
Ganshof, Francois Louis, Was ist das Lehnswesen? Wiss. Buchgesellschaft, Darmstadt [6]1983
Kammler, Hans, Die Feudalmonarchien. Politische und wirtschaftlich-soziale Faktoren ihrer Entwicklung und Funktionsweise, Böhlau, Köln 1974
Mitteis, Heinrich, Der Staat des hohen Mittelalters. Grundlinien einer vergleichenden Verfassungsgeschichte des Lehnszeitalters. Böhlau, Köln [9]1974

32.0.2 UR-Ziele

(1) Gründe und Züge der Entstehung des Lehnswesens.
(2) Auswirkungen des Lehnswesens auf die Gesellschaftsstruktur.

32.0.3 Medien

Atlas
dtv
Westermann 62

Dias

FWU	10 0466	Aus dem Leben des Adels – Hochmittelalter 19 f
	10 2787	Lehnswesen im Mittelalter 12 f

32.0.4 Fachwissenschaftliche Einführung

Das Frankenreich des 8./9. Jahrhunderts wurde zur Wiege des mittelalterlichen **Feudalismus**. Hier bildete sich das Lehnswesen heraus, das Ordnungsprinzip der persönlichen Bindungen, das den institutionalisierten Staat der Antike ablöste und die soziale und politische Struktur des gesamten mittelalterlichen Europas kennzeichnete und erst in der Neuzeit durch den Territorialstaat ersetzt wurde.
Das Lehnswesen entstand aus unterschiedlichen Elementen, nämlich der keltischen **Vasallität** (vassus von keltisch gwas = Knecht, Unfreier, später vasallus, der vom Herrn Unterhalt erhielt und dafür Dienst und Gehorsam schuldete) und der **germanischen Gefolgschaft** (freiwillige gegenseitige Treuepflicht freier Männer). Der Lehnsmann verpflichtete sich zu Dienst und Treue, der Lehnsherr ebenfalls zu Treue, zu Schutz und zu Unterhalt. Der Unterhalt wurde als Leihgabe, als **Lehen** (lat. beneficium oder feodum, feudum = davon Feudalismus) gewährt, meist in Form von **Landbesitz** oder auch einem **Amt**, einem Recht. Das Lehen erlosch mit dem Tode eines der Partner. Schon bald, beginnend im 9. Jh., setzte sich immer mehr die **Erblichkeit des Lehens** durch, der Anspruch des Sohnes auf Belehnung mit dem Lehen des Vaters. Die Verfügung über das Lehen entglitt dem Lehnsherrn. Der Streit zwischen dem Herrscher und den mächtigen Lehensträgern und Kronvasallen sollte zum beherrschenden Thema der mittelalterlichen Geschichte werden.
Das Lehensverhältnis wurde durch den **Lehnseid** begründet. Der Vasall reichte stehend oder kniend die gefalteten Hände dem Herrn, der sie mit seinen Händen umschloß, und leistete so den Lehnseid.
Die Lehnsleute des Königs (Lehnsfürsten, Kronvasallen) gaben ihre Lehen wieder an waffendienstpflichtige Untervasallen (Grafen, Ritter) weiter, diese wiederum an eine weitere Stufe von Lehnsleuten. Es entstand eine **Lehnspyramide**, die im König gipfelte und bis zur untersten Stufe der Bauern reichte, wenn auch zwischen bäuerlicher Lehe oder Pacht und adligem Lehen ein gewaltiger Unterschied bestand. Dennoch handelte es sich um „ein gestaffeltes vom kleinsten Bauern bis zum König reichendes Rechts-, Sozial- und Wirtschaftsgefüge, das vom Prinzip der Leihe und des Dienstes bestimmt war" (Theodor Schieffer).

32.1 Wie sich das Lehnswesen entwikkelte

32.1.1 Wissensziele

Die größten Grundbesitzer im Mittelalter waren der König und die Kirche. Der König bildete einen Kreis junger Leute um sich, der ihm persönlich ergeben war. Die Vasallen des Königs traten als Dienstadel neben den Geburtsadel. Sie erhielten als Belohnung für ihre Dienste Land zu Lehen. Der König wurde damit zum Lehnsherr über die Grafen und andere hohe Adlige. Sie waren seine Lehnsmannen, zugleich aber auch Lehnsherrn über ihre eigenen Gefolgsleute. Auf diese Weise wurde in einer Zeit unterentwickelter Geldwirtschaft die Verwaltung betrieben. Jeder Lehnsnehmer wollte jedoch die kurzfristige

Nutzung in eine langfristige Nutzung oder gar in Eigentum verwandeln. Im öffentlichen Leben gab es entweder die Form der Herrschaft oder die Form der Genossenschaft.

32.1.2 Lernziele

(1) Zusammenhänge zwischen der Entstehung des Lehnswesens und des Kriegswesens.
(2) Auswirkungen für die verschiedenen gesellschaftlichen Gruppen.

32.1.3 Einstieg

● **Textquelle:** So bereitete Karl einen Kriegszug vor (Gfm)
● **Tonband:** Wirtschaftsprüfung auf dem Königshof (vgl. 31.0.3)

32.1.4 Didaktisch-methodische Vorschläge

Den didaktischen Rahmen dieser Unterrichtseinheit bildet der Zusammenhang zwischen der Verwaltungsorganisation und der Gesellschafts- und Herrschaftsstruktur. Die bereits in UE 31 erarbeiteten sozialen Aspekte (Stellung des Adels – Abhängigkeit der Bauern) sollen am Beispiel der Heerespflicht und der damit verbundenen Entstehung des Lehnswesens aufgegriffen werden. An einer konkreten Situation wird deutlich, wie ein Kriegszug vorbereitet wurde. Dabei können die Schüler erkennen, wie das System des Heerbanns funktionierte und welche Auswirkungen es auf die sozialen Gruppen hatte („So bereitete Karl einen Kriegszug vor").

T Die Entstehung des Lehnswesens

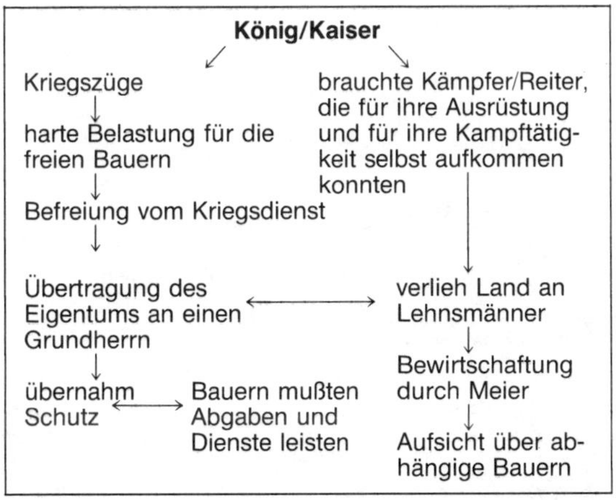

So bereitete Karl einen Kriegszug vor

„Im Namen des Vaters und des Sohnes und des Heiligen Geistes... An den Abt Fulrad:
Wir teilen dir mit, daß wir in diesem Jahr den großen Reichstag nach Ostsachsen zusammengerufen haben, und zwar nach Staßfurt an der Bode. Deshalb befehlen wir dir, am 17. Juni, mit allen deinen wohlbewaffneten und ausgerüsteten Leuten an dem genannten Platz dich einzustellen. Von hier aus ist, wohin dich auch unser Befehl schicken mag, eine militärische Expedition durchzuführen. Dafür werden Waffen und Gerät und alle andere kriegerische Ausrüstung mit Proviant und Bekleidung benötigt.
Jeder Berittene soll Schild, Lanze, Schwert und Hirschfänger haben, dazu Bogen und Köcher mit Pfeilen. Eure Packwagen sollen Vorräte aller Art mitführen: Spitzhacken und Äxte, Bohrer, Beile, Spaten, eiserne Grabscheite und alle anderen Werkzeuge, die man bei einem Feldzug braucht. Die Lebensmittel müssen vom Reichstag an gerechnet drei Monate reichen, Waffen und Bekleidung für ein halbes Jahr.
Wir befehlen dir, streng darauf zu achten, daß du in Ruhe und Frieden den genannten Ort erreichst. Durch welche Teile unseres Reiches dein Marsch dich auch führen mag, es dürfen außer Grünfutter, Holz und Wasser keinerlei Vorräte angerührt werden. Durch wessen Besitz aber eure Leute mit Packwagen und Pferden gerade marschieren, der soll immer dabei sein. Sonst könnte die Abwesenheit des Herrn seinen Besitz deinen Leuten preisgeben. Das soll bis zur Ankunft am Ziel gelten.
Die Geschenke, die du uns auf unserem Reichstag anzuliefern hast, übersende uns bis Mitte Mai dahin, wo wir uns dann aufhalten werden; wenn du deinen Marsch so einrichten kannst, daß du sie uns bei deinem Aufbruch in eigener Person überreichen kannst, wird uns das um so angenehmer sein. Lasse dir dabei keinerlei Nachlässigkeit zuschulden kommen, wenn dir an unserer Gnade gelegen ist."

Arbeitsaufgaben	denkbare Formulierungen
1. Unterstreiche die Gegenstände, die die Krieger mitbringen mußten.	**Waffen:** Schild, Lanze, Schwert, Hirschfänger, Pfeil und Bogen. **Geräte:** Spitzhacken, Äxte, Bohrer, Beile, Spaten, Werkzeuge. **Lebensmittel** (für drei Monate)
2. Der König schrieb genaue Verhaltensmaßregeln für den Marsch zum Reichstag vor. Schreibe sie auf und begründe sie!	Nur Grünfutter, Holz und Gras durften angerührt werden. Die Eigentümer des Landes, durch den der Zug führte, mußten den Kriegszug begleiten. Grund: Eine Zerstörung des eigenen Landes sollte verhindert werden.
3. Der König übermittelte einem Geistlichen einen Befehl. Welche Besonderheiten fallen dir daran auf?	Der König übermittelte dem Geistlichen den Befehl, Kriegsvorbereitungen zu treffen. Daraus läßt sich schließen, daß hohe Geistliche durchaus auch weltliche Aufgaben zu erfüllen hatten. Der Befehl ist in barschem Ton gehalten. Die Ablieferung von Geschenken wurde vom König gefordert.
4. Versuche herauszufinden, welche Folgen sich für die Bauern ergaben, wenn sie in den Krieg ziehen mußten!	
Vorteile: Man konnte Beute machen und als reicher Mann nach Hause kommen. Man konnte Abenteuer erleben und in ferne Länder marschieren.	**Nachteile:** Langdauernde Abwesenheit von zu Hause. Ausrüstungen und Waffen erforderten viel Arbeit und Kosten. Man konnte verwundet oder getötet werden. Die Arbeit auf den Feldern mußte Frauen und Kindern überlassen bleiben.
5. Um dem Kriegsdienst zu entgehen, gab es für die freien Bauern die Möglichkeit, sich in den Dienst eines geistlichen oder weltlichen Herrn zu begeben. Diskutiert wiederum Vor- und Nachteile!	
Vorteile: Die Bauern brauchten nicht mehr in den Krieg zu ziehen. Die Herren übernahmen die Garantie, den Besitz zu schützen.	**Nachteile:** Die Bauern mußten ihrem Herrn Abgaben bezahlen und bestimmte Dienste leisten. Sie mußten ihr Land dem Herrn übereignen. Sie mußten auf dem Hof bleiben und durften ihn nicht verlassen.

33. Die Normannenreiche

33.0.1 Literaturangaben

Handbücher
Propyläen V, Schieder 1

Gesamtdarstellungen
Almgren, Bertil (Hrsg.), Die Wikinger. Geschichte, Kultur und Entdeckungen, Burkhard, Essen
Brøndsted, Johannes, Die große Zeit der Wikinger, Wachholz, Neumünster 1964
Capella, Torsten, Kultur- und Kunstgeschichte der Wikinger, Wiss. Buchgesellschaft, Darmstadt 1986
Graham-Campbell, James, Das Leben der Wikinger. Krieger, Händler und Entdecker, Kristall, München 1980
Heller, Klaus/Spindler, Konrad/Zettel, Horst, Die Normannen in der Geschichte, Wiss. Buchgesellschaft Darmstadt 1987
Logan, Donald, F., Die Wikinger in der Geschichte, Reclam, Stuttgart 1987
Magnusson, Magnus, Die Wikinger, Letzte Boten der germanischen Welt, Atlantis 1986
Graf Oxenstierna, Eric, Die Wikinger, Kohlhammer, Stuttgart ^{3}1979

Sachbuch
Pörtner, Rudolf, Die Wikinger-Saga, Moewig TB 3184

Jugendbücher
Andersen, Leif Esper, Überfall der Wikinger, dtv TB 70 051 (Nach einem Überfall der Wikinger kämpfen zwei Jungen ums Überleben)
Bartos-Höppner, Barbara, Tausend Schiffe trieb der Wind, Arena TB 1480, Würzburg 1984 (Fahrten und Beutezüge der Wikinger)
Petersen, Palle, Holger erlebt die Zeit der Wikinger. Neuer Finen Verlag, Oberursel ^{2}1984
Pleticha, Heinrich, Drachensegler am Horizont, Arena, Würzburg (Über Leben, Fahrten und Abenteuer der Wikinger)
Sachse, Günter, Wikinger zwischen Hammer und Kreuz, Arena TB 1392 (Zwei Brüder am Hofe des Königs Tryggveseohn, der Norwegen erobert und zum Christentum bekehrt hat)
So lebten sie zur Zeit der Wikinger, Tessloff, Hamburg 1983 (Reich bebildertes Sachbuch als erste einfache Einführung, ab 10 J.)
Sutcliff, Rosemary, Der Schildwall, dtv TB 70046 (Erzählung aus der Zeit der Normannenherrschaft in England)

33.0.2 UR-Ziele

(1) Motive für die Wikingerzüge.
(2) Normannische Staatengründungen.

33.0.3 Medien

Wandkarten
Westermann, Europa in der Zeit der Ottonen und Salier

Atlas
dtv I 130
Westermann 57, 60, 65

Dias
FWU 10 2256 Haithabu 15 f

Filme

FWU 32 2138	Die Normannen erobern England: Der Teppich von Bayeux 28 min sw
FWU 32 2440	Die Wikingerschiffe von Roskilde 15 min f
FWU 36 0125	Die Fahrten der Normannen 5 min sw
WBF 32 5225	Normannen bedrohen das christliche Abendland – 8./9. Jh. Motive ihrer Entdeckungsfahrten und Beutezüge – Ein Überfall
WBF 32 5226	Die Wikinger als seefahrende Kaufleute und Städtegründer – 10./11. Jh. Schifffahrt, Siedlung und Handel der Normannen – Haithabu und Dublin

33.0.4 Fachwissenschaftliche Einführung

Seit dem ausgehenden 8. bis zum 11. Jahrhundert wurden die Küsten Europas von Raubzügen skandinavischer Krieger heimgesucht, die von den Zeitgenossen als **Normannen** (Nordmänner) bezeichnet wurden. Sie selbst nannten sich **Wikinger**, ein Begriff ungeklärter Herkunft, der „Seekrieger“ oder „Pirat“ bedeutete.
Nach dem Urteil neuer Forschungen sind die Raubzüge nicht durch Landnot ausgelöst worden; die Motive sind vielmehr Abenteuerlust, Sucht nach Ruhm und Hoffnung auf reiche Beute. Zunächst unternahmen **kleine Gefolgschaften unter einem Häuptling** Plünderungszüge an den Küsten Westeuropas (Aufsehen erregend 793 der Überfall auf das berühmte Kloster Lindisfarne auf einer Insel vor der englischen Küste). Seit Mitte des 9. Jahrhunderts drangen größere Verbände der Normannen in die Stromsysteme Westeuropas und in das Mittelmeer ein und brandschatzten die großen Städte des Frank-

enreiches. Im letzten Viertel des 9. Jahrhunderts begannen **große militärische Expeditionen,** an denen Hunderte von Schiffen und Tausende von Kriegern beteiligt waren. 879 landete eine riesige Streitmacht, das **„Große Heer“** an der flandrischen Küste und suchte mit Raub und Plünderung den Norden des Westfränkischen Reiches heim.
Teile dieser Heerscharen kehrten nicht mehr in die Heimat zurück, es begann die **Landnahme** der Normannen. Obwohl die Bedrohung die Widerstandskräfte im Frankenreich gestärkt hatte und erste Erfolge zu verzeichnen waren (Abwehr eines Angriffes auf Paris durch Graf Odo von Paris 885/886, Sieg des ostfränkischen Königs Arnulf von Kärnten über die Normannen bei Löwen 891) setzten sich Reste des „Großen Heeres“ und Neuankömmlinge aus England, Irland und Dänemark an der unteren Seine fest. Der westfränkische König war nicht stark genug, sie zu vertreiben und schloß mit ihnen 911 einen Vertrag, durch den den Normannen die spätere **Normandie** als Lehen überlassen wurde. Sie nahmen das Christentum an und wurden seßhafte Bauern und Grundherrn. Das Herzogtum Normandie wurde ein Teil des Westfränkischen Reiches.
Seit Ende des 8. Jahrhunderts unternahmen die **Dänen** Raubzüge nach **England** und begannen seit 850, sich dort festzusetzen. Sehr schnell war das gesamte Ost- und Nordengland von der Themse bis zur Grenze Schottlands im Besitz der Dänen; es wurde **Danelag** oder angelsächsisch Danelaw (= Gebiet des dänischen Rechts) genannt. Den Widerstand gegen die dänische Gefahr organisierte der angelsächsische König Alfred (der Große) von Wessex. Ihm gelang es, den angelsächsischen Machtbereich zu stabilisieren und vertraglich gegen die dänische Herrschaft abzugrenzen. Seine Nachfolger eroberten sogar Schritt für Schritt die dänischen Teilreiche zurück. Um die Jahrtausendwende fielen die Dänen erneut in England ein: der Dänenkönig Knut wurde schließlich Herrscher über ganz England (1016), errichtete jedoch keine Fremdherrschaft, sondern führte die Tradition der westsächsischen Könige fort. 1042 kam die angelsächsische Dynastie wieder auf den Thron, doch blieb König Eduard der Bekenner ohne Erben. Nach seinem Tode wurde Harald, Graf von Wessex, von den angelsächsischen Großen zum König gewählt. Anspruch auf den englischen Thron erhob jedoch auch Wilhelm, Herzog der Normandie. An der Spitze eines normannischen Ritterheeres in Stärke von 6000 Mann landete er an der englischen Südküste. In der **Schlacht bei Hastings** (1066) besiegte Wilhelm König Harold, der im Kampf getötet wurde. **Wilhelm der Eroberer** (1066–1087) wurde König von England. Die völlig romanisierten Normannen überlagerten die angelsächsische Kultur, nach dem Vorbild der Normandie errichtete Wilhelm einen straff organisierten, zentralistischen Lehensstaat. Für die nächsten vier Jahrhunderte sollte das Schicksal Englands eng mit dem Frankreichs verbunden bleiben.
Ein weiterer Normannenstaat entstand in einer späteren Phase in **Unteritalien und Sizilien.** Von Pilgerfahrten nach Jerusalem heimkehrend entsetzten Ritter aus der Normandie 1015/16 als Söldner des Fürsten von Salerno das von Sarazenen belagerte Salerno. Sie zogen weitere Normannen nach, die zunächst im Solde einheimischer Fürsten, dann sich immer mehr verselbständigend, in wechselnden Konstellationen allmählich die bisher vorherrschenden auswärtigen Mächte – Byzanz und Sarazenen – aus Unteritalien verdrängten und die Reste langobardischer Herrschaft beseitigten. Die normannische Herrschaft wurde schließlich legitimiert, als der Papst 1059 den normannischen Grafen und nunmehrigen Herzog **Robert Guiscard** mit Apulien und Kalabrien sowie dem noch zu erobernden sarazenischen Sizilien belehnte und dem Papsttum die militärische Unterstützung des neuen Staates sicherte. Aus einem bunten Flickenteppich einheimischer und fremder Herrschaften entstand ein mächtiges und blühendes Königreich (seit 1130), das als zentralistischer Beamtenstaat (vollendet unter dem Staufer Friedrich II.) der erste moderne Staat Europas wurde.

33.1 Welche Rolle die Normannen in der europäischen Geschichte spielten

33.1.1 Wissensziele

Die Herrschaft der Normannen in England ist ein Beispiel für die Überlagerung einer Bevölkerung durch Eroberung. Die Normannen unternahmen mit ihren schnellen Schiffen Raubzüge an fast allen europäischen Küsten und gründeten in vielen Gebieten Reiche.

33.1.2 UE-Ziele

(1) Die Fahrten der Wikinger.
(2) Lebensformen der Wikinger.
(3) Normannische Staatsgründungen.

33.1.3 Einstieg

● **Dia-Serie:** FWV 10 2256 „Haithabu"
FWV 36 0125 „Die Fahrten der Normannen"
● **Film:** WBF 32 5226 „Die Wikinger als seefahrende Kaufleute und Städtegründer"

33.1.4 Didaktisch-methodische Vorschläge

In dem Film „Die Fahrten der Normannen" werden die Wikingerzüge vom 8./9. Jahrhundert bis zum 11. Jahrhundert größtenteils in Kartendarstellungen gezeigt. Es gelingt dabei recht anschaulich, durch die Verwendung von Symbolen, wie Pfeile oder Schiffssymbole, den komplexen Sachverhalt didaktisch zu reduzieren und gleichzeitig in seiner Entwicklung zu verdeutlichen. Es lassen sich folgende Sachverhalte aus dem kurzen Film herausschälen:

- Die Wikinger bedrohen die Küsten der Ostsee, dringen jedoch nicht in das Innere der Länder ein. Sie errichten Stützpunkte an den Küsten.
- Die Wikinger bedrohen die Nordseeküsten (England und Niederlande, Inseln).
- Die Wikinger dringen auf Flüssen in den europäischen Kontinent ein.
- Die Wikinger fahren über den Atlantischen Ozean bis Island, Grönland und Nordamerika
- Die Wikinger gründen Staaten in den verschiedensten europäischen Gebieten.

Es empfiehlt sich, zur Vertiefung und Ergänzung die beiden Karten „Die Züge der Normannen im 8. bis 10. Jahrhundert" und „Staatsbildungen der Normannen in Europa" (dtv I, 130) einzusetzen.
Anhand dieses Films lassen sich folgende Fragestellungen entwickeln:

- Warum setzten sich die anderen europäischen Völker nicht wirkungsvoll gegen die Wikinger zur Wehr?
- Welche Auswirkungen hatte es, wenn die Wikinger sich in den eroberten Gebieten festsetzten?
- Wie verhielten sich die eroberten Völker gegenüber den Wikingern?
- Welche Vor- und Nachteile gab es dadurch für alle Beteiligten?
- Warum konnten die Wikinger so erfolgreich sein?

Diese Fragen können beantwortet werden, wenn die Schüler sich den Film „Die Normannen erobern England – Der Teppich von Bayeux" anschauen. Der Teppich von Bayeux war ein zeitgenössischer Bildbericht über die Eroberung Englands, und zwar aus der Sicht der Normannen.

Arbeitsaufgaben	denkbare Formulierungen
1. Nennt die wichtigsten Stationen, die auf dem Wandbehang dargestellt sind.	– Der englische Graf Harold schwört, daß er den normannischen Herzog Wilhelm nach dem Tode des englischen Königs als König von England anerkennen wird. – Erhebung Harolds auf den Königsthron – Herzog Wilhelm schlägt König Harold bei Hastings und wird Herrscher in England.
2. Wie ist es dazu gekommen, daß England in die Hände der Normannen fiel?	England wurde im Laufe des 8., 9. und 10. Jahrhunderts von Wikingern überfallen. Zu Beginn des 11. Jahrhunderts versöhnten sich die Angelsachsen und Dänen. Die Normannen herrschten in der Normandie.
3. Welches waren die Folgen der Eroberung Englands durch die Normannen?	Die Normannen waren zwar wie die Angelsachsen und Dänen Germanen, brachten aber französische Kultur nach England. In England wurde das in der Normandie herrschende Lehnswesen eingeführt.
4. Welche Aussagen lassen sich über die Lebensweise der Wikinger machen (Film: Die Wikinger als seefahrende Kaufleute und Städtegründer)	Die Wikinger lebten in Schweden, Norwegen und Dänemark. Sie waren zuerst Bauern. Ihre Höfe lagen am Meer. Sie bauten Getreide an und züchteten Vieh. Sie waren gute Jäger und Seeleute. Das zeigte sich insbesondere beim Schiffbau und der Seefahrt.
5. Warum konnte sich Haithabu zu einem bedeutenden Handelsplatz der Wikinger entwickeln? (Dia-Serie „Haithabu")	Haithabu lag an einer tiefen Meeresbucht und an einer in Nord-Südrichtung verlaufenden Handelsstraße. Handwerker und Kaufleute aus allen europäischen Gebieten ließen sich hier nieder.

34. Das Königtum zur Zeit Ottos

34.0.1 Literaturangaben

Handbücher
FWG 10, Gebhardt 1, Oldenbourg 6, Propyläen, Schieder

Gesamtdarstellungen
Beumann, Helmut, Die Ottonen, Urban TB 384, Kohlhammer, Stuttgart 1987
Goez, Werner, Einführung in die Grundprobleme der deutschen Geschichte von den Anfängen bis zum Ende der Stauferzeit, Wiss. Buchgesellschaft, Darmstadt 1987
Hampe, Karl, Herrschergestalten des deutschen Mittelalters, Wiss. Buchgesellschaft, Darmstadt 1984, 4. Nachdruck der 6. Auflage von 1955
Hampe, Karl, Das Hochmittelalter, Geschichte des Abendlandes von 900–1250, Wiss. Buchgesellschaft, Darmstadt ^{6}1977
Holtzmann, Robert, Geschichte der Sächsischen Kaiserzeit (900–1024), Calwey, München ^{6}1979
Kämpf, Hellmut, Die Entstehung des Deutschen Reiches. Deutschland um 900, Wiss. Buchgesellschaft, Darmstadt ^{5}1980
Schieffer, Theodor, Die deutsche Kaiserzeit (900–1250), Ullstein TB 3841
Werner, Karl Ferdinand, Die Entstehung des deutschen Volkes. Historische Grundlagen der Entwicklung Mitteleuropas 600–1024, Propyläen, Berlin 1986
Zimmermann, Harald, Das Mittelalter I. Von den Anfängen bis zum Ende des Investiturstreits, Westermann, Braunschweig 1975

Sachbuch
Fischer-Fabian, S., Die deutschen Caesaren. Triumpf und Tragödie der Kaiser des Mittelalters, Knaur TB 3606

Jugendbuch
Wiebke von Thadden, Tiza im Königsbann, Unterwegs im Reiche der Ottonen, dtv TB 79 014, München 1986

34.0.2 UR-Ziele

(1) Auseinandersetzung zwischen den lokalen und zentralen Gewalten in Deutschland.
(2) Auseinandersetzungen zwischen den Machtfaktoren Kaisertum und Kirche.
(3) Symbolhandlungen bei Krönungen im Deutschen Reich.

34.0.3 Medien

Wandkarten

Perthes	Zur deutschen Geschichte im 10. und 11. Jahrhundert
	Das Reich des Mittelalters: Kaiser, Fürsten, Städte (1. Teilkarte: um 1000)
Westermann	Europa in der Zeit der Ottonen und Salier

Atlas

dtv	I 142
Westermann	58–59

Dias

Flemming	Europa zur Zeit der Sachsenkaiser 25 f
Jünger	Die sächsischen und salischen Kaiser 30 f
Stoedtner	Otto I. und die Ottonen 12 sw

34.0.4 Fachwissenschaftliche Einführung

Im 10. Jahrhundert verschiebt sich der politische Schwerpunkt Europas von West nach Ost. Die Mitte Europas, Deutschland, wird zum neuen **Zentrum des Abendlandes.** Träger dieser neuen Vormacht ist das deutsche Volk, in diesem Jahrhundert beginnt die **deutsche Geschichte**.

Das deutsche Volk bildete sich durch den Zusammenschluß der rechtsrheinischen Franken mit den westgermanischen Stämmen der Sachsen, Bayern und Alemannen. Der Beginn dieser Entwicklung ist nicht exakt zu datieren. Als **Epochenjahre** werden genannt: 843 (siehe S. 220), 887 (Tod Kaiser Karls des Dicken, der als letzter über das zerfallende Reich Karls des Großen geherrscht hatte), 911 (Frankenherzog Konrad I. wird König des Ostfrankenreiches) und 919 (der Sachse Heinrich I. von den Franken und Sachsen zum König gewählt). Für das Jahr 920 ist erstmals die Bezeichnung „regnum Teutonicorum", (König-)Reich der Deutschen, nachgewiesen, allgemein bürgert sich diese Bezeichnung erst im 11. Jahrhundert ein.

Das **deutsche Königtum** gewann seine besondere Würde, seinen Vorrang unter allen übrigen Herrschern des Abendlandes durch die Annahme der **römischen Kaiserkrone.** Mit der Erneuerung des Imperiums wurde der universelle Hoheitsanspruch des altrömischen Kaisertums wiederbelebt. Das **Imperium Romanum,** so die anfängliche Bezeichnung, seit 1157 als **Sacrum Imperium Romanum** und seit dem 15. Jahrhundert als Heiliges Römisches Reich Deutscher Nation, sollte fortan, bis zu seinem Erlöschen im Jahr 1806, mit dem deutschen Königtum verbunden bleiben.

Anders als Karl der Große beherrschten **Otto der Große** und seine Nachfolger nicht das gesamte Abendland. Das Reich war zwar die Vormacht in Europa, aber die **Herrschaftsbasis des Kaisers** waren das **deutsche und das italische** (seit Konrad II. auch das burgundische) **Königreich.** Es waren selbständige Königreiche, die in der Person ihres Herrschers durch eine Personalunion miteinander verbunden waren. Ihre Verbindung war also nicht durch das Kaisertum begründet. Das Kaisertum setzte vielmehr die Königsherrschaft voraus und hatte in ihr ihre Basis – das Imperium ist als Herrschaftsgebilde nicht primärer, sondern sekundärer Natur.

Das karolingische Imperium war nach wenigen Jahrzehnten zusammengebrochen. Das **Ottonische Kaiserreich** erwies sich dagegen als **dauerhaft.** Die Lösungen, die die Stabilität ihrer Herrschaft zu garantieren vermochten, waren in erster Linie:

- das Prinzip der Unteilbarkeit des Reiches und
- die Institution der Reichskirche.

Die Unteilbarkeit des Reiches. In der Hausordnung von 929 bestimmte Heinrich I. seinen Sohn Otto zum Nachfolger. Damit hatte er mit dem alten Rechtsgrundsatz gebrochen, wonach alle Königssöhne den gleichen Anteil an der Herrschaft zu beanspruchen hatten. Die daraus folgenden Aufteilungen des Reiches waren eine der entscheidenden Ursachen für den Untergang der Karolinger gewesen (siehe S. 220). Von nun an galt das Prinzip der Unteilbarkeit des Reiches.

Die Reichskirche. Das Lehenssystem, die Verbindung von Vasallentum und Landleben, wie es sich in der Karolingerzeit herausgebildet hatte, führte wegen seiner Tendenz zur Erblichkeit der Lehen dahin, daß dem Herrscher die Verfügungsgewalt über den Landbesitz immer mehr entglitt (siehe S. 228). Schon Karl der Große hatte den Klerus, der als alleiniger Träger der Schriftkultur die Voraussetzungen hierfür besaß, zur Reichsverwaltung herangezogen. Otto I. stattete bevorzugt hohe Geistliche mit Lehen aus und entwikkelte planmäßig das System der „Reichskirche", einer **Verbindung von Kirchendienst und Reichsdienst.** Geistliche Würdenträger vererbten ihre Ämter nicht, sie waren ohne rechtliche Nachfolger, wenn auch der Zölibat sich erst seit dem 11. Jahrhundert allmählich durchsetzte. Die Vererbung der Lehen war damit ausgeschlossen.

Otto I. und seine Nachfolger statteten Bischöfe, Äbte und Kirchen mit reichen Schenkungen von Grundbesitz aus, erweiterten ihre **Immunitätsrechte** (Befreiung von der Kontrolle durch Beamte, von finanziellen Lasten und von der weltlichen Gerichtsbarkeit) und übertrugen ihnen **Königsrechte** (Regalien), so das Recht zur Münzprägung und zur Erhebung von Zöllen. Schließlich wurden Bischöfe mit ganzen Grafschaften belohnt. Unter Otto I. erhielt sein Bruder Brun, der Erzbischof von Köln, sogar das Herzogtum Lothringen.

Schon vor den Ottonen war es üblich, daß der **König Einfluß auf die Bischofswahlen** nahm. Otto I. besetzte Reichsbistümer und Reichsabteien generell mit Männern seines Vertrauens, bevorzugt mit Angehörigen der Hofkapelle, der Gemeinschaft aller am Königshof tätigen Geistlichen, die Erfahrung in der königlichen Verwaltung (Kanzlei) hatten. Die Einsetzung (**Investitur**) geschah durch die Übergabe von Stab und Ring. Zur Reichskirche gehörten sämtliche Bistümer und Erzbistümer sowie die bedeutendsten Klöster und Stifte; sie stellten die überwiegende Mehrzahl der Reichslehen dar.

Als Gegenleistung hatte die Kirche außer den Verwaltungsaufgaben die **Versorgung des königlichen Hofes** durch Naturalabgaben zu übernehmen und nicht zuletzt Heeresfolge zu leisten. Ein erhaltenes **Aufgebot Ottos II.** aus dem Jahr 982 führt 2090 Panzerreiter auf. Davon stellten die geistlichen Fürsten 1510, die weltlichen 534. Die Erzbischöfe von Köln und Mainz sowie die Bischöfe von Augsburg und Straßburg stellten je 100, die Erzbistümer und Bistümer Trier, Salzburg und Regensburg je 70, von Würzburg, Lüttich und Verdun je 60, die Äbte von Fulda und Reichenau je 60, von Lorsch und Weißenburg im Elsaß je 50, die übrigen geistlichen Fürsten je 40. Die stärksten Aufgebote der weltlichen Fürsten beliefen sich dagegen nur auf 40 Reiter.

Die **geistlichen Würdenträger** und der **König** waren durch **gemeinsame Interessen** eng miteinander verbunden. Es waren die weltlichen Herrn, die Herzöge, Grafen und großen Grundherrn, die das Kirchengut in ihre Gewalt bringen, das Recht zur Besetzung hoher Kirchenämter und die der Kirche verliehenen Königsrechte an sich reißen wollten, also jene Kräfte, gegen die der König sich durch die Reichskirche zu sichern suchte. „Das System der ottonischen Reichskirche lief darauf hinaus, eine aus mächtigen Männern bestehende Schicht zu schaffen, deren Interessen mit denen der Krone völlig übereinstimmten... Nirgends und zu keiner Zeit hat es im frühen Mittelalter ein territoriales Verwaltungssystem gegeben, das die Herrschaft des Monarchen in einem solchen Maße sicherte." (Jan Dhondt, Fischer Weltgeschichte, Bd. 9, S. 201).

Einstiegs-Geschichte: Der König und die Herzöge

Der Bote König Heinrichs wurde in Regensburg mit allen Ehren empfangen. Herzog Arnulf war neugierig, was der König ihm zu sagen habe. In der ersten Unterredung unter vier Augen berichtete der Bote: „König Heinrich ist totkrank. Man muß täglich mit seinem Ableben rechnen. Der König richtet an euch, den Bayerherzog, die Bitte, bei der Königswahl für seinen Sohn Otto zu stimmen. Ihr wißt, daß nur derjenige

König werden kann, der von allen Herzögen gewählt wird." Herzog Arnulf antwortete erst nach einer ganzen Weile: „Ihr wißt, daß ich der Wahl eines Sachsen zum König erst dann zugestimmt habe, als ich von ihm durch einen Vertrag weitgehende Selbständigkeit in meiner Regierung zugestanden erhielt. Auch die Kirchenhoheit in Bayern beanspruchte ich. Wir Herzöge wollen uns nicht von einem König kommandieren lassen. Sage deinem Herrn, es ist noch keineswegs entschieden, ob ich bei der nächsten Königswahl wieder für einen Sachsen stimmen werde."
In diesem Augenblick wurde ein Bote der Grenztruppen gemeldet, der den Herzog dringend sprechen müsse. Der Herzog ging hinaus. Als er den Raum wieder betrat, war er wie umgewandelt: „Die Ungarn sind wieder in den Osten meines Herzogtums eingefallen", sagte er, „sie verwüsten alles. Sie morden und plündern wie schon in früheren Jahren. Bayern braucht die Krieger aus allen deutschen Herzogtümern. Sage deinem Herrn, Bayern erwarte dringend Hilfe von einem starken und einigen deutschen Reich. Meine Stimme hat der Sohn des Königs."
Wie ist die Änderung im Verhalten des Herzogs zu erklären?

34.1 Die Krönung Ottos
Wie der König zuverlässige Mitarbeiter fand
Was man im Mittelalter unter „Kaiser und Reich" verstand

34.1.1 Wissensziele

Als die Ungarn einfielen, erreichte es Heinrich I., daß die Herzöge ihn als König anerkannten. Heinrichs Sohn und Nachfolger war Otto der Große. Die Herzöge mußten ihn bei der Krönung bedienen, damit aller Welt deutlich wurde, daß er ein mächtiger König war. Als sich die Herzöge gegen ihn empörten, setzte er Bischöfe als Reichsbeamte ein. In der Schlacht auf dem Lechfelde bei Augsburg besiegten die deutschen Ritter unter Führung Ottos das Heer der Ungarn. Otto wurde wie Karl der Große vom Papst zum Kaiser gekrönt.

34.1.2 UE-Ziele

(1) Die Krönungszeremonie bei der Königskrönung deutscher Herrscher.
(2) Der Grundkonflikt zwischen dem Herrscher und den Herzögen.

34.1.3 Einstieg

- **Bild:** Kaiser Otto III. auf dem Thron (Gfm)

34.1.4 Didaktisch-methodische Vorschläge

Während in der vorigen Unterrichtsreihe die Bedingungen, unter denen sich wirtschaftliche, soziale und Herrschaftsstrukturen herausbilden, analysiert werden, sollen im Rahmen dieser Unterrichtsreihe vornehmlich die Auseinandersetzungen zwischen dem die Zentralgewalt repräsentierenden Königtum und der Partikulargewalt (Adel, Kirche) untersucht werden.
Als Basis für die Herauskristallisierung und Formulierung des Problems dient das Bild „Kaiser Otto III. auf dem Thron". In den Spontan-Äußerungen der Schüler wird die dominierende Stellung des Kaisers zum Ausdruck kommen. Folgende Arbeitsaufgaben sollen zur weiteren Bildanalyse beitragen.

Arbeitsaufgaben	denkbare Formulierungen
1. Welche Personen sind auf dem Bild dargestellt?	Kaiser Otto III., Bischöfe und Herzöge.
2. Was fällt dir an Kleidung, Haartracht besonders auf? Achte auch auf die Gegenstände, die die einzelnen Personen mit sich führen!	Der Kaiser sitzt auf dem Thron, hält den Reichsapfel und das Zepter, trägt eine Krone und ein prachtvolles Gewand. Links vom Kaiser stehen Geistliche, rechts von ihm die Herzöge mit Schwert, Lanze und Schild.
3. Wodurch wird der Kaiser hervorgehoben?	Er erscheint größer als die anderen Figuren, sitzt auf dem Thron, während die anderen Personen stehen. Er befindet sich in der Bildmitte.
4. Was beabsichtigte der Maler dieses Bildes?	Er wollte die Machtstellung des Kaisers gegenüber den Herzögen und Bischöfen betonen.

Zumindest läßt das Bild die Vermutung zu, daß die Machtstellung des Kaisers überragend gewesen sein muß, und es gilt jetzt zu prüfen, inwieweit die Bildaussage „stimmt". Das soll durch die Analyse der Schilderung Widukinds über die Krönung Ottos I. erfolgen, wobei es darauf ankommt, die Vorgänge und Symbolhandlungen zu deuten, und zwar im Hinblick auf das Verhältnis zwischen der Zentral- und der Partikulargewalt.

Arbeitsaufgaben	denkbare Formulierungen	
1. Verfolge die einzelnen Stationen der Krönungszeremonie. Nimm dabei das Modell der Pfalz zu Aachen (Gfm) zu Hilfe!	Ort:	Vorgang:
	Säulenhalle vor der Pfalz	Huldigung durch die Herzöge, die den König auf den Thron hoben.
	zum Münster	
	Münster	Der Erzbischof von Mainz salbte Otto als den von Gott gewählten, von König Heinrich bestimmten und von den Herzögen gewählten König.
	Pfalz	Krönungsmahl, bei dem die Herzöge den König bedienten.
2. Welche Absicht verfolgte Otto I., als er den vier Herzögen Ämter beim Krönungsmahl übertrug?	Damit sollte deutlich gemacht werden, daß Otto I. die Herzöge stärker in den Dienst der Krone bringen wollte.	
3. Stelle Vermutungen über die Reaktion der Herzöge an!	Sie werden sich aufgrund ihrer Tätigkeiten bei der Krönung untergeordnet gefühlt und sich dagegen gewehrt haben.	
4. Überprüfe die Vermutungen durch den Text! Stelle die Maßnahmen Ottos zusammen und bedenke ihre Folgen!	Maßnahme:	Folgen:
	Besetzung der Herzogtümer durch seine Verwandten	Grund für diese Maßnahme: Otto nahm an, Verwandte würden sich nicht so leicht wie andere gegen ihn erheben. Doch auch sie erhoben sich gegen ihn.
	Verleihung von Landbesitz und Rechten an die Geistlichen	Da Geistliche Besitz nicht vererben konnten, fiel im Todesfall der Landbesitz an den König zurück.
	Wer setzte die Bischöfe ein?	Darüber kam es später zum Konflikt zwischen Kaiser und Papst, weil beide dieses Recht beanspruchten.

T Beginn der Entwicklung des Deutschen Reiches

Teilung des Ostfrankenreiches ↙ ↘

- Bedrohungen von außen
  - Ungarneinfälle
- Schwierigkeiten in Innern
  - Rivalitäten zwischen den Stammesherzögen
  - Wahl eines starken Königs (Heinrich I.)

↓

- weiterhin Bedrohung von außen
  - ↓ Ungarn werden besiegt
  - ↓ Erweiterungen des Reichs durch Eroberungszüge im Osten
- Rivalitäten brechen immer wieder zwischen den Herzögen und dem Herrscher aus
  - ↓ Lösungsversuch: König — Reichskirchensystem

↓

- Königsdienst, Heeresdienst → Lehen → Reichsäbte
- Königstreue Politik → Ein- und Absetzung → Bischöfe

35. Abendländisches Mönchtum und Kirche im frühen Mittelalter

35.0.1 Literaturangaben

Handbücher
FWG 11, Gebhardt, Oldenbourg 7, Propyläen, Schieder

Gesamtdarstellungen
Borst, Arno, Mönche am Bodensee 610–1525, Thorbecke, Sigmaringen 1978
Frank, Karl Suso, Grundzüge der Geschichte des christlichen Mönchtums, Wiss. Buchgesellschaft, Darmstadt [4]1983
Gregoire, Reginald/Moulin, Leo/Oursel, Raymond, Die Kultur der Klöster, Belser, Stuttgart 1985
Jedin, Hubert v., (Hrsg.), Handbuch der Kirchengeschichte, 10 Bde., Herder, Freiburg 1985
Prinz, Friedrich, Mönchtum und Gesellschaft im Frühmittelalter, Wiss. Buchgesellschaft, Darmstadt 1976
Moeller, Bernd, Geschichte des Christentums in Grundzügen, Vandenhoeck & Ruprecht, Göttingen [3]1983

35.0.2 UR-Ziele

(1) Bedeutung der Klöster für die kulturelle Entwicklung in Europa.
(2) Die Bedeutung der Klöster in der Auseinandersetzung um Herrschaft und Macht im Mittelalter.

35.0.3 Medien

Wandkarten
Perthes Zur deutschen Geschichte im 10. und 11. Jahrhundert
Westermann, Europa in der Zeit der Ottonen und Salier

Atlas
dtv I 141
Westermann 52, 53, 56, 87, 89
dtv I 142
Westermann 58–59, 63

Dias

Jünger		Die sächsischen und salischen Kaiser 30 f
Stoedtner		Die Fränkischen Kaiser 13 sw
Westermann	10 6635	Deutsche Geschichte bis zum Investiturstreit 24 f
Jünger	10 6864	Die Hohenstaufen 30 f
Stoedtner		Staufer und Welfen 10 sw
Westermann		Stauferzeit 36 f
FWU	10 2827	Klosterleben im Mittelalter 12 f
Stoedtner	10 4460	Kloster Maulbronn 10 sw
	10 6772	Das Mönchtum 14 sw

Film
FWU 32 1543 Bernhard von Clairvaux 12 min f

Tonband
FWU 20 0045 Kaiser Friedrich Barbarossa 48 min

35.0.4 Fachwissenschaftliche Einführung

Der Zerfall des Karolingerreiches führte zum Zusammenbruch der traditionellen staatlichen Organisation, die bisher für Frieden, eine relativ normale Rechtspflege und eine geordnete Verwaltung gesorgt hatte. In der folgenden Zeit waren die Menschen schutzlos dem Ansturm fremder Gewalten, der Normannen, Sarazenen und Ungarn, ausgesetzt. Nur langsam bildeten sich in Gestalt der **Feudalgewalten** neue politische Ordnungssysteme heraus. Die Masse der Menschen erlebte diese neuen Gewalten konkret als ihren **Grundherrn,** der in seinem Herrschaftsgebiet die schrankenlose Macht ausübte und dem sie schutzlos ausgeliefert waren.
In dieser heillosen Welt gab es eine Macht, die den nach Sicherheit und Gerechtigkeit hungernden Menschen Trost und Zuflucht bot, und das war **die Kirche**. Die Kirche wurde zur großen Erzieherin des Mittelalters, die **Religion** bestimmte das **Alltagsleben der Menschen**. Der Tagesablauf wurde durch das Glockengeläut der Kirchen und Klöster gegliedert. Der einzelne Gläubige suchte durch Gelübde, Wallfahrten und fromme Stiftungen sein Seelenheil zu sichern. Die Verehrung der Heiligen und der Kult um ihre Reliquien nahm einen bisher nicht dagewesenen Umfang an.
Zugleich stimmte jedoch das Leben, das die Geistlichkeit, insbesondere die Bischöfe, aber auch die niederen Weltgeistlichen und vielfach sogar die Mönche führten, nicht mit den Idealen der Frömmigkeit und Heiligkeit überein, die die Kirche verkündete. Gegen eine Reihe von **Mißständen** richtete sich die **kirchliche Reformbewegung**.
Die **Laieninvestitur** hatte ihren Ursprung im Prinzip der **Eigenkirche.** Der weltliche Grundherr verfügte über die auf seinem Grund und Boden errichtete Kirche als sein Eigentum und beanspruchte bestimmte Rechte, vor allem das Recht der Einsetzung (Investitur) der Kleriker. Dieses Prinzip galt auf allen Ebenen

der Hierarchie bis hin zum Kaiser, der die Reichskirche gleichsam als seine Eigenkirche betrachtete.
Simonie = Übertragung von geistlichen Ämtern gegen Geld und Geldeswert. Der Begriff stammt aus der Apostelgeschichte (8, 18–24): Der samaritanische Magier Simon hatte vom Apostel Petrus ein geistliches Amt und die Fähigkeit zur Krankenheilung gegen Geld erkaufen wollen.
Zölibat = die Ehelosigkeit (und geschlechtliche Enthaltsamkeit) der Priester. Diese sollten sich ganz als Diener der Kirche fühlen, für sie kämpfen und wenn nötig leiden und sterben. Daher durften sie keiner anderen Gemeinschaft außerhalb der Kirche angehören, alle Bande, die sie mit der weltlichen Umgebung verbunden hatten, sollten gelöst sein. Der Zölibat war schon 306 auf der Synode von Elvira gefordert worden, er wurde danach häufig eingeschärft, jedoch vielfach übertreten, nicht nur von der niederen (Welt-) Geistlichkeit, sondern sogar von Bischöfen.
Die Erneuerungsbewegung ging vom **Mönchstum** aus. Für die deutsche Kirche war das Kloster **Gorze** bei Metz ein wichtiges Reformzentrum. Für die gesamte Kirche aber war **Cluny** in Burgund von herausragender Bedeutung. Der Stifter des 909 gegründeten Klosters, Wilhelm der Fromme, Herzog von Aquitanien, hatte dafür gesorgt, daß es von aller weltlichen (= des Landesherrn) und geistlichen (= des Bischofs) Abhängigkeit befreit (Exemtion) und **direkt Rom unterstellt** wurde. Die von feudalen Kräften unabhängige **freie Abtwahl** und die direkte Unterstellung unter den Papst waren der Kern der institutionellen Reform.
Zugleich wurde auch das **Klosterleben reformiert.** Vorbild war das strenge Ordensideal des frühen Mittelalters. Nicht mehr Kulturarbeit, Mission oder weltliche Aufgaben, sondern Kontemplation, Gottesdienst und Gebet für Lebende und Verstorbene wurden zum neuen monastischen Leitbild.
Von Cluny aus wurden zahlreiche Klöster neu gegründet, bestehende reformiert. Zur Zeit seiner größten Ausdehnung gehörten 3000 Abteien und Priorate (Filialen des Mutterklosters unter einem Prior als Vertreter des Abtes) zur Kongregation von Cluny.

Einstiegs-Geschichte: Eine Nonne vor dem Ordensgericht

Stumm, von unstillbarem Weinen geschüttelt, kniete Hildegard im Chor des Klosters. Auf dem harten Gestühl vor ihr saßen die Äbtissin, die Priorin und einige Nonnen, die aufgrund ihres Alters besondere Achtung genossen. Eine der Nonnen sprach mit scharfer Stimme: „Du hast dir von deinen Eltern bei ihrem letzten Besuch einen Beutel mit Geld geben lassen. Du hast davon im Laufe der letzten Wochen einer unserer Mitschwestern mehrere Münzen gegeben, damit sie das Geld an ihren kranken Bruder weiterleite. Deine Mitschwester konnte diesen Verstoß gegen die Klosterregeln nicht länger mit ihrem Gewissen vereinbaren und hat der Äbtissin alles gestanden. Ist es wahr, was uns berichtet wurde?"
Hildegard antwortete: „Ihr Bruder ist unser Nachbars Kind. Wir haben von klein auf miteinander gespielt. Jetzt ist er krank, und die Eltern können keine Medizin kaufen." Die Äbtissin erhob sich, ging auf die Kniende und sprach: „Hildegard, du hast schlimm gegen die Klosterregeln verstoßen. Du hast gelernt – niemand soll Eigentum besitzen, nicht einmal eine eigene Schreibtafel. Eine Nonne muß ganz arm sein. Nur das Kloster als Ganzes darf Besitz haben. Du hast mir, deiner Äbtissin, nichts davon gesagt – nicht einmal in der Beichte. Gehorsam ist unser oberstes Gebot. Du bist Novizin, eine Anwärterin für die Aufnahme als Nonne in unser Kloster. Du hast gelernt, warum es diese strengen Regeln gibt. Wir unterscheiden uns von der Welt da draußen. Sie wird beherrscht von Rangunterschieden und Besitzdenken. Wir richten alle unsere Gedanken auf Christus und wollen eine ganz andere Welt verwirklichen. Wenn du bei uns aufgenommen wirst, erhältst du einen neuen Namen zum Zeichen dessen, daß du zum zweitenmal geboren wirst und ein Leben beginnst, das dich für das ewige Leben vorbereitet.
Ich kann dich nicht ungestraft lassen. Dein Ziel, Hilfe zu leisten, hättest du auch erreicht, wenn du dich mir anvertraut hättest. Dann hätte ich unseren Krankendienst zu dem Jungen geschickt.
Nun geh in deine Zelle. Ich werde mich mit meinen Mitschwestern beraten."
Wie würdet ihr entscheiden?

35.1 Was geistliche Orden und Klöster für die Entwicklung der europäischen Kultur bedeuteten

35.1.1 Wissensziele

Fromme Männer gründeten Orden. Sie lebten genossenschaftlich in einem Kloster. Ihr Vorsteher hieß Abt. Sie lebten nach der Regel des Benedikt und nannten sich Benediktiner. Andere hießen Franziskaner und Dominikaner.
Die Mönche und Nonnen waren Vorbilder für die Bauern und Handwerker bei der Verbesserung ihrer Arbeitstechniken. Die Nonnenklöster waren Pflegestätten der Bildung und feinen Lebensart. Als Siedler in den Ostgebieten waren vor allem die Zisterzienser tätig.

35.1.2 UE-Ziele

(1) Lebens- und Arbeitsweise der Mönche.
(2) Aufgaben der Mönche innerhalb der mittelalterlichen Gesellschaft.
(3) Bedeutung der Klöster in der Auseinandersetzung zwischen den Machtträgern im Mittelalter.
(4) Wertvorstellungen der Mönche.

35.1.3 Einstieg

- **Bild:** Modell des Klosters St. Gallen (Gfm)
- **Bild:** Grundriß dazu (Westermann S. 53)
- **Lehnwörter** aus dem Lateinischen: Mönch (mnachus), Kloster (claustrum), Münster (monasterium), Zelle (cella), Klausur (clusa), Schule (schola), Ordnung (ordo), predigen (praedicare), Dom (domus).

35.1.4 Didaktisch-methodische Vorschläge

Im Rahmen der Analyse mittelalterlich-feudalistischer Gesellschaftsstrukturen besteht das Hauptziel dieser Unterrichtsreihe darin, die Aufgabe und Funktion der Klöster und Mönche als Förderer der Kultur zu verdeutlichen. Die enge Verknüpfung zwischen König, Adel und Kirche geht z. B. schon daraus hervor, daß die Leitung der Klöster größtenteils bei Männern und Frauen aus der Umgebung des Königs, beim Hochadel, lag. Zu bedenken ist auch, daß die ökonomische Grundlage der Klöster auf dem Besitz riesiger Landgebiete beruhte, die sie von adligen Landbesitzern geschenkt bekamen. Die Verwaltung dieser Gebiete erforderte vor allem verwaltungstechnische Fähigkeiten. Daneben waren die Mönche Wegbereiter des technischen und des künstlerischen Fortschritts.
Die Schüler sollten aufgrund ihres Vorwissens bzw. des Materials, das sie in ihrem Unterrichtswerk vorfinden, zunächst einmal das Leben der Mönche und Ritter miteinander vergleichen.

T Ritter	Mönch
lebte auf einer Burg, kriegstüchtig, körpergewandt, höfisches Benehmen, militärisch mächtig, wirtschaftlich mächtig, Landbesitz, den andere bearbeiten.	lebte in einem Kloster, betätigte sich im Bibelstudium, im Lesen und Schreiben, klösterliche Weltabgeschiedenheit, Armut,

Es sei betont, daß es sich hier zunächst noch um vorläufige Vermutungen handelt. Die didaktische Absicht einer solchen Gegenüberstellung ist es, die Schüler zu einer präziseren und vollständigeren Untersuchung der mönchischen Lebensweise anzuregen, um dann möglicherweise diese ersten Eindrücke zu revidieren und nach der Aufgabe und Funktion der Klöster im Rahmen der mittelalterlichen Gesellschaftsordnung zu fragen.
Dazu ist es erforderlich zu ermitteln, a) wie es überhaupt zur Gründung von Klöstern gekommen ist, b) welche Aufgaben sie erfüllten und c) wie die Mönche in ihnen lebten.

Arbeitsaufgaben	denkbare Formulierungen
1. Untersuche anhand einer Schenkungsurkunde, wer aus welchen Motiven der Kirche Land schenkte.	Ein Landbesitzer verschenkte Land im Angesicht des Todes, um Vergebung der Sünden zu erlangen.
2. Was schloß die Übereignung von Landbesitz mit ein?	Das Dorf mit Knechten, Hörigen und Leibeigenen; Vieh, Wiesen, Wälder, ggf. Weinberg und Mühle.
3. Welche Gründe gab es für die Menschen, sich in ein Kloster zu begeben?	– Sorge um das Seelenheil. – Man wollte den Versuchungen der Welt entfliehen. – Man wollte in einer Genossenschaft von Gleichgesinnten ein Gott wohlgefälliges Leben führen.
4. Was sagen die Regeln des Benedikt von Nursia über das Zusammenleben der Mönche aus?	– Es sollte keine Unterschiede zwischen ehemals Freien und Unfreien im Kloster geben. Der Abt sollte gewählt werden. Entscheidungen sollte er erst nach Diskussion eines Problems fällen. – Der Mönch mußte Gehorsam geloben. Er durfte kein Eigentum besitzen. – Der Mönch sollte Handarbeiten verrichten und fromme Schriften lesen. Außerdem durfte er das Gebiet des Klosters nicht ohne Auftrag verlassen.

Nach diesen Informationen über die Motive der Klostergründungen und nachdem erste Aussagen über die Aufgaben der Mönche ermittelt worden sind, kann der eingangs angestellte Vergleich zwischen Rittertum und Mönchtum differenzierter gesehen werden. Wenn die Klöster eine derartige Bedeutung erlangten, dann erhebt sich die Frage, welche Rolle sie im Rahmen der Auseinandersetzung um die Macht zwischen der Kirche, der Zentralgewalt und den Partikulargewalten spielte.

An dieser Stelle ist z. B. zu fragen: Wer besaß das Weisungsrecht über die Klöster? Wer setzte die Äbte ein?
Um mit der letzten Frage zu beginnen, verweisen wir auf die Maßnahmen, die Otto I. zur Sicherung und Festigung seiner Reichsgewalt gegen die Herzöge unternahm. Das von Benedikt geforderte Wahlrecht der Mönche wurde nicht immer praktiziert.
Demnach wurden Abteien als Pfründe an geistliche und weltliche Adlige verliehen. Somit waren alle Klöster mit ihrem Grundbesitz Eigenbesitz des Königs oder (geistlicher und adliger) Grundherrn. So wird z. B. berichtet, daß Otto I. den Abt des Klosters Reichenau absetzte, weil dieser in der Bewirtschaftung des Klosters versagt hatte (Gfm). Daher forderte auch der Abt von Cluny, „... alle Kloster aus ihrer Abhängigkeit von Landesherrn oder Bischöfen zu lösen und direkt dem Papst zu unterstellen" (Gfm).

T Kausalkette:

Kaiser ...		**Papst ...**
setzte Äbte ein (weltliche und geistliche Grundherrn)	Widerspruch ⟷ Gegensatz	beanspruchte dieses Recht für sich

Wormser Konkordat
(Kompromiß)

Im Rahmen dieser Unterrichtseinheit sollen folgende Fragen aufgegriffen werden: Wie lebten die Mönche, und welche Aufgaben und Funktionen erfüllten sie? Es gilt, ein anschaulich-konkretes Bild von der Lebensweise der Mönche zu vermitteln.

Arbeitsaufgaben	denkbare Formulierungen
1. Erläutere, welche Aufgaben die Mönche zu erfüllen hatten.	Studium der Bibel, Erziehung und Unterricht, Krankenpflege, Abschreiben und Herstellen von Büchern, landwirtschaftliche Tätigkeiten.
2. Stelle nach dem Grundriß des Klosters St. Gallen (Gfm) zusammen, was im Kloster produziert wurde.	Backwaren, Bier, Obst und Gemüse, Getreide, tierische Produkte, Geräte/Werkzeuge.
3. Was läßt sich aus dem Grundriß über weitere Tätigkeiten, Einrichtungen usw. sagen?	– Das Kloster mußte viele Gäste und Pilger versorgen. – Armenfürsorge und Krankenpflege, ärztliche Versorgung. – Schule und Bildung. - Räumlichkeiten für religiöse Handlungen.

T Die Bedeutung der Klöster

Mittelalter	heute
Klöster waren Mittelpunkt von Kunst und Wissenschaft.	Heute sind Universitäten und Schulen solche Mittelpunkte.
Sie lösten weltliche und geistliche Aufgaben.	Heute haben andere Institutionen die weltlichen Aufgaben übernommen.
Kräutersammlung, Herstellung von Medikamenten.	Drogerie, Apotheke
Behandlung von Kranken.	Arzt, Krankenhaus
Die Mönche und Nonnen waren Lehrer und Forscher.	Schule, Universitäten
Sie stellten Bücher her, die sie künstlerisch gestalteten.	Druckerei, Zeitung, Künstler

Vom Wirken der Nonnen
Die folgenden **Erkenntnisse** sollten bei den Kindern eine bestimmte Haltung fördern: die Achtung vor den außerordentlichen Leistungen, die Mönche und Nonnen im Laufe der Jahrhunderte auch im Dienst der Krankenpflege vollbracht haben. Besonders heute, da eine karitative Haltung bei einem großen Teil der Bevölkerung nicht mehr selbstverständlich ist, haben die geistlichen Orden in der Trägerschaft von Krankenhäusern große Bedeutung erlangt.
▶ **Material:** Frauengestalten, S. 27, 41: Hildegard von Bingen.
Die Institutionen der Orden brauchen unterrichtlich nicht im Vordergrund zu stehen. Wichtig ist vielmehr, daß die Kinder die menschlichen Werte erkennen, die in der Diensthaltung der Schwestern sichtbares Vorbild werden. In jedem Falle ist es ratsam, die Behandlung dieser Unterrichtsreihe mit dem **Religionslehrer** abzustimmen.

36.1 Wie der Kampf zwischen weltlicher Macht und Kirche unter den Sachsenkaisern ausging

36.0.1 Literaturangaben

Handbücher
FWG 11, Gebhardt, Oldenbourg 7, Propyläen Schieder

Gesamtdarstellungen
Blumenthal, Uta R., Der Investiturstreit, Urban TB 335, Kohlhammer, Stuttgart 1981
Boshof, Egon, Die Salier, Urban TB 387, Kohlhammer, Stuttgart 1987
Fleckenstein, Josef (Hrsg.), Probleme des Investiturstreits, Wiss. Buchgesellschaft, Darmstadt 1987
Kämpf, Hellmut, Canossa als Wende, Wiss. Buchgesellschaft, Darmstadt ³1976
Schieffer, Rudolf, Kirchenreform und Investiturstreit, Wiss. Buchgesellschaft, Darmstadt 1987

36.0.2 UR-Ziele

(1) Machtstellung des Kaisers und des Papstes.
(2) Gegenseitige Vorwürfe von Kaiser und Papst.
(3) Ursachen und Auswirkungen des päpstlichen Banns.

36.0.3 Medien

vgl. 34.0.3, Seite 234

36.0.4 Fachwissenschaftliche Einführung

Der Kampf gegen die Laieninvestitur mußte angesichts der engen Verknüpfung von weltlicher Gewalt und geistlichem Amt im ottonischen Reichskirchensystem, die eine strikte Scheidung gar nicht zuließ, zu einem Konflikt zwischen König/Kaiser und Papst, zwischen **Regnum/Imperium** und **Sacerdotium** führen. Der Konflikt brach aus, als die Idee der Kirchenreform von einer Reihe von Reformpäpsten aufgegriffen wurde und eskalierte bis zum erbitterten Kampf zwischen Kaiser Heinrich IV. und Papst Gregor VII.
Der **Investiturstreit** begann mit der Lateransynode von 1059, die die Laieninvestitur verbot (und die Papstwahl durch das Kardinalskollegium festlegte, wodurch der Einfluß des römischen Adels auf die Papstwahl ausgeschaltet wurde, aber auch die Nominationspraxis des Kaisers, die Heinrich III. unbestritten geübt hatte, de facto aufgehoben wurde). Damit wurde die Trennung von Kirche und Staat oder vielmehr die Unabhängigkeit der Kirche von der weltlichen Gewalt, die libertas ecclesiae, proklamiert. Gregor VII. ging über diese Forderung noch weit hinaus, indem er in seinen **Dictatus papae**, 27 programmatischen Thesen, die 1075 in das Registerbuch des Papstes eingetragen wurden, die Unterordnung der weltlichen Gewalt unter die geistliche verlangte. Der Papst ist danach allen weltlichen Herrschern übergeordnet (er ist der einzige, dem alle Fürsten die Füße küssen müssen, er allein kann sich kaiserlicher Insignien bedienen, er kann Kaiser absetzen, er kann von niemandem gerichtet werden, und er kann von einem Treueid auf einen Ungerechten entbinden).
Dieser Anspruch stand gegen die Auffassung vom **sakralen Charakter der Königs- und Kaiserwürde**, wie sie von Heinrich III. besonders betont worden war. Der König war der „Gesalbte des Herrn", er war der defensor ecclesiae, der Schutzherr der Kirche und ebenso wie der Papst Stellvertreter Christi auf Erden.
Die Reformpäpste gingen schon vor Gregor VII. daran, auch ihre politische Macht auszubauen und vor allem die kaiserliche Macht in Italien zu untergraben. Kaisertreue Bischöfe wurden von Volksaufständen bedrängt, Normannenherrscher, bisher Feinde der Päpste, nahmen Apulien, Kalabrien und Sizilien gegen das Versprechen der Hilfeleistung als Lehen vom Papst, unter Mißachtung der kaiserlichen Lehnsherrnrechte.
Gregor VII. war zweifellos von seiner Mission als Petrusnachfolger und von seiner Verantwortung für das Heil der Kirche tief überzeugt. Er war sicher kein bloßer Machtmensch, der die Religion nur vorschob.
Heinrich IV. wiederum war von der Würde seines Königtums durchdrungen und nach schweren Jugendjahren entschlossen, sich niemandem unterzuordnen.
1075 brach der Streit wegen der Investitur seines Hofkaplans als Mailänder Bischof durch Heinrich IV. offen aus. Auf der Reichssynode zu Worms wurde ein Brief des Kaisers an den Papst verabschiedet, in dem dieser zur Aufgabe seines usurpierten Amtes aufgefordert wurde. Im Gegenzug verhängte der Papst den Bann über Heinrich und löste alle Untertanen von ihrem Treueid.
Dies nutzte ein Teil der deutschen Fürsten einschließlich eines Teils der Bischöfe, sich gegen den König zu stellen. Sie verlangten, daß er sich binnen Jahresfrist vom Bann löse, widrigenfalls ein anderer König gewählt werden würde. Durch den **Gang nach Canossa** fügte sich Heinrich IV. dieser Forderung.
Der Name der Burg ist Symbol für eine demütigende Kapitulation geworden (Bismarck in einer Reichstagsrede zu Beginn des Kulturkampfes: „Nach Canossa gehen wir nicht!"). Das Ereignis ist schon

von den Zeitgenossen und später von der Geschichtsschreibung bis in die Gegenwart widersprüchlich beurteilt worden. Canossa war sicherlich ein geschickter Schachzug des Königs, der damit seine politische Handlungsfreiheit wiedergewann – um den Preis einer persönlichen Demütigung. „Aber das Gottesgnadentum, die Gottesunmittelbarkeit seines Herrscheramtes, war angetastet: auch der König steht sichtbar unter der Kirchenhoheit als ein Sünder, den der Papst prüft und richtet." (Horst Fuhrmann)
Der Investiturstreit wurde schließlich von Heinrich V., dem Sohn und Nachfolger Heinrichs IV, durch einen Kompromiß beendet, das **Wormser Konkordat** von 1122.
Der **Kaiser verzichtete auf die Investitur** der Bischöfe und Reichsäbte mit Ring und Stab (d. h. die **Einsetzung in das geistliche Amt**) und gestand die kanonische Wahl zu, behielt sich aber das Recht vor, bei der Wahl anwesend zu sein und zwiespältige Wahlen zu entscheiden. Die **Belehnung mit den Regalien** (d. h. die **Einsetzung in das weltliche Amt**) durch den König sollte in Deutschland vor der Weihe (damit Vetorecht des Königs gegen mißliebige Kandidaten) und in Burgund und Reichitalien sechs Monate danach stattfinden.
Mit dem Wormser Konkordat war das ottonische System der Reichskirche zerbrochen, das auf dem Eigenkirchenprinzip beruht hatte. Es begann die **Feudalisierung der Reichskirche,** die schließlich zu den „geistlichen Reichsfürsten" führte, eine auf Deutschland beschränkte Institution.

36.1 Wie der Kampf zwischen weltlicher Macht und Kirche unter den Sachsenkaisern ausging

36.1.1 Wissensziele

Laieninvestitur ist die Einsetzung von Geistlichen durch Nichtgeistliche. Dabei kam es manchmal zu Vetternwirtschaft und Beamtenbestechung. Eine Reform sollte Ansehen und Macht des Papstes stärken. Die Forderungen der Reformer von Cluny waren vor allem der Zölibat für Priester und Mönche und die Unterstellung der Klöster unter die Regierung des Papstes. Seit dem 11. Jahrhundert wird der Papst von den Kardinälen gewählt. Heinrich IV. und Gregor VII. waren die beiden großen Gegner im Kampf zwischen weltlicher und geistlicher Gewalt. Jede der beiden Mächte wollte den stärkeren Einfluß auf die Menschen haben.
Der Papst verbot dem König die Einsetzung von Bischöfen. Darauf erklärte der König den Papst für abgesetzt. Dieser sprach den Bann über Heinrich IV. aus. Mit einem Gebannten wollten die Leute nichts zu tun haben. Die Fürsten fielen vom König ab. Heinrich unternahm einen Bußgang nach Canossa. Später jedoch zog er mit einem Ritterheer nach Rom und setzt den Papst ab. Sein Sohn schloß mit dem Papst das Wormser Konkordat zwischen Kirche und Staat. Es enthält folgenden Kompromiß: Das Domkapitel wählt den Bischof. Der König verleiht ihm das Zepter.

36.1.2 UE-Ziele

(1) Die Machtgrundlage des deutschen Königs im Lehnswesen und damit in der Herrschaft über weltliche und geistliche Fürsten.
(2) Investiturverbot und Gefährdung der Königsmacht.
(3) Begründungen für die gegenseitige Absetzung von Heinrich IV. und Gregor VII.
(4) Bestimmungen des Wormser Konkordats.

36.1.3 Einstieg

- **Bilder:** Das Verhältnis von Kaiser und Papst (Gfm)

36.1.4 Didaktisch-methodische Vorschläge

Eine methodische Möglichkeit, das Verhältnis von Papst und Kaiser zu verschiedenen Zeiten zu verdeutlichen und die Entwicklung und Veränderung im Verhältnis der geistlichen und weltlichen Macht aufzuzeigen, besteht darin, in Form einer Bildleiste das von den jeweiligen Künstlern dargestellte Machtverhältnis zu charakterisieren (vgl. Bildmaterial in Gfm). In beiden Fällen zeichnen sich die beiden Problembereiche ab, die es nachfolgend zu lösen gilt: Wie ist es (im Jahr 1077) zu der Machtstellung des Papstes gegenüber dem König gekommen? – Wie wirkte sich diese Situation auf das Verhältnis des Königs (als Vertreter der Zentralgewalt) zu den Fürsten (als Vertreter der Partikulargewalt) aus?
Zunächst geht es darum, den Schülern einen Überblick über die Entwicklung des Verhältnisses Kaiser – Kirche seit der Zeit Karls des Großen zu vermitteln. Dabei kann bereits versucht werden, den Aspekt der Auseinandersetzung zwischen Kaiser und Kirche unter der Fragestellung „Welche Machtbefugnisse besaßen Kaiser und Kirche?" etwa zur Zeit Ottos I. zu berücksichtigen.

T Machtverhältnisse vor dem Beginn des Konflikts zwischen Kaiser und Papst

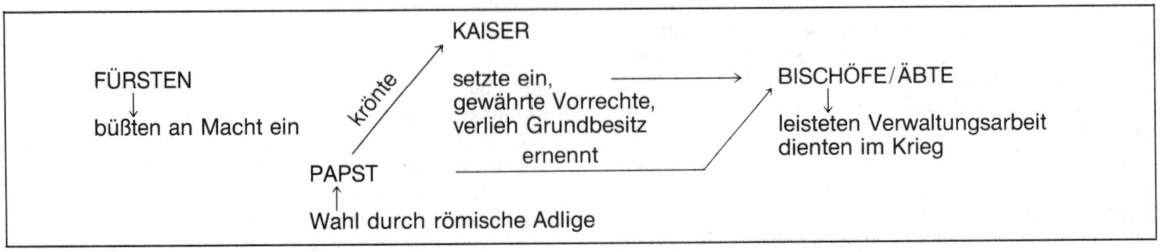

T Machtbefugnisse des Kaisers, der Fürsten und der Kirche

Kaiser	Kirche
Er verfügte über kirchlichen Grundbesitz. Er konnte Erzbischöfe, Bischöfe und Äbte einsetzen. Er gewährte Bistümern den Schutz. Er verbot allen Grafen/Herzögen, auf kirchlichen Grundherrschaften und in Bischofsstädten Amtshandlungen vorzunehmen. Der Kaiser übertrug den Bischöfen und Äbten die Rechtsprechung bei schweren Verbrechen. Er schenkte ihnen Grundbesitz. Hohe geistliche Würdenträger wurden mit weltlichen Ämtern betraut (Erzbischof von Köln verwaltete Herzogtum Lothringen).	Der Kaiser verstärkt die Macht der Bischöfe. Vertreter der Kirche (Bischöfe, Äbte) mußten dem Kaiser den Treueeid leisten. Sie konnten Amt und Grundbesitz nicht vererben. Sie unterstanden nicht mehr dem Befehl der Herzöge oder Grafen.

Diese Zusammenstellung der Machtbefugnisse macht deutlich, daß die Fürsten/Herzöge ihre Machtstellung einbüßten und daß die eigentlichen Herrscher der Kaiser sowie die Bischöfe/Äbte waren. In diesem Zusammenhang ist einzufügen, daß sich die politische Macht der Päpste „als Stellvertreter Gottes auf Erden" zur Zeit Ottos des Großen auf Rom beschränkte.

Im nachfolgenden Schritt sollen die Schüler die Reformen nennen (Gfm) und das obenstehende Schema verändern, indem die neuen Machtverhältnisse dargestellt werden:

Maßnahme 1:	Der Papst wird von den Kardinälen gewählt.
Veränderung im Schema:	„Römische Adlige" durchstreichen und durch „Kardinäle" ersetzen.
Maßnahme 2:	Der Papst ernennt die Bischöfe/Äbte.
Veränderungen im Schema:	Pfeil von „Papst" zu „Bischöfe", „ernennen" schreiben.
Maßnahme 3:	Die Einsetzung von Geistlichen durch Nichtgeistliche wird verboten.
Veränderungen im Schema:	Pfeil „Kaiser" streichen.

Die so entstandene „dynamische" Schemazeichnung kennzeichnet die Machtverhältnisse vor dem Beginn des Konfliktes zwischen Kaiser und Papst. Die beiden Schreiben verdeutlichen die gegenseitigen Beschuldigungen:

T Was warf Heinrich IV. dem Papst vor?	Was warf der Papst Heinrich IV. vor?
– Der Papst hat die Würde des Königs verletzt, obwohl der König von Gott eingesetzt ist. – Heinrich kritisierte, wie der Papst gewählt worden war: durch List, Bestechung, Schmeicheleien. – Der Papst sei Störer des Friedens, weil er Reformen durchsetzen wollte. – Er sollte den päpstlichen Stuhl verlassen.	– Der Papst wies die Vorwürfe hinsichtlich der Wahl entschieden zurück. – Heinrich hätte sich gegen die kirchlichen Reformen aufgelehnt, deswegen könne er nicht mehr König sein. – Niemand darf Heinrich mehr dienen.

Bei der Auswertung der beiden Quellen soll berücksichtigt werden, welche Folgen der Bann über den deutschen König hatte (Gfm).

T Folgen des Banns

Der König	Die Fürsten
– Gesellschaftliche Ächtung, Einbuße seiner Machtstellung, kein Geld, keine militärische Gewalt. ↓ Bußgang nach Canossa	– erblickten eine große Chance, ihre alte Machtstellung zurückzugewinnen. – wollten einen schwachen König bestimmen, um ihre Macht auszubauen. – setzten Heinrich als König ab. ↓ Kampf gegen Heinrich IV.

Damit die eingangs aufgeworfenen Problemfragen beantwortet werden können, sollen einzelne Bestimmungen des Wormser Konkordats, das zumindest vorläufig eine Lösung des Konflikts zwischen geistlicher und weltlicher Macht und zwischen Partikular- und Zentralgewalt war, von den Schülern zusammengestellt und auf ihre Folgen für die oben angeschnittenen Konfliktebenen hin untersucht werden:

▶ Quelle: Aufriß II 23 – Hist. Szenen 4, 43 ff.

1. Wie lauten die wichtigsten Bestimmungen des Vertrages?
2. Welche Auswirkungen hatten die Bestimmungen auf das Verhältnis zwischen Kaiser/König und Papst auf der einen sowie auf das Verhältnis der Fürsten zum Kaiser/König auf der anderen Seite?

T	Bestimmungen	Auswirkungen
Wormser Konkordat 1122	1. Die Wahl des Bischofs erfolgte durch das Domkapitel (Geistliche an einer bischöflichen Kirche). 2. Er erhielt zuerst vom König durch Überreichen des Zepters die weltliche Macht. 3. Die geistliche Würde erhielt er vom Papst durch Ring und Stab übertragen, und zwar erst nach der Verleihung der weltlichen Macht.	Der Papst verlieh das Zeichen geistlicher Würde, das Zeichen für die weltliche Macht. Da die Belehnung des Kaisers in Deutschland der des Papstes voranging, konnte niemand ein Bistum erhalten, den der König nicht genehmigt hatte. Vertrag mit den Fürsten 1121.
Vertrag mit den Fürsten 1121	– Forderung der Fürsten auf Ausgleichsverhandlungen. – Druck der Fürsten auf den Kaiser.	

37. Die Stauferkaiser im Streit mit Städten, Papst und Fürsten

37.0.1 Literaturangaben (siehe auch 34.0.1)

Handbücher

FWG, Gebhardt, Oldenbourg, Propyläen, Schieder

Gesamtdarstellungen

Boockmann, Hartmut, Stauferzeit und spätes Mittelalter. Deutschland 1125–1517, Siedler, Berlin 1987

Engels, Odilo, Die Staufer, Urban TB 154, Kohlhammer, Stuttgart ³1984

Hampe, Karl, Deutsche Kaisergeschichte in der Zeit der Salier und Staufer, Wiss. Buchgesellschaft, Darmstadt 1985, (s. Nachdruck der 12. Auflage von 1969)

Keller, Hagen, Zwischen regionaler Begrenzung und offenem Horizont, Deutschland im Imperium der Salier und Staufer 1024–1250, Propyläen, Berlin 1986

Zimmermann, Harald, Das Mittelalter II: Von den Kreuzzügen bis zum Beginn der großen Entdekkungsfahrten, Westermann, Braunschweig 1979

Sachbuch

Lehmann, Johannes, Die Staufer. Glanz und Elend eines deutschen Kaisergeschlechts, Bertelsmann, München 1978

Jugendbücher

Engelhardt, Ingeborg, Im Schatten des Staufers, dtv TB 70063

Mühlberger, Josef, Konradin von Hohenstaufen. Der letzte eines großen Geschlechts, Bechtle, Esslingen 1982

Mauss, Hansjörg, Barbarossa, Kaiser des Abendlandes, Bertelsmann, München (Erzählung aus der Zeit des Höhepunkts staufischer Kaisermacht)

37.0.2 Lernziele

(1) Das Verhältnis zwischen den weltlichen und geistlichen Machtträgern.
(2) Interessenlagen von Kaiser, Herzögen, Bürgern in den Städten und den Angehörigen der Kirche.

37.0.3 Medien

Atlas

dtv I 164
Westermann 66–67

Wandkarten

Perthes	Deutschland und Italien im Zeitalter der Hohenstaufen 1125–1273
	Das Reich des Mittelalter: Kaiser, Fürsten, Städte (2. Teilkarte: um 1200)
Westermann	Europa zur Zeit der Hohenstaufen

Dias

Flemming	Europa zur Zeit der Hohenstaufen 25 f	
FWU	10 2526	Die Zeit der Staufer – Friedrich I. 12 f
	10 2527	Die Zeit der Staufer – Friedrich II. 12 f
	10 2499	Die Zeit der Staufer – Kunst und Kultur 12 f

37.0.4 Fachwissenschaftliche Einführung

Mit dem Staufer **Friedrich I. Barbarossa** bestieg eine der glänzendsten deutschen Fürstengestalten den Thron. Er sollte das Reich zur stärksten Machtentfaltung führen und wurde nach Karl dem Großen zum **volkstümlichsten Herrscher des Mittelalters.** Kennzeichnend dafür ist, daß der **Kyffhäusermythos**, die Sage vom Kaiser, der in den Berg entrückt ist und einst die deutsche Einheit und Kaiserherrlichkeit wiederherstellen wird, von seinem Enkel, Kaiser Friedrich II., an den er zunächst geheftet war, auf Friedrich Barbarossa übertragen wurde.

Friedrich, von den Lombarden Barbarossa (Rotbart) genannt, wurde 1152 von den deutschen Fürsten einstimmig zum König gewählt. Er schien geeignet, die schweren inneren Spannungen, die aus den Rivalitäten zwischen den Territorialfürsten, deren schärfste der **Gegensatz zwischen Staufern und Welfen** war, zu bereinigen. Sein Vorgänger Konrad III. hatte den Welfen Bayern weggenommen und den Babenbergern gegeben und auch die Askanier in ihrem Anspruch auf Sachsen unterstützt, das der Welfe **Heinrich der Löwe** aber halten konnte. Friedrich sprach Heinrich erneut Bayern zu und gewann damit seine Unterstützung. Die Babenberger behielten die von Bayern abgetrennte Ostmark als Herzogtum Österreich, ein verfassungsgeschichtliches Novum, denn damit war erstmals ein Territorialherzogtum im Unterschied zu den traditionellen Stammesherzogtümern errichtet worden.

Friedrich hatte nun freie Hand für seine **Italienpolitik.** Er brach nach Rom auf, wo ihn der Papst 1155 zum Kaiser krönte. Von seinen 38 Regierungsjahren sollte er 16 in Italien zubringen. Sein Ziel war die Wiederherstellung der honor imperii, der „Ehre des Reiches", worunter die Wiederherstellung der alten Kaiserrechte und der territorialen Unversehrtheit des Reiches zu verstehen ist. Er war darüber hinaus von der Gottesunmittelbarkeit seines Kaisertums überzeugt, er fühlte sich als der „Gesalbte des Herrn", die Bezeichnung Sacrum Imperium (Heiliges Reich) wird zur ständigen Formel.

Dies mußte zum **Konflikt zwischen dem Kaiser und dem Papsttum** führen, der seinen Höhepunkt im „Alexandrinischen Schisma" fand (Papst Alexander III. und „kaiserlicher" Gegenpapst Viktor IV.), das 18 Jahre währte. Mit dem Papst verbündet waren die meisten **oberitalienischen Städte** unter Führung von Mailand. In Oberitalien waren Stadtrepubliken entstanden, die durch Handel reich geworden und zu politischer Macht gelangt waren. In der Zeit der Schwäche des Reiches waren die Reichs- oder Königsrechte, die Regalien, dem kaiserlichen Zugriff entglitten. Friedrich ließ auf dem Reichstag von Roncaglia die Regalien feststellen und forderte sie ein. Kaiserliche Beamte (Podesta genannt) verwalteten die Einnahmen, die für das Jahr 1164 auf 100000 Pfund Silber geschätzt wurden (zum Vergleich: Gesamteinnahmen des Königs von Frankreich 60000 Pfund Silber).

Die lombardischen Städte leisteten Widerstand. In immer neuen **Italienzügen** versuchte der Kaiser, seinen Machtanspruch durchzusetzen. Sieg und Niederlage wechselten. **Mailand** wurde zweimal belagert und erobert, 1162 dem Erdboden gleichgemacht, doch bald wieder aufgebaut. Der 4. Italienfeldzug endete mit einer Katastrophe, als nach der Einnahme Roms im kaiserlichen Feldlager vor den Toren der Stadt eine verheerende Malariaepidemie ausbrach. Auf dem 5. Italienzug erlitten die kaiserlichen Truppen eine vernichtende Niederlage bei Legnano (1276), nachdem Heinrich der Löwe seinem kaiserlichen Vetter in einer dramatischen Unterredung die Hilfe versagt hatte. Durch eine kluge Diplomatie gelang es Barbarossa, das Bündnis zwischen dem Papst und dem lombardischen Städtebund zu trennen. Er schloß 1177 zunächst **Frieden mit dem Papst**. Dessen Herrschaft über Rom und den Kirchenstaat wurde anerkannt, der Papst anerkannte das Reichskirchenrecht nach dem Wormser Konkordat. Erst Jahre später kam auch der **Friede mit den lombardischen Städten** zustande. Der Kaiser gestand die freie Magistratswahl sowie das Besteuerungs- und Befestigungsrecht zu; die Städte schworen dem Kaiser den Treueeid und zahlten hohe Ablösesummen für die Regalien.

Währenddessen hatte **Heinrich der Löwe** seine **Herrschaft in Deutschland** ausbauen können. Mit den beiden Herzogtümern Sachsen und Bayern verfügte er über ein ausgedehntes Territorium, das er durch die Gründung von neuen Städten wie Lübeck und München ausbaute und durch eine energische Kolonisation im slawischen Grenzbereich noch erweiterte. Anders als der Kaiser regierte er das Land von einer festen Residenz, Braunschweig, aus, dessen mächtige **Pfalz Dankwarderode** nach dem Vorbild der Kaiserpfalzen Aachen und Goslar gestaltet war und den Charakter eines Königshofes hatte. Allmählich kam es zu einer Entfremdung zwischen dem Kaiser und seinem „Übervasallen", die zum Bruch führte, als Heinrich in **Chiavenna** die Hilfeleistung gegen die lombardischen Städte verweigerte und selbst durch einen Kniefall des Kaisers nicht umzustimmen war, vielmehr dessen Notlage durch einen Erpressungsversuch – er forderte das kaiserliche Goslar mit seinen reichen Silbergruben für sich – auszunutzen versuchte. Lehensrechtlich war er nicht zur Heeresfolge verpflichtet.

Nachdem die Verhältnisse in Italien geregelt waren, nutzte Barbarossa die Gelegenheit eines Streites zwischen Heinrich und den Fürsten, die dieser sich durch seine rücksichtslose Machtpolitik zu Feinden gemacht hatte, um die Reichsacht gegen ihn zu verhängen. **Heinrich der Löwe** mußte sich **unterwerfen,** ging aller seiner Reichslehen verlustig und behielt nur seinen Hausbesitz Braunschweig und Lüneburg. Sachsen und Bayern wurden geteilt. Damit waren die letzten Stammesherzogtümer verschwunden und durch **Territorialherrschaften** ersetzt worden. Die „Parzellierung" des Reiches (Horst Fuhrmann) schritt damit weiter fort. Anders als etwa in Frankreich konnte der deutsche König erledigte Reichslehen nicht einziehen, sondern mußte sie nach Gewohnheitsrecht neu vergeben. Während Frankreich und England sich im Spätmittelalter zu politischen Einheiten unter einer Zentralgewalt entwickelten, verharrte **Deutschland** (ebenso auch Italien) bis ins 19. Jahrhundert in einem **Zustand der Zersplitterung**, es wurde zur „verspäteten Nation" (Helmuth Plessner).

Nach dem Ausgleich in Italien und dem Sturz des Löwen stand Barbarossa auf der Höhe seiner Macht. 1189 brachte er zu einem Kreuzzug auf, um das von Sultan Saladin eroberte Jerusalem wiederzugewinnen. Auf dem Wege dorthin ertrank er 1190 im Fluß Saleph in Kleinasien. „Bei dieser Stelle und bei diesem Bericht versagt unser Griffel und verstummt unsere Rede", war der Kommentar des Autors der Kölner Königs-Chronik.

Unter **Heinrich VI.** (1190–1197, dem Sohn und Nachfolger Friedrich Barbarossas, erreichte das **Reich der Staufer** seine **größte Ausdehnung**, nachdem er durch seine Gemahlin Konstanze, Tochter des Normannenkönigs Roger, in den Besitz ihres Erbes, des normannischen **Königsreiches Sizilien-Unteritalien** gelangt war. Damit war der Kirchenstaat von staufischem Gebiet umschlossen. Zugleich war das Papsttum seiner neben den lombardischen Städten stärksten Stütze beraubt. Der Plan Heinrichs, die deutsche Königswürde erblich zu machen (Erbreichsplan), den er den Fürsten durch das Angebot der Erblichkeit der

Fürstenlehen schmackhaft machte, sowie seine Politik, Reichslehen einzubehalten und dem Reichsgut zuzuschlagen, hätte die Königsgewalt wie in Frankreich und England stabilisiert. Sein Tod im Alter von nur 30 Jahren verhinderte die Vollendung dieser Ansätze.
Im Reich brach nun ein fast zwanzig Jahre währender **Thronstreit zwischen Welfen und Staufern** aus, dessen Nutznießer das Papsttum in Gestalt des überragenden Papstes Innozenz III. und auf lange Sicht die deutschen Fürsten waren. Sie wurden erbliche Landesherrn, das Reich dagegen endgültig Wahlmonarchie mit einer herausgehobenen Gruppe von Königswählern, den Kurfürsten. Die deutsche Geschichte ist von nun an nicht Einheits-, sondern Partikulargeschichte (Joachim Leuschner).
Heinrichs Sohn **Friedrich II.** (1215–1250) war schon als dreijähriges Kind zum König von Sizilien gekrönt worden und trat 1215 sein deutsches Erbe an. Auch er war eine **überragende Persönlichkeit,** seiner Zeit weit voraus. Man hat ihn den **ersten modernen Monarchen** genannt, weil er in seinem süditalienischen Königreich einen **modernen straff zentralistischen, „absolutistischen Beamtenstaaat** gründete. **Deutschland** galt ihm wenig. Es kam ihm vor allem darauf an, sich dort den Rücken für seine Italienpolitik freizuhalten. Dies erkaufte er durch **weitgehende Zugeständnisse** zunächst an die geistlichen, dann auch an die weltlichen Fürsten. Bei seinem Tod 1250 gehörte Deutschland den Fürsten. Der **Endkampf zwischen den Staufern und dem Papsttum** ging nur noch um Sizilien, das der Papst **Karl von Anjou**, dem Bruder des Königs von Frankreich, zu Lehen gab. Dieser besiegte den „letzten Staufer“ **Konradin** und ließ ihn in Neapel hinrichten. In Deutschland brach die „kaiserlose, die schreckliche Zeit“ (Schiller) an, das **Interregnum**, in der mehrere Könige und Gegenkönige gegeneinander stritten, eine Zeit der Unsicherheit und Willkür.

37.1 Welche Höhepunkte weltlicher und geistlicher Macht im Mittelalter erreicht wurden

37.1.1 Wissensziele

Friedrich Barbarossa gewann die Fürsten für sich, indem er klug auf ihre Wünsche einging. Später hat er die Königsgewalt gegen weitgehende Wünsche der Fürsten verteidigt. Er wollte die Bischöfe wieder zu Reichsbeamten machen. Barbarossa führte Krieg gegen die Städte in Oberitalien, weil sie keine Steuern mehr zahlen wollten. Der Papst führte Krieg gegen den Kaiser, weil er ihm zu mächtig wurde. Am Ende söhnte sich Barbarossa mit seinen Feinden aus, indem er ihnen teilweise entgegenkam. Dadurch nahm er dem Papst die Verbündeten und konnte eine lange Friedenszeit einleiten.

37.1.2 UE-Ziele

(1) Die Königskrönung als Zeichen der Machtverhältnisse.
(2) Widerstreitende Interessen und Ziele von Kaiser, Fürsten und Städten.

37.1.3 Einstieg

- **Dia-Serie:** FWU Die Zeit der Staufer
- **Bild:** Friedrich Barbarossa mit seinen Söhnen (Gfm)
- **Quelle:** Die Wahl Friedrichs I. (Ma III, S. 199)
- **Quelle:** Auf dem Reichstag zu Besançon (Ma III, S. 201)

37.1.4 Didaktisch-methodische Vorschläge

Die didaktische Zielsetzung dieser Unterrichtseinheit besteht darin, am Beispiel der Person Friedrichs I. die Auseinandersetzung zwischen dem Kaiser und den Fürsten als auch zwischen Staat und Kirche weiterzuverfolgen.
Ein zentrales Ereignis, in dem die zeitgenössischen Machtverhältnisse angedeutet wurden, sind die Königskrönungen gewesen. So vermittelt der Bericht Friedrichs I. über seine Wahl und Krönung, wie er aus seiner Sicht die Machtverhältnisse interpretiert.
▶ **Quelle:** Geschichte in Quellen II 392 f.

Arbeitsaufgaben	denkbare Formulierungen
1. Im ersten Abschnitt zählt der König die Aufgaben auf, die er seiner Ansicht nach als König erfüllen muß.	Die alten, von seinen Vorgängern überkommenen Gesetze müssen erhalten bleiben. Das Reich muß im Kriegsfall mit den Waffen verteidigt werden.
2. Welche Einzelheiten berichtet Friedrich I. über seine Wahl (Unterstreichen oder Stichwörter)?	In Frankfurt a. M. wählten Friedrich I. die Fürsten (oder ihre Vertreter) einmütig und unter lautem Jubel des Volkes. Fünf Tage später Salbung durch die Bischöfe in Aachen.

Arbeitsaufgaben	denkbare Formulierungen
3. Welche Aussagen macht Friedrich über das Verhältnis zwischen König und Papst?	Vorrechte der Kirche. König ist Schutzherr der Kirche. Es spricht eine gewisse Unterwürfigkeit aus seinen Worten („Ergebenheit, Bereitwilligkeit“).

Diese persönliche Interpretation seiner Rolle als König muß durch andere Aussagen relativiert werden. So zeigt bereits eine Karte über die Herrschaftsgebiete der Staufer und Welfen, daß der Norden und der Osten des Reiches der königlichen Verfügungsgewalt entzogen waren.
Eine erste Antwort auf die Fragen nach den Veränderungen im Verhältnis zwischen Staat/Kirche und Zentralgewalt/Partikulargewalt vermag eine Datenübersicht über die wichtigsten Ereignisse während der Regierungszeit Friedrichs I. zu geben (vgl. dtv I 165). Daraus geht für die Schüler hervor, daß der Kaiser ungefähr ein Drittel seiner Regierungszeit in Italien verbracht hat, und es liegt nahe, nach den Gründen zu fragen.
Das Ziel der Unterrichtseinheit läßt sich demzufolge etwa so formulieren:
Die Schüler sollen die Interessen und politischen Ziele des Kaisers, der Fürsten, der norditalienischen Städte ermitteln und gegenüberstellen und beurteilen, welche Veränderungen sich in den zentralen Auseinandersetzungen zwischen weltlicher und geistlicher Gewalt sowie zwischen Zentral- und Partikulargewalt ergaben.
▶ **Quelle:** Hist. Szenen, 4, 62 ff., Gfm

Arbeitsanweisungen	denkbare Lösungen
1. Worum geht es im Streit mit Mailand?	Mailand wehrt sich gegen den Kaiser. Ergebnis: Die Mailänder erkennen an, daß die alten Rechte des Kaisers (Münzrecht, Zollrecht, Steuerrecht) jederzeit geltend gemacht werden können.
2. Welche Ziele verfolgten die Bürger Mailands?	Mehr politische Selbständigkeit: Sie wollten keine Steuern mehr zahlen.
3. Stelle Vermutungen darüber an, wie die Mailänder reagiert haben, als der Kaiser wieder abwesend war!	Demütigende Maßnahmen: Bußgang (barfuß, ohne Obergewand, Schwert im Nacken) ruft Rachegefühle wach, so daß die Streitigkeiten keineswegs als beigelegt betrachtet werden konnten.

Methodisch kann so verfahren werden, daß als vorbereitetes Tafelbild die Interessen der verschiedenen Kontrahenten des Kaisers und die Weise der Erarbeitung festgelegt werden.

Entwicklung eines Strukturschemas:
1. Schritt: Die Schüler stellen zusammen, welche Interessengruppen während der Regierungszeit Barbarossas aufeinandertrafen (Kaiser, Päpste, Fürsten, norditalienische Städte); der Lehrer schreibt die Begriffe wie unten angeordnet.
2. Schritt: Die einzelnen Begriffe sollen durch Pfeile verbunden werden, die andeuten sollen, daß Interessengegensätze vorhanden waren (Kaiser – Papst; Kaiser – Fürsten; Kaiser – norditalienische Städte. Eine Ausweitung kann insofern erfolgen, als die Interessengegensätze stichpunktartig zwischen den Pfeilen fixiert werden).
3. Schritt: Das Bündnis zwischen dem Papst und den norditalienischen Städten wird gestrichelt gekennzeichnet.
4. Schritt: Der Begriff „Legnano“ wird eingetragen. Die Pfeile bedeuten: hier kulminieren die Interessengegensätze, hier fällt zumindest eine Vorentscheidung.
5. Schritt: Die Kausalkette „Heinrich d. L. ... und „Friedensschluß“ wird durch Pfeile angedeutet.

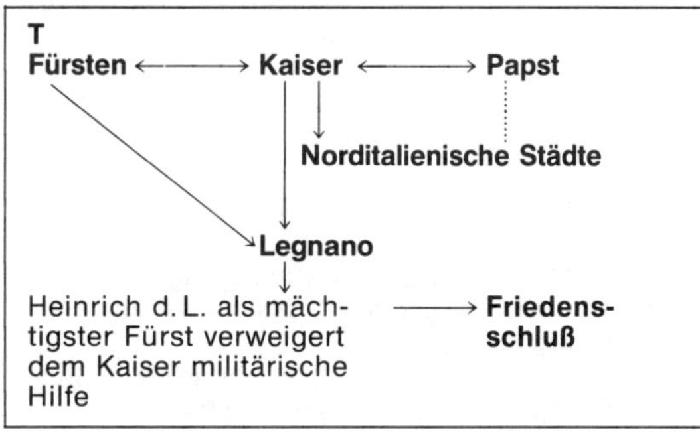

38. Die Kreuzzüge

38.0.1 Literaturangaben

Gesamtdarstellungen

Erdmann, Carl, Die Entstehung des Kreuzzugsgedankens, Wiss. Buchgesellschaft, Darmstadt 1980 (Nachdruck der Ausgabe von 1935)
Mayer, Hans Eberhard, Geschichte der Kreuzzüge, Urban TB 86, Kohlhammer, Stuttgart [6]1985
Runciman, Steven, Geschichte der Kreuzzüge, Beck München [3]1975
Waas, Adolf, Geschichte der Kreuzzüge, 2 Bde., Wiss. Buchgesellschaft, Darmstadt 1986 (Nachdruck der Erstauflage von 1956)

Sachbücher

Frischler, Kurt, Das Abenteuer der Kreuzzüge – Heilige, Sünder und Narren, Herbig, München 1973
Lehmann, Johannes, Die Kreuzfahrer. Abenteurer Gottes, Bertelsmann, Gütersloh 1976
Pörtner, Paul, Operation Heiliges Grab, Legende und Wirklichkeit der Kreuzzüge (1095–1187), Knaur TB 3618

Jugendbücher

Frank, Carl A., Ich reite für Tamerlan, Hoch, Düsseldorf 1986 (Ein Junge unter Kreuzfahrern wird von den Türken gefangengenommen)
Gadow, Jürgen, Der Berg des Unheils, dtv TB 7381 (Freundschaft und Abenteuer eines Christenjungen und eines jungen Moslems in der Zeit der Kreuzzüge)
Gillinghan, John, Richard Löwenherz, Claassen, Düsseldorf 1982
Haupt, Thea, Viel Steine gabs und wenig Brot, Thienemann, Stuttgart (Erzählung aus der Zeit des Bauernkreuzzuges)
Haupt, Thea, Wallfahrt in Waffen, Thienemann, Stuttgart (Fortsetzung von „Viel Steine gabs...")

38.0.2 UR-Ziele

(1) Motive für die Teilnahme an den Kreuzzügen.
(2) Ziel- und Wunschvorstellungen der Kreuzfahrer.
(3) Auswirkungen der Kreuzzüge.
(4) Die Kreuzzüge aus der Sicht der Christen und der Mohammedaner.

38.0.3 Medien

Atlas

dtv I 142, 144
Westermann 63–65

Dias

FWU 10 2682 Die Kreuzzüge 1 sw 10 f
Stoedtner 10 5806 Die Kreuzzugsbewegung 12 sw

Film

FWU 32 3021 Der erste Kreuzzug 20 min f

38.0.4 Fachwissenschaftliche Einführung

Die Kreuzzüge sind das große **zentrale Ereignis der mittelalterlichen Geschichte** genannt worden (Steven Runciman). Sie verdanken ihr Entstehen der tiefen und **leidenschaftlichen religiösen Bewegung** der Zeit. Es ging um die **Befreiung Jerusalems** und des Heiligen Landes vom Joch der heidnischen Herrschaft. Dort hatte sich das Leiden und Sterben und die Wiederauferstehung des Herrn abgespielt. Es ging aber nicht allein um das konkrete Jerusalem, für die eschatologische Stimmung der Zeit vermischte sich das irdische mit dem himmlischen Jerusalem der Apokalypse, der Heiligen Stadt der Endzeit, dem Paradies. Als **Papst Urban II.** 1095 in Clermont in seiner Predigt zum Zug in das Heilige Land aufrief, begeisterte er seine Zuhörer, deren Denken sich in dem Ausruf „Deus lo volt" – Gott will es – widerspiegelt.

Von entscheidender Bedeutung für den Kreuzzugsgedanken war die Tradition der **Wallfahrten nach Jerusalem.** Im 11. Jahrhundert nahmen die Wallfahrten zu, nicht nur nach Jerusalem, sondern auch nach Rom, nach Santiago de Compostela und anderen Orten. Gegen Ende des Jahrhunderts, nach der Eroberung weiter Teile des byzantinischen Kleinasien und Syrien/Palästinas durch die türkischen Seldschuken, wurden die Pilgerreisen schwieriger und gefährlicher, obwohl sie nie ganz aufhörten. In seiner Predigt rief Papst Urban zum Beistand für die bedrängten Christen des Ostens, gewissermaßen zu einer „**bewaffneten Wallfahrt**" auf.

Der Kreuzzugsgedanke ist nicht zu verstehen ohne die von der Idee des **gerechten Krieges** (bellum iustum), die Augustinus entwickelt hatte. Als ein solcher gerechter, **heiliger Krieg** galt der Kampf gegen die Heiden, zum Beispiel die Rückeroberung (Reconquista) Spaniens von der arabischen Herrschaft, die im 11. Jahrhundert in vollem Gange war.

Träger dieses Heidenkrieges war **christliches Rittertum,** das sich als Stand mit einem gemeinsamen Sittenkodex und einem eigenen Berufsethos zu Beginn der Kreuzzüge ausgebildet hatte. Durch den Kampf gegen die Heiden konnte der christliche Ritter nicht nur Ehre und Ansehen, sondern auch einen **Ablaß,** den Nachlaß der Sünden, erlangen, wie ihn Papst Urban schon in seiner Clermonter Predigt versprochen hatte. Ein ganzes Bündel von mehr irdischen

Motiven trat hinzu: **Abenteuerlust,** die Hoffnung auf reiche **Beute** und auf **Land,** letztere angesichts der Bevölkerungsvermehrung und der daraus folgenden Zersplitterung des Landbesitzes um die Jahrtausendwende von besonderer Bedeutung.

Die **Epoche der Kreuzzüge** dauerte **200 Jahre,** von 1096 bis 1270.

Bauernkreuzzug (1096): Ungeordnete Volkshaufen unter Führung Peter von Amiens; schwere Judenpogrome in Speyer, Mainz und Worms.

1. Kreuzzug (1086–1099): Ritterheer erobert 1099 Jerusalem; entsetzliches Blutbad unter der Bevölkerung. Kreuzfahrerstaaten, darunter Königreich Jerusalem unter Gottfried von Bouillon (mit dem Titel „Beschützer des Heiligen Grabes") bis 1187, der letzte von ihnen 1291 untergegangen.

2. Kreuzzug (1147–1149): Deutscher König Konrad III. und König Ludwig VII. von Frankreich versuchen vergeblich, Damaskus und Askalon zu erobern.

3. Kreuzzug (1189–1192): Kaiser Friedrich Barbarossa, Richard Löwenherz und Philipp II. August von Frankreich brechen nach dem Fall Jerusalems zum Kreuzzug auf. Barbarossa ertrinkt 1190. Akkon wird erobert, die Rückgewinnung Jerusalems mißlingt.

4. Kreuzzug (1202–1204): Eroberung und Plünderung Konstantinopels. Lateinisches Kaiserreich 1204–1261.

Kinderkreuzzug (1212): Katastrophales Scheitern, viele unterwegs umgekommen, ein Teil zurückgewandert, andere auf See gefangengenommen und als Sklaven verkauft.

5. Kreuzzug (1217–1221): Gegen Damiette im Nildelta, das erobert wird, jedoch bald wieder fällt.

Kreuzzug Kaiser Friedrichs II. (1228–1229): Gewinnt durch diplomatische Verhandlungen die heiligen Stätten in Jerusalem, Bethlehem und Nazareth.

6. Kreuzzug (1248–1254): König Ludwig IX, der Heilige, von Frankreich nimmt Damiette, wird aber vor Kairo gefangengenommen.

7. Kreuzzug (1270–1275): Nach türkischen Erfolgen gegen die geschwächten Kreuzfahrerstaaten unternimmt Ludwig IX. einen Entlastungsangriff gegen Tunis, wobei er stirbt.

1291: Fall Akkons, danach **kampflose Räumung** des restlichen **Palästinas**.

Die **Bilanz der Kreuzzüge** faßt der britische Historiker Steven Runciman so zusammen: „Im Gesamtbild der Geschichte gesehen, war die Kreuzzugsbewegung ein einziger riesiger Fehlschlag." An ihrem Ende war die **östliche Christenheit**, zu deren Rettung die Kreuzzugsbewegung angetreten war, unter muselmanischer Herrschaft. Die erbitterten Auseinandersetzungen hatten die Haltung der Moslems gegenüber den Christen in fanatische Ablehnung verwandelt. Es kam zu schweren Verfolgungen, auch die Wallfahrt in das Heilige Land war lange Zeit nahezu unmöglich geworden. Anstatt die Christenheit gegen die Ungläubigen zu einen, hatten sich die **Gegensätze zwischen den Christen** verschärft, nicht nur zwischen östlichen und westlichen Christen, wie sie in der Eroberung Konstantinopels im unglückseligen 4. Kreuzzug gipfelten, sondern auch innerhalb der westlichen Christenheit durch die persönlichen Rivalitäten der Führer und nationale Rivalitäten.

Auch der früher angenommene positive Einfluß der Kreuzzüge auf die **kulturelle und wirtschaftliche Entwicklung des Okzidents** wird von der modernen Geschichtsschreibung immer mehr in Frage gestellt. Zwar ist die Erweiterung des Weltbildes und die Ausweitung der geographischen Kenntnisse unbestreitbar, doch nahm die **kulturelle Befruchtung** (Wissenschaft, Architektur, Technik), wie man heute weiß, viel mehr ihren Weg über Spanien und Sizilien. Auch der **Orienthandel** wurde vornehmlich über Ägypten und den Maghreb abgewickelt, da Syrien/Palästina durch die türkische Eroberung von den großen Handelsstraßen abgeschnitten war. Die italienischen Städte zogen wirtschaftlichen Gewinn aus den Kreuzzügen, aber nicht durch Handel mit Gütern des Ostens, sondern durch Transport und Belieferung der Kreuzfahrer, die wiederum durch die hohen Kosten der Kreuzfahrt vielfach verarmten.

38.1 Wie sich geistliche und weltliche Interessen in der Politik verbunden haben
Welche Ergebnisse die Kreuzzüge hatten

38.1.1 Wissensziele

Die Mohammedaner eroberten in wenigen Jahrzehnten die Länder südlich des Mittelmeeres und drangen bis nach Frankreich vor. Hier wurden sie von den Franken unter Führung Karl Martells zurückgeschlagen. Jahrhundertelang wurden die Pilgerfahrten zu den heiligen Städten in Jerusalem nicht behindert. Erst als die Türken die Länder am östlichen Mittelmeer erobert hatten, wurden die Pilgerfahrten schwieriger. Der Papst rief zum Kreuzzug auf. Zuerst brachen Bürger und Bauern mit Frauen und Kindern auf. In religiöser Verzückung gingen sie in ihr Verderben. Sie wurden schon auf dem Wege vernichtet. Ein Ritterheer erreichte Jerusalem und eroberte es. Doch die Stadt ging nach einigen Jahrzehnten wieder an Moslems verloren. Diese Religionskriege wurden sehr grausam geführt.

Während der Kreuzzüge lernten die europäischen Ritter voneinander und wurden ihrer gemeinsamen Kultur bewußt. Gleichzeitig aber lernten sie auch ihre nationalen Eigenschaften kennen. Die Ritter gründeten Orden, die teilweise großen Einfluß erlangten. Die Europäer aber lernten auch von den Arabern. Sie übernahmen u. a. die arabischen Zahlen und Kenntnisse in Medizin und Mathematik. Durch den Handel während der Kreuzzüge wurden Städte in Oberitalien und Süddeutschland reich.

38.1.2 UE-Ziele

vgl. 38.0.2, Seite 250.

38.1.3 Einstieg

- **Quelle:** Aufruf des Papstes Urban auf der Synode von Clermont (Aufriß II 99 f. – Geschichte in Quellen II 366 ff. – Augenzeugenberichte 21 ff.)
- **Bild:** Papst Urban II. predigt in Clermont den ersten Kreuzzug (Ullstein Weltgeschichte 2, Bildanhang, 10)
- **Film:** FWU 32 3021 Der erste Kreuzzug

38.1.4 Didaktisch-methodische Vorschläge

Die Behandlung der Kreuzzüge kann unter vielfältigen Aspekten erfolgen, wobei die Akzentuierung eines Aspektes die Berücksichtigung der anderen nicht ausschließt.
So kann die Bedeutung religiöser Vorstellungen als Begründung für die Kreuzzüge besprochen werden ebenso wie ökonomische, soziale, machtpolitische Motive und Auswirkungen wie auch die Auseinandersetzung zweier Kultur- und Gesellschaftssysteme. Die Darstellung einer Ausgangssituation, wie sie durch die Rede des Papstes Urban II. auf der Synode zu Clermont erfolgen kann, ermöglicht z. B. die Frage nach den Motiven für die Durchführung dieses ersten Kreuzzuges. Bevor die Textanalyse einsetzt, könnte die Situation auf visuellem Wege durch die Präsentation des Bildes „Papst Urban predigt in Clermont den ersten Kreuzzug" illustriert werden.
Ebenso geeignet ist auch der Film „Der erste Kreuzzug".
Ausgehend von der Kreuzzugspredigt Papst Urban II. in Clermont-Ferrand (1095) werden in dem Spielfilm die Motivation der Kreuzfahrer, ihr Aufbruch, der beschwerliche Zug nach Jerusalem und die Ereignisse bei der Einnahme der Stadt ansprechend in Szene gesetzt.

Arbeitsschritte zur Bildanalyse

- Die Schüler äußern sich spontan zum Bild.
- Sammeln und Fixieren der Schüleräußerungen.
- Systematisierung und Intensivierung der ersten Eindrücke durch folgende Arbeitsaufgaben:

a) Welche Personen sind auf dem Bild dargestellt?
b) Was tun die einzelnen Personen (Personengruppen)?
c) Woran erkennt man die wichtigste Person? Was tut sie?

Die didaktische Relevanz dieser Rede ergibt sich nicht nur aus dem historischen Kontext, sie zeigt auch, welche rhetorischen Mittel der Überredung eingesetzt werden. Aus diesem Grunde könnte auch ein Vergleich zum Aufruf der slawischen Fürsten erfolgen. Die Arbeitsaufgaben zur Textanalyse und die denkbaren Lösungsformulierungen lauten:

Arbeitsaufgaben	denkbare Formulierungen
1. Gliedere den Text der Rede, indem du die Abschnitte mit Überschriften versiehst.	a) Aufforderung zur Befreiung der heiligen Stätten b) Aufforderung zum Kreuzzug c) Belohnung für die Teilnahme d) Mahnung an die Fürsten, ihre örtlichen Fehden zu beenden e) Bitte um sofortigen Aufbruch
2. Kennzeichne die Stellen, aus denen hervorgeht, was der Papst will.	a) ... unseren Brüdern im Orient ... dringend ... Hilfe zu bringen. b) ... daß ihr euch beeilt, dieses gemeine Gezücht aus den von euern Brüdern bewohnten Gebieten zu verjagen und den Anbetern Christi rasche Hilfe zu bringen. c) ... verpflichtet euch, ohne zu zögern mögen die Krieger ihre Angelegenheiten aufbringen ... wenn der Winter endet ... sollen sie fröhlich sich ...
3. Wie begründete der Papst seine Ziele? Fasse die Begründungen stichpunktartig zusammen!	Türken und Araber sind tief in christliches Land eingedrungen, haben die Kirchen zerstört und das Land verwüstet. Die Christen im Byzantinischen Reich sind bedroht.
4. Wie redete der Papst seine Zuhörer an? Wie bezeichnete er sie?	a) Vielgeliebte Brüder ... b) ... Diener Gottes ... c) ... Herolde Christi ... d) ... Freunde Gottes ...

Arbeitsaufgaben	denkbare Formulierungen
5. Welches Bild entwarf er den Zuhörern über die feindlichen Mohammedaner?	a) ...gemeines Gezücht... b) ...die Elenden... c) ...die Feinde Gottes... d) ...Angreifer, Zerstörer...
6. Was versprach der Papst den Zuhörern, Adressaten?	Vergebung der Sünden für die, die in diesem Kampf getötet werden.
7. Wen sprach der Papst an?	Nicht nur die Anwesenden (Adlige und Geistliche), sondern „Reiche und Arme" der Christenheit.

Die folgenden Arbeitsaufgaben beziehen sich auf den historischen Kontext:

Arbeitsanweisungen	denkbare Formulierungen
8. Welche organisatorischen Schwierigkeiten – die vom Papst in seinem Aufruf nicht erwähnt wurden – mußten überwunden werden?	– Anmarschwege – Versorgung der Kreuzzugteilnehmer – Hunger – Überfälle – Ungewohntes Klima
9. Welche Versprechungen machte Papst Urban? Welche Hoffnungen erweckte er?	– Nach den Regeln des Heiligen Krieges versprach er Eroberungen als Beute. – Erlaß aller jenseitigen Sündenstrafen – Weltliche Prozesse gegen Kreuzfahrer mußten ausgesetzt werden. – Wer den Kreuzfahrer angriff, beging Gottesfrevel.
10. Welcher Anlaß wurde vorgebracht, um den Kreuzzug zu begründen und zu motivieren?	Überfälle auf christliche Wallfahrer, die nach Jerusalem wollten
11. Welche weiteren Motive mögen für die Durchführung des Kreuzzuges maßgeblich gewesen sein?	– Ablenken von Konflikten in der Kirche – Vergrößerung der päpstlichen Machtstellung im Kampf gegen die weltliche Macht

Wie die Kreuzzüge verliefen, soll durch folgende Materialien geklärt werden:

Gruppe 1
Ziel: Die Wege der Kreuzfahrer verfolgen und die Schwierigkeiten der Reise abschätzen.
Arbeitsanweisungen: 1. Wo befanden sich die Sammelgebiete der Kreuzzugfahrer?
(Westen Deutschlands, Flandern, Normandie, Südfrankreich, Pisa, Süditalien)
2. Wie hießen die Führer der einzelnen Gruppen (Gottfried v. Bouillon, Raimund v. Toulouse, Robert v. d. Normandie, Robert v. Flandern)
3. Warum einigten sich die Kreuzfahrer auf Konstantinopel als ersten Treffpunkt?
(Verbindungen mit dem Kaiser von Byzanz, Aufstellen der Streitkräfte unmittelbar vor der Auseinandersetzung mit dem Feind)
4. Zeichne die Wege in eine physikalische Karte ein und miß die ungefähre Entfernung aus!
5. Welche Schwierigkeiten hatten die Kreuzfahrer zu überwinden?
(Mangel an Lebensmitteln und Wasser, Unbilden der Witterung wie Hitze, Regen; Gebirgsüberquerungen; Krankheiten; feindliche Überfälle)

Gruppe 2
Ziel: Beweggründe für die Teilnahme an den Kreuzzügen herausarbeiten und dabei möglichst nach den gesellschaftlichen Gruppen unterscheiden.

Aufbruch der Armen ins Heilige Land im Frühjahr 1096, geschildert vom Mönch Guilbert de Nogent
Für seine Kreuzzugsgeschichte, die um 1109 entstand, verwandte er Teilnehmerberichte und eigene Erlebnisse. „Selbst die Armen wurden von einem so glühenden Eifer entflammt, daß keiner von ihnen sich damit aufhielt, an seine bescheidenen Einkünfte zu denken oder zu überlegen, ob er es sich leisten könnte, sein Haus, seine Weingärten oder seine Felder aufzugeben. Jeder machte es sich zur Pflicht, seinen besten Besitz zu einem viel geringeren Preis zu veräußern (als er wert war)... Und was sehr teuer schien, als alle Welt seßhaft verblieb, wurde plötzlich zu einem Spottpreis verkauft, als alle sich in Bewegung setzten... Arme Leute beschlugen die Hufe ihrer Ochsen nach Art der Pferde mit Eisen, spannten sie vor zweirädrige Karren, luden darauf ihre winzigen Vorräte und ihre kleinen Kinder und zogen sie so hinter sich her." (Recueil des Historiens des Croisades. Historiens occidentaux, Bd. 4)
In Clermont gelobten die Anwesenden feierlich, ins Hl. Land zu ziehen, um es von der Herrschaft der mohammedanischen Seldschuken zu befreien. Zum Zeichen ihres Gelübdes hefteten sie sich Stoffkreuze an die Kleider.
Der Aufruf des Papstes fand beim Adel in Frankreich, in den Rheinlanden und in Süditalien ein lebhaftes Echo. In den Städten und Dörfern warben Volksprediger bei den einfachen Leuten für die Kreuzfahrt.
Arbeitsanweisungen: 1. Welche Unterschiede in den Motiven für die Beteiligung am Kreuzzug gab es bei Armen und Reichen?
(Bei den Armen: Wunsch nach Beute, Flucht vor Herrendienst und Strafen; bei den Reichen: Ruhm, Beute, Kampf)

T Kategorien der Untersuchung

	Christliche Darstellung	Mohammedanische Darstellung
Art des Textes	Bericht	Verse
Ablauf des Geschehens	Minutiöse Darstellung des Massakers.	Vom Ablauf des Geschehens wird nichts berichtet.
Gefühlsäußerungen (Beispiel: Verben im Text)	Keine Gefühlsäußerungen. Eindringen, verfolgen, Kampf liefern, zu Boden schlagen, ergreifen, töten, durcheilen, an sich raffen – vor Freude weinend, verehren.	Heftige Gefühlsäußerungen („Tränen"). Tränen vergießen, in Brand stecken.
Auffälliges	Widerspruch zwischen dem Morden der Christen („Liebe deinen Nächsten") und der Ergriffenheit beim Anblick des Heiligen Grabes.	

Gruppe 3
Ziel: Das Verhältnis und die Interessen von Byzanz untersuchen.
▶ **Material:** Augenzeugenberichte, 51 ff.
Arbeitsanweisungen: 1. Wodurch erregte die Stadt am Bosporus das Erstaunen der europäischen Ritter?
(reiche Stadt, hohe Mauern, prächtige Türme, reiche Paläste, hohe Kirchen, zahlreiche Kirchen)
2. Was erwartete der byzantinische Kaiser von den Kreuzfahrern?
(Frieden, Freundschaft, Bündnis; adlige Ritter sollen einen Eid auf den byzantinischen Kaiser ablegen)
3. Inwiefern waren die Kreuzfahrer vom byzantinischen Kaiser abhängig?
(Versorgung, militärische Unterstützung, Kreuzfahrer mußten sein Land durchqueren)

Gruppe 4
Ziel: Unterschiede in der Berichterstattung zwischen mohammedanischen und christlichen Berichten kennzeichnen.
Die Eroberung Jerusalems im Juni 1099 aus christlicher Sicht
Aus dem Tagebuch eines normannischen Ritters. „In die Stadt eingedrungen, verfolgten unsere Pilger die Sarazenen bis zum Tempel des Salomo, wo sie während des ganzen Tages den Unsrigen den wütendsten Kampf lieferten, so daß der ganze Tempel von ihrem Blut überrieselt war. Nachdem die Unsrigen die Heiden endlich zu Boden geschlagen hatten, ergriffen sie im Tempel eine große Zahl Männer und Frauen, töteten sie oder ließen sie leben, wie es ihnen gutdünkte. Bald durcheilten die Kreuzfahrer die ganze Stadt und rafften Gold, Silber, Pferde und Maulesel an sich. Sie plünderten die Häuser, die mit Reichtümern überfüllt waren. Dann, glücklich und vor Freude weinend, gingen die Unsrigen hin, um das Grab unseres Erlösers zu verehren." (Histoire anonyme de la première croisade.)

Die Eroberung aus mohammedanischer Sicht
Verse des Dichters Abiwardi aus Bagdad
„Wir haben unser Blut vermischt mit unseren Tränen,
Traurige Waffe eines Mannes, Tränen zu vergießen,
Wenn der Krieg alles in Brand steckt
Mit funkelnden Schwertern.
O Kinder des Isalm, noch stehen euch viele Kämpfe bevor,
In denen eure Köpfe zu euren Füßen rollen werden.
Eure Brüder in Syrien haben nichts mehr,
Um ihr Haupt zu legen
Als die Rücken ihrer Kamele und die Eingeweide der Geier.
Wieviel Blut ward vergossen, wie vielen Frauen hat man nichts
Gelassen, ihre Scham zu hüten, als die Fläche ihrer Hände."
(Bibliothèque des Croisades, 4. Teil. Chroniques arabes.)
Im nachfolgenden Unterrichtsgespräch werden die bisher erarbeiteten Ergebnisse zusammengefaßt. Methodisch soll so verfahren werden, daß bestimmte Kategorien (unterstrichen) vorgegeben werden:

T Die Rede Papst Urbans II. in Clermont

Papst Urban	
<u>nannte</u> folgende <u>Anlässe</u> für den Kreuzzug:	<u>verschwieg</u> folgende <u>Ursachen:</u>
Überfall der Mohammedaner auf Christen. Behinderung der Pilger durch die Mohammedaner. Hilferuf des byzantinischen Kaisers.	Erschließung neuer Landgebiete. Vergrößerung seiner Machtstellung im Kampf gegen die weltliche Gewalt.
<u>versprach den Kreuzzugsteilnehmern:</u>	
Vergebung aller Sünden. Das ewige Seelenheil für die, die im Krieg gegen die Ungläubigen sterben. Reiche Beute.	Schmeicheleien. Aufruf zur Einigkeit. Unterdrückung aller Uneinigkeiten. (rhetorische Mittel)

39. Die Bauern

39.0.1–52.0.1 Literaturangaben

Gesamtdarstellungen

Abel, Wilhelm, Geschichte der deutschen Landwirtschaft vom frühen Mittelalter bis zum 19. Jahrhundert, Ulmer, Stuttgart ^{2}1982

Blum, Jerome (Hrsg.), Die bäuerliche Welt. Geschichte und Kultur in sieben Jahrhunderten, Beck, München 1982

Duby, Georges, Krieger und Bauern. Die Entwicklung von Wirtschaft und Gesellschaft im frühen Mittelalter, Syndikat, Frankfurt a. M. 1977

Franz, Günther, Deutsches Bauerntum im Mittelalter, Wiss. Buchgesellschaft, Darmstadt 1976

Franz, Günther, Geschichte des deutschen Bauernstandes vom frühen Mittelalter bis zum 19. Jahrhundert, Ulmer, Stuttgart 1976

Lütge, Friedrich, Geschichte der deutschen Agrarverfassung vom frühen Mittelalter bis zum 19. Jahrhundert, Ulmer, Stuttgart ^{2}1967

Rösener, Werner, Bauern im Mittelalter, Beck, München ^{2}1986

Rösener, Werner, Einführung in die mitteleuropäische Agrargeschichte der vorindustriellen Zeit, Wiss. Buchgesellschaft, Darmstadt 1987

Literaturangaben

Die nachstehenden Titel decken die Thematik der noch folgenden UR zur Wirtschafts-, Sozial-, Kultur- und Alltagsgeschichte des Mittelalters ab (außer UR 48 Die Hanse). Weitere Literaturangaben zu einzelnen UR sind an Ort und Stelle zu finden.

Wirtschafts- und Sozialgeschichte

Handbuch der deutschen Wirtschafts- und Sozialgeschichte, hrsg. von Hermann Aubin und Wolfgang Zorn, Klett – Cotta, Stuttgart

Kulischer, Joseph, Allgemeine Wirtschaftsgeschichte des Mittelalters und der Neuzeit, Bd. I: Das Mittelalter, Oldenbourg, München ^{4}1976

Pirenne, Henri, Sozial- und Wirtschaftsgeschichte Europas im Mittelalter, Francke, Tübingen ^{5}1982

Kultur- und Alltagsgeschichte

Bosl, Karl, Europa im Aufbruch. Herrschaft – Gesellschaft – Kultur vom 10. bis 14. Jahrhundert, Beck, München 1980

Borst, Otto, Alltagsleben im Mittelalter, Insel TB 513, Frankfurt a. M. 1983

Borst, Arno, Lebensformen im Mittelalter, Propyläen, Berlin 1973

Duby, Georges, Europa im Mittelalter, Klett – Cotta, Stuttgart

Duby, Georges, Die Zeit der Kathedralen. Kunst und Gesellschaft, 980–1420, Suhrkamp, Frankfurt a. M. 1980

Goetz, Hans Werner, Leben im Mittelalter, Beck, München 1986

Kühnel, Harry (Hrsg.), Alltag im Spätmittelalter, Styria, Graz ^{2}1986

Leuschner, Joachim/Boockmann, Hartmut, Europa im Hoch- und Spätmittelalter. Studienbuch Geschichte, Darstellung und Quellen, Heft 4, Klett – Cotta, Stuttgart 1982

Matthew, Donald, Weltatlas der alten Kulturen: Mittelalter. Geschichte – Kunst – Lebensformen, Christian, München 1983

Southern, Richard William, Geistes- und Sozialgeschichte des Mittelalters. Das Abendland im 11. und 12. Jahrhundert, Kohlhammer, Stuttgart ^{2}1980

Frauengeschichte

Ennen, Edith, Frauen im Mittelalter, C. H. Beck, München ^{3}1986

Ketsch, Peter, Frauen im Mittelalter, 2 Bde., (Geschichtsdidaktik: Studien, Materialien 14–19), Schwann, Düsseldorf 1983/84

Shahar Skulamit, Die Frau im Mittelalter, Königstein 1981

Familiengeschichte

Beuys, Barbara, Familienleben in Deutschland. Neue Bilder aus der deutschen Vergangenheit, Rowohlt, Hamburg 1980

Schuler, Thomas, Familien im Mittelalter, in: Die Familie in der Geschichte, hrsg. von Heinz Reif, Vandenhoeck TB 1474, Vandenhoeck + Ruprecht, Göttingen 1982

Weber-Kellermann, Ingeborg, Die deutsche Familie. Versuch einer Sozialgeschichte, Suhrkamp TB 185, Frankfurt a. M. 1974

Sachbuch

Fischer-Fabian, S., Der jüngste Tag. Die Deutschen im späten Mittelalter, Droemer Knaur, München 1985

Jugendbuch

Macaulay, David, Sie bauten eine Kathedrale, dtv TB 79500 (Die Etappen des Baus einer gotischen Kathedrale in Federzeichnungen)

Zeitschriften

GWU 8/1983: Literaturbericht Hohes Mittelalter

GWU 10/1985: Literaturbericht Spätes Mittelalter, Teile I und II

39.0.2 UR-Ziele

(1) Produktionsverhältnisse in der Landwirtschaft des Mittelalters.
(2) Veränderungen in den Produktionsverhältnissen und deren Auswirkungen.

39.0.3 Medien

Atlas
Auf den Nebenkarten der in der Schule gebräuchlichen geografischen Atlanten finden wir ländliche Haus-, Siedlungs- und Flurformen ebenso wie Karten, die die Entwicklung vom Waldland zum Bauernland aufzeigen, z. B. dtv Westermann 76–77.

Wandbild
Klett-te Neues, Bäuerliches Leben im Mittelalter.

Dias
FWU 10 0125 Der Bauer im späten Mittelalter 16 sw
Stoedtner Mittelalterliches Bauerntum 12 sw

Film
WBF Bauer und Grundherr 16 min f

39.0.4 Fachwissenschaftliche Einführung

Im Mittelalter lebten 90% der Bevölkerung auf dem Lande. In der überwiegenden Mehrzahl waren es Bauern, auch die übrigen gehörten als Müller, Schmiede und Wagner zur **agrarischen Bevölkerung**. Ihr Leben war geprägt durch Unsicherheit und Krankheit, sie hingen ab von den Naturgewalten, von Hitze und Kälte, von Trockenheit und Überschwemmungen, Hagelschlag und Unwetter, sie litten unter Kriegen und unter der Abhängigkeit vom Feudalherrn.
Die **Bevölkerung Europas** belief sich um die Jahrtausendwende auf etwa 42 Millionen Menschen. Bis 1150 erreichte sie 50 Millionen, um sich dann bis zur Mitte des 14. Jahrhunderts in den meisten Ländern Europas um das Zwei- bis Dreifache zu vermehren. Um 1390 erreichte die Bevölkerung Deutschlands nach 5–6 Millionen um 1150 mit 14 Millionen einen Höchststand. In England wuchs sie von 1,5 auf 5–6 Millionen, in Frankreich von 6 auf 21 Millionen. In Teilgebieten verzehnfachte sich sogar die Bewohnerzahl.
Im **14. Jahrhundert** unterbrachen schwere Krisen das Wachstum der Bevölkerung und der Wirtschaft. An Hunger und Seuchen, vor allem an der **Pest** starben ca. 25 Millionen Menschen, ein Viertel der Bevölkerung Europas.

Die **Aufschwungphase des Hochmittelalters** war geprägt von einer enormen Ausweitung der Anbauflächen sowie durch Verbesserung der Agrartechnik – die Voraussetzungen für die Bevölkerungsvermehrung. Diese Fortschritte veränderten das Bild der europäischen Natur- und Kulturlandschaft nachhaltig und schufen die **Grundlage für einen zivilisatorischen Aufschwung**, die Entfaltung der Städte und den Bau der Kathedralen.
Angesichts der Leistungen der Landwirtschaft im Hochmittelalter spricht die Forschung von einer **agrartechnischen Revolution.** Dies gilt sowohl für das Arbeitsgerät als auch für die Bodennutzung. Es wurden nicht eigentlich neue Geräte entwickelt oder neue Nutzungsformen angewandt, vielmehr breiteten sich ihre Kenntnisse und ihre Verwendung rasch aus. So löste der Beetpflug den älteren Hakenpflug ab. Hatte der letztere den Boden nur aufgewühlt und nach beiden Seiten krümeln lassen, so drang der Beetpflug mit seiner Pflugschar tief in den Boden und wendete ihn. Ein neues Zuggeschirr, bestehend aus dem Kummet, einem auf den Schultern des Zugtieres aufliegenden Kragen, gehalten von seitlichen Strängen, den Sielen, verstärkte die Arbeitsleistung der Zugtiere (Rinder, verstärkt auch Pferde) beträchtlich. Die Sense löste die Sichel zwar noch nicht allgemein bei der Getreideernte, aber doch bei der Heugewinnung ab, wodurch die Überwinterung des Viehs (bisher bei Winterbeginn geschlachtet) erleichtert wurde. Andere Neuerungen waren der Dreschflegel, der vierrädrige Ackerwagen, die Wind- und Wassermühle.
Einen wesentlichen Fortschritt stellte die Ausbreitung der **Dreifelderwirtschaft** dar, die die Feldgraswirtschaft ablöste. Bei der letzteren wurde das Land einige Jahre als Acker genutzt und dann der Verwilderung überlassen. Nun lösten Sommergetreide, Wintergetreide und Brache in dreijährigem Wechsel einander ab. Damit wurde eine Steigerung der Getreideerrträge um 50% erzielt. In der Regel wurde das Drei- bis Vierfache der Aussaat geerntet. Als Winterfrucht wurde Roggen oder Weizen, teilweise auch Dinkel, angebaut, als Sommerfrucht dienten Hafer oder Gerste. Vor allem in der Nähe der Städte betrieb man Gartenbau, vor allem wurden Hülsenfrüchte (Erbsen und Linsen) und Gemüse (Rüben, Kohl) sowie Obst produziert. An den Flüssen, vor allem an Rhein, Mosel, Neckar und Main, aber auch bis hinauf nach Ost- und Westpreußen, wurde Wein angebaut. Wichtig war auch die Bienenzucht, denn zum Süßen (auch des Weins) gab es nichts anderes als Honig. An Industriepflanzen wurden Flachs und Hanf erzeugt. Leinen wurde vielfach in Bauernhaushalten hergestellt.
Die **Viehhaltung** war den Erfordernissen des Ackerbaus untergeordnet. Es wurden Rinder, auch als Zug-

tiere und wegen des Dungs, gehalten, in geringerem Maße auch Pferde. Hauptlieferung von Fleisch war das Schwein. Weit verbreitet waren das Schaf, die Ziege und Kleintiere wie Hühner, Gänse und Enten.
Die **Nahrung** bestand vor allem aus Brei, aus Hafer und Gerste, auch Mus genannt. (Siehe den Berg aus Brei, durch den man sich durchessen muß, um ins Schlaraffenland zu gelangen, und das Märchen vom süßen Brei, der unaufhörlich aus dem Töpfchen hervorkocht.) Gerösteter Brei wurde zu Fladenbrot. Brot (mit Hefe oder Sauerteig hergestellt) war noch lange der Oberschicht vorbehalten. Darüber hinaus gehörten Gemüse, Käse, auch gekochtes Fleisch und Innereien und zur Fastenzeit gesalzene Fische zur bäuerlichen Nahrung. Als Getränk dienten Milch, Wasser sowie Met bzw. Bier und in Weinbaugebieten Wein.
Man darf nicht übersehen, daß die **Ernährung der verschiedenen Schichten höchst unterschiedlich** war. Die kleinen und mittleren Bauern lebten eher kärglich, Berichte von üppigen Festgelagen beziehen sich auf die reicheren Bauern. Mißernten und Viehseuchen führten zu radikalen Verschlechterungen des Nahrungsangebotes.
Die **Kleidung der Bauern**, wieder abgesehen von der bäuerlichen Oberschicht, war unauffällig, ja armselig. Man trug einen Leibrock, eine Hose bzw. einen Rock und einen Mantel aus grauem Stoff, sowie Bundschuhe. Die wohlhabenderen Bauern wiederum ahmten in der Kleidung die Ritter nach. Gegen ihr protziges Auftreten richtete sich der Spott der Prediger und adligen Dichter, aber auch die Verordnungen gegen übermäßigen Luxus in der Kleidung der Bauern. Letztere dienten der Aufrechterhaltung der Standesunterschiede, da die Kleidung eine wichtige Funktion als Statussymbol hatte.
Die Dorfgemeinde als Genossenschaft. Ein wichtiges Kennzeichen mittelalterlicher Bauernwirtschaft ist die enge Einbindung des Einzelbauern in ein **genossenschaftliches System.** Die Bebauung der Felder in der Dreifelderwirtschaft erfolgte nach für alle Bauern des Dorfes verbindlichen Regeln der Fruchtfolge in einem Rotationssystem (Flurzwang). Kleinere Bauern waren auf die Nachbarn angewiesen, weil nur mittlere oder größere Bauern sich ein Pfluggespann mit Ochsen oder gar Pferden leisten konnten. Sie liehen sich Pflug und Zugtiere aus und stellten dafür tageweise dem Verleiher ihre Arbeitskraft zur Verfügung.
Das Grundmaß des bäuerlichen Besitzes, die Normalausstattung einer Bauernfamilie mit Land war die **Hufe.** Sie war nach Bodenqualität, Entstehungszeit und Grundherrschaftszugehörigkeit von unterschiedlicher Größe (Durchscnitt ca. 10 Hektar). Durch **Erbteilung** wurden die Wirtschaften vielfach verkleinert, es gab Besitzer von halben und viertel Hufen. Die **Unterschicht** (im 13. Jahrhundert vielfach bereits die Hälfte der Dorfbevölkerung) setzte sich aus **Kleinstelleninhabern** zusammen, deren Parzellen zum Lebensunterhalb nicht ausreichten und sie zu zusätzlicher Lohnarbeit zwangen. Sie werden niederdeutsch Kötter (nach ihren Behausungen = Kotten) und oberschwäbisch Seldner (Selden) genannt. Auf der anderen Seite entstand eine **dörfliche Oberschicht**, die die größten Anwesen besaß und die wichtigsten Dorfämter unter sich aufteilte (siehe den alten Bauern in „Meier Helmbrecht").
An der Spitze des Dorfes stand ein **Dorfvorsteher** als oberster „Verwaltungsbeamter" der Gemeinde. Er leitete die Gemeindeversammlung und führte den Vorsitz im Dorfgericht. In Nord- und Ostdeutschland wurde er Schulze oder Bauermeister (burmester) genannt, in Süddeutschland Schultheiß oder Vogt. Er stammte aus dem Dorf, wurde aber zumeist vom Grundherrn eingesetzt oder mußte zumindest von ihm bestätigt werden, war also zugleich Repräsentant der Gemeinde und zugleich Vertrauensmann der Herrschaft.

Mensch und Umwelt

Es wäre unhistorisch, Umweltprobleme und Umweltbewußtsein der Gegenwart auf das Mittelalter (oder irgendeine andere Epoche der Vergangenheit) zurückprojizieren zu wollen, zu verschieden sind die Bedingungen, unter denen der mittelalterliche Mensch lebte, von denen unserer Zeit.
Während des ganzen Mittelalters wies Europa nur einen Bruchteil der heutigen Bevölkerungsdichte auf. Wir sind auf grobe Schätzungen angewiesen, doch sind wir über das Anwachsen und die Einbrüche der Bevölkerungszahlen relativ gut informiert. Man schätzt die Bevölkerung Europas um 500 auf 30 Millionen Menschen. Nach einem Einbruch im 6. Jahrhundert stieg die Bevölkerung bis 1300 zunächst langsam und dann steiler an, um Anfang des 14. Jahrhunderts etwa 75 Millionen zu erreichen. Durch eine Klimaverschlechterung und eine daraus folgende Agrarkrise kam es 1309–1317 zu einer Hungersnot und wenig später zu einer epidemischen Ausbreitung der Pest, die die Bevölkerung auf wenig mehr als die Hälfte sinken ließ. Ab Mitte des 15. Jahrhunderts stiegen die Bevölkerungszahlen wieder stark an, bis der Dreißigjährige Krieg einen erneuten Einbruch verursachte.
Angesichts der Hungersnöte, Seuchen und Naturkatastrophen aller Art fühlte sich der mittelalterliche Mensch schutzlos einer feindlichen Umwelt ausgesetzt. Die Vorstellung einer Schutzverpflichtung des Menschen gegenüber der Umwelt wäre anachronistisch.
Schon wegen der geringen Bevölkerungszahl und auch wegen der begrenzten technischen Mittel waren die Möglichkeiten zu bewußten und auch unbewuß-

ten Eingriffen in die Umwelt im Vergleich zur Gegenwart beschränkt. Einen Eingriff stellt natürlich schon die Rodung von Wäldern zum Zwecke des Anbaus von Kulturpflanzen dar. Im Frühmittelalter war der Wald in Europa nördlich der Alpen ausgedehnt und reproduktionsfähig genug, um durch den Eingriff des Menschen nicht entscheidend bedroht zu werden. Die Situation änderte sich durch den Ausbau der Landwirtschaft im Hochmittelalter und durch den Bedarf an Waldnutzung als Folge des Bevölkerungsanstiegs.

Unabhängig von der Rodung wurde der Wald von der bäuerlichen Bevölkerung wirtschaftlich genutzt, vor allem zur Viehhaltung: Rinder und Schweine wurden zur Mast in den Wald getrieben und richteten dort Schäden an. Vor allem war aber Holz der wichtigste Rohstoff des Mittelalters. Die mittelalterliche Wirtschaft war vom Holz als Grundstofflieferant und als Energieträger so abhängig (oder noch mehr) wie die heutige vom Öl. Das Haus auf dem Lande war aus Holz und Flechtwerk erbaut. Flechtwerk (Knüppel, Stöcke, Ruten) war auch nötig für Zäune, Uferbefestigungen, Körbe etc. Auch in der Stadt waren Häuser aus Stein bis ins Spätmittelalter selten. Auch für große Steinbauten wie Kirchen wurden enorme Mengen Holz gebraucht (Dachstuhl, Untergrund, Gerüste, Verschalungen).

Holz war der ausschließliche Brennstoff für Heiz- und Kochzwecke und nicht zuletzt zum Baden. Gleichzeitig bestand ein enormer Bedarf an Werkholz. Ganze Handwerke verarbeiteten ausschließlich Holz, so die Böttcher, Küfer, Büttner und Wagenmacher, Gerber arbeiteten mit Lohe aus Eichenrinde.

Im späten Mittelalter kamen weitere Großabnehmer von Holz hinzu: die sich sprunghaft entwickelnden Bergwerke und die Eisen- und Kupferverhüttung, ferner die an Bedeutung gewinnenden Glashütten und Töpfereien und schließlich die Salzgewinnung. Für die Gewinnung eines Zentners Eisen waren 15 Zentner Holzkohle erforderlich. Die Salinen von Lüneburg (eiserne Sudpfannen im Spätmittelalter waren bis 200 m^2 groß) waren verantwortlich für die Vernichtung des Waldes im Umland, dadurch entstand die Lüneburger Heide. Die Übernutzung der Wälder führte zu regelrechten Energiekrisen. Dadurch kamen Bergbau, Metallverhüttung und Salzgewinnung vielerorts zum Erliegen. Ganze Bevölkerungsgruppen verloren ihre Existenzgrundlage und wanderten ab. Ähnliche Vorgänge sind heute in der Dritten Welt zu beobachten.

Im 14. Jahrhundert wurden erstmals Maßnahmen zum Schutz des Waldes ergriffen. Die Stadtbehörden begannen die Nutzung der städtischen Allmende, die bisher jedermann offengestanden hatte, einzuschränken. Ziegen und Schafe durften nicht mehr im Wald weiden, die Schweinemast wurde reduziert. Holz durfte nicht mehr unbegrenzt geschlagen werden. Es kam sogar zu planmäßigen Aufforstungen. In Nürnberg wurde 1369 erstmals Tannensamen ausgesät, und die Stadt wurde in der Folge der bedeutendste Lieferant von Waldsamen in Europa. Auch Eichen und Buchen wurden seit etwa 1400 ausgesät, während schlechtere Böden mit Nadelbäumen aufgeforstet wurden. Die Fichte wurde zum wichtigsten Nadelgewächs. Während zur Jahrtausendwende die Ebenen mit Laubwald bedeckt waren, wurde nun der Fichtenwald zur vorherrschenden Waldbedeckung.

39.1 Wie die Bauern damals gelebt haben

39.1.1 Wissensziele

Im Mittelalter wohnte die Bevölkerung meist auf dem Lande oder in kleineren Städten. Es gab damals viel mehr Wälder, Sümpfe und Moore als heute. Die Bauern siedelten gern auf leichten Sandböden, weil man mit dem Hakenpflug den Boden leicht aufritzen konnte. Es gab mehr Viehzucht als Ackerbau. Die Bauern arbeiteten durch Jahrhunderte nach veralteten Methoden. In ungünstigen Erntejahren kam es zu Hungersnöten. Man kannte noch keine öffentliche Vorratshaltung oder Transport von Nahrungsmitteln aus anderen Gegenden. Im 12. Jahrhundert setzten sich folgende Neuerungen durch: eiserne Pflugschar, Joch, Hufeisen, größere Wagen, natürliche Düngung, Wassermühle und Sense. Die Produktivität wurde durch bessere Produktionsinstrumente und -methoden erhöht.

39.1.2 UE-Ziele

(1) Notlagen der Bevölkerung im Mittelalter.
(2) Technik und Anbaumethoden in der mittelalterlichen Landwirtschaft.
(3) Methoden der Produktionssteigerung.

39.1.3 Einstieg

- **Bild:** Die Arbeit des Bauern in den zwölf Monaten des Jahres (Gfm)
- **Bild:** Bauernarbeit im späten Mittelalter (Gfm)
- **Quellen:** Berichte über Hungersnöte (s. u.)

39.1.4 Didaktisch-methodische Vorschläge

Die erste Betrachtung des Bildmaterials vermittelt den Schülern eine Vorstellung von der Tätigkeit des Bauern. Es zeichnet sich damit bereits eine Erkenntnis ab, die der Lehrer durch eine Gegenüberstellung mit den heute üblichen Arbeiten auf einem Bauernhof provozieren kann: Der Bauer im Mittelalter produzierte alles, was er zum Leben benötigte, im Rahmen seines Haushalts selbst. Möglicherweise vermuten die Schüler die Folgen einer derartigen Wirtschaftsform: kein Handel, keine Geldwirtschaft, Rückschritt gegenüber der Antike usw.
Eine kurze Darstellung über die Situation bei Hungersnöten soll dazu führen, die Nachteile einer solchen Wirtschaftsform aufzudecken und einen ersten Einblick in die Zusammenhänge von Wirtschafts-, Gesellschafts- und Herrschaftsformen zu vermitteln.

Berichte über Hungersnöte aus dem Jahr 873
„Im Jahr ... 873 verwüstete eine unermeßliche Menge von Heuschrecken, die im August von Osten her erschien, fast ganz Gallien...
Sie nährten sich von den Saaten, die von ihnen so abgefressen wurden, als wären sie von einem ungeheuren Unwetter vernichtet. Die Länge einer Tagesreise erstreckte sich bei ihnen auf 4 bis 5 Meilen.
Sie gelangten aber bis zum bretonischen Meere, in welches sie nach Gottes Willen hineingetrieben, auf die hohe See fortgerissen und versenkt wurden.
Durch die Flut aber und durch das Zurückströmen des Ozeans an Land geworfen, erfüllte sie die Seegestade, und zwar in solcher Häufung, daß sie bergehoch zusammengeschichtet waren; durch ihren Gestank und ihre Fäulnis wurde die Luft verpestet und erzeugte daraus für die Umwohnenden eine furchtbare Seuche, an der viele den Tod fanden."
(GiQ II, Nr. 122)
„In der ... Winterszeit schwoll das Wasser bei der Schneeschmelze plötzlich zur Überschwemmung an, vor allem an den Ufern des Rheins. In den gewaltigen Wasserfluten kamen viele Menschen mit zahllosen Gebäuden und Erntevorräten um.
Nachher, in der Mitte des Monats August, kam... ein unendlicher Schwarm von Heuschrecken... Wenn sie durch die Luft schwirrten, machten sie ein feines Geräusch wie kleine Vögelchen. Und sobald sie aufflogen, konnte man den Himmel kaum noch wie durch ein Sieb sehen. An sehr vielen Orten zogen ihnen die Oberhirten und die ganze Geistlichkeit mit Reliquienschreinen und Kreuzen entgegen und erflehten Gottes Barmherzigkeit, daß er sie vor dieser Plage bewahre...
Ferner lag vom 1. November bis zum Sonntag Sexagesima (14. Februar) Schnee auf der ganzen Erdoberfläche. Mit verschiedenen Plagen schlug der Herr ohne Unterbrechung sein Volk; er strafte ‚mit der Rute ihre Missetaten und mit Hieben ihre Sünden' (Psalm 88,33)."
(A. Borst, Lebensformen im Mittelalter, S. 109f.)

Die Zusammenstellung von Plagen und Bedrohungen der Menschen im 9. Jahrhundert (S. 260) soll durch einen Bericht aus dem Jahr 1032 ergänzt werden:
„Unablässige Regenfälle hatten das ganze Erdreich dergestalt aufgeweicht, daß man drei Jahre lang keine Furchen ziehen konnte, die die Saat hätte aufnehmen können. Zur Erntezeit waren die Felder ganz von Unkraut und der verderblichen Tollgerste überwuchert... Fand man glücklich Nahrung zum Verkauf feilgeboten, so konnte der Verkäufer jeden beliebigen Wucherpreis dafür fordern.
Nachdem die Menschen die wilden Tiere und die Vögel verzehrt hatten, begannen sie, Aas... zusammenzutragen, um sich daran zu sättigen. Manche sammelten, um dem Tode zu entgehen, im Walde wilde Wurzeln und in den Flüssen das Wasserkraut.
Entsetzen erfaßt jedweden, welcher von den Verirrungen vernimmt, die damals das Menschengeschlecht befielen! Ach und weh! Was man im Laufe der Zeit kaum je vernommen, in ihrem wütenden Hunger verschlangen die Menschen sogar das Fleisch von ihresgleichen...
Viele Leute gruben weiße Erde, dem Ton ähnlich, aus dem Boden, mischten sie unter das wenige, was sie an Mehl oder Kleie besaßen und buken aus diesem Gemisch Brote...
Allenthalben sah man bleiche und abgezehrte Gesichter. Viele waren vor Hunger aufgetrieben; ja selbst die menschliche Stimme war dünn und schwach und glich dem Piepsen eines sterbenden Vogels. An den Leichen der Verstorbenen, die man ob ihrer großen Zahl hier und dort unbestattet liegenlassen mußte, taten sich die Wölfe gütlich, die auch später noch lange die Menschen heimsuchten..."
(Le Goff, Kultur des europäischen Mittelalters, S. 401f.)

Arbeitsaufgaben	denkbare Formulierungen	
1. Stellt in einer Liste zusammen, unter welchen Plagen die Menschen im Mittelalter besonders hart litten. 2. Stellt in einem Schauspiel dar, wie die Zusammenhänge zwischen den auftretenden Notlagen entstanden.	– Überschwemmungen, – Heuschreckenschwärme, – Dürre, Witterungseinflüsse (Trockenheit, Überschwemmungen) ↓	– Erdbeben, – Seuchen, – Hungersnöte. Schädlinge (Ratten, Heuschrecken) ↓
	führten zu – Ausbruch von Seuchen und Krankheiten – Preiserhöhungen – Verknappung von Lebensmitteln	
3. Vergleicht, was man gegen die Plagen **heute** tut und was man im **Mittelalter** dagegen tun konnte.	Was könnte man heute bei uns dagegen tun?	Wie sah es mit der Verwirklichung im Mittelalter aus?
	Man könnte Vorräte anlegen, die über Jahre hinaus dauerhaft gelagert bleiben.	Es war nur eine kurzfristige Lagerung von Getreide, Mehl usw. möglich, da es an technischen Möglichkeiten (Konservierung, Lagerung) mangelte.
	Die Vorräte müssen schnell in die Notstandsgebiete transportiert werden können.	Es war kein ausreichendes Straßen- und Verkehrsnetz vorhanden, vor allem gab es nicht die entsprechenden Verkehrsmittel.
	Die schnelle Verteilung von Lebensmitteln usw. muß durch staatliche Stellen organisiert und koordiniert werden.	Es gab keine einheitliche Verwaltung, keinen einheitlichen Staat. Der Verkehr war durch Zollschranken und Überfälle zusätzlich behindert.
	Zusammenfassung der Ursachen: – Witterungsverhältnisse – Unzureichende Technik – Mangelhafte verwaltungstechnische Vorkehrungen	

Nachfolgend sollen die Kennzeichen für die Organisation des Produktionsprozesses herausgearbeitet werden. Dazu verwenden wir das in Gfm aufbereitete Material.

Arbeitsaufgaben	denkbare Formulierungen
1. Welche Folgen ergaben sich für die Landwirtschaft aufgrund der Bevölkerungsentwicklung? 2. Stellt heraus, wie man die Nahrungsmittelproduktion im Mittelalter steigerte.	– Durch die steigende Bevölkerungszahl mußten die Bauern mehr Nahrungsmittel produzieren. – Dreifelderwirtschaft (bessere Ausnutzung des Bodens) – Entwässerungstechnik – Eiserne Pflugschar – Kummet – Eiserner Hufbeschlag – Vierrädrige Wagen – Verwendung von Dünger – Mühlen (Wind und Wasser) – Sense – Vergrößerung der Anbaufläche durch Rodung und Trockenlegung von Sümpfen
3. Welche Auswirkungen ergaben sich für das Zusammenleben der Menschen? (Verwendet die beiden Quellen in Gfm: „In der Dorfgemeinschaft" und „Aus den Satzungen bäuerlicher Genossenschaften".)	– Entwicklung der Dorfgemeinschaft – Notwendigkeit der Zusammenarbeit durch das System der Dreifelderwirtschaft – Bildung von Genossenschaften und Gemeinden – Wahl eines Schulzen – Kirche als Zentrum, gemeinsame Feiern und Festlichkeiten

Dürre/ Trockenheit	strenger Winter	Seuche	Tierseuche	Über-schwemmung	Erdbeben	Hungersnot
						793
						805
						807
		808				
			810			
				815	815	
			820	820		820
	821					
		823			823	
					829	829
	832					
				834		
		836				
					838	
				839		
				841		
					842	
	843		843			833
	845				845	846
	846				846	
850				850		850
852						852
	856	856				
				858	858	
					859	
	860					
				863		
					867	
						868
					870	
				873		873
874	874	874				874
				875		

T Veränderungen in der mittelalterlichen Landwirtschaft

Anwachsen der Bevölkerung

↓

Steigerung der Produktion

↙ ↓ ↘

Dreifelderwirtschaft

- bessere Nutzung des Bodens
- Ertragssteigerung
- breiteres Nahrungsangebot

Verbesserung der landwirtschaftlichen Geräte

- Pflug
- Pferd mit Kummet
- bessere Zugkraft
- bessere Bodenbearbeitung

Vergrößerung der landwirtschaftlichen Nutzfläche

- Rodungen
- Trockenlegen von Sümpfen
- Weideland wird zu Ackerland

↓

Soziale Auswirkungen:
Entwicklung zur Dorfgemeinschaft

- Arbeiten werden gemeinsam organisiert
- Aufteilung des Bodens
- weithin eigenständige Regelung der gemeinsamen Angelegenheiten
- Bildung von Genossenschaften
- Wahl eines Schulzen

40. Die Grundherrschaft

40.0.1 Literaturangaben

vgl. 39.0.1, Seite 256.

40.0.2 Lernziele

(1) Entstehung der Grundherrschaft.
(2) Interessenlagen der Grundherrn und der Bauern.

40.0.3 Medien

Siehe 39.0.3

Dias

FWU 10 0466 Aus dem Leben des Adels im Mittelalter 19 f
10 2787 Lehenswesen im Mittelalter 12 f

Film

WBF Bauer und Grundherr 16 min f

40.0.4 Fachwissenschaftliche Einführung

Die überwiegende **Mehrheit der bäuerlichen Bevölkerung** im Mittelalter befand sich in **Abhängigkeit von einem Grundherrn,** der meist zugleich Gerichtsherr war. Im Unterschied zur antiken Sklaverei handelt es sich bei der Grundherrschaft um eine Herrschaft über Land und die darauf lebenden Menschen. Das Verhältnis zwischen Grundherrn und Grundholden (abhängigen Bauern) war – abgeleitet von den Regeln der Lehnsverfassung (siehe S. 228) – ein Treue- und Schutzverhältnis, das den Grundholden zu Diensten und den Grundherrn zu gewissen Formen von Schutz und Schirm verpflichtete. In der Literatur gibt es jedoch den Einwand, daß dies eine zu idealisierte Sicht sei. Die Grundherrschaft sei ein Machtverhältnis, „eine besondere Form der Aneignung von Teilen des landwirtschaftlichen Mehrproduktes durch Inhaber von Macht" (Knut Borchardt).
Die klassische Grundherrschaft des Frühmittelalters, **Villikations- oder Fronhofsystem** genannt, bestand aus einem Fronhof (villa) im Mittelpunkt mit dem dazugehörigen Salland, das als Eigenbetrieb bewirtschaftet wurde, und den darum gruppierten abhängigen Bauernhöfen. Der **herrschaftliche Eigenbetrieb** wurde von einem Hofgesinde von **unfreien Knechten und Mägden** (Leibeigenen, servi), das seine ganze Arbeitskraft zur Verfügung stellen mußte, und von den **frondienstpflichtigen Hufenbauern** bewirtschaftet. Die letzteren hatten zahlreiche Frondienste zu leisten, die in detaillierten Pflichtenkatalogen festgehalten waren. Sie hatten Arbeitsfronen für das Herrenland, größtenteils mit eigenem Pfluggespann und anderem Gerät, zu leisten, sie hatten umfangreiche Naturalabgaben zu leisten, die Frauen wurden zu Spinn-, Web- und Wascharbeiten herangezogen. Neben diesen Dienststellen bewirtschafteten sie ihre Höfe zur Eigenversorgung.
Kleinere Grundherrn wohnten selbst auf dem Fronhof, der König und die großen weltlichen und geistlichen Grundherrn setzten auf ihren Fronhöfen Verwalter ein, villicus oder Meier genannt, die die Fronhofswirtschaft leiteten, die Naturalabgaben einzogen und die Erträge an die Grundherrn ablieferten.
Dieses **Villikationssystem löste sich**, beginnend im 12. Jahrhundert, im Spätmittelalter **auf**. Die grundherrliche Eigenwirtschaft wurde stark verringert oder völlig aufgegeben. An die Stelle der Frondienstpflichten traten **Natural- und Geldabgaben.** Damit wurde die Selbständigkeit der Bauern wesentlich gestärkt, sie konnten die Verwendung ihrer Arbeitskraft selbst bestimmen und Überschüsse erwirtschaften, die sie auf den Märkten der Städte absetzten. Die alte Hofgenossenschaft entwickelte sich mehr und mehr zur Dorfgemeinschaft.

Einstiegs-Geschichte: Der Leibeigene

Der Meier, der im Auftrag des Grundherrn die leibeigenen Bauern überwachte, bog vom Wege ab und ritt mitten durch das Weizenfeld des Bauern. Da stürzte dieser aus seiner Hütte und ging mit der Forke auf das Pferd des Meiers los. Das bäumte auf, so daß der Meier beinahe herabgestürzt wäre. Er wurde von der Forke am Oberschenkel verletzt. Die Knechte des Meiers stürzten sich auf den Bauern und entrissen ihm die Forke.
Mit gebundenen Händen wurde der Bauer vor den Grundherrn geführt. Der Meier berichtete den Vorfall. Die Knechte bezeugten, daß es so war. Mit kaum unterdrückter Wut, aber ehrfürchtig und in gebückter Haltung, stieß der Bauer hervor: „Der Meier mag mich nicht. Immer wenn eine schwere Arbeit ansteht, holt er mich. Als meine Frau beim letzten Zinstermin dem Meier einen Korb mit Eiern brachte – sie waren ganz frisch – da hat der Meier die Hälfte der Eier auf den Boden geworfen und gesagt, sie wären nicht frisch". „Waren sie auch nicht", rief der Meier dazwischen.
Der Grundherr herrschte ihn barsch an und befahl ihm, ruhig zu sein. Dann wandte er sich mit ernster Miene an den Bauern. „Ich bin dein Grundherr und dein Richter. Du hast meinen Meier tätlich angegriffen. Darauf steht der Galgen. Weil ich dich aber als

ordentlichen Mann kenne und weil der Meier durch dein Getreidefeld geritten ist, bist du vom Galgen frei." Zu den Knechten sagte er: „Werft ihn in den Turm bei Wasser und Brot."
Dann wandte er sich an den Meier: „Du hast dein Amt mißbraucht und den Bauern gequält. Du bist von jetzt an kein Meier mehr und gehst als Bauer zurück in dein Dorf!"
Was gefällt euch an dieser Geschichte? – Was nicht?

40.1 Wie die Steuern und andere Lasten in der Agrargesellschaft verteilt waren Warum sich die Menschen freiwillig in Abhängigkeit begaben

40.1.1 Wissensziele

Fast alle Bauern standen in Abhängigkeit von einem Grundbesitzer. Das konnte ein Adliger oder ein Abt sein. Es gab drei verschiedene Arten von Abhängigkeit. Beim Leibeigenen gehörte das Arbeitsprodukt vollständig dem Grundherrn. Der Hörige leistete Abgaben und Frondienst. Der Zinsbauer zahlte eine bestimmte Summe als Erbzins. Der Grundherr mußte die von ihm Abhängigen vor Not und Überfällen schützen. Die Bevölkerung war im Mittelalter in viele kleine Herrschaften aufgeteilt. Wer wirtschaftlich sicher sein wollte, mußte Abhängigkeit in Kauf nehmen. In unsicheren Zeiten konnte der Mächtige seine Macht erweitern, besonders deshalb, weil er auch die Gerichtsbarkeit innehatte.

40.1.2 Lernziele

(1) Gründe, warum sich ehemals freie Bauern in die Abhängigkeit begaben.
(2) Leistungen der abhängigen Bauern an ihre Grundherrn.
(3) Organisation der Grundherrschaft.

40.1.3 Einstieg

● **Bilder:** Bauern bringen Zins (Gfm)
Der leibeigene Bauer front unter Aufsicht des Vogtes (Gfm)
● **Film:** Bauer und Grundherr (s. 39.0.3)

40.1.4 Methodisch-didaktische Vorschläge

Zwar greift der Unterrichtsfilm „Bauer und Grundherr" die gesellschaftliche Situation auf dem Lande vor dem Bauernkrieg auf, aber er läßt sich auch an diesem didaktischen Ort einsetzen. Er umfaßt Sequenzen, in denen

- die Lebensbedingungen der Bauern und der Grundherrn gegenübergestellt werden,
- die Verschlechterung der Lage der Bauern gezeigt wird,
- die Gliederung der Gesellschaft auf dem Lande und das System der Grundherrschaft erläutert werden.

Angesichts der Komplexität des Stoffes und der Vielfalt der im Film vermittelten Informationen ist es ratsam, einzelne Sequenzen schwerpunktartig auszuwählen. So ist es denkbar, in einer immanenten Wiederholung die Lebensbedingungen der Bauern (s. UR 39), die in der ersten Sequenz des Films angesprochen werden, erneut zu thematisieren. Im Vorgriff auf die UR 41 könnte auch die Sequenz „Wie lebten die Grundherrn?" informierend-orientierend eingespielt werden. Der Schwerpunkt innerhalb dieser Unterrichtsreihe sollte jedoch auf den Aspekt „Was ist Grundherrschaft – wie ist sie entstanden, und wie sah sie im einzelnen aus?" liegen.
Die Frage nach den Beziehungen zwischen Wirtschafts-, Gesellschafts- und Herrschaftsstrukturen im Mittelalter soll auf die beiden Problemkreise reduziert werden:

- Wer sorgte für die Grundbedürfnisse der Menschen?
- Wer leistete die für diese Aufgabe notwendigen Arbeiten?

Zunächst verweist der Lehrer auf die Situation der Bauern bei den Germanen: Die meisten germanischen Bauern besaßen (auch noch zur Zeit Karls des Großen) Land, einen Hof, Werkzeuge und Geräte. Sie nutzten gemeinsam Wälder, Gewässer, Weiden. Die Dorfgenossenschaft regelte das dörfliche Leben (Anbau innerhalb der Dreifelderwirtschaft, Nutzung der Allmende) mit Hilfe von Weistürmen und des Bauermeisters selbst (vgl. UR 39).
Betrachten die Schüler im Anschluß das Bildmaterial, so können sie leicht vermuten, daß sich die Situation der Bauern verschlechtert hat. Dieser erste Eindruck kann durch die Quelle „freiwillige Abhängigkeit" verstärkt werden.

Damit können folgende Fragen formuliert werden:
- Warum begaben sich Bauern freiwillig in Abhängigkeit?
- Welche Formen der Abhängigkeit gab es? – Wie wirkte sich die Abhängigkeit auf das Leben der Bauern und auf ihre Stellung innerhalb der Gesellschaft aus?
- Wie war die Grundherrschaft organisiert? Welchen Veränderungen war sie unterworfen?

Es bietet sich an, zunächst die Frage zu beantworten, warum sich viele Bauern etwa zur Zeit Karls des Großen in Abhängigkeit begaben.

Arbeitsaufgaben	denkbare Formulierungen
1. Wiederholt (UR 32), warum sich die Bauern in die Abhängigkeit begaben.	Da die Herrscher viele Kriege führten, mußten die freien Bauern häufig Heeresdienst leisten. Ihre Höfe verwahrlosten. Sie gerieten häufig in Not. Um keinen Kriegsdienst leisten zu müssen, begaben sie sich in die Abhängigkeit eines Herrn. Dieser hatte vom Herrscher Land zur Nutzung zugesprochen bekommen (Lehen), und mußte dafür Kriegs- und Waffendienst leisten. Die Landbebauung übergaben die Grundbesitzer den Bauern, die in mehr oder weniger starke Abhängigkeit gerieten. Sie verloren ihre Freiheit, mußten ihren Besitz an den Grundherrn abtreten und Dienste und Abgaben leisten.
2. Untersucht, welche Dienste der Grundherr verlangte. (Quelle: Lehnsurkunde des Abtes der Stiftskirche in Limburg)	– Entrichtung eines jährlichen Betrages oder 52 Tage Dienst auf dem Abtshof. – Unverheiratete Söhne konnten zu jedem Dienst (u. a. in Backstube oder Küche) abgeordnet werden. – Die Verheirateten konnten Kellner, Förster des Abtes werden. – Entrichtung des Besthauptes (das beste Stück Vieh) beim Tod des Mannes oder der Frau. – Bei Heirat mußte ein Zins entrichtet werden. – Zwei Drittel der Hinterlassenschaft fielen an den Abt. – Lieferung von Naturalien: Vieh, tierische und pflanzliche Produkte. – Dienste: unentgeltlich auf dem Acker des Grundherrn arbeiten, Brot backen usw.
3. Welche Vor- und Nachteile waren damit verbunden?	siehe folgende Tabelle

Vorteile	Nachteile
Bauern waren vom Heeresdienst befreit. Grundherrn übernahmen den Schutz der Bauern. Bauern lernten als Hörige von Mönchen viel über die Bewirtschaftung eines bäuerlichen Betriebes. Bauern fühlten sich sicherer.	Freie Bauern wurden zu Dienstleuten. Bauern mußten Abgaben leisten. Bauern trugen nicht mehr soviel Verantwortung wie früher und verloren dafür Rechte.

Arbeitsaufgaben	denkbare Formulierungen

4. Versucht, einen Vergleich zwischen den Abhängigkeiten der Menschen im Altertum, im Mittelalter und in der Gegenwart anzustellen.

Altertum	Mittelalter	heute
Der Sklave des Altertums besaß kaum Freiheit, weil sein Herr uneingeschränkt über sein Arbeitsprodukt verfügte. Das Recht auf Menschenwürde wurde nicht anerkannt.	Im Mittelalter wurden dem Grundherrn kaum Grenzen bei der Verfügung über das Arbeitsprodukt des Bauern gesetzt, jedoch war der Grundherr durch das Treueverhältnis gezwungen, Verantwortung und Schutz des Bauern zu übernehmen.	Heute ist der Arbeiter durch Gesetzgebung und Tarifverträge persönlich unabhängig, obwohl der Arbeitgeber über das Arbeitsprodukt des Arbeitnehmers verfügt.

Arbeitsaufgaben	denkbare Formulierungen
5. Versucht, den Text „Der Unterste trug die Last" (Gfm), die Organisation der Grundherrschaft auf dem Fronhof in einem Schaubild darzustellen.	Verwalter des Fronhofes (Meier) ↓ kontrollierte ↓ abhängige Bauern ↓ entrichteten Abgaben ↘ leisteten Frondienste ↓ handwerkliche Arbeiten ↓ Arbeiten auf den Feldern ↓ Grundherr lebte von der Arbeit der Bauern.
6. Welche Veränderungen haben im Laufe des Mittelalters stattgefunden? Versucht dabei, die Beziehungen zwischen wirtschaftlichen, sozialen und politischen Veränderungen herauszuarbeiten.	**Wirtschaft:** Verbesserungen in der Agrartechnik. Verbesserung der Ernährungsgrundlagen. **Sozial:** Freie Bauern gerieten in Abhängigkeit. **Politisch:** Es entwickelt sich im Rahmen der Grundherrschaft das Lehnswesen. Starke Grundherrn (Fürsten) kämpfen mit dem Herrscher um die Macht. In Deutschland drängen die Partikulargewalten nach vorne.

T Wirtschaft, Gesellschaft und Herrschaft (Grundherrn und abhängige Bauern)

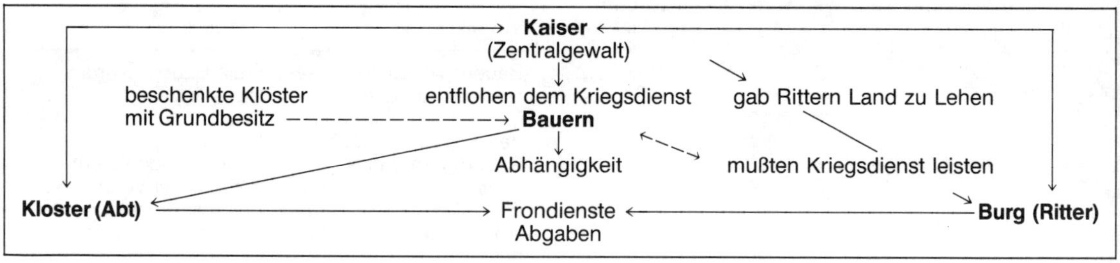

Urkunde über die Belehnung des Abtes der Stiftskirche in Limburg/Lahn durch Kaiser Konrad I.:

„Bekannt sei allen Getreuen Christi, wie ich, Konrad, zusammen mit der Kaiserin Gisela für das Heil unserer Seelen der Kirche folgendes zu eigen gegeben habe: unsere Erbgüter Dürckheim, Wachenheim, Schifferstadt, Eichen, Sindlingen, Fauerbach und Sulzbach. Dazu gehören die Gebäude, Wiesen, Wasser und Wasserläufe, Mühlen, Fischplätze, Felder und Wälder, Wege und Stege. Der Abt (soll) die gleiche Verfügungsgewalt und Nutzung erhalten, die wir gehabt haben und zum Gebrauch der Kirche und der Brüder verwenden...

Jeder Mann entrichtete jährlich einen Schilling, eine Frau aber sechs Pfennige, oder aber es dienen Männer wie Frauen wöchentlich einen Tag zum Abtshof. Der Abt hat auch die Verfügungsgewalt über ihre noch unverheirateten Söhne. Er kann, welchen er will, in die Küche, in die Backstube stellen, die Wäsche waschen, die Pferde bewachen lassen und ihn zu jedem Dienst abordnen. Die Verheirateten aber sollen Kellner, Zöllner und Förster sein. Wenn der Abt einen in seinem Gefolge haben will und ihn zum Reiter gemacht und ihm irgendein Lehen übertragen hat, so ist ihm dies erlaubt..."

41. Binnenkolonisation und Ostsiedlung

41.0.1 Literaturangaben

Handbücher
Gebhardt 1

Gesamtdarstellungen
Gause, Fritz, Mittelalterliche deutsche Ostsiedlung, Stuttgart 1969
Higounet, Charles, Die deutsche Ostsiedlung im Mittelalter, Siedler, Berlin 1986
Müller-Sternberg, Robert, Die deutsche Ostsiedlung. Eine Bilanz für Europa, Gieseking, Bielefeld 1969
Schlesinger, Walter, Die deutsche Ostsiedlung als Problem der europäischen Geschichte, Thorbecke, Sigmaringen 1975

41.0.2 UR-Ziele

(1) Zusammenprall zweier Kulturen.
(2) Ostkolonisation als friedlicher oder gewaltsamer Vorgang.
(3) Historische Wurzeln einer aktuellen politischen Situation.

41.0.3 Medien

Atlas
dtv I 144, 166, 170
Westermann 74, 75

Dias

Stoedtner	10 5807	Der deutsche Ritterorden 14 sw
	10 4575	Ordensbauten in Ostpreußen und im ehemaligen Westpreußen 46 sw
	Besiedlungsgeschichte des deutschen Ostens 30 sw	

41.0.4 Fachwissenschaftliche Einführung

Die deutsche Ostsiedlung gehörte lange Zeit zu den **zwischen Deutschen und Polen umstrittenen Vorgängen** der beiderseitigen Geschichte. Die **deutsch-polnischen Schulbuchempfehlungen** führen aus:
Empfehlung 5: Die mittelalterliche deutsche Siedlung im östlichen Mitteleuropa (Auszug): „Alle europäischen Völker, darunter die slawischen und germanischen, schufen selbständig die Grundlagen, die ihnen die Übernahme neuer Kulturformen ermöglichten. Überall waren diese ein Faktor der Beschleunigung des wirtschaftlichen Wachstums und des Erblühens der mittelalterlichen Kultur. Die nach diesen Formen von den Herrschern und dem Grundadel auf westslawischem Gebiet gewährten Rechte und Freiheiten lockten neue Siedler aus dem Bereich des alten karolingischen Imperiums an. Diese Siedler spielten bei der wirtschaftlich-sozialen Umwandlung der westslawischen Länder vom 12. bis zum 14. Jahrhundert eine positive Rolle."
Die deutsche Ostsiedlung erstreckte sich **zeitlich** über fast ein Jahrtausend und **räumlich** über Ostmitteleuropa und Osteuropa von der Elbe bis zur Wolga. Sie begann zur karolingischen Zeit, als die von Bayern ausgehende Mission und Siedlung über die nach der Völkerwanderung entstandene germanisch-slawische Siedlungsgrenze (Elbe–Saale–Böhmerwald–Inn–Salzach) hinausgriff, und endete mit der Ansiedlung deutscher Bauern in der Ukraine und an der Wolga durch die Zarin Katharina II. nach 1763.
Die erste Phase (8.–11. Jh.) war gekennzeichnet durch Maßnahmen der **Grenzsicherung** und der **Missionierung** der heidnischen Slawen. Karolinger und Ottonen legten in den slawischen Grenzgebieten **Marken** an und gründeten **Bistümer**, ohne daß es zu einer nennenswerten bäuerlichen Siedlung gekommen wäre.
In einer **zweiten Phase** (12.–14. Jh.) kam es zu einer planmäßigen **bäuerlichen Besiedlung** zunächst des nord- und mitteldeutschen Raumes. Sie wurden von den deutschen Fürsten in den Marken und Grenzherzögtümern und den geistlichen Herrn der Zisterzienser- und Prämonstratenserklöster gerufen, dann auch von den slawischen (Böhmen, Polen) und ungarischen Herrschern.
Im Auftrag des Landes- bzw. Grundherrn wurden die Anwerbung, die Heranführung, die Gründung von Dörfern und die Verteilung des Bodens von Siedlungsunternehmern, **Lokatoren** genannt, durchgeführt, die dafür in der Regel einen größeren Landanteil und das Amt des Schultheißen und sonstige Rechte (Mühle, Fischerei) erhielten. Die Ansiedlung erfolgte überall nach **deutschem Recht** (ius teutonicum), das bedeutete in persönlicher Freiheit, ohne grundhörige Abhängigkeit, mit festen Zinsabgaben statt Dienstleistungen und mit eigener Gerichtsbarkeit. Die Siedler kamen aus den übervölkerten Gebieten des Reiches, aus Flandern, Lothringen, Westfalen, Sachsen, Franken und Schwaben. Sie kamen nicht aus Abenteuerlust oder durch Aussicht auf leichten Gewinn verlockt, schon gar nicht als Ausbeuter, sondern als Kolonisten, die bisheriges Ödland bebauten oder durch Rodung neu erschlossen. Die

ansässige **slawische Bevölkerung** wurde von ihnen nicht verdrängt oder unterdrückt. Teilweise, vor allem im Osten des Reiches, verschmolz die Urbevölkerung mit den Neuankömmlingen, anderswo, etwa in Böhmen, Mähren, Polen und Ungarn, bildeten sich deutsche Sprachinseln.
Im Zusammenhang mit der bäuerlichen Siedlung oder auch unabhängig davon erfolgte die **Gründung von Städten nach deutschem Recht.** In Osteuropa hatte es bereits vor diesen Gründungen städteähnliche Handelsplätze gegeben, aber sie besaßen nicht die Rechtsform der Stadt, wie sie in Süd- und Westeuropa entstanden war (Regelungen des Zusammenlebens der Bürger, der Beziehungen zwischen Stadt und Landesherrn, insbesondere Privilegien aller Art).
Im 13. und 14. Jahrhundert holten die slawischen Fürsten deutsche Bürger in ihre Länder, die dort zahlreiche Städte gründeten, in der Regel nach **Magdeburger,** an der Ostseeküste nach **Lübecker Recht.** Die äußersten Punkte dieser deutschen Stadtgründungen waren Wilna, Brest-Litowsk, Lemberg und Kamenez Podolsk. Noch 1400 wurden die Rechtsformen, die die Deutschen eingeführt hatten, auch von der nichtdeutschen Bevölkerung übernommen. Es entstanden eine große Anzahl von Städten, die nach deutschem Recht, aber von polnischen und litauischen Bürgern gegründet wurden, bis zur äußersten Grenze des damaligen Königreichs Polen-Litauen, darunter Witebsk, Smolensk, Gomel, Kiew, Poltawa.
Festzuhalten ist, daß nationale Gesichtspunkte im Mittelalter keine Bedeutung hatten. Den Territorialherrn kam es auf eine **nutzbringende, wirtschaftliche Erschließung ihres Herrschaftsgebietes** an. Die deutschen Bauern wurden wegen ihrer fortschrittlichen landwirtschaftlichen Methoden als Siedler bevorzugt, die deutschen Bürger waren als Kaufleute und Gewerbetreibende willkommen.

Einstiegs-Geschichte:
Ackerland im Osten Europas

Heimlich sind sie zusammengekommen – nachts in einer Feldscheune –, die Bauern aus den Dörfern rings um die Kyllburg. Einer ihrer Landsleute spricht zu ihnen in der vertrauten rheinischen Mundart:
„Freunde, laßt den Ritter nicht wissen, was wir hier besprechen. Er will euch zur Arbeit auf seinen Äckern hierhalten. Fronen und zinsen müßt ihr. Ihr arbeitet umsonst. Mit eurer Hände Arbeit baut er die Zwingburg auf dem Kyllberg.
Ich weiß etwas Besseres für euch. Vor drei Jahren bin ich mit anderen Siedlern weit nach Osten ins Land der Slawen gezogen. Dort sieht alles anders aus. Ein polnischer Fürst selbst hat uns gerufen. Wir sollen dort Land erhalten und siedeln. Ein Ritter oder der Abt des Klosters macht einen Vertrag mit uns. Hört die Bedingungen:
Jeder erhält doppelt soviel Land, wie er hier hatte, aber nicht in einem Gewanndorf wie hier, hier ein Fleckchen und dort ein Fleckchen, wo mit Rücksicht auf die Zuwege alle zur gleichen Zeit pflügen, eggen, säen und ernten müssen, sondern jeder erhält sein Land in einem Stück. Und nun kommt das Beste. Jedermann ist frei, auch wenn er vorher Unfreier gewesen ist. Jeder erhält das Land zum erblichen Besitz. Jeder ist solange zinsfrei, wie das Land mit der Hacke bearbeitet werden muß. Auch danach ist jeder noch sechs Jahre zinsfrei. Danach ist ein mäßiger Zins zu entrichten für den Herrn, der euch beschützt, damit auch er leben kann. Von Anfang an ist Jagd und Fischfang frei, auch Schweinemast und Weiden. Niemand kann euch zur Arbeit an der Burg, im Wald, zum Graben ziehen oder zur Knechtsarbeit auf dem Gutshof zwingen.
Ich bin rechtens eingesetzter Werber geworden. Wenn die Schneeschmelze kommt, stelle ich einen Wagenzug zusammen. Den Tag der Abreise gebe ich euch rechtzeitig bekannt."
Noch lange hatte der Werber Fragen zu beantworten.
Wäret ihr nach Osten gezogen?

41.1 Wie der deutsche Siedlungsraum im Mittelalter erweitert wurde Wie verschieden Darstellungen desselben geschichtlichen Vorgangs sein können

41.1.1 Wissensziele

Die Nutzung von Ackerland war früher die einzige Möglichkeit, sich und seine Angehörigen zu ernähren. Daher spielte sie auch in der Politik die entscheidende Rolle. Vor tausend Jahren reichte der deutsche Siedlungsraum von der Nordsee bis an die Elbe und Saale. Westeuropa war damals von dichten Wäldern bedeckt. Wer seinen Hof erweitern wollte, mußte roden. Getreideeinfuhren aus anderen Ländern gab es noch nicht. Viele junge Menschen suchten Siedlungsland oder Freiheit für ihr Gewerbe. Bei den Slawen unterscheiden wir drei große Völkergruppen: Die Westslawen, heute in Polen und der Tschechoslowakei, die Ostslawen, heute in der Sowjetunion, die Südslawen, heute in Jugoslawien. Nach längeren Grenzkämpfen wurden einige Stämme der Westslawen zum Christentum bekehrt und ihre Gebiete dem Deutschen Reich angegliedert. Die Slawen nahmen an der Europäischen Entwicklung der Kultur teil. Diese verbreitete sich von Süden nach Norden und Osten.

Siedeln ist schwer, denn „der erste hat den Tod, der zweite die Not, der dritte das Brot". Viele Menschen haben sich auch um Klöster angesiedelt. Deutsche Bauern wurden von den Fürsten im Osten gern ins Land geholt, weil sie hohe Erträge erzielten und daher später einen hohen Zins zahlen konnten. Im 13. Jahrhundert rief der Herzog von Masowien den Deutschritterorden ins Land. Dieser gründete einen Staat, der im 15. Jahrhundert vom polnischen König besiegt wurde. Das deutsche Siedlungsgebiet wurde so erweitert, daß die Elbe mitten durch das Deutsche Reich floß.

41.1.2 Lernziele

(1) Gründe für die Auswanderung deutscher Bauern und Handwerker nach Osten.
(2) Vergleich zwischen germanischem und slawischem Gesellschaftsvertrag.
(3) Leistungen der Siedler im Osten.
(4) Subjektive Elemente und Bedingungen der Geschichtsschreibung und -interpretation.

41.1.3 Einstieg

● **Karten:** Die Landschaft Westdeutschlands um 1000 n. Chr. und Romanen, Germanen, Slawen – Siedlungsraum der Slawen (alle Gfm)
Mittelalterliche Ostsiedlung (Westermann)
● **Dias:** Stoedtner, Besiedlungsgeschichte des deutschen Ostens

41.1.4 Didaktisch-methodische Vorschläge

Ein weiterer Aspekt, der bei der Auseinandersetzung zwischen der Zentralgewalt und den Partikulargewalten berücksichtigt werden muß, war die Expansion nach Osten.
Eine kurze Betrachtung der Karten läßt folgende Problemkreise formulieren: Welche Gründe veranlaßten die Menschen, im Osten zu siedeln? – Wie vollzog sich der Besiedlungsvorgang? – Welche Auswirkungen hatte die Kolonisierung?
Die Schüler können zunächst Vermutungen darüber anstellen, warum es zur Auswanderung von Menschen aus dem Westen gekommen ist. Es ist dabei jedoch zu bedenken, daß die Motive für verschiedene Gruppen der Bevölkerung durchaus nicht dieselben waren, wie es der folgende Aufruf ostfälischer Herrn an die Bischöfe jenseits der Elbe zeigt:
„Durch lange Zeit von vielfältiger Gewalttat und Unbill bedrängt, rufen wir euer Erbarmen an, daß ihr den zerstörten Bau eurer Mutter Kirche wieder mit aufrichtet. Es haben sich gegen uns die Heiden mit einer Grausamkeit ohnegleichen erhoben und bringen uns fast zu Boden; Männer ohne Mitleid, die sich noch darin gefallen, ihre Bosheit zu rühmen. Deine (der Kirche) Stimme soll in den Ohren der Christenheit klingen, daß alle zum Kriege für den Heiland eilen und den Streitern Christi Hilfe bringen. Die Heiden sind zwar verworfen, aber ihr Land ist erstaunlich reich: Milch und Honig fließen dort. Es bringt Ernten, für die jeder Vergleich fehlt. So sagen alle Landeskundigen. Deswegen Sachsen, Franken, Lothringen, Flamen, ihr berühmten Weltbezwinger, auf! Hier könnt ihr euer Seelenheil erwerben und, wenn es euch so gefällt, noch das beste Siedelland dazu."

Arbeitsaufgaben	denkbare Formulierungen
1. Wer erläßt den Aufruf?	Ostfälische Herrn
2. An wen ist der Aufruf gerichtet?	Er richtet sich an den Erzbischof von Köln, die Bischöfe von Halberstadt, Paderborn, Minden und Lüttich, an den Herzog von Lothringen und die Grafen von Flandern, an die Äbte von Corvey und des Marienstifts zu Aachen.
3. Zeichne in eine Umrißkarte die Gebiete ein oder zeige sie an einer Karte!	Es werden viele Menschen in weiten Gebieten angesprochen.
4. Wie wird die Aufforderung, im Osten zu siedeln, begründet?	Appelle an religiöse Gefühle; Kampf gegen die Heiden: Ein Feldzug gegen diese Heiden und die Ansiedlung waren „gute Werke", die das ewige Seelenheil garantierten. Wirtschaftliche Vorteile: reiche Ernten, gutes Siedlungsland.
5. Um welche Art schriftlicher Mitteilung handelt es sich? In welcher Situation und mit welcher Absicht wird sie formuliert?	Es handelt sich um eine Situation, in der eine Gruppe von Menschen dazu bewegt werden soll, etwas Bestimmtes zu tun bzw. für gut und richtig zu halten. Es werden religiöse und wirtschaftliche Argumente (s. o.) vorgebracht, wobei allerdings dem religiösen Argument viel Gewicht zugemessen wird. Wirtschaftliche Vorteile werden im einzelnen nicht genannt. Der Versuch, den Adressaten zu schmeicheln, ist unverkennbar: ... „berühmte Weltbezwinger", ... „Braut Christi".

T Interessen ...

der Lokatoren	der Fürsten	der Kaiser
Sie führten den Auftrag der Grundherren bzw. Fürsten, Siedler ins Land zu locken, aus. Dafür bekamen sie ein bestimmtes Entgelt. Zuweilen erhielten sie das entsprechende Dorf bzw. Land als Lehen, was mit dem Schulzen- und Richteramt verbunden war. Die Höhe des Entgelts hing oftmals vom Gelingen des Besiedlungsvorgangs ab. Weitere Vorrechte: Metzgerei, Schankrecht.	Die Siedler bearbeiteten bisher nicht genutztes Land. Das bedeutete für den Fürsten wirtschaftliche Vorteile, vor allem später Einnahmen durch Steuern. Auch ein politischer Machtzuwachs trat ein: Die Siedler schützten ihre Siedlungsgebiete auch militärisch.	Landzuwachs bedeutete Machtzuwachs. Verbreitung des Christentums. Verhinderung der wachsenden Eigenständigkeit der Fürsten (Herzöge).

Die weitere Unterrichtssituation kann nun so arrangiert werden, daß berichtet wird, wie ein Werber (Lokator) im Auftrag eines Fürsten in einem Dorf auftaucht, den obigen Aufruf verliest und die Bauern zum Auswandern zu überreden versucht. Danach stellen die Schüler aus der Sicht der Bauern Vor- und Nachteile zusammen:

Vorteile	Nachteile
Der Werber versprach mehr Freiheiten.	Man verließ die Heimat und sollte in ein unbekanntes Land ziehen.
Man sollte über einen Besitz verfügen.	Man mußte seinen Besitz veräußern.
Der Besitz sollte groß genug sein, um eine Familie ernähren zu können.	Eine lange, gefahrvolle Reise stand bevor.
Es gab keinen Frondienst mehr, dafür eigene Gerichtsbarkeit.	Schwierigkeiten beim Aufbau eines Dorfes.
Besitz sollte zusammenliegen.	Man befürchtete Schwierigkeiten mit der einheimischen slawischen Bevölkerung.

Nachdem auf diese Weise die Interessenlage der Bauern erläutert worden ist, sollen auch die Interessen der Lokatoren und Fürsten sowie des Kaisers untersucht werden:

T Motive und Auswirkungen der Ostexpansion

Bevölkerungszunahme ↓ **Städtegründungen** ↓
bedingten
mehr Nahrung, neue Wohnplätze
↓ dazu brauchte man ↓
mehr Ackerland **Siedlungsland**
↘ man erhielt es durch ↙
Rodung der Wälder
Nachteil: **Bau- und Brennholz würden knapp werden**
Folgerung: **Verbot der Rodungen durch Grundherrn**

Bauern **niederer Adel** **Handwerker**
verließen ↓ ihre Heimat
→ **Ostsiedlung** ←

In einem weiteren Arbeitsschritt soll untersucht werden, ob und inwieweit sich die germanische und die slawische Kultur unterschieden, nicht zuletzt im Hinblick auf Denkschablonen, in denen das Wort vom „west-östlichen Kulturgefälle" eine wesentliche Rolle spielt. In diesem Zusammengang ist auch auf die unterschiedliche Darstellung in polnischen und deutschen Geschichtsbüchern einzugehen (Gfm).

▶ Material: Ma III 182ff.

T Vergleich Slawen/Deutsche

	Slawen	Germanen/Deutsche
Organisation des Zusammenlebens	Leben in Dorfgemeinschaften, Stammesverfassung, rund 30 Stämme. Krieger- und Stammesadel verfügte über Grundbesitz und damit über Macht.	Leben in Dorfgemeinschaften; Herausbildung der Schichten/Gruppen, Adel, Geistlichkeit, Bauern. Adel als Grundbesitzer übte ökonomische und politische Macht aus.
Werkzeuge/ Produktionsmittel	Werkzeuge aus Eisen (Pflüge, Hacken, Beile, Sensen).	
Ernährungsgrundlage	Landwirtschaft; Zweifelderwirtschaft, Tier- und Bienenzucht; Jagd, Fischerei.	Landwirtschaft; Dreifelderwirtschaft, ansonsten wie bei Slawen.
Handwerk	Schmiedehandwerk, Töpfer, Stellmacher.	
Handel	Erfolgte entlang den Flüssen und auf den Flüssen; Pferde, Ochsen, Waffen, Bernstein, Wachs.	Kaum entwickelt, nur im Mittelmeer und in der Nordsee/Ostsee.

42. Die Ritter

42.0.1 Literaturangaben

s. 32.0.1

Gesamtdarstellungen

Borst, Arno, Das Rittertum im Mittelalter, Wiss. Buchgesellschaft, Darmstadt 1976
Brunner, K./Daim, F., Ritter, Knappen, Edelfrauen. Ideologie und Realität des Rittertums im Mittelalter, Böhlau, Wien 1984
Bumke, Joachim, Höfische Kultur. Literatur und Gesellschaft im Hohen Mittelalter, dtv TB 4442, München 1986
Caboga, Comte Herbert de, Die Burg im Mittelalter, Ullstein TB 36068, Berlin 1982
Winter, Johanna Maria van, Rittertum – Ideal und Wirklichkeit, dtv TB 4325, München 1979

Sachbuch

Blüte des Mittelalters. Die Welt der Ritter und Mönche, Reihe „Knaurs Große Kulturen in Farbe“, Knaur TB 3629

Jugendbücher

Brochard, Philippe, So lebten sie in den Burgen des Mittelalters, Tessloff, Hamburg 1982
Krausnick, Michael, Ritter Ullrich will es wagen, Schneider, München
Krausnick, Michael, Ritter Ullrich jagt die Räuber, Schneider, München (Heitere Jugenderzählungen aus der Ritterzeit, ab 10 J.)
Kutscha, Gudrun, Vom Steinzeitwall zur Ritterburg, Überreuter, Wien 1980 (Festungsbauten im Verlauf der Menschheitsgeschichte und Methoden der Burgenarchäologie)
Macaulay, David, Es stand einst eine Burg, dtv TB 79503 (Anschauliche Darstellung des Baues einer Burg und des dortigen Lebens)
Miguel, Pierre, So lebten sie zur Zeit der Ritter und Burgen, Tessloff Verlag, Hamburg (Bildband mit 140 farbigen Illustrationen)
Münsch, Margret/Tölzel, Bernd, Die Burg, Ravensburger TB 987 (Das Leben in einer Burg am Beispiel der Burg Wilderstein im Donautal)
Pleticha, Heinrich, Ritter, Bürger, Bauersmann, Arena, Würzburg 1985 (Umfassendes Bild der Welt des Mittelalters)
Pleticha, Heinrich, Ritter, Burgen, Turniere, Arena TB 1304 (Das Leben der mittelalterlichen Ritter, Leben auf der Burg)
Selber, Martin, Faustrecht, rororo Rotfuchs 63 (Jugendroman aus der Ritterzeit)
Selber, Martin, Gefangen auf der Dumburg, rororo Rotfuchs 258 (Fortsetzung von „Faustrecht“, Timus Erlebnisse in einer mittelalterlichen Stadt)
Tippelskirch, Wolf-Dieter von, Die Brüder des Wolfes, Hoch, Düsseldorf (Erzählung aus der Zeit der Raubritter)

42.0.2 UR-Ziele

(1) Das Rittertum als gesellschaftliche Schicht und Kulturform.
(2) Einfluß des Rittertums auf die mittelalterliche Welt.
(3) Erziehung und Verhaltensmuster für eine Elite.
(4) Bedingungen, die für die Erringung der exponierten Machtstellung und für den Niedergang verantwortlich waren.

42.0.3 Medien

Wandbild

Klett–te Neues, Auf einer Ritterburg

Bilder

Orthbandt, S. 206–211, Rittertum

Dias

FWU	10 0466	Aus dem Leben des Adels im Mittelalter 19 f
	10 2787	Lehnswesen im Mittelalter 12 f
	10 0468	Manessische Liederhandschrift 17 f
	10 0134	Edelmann und Ritter am Ausgang des Mittelalters 16 sw
	10 2248	Die Burg – Wohnbau und Verteidigungsanlage 1 sw, 17 f
Stoedtner		Rittertum und die höfische Kultur des Mittelalters 12 sw
V-Dia		Manessische Liederhandschrift 24 f

Film

WBF 32 5177 Burgherrn und Ritter – Eine Falkenbeize im Mittelalter 13 min f
WBF Fürstenhochzeit in einer mittelalterlichen Stadt 13 min f
Ritter und Landsknechte – Kampfspiele auf dem Turnierplatz 13 min f
Die Burg als Wehrbau 16 min f
Die Burg als Wohnbau 16 min f

42.0.4 Fachwissenschaftliche Einführung

Unser Bild des Mittelalters wird entscheidend vom Rittertum geprägt. Mit ihm verbinden sich romantische Vorstellungen vom Leben auf stolzen Burgen, von heransprengenden Heeren gepanzerter Reiter, von Turnieren, den ritterlichen Kampfspielen, von ritterlichen Tugenden und einer eigenen adligen Kultur. Vielfach werden Adel und Rittertum als identisch angesehen. Zumindest von den Ursprüngen her ist dies nicht zutreffend.

Als Ritter wurde anfänglich ein **Krieger zu Pferde** bezeichnet. Er hob sich durch seinen Kampfwert und durch die Kosten seiner Ausrüstung von den zu Fuß kämpfenden Kriegern ab. „100 Rosse", hieß es, „sind soviel wert wie 1000 Mann zu Fuß." Im 11. Jahrhundert stellte ein Pferd den Gegenwert von 5 bis 10 Ochsen dar, ein Panzerhemd das Vier- bis Zehnfache. Man hat errechnet, daß es einer Herrschaft von 150 Hektar bedurfe, um einen Ritter zu unterhalten.

Als **Stand** bildete sich das **Rittertum** im 11. Jahrhundert heraus. In ihm gingen sozial und rechtlich ganz unterschiedliche Gruppen auf. Neben Edelfreie traten Ministeriale, die unfreien Dienstleute im Hof-, Verwaltungs- und Kriegsdienst der weltlichen und geistlichen Großen, später auch Männer bürgerlicher Herkunft. Sie alle zählten zum ordo militaris, dem **Kriegerstand,** der sich von den oratores, den Klerikern und Mönchen, und den laboratores, den Bauern und Bürgern, unterschied. Gegen Ende des 12. Jahrhunderts kam es zu Zugangsbeschränkungen. Söhne von Priestern und Bauern durften nicht Ritter werden, noch später wurde die „Ritterbürtigkeit" zur Voraussetzung für die Aufnahme in den Ritterstand, das Waffentragen wurde zum alleinigen Vorrecht der Ritter. Ein **privilegierter Stand** war damit auch **rechtlich konstituiert.**

Von ausschlaggebender Bedeutung war, daß es seit dem 12. Jahrhundert dem Ritterstand als Ganzem, also einschließlich der bisher unfreien Ministerialen, gelang, die **Lehensfähigkeit** durchzusetzen. Die Ministerialen erhielten zunehmend echte Lehen und stiegen damit zum niederen Adel auf, der sich mit den freien Vasallen vermischte.

Das Rittertum wurde zum Träger einer neuen **Laienkultur,** die neben der kirchlichen Kultur entstand. Es entwickelte eine eigene **Ethik,** die wichtige Impulse aus der Berührung mit der verfeinerten Welt des Orients in den Kreuzzügen bezog. Zu den **ritterlichen Tugenden** gehörte die „mâze", die weise Selbstbeschränkung, die „staete", das Festhalten an den selbstgesetzten Zielen, und die „Zucht", die innere und äußere Harmonie. Andere Schlüsselbegriffe waren der „hohe muot", „êre", „triuwe" und „milte". (Tapferkeit, Ehre, Treue und auf Rache verzichtende Milde). Eine Eigenheit der höfischen Ritterkultur war der **Frauendienst,** die kultische Verehrung der (zumeist verheirateten) unerreichbaren Herrin in der „hohen minne", die im **Minnesang** eine eigene literarische Gattung hervorgebracht hat.

Die ritterlichen Tugenden waren ein **hohes Ideal,** das der rauhen Gesellschaft vor Augen gehalten wurde und mit der Realität vielfach wenig gemein hatte. Das **Alltagsleben** war oft auch nicht so glänzend, wie die Berichte von höfischen Festen suggerieren. Im späten Mittelalter ging die **Bedeutung des Ritterstandes** durch **Veränderungen in der Wirtschaft und der Militärtechnik** zurück. Die Ablösung der Natural- durch die Geldwirtschaft schmälerte die ökonomische Basis des niederen Ritteradels, und das Aufkommen der Söldnerheere (Landsknechte) machte die Ritter beschäftigungslos. Viele erschlossen sich neue Einnahmequellen durch aufgenötigte Schutzdienste oder Erhebung von Mauten, um dann zu erpresserischer Geiselnahme oder simplen Straßenraub überzugehen (Raubritter). Die **Fehde,** ursprünglich ein Verfahren zur Regelung von Rechsstreitigkeiten, das nach einem strengen Ehrenkodex ablief, verkam zu wilden Händeln. Das Ansehen des Ritterstandes wurde so mehr und mehr ruiniert.

Einstiegs-Geschichte: Benehmen bei Tisch

„Alle Pagen sollen sich im Vorraum des Rittersaales versammeln!" Bald sah man die fünf Pagen der Burg, Zwölf- bis Vierzehnjährige, gekämmt und mit gewaschenen Händen, auf der Holzbank im Pagenraum sitzen. Es waren die Söhne der Ritter von den Nachbarburgen, die ein Jahr ihrer Erziehung auf dieser Burg verbrachten. Jetzt – wußten sie – war wieder das Thema an der Reihe „Benehmen des Ritters in der Öffentlichkeit". Sie sprangen auf, als der Zuchtmeister hereinkam. Er erläuterte, warum sich der Ritter besonders vom Bauern unterscheiden müßte. „Vor Jahrhunderten waren auch unsere Vorfahren Bauern. Aber schon unter Karl dem Großen wurde es Pflicht, daß jedes Dorf einige Krieger für die Feldzüge des Königs stellte. Die anderen mußten dann die Äcker der Krieger mitbearbeiten. Die Krieger entwickelten sich allmählich zu einem eigenen Stand mit besonderen Pflichten und Rechten. Dann betonte der Zuchtmeister: „Heute herrschen wir als Grundherrn über die Bauern. Sie dienen uns williger, wenn sie uns achten, und wir sind mächtiger, wenn wir als Standesgenossen zusammenhalten. Deshalb pflegen wir unsere Sitten und Gebräuche, die uns von den Bauern unterscheiden." Der Zuchtmeister schloß mit einigen Zeilen aus einem alten Buch. Sein Titel lautete „Tanhusers Hofzucht":

„Während des Essens über die Schüsseln legen und dabei schnaufen und schmatzen. Gar mancher beißt von seinem Brotstück ab und taucht es dann wieder nach bäurischer Sitte in die Schüssel, ja mancher legt

den Knochen, den er benagt hat, wieder in die Schüssel. Man lege sich nicht beim Essen über den Tisch und jucke sich nicht mit bloßer Hand in die Kehle, sondern nehme hierzu das Gewand. Man stochere nicht mit den Messern in den Zähnen herum und schiebe nicht die Speise mit dem Finger auf den Löffel. Man rede nicht mit vollem Munde, esse nicht so gierig, daß man sich in die Finger beißt. Vor dem Essen aber wasche ein jeder seine Hände."
Kennt ihr Regeln für gutes Benehmen heute?

42.1 Wodurch die Sicherheit damals gefährdet war

42.1.1 Wissensziele

Das Mittelalter war ein Zeitalter der Rechtsunsicherheit. Neben den Kriegen war die Fehde eine legitime Form der Gewaltanwendung. Sie war ziemlich häufig, denn schon bei geringfügigen Anlässen befehdeten sich vor allem adlige Ritter. Die Sehnsucht der Bevölkerung nach Frieden fand ihren Ausdruck in der Errichtung des Gottesfriedens.

42.1.2 Lernziele

(1) Gewalt und Friedensbemühungen in der mittelalterlichen Gesellschaft.
(2) Die Fehde als rechtliches Mittel der Selbsthilfe.
(3) Versuche zur Einschränkung der Gewalt durch den Gottesfrieden.

42.1.3 Einstieg

● **Bilder,** Die gewaltsamen Auseinandersetzungen zeigen, z. B.:
„Ritterschlacht", (Gfm)
„Ritter überfallen ein Dorf" (Gfm)

42.1.4 Didaktisch-methodische Vorschläge

Diese Unterrichtsreihe steht in engem Zusammenhang mit den Unterrichtsreihen 39 bis 41 sowie zu den nachfolgenden Unterrichtsreihen über die mittelalterliche Stadt. Ritter, Bauern und Bürger waren die gesellschaftlichen Gruppen, die die Gesellschafts- und Herrschaftsstruktur des europäischen Mittelalters nachhaltig beeinflußt haben.

Das übergreifende Ziel dieser Unterrichtsreihe besteht darin, auf der Grundlage konkreter Lebenssituationen sowohl die Gesellschafts- und Herrschaftsstrukturen als auch die Bedingungen und Folgen der Entstehung und der Veränderungen im Feudalsystem am Beispiel der Ritter zu untersuchen.
Für die Schüler stellt die Thematik des Ritterlebens im allgemeinen einen zum Teil faszinierenden Erlebniskreis dar, wobei Kampfhandlungen eine nicht unerhebliche Rolle spielen.

Der Lehrer sollte dieses Schülerinteresse problematisieren und in die Frage einmünden lassen: Wie wurden im Mittelalter Gewalttätigkeiten und Kriege reguliert?
Quellen: Gfm.

A. *Der Erzbischof von Arles bittet 1040 die Ritter:*
„Im Namen Gottes, des allmächtigen Vaters, und des Sohnes und des Heiligen Geistes. Reginbald, der Erzbischof von Arles. Wir bitten und beschwören euch alle, die ihr Gott fürchtet und an ihn glaubt, Frieden zu halten untereinander, auf daß ihr des ewigen Friedens würdig seiet. Nehmet also jenen Gottesfrieden an und haltet ihn: Von der Vesper des Mittwochs bis zum Sonnenaufgang am Montag soll zwischen allen Christen, Freunden und Feinden, Nachbarn und Fremden, fester Frieden und unverbrüchlich Waffenruhe herrschen, so daß in diesen vier Tagen und Nächten alle Christen zu jeder Stunde sicher seien und alles tun können, was nützlich ist, frei von aller Furcht vor Feinden und sicher in der Ruhe dieses Friedens und Waffenstillstandes..."

B. *Der Gottesfriede von Soissons, um 1100:*
„Kirchen und Friedhöfe, Kleriker und Mönche, Frauen und Pilger und deren Begleiter sollen alle Tage Frieden genießen..."

Bericht des Götz von Berlichingen um 1520:
„Ich wußte, daß die Nürnberger über Würzburg zur Frankfurter Messe zogen. Im Spessart kundschaftete ich sie aus und warf sechs von ihnen nieder; darunter war ein Kaufmann, den ich bereits zum dritten Male in diesem halben Jahr gefangen und an seinem Gut geschädigt hatte. Die anderen waren Ballenbinder zu Nürnberg. Ich ließ sie niederknien, als wollte ich ihnen die Köpfe und Hände abhauen; aber es war nicht mein Ernst, sondern ich trat dem einen nur mit dem Fuß in den Hintern, den andern gab ich eine hinters Ohr. Weiter strafte ich sie nicht, und dann ließ ich sie wieder ziehen. Das Reich stellte darauf 400 Pferde gegen mich auf, Grafen und Herrn, Ritter und Knechte – ihre Fehdebriefe sind noch vorhanden –, und ich kam mit meinem Bruder zusammen in die Acht."

Arbeitsaufgaben	denkbare Formulierungen
1. Zu welchen Zeiten sollte der Gottesfrieden gehalten werden?	– Vier Tage: von Mittwochabend bis Montagmorgen.
2. Welchen Nutzen sollte die Gottesfriedensregelung bringen?	– Die Benachteiligten sollten mehr Schutz genießen. – Das Fehdewesen sollte eingeschränkt werden. – Es sollten weniger Gewalttätigkeiten vorkommen.
3. Welche Schwierigkeiten wird es bei der Durchsetzung des Gottesfriedens gegeben haben?	– Da der Staat und die Kirche für die Durchführung des Gottesfriedens verantwortlich waren, hing es davon ab, wie stark oder schwach Staat und Kirche waren. So war es z. B. wichtig, daß Verstöße gegen den Gottesfrieden entsprechend geahndet werden konnten.
4. Erläutert am Beispiel der Berichte von Götz von Berlichingen, wie eine Fehde verlaufen konnte.	Nach seiner Meinung hätten die Nürnberger sich einiges gegen ihn herausgenommen. Im Grunde führten nichtige Anlässe zu offenen Feindschaften. Nach der damaligen Auffassung sind Selbsthilfen erlaubt. Leidtragende sind die Schwachen der Gesellschaftshierarchie.

42.2 Wodurch die Ritter ihre bevorzugte Stellung festigten

42.2.1 Wissensziele

Seit den Zeiten der Eroberung Europas durch Reiterheere um 1000 v. Chr. galten die Reiter als besonders vornehm. Um die Jahrtausendwende n. Chr. nannten sie sich Ritter und bildeten einen besonderen Stand. Sie unterschieden sich von den Bauern durch besondere Kleidung, Sitte, Gebräuche, Erziehung. Die Jungen mußten kriegerisch sein. Die Mädchen lernten feines Benehmen, Lesen und Schreiben.
Ein Ritter mußte als Sohn eines Adligen oder Ritters, d. h. standesgemäß, geboren sein. Durch eine feierliche Zeremonie wurde er Mitglied des Standes. Er mußte geloben, die Kirchen und die Schwachen zu schützen und dem Kaiser gehorsam zu sein. Bei dieser Feier waren vornehme Personen der Kirche und des Staates anwesend. Die Ritter regelten Rechtsstreitigkeiten nicht vor der öffentlichen Gerichtsbarkeit, sondern durch die Fehde, oft den Zweikampf. Als die Ritter verarmten, schwand auch ihr Ansehen.

42.2.2 UE-Ziele

(1) Gründe für den Aufstieg des Rittertums.
(2) Die Bedeutung von Symbolhandlungen wie Schwertleite und Turnier.
(3) Entwicklung des Rittertums zu einer exponierten Stellung in der Gesellschaft.
(4) Die Bedeutung der Erziehung für eine Elite.
(5) Gründe für den Niedergang des Rittertums im Spätmittelalter.

42.2.3 Einstieg

- **Bildvergleich:** Ritterschlacht oder Turnier mit Heiliger Elisabeth (alle Gfm)
- **Quelle:** Tischsitten der Ritter (Gfm)
- **Filme:** WBF Die Burg als Wehrbau, die Burg als Wohnbau

42.2.4 Didaktisch-methodische Vorschläge

Wir greifen den Bereich der Erziehungsformen heraus, weil hier zum einen die Betroffenheit des Schülers zum Tragen kommt, zum anderen aber von den Erziehungsformen und -zielen her Aussagen und Vermutungen über die Gesellschaft bzw. die Gruppe getroffen werden können.
Am Beispiel der Quelle über Tischsitten (Gfm) sollen die Schüler untersuchen, a) welche Verhaltensweisen die Menschen beim Essen an den Tag legten, und b) wie diese Verhaltensweisen im Rahmen der Erziehung zu motivieren sind.
Erfahrungsgemäß ruft das erste Durchlesen des Textes Heiterkeit hervor. Die Schüler werden einige Vorschriften nicht verstehen, Vergleiche mit heute gültigen Tischsitten bei uns treffen und eventuell auf Verhaltensweisen in anderen gegenwärtigen Kulturen verweisen.

Arbeitsaufgaben	denkbare Formulierungen
1. Schreibe einige Anweisungen für das Benehmen bei Tisch auf und versuche sie zu erklären!	
Anordnung:	**Erläuterung:**
Das angebissene Brot durfte nicht in die Schüssel eingetunkt werden.	Die Teilnehmer am Essen aßen alle aus gemeinsamen Schüsseln.
Der benagte Knochen durfte nicht wieder in die Schüssel zurückgelegt werden.	Ebenso wie das Eintunken des Brotes erschien manchen Teilnehmern das Zurücklegen der benagten Knochen als unappetitlich.
Ehe man trank, sollte man sich den Mund abwischen.	Es wurde aus gemeinsamen Humpen getrunken.
Es durfte nicht in den Trank geblasen werden.	Es wurden heiße Getränke getrunken. Auch der Wein wurde heiß getrunken.
Die Hände durften nicht am Tischtuch gereinigt werden.	Man aß ohne Gabel. Dafür wurden Schüsseln mit Wasser gereicht.
2. Worauf weisen die beiden Textstellen „...nach bäurischer Sitte...“ und „...wie der Kürschner zu tun pflegt...“ hin?	Damit wird auf eine bedeutsame Funktion der Tischsitten hingewiesen: Sie dienten nicht zuletzt der Abgrenzung und Abhebung der Ritter gegenüber anderen niederstehenden Gruppen wie Bauern und Handwerkern.
3. Stelle Vermutungen darüber an, wie die strengen Tischsitten wohl zu begründen sind.	Praktische Erwägungen waren maßgebend. Die Tischsitten waren damals vielleicht noch stärker als heute ein wichtiges Erziehungsinstrument, das die Anpassung an bestimmte gesellschaftliche Normen zum Ziel hatte.

Um den letztgenannten Aspekt zu konkretisieren, sollten die Schüler selbst einmal schildern oder mit Hilfe von Rollenspielen darstellen, welche Verhaltensregeln beim Essen von ihnen erwartet werden. Dabei müßte anschließend gefragt werden, welche Verhaltensregeln sinnvoll erscheinen und warum sich die Kinder nur ungern diesen Vorschriften fügen. Es muß dabei klarwerden, daß die Erwachsenen, die diese Anordnungen treffen, auch unter gesellschaftlichen Zwängen stehen.
Da die Tischsitten nur einen kleinen Bereich der Erziehung umfassen, muß anschließend untersucht werden, welche weiteren Fertigkeiten die Gesellschaft von Jungen und Mädchen verlangte und zu welchem Zweck.

Aus dem Benimmbüchlein „Tanhusers Hofzucht“ um 1250:

„Wenn ihr euch zum Essen setzt, so sollt ihr sprechen: Gesegne es uns Jesus Christus!“ Gedenket Gott zu allen Zeiten und vergeßt beim Essen nicht die Armen und Waisen. Kein edler Mann soll aus dem Schöpflöffel trinken noch aus Schüsseln. Auch soll sich niemand während des Essens über die Schüsseln legen und dabei schnaufen und schmatzen. Gar mancher beißt von seinem Brotstück ab und taucht es dann wieder nach bäurischer Sitte in die Schüssel, ja mancher legt den Knochen, den er benagt hat, wieder in die Schüssel. Wer gern Senf und Salz ißt, der soll nicht mit den Fingern hineingreifen. Auch soll man nicht das Brot, wenn man davon abschneiden will, an den Leib legen, wie wohl ein schwaches Weib zu tun pflegt. Niemand esse, wenn er den Mund noch voll hat; mancher bläst auch in den Trank, doch sollte man solchen Mangels an Zucht frei sein. Niemand sehe über den Becher, wenn er trinkt. Ehe man trinkt, wische man den Mund ab, damit nicht Fett an den Trank komme. Niemand lege beim Schneiden den Finger aufs Messer, wie der Kürschner zu tun pflegt. Man lege sich nicht beim Essen über den Tisch und jucke sich nicht mit bloßer Hand in die Kehle, sondern nehme hierzu das Gewand. Man stochere nicht mit den Messern in den Zähnen herum und schiebe nicht die Speise mit den Fingern auf den Löffel. Auch lockere niemand bei Tisch den Gürtel. Man rede nicht mit vollem Munde, esse nicht so gierig, daß man sich in die Finger beißt. Vor dem Essen aber wasche ein jeder sein Hände.
Wer in der Jugend wird ein Schlauch,
als Vielfraß an das Alter kommt,
dem wird davon ein großer Bauch
wie wenig das der Seele frommt.“

Bevor die bereits aufgeworfene Problemfrage nach den Hintergründen des Widerspruchs zwischen dem Ritter als Raufbold und Mitglied einer Elite angegangen wird, sollen Situationen dargestellt und untersucht werden, in denen die Erziehungsziele in ihrer gesellschaftlichen Funktion sichtbar werden und Aufschlüsse über die Lebensweise des adligen Rittertums geben. Abschließend soll eine Quelle die Vorstellung vom Ritterleben in Saus und Braus revidieren und die Frage nach Veränderungen und Entwicklungen des Rittertums aufwerfen. Eine derartige Situation stellt die Schwertleite dar, aber auch das Turnier.

T **damals**	**heute**
Jungen:	
Die ersten sieben Lebensjahre blieb der Junge in der Obhut der Eltern.	Heute bleibt er ebenfalls in der Obhut der Eltern, jedoch greifen andere Institutionen (Kindergarten, Vorschule, Schule) in die Erziehung ein.
Mit acht Jahren kam der Junge zumeist an einen fremden Adelshof und erlernte dort mit anderen Jungen die ritterliche Zucht unter Anleitung der Burgherrin. Daneben erhielt er Unterricht in Gesang, Religion und Saitenspiel.	Vergleichbar mit dieser Phase ist unsere Erziehung und Ausbildung in der Schule (Verlagerung und Differenzierung der Ausbildung)
Mit 14 Jahren wurde er Knappe und vor allem im Waffenhandwerk unterwiesen.	Heute gehen zahlreiche junge Menschen bis zum 19. Lebensjahr in die Schule. Oder es erfolgt der Eintritt in die Lehre. Möglichkeit der Fachoberschule u. a. Institutionen zur Weiterbildung.
Mädchen:	
Sie erhielten von der Mutter Anleitung im Sticken, Nähen und Spinnen und anderen häuslichen Arbeiten, Erziehung zur Frömmigkeit und gutem Benehmen. Weiterbildung erfolgte zumeist im Kloster, z. T. wissenschaftliche Ausbildung (Fremdsprachen, Naturwissenschaften).	Heute erfolgt die Erziehung von Jungen und Mädchen unter fast gleichen Zielsetzungen. Mädchen werden zur Doppelrolle Hausfrau – Beruf angeleitet.

Arbeitsaufgaben	denkbare Formulierungen
1. Welche Eigenschaften mußte der zukünftige Ritter aufweisen?	– adlige Abstammung – rechtschaffen – mustergültig in seinem Verhalten
2. Welche Tätigkeiten mußte er durchführen?	Täglich eine Messe hören, für den Glauben sein Leben einsetzen, Kirche und Priester vor Gewalt schützen, Witwen und Waisen schützen, Zweikämpfe für die Rettung Unschuldiger bestehen, dem Kaiser in allen weltlichen Dingen gehorsam sein, keine Lehnsgüter des Königs oder Kaisers veräußern.
3. Welche Rolle fiel der Kirche bei dieser feierlichen Handlung zu?	Ein Priester leitete die Feierlichkeiten. Die Handlung in der Kirche sollte den Zusammenhalt von Adel und Kirche demonstrieren: Der Ritter soll Streiter für die Ideale des Christentums sein.
4. Eine andere Veranstaltung, das Turnier, war ebenfalls ein gesellschaftlich wichtiges Ereignis. Welche Aufgabe sollte es erfüllen?	Auf dem Turnier wurden Wettkämpfe ausgetragen. Der Öffentlichkeit sollte die Kampfeskraft und Waffengewandtheit gezeigt werden. Es durften nur Ritter teilnehmen. Der Veranstalter eines Turniers mußte für mehrere Tage Hunderte von Gästen unterbringen und beköstigen.

T Strukturschema

Bilder und Quellen erwecken den Eindruck von . . .

↓ Mildtätigkeit und höfischem Betragen als wichtigen Erziehungszielen ↘

↓ Kampfestüchtigkeit, Waffengewandtheit ↙

Widerspruch

Problem: Wie ist dieser Widerspruch zu erklären?

T Zwei wichtige Veranstaltungen

Schwertleite	**Turnier**
↓ machen deutlich:	↓
moralische Qualitäten	kämpferische Eigenschaften
↓ sind nötig,	↓
um das Elitäre, Einigende einer kleinen Gruppe gegenüber der großen Masse des Volkes zu betonen.	um die militärische Tüchtigkeit einer verhältnismäßig kleinen Gruppe gegenüber der Masse des Volkes zu demonstrieren.

Als Ergänzung zu diesem Strukturschema dient die Grafik „Merkmale der ritterlichen Elite" (Gfm). Damit wird die Bedeutung des adligen Rittertums in militärischer, aber auch in machtpolitischer Hinsicht deutlich. Es werden aber auch gleichzeitig die Fragen aufgeworfen:

– Wie ist es zu dieser Machtstellung des Rittertums gekommen? – Inwieweit haben sich gesellschaftliche / politische / ökonomische Veränderungen auf die Stellung des Rittertums ausgewirkt:

Um diesen Fragen näherzukommen, empfiehlt sich entweder eine Besichtigung einer Burganlage oder die Darbietung der beiden Filme WBF „Die Burg als Wehrbau" und/oder „Die Burg als Wohnbau (s. „Medien").
Beide Filme geben einen anschaulichen Einblick in die Lebensverhältnisse der Bewohner sowie in die Anlage und Funktion der Burgen.

Arbeitsaufgaben	denkbare Formulierungen
1. Erläutert, wie Höhenburgen und Wasserburgen angelegt wurden.	– Bei der Anlage und dem Bau der Höhenburg wurde der gewachsene Felsen ins Mauersystem einbezogen, – bei den Wasserburgen wurden natürliche Wasserläufe ausgenutzt sowie ein Wall-Graben-Mauersystem aufgebaut.
2. Was war bei der Erbauung und Instandhaltung der Burg zu beachten?	– Das entsprechende Baumaterial (Steine, Holz) mußte von den abhängigen Bauern oft über weite Entfernungen und unter vielen Mühen herantransportiert werden, – das Material mußte unter Leitung und Aufsicht von Fachkräften (z. B. Steimetzen) bearbeitet werden. Dabei standen nur wenige technische Hilfsmittel zur Verfügung, – die Arbeit erfolgte durch Bauern, die dazu verpflichtet waren (Fronarbeit).
3. Beschreibt die Aufgaben und Funktionen der Burg, indem ihr die Hauptteile der Burganlage beschreibt.	– Die Burg hatte eine militärische Funktion: sie diente dem Schutz der Bewohner. – Die Burg hatte eine wirtschaftliche Funktion: sie war Wohn- und Versorgungsgebäude (Stallungen, Werkstätte). – Sie hatte eine kulturelle Funktion: Literatur, Dichtung. – Sie hatte eine soziale Funktion und eine politische: die Bauern versorgten die Burgbewohner und mußten für sie arbeiten, sie bot ihnen aber auch Schutz in Kriegszeiten; die Ritter übten Macht und Herrschaft über die Bauern aus.
4. Entwickelt im Gespräch eine „Kette", aus der hervorgeht, wie das Rittertum entstanden ist:	

T **Kaiser** und **Könige**, später Fürsten
benötigten
↓
Panzerreiter
(Männer, die sich ein Pferd, die Bewaffnung und Ausrüstung leisten konnten)

Kaiser, Könige und Fürsten
verliehen das Land an
↓
Ritter
Ritter mußten Kriegsdienst leisten für
↓
Kaiser, Könige, Fürsten
Kaiser und Könige hatten das Recht, den
↓
Bau von **Burgen** zu gestatten,
↓
später auch die Fürsten.
↓
Zweck: **Schutzfunktion**, aber auch Element von **Herrschaftsausübung**.

Der Niedergang des Rittertums wird im Zusammenhang mit nachfolgenden Unterrichtsreihen erneut aufgegriffen. Im Zusammenhang mit dieser Unterrichtsreihe können jedoch schon einige Aspekte beleuchtet werden.
Ein Brief Ulrich von Huttens verdeutlicht die Erscheinungsformen und auch einige Ursachen für den Niedergang des Rittertums später im 16. Jahrhundert:

Ritter Ulrich von Hutten schreibt an seinen Freund, den Kaufmann Pirkheimer, um 1500:
Ihr Bürger in den Städten lebt ohne Mühe nicht nur angenehm, sondern auch bequem ... Unsere Ernährer sind ärmliche Landleute, denen wir unsere Äcker und Weinberge, unsere Wiesen und Wälder verpachten. Die Pacht, welche daraus eingeht, ist im Verhältnis zu der angewandten Mühe gering und kärglich ... Verlasse ich nur einmal das feste Haus, so steht zu fürchten, daß ich denen in die Hände falle, mit denen mein Herr und Fürst, sei es, wer es sei, einen Handel hat oder im Kriege steht. Daraufhin fallen sie mich an und schleppen mich davon, und wenn es schlimm kommt, so geht leicht die Hälfte meines Erbes für das Lösegeld darauf. Deswegen halten wir nun Pferde und schaffen Wagen an, umgeben uns mit zahlreichem Gefolge, alles mit großen und schweren Kosten. Nicht zwei Morgen weit dürfen wir unbewaffnet ausgehen, keinen Meierhof ungerüstet besuchen, mit dem Schwert nur darf man auf die Jagd oder auf den Fischfang gehen. Außerdem entstehen nur zu oft Streitigkeiten zwischen unseren und fremden Meiern, und kein Tag vergeht, ohne daß mir von

irgendeinem Anlaß zu Händeln berichtet wird, den ich höchst vorsichtig wieder beseitigen soll; denn schütze ich zu hartnäckig meine Sache oder lasse ich mich zu einer Beleidigung fortreißen, so entsteht eine Fehde. Nehme ich aber etwas zu geduldig hin oder weiche ich gar von meinem Recht, dann bin ich völlig der allgemeinen Willkür preisgegeben; denn was sich der eine erlaubt, das glauben sich nun alle erlauben zu dürfen. Und zwischen wem ereignet sich das alles? Nicht zwischen Fremden, mein Freund, sondern zwischen Nahestehenden, Verwandten und Schwägern, ja sogar zwischen Brüdern. Da hast du den Reiz, die Ruhe und Muße unseres Landlebens!
Mag die Burg auf einem Berge oder in der Ebene stehen, sie ist nicht zum angenehmen Aufenthalt, sondern zum Schutz aufgebaut, mit Graben und Wall umgeben, der Raum im Inneren beschränkt, durch Stallungen für das Vieh verengt; daneben dunkle Gewölbe für das Geschütz, mit Pech, Schwefel und dem übrigen Zubehör für die Waffen und Kriegsmaschinen angefüllt, überall Pulvergeruch, Gestank nach Hunden und Hundekot – eine unangenehme Atmosphäre, nicht wahr. Reiter kommen und ziehen davon, unter ihnen Strolche, Diebe und Buschklepper. Denn meist ist unser Haus jedem geöffnet, wir wissen nicht, wer es ist, oder fragen nicht sehr danach ..."

Ein Brief Ulrich von Huttens (Gfm) verdeutlicht den Niedergang des Rittertums zu Beginn des 16. Jahrhunderts.

Arbeitsaufgaben	denkbare Formulierungen
1. Welche Tätigkeiten hatte der Ritter auf seiner Burg zu verrichten?	– Beaufsichtigung der Meierhöfe Wirtschaftsführung des Besitzes – Streit unter den Meiern schlichten – Jagd und Fischfang
2. Worüber beklagte sich der Ritter?	– Geringe Pachteinnahmen – Bedrohung durch Feinde (Fehden) - Furcht vor Gefangennahme und Zahlung von Lösegeld – hohe Kosten durch Bewaffnung und Ausrüstung seiner Knechte – Erbstreitigkeiten mit Verwandten – ungemütliche, kleine Wohnung

v. Hutten wies auf seine schlechte Lage nicht nur hin, er führte auch in einer Art Kausalkette eindringlich vor Augen, in welcher Zwickmühle er sich befand:

T Konfliktsituation des Ulrich von Hutten

Wenn er zur Lehnsmannschaft eines Fürsten gehört, ...
↓
dann wird ihm Sicherheit verbürgt, aber: →
↓
steht sein Lehnsherr, der Fürst, in Fehde mit anderen Fürsten,
↓
drohen auch v. Hutten Überfall, Gefangennahme, Lösegeldzahlung und Überfall
↓
deswegen ist er gezwungen, sich und seine Burgmannschaft gut zu bewaffnen.
↓
Dazu benötigt er Geld.

Wenn er nicht zur Lehnsmannschaft eines Fürsten gehört, ...
↓
dann hat er keinen Schutz- und Schirmherrn,
↓
aber auch dann drohen ihm in Fehdezeiten ... ↙

3. Wie ist es zu dieser für die Ritter schlechten Situation gekommen:
Veränderungen in der ...

Waffentechnik: Erfindung von Feuerwaffen.
→ Burgen und Ritter verloren ihre militärische Bedeutung.
Fürsten kauften Söldner ein.

Wirtschaftsform: Aufkommen der Geldwirtschaft, Ritterbesitz war Landbesitz, sie verfügten kaum über Geld.
→ wirtschaftliche Verarmung
→ Raubritter

Herrschaftsform: Partikulargewalt siegte über Zentralgewalt; Fürsten organisierten Söldnerheere.

T Wie kam es zum Niedergang des Rittertums?

Aufkommende Geldwirtschaft	Erfindung von steinbrechenden Feuerwaffen	Fürsten kaufen Söldner
↓	↓	↓
Wirtschaftliche Verarmung	Soziale und politische Entmachtung der Ritter	
		↓
		Macht der Fürsten wächst

43. Die Entwicklung der Städte

43.0.3–47.0.3, 49.0.3–50.0.3 Literaturangaben

Gesamtdarstellungen
Boockmann, Hartmut, Die Stadt im späten Mittelalter, Beck, München 1986
Duby, Georges, Das Europa der Städte und Höfe, Klett–Cotta, Stuttgart 1985
Ennen, Edith, Die europäische Stadt im Mittelalter, Vandenhoeck & Ruprecht, Göttingen [3]1979
Haase, Carl (Hrsg.), Die Stadt des Mittelalters, 3 Bde., Wiss. Buchgesellschaft, Darmstadt [3]1978, [2]1976, [3]1984

Sachbuch
Pörtner, Rudolf, Das Römerreich der Deutschen. Städte und Stätten des deutschen Mittelalters, Knaur TB 3227

Jugendbuch
Stöckle, Frieder, Fahrende Gesellen, Arena, Würzburg (Sitten und Bräuche der alten Zünfte)

43.0.2 UR-Ziele

(1) Ursachen für eine verstärkte Gründung von Städten in Mitteleuropa vom 11. Jahrhundert an.
(2) Wirtschaftliche und gesellschaftliche Voraussetzungen für die Entstehung von Städten.

43.0.3 Medien

Wandkarte
Perthes Zur deutschen Geschichte im 10. und 11. Jahrhundert

Atlas
dtv Westermann 78, 79

Dias

FWU	10 0574	Mittelalterliche Stadt 15 f
Stoedtner		Das mittelalterliche Stadtbild I 12 f
		Das mittelalterliche Stadtbild II 12 f

Kassetten-Tonbild-Reihe
FWU 15 0058 Stadt im Mittelalter: Entstehung 12 f 7 min

Filme
FWU 32 2891 Stadt im Mittelalter: Nördlingen 16 min f

43.0.4 Fachwissenschaftliche Einführung

Anders als die Mittelmeervölker, wie etwa die Griechen, Römer und Karthager (und die Hochkulturen des Vorderen Orients, Süd- und Ostasiens), besaßen die **Germanen keine Stadtkultur.** Die Römer hatten in der Kaiserzeit in den von ihnen beherrschten Teilen Germaniens Städte angelegt. Es waren Militärkolonien, um die herum sich Händler, Handwerker und andere Berufsgruppen ansiedelten. Selbst wo sie sich zu bedeutenden Zentren oder gar Provinzhauptstädten entwickelten, wie Trier (das zeitweise Kaiserstadt wurde und eine Einwohnerzahl von 70000 erreichte), Köln und Mainz, blieb ihre militärische und administrative Funktion ausschlaggebend, die „bürgerlichen" Tätigkeiten der Produktion und die Dienstleistungen waren immer sekundär.
Der größte Teil der römischen Kolonialstädte gingen in der Völkerwanderungsepoche unter. In den fortbestehenden Städten fristeten Reste der städtischen Bevölkerung ein armseliges Leben, die städtische Kultur und Lebensweise ließ sich nicht mehr aufrechterhalten. Neues städtisches Leben entstand im frühen Mittelalter in Form von **Ansiedlungen im Schutz von Bischofssitzen** und von **Burgen weltlicher Herren.** Als Burg wurde zunächst jeder befestigte Ort bezeichnet, sowohl der eigentliche Herrensitz als auch die mit Mauern umgebene Vorstadt. Die Bewohner dieser Ansiedlungen wurden Bürger genannt.
Eine zweite Vorform der mittelalterlichen Stadt waren die sogenannten **Kaufmannswike,** Treffpunkte reisender Fernhändler an Flüssen oder Handelswegen zunächst ohne festen Siedlungscharakter, die schließlich zu Niederlassungen mit Marktcharakter wurden. Die Händler schlossen sich zu Genossenschaften zusammen, um die Gefahren, die ihnen unterwegs drohten, gemeinsam abzuwehren. Entscheidend für die Entstehung der Stadt war der **Handel** und insbesondere der Übergang der Händler zur Seßhaftigkeit. Erst in ihrem Gefolge übernahm das **Handwerk** die genossenschaftliche Organisation und löste sich aus der bisher üblichen Bindung an den Grundherrn. Kaufmannsgilden und Handwerkerzünfte bildeten schließlich die Stadtbürgerschaft.
Im 13. und 14. Jahrhundert wurden zahlreiche Städte von den Königen und Territorialfürsten planmäßig gegründet, so von den Staufern, den Zähringern, Welfen und Wettinern. Sie erhofften sich davon eine Stärkung ihrer Macht und finanzielle Einnahmen. Den neuen Städten wurden weitreichende Privilegien zugestanden (persönliche Freiheit, Abgabenfreiheit, Gerichtsbarkeit, Marktrecht).
Die **Zahl der Städte** betrug im 11. Jahrhundert 140, im 12. Jahrhundert 250, im 13. schon 2000. Im 15. Jahrhundert war die Höchstzahl von 3000 erreicht, die in

den folgenden Jahrhunderten nicht mehr überschritten werden sollte. Davon waren 2800 Kleinstädte mit einer Einwohnerzahl unter 1000, 150 mit 1000–2000 Einwohnern. Nur 15–20 zählen zu den Mittelstädten mit 2000–10000 Einwohnern, und nur etwa zwölf wiesen mehr als 10000 Einwohner auf und gehörten damit zu den mittelalterlichen Großstädten.
Die **Einwohnerzahlen** waren zumeist starken Schwankungen unterworfen. Ihr Wachstum war abhängig von der Zuwanderung vom Lande, weil die Sterblichkeit in den Städten höher und die Geburtenrate wesentlich niedriger lag.

43.1 Was damals zur Entwicklung einer Stadt beitrug

43.1.1 Wissensziele

Die Städte im Mittelalter sind entstanden aus Römersiedlungen, an Straßenkreuzungen, an Furten und Flußmündungen, an Bischofssitzen, bei Klöstern und Burgen oder in Gegenden mit Bergbau. Meist hat der Handel zur Gründung von Städten geführt. Die Bevölkerungszahl schwankte im Laufe der Geschichte. Die Stadt war wie eine Burg befestigt. Die Einwohner nannten sich daher Bürger. Befestigungsanlagen, Rathäuser und Kirchen waren Gemeinschaftsbauten. Die Straßen waren schmutzig, denn es gab kein Pflaster und keine Müllabfuhr. Auch die Wasserversorgung war schwierig, besondes bei einer Feuersbrunst. Die Straßen waren winklig, denn die Häuser waren vielfach vorgebaut. Eine Stadtplanung gab es nur in den Ostgebieten. Hier sorgte der Grundherr dafür, daß alles so gemacht wurde, wie es für alle am besten war.

43.1.2 UE-Ziele

(1) Bedingungen der Stadtentstehung und Stadtentwicklung.
(2) Interessen der verschiedenen Schichten der Bevölkerung an der Gründung von Städten.

43.1.3 Einstieg

- **Luftaufnahmen** von Städten mit mittelalterlichem Kern (Gfm)
- **Kassetten-Tonbildreihe:** FWU 15 0058 Stadt im Mittelalter – Entstehung

43.1.4 Didaktisch-methodische Vorschläge

Bereits am Beispiel der antiken Geschichte konnten die Schüler sowohl die Voraussetzungen als auch den Prozeß der Städtebildung verfolgen. Mit der erneuten Gründung von Städten im mittel- und westeuropäischen Bereich sollen die Zusammenhänge wiederholt, präzisiert und vertieft werden. Die in den vorangegangenen Unterrichtsreihen aufgezeigten wirtschaftlichen, sozialen und politischen Interdependenzen sollen an der Siedlungsform, der Sozialstruktur und der machtpolitischen Bedeutung auch der mittelalterlichen Stadt aufgezeigt werden.
In diesem Zusammenhang rückt die Frage nach den Ursachen für die Städtegründungen in den Vordergrund. Den Schülern sind Siedlungs- und Wohnformen wie Dorf, Fronhof, Kloster, Burg im europäischen Mittelalter bekannt. In den Städten lebten auf engem Raum erheblich mehr Menschen zusammen. Die Stadt ist durch eine Mauer geschützt, Kirchen bzw. Burgen ragen heraus. Zur Frage nach den Ursachen für die Gründung von Städten äußern die Schüler Vermutungen. Einen Teilaspekt können die Schüler herausarbeiten, wenn sie die Karte „Die Entstehung einiger deutscher Städte" (Gfm) betrachten. Daraus geht nämlich hervor, daß es an ganz bestimmten Orten zu Städtegründungen kam: an Brücken, Straßenkreuzungen, Häfen, Bischofssitzen, Residenzen und Burgen, an Stellen also, wo verhältnismäßig viele Menschen zusammentrafen.
Ein zweiter Teilaspekt kann den Schülern verdeutlicht werden, wenn der Lehrer folgende Situation schildert: Auf einem Fronhof oder in einem Kloster stellte ein Handwerker (Schmied) mehr Geräte (Sicheln) her, als benötigt wurden. Diese überschüssigen Geräte wollte er eintauschen. Das tat er an Orten, wo viele Menschen zusammenkamen.
An Kreuzungen von Handelsstraßen trafen sich z. B. Kaufleute, die Waren tauschten. Da hier immer Nachfrage nach bestimmten Produkten bestand, ließ sich der Handwerker hier nieder. Andere folgten seinem Beispiel.
Nun stellt sich allerdings die Frage, inwieweit solche Entwicklungen von denen, die die politische Macht ausübten, geduldet oder gar gefördert wurden. Eine Antwort darauf geben die zahlreichen Gründungsurkunden der Städte.
▶ **Quelle:** Die Erhebung Düsseldorfs zur Stadt (Gfm).

T Interessen der Stadtherren und der Bürger bei der Vergabe der Stadtrechte

Stadtherr	Bürger
– Steuereinnehmen – Die Stadt war wegen ihrer Befestigung eine militärische Sicherung des Herrschaftsgebietes. – Einige wichtige Rechte blieben in den Händen des Stadtherrn: Bestätigung der Schöffen; geringe Dienstleistungen.	– Persönliche Freiheit. – Handwerker und Kaufleute durften innerhalb der Stadtmauern ihre Waren herstellen und verkaufen. – Sie erhielten das Recht, Markttage abzuhalten. - Sie durften einen Teil der Rechtsprechung übernehmen. – Sie brauchten kaum noch Abgaben zu entrichten.

Anschließend bearbeiten die Schüler die Karte „Aus welchen Anlässen sich deutsche Städte entwickelt haben" (Gfm) in Verbindung mit dem Bildmaterial der Tonbildreihe.

Arbeitsaufgaben	denkbare Formulierungen
1. Legt eine Liste mit Spalten für Straßenkreuzung, römische Siedlung, Pfalz, Brücke, Bischofssitz, Burg, Hafen an und schreibt in jede Spalte die Städte, die dort hineingehören.	Straßenkreuzung: Lübeck, Hamburg, Lüneburg, Bremen, Stettin, Berlin, Frankfurt/O., Breslau, Thorn, Prag, Wien, Salzburg, Ulm, Basel, Augsburg, Nürnberg, Straßburg, Mainz, Frankfurt a. M., Eisenach, Paderborn, Braunschweig, Magdeburg, Leipzig, Dortmund, Köln römische Siedlung: Köln, Mainz, Straßburg, Basel, Augsburg, Salzburg, Regensburg, Wien Pfalz: Prag, Regensburg, München, Frankfurt a. M., Aachen, Braunschweig Brücke: Oldenburg, Frankfurt a. M., München, Innsbruck, Schweinfurt Bischofssitz: Bremen, Osnabrück, Paderborn, Münster, Magdeburg, Köln, Würzburg, Regensburg, Straßburg, Basel, München, Salzburg, Prag Burg: Duisburg, Lüneburg, Eisenach, Stettin, Breslau, Thorn, Danzig, Nürnberg Hafen: Lübeck, Hamburg, Bremen, Rostock, Stettin, Danzig
2. Entwerft ein Schaubild, aus dem hervorgeht, warum im Mittelalter an ganz bestimmten Stellen Städte entstanden sind.	Dörfer, Klöster, Burgen, Fronhöfe ↓ Bauern und Handwerker produzierten, was sie zum Leben brauchten; Abgaben/Dienste an Grundherrn. ↓ Erzeugen von Produkten, die über den Bedarf hinausgingen, durch bessere Werkzeuge und Anbaumethoden. ↓ Austausch und Verkauf an bevorzugten Orten. ↓ Ansiedeln, Produktion und Verkauf an diesen Orten, Handel und Handwerk. ↓ Gewährung von Vorrechten durch die Stadtherrn.

44. Vom Leben der Bürger

44.0.2 UR-Ziele

(1) Vergleich zwischen dem Leben auf dem Lande und in der Stadt.
(2) Befriedigung elementarer Lebensbedürfnisse.
(3) Die Rolle und Bedeutung der Familie.

44.0.3 Medien

Dias

FWU 10 2408 Stadt im Mittelalter: Alltag 5 sw 5 f
FWU 10 0133 Vom Leben des Bürgers im späten Mittelalter 15 sw
FWU 10 0140 Stadtleben im späten Mittelalter 14 sw

Kassetten-Tonbild-Reihe

FWU 15 0060 Stadt im Mittelalter: Sozialstruktur 15 f 12 min

Filme

FWU 32 0147 Leben in der mittelalterlichen Stadt 18 min f
WBF Leben in der mittelalterlichen Stadt 13 min f

44.0.4 Fachwissenschaftliche Einführung

Das Gesicht der mittelalterlichen Stadt wurde durch militärische Erfordernisse geprägt. Die Stadt war von einer **Stadtmauer,** vielfach auch nur von einem Erdwall mit Palisaden aus Holz umgeben, innerhalb derer sich die Masse der Häuser zusammendrängte. Von der Ausdehnung mit Abstand die größte deutsche Stadt war Köln, dessen Fläche nach dem großen Mauerbau im 12. und 13. Jahrhundert 400 ha erreichte. Von den übrigen waren nur wenige größer als 100 ha, die überwiegende Mehrzahl der deutschen Städte besaß eine Fläche von 20 bis 100 ha. Die im späten Mittelalter erreichte Ausdehnung wurde bis ins 19. Jahrhundert nicht überschritten.
Die **Familie** ist die „Grundstruktur der mittelalterlichen Gesellschaft“ (Karl Bosl). Es ist allerdings nicht die Familie im heutigen Sinne, die durch Blutsverwandtschaft gekennzeichnet ist (das Wort „Familie ist im Mittelalter nicht gebräuchlich, es wird frühestens seit dem 16. Jahrhundert verwendet). Es ist vielmehr das **„ganze Haus“**, der Verband aller von einem Herrn Abhängigen, wie es in der Bibelstelle beschrieben wird: „Ich aber und mein Haus wollen dem Herrn dienen“ (Josua 24,15), oder wie es in der Formel „Grüße von Haus zu Haus“ noch lebendig ist. Zu ihm gehörten Frau und Kinder, Großeltern, unverheiratete Verwandte, das Gesinde, Gesellen und Lehrlinge. Das Haus war nicht nur Wohnung, sondern bot auch Recht und Schutz. In ihm herrschte ein besonderer Friede, der **„Hausfriede“** (vgl. den noch heute gebräuchlichen Rechtsbegriff „Hausfriedensbruch“). Der **Hausvater** übte hier „seine soziale Kontrolle aus, gegründet auf gemeinsamer Produktion und Konsumation, gegenseitiger Fürsorge und einseitigen Gehorsamspflichten“ (Emil Kühne). Der Hausherr hatte weitgehende Machtbefugnisse bis hin zum Züchtigungsrecht über das Gesinde. Er allein übte – für sein ganzes Haus – die politischen Rechte in der Gemeinde aus. Wer nicht zu einer Familie, einem Haus gehörte, war Außenseiter, vogelfrei und schutzlos.
Die **Stellung der Frau** ist nicht eindeutig zu beschreiben. Auf der einen Seite stand die Frauenverherrlichung in der Rittergesellschaft, die in der Minne gipfelte, auf der anderen Seite war die Frau verantwortlich für den Sündenfall, sie war **Trägerin der Erbsünde**. Der kirchliche Grundsatz „Mulier taceat in ecclesia“ (Die Frau schweige in der Kirche) hatte sich auch auf die soziale Stellung der Frau ausgewirkt. Andererseits muß gesehen werden, daß das **Christentum** der Frau eine neue Würde in der Ehe gegeben hat. Die **christliche Norm der unauflöslichen Ehe** verbesserte die Position der Frau.
Von Gleichberechtigung kann jedoch keine Rede sein. Die Frau stand unter der Vormundschaft des Ehemannes, die unverheiratete Frau lebte bis zur Eheschließung unter der Vormundschaft des Vaters. Aus dem öffentlichen Leben war sie ausgeschlossen. Sie durfte keine öffentlichen Ämter bekleiden, sie besaß weder aktives noch passives Wahlrecht, sie durfte vor Gericht kein Zeugnis ablegen. Andererseits gibt es zahllose Beispiele, wo in der Adelsgesellschaft **Frauen politische und wirtschaftliche Verantwortung** tragen, nach dem Tod oder bei längerer Abwesenheit des Mannes rechtskräftig die Geschäfte führen. Im städtischen Lebenskreis treffen wir auf ähnliche Verhältnisse. Die **Kauffrau,** die gemeinsam mit ihrem Mann oder auch auf eigene Rechnung Handel treibt, ist gang und gäbe. Zu fast allen **Handwerksberufen** waren die Frauen ebenso wie die Männer zugelassen. Zahlreiche Berufe waren reine Frauensache. In zahlreichen Stadtrechten ist festgelegt, daß die Frau über das in ihrem Beruf Verdiente verfügen kann und beispielsweise mit ihrem Brautschatz nicht für die Schulden ihres Mannes haftet.
Die **Größe der mittelalterlichen Familie** ist lange weit überschätzt worden. Die **Zahl der Geburten** war zumindest bei einem Teil der Ehepaare außerordentlich hoch. Zwanzig und mehr Niederkünfte waren nicht ungewöhnlich. Von den Neugeborenen über-

war wegen der mangelnden Hygiene, wegen Epidemien und der beengten Wohnverhältnisse hoch. In vielen Familien überlebten nur **ein oder zwei Kinder.** Wir wissen, daß in den Haushalten der großen Städte im Durchschnitt weniger als zwei Kinder das Erwachsenenalter erreichten (Ende des 15. Jahrhunderts in Nürnberg 1,64, in Frankfurt a.M. 1,81). Auf dem Lande war die Überlebensrate hingegen höher. Ein großer Teil der Männer und Frauen blieb überdies unverheiratet oder war wegen des Todes eines Ehepartners nur kurze Zeit verheiratet. Die häufigen Wiederverheiratungen von Witwen schränkten die Chancen der unverheirateten Frauen weiter ein, gab es in den Städten doch einen beträchtlichen **Frauenüberschuß,** obwohl viele Frauen im Kindbett starben (im 15./16. Jahrhundert kamen in Nürnberg, Basel, Rostock 1200 bis 1300 Frauen auf 1000 Männer).

Ökologische Probleme der Stadt

Die **hygienischen Verhältnisse** in den überfüllten Städten waren katastrophal. Die Straßen waren mit Unrat übersät und von tiefen Fahrrinnen durchzogen. Abfälle und Exkremente wurden von Hunden, Schweinen, Hühnern und anderen Haustieren gefressen, die damit eine wichtige Funktion in der Hygiene der mittelalterlichen Stadt wahrnahmen. Als seit dem 15. Jahrhundert damit begonnen wurde, die Straßen zu pflastern, verboten die städtischen Behörden die Haltung von Schweinen. Noch schwieriger war die Beseitigung der nicht eßbaren Überreste wie Asche, große Knochen etc.

Ein besonderes Problem war die **Wasserversorgung**. Die Funktion der Stadt als Verteidigungsanlage gebot es, im Konfliktfall von der Umgebung unabhängig zu sein. Daher verbot sich die Wasserzufuhr mittels Fernleitungen nach antikem Vorbild. Die Städte bezogen ihr Wasser überwiegend aus **innerstädtischen Brunnen,** die durch Grund- und Quellwasser gespeist wurden, teilweise auch aus Flüssen und Bächen.

Wegen der unzureichenden Entsorgung war das **verunreinigte Trinkwasser** ständig die Ursache von Infektionskrankheiten und Seuchen. Zwar gab es in vielen Städten, und hier wohl besonders in den wohlhabenderen Vierteln, häusliche Abfallgruben und Latrinenschächte, sogar Ansätze einer städtischen Kanalisatioin, doch wurden die Gruben nur in Abständen von vielen Jahren geleert. Die Abwässer sickerten in die gleich daneben liegenden häuslichen Brunnen, bei Leerungen wurde der Aushub in die Flüsse gekippt. Flüsse und andere Oberflächengewässer dienten auch zur Aufnahme der **gewerblichen Abfälle**, etwa der Säuren und Beizen der Metallhandwerker, die Rückstände der Färber und der Gerber. Bestimmte Gewerbe, vor allem die Gerber, belasteten die Umwelt und die Anwohner auch auf andere Weise. Eine enorme **Geruchsbelästigung** ging beispielsweise von den gelagerten, sich zersetzenden Häuten und von den Hilfsmitteln (Urin, Fischtran) aus. Die Walkmühlen mit ihren Hämmern stellten eine erhebliche **Lärmbelästigung** dar. Die Stadtobrigkeiten versuchten Abhilfe zu schaffen, indem sie die Gerberviertel an den Rand der Städte verlegten.

lebte aber nur ein Bruchteil. Die **Kindersterblichkeit**

44.1 Welche öffentlichen Aufgaben sich aus der damaligen Stadtanlage ergaben.

44.1.1 Wissensziele

Das Wachstum einer Stadt wurde durch die Mauern der Verteidigungsanlage begrenzt. Auf engem Raum mußten viele Aufgaben gemeinsam gelöst werden. Besondere Probleme waren dabei die Wasserversorgung und der Schutz vor Feuersbrünsten.

44.1.2 UE-Ziele

(1) Gefahren und Bedrohungen in der mittelalterlichen Stadt.
(2) Maßnahmen der Menschen gegen die drohenden Gefahren.

44.1.3 Einstieg

- **Bild:** Bernkastel an der Mosel (Gfm)
- **Diareihen:** Stadt im Mittelalter, Alltag

44.1.4 Didaktisch-methodische Vorschläge

Es ist für die Schüler von besonderem Interesse, wie die Bürger mit den Schwierigkeiten und Problemen, die sich im städtischen Zusammenleben ergaben, fertig wurden. Am Beispiel der Verordnungen gegen Feuergefahr und für die Brandbekämpfung soll erarbeitet werden, wie die Menschen mit diesen Problemen fertig wurden. Die folgenden Quellen geben darüber Aufschluß:

Bauordnungen deutscher Städte

„Kein Gebäude soll künftig mehr mit Stroh oder mit Brettern gedeckt sein.“ (Erfurt 1352)

„Nachdem das Pflaster zu gemeinem Nutzen soll geräumet sein, hat der Rat verordnet, daß hinfort niemand außerhalb seines Hauses das Pflaster besetzen soll, weder mit Bänken, Blöcken, Stöcken, darauf er feilhalten will, noch mit Sauställen und anderem Unbilligen." (München 1489)

Feuerordnung
„Erhebet sich ein Feuer, so sollen die Träger Wasser tragen, dafür soll man ihnen Lohn geben. Kommt aber einer nicht, soll er in acht Tagen die Stadt räumen oder im Stock sitzen. Wenn bei Feuersnot zwei Männer vom Rate anbefehlen, daß ein Haus abgebrochen werde, so soll niemand widersprechen. Ein jeder Bürger soll in seinem Hause eine lange Leiter haben, die auf sein Dach reicht, und einen Wassereimer, bei fünf Groschen Strafe. Zum Feuer soll niemand mit Spieß und Schwert kommen, auch nicht herzureiten, außer einem Rate." (Erfurt 1351)

Arbeitsaufgaben	denkbare Formulierungen
1. Warum konnte es im Mittelalter in den Städten häufig zu verheerenden Bränden kommen?	– Häuser waren zwangsläufig eng aneinander gebaut. – Häuser waren zumeist aus Holz gebaut und die Dächer waren mit Holz oder Stroh gedeckt. – In den Häusern gab es offene Feuerstellen. – Die Brandbekämpfung war wegen Wassermangel und wegen des Fehlens wirksamer Geräte schwierig.
2. Was unternahmen die Menschen gegen die Brandgefahr? Stellt Vermutungen darüber an!	– Erneuerung der Dächer: keine Dächer aus Holz oder Stroh. – Freihalten der Zugangswege. – Keine Feuer offen brennen lassen. – Anstellung eines Feuerwächters. – Bereitstellung von Löschwasser. – Vermeidung von Panik
3. Untersucht daraufhin die Quelle „Feuerordnung"	– Bestellung von Wasserträgern, bei Nichterscheinen Strafe! – Im Notfall Abbruch von bedrohten Häusern, entscheidend ist die Zustimmung von zwei Ratsherrn. – Jeder Bürger soll eine bis zum Dach reichende Leiter sowie einen Wassereimer bereithalten. – Um die Brandbekämpfung nicht zu stören, durfte kein Reiter oder ein Bewaffneter zum Feuer vordringen.

44.2 Wie das Familienleben von den Zeitumständen beeinflußt wurde

44.2.1 Wissensziele

Der Mensch im Mittelalter mußte in dem Stand bleiben, in den er hineingeboren war. Danach richtete sich sein Lebenszuschnitt. Darunter verstehen wir Arbeit, Freizeit, Kleidung, Essen, Wohnen und die Wahl des Ehepartners. Damals gab es folgende Stände: die Patrizier, den Mittelstand, die wirtschaftlich Unselbständigen und die „unehrlichen" Leute. Die Versorgung der Menschen erfolgte in der Hausgemeinschaft. Ansehen genossen die alten Leute, denn sie wußten, wie es früher gewesen war. Frauenberufe gab es nur wenige.

44.2.2 UE-Ziele

(1) Funktionen der verschiedenen Mitglieder der Großfamilie.
(2) Funktionen der Großfamilie damals und der Kleinfamilie heute – Vergleich.

44.2.3 Einstieg

- **Unterrichtsgespräch:** Die Familie heute. Welche Probleme gibt es?
- **Kassetten-Tonbildreihe:** Stadt im Mittelalter – Sozialstruktur.

44.2.4 Didaktisch-methodische Vorschläge

Um die Verknüpfung von Wirtschaftsleben, das in der Stadt durch Handwerk und Handel weitgehend geprägt war, und Sozialformen herauszustellen, soll in den nächsten Unterrichtsreihen versucht werden, das tägliche Leben in der städtischen Großfamilie detailliert zu untersuchen. Anschließend werden diese Lebensformen auf dem Hintergrund bürgerlichen Wirtschaftsdenkens untersucht werden müssen, um zu fragen, inwieweit die Verwaltung der Stadt, Bearbeitung und Verkauf der Waren und die Sozialstruktur zusammenhängen.
Die Betrachtung des Bildes „In der Werkstatt" (Gfm) vermittelt den Schülern einen ersten Eindruck dieser Zusammenhänge.
So wird ihnen durch die Beobachtungsaufgaben schnell klarwerden, daß sich die Arbeit des Mannes im Wohnhaus abspielt und die Familie darin integriert ist, ganz im Gegensatz zur heutigen Situation.

Die der Bildbetrachtung abgewonnenen Erkenntnisse müssen ergänzt und vertieft, präzisiert und relativiert werden. Dazu dient das weitere Bild- und Textmaterial. Es wird durch folgende Leitfragen strukturiert.

Arbeitsaufgaben	denkbare Formulierungen
1. Wer gehört zur Handwerkerfamilie?	Eltern, Kinder, Großeltern, unverheiratete Geschwister, Knechte, Gesellen, Mägde.
2. Inwiefern stellte die Großfamilie eine Art Lebensversicherung dar?	Die Familie bot dem einzelnen Sicherheit in Notfällen (Krankheit) und im Alter. Damit verbunden war die Verpflichtung zur Hilfeleistung.
3. Welche Rolle spielten Mann und Frau im Rahmen der Großfamilie? Welche Aufgaben mußten sie erfüllen?	– Der Familienvater war das Oberhaupt der Familie. Alle Mitglieder der Großfamilie mußten ihm gehorchen. – Die Frau organisierte den Haushalt und erzog die Kinder. – Aufgabenbereiche: Anfertigung von Kleidungsstücken für die gesamte Familie, Gartenbau, Kleinvieh- und Schweinezucht, Wasserbeschaffung, Waschen, Kochen, Handarbeiten.
4. Wie wurden die Kinder erzogen?	In Gottesfurcht, Gehorsam gegen Erwachsene, Einordnung in die Tradition. Die Kinder mußten frühzeitig in Haushalt und Werkstatt mithelfen.

Die Sozialstruktur der Stadt im Mittelalter ist auch das Thema der Kassetten-Tonbildreihe (vgl. Einstieg). Am Beispiel des spätmittelalterlichen Augsburg wird gezeigt, wie die Einwohnerschaft in Ober-, Mittel- und Unterschicht zerfällt.

Eine Gegenüberstellung vom täglichen Leben in der Familie damals und heute läßt die Schüler wesentliche Unterschiede feststellen und nach den Ursachen dafür fragen.

T Familie im Mittelalter	Familie heute
Großfamilie	Kleinfamilie (Eltern und Kinder).
Wohnung und Arbeitsplatz im eigenen Haus	Wohnung und Arbeitsplatz sind voneinander getrennt.
Der Vater war Oberhaupt der Familie, alle waren ihm unbedingten Gehorsam schuldig.	Mitspracherecht der Ehefrau, zunehmende Selbständigkeit der Kinder.
Arbeitsbereiche von Mann und Frau waren klar voneinander abgegrenzt.	Die Grenzen sind heute fließender, die Frau zunehmend in die Wirtschaft integriert.
Hohes Ansehen der Alten als der Kenner und Bewahrer der Tradition.	Die älteren Menschen werden meist außerhalb der Familie versorgt, wenig Einfluß.
Großfamilie erfüllt die Funktion der Sozialversorgung.	Sozialversorgung ist Sache des Staates.
Eheschließungen sind in erster Linie „Wirtschaftsverträge".	Eheschließungen beruhen meist auf persönlicher Zuneigung.
Hohe Kinderzahl; Kinder sind notwendige Arbeitskräfte im Familienbetrieb.	Niedrige Kinderzahl; Altersversorgung übernimmt der Staat; Kinder arbeiten außerhalb der Familie.
Arbeit der Hausfrau war schwer, weil fast alles im Haushalt selbst aus dem Rohprodukt hergestellt wurde. Mobiliar war schwer zu pflegen, technische Hilfen gab es nicht.	Heute erleichtern technische Hilfen die Arbeit der Hausfrau erheblich.
Lebensgewohnheiten ändern sich nur langsam. Alter und Erfahrung waren daher im Beruf wichtig!	Heute ändern sich Berufs- und Lebensgewohnheiten sehr schnell. Anpassungsfähigkeit und geistige Wendigkeit sind wesentlich.

T Die Familie im Mittelalter

VATER:	Familienvorstand (beruflich und rechtlich)
MUTTER:	Kindererziehung, Versorgung der Familie, Hilfe im „Betrieb"
Großeltern, Eltern, Kinder, unverheiratete Familienangehörige (Tanten, Onkel) Lehrlinge, Gesellen, Knechte, Mägde	
GROSSFAMILIE	
Haus = Arbeits- und Wohnstätte	

45. Krankheit und Not

45.0.2 UR–Ziele

(1) Gefahren für die Menschen in der mittelalterlichen Stadt durch Seuchen.
(2) Maßnahmen gegen Seuchen und ihre Wirkungen.

45.0.3 Medien

Dias

FWU 10 0121 Medizin und Heilkunde am Ausgang des Mittelalters, 11 sw
FWU 10 2408 Die Stadt im Mittelalter: Alltag, 5 sw, 5 f

45.1 Wie das Leben der Menschen von der Entwicklung der medizinischen Wissenschaft beeinflußt wurde.

45.1.1 Wissensziele

Die ärztliche Versorgung war damals schlecht. Forschung und Lehre waren nicht frei. Hygiene war wenig entwickelt. Daher gab es viele ansteckende Krankheiten. Manchmal rafften Seuchen einen großen Teil der Bevölkerung dahin. Besonders hoch war die Säuglingssterblichkeit. Die durchschnittliche Lebenserwartung betrug nur 35 Jahre. In Krankheit und Not versuchten die Menschen, durch ungewöhnliche Bußen Gott gnädig zu stimmen.

45.1.2 UE-Ziele

(1) Gefahren, die Krankheiten und Seuchen für die Menschen mit sich brachten.
(2) Maßnahmen der Menschen gegen die Krankheiten.
(3) Auswirkungen von Seuchen auf das soziale und wirtschaftliche Gefüge der mittelalterlichen Stadt.

45.1.3 Einstieg

● **Bild:** Wallfahrt zum Standbild der schönen Maria von Regensburg (Gfm)
● **Diaserie:** FWU 10 0121 Medizin und Heilkunde (vgl. 45.0.3)
● **Diaserie:** FWU 10 2408 Die Stadt im Mittelalter (vgl. 45.0.3)

45.1.4 Didaktisch-methodische Vorschläge

Mit dem Inhalt „Krankheit und Not" steht ein Gebiet der Organisation öffentlicher Aufgaben im Mittelpunkt. Die Einsicht in die Handhabung der sozialen Fürsorge ermöglicht ebenso wie die Beschreibung des Alltagslebens Einblicke in die Sozialstruktur und in die Macht- und Herrschaftsverhältnisse der mittelalterlichen Stadt. So ist z.B. zu fragen, wer für die soziale Fürsorge im Rahmen der öffentlichen Aufgaben zuständig war, welche Maßnahmen getroffen wurden und welche Interessengruppen bei der Regelung dieser Aufgaben beteiligt waren.
Das Bild „Wallfahrt zum Standbild der schönen Maria von Regensburg" (Gfm) eignet sich besonders gut, um den Sachverhalt „Krankheit, Not und Maßnahmen dagegen" zu problematisieren. Es wird ein Ereignis dargestellt, das den Schülern kaum nachvollziehbar erscheint und somit einen Verfremdungseffekt auslöst. Deshalb sollten anhand der folgenden Arbeitsaufgaben bestimmte Sachverhalte des Bildes ermittelt werden:

Arbeitsaufgaben	denkbare Formulierungen
1. Welche Bauten und Gegenstände sind zu sehen?	– Holzkapelle im Hintergrund. – Standbild mit der Mutter Gottes davor. – Mauerreste im Hintergrund. – Fahnen (mit Kreuz).
2. Was tun die Menschen?	– Ein Teil der Menschen hat sich auf den Boden geworfen. Sie heben die Hände hilfesuchend in die Höhe und umklammern die Statue. Die Menschen im Mittel- und Hintergrund bilden eine Prozession. Ihr Ziel ist offensichtlich ein Marienstandbild in der Holzkapelle. – Die Menschen bringen Opfergaben in Körben herbei.

Arbeitsaufgaben	denkbare Formulierungen
3. Lest dazu den Bericht aus einer Chronik um 1500 und vergleicht ihn mit den Bildaussagen. Beantwortet die Frage, was sich die Menschen von der Prozession erhofften.	Die Menschen erhofften sich Heilungen von Krankheiten und Gebrechen, indem sie eine Wallfahrt oder Prozession zu heiligen Stätten unternahmen. Sie betrachteten die Krankheiten und anderes Ungemach als Strafe Gottes, die nur durch Opfer und Buße gesühnt werden konnte. Dabei gerieten die Menschen in Ekstase (d. h., sie verließen Haus und Hof und zogen in Massen – tagelang ohne Nahrung – spontan nach einer heiligen Stätte).

Aus einer Chronik aus dem Jahr 1500:
„Aus allen Gegenden strömte eine Menge Volks zusammen zur glorreichen Jungfrau, die demütigen Pilgern viel Heilungen und Guttaten erwies. Wunderlich zu erzählen: Es kamen herbei, gleich als ob sie besessen wären, Knaben, Jünglinge, Mädchen, Mütter und Männer. Wer von ihnen Werkzeuge oder ein Gerät in der Hand hatte, der nahm es mit; doch keiner von ihnen trug ein Reisebündel bei sich. Und sie hatten es so eilig, daß viele von ihnen halb nackt, der Sinne und der Stimme beraubt, nachdem sie ohne Speise und Trank, Tag und Nacht gelaufen, gänzlich erschöpft, anlangten. Und wenn sie die Stätte erreicht hatten, fielen weitaus die meisten von ihnen, wie in Ekstase, schluchzend zur Erde. Nach geraumer Zeit sich erhebend, sahen sie sich auf die Mildherzigkeit der Bürger angewiesen, die bemüht waren, sie zu Bewußtsein zu bringen und in die Heimat zurückzubefördern. Auf dem freien Platz vor dem gnadenreichen Bild lagen so viele Geldbeutel und Gegenstände herum, welche von den Pilgern verloren waren, daß man damit mehrere Wagen hätte anfüllen können. So sehr nahm der Auflauf zu, daß gar mancher, sogar aus entlegenen Gegenden, es vorzog, freiwillig die Städte aufzusuchen, damit er nicht dem Zwang verfalle, herbeizulaufen."

Diese Handlungen und Reaktionen der Menschen damals sind für die Schüler nur schwer nachzuvollziehen. Die Schüler meinen, daß Bittgänge, Prozessionen, Wallfahrten u. ä. zur Bekämpfung von Krankheiten und zur Heilung derselben ungeeignet sind.

Um den Schülern zu verdeutlichen, wie gering die Heilungschancen gegenüber den Seuchen des Mittelalters waren, bietet es sich an, am Beispiel der Pest zu versuchen, den Verlauf und die Reaktion der Menschen zu begreifen.
Dazu eignet sich der Bericht des Schriftstellers Giovanni Boccaccio über die Pestepidemie von 1352:
„Um so verheerender aber ward die Seuche, weil die Kranken, die Gesunden ansteckend, sie täglich weiter ausbreiteten. Sie übertrug sich nicht nur, wenn ein Gesunder mit dem Kranken sprach oder ihm nahe kam, sondern schon, wenn er nur seine Kleider oder irgend etwas, was der andere angefaßt hatte, berührte ... Nur von der Sorge um ihr eigenes (Leben) getrieben, flohen Männer und Frauen in großer Zahl aus der Stadt, verließen ihre Häuser, ihre Habseligkeiten und flüchteten aufs Land. Die allgemeine Angst war so groß, daß ein Bruder floh, daß ein Weib den Mann verließ und daß die Eltern ihre Kinder im Stich ließen ... Manche hauchten ihr Leben auf den Straßen aus, andere schlossen sich in ihren eigenen Häusern ein, bis der herausdringende Gestank den Nachbarn die erste Kunde von ihrem Tode brachte. Niemand gab den Toten das Geleit und weinte ihnen eine Träne nach, denn die Dinge waren jetzt so weit gediehen, daß das menschliche Leben nicht mehr galt. als wenn eine Ziege verreckte. Bei der großen Menge von Toten reichte die geweihte Erde nicht mehr hin, wenn man nach alter Sitte einem jeden seinen besonderen Platz hätte geben wollen; so warf man denn auf den Friedhöfen, als alles voll war, Gruben auf und legte die Leichen zu Hunderten hinein, dicht an dicht, jede Schicht nur mit wenig Erde bedeckt, bis endlich die Grube bis an den Rand gefüllt war."

Arbeitsaufgaben	denkbare Formulierungen
1. Was sagt die Karte „Verbreitung der Pest in Europa" (Gfm) aus?	– Innerhalb weniger Jahre verbreitete sich die Pest von Südrußland aus (1347) über Konstantinopel, Ragusa (Adria), Messina nach Italien, Spanien, Frankreich, Deutschland, England, Estland, Rußland aus.
2. Wie ist diese rasche Verbreitung zu erklären?	– Die Seuche wurde durch Ungeziefer übertragen. Die Menschen waren machtlos, weil sie die Ursachen nicht erkennen und daher nicht wirksam bekämpfen konnten. Der Pestbazillus wurde erst im 19. Jahrhundert entdeckt.

Arbeitsaufgaben	denkbare Formulierungen
3. Wie versuchten sich die Menschen damals zu schützen, und welche Folgen waren damit verbunden. Vergleicht dazu die Maßnahmen, die man heutzutage bei einer Seuche oder Krankheit trifft.	– Die Menschen flüchteten aus den Städten und suchten auf dem Lande Zuflucht. – Soziale Bindungen zu der Familie, der Gemeinde wurden aufgegeben. – Viele Menschen wurden nicht in geweihter Erde begraben. **Maßnahmen heute:** – Schutzimpfungen – Isolieren der Kranken (Quarantäne) – Desinfektionen – Schließung von Schulen und anderen öffentlichen Einrichtungen – Vorbeugemaßnahmen hygienischer Art: Trinkwasser, Abfallbeseitigung usw.

Die unzulänglichen medizinischen Kenntnisse sowie die sozialen Aspekte mittelalterlicher Seuchen werden bereits in dem Text Boccaccios angedeutet. Im folgenden Schwerpunkt sollen die sozialen Aspekte im Mittelpunkt stehen. Als Anknüpfung eignet sich das Bild „Aussätziger und Krüppel" (Gfm). In Verbindung mit dem nachfolgenden Text und den Arbeitsaufgaben wird der soziale Aspekt herausgearbeitet:

Der Aussatz – aus „Hamburgische Geschichten und Denkwürdigkeiten" von Otto Beneke, Hamburg 1856: „Ein von Richtern und Ärzten als aussätzig Erkannter war bürgerlich tot. Er konnte seine Habe weder verschenken noch veräußern, weil er fortan keine Art des Verkehrs mit den Gesunden unterhalten durfte. Er wurde, noch lebendig, in feierlich kirchlicher Weise für tot erklärt. Nach kurzem, nur aus der Ferne zulässigem und gewiß herzzerreißendem Abschied von den Seinigen wurde er auf freiem Felde an einem Altar vom Priester ermahnt, die unheilbare Plage, mit der Gott ihn geschlagen, geduldig zu tragen und den für die Aussätzigen erlassenen Gesetzesvorschriften zu gehorchen. Dann mußte er den für Aussätzige bestimmten, leicht erkennbaren Anzug anlegen. Nachdem er nun seine eigene Totenmesse angehört, mußte er, vom Priester geleitet, entweder in ein benachbartes, von frommen Brüdern und Schwestern geleitetes Leprosenhaus oder in die für ihn auf freiem Felde, fern von allen menschlichen Wohnungen, erbaute Hütte einziehen, im einen wie im andern Falle ohne alle Hoffnung, die engen Grenzen dieser Räume jemals wieder zu verlassen." (zitiert nach Schulfunkbeiheft „Wie es damals war", Geschichte, NDR, 2/75, S. 59)

Arbeitsaufgaben	denkbare Formulierungen
1. Wie behandelte man die Aussätzigen?	Nachdem ein Kranker von Ärzten und Richtern für aussätzig erklärt worden war, mußte er eine besondere Kleidung anlegen und in ein weitab von den Städten entferntes „Siechenhaus" oder in eine Hütte ziehen. Er durfte die ihm zugewiesene Behausung nicht verlassen. Er wurde dabei überwacht.
2. Wie faßten die Menschen damals demnach eine ansteckende Krankheit auf?	Sie wurde als Strafe Gottes angesehen, gegen die kein Kraut gewachsen war
3. Wie beurteilt ihr die Maßnahmen der Städte?	– Einerseits wollte man dadurch einer weiteren Ausbreitung der Seuchen entgegentreten, – andererseits grenzte man die Kranken aus der Gemeinschaft aus und stempelte sie zu Außenseitern.

Den Schülern mag eine derartige Behandlung der Kranken als unbarmherzig erscheinen. Es darf allerdings nicht unbeachtet bleiben, daß den Kranken geholfen wurde:

Aus dem Testament eines reichen Regensburger Bürgers:

Konrad Dürnstetter verfügt über die Verwendung seines Vermögens folgendes:

60 Pfund für die Beerdigungen und Totenmessen
100 Pfund für eine ewige Messe...
5 Pfund nach St. Klara
5 Pfund an die Kapelle der Augustiner für einen ewigen Jahrtag
10 Pfund für den Dombau
je 1 Pfund für den Pfarrer und den Domherrn
1 Pfund für den Bruder Werner bei den Augustinern
3 Pfund für die Augustiner
je 2 Pfund an die Barfüßer, die Prediger, nach St. Klara und nach Hl. Kreuz
10 Pfund für das Spital über der Brücke (man soll sie unter die Kranken verteilen)
6 Pfund auf die „Steingrub", zur Verteilung an die Kranken, je ein Pfund zu meinem Jahrestag
2 Pfund nach St. Niklas
2 Pfund den Klausnern und Klausnerinnen
10 Pfund den Hausarmen
je 1 Pfund nach St. Peter in Weichs und dem neuen Spital an der Donau
10 Pfund den Armen meiner Frau
150 Pfund an Verwandte und andere Personen (insgesamt 27 Namen)
1 Pfund an den Diener Reichlein
36 Pfund den drei Brüdern
350 Pfund für meine Frau..."

(zit. Nach A. Kuhn/G. Schneider, Geschichtsunterricht 5–10), München, Wien, Baltimore 1982, S. 69f.)

Arbeitsaufgaben	denkbare Formulierungen
1. Was drückt sich in diesem Testament aus?	– Eine Privatperson stiftet aus seinem Vermögen einen erheblichen Teil für Krankenhäuser und Arme sowie für kirchliche Einrichtungen, die das Geld für karitative Zwecke verwendeten. – Der reiche Bürger demonstriert Gemeinsinn und Frömmigkeit; möglicherweise dient die öffentliche Spende auch der Selbstdarstellung und soll für ihn die Versicherung für ein besseres Leben nach dem Tode darstellen.

2. Versucht, in einem Schaubild die Zusammenhänge zwischen Krankheiten und den sozialen Gegebenheiten darzustellen (die unterstrichenen Passagen sind vorgegeben)

Seuchen, die die Menschen am stärksten bedrohten:
Pest („der Schwarze Tod"), Lepra (Aussatz)

Warum es so viele Opfer gab:
- Krankheit wurde als Strafe Gottes aufgefaßt
- unzulängliche Hygiene
- Zusammenleben auf engem Raum
- schlechte medizinische Versorgung (kaum Medikamente, Ärzte schlecht ausgebildet)

Wer besonders hart getroffen wurde:
- die Armen in den unteren Schichten
- Aussätzige, die aus der Gesellschaft ausgestoßen wurden

Möglichkeiten der Kranken- und Armenfürsorge
- Mildtätigkeit besonders reicher Bürger
- Bau von Spitälern und Armenhäusern

46. Die Produktion

46.0.2 UR-Ziele

(1) Bedeutung des Handwerks für die Entwicklung der städtischen Wirtschaft.
(2) Veränderungen in der Produktionsorganisation zwischen Stadt und Land.
(3) Spezialisierung durch Arbeitszerlegung.
(4) Zusammenschluß von Handwerkern.

46.0.3 Medien

Dias

FWU 10 0139 Von den Zünften und alten Zunftbräuchen 14 sw
Stoedtner Mittelalterliches Bürgertum, Handwerker und Zünfte 18 sw

Compact-Cassette

FWU 22 2516 Bürgerkämpfe in Augsburg 1368 15 min

Film

FWU 32 2891 Stadt im Mittelalter – Nördlingen 16 min f

46.0.4 Fachwissenschaftliche Einführung

Ständische Gliederung

Die Bevölkerung der mittelalterlichen Stadt war sozial außerordentlich differenziert. Die Mehrzahl der Stadtbewohner waren **frei** und besaßen das **Bürgerrecht.** Es galt der Satz „**Stadtluft macht frei**". Wenn ein abhängiger Mann vom Lande in die Stadt zog, so war er – in der Regel „nach Jahr und Tag" – seiner leib- und grundherrlichen Bindungen ledig. Er erhielt dann mitsamt seiner Frau und seinen Kindern das Bürgerrecht, wenn er den hohen Kaufpreis für dieses Recht bezahlen konnte und seinen Bürgerpflichten nachkam. Darin dokumentiert sich das lebhafte Interesse der Stadt an der Vermehrung ihrer Bevölkerung. Neben den Bürgern gab es eine Gruppe von ständigen Stadtbewohnern, die kein Bürgerrecht besaßen, jedoch dieselben Lasten zu tragen hatte wie die Bürger. Sie wurden **Mitwohner** genannt. Außerdem gab es noch **Gäste,** die in der Stadt keinen dauernden Aufenthalt nehmen wollten. So kamen 1449 in Nürnberg auf 20000 Bürger 5900 Nicht-Bürger oder Fremde.
Die Einwohnerschaft war in der Regel in drei Stände gegliedert. Die städtische Oberschicht, das **Patriziat,** setzte sich aus den ritterbürgerlichen Geschlechtern, den Grundbesitzern und aus den Fernkaufleuten zusammen. Sie allein besaßen die **Ratsfähigkeit,** das heißt, aus ihren Reihen wurden der Rat der Stadt, der Bürgermeister und alle wichtigen Ämter besetzt. Der **zweite Stand** umfaßte das in Zünfte gegliederte **Handwerk** und die Krämer, die örtlichen Händler, städtische Verwaltungs- und Steuerbeamte, Schreiber usw., in der Regel mit dem Bürgerrecht ausgestattet. Kein Bürgerrecht besaßen die Unterschicht, die **unterständischen Gruppen.** Dazu zählten Tagelöhner, Dienstboten, unehrliche Berufe wie Totengräber, Scharfrichter, Abdecker, ebenso Arme, Bettler und arbeitsunfähige Körperbehinderte.
Der Differenzierung der beruflichen Tätigkeit entsprach eine ebensolche **Differenzierung im gesellschaftlichen und öffentlichen Leben.** Die Stände grenzten sich ebenso durch ihre besonderen Rechte, Pflichten und Privilegien voneinander ab wie durch ihre Lebensführung. Die Patrizier führten ein von den anderen Bürgern abgehobenes adliges Leben. Sie wohnten in großen, vielfach steinernen Häusern. Sie orientierten sich am Ritterideal der Epoche und kämpften zu Pferde, trugen Schild und Helm und führten Wappen und Siegel. Sie legten großen Wert auf kirchliche Repräsentation, wofür die zahlreichen von Patriziern gestifteten Altäre und Kapellen, oft mit den Bildern der Stifter, ihrer Ehefrauen oder auch der ganzen Familie, Zeugnis ablegen. Sie heirateten untereinander, und diese miteinander verschwägerten Patriziergeschlechter bildeten einen engen Kreis, der die Stadt beherrschte. In der Regel handelte es sich um 50 bis 100 Familien. Allerdings gab es eine beachtliche Fluktuation, neue Geschlechter kamen hinzu, andere stiegen ab oder starben aus.

Die Produktion

Zur zweiten wirtschaftlichen Grundlage der Städte entwickelte sich die gewerbliche Produktion. Ursprünglich arbeiteten die **Handwerker** gegen Lohn auf Bestellung der Kunden. Immer mehr gingen sie dazu über, für den Absatz auf dem Markt zu produzieren. Einige Gewerbezweige, etwa Bäcker, Metzger, Schneider und Schuster, hatten nach wie vor ihren **lokalen Kundenkreis.** Ein zunehmender Teil der Handwerker spezialisierte sich immer mehr. Im Spätmittelalter gab es in den großen Städten bis zu 200 Handwerksberufe. Die Mehrzahl von ihnen produzierte für den **Export** über die Stadtgrenzen hinaus.
Nach dem Vorbild der Kaufmannsgilden schlossen sich im 12. Jahrhundert auch die Handwerker zu **Genossenschaften** zusammen. Teilweise entstanden diese Zusammenschlüsse durch Anordnungen der Stadtherrn. Damit sollte eine bessere Kontrolle der in den Marktordnungen festgelegten obrigkeitlichen Regelungen für die einzelnen Gewerbe gesichert

werden. Anderswo bildeten sich solche genossenschaftlichen Vereinigungen auf freiwilliger Basis, vielfach zunächst zum Zwecke gegenseitiger Hilfe oder als religiöse und gesellige Zusammenschlüsse. Für die ersteren war die Bezeichnung **Amt** gebräuchlich, weil den Genossen nach Art eines Amtes Rechte und Pflichten auferlegt waren, die letzteren nannten sich **Bruderschaft** oder **Einung** (Innung). Andere gebräuchliche Namen waren Gilde, Zeche und vor allem **Zunft**, der sich schließlich als Gattungsbegriff durchsetzte.

Wo sich die Zünfte voll durchgesetzt hatten, bildeten sie **kartellartige Organisationen** zur Wahrung der Interessen eines geschlossenen Kreises von Handwerkerfamilien. Vollmitglieder der Zunft waren ausschließlich die Meister. Entscheidungen wurden von der Meisterversammlung gefällt, der sogenannten Morgensprache, die von einem jährlich gewählten Zunftmeister geleitet wurde. Hervorstechendes Kennzeichen der Zünfte war der **Zunftzwang**, die Vorschrift, daß jeder Handwerker Mitglied der Zunft sein mußte und niemand außerhalb der Zunft ein entsprechendes Gewerbe ausüben durfte.

Die **Zunftordnungen** regelten wirtschaftliche und organisatorische Fragen. In ihnen gab es Vorschriften über die Qualität der Waren, die durch vereidigte Sachverständige überprüft und durch „Marken" (Qualitätszeichen) bescheinigt wurde. Schwächere Mitglieder wurden dadurch geschützt, daß die Produktion einzelner Betriebe nicht beliebig ausgeweitet werden durfte. Dies führte auf der anderen Seite zu **Preisabsprachen,** sprich zur Hochhaltung der Preise. Die Zahl der **Meister** wurde ebenso beschränkt, wie die Zahl der **Lehrlinge und Gesellen** eines Meisters. Bevor ein Geselle sich als Meister niederlassen konnte, mußte er ein oft besonders kostbares Meisterstück anfertigen, allen Meistern der Stadt ein teures Mahl ausrichten und schließlich genug Geld haben, um das Bürgerrecht kaufen zu können. Im 15. Jahrhundert hatten sich die Meisterfamilien endgültig als geschlossener Kreis etabliert. Gesellen konnten praktisch nur noch Meister werden, wenn sie die Tochter des Meisters oder auch die eventuell viel ältere Witwe des Meisters heirateten. Andernfalls mußten sie ihr Leben lang gegen Lohn bei einem ortsansässigen Meister arbeiten und wurden so zu einer Art gewerbliche Facharbeiter. Vielerorts schlossen sich die Gesellen zu Gesellenbruderschaften zusammen, um ihre Interessen gemeinsam zu vertreten, wobei sie bis zu Streik- und Boykottmaßnahmen gingen.

Die Aufgaben der Zünfte beschränkten sich nicht allein auf den wirtschaftlichen Bereich. Sie wurden zu **Lebensgemeinschaften,** in denen sich der Alltag ihrer Mitglieder abspielte. In ihnen lebt der Zunftgenosse „als Gleicher unter Gleichen, in ihr ist er handelndes Glied der größeren Gemeinschaft, und als Mitglied der Zunft findet er überhaupt erst Zutritt zum politischen Leben" (Friedrich Lütge). Die Zünfte waren eingebunden in die Verteidigung der Stadt, indem sie Kontingente für bestimmte Abschnitte der Stadtmauer stellten. Eine große Rolle spielten **gesellige Zusammenkünfte** mit gemeinsamen Essen und Trinkgelagen. Die Zünfte sorgten für in Not geratene Mitglieder, sie begleiteten den Verstorbenen auf dem letzten Wege und unterstützten gegebenenfalls Witwe und Waisen. Auch im religiösen Leben waren die Zünfte aktiv. Jede Zunft hatte ihren Heiligen, dessen Gedächtnis man feierte und für den man einen Altar in der Kirche stiftete.

Nutzten die Zünfte ihre Vorzugsstellung allzu sehr aus, konnte es zu **Auflösungen der Zünfte** und zur Freigabe der Gewerbe kommen, doch ließen sich solche Maßnahmen der Herrscher nie lange durchhalten. Der **Zunftzwang** wurde in Preußen erst 1810 durch die Stein/Hardenbergschen Reformen **aufgehoben.** In den übrigen deutschen Staaten bestand er sogar bis in die 1860er Jahre fort.

Einstiegs-Geschichte: Ein Lehrvertrag

Der Vater, selbst Meister der Bäckerzunft, brachte seinen Sohn zum Goldschmied in die Lehre, denn der Zwölfjährige hatte sich von klein auf als geschickter Bastler gezeigt. Wenn er auch keine Schule besuchte und nicht lesen und schreiben konnte, würde er als Goldschmied doch ein besonders angesehener Handwerker werden und später vielleicht sogar in der Ratsversammlung als Ratsherr über die Geschicke der Stadt mitbestimmen können. Der Vater sah die Laufbahn seines Sohnes in rosigen Farben. Er freute sich, daß er eine so begehrte Stelle für seinen Sohn gefunden hatte.

In den Tagen vorher hatten die beiden Zunftmeister den Lehrvertrag ausgehandelt: „Die Lehrzeit dauert 8 Jahre. Der Lehrmeister beköstigt den Jungen. Der Vater bezahlt die Kleidung. Das Lehrgeld beträgt 16 Gulden, die der Vater an den Goldschmiedemeister zahlt. Wenn der Lehrling binnen einem Jahr stirbt, zahlt der Lehrherr die Hälfte des Lehrgeldes an den Vater zurück. Danach braucht er nichts zurück zu zahlen. Wenn der Lehrling vor Abschluß der Lehre ein Geschäft eröffnet, sind 42 Gulden Buße an den Lehrherrn fällig."

Heute brachte der Vater seinen Sohn erstmals in das Haus des Goldschmieds. Hier sollte er nicht nur die Techniken seines Gewerbes erlernen, sondern auch die Besonderheiten des Lebens in einer bestimmten Zunft. Außerdem war es üblich, daß der Lehrling auch in der Familie des Lehrherrn kleine Dienste verrichtete und in der Freizeit auch der Hausfrau zur Hand ging.

Nachdem Vater und Lehrherr sich umständlich nach den Gewohnheiten der Zunft begrüßt hatten, setzte sich der Lehrherr auf seinen Stuhl am Arbeitstisch und stellte den Jungen vor sich. „Ich lese dir jetzt den Lehrvertrag vor und du gelobst mir in die Hand, ihn getreulich zu erfüllen. Dann wirst du es gut bei mir haben."
Dann fügte er noch hinzu: „Denke immer daran, daß unser Handwerk nur dann einen goldenen Boden hat, wenn alle Angehörigen eines Gewerbes Qualitätsarbeit leisten. Deshalb achten wir auf eine gute und strenge Ausbildung und Leistungskontrolle durch die Zunft. Wir dulden es nicht, daß uns einer ins Handwerk pfuscht. Wenn du etwas kannst und ein ehrbares Leben führst, wirst du auch eine Werkstatt eröffnen können. Wir achten darauf, daß nur eine begrenzte Zahl in jedem Handwerk tätig ist, damit alle Mitglieder einer Zunft in einer Stadt ihr gutes Auskommen haben."
Welche Bestimmungen des Lehrvertrags nützten dem Lehrling und welche dem Lehrherrn? Warum gab es Vorschriften für das Handwerk?

46.1 Wie sich das Handwerk entwickelte
Warum Gewerbetreibende Interessengemeinschaften entwickelten

46.1.1 Wissensziele

In den Städten bildete sich eine Arbeitsteilung heraus. Die Handwerker gründeten Interessengemeinschaften. Es waren Berufsgenossenschaften mit zwangsweisem Eintritt, die man Zünfte nannte. Die Zünfte regelten u.a. die Anzahl der Beschäftigten je Betrieb, die Arbeitszeiten und -löhne, die Beschaffung der Rohstoffe, die Arbeitstechnik, die Qualität der Erzeugnisse und der Preise. Damit wollte man die Konkurrenz ausschalten.

46.1.2 UE-Ziele

(1) Gründe für die Entstehung eines städtischen Handwerks.
(2) Interessen der Handwerker beim Zusammenschluß.
(3) Aufgabenbereiche der Zünfte in verschiedenen Lebensbereichen.
(4) Die Ausbildung im Handwerk.

46.1.3 Einstieg

- **Bild:** Steinmetz und Zimmermann vor einem Vertreter der Meister bei der Anfertigung ihrer Werkstücke (Gfm)
- **Stadtplan:** Nürnberg um 1500 (Gfm)
- **Grafik:** Wo ein Gewerbe entstehen kann (Gfm)
- **Film:** FWU 32 2891 Stadt im Mittelalter, Nördlingen

46.1.4 Didaktisch-methodische Vorschläge

Bereits im Zusammenhang mit der Behandlung der Entstehung der Städte (UR 43) ist angedeutet worden, daß sich die Entstehung und Entwicklung des Städtewesens unter Trennung der landwirtschaftlichen Produktion von der handwerklichen Produktion vollzogen hat. Die gegenseitigen Beziehungen zwischen Landwirtschaft und den städtischen Handwerkern erhöhte die Produktivität der Betriebe und ließ die Nachfrage nach landwirtschaftlichen Produkten ansteigen.
Die Produktivität der städtischen Handwerker stieg in erster Linie durch Verbesserung der Arbeitsorganisation.
Es empfiehlt sich, noch einmal die Anlage und das äußere Bild der mittelalterlichen Stadt vor Augen zu führen. So könnte die Vorführung des Films „Stadt im Mittelalter – Nördlingen" dazu dienen, die Funktionen der einzelnen Stadtteile zu ermitteln, beispielsweise: „Welche Wirtschaftszweige bildeten die Grundlage der Wirtschaft in dieser Stadt? In Ergänzung dazu kann der Stadtplan Nürnbergs „Nürnberg um 1500" (Gfm) herangezogen werden.

Arbeitsaufgaben	denkbare Formulierungen
1. Stellt eine Rangfolge auf, in der die am meisten vertretenen Berufe aufgeführt werden.	1. 178 Weingärtner 2. 117 Bäcker 3. 94 Schuhmacher 4. 58 Gerber 5. 56 Binder 6. 53 Schneider 7. 53 Metzger
2. Zählt die Berufe auf, deren Vertreter sich mit dem Metallgewerbe befaßten.	– Axteindreher – Goldschmiede – Harnischmacher – Helmschmiede – Kessler – Kupferschmied – Messerschmied – Pfannenschmied – Schmierer – Schwertmacher – Spießmacher – Sporenmacher

Arbeitsaufgaben	denkbare Formulierungen
3. Was läßt sich aus dieser Berufszählung über die wirtschaftlichen Grundlagen schließen?	– starke Spezialisierung der verschiedenen Gewerbe – die Arbeitsorganisation wurde dadurch verbessert
4. Erläutert die Grafik „Wo ein Gewerbe entstehen kann" (Gfm).	– Die Rohstoffe müssen in erreichbarer Nähe sein, wenn das Handwerk produzieren und seine Produkte absetzen will
5. Was sagt der Stadtplan Nürnbergs über die Wohnungen der Handwerker aus?	– Die gleichen Berufe sind in der gleichen Straße oder Gasse angesiedelt. Gemeinschaftsgefühl innerhalb ihes Berufsstandes sowie ein Zusammengehörigkeitsgefühl entstand, gegenseitige Kontrolle!

Die Arbeitsaufgabe 5 hat bereits die Frage nach den Aufgaben und der Funktion der Zünfte im Visier und soll nun als weiterer Schwerpunkt in den Unterricht eingebracht werden.

Arbeitsaufgaben	denkbare Formulierungen
1. Untersuche an der Quelle „Die erste Urkunde über die Gründung einer Handwerksgemeinschaft in Köln" (Gfm), wie sichergestellt wurde, daß alle Decklakenweber sich der Handwerksgemeinschaft anschlossen.	Jeder Decklakenweber wurde gerichtlich dazu gezwungen, Mitglied zu werden. Ansonsten verlor er sein Vermögen.
2. Wer konnte Mitglied einer Zunft werden?	Es durfte keiner ein Gewerbe ausüben, wenn ihm die Zunft das nicht gestattete.
3. Warum wurden Handwerksgenossenschaften gegründet?	
Maßnahme: Strenge Vorschriften über Menge der herzustellenden Waren. Anfertigung, Preise. Kein Außenstehender durfte das entsprechende Gewerbe ausüben.	Zweck: Fachkundige Arbeit sollte gesichert werden. Die Konsumenten sollten einwandfreie Waren erhalten. Ausschaltung der Konkurrenz bedeutete Existenzsicherung der Meister.

T damals (Mittelalter)	heute
Man gründete Interessengemeinschaften, die durch Gesetze das wirtschaftliche Leben der Stadt bestimmten. Mitgliedschaft in einer Zunft war Zwang.	Heute gibt es zwar auch noch Berufsgenossenschaften (Innungen), sie lassen jedoch dem einzelnen Mitglied mehr Freiheit. Mitgliedschaft ist zwar freiwillig, aber der selbständige Betrieb eines Handwerks ist nur den in die Handwerksrolle eingetragenen Personen gestattet. In die Handwerksrollen wird aber nur der eingetragen, der die Meisterprüfung hat.

Die Ausbildungspraktiken der Zunft („Ein Lehrvertrag in Köln 1404"):
1. Wozu verpflichtete sich der Lehrmeister, wozu der Vater des Lehrlings?

T Lehrmeister	Vater
– 8 Jahre Lehrzeit. – Während dieser Zeit mußte er den Lehrling beköstigen und kleiden. – Starb der Lehrling innerhalb des ersten Lehrjahres, sollte der Meister die Hälfte des vom Vater entrichteten Lehrgeldes zurückerstatten.	– Übergab für 8 Jahre seinen Sohn dem Lehrmeister. – Mußte 16 Gulden Lehrgeld entrichten. – 42 Gulden Strafe, wenn der Lehrling vor Beendigung der Lehrzeit entläuft.

2. Vergleicht die Vertragsbedingungen eines Lehrvertrages damals und heute.
3. Konnte der Lehrling Toenis Toynburch von seinem Lehrherrn ausgebeutet werden?
Mißbrauch von Lehrlingen für die eigene Wirtschaft, Mithilfe im Haushalt kamen vor. Andererseits sorgten die strengen Zunftgesetze dafür, daß der Lehrling gut und lange ausgebildet und versorgt wurde.
4. Diskutiert über die Frage, für wen die Vertragsbedingungen damals günstig bzw. ungünstig waren!
Die Vertragsbedingungen waren – mit heutigen Maßstäben gemessen – für den Lehrherrn besonders günstig, weil die Nachfrage nach Lehrstellen, die ja als Sprungbrett für den sozialen Aufstieg in der Stadt angesehen werden mußten, sehr groß, die Zahl der Lehrstellen aber ziemlich knapp war.

Aus der Organisation der Zunft und aus den wirtschaftlichen Entwicklungen heraus ergaben sich mancherlei Konflikte zwischen den Meistern und den Gesellen.

Ein Lehrvertrag in Köln 1404

„Ich, Johan Toynburch der alte, Bürger zu Coeln, tue kund allen Leuten, daß ich vermietet habe dem bescheidenen Mann Ailf Bruwer, dem Goldschmiede, meinen Sohn Toenis, der seinen eigenen Willen dazu gegeben hat, das Goldschmiedeamt binnen Coelne zu lernen und ihm treulich zu dienen acht Jahre lang. Auch soll Meister Ailf meinen Sohn in seiner Kost behalten. Und ich, Johan, soll den Toenis, meinen Sohn, die ganzen acht Jahre lang ehrlich kleiden. Und wäre es die Sache, daß Toenis, mein Sohn, stürbe binnen dem ersten Jahr, so soll mir Meister Ailf 8 Gulden von den 16 wiedergeben, die ich ihm zuvor gegeben habe. Wäre es weiter die Sache, daß derselbe Toenis, mein Sohn, einen Tag lebte über das erste Jahr, so soll Meister Ailf weder mir noch meinen Erben einen Heller wiedergeben. Weiter wäre es Sache, daß ich, Toenis, meinem Meister Ailf in diesen acht Jahren entrönne oder entliefe und mich setzte auf eigene Statt', das Amt zu üben und meine acht Jahre wären vorher nicht ausgedient und vollendet, so soll ich mit Strafe von 42 Gulden dem Meister Ailf verfallen sein ..."

T	damals	heute
Dauer der Lehrzeit	8 Jahre	3 Jahre
Versorgung (Wohnung, Kleidung, Nahrung)	Lehrmeister	Eltern
Bezahlung	Lehrgeld mußte vom Vater an den Lehrmeister entrichtet werden.	Ausbildungsbeihilfe (ca. 300–400 DM)
Lösen des Lehrvertrages	Zahlung eines Bußgeldes.	Probezeit; Lösen des Vertrages ist unter besonderen Umständen möglich.

46.2 Welche Interessengegensätze es im Handwerk gab

46.2.1 Wissensziele

Die Handwerkerschaft gliederte sich in Lehrlinge, Gesellen und Meister. In der Zunft herrschten die Meister. Daher hatten die Gesellen es oft schwer, ihre Interessen durchzusetzen. Es kam in den Städten zu Kontroversen zwischen verschiedenen Gruppen, z. B. zwischen der kaufmännischen Oberschicht und den Handwerkern und zwischen Gesellen und Meistern.

46.2.2 UE-Ziele

(1) Kontroversen zwischen Handwerksmeistern und Gesellen.
(2) Ursachen und Motive der an den Kontroversen beteiligten Gruppen.
(3) Formen der innerstädtischen Auseinandersetzungen und deren Auswirkungen.

46.2.3 Einstieg

- **Unterrichtsgespräch:** a) Berufsgenossenschaften und Interessenvertretungen heute. b) Berufliche Bildung heute.
- **Bilder:** Mittelalterliche Handwerker (Gfm)
- **Grafik:** Rohstoffvorkommen und Gewerbe (Gfm)

46.2.4 Didaktisch-methodische Vorschläge

Der bisher entstandene Eindruck, daß es keinerlei Kontroversen politischer und sozialer Art in der mittelalterlichen Zeit gegeben hat, soll durch diese Unterrichtseinheit und später durch die UR 49 relativiert werden. Dazu ist es innerhalb der UE 46.1 notwendig gewesen, die Funktionen und Aufgaben der Zünfte zu erarbeiten.
Die folgende Quelle zeigt jedoch, daß es Interessenkonflikte zwischen den Bürgern gab.

Zunftordnung der Bäcker zu Mainz, Worms, Speyer, Oppenheim, Frankfurt a. M., Bingen, Bacharach und Boppard, 1352:

„Wir ... Bäckermeister in den genannten Städten geben öffentlich durch diesen Brief bekannt, daß wir in Vollmacht und im Interesse der Gemeinschaft der Bäcker der genannten acht Städte, damit sie guten Leuten besser und nützlicher dienen können, eine althergebrachte Gewohnheit auch weiterhin handhaben wollen: Wenn jemandem, er sei Knecht oder Magd, wegen mangelnder Tüchtigkeit das Handwerk verboten wird, dann soll ihn in den genannten acht Städten niemand im Handwerk halten. Will er aber sogar Meister werden, so soll man ihn nicht aufnehmen, sondern er soll das Handwerk für immer verlassen. Und verläßt ein Knecht in seinem Jahr seinen Meister wider dessen Willen, so hat der Meister die Vollmacht, ihm die Beschäftigung zu verbieten, bis er – der Meister – zu seinem Recht kommt. Einen Knecht aber, der einem Meister dient und eine Hausfrau hat, die zu Markt sitzt und Mehl und Grieß feilbietet, den soll kein Meister halten in den acht Städten. Wenn aber ein Knecht Streit sucht, dann soll ihn kein Meister im Haus halten. Ein Knecht aber, der ohne seines Meisters Willen und Wissen Kuchen und Brot bäckt, der soll den Meistern, wo es geschieht, zehn Schillinge Heller als Strafe zahlen, sooft es geschieht. Wenn man gewahr wird, daß ein Knecht oder eine Magd aus ihres Meisters Haus etwas wegnimmt oder wegträgt, dann soll man ihm das Handwerk verbieten. Darüber hinaus wollen wir, daß die Knechte in unserem Haus gehorsam sind, ohne alle Widerrede."

Arbeitsaufgaben	denkbare Formulierungen
1. Welche gegensätzlichen Interessen werden in dieser Zunftordnung sichtbar?	– Berufsverbot bei Diebstahl im Haus des Meisters. – Zahlung einer Geldstrafe, wenn Brot oder Kuchen ohne Wissen des Meisters gebakken wurde. – Die Meister setzten ein Berufsverbot in den genannten Städten gegen angeblich untüchtige Gesellen und Mägde durch. – Wenn die Frau des Gesellen in diesen Städten auf dem Markt Mehl und Grieß verkauft, soll der Geselle nicht weiterbeschäftigt werden.
2. Kannst du dir denken, warum die Gesellen mit ihrer wirtschaftlichen und sozialen Lage oft nicht einverstanden waren?	– Offenbar konnte nicht jeder Geselle Meister werden. Er mußte Vermögen und Grundbesitz nachweisen sowie ein Meisterstück anfertigen, über dessen Qualität die Meister befanden.

Die Kenntnis von Struktur und Wirkungsweise der Zünfte ist unerläßlich, wenn man die Zwistigkeiten **innerhalb** der Zünfte verstehen will. Es kam zu Streitigkeiten zwischen den Meistern und ihren Gesellen oder Knechten. Die Forderungen der Gesellen waren zumeist mehr Lohn und Verringerung des Abhängigkeitsgrades von den Meistern. Bisweilen drohte durch eine steigende Zahl von Gesellen eine Verschärfung dieser Abhängigkeit.

Um die Zusammenhänge deutlich zu machen, soll folgendes Schaubild erarbeitet werden:

Aufgaben der Zünfte (Zusammenschluß von Meistern desselben Handwerks):
- Festlegung der Preise und Löhne
- Überwachung der Qualität von Waren
- Rohstoffbeschaffung
- Lehrlingsausbildung
- Festsetzung von Verhaltensmaßregeln
- Festsetzung der Zahl von Meistern und Gesellen in der Stadt
- Sorge für Witwen und Waisen von verstorbenen Zunftmitgliedern

Gründe und Motive:
- Ausschaltung der Konkurrenz, um die Existenz des einzelnen zu sichern
- soziale Abgrenzung gegen andere Gruppen
- Solidarität unter den Angehörigen einer Berufsgruppe
- Vermeidung von Absatzschwierigkeiten
- soziale Kontrolle innerhalb der Gruppe

Ursachen für Kontroversen:

Forderungen der Gesellen:	**Interessen der Meister:**
– mehr Lohn – bessere Arbeitsbedingungen – weniger Abhängigkeit von den Meistern	– möglichst wenig Lohn zahlen – lange Arbeitszeit, effektive Arbeit der Gesellen – starke Kontrolle
Maßnahmen:	**Maßnahmen:**
– Arbeitsniederlegungen – Streiks – Verlassen der Stadt – Verteilung von Schmähbriefen gegen bestimmte Meister	– Entlassungen – Aussperrungen – Hilfeersuchen an die Stadträte – Zusammenschluß von Zünften mehrerer Städte

47. Der Handel

47.0.2 UR-Ziele

(1) Bedeutung der Märkte für die Entstehung der Städte und deren weitere Entwicklung
(2) Bedeutung des Fernhandels für die Städte.

47.0.3 Medien

Wandkarte
Perthes Handelszentren und Handelswege der Alten Welt (14. und 15. Jahrhundert)

Atlas
dtv
Westermann 78, 79, 81, 82, 83

Dias
FWU 10 2743 Transport und Verkehr im späten Mittelalter 8 sw 4 f
10 2507 Venedig, Wirtschaftsmacht im Mittelalter 12 f

Kassetten-Tonbild-Reihe
FWU 15 0059 Stadt im Mittelalter: Markt 12 f 8 min

Filme
FWU 32 0147 Leben in der mittelalterlichen Stadt 18 min f
32 3026 Venedig, Wirtschaftsmacht im Mittelalter 19 min f
32 3302 Salz im Spätmittelalter: Gewinnung, Transport, Handel 19 min f
36 0074 Handel macht die Städte reich 4,6 min
36 0075 Städtisches Gewerbe und Marktleben 4 min
36 0076 Ein Verstoß gegen die Marktordnung 4 min

47.0.4 Fachwissenschaftliche Einführung

Die meisten, vor allem die kleineren Städte waren **Ackerbürgerstädte,** in denen die Bürger neben einem Gewerbe noch Landwirtschaft betrieben. **Gewerbe- und Handelsstädte** waren Nahmärkte, Mittelpunkte eines lokalen Absatzgebietes, und deckten ihren Bedarf an landwirtschaftlichen Gütern aus der näheren Umgebung. Nur ein kleiner Teil der mittelalterlichen Städte, im 13. Jahrhundert in Deutschland etwa 10%, nahmen am gewinnbringenden **Fernhandel** teil. Die führende Handelsstadt war Köln wegen ihrer günstigen Lage am Schnittpunkt des wichtigsten Nord-Süd-Handelsweges im Rheintal und des Handelsweges von England und Flandern nach Osten. Lübeck beherrschte den Ostseehandel. Andere bedeutende Fernhandelsplätze in Deutschland waren Augsburg, Nürnberg, Regensburg, Mainz, Straßburg, später auch Frankfurt a. M., Ulm, Wien, Bremen, Hamburg. Als **Handelsgüter** traten neben die schon früh gehandelten Luxuswaren aus dem Orient Metalle und Salz zunehmend Massenkonsumgüter wie Getreide, Vieh, Fische, Wein, Honig, Holz, Pelze, vor allem aber auch Wolle, Leinen, Samt, Seide, Tuche. Manche Städte spezialisierten sich auf einzelne oder wenige Güter, so Lüneburg auf den Salzhandel, Nürnberg und Augsburg auf Metalle und Metallwaren.

Einstiegs-Geschichte: Der Kaufmann und die Räuber

Die Frau des Großkaufmanns erwartete dringend die Ankunft des Boten. Ihr Mann hatte ihr versprochen, wenn er heil in Köln angekommen sei, würde er ihr einen seiner berittenen Knechte mit der Botschaft schicken. Endlich ritt der Knecht in den Hof des großen Hauses in München ein. Seinem Pferd merkte man noch die Strapazen des langen Ritts an. Bald wurde der Knecht vor die Frau seines Chefs geführt. Die Herrin, die Kinder und das Gesinde lauschten dem Bericht.

„Mit 50 Sack Salz aus Hallein und Salzburg fuhren wir über München, Augsburg nach Straßburg. Dort entlohnte unser Herr den Fuhrmann und ließ die Fracht von uns auf einen Rheinkahn verladen. Mit dem Strom ging es der Stadt Köln entgegen. Wir waren froh, daß wir die Landfahrt hinter uns gebracht hatten. Was war das für eine Arbeit. Sechs Pferde mußten den Wagen ziehen, denn die Wege – von Straßen konnte man gar nicht reden – waren überhaupt nicht befestigt. Die Räder mußten sich streckenweise durch Morast und Schlamm wühlen. Wir konnten dabei noch von Glück sagen, denn an einer mit dicken Steinen übersäten Stelle brach das rechte Vorderrad. Der Fuhrmann hatte vorgesorgt. Schnell ließ er den Wagen von uns teilweise entladen, holte das Reserverad vom Wagen, und bald war er wieder fahrbereit. Hätte jemand gesehen, daß der Kasten des Wagens den Grund berührte und dies dann dem Grundherrn gemeldet, dann wäre das Gesetz der Grundruhr in Kraft getreten. Unser Herr hätte einen Teil der Ladung als Strafe abgeben müssen. Wie oft hatten wir Wegezoll bezahlen müssen! Jetzt auf dem Rhein, so dachten wir, fällt wenigstens das weg. Aber weit gefehlt. Dreimal mußten wir den Kahn bis Köln anhalten, damit die Zolleintreiber die Ware besichtigen und den Zoll festsetzen konnten.

In Köln mußten wir den Kahn ganz entladen und das Salz acht Tage im Stapelhaus den Kölnern zum Kauf anbieten. Die Stadt Köln hatte das Stapelrecht. Das galt für alle Waren. Die Kölner konnten mit ihrer Handelsmacht dieses Vorrecht durchsetzen. Sie haben ja auch eine große Zahl Bewaffneter in ihren Diensten. Von dort bin ich losgeritten, um Euch Bericht zu erstatten."

Ungeduldig wartete danach die Familie auf die Rückkehr des Kaufmanns. Nach einer Woche traf der zweite Knecht ein. Er bat, mit der Herrin allein sprechen zu können. Aufgeregt und gezeichnet von dem erlittenen Schrecken berichtete er. „Der Herr hatte das Salz in Köln gut verkaufen können. Dann kaufte er drei Pferde, mit denen wir rheinaufwärts nach Straßburg reiten wollten. Unsere Satteltaschen waren prall gefüllt mit Silbertalern. Als wir gegen Abend durch einen Wald ritten, stürzte sich plötzlich eine Schar von Räubern auf uns. Wir wurden überwältigt und auf eine Burg geführt. Wir wurden in das Burgverlies geworfen. Es ist schlimm, feucht, auf dem Boden liegt verfaultes Stroh. Es wimmelt von Ungeziefer. Ich muß Euch vom Herrn ausrichten, ihr solltet mir 1000 Silbertaler mitgeben. Wenn ich sie den Halunken aushändige, soll unser Herr freikommen. Sie haben das bei der Mutter Gottes geschworen."

Wer kann weitererzählen?

47.1 Welche Bedeutung der Handel in der Stadt für das Leben der Menschen hatte

47.1.1 Wissensziele

Der Markt war Mittelpunkt der Stadt. An bestimmten Wochentagen galt hier der Marktfrieden. Man unterschied zwischen Lokalhandel und Fernhandel. Die Preise für Lebensmittel richteten sich nach Angebot und Nachfrage. Verboten waren Preisabsprachen und unlauterer Wettbewerb. Von Stadt zu Stadt waren Maße und Münzen unterschiedlich.

Das enge Zusammenleben machte eine Menge von Vorschriften notwendig, auch in der Wirtschaft. Die Städter waren wirtschaftlich stärker als die Bauern. Sie hatten mehr Einfluß auf die Gesamtwirtschaft.

47.1.2 UR-Ziele

(1) Gründe für die strengen Marktordnungen.

(2) Die wirtschaftliche Bedeutung des Marktes für Bauern, Handwerker und Kaufleute.

(3) Vor- und Nachteile für Konsumenten und Produzenten.

47.1.3 Einstieg

● **Filme:** „Leben in der mittelalterlichen Stadt" (insbesondere die Sequenzen: Der Markt als wirtschaftlicher Mittelpunkt der Stadt; Marktordnung und Marktgericht unter dem Schutz städtischer Obrigkeit), „Handel macht Städte reich", „Städtisches Gewerbe und Marktleben", „Ein Verstoß gegen die Marktordnung".

47.1.4 Didaktisch-methodische Vorschläge

Da die Bildstellen gerade zu diesem Thema eine Vielfalt an Materialien anbieten, sollte der Lehrer dieses Material nutzen und als Einstieg einen der oben erwähnten Filme oder die unter „Medien" aufgeführten Dias, S8-Filme und Tonbildkassetten nutzen.

Der Film „Handel macht die Städte reich" eignet sich hervorragend dazu, den Schülern einen anschaulichen Einblick in Markt- und Handelsgeschehen zu geben. Zudem bietet er Gelegenheit zur Problematisierung und Akzentuierung bestimmter Aspekte: die Marktordnung, Maße, Güter, Auswirkungen auf das wirtschaftliche Leben in der Stadt. In Verbindung mit den Materialien in Gfm können folgende Arbeitsaufgaben angeregt werden:

Arbeitsaufgaben	denkbare Formulierungen
1. Zählt einige Bestimmungen von Marktordnungen auf und versucht, den Sinn und Zweck der einzelnen Verordnungen zu benennen.	
Maßnahmen:	**Zweck:**
a) Wer ein zu kleines Stück Tuch verkaufte, wurde mit einer Geldstrafe belegt.	Es sollte dafür gesorgt werden, daß von seiten des Verkäufers keine Betrügereien vorkamen. Tuche wurden kontrolliert.
b) Überprüfung der Waren der Metzger durch eine Kommission	Schutz des Verbrauchers vor schlechten oder zu teuren Waren.
c) Überprüfung der Waren, die die Bäcker herstellten, durch eine Kommission.	s. o.
d) Fleisch und Fische sollten nur durch den Verkäufer, nicht durch den Käufer umgewendet werden dürfen.	Schutz vor schmutzigen Fingern. Hier ist ein Mindestmaß an Hygiene zu erkennen.
e) Preise für Brot werden festgesetzt. Ratsverordnung Frankfurt a. M. 1377	Schutz vor Wucher in Notzeiten.

Arbeitsaufgaben und denkbare Formulierungen	
2. Erklärt an den beiden Grafiken „Von der Hauswirtschaft zur beruflichen Arbeitsteilung" (Gfm) und „Bedarfswirtschaft und Überschußwirtschaft" (Gfm), wie es zur Entstehung von Märkten gekommen ist.	Die Bauern des Frühmittelalters waren **Selbstversorger,** d. h., sie stellten das, was sie zum Leben brauchten, selbst her. Auf den Fronhöfen und in den Klöstern bildete sich eine **Arbeitsteilung** heraus, d. h., bestimmte Hörige beschäftigten sich mit ganz bestimmten Arbeiten, zu denen der Grundherr Werkzeug und Material stellte. Diese Handwerker siedelten sich zunehmend in den **Städten** an. Die Bauern produzierten für die städtischen Bewohner, (d. h., sie produzierten mehr, als sie selber brauchen konnten).
3. Versucht, die Entstehung von Märkten in einem Schaubild darzustellen! (Die unterstrichenen Passagen sind vorgegeben)	

Was wird auf dem Markt angeboten?

Erzeugnisse der ...

Bauern	Handwerker
Beispiele:	**Beispiele:**
Getreide,	Geräte,
Gemüse,	Werkzeuge,
Obst ... ↘	Waffen ... ↙

Wie ist der Markt entstanden?
Arbeitsteilung auf dem Lande:

↗	↖
Bauern auf den Fronhöfen	Handwerker auf den Fronhöfen

produzieren: ÜBERSCHÜSSE
↓
Verkauf an günstigen Stellen
↓
Errichtung von festen Warenlagern/Wohnungen
↓
Marktsiedlungen
↓
Städte
↓
Markt
↓
viele Menschen, Schutz des Marktes, Marktordnungen

47.2 Wie die Versorgung des Marktes geregelt war

47.2.1 Wissensziele

Die Geldwirtschaft des Römerreiches war in der Völkerwanderungszeit wieder zum Tauschhandel geworden. Erst um das Jahr 1000 wurden Münzen Zahlungsmittel. Aus der Bedarfswirtschaft wurde nach und nach Erwerbswirtschaft. Die Menschen erwarben Vermögen. Mit fortschreitender wirtschaftlicher Entwicklung stieg auch das Ansehen der Finanzmänner. Kaufleute stellten ihre Waren auf Messen aus. Es entwickelte sich auch ein selbständiges Transportgewerbe. Damals war der Handel behindert durch Zollschranken, Stapelrecht und Grundruhr. Mit diesen Bestimmungen wollten die Städte sich Handelsvorteile sichern.

47.2.2 UR-Ziele

(1) Gründe für die Entstehung des Handels und Fernhandels.
(2) Zusammenhang zwischen Handel und Veränderungen in der Berufsstruktur der Städte.
(3) Schwierigkeiten im Fernhandel durch schlechte Wegeverhältnisse, Zölle und andere Beschränkungen.

47.2.3 Einstieg

- **Film:** „Handel macht die Städte reich"
- **Bild:** „Ein Fernlastzug" (Gfm)
- **Dias:** „Transport und Verkehr im späten Mittelalter" (insbesondere die Bilder 6 bis 10)

47.2.4 Didaktisch-methodische Vorschläge

Eingangs sollte den Schülern noch einmal die Bedeutung des Marktes vor Augen geführt werden (s. 47.1). Dazu eignet sich der letzte Teil des Films „Handel macht die Städte reich".

Arbeitsaufgaben	denkbare Formulierungen
1. Welche Güter aus fernen Ländern werden auf dem Makrt angeboten?	– Gewürze aus Indien – Seide aus China – Elfenbein aus Afrika – Tuche und Wolle aus Flandern und England – Gewürze aus dem Orient

Arbeitsaufgaben	denkbare Formulierungen
2. Nehmt die Karte „Wirtschaftskarte Mitteleuropas" (Gfm) zur Hand und die Tabelle „Herkunft der Waren und ihre Bestimmungsorte" (Gfm) und erläutert den Begriff „Fernhandel".	Bauern und Handwerker produzierten im Überschuß. Sie spezialisierten sich auf die Herstellung bestimmter Waren, wodurch die Qualität besser wurde. Um diese Produkte auch in weit entfernten Gegenden abzusetzen, brauchte man Kaufleute, die aber auch aus anderen Gegenden neue und z. T. unbekannte und begehrte Waren brachten.
3. Welche Schwierigkeiten gab es für die Kaufleute zu überwinden, wenn sie Waren über weite Entfernungen transportierten?	– Überfälle durch Land- und Seeräuber – Im Ausland ist der Kaufmann zunächst nur auf sich gestellt, kann keine Beschwerden führen, muß sich u. U. anderem Recht unterstellen, zahlreiche Zölle und Gebühren bezahlen.
4. Welche Maßnahmen wird man ergriffen haben, um den Handel und die Kaufleute zu schützen?	Da die Städte ein starkes Interesse am Handel hatten, waren sie auch um den Schutz der Kaufleute bemüht.

Innerhalb dieser Unterrichtsreihe bietet es sich an, auf aktuelle Entwicklungen einzugehen:

Aktuelle Probleme

Wie entstehen die Preise heute? Welche Rolle spielt der Kleinhandel, der Großhandel? Wie beeinflußt der Staat die Versorgung der Bürger (Zölle, Steuern)?
Die Kinder sollen erkennen, daß einheitliche Maße und einheitliche Maßangaben auf Dosen und Packungen für den Preisvergleich durch den Verbraucher wichtig sind.
Es bietet sich ferner die Gelegenheit zum Anbahnen der **Einsicht**, daß der Verbraucher kritisch gegenüber dem Warenangebot und der Werbung sein muß. Der Verbraucher zahlt die Reklame und die aufwendigen Verpackungen. Früher geschah das Verpacken und Abwiegen beim Kaufmann. Der Lehrer sollte die Vertrautheit der Kinder mit den Werbesendungen des Fernsehens unterrichtlich nutzen, indem er auf die „Tricks" der Werbefachleute hinweist.
Die Reklame ist so alt wie der Markt selbst, denn die Waren wurden auch auf dem mittelalterlichen Markt zur Schau gestellt und angepriesen. In diesem Zusammenhang könnte der Lehrer auf die Bedeutung der „Marke" zu sprechen kommen, die im Mittelalter noch Ausnahme war (z. B. „Tuche aus Flandern"). Heute gibt es jedoch kaum noch eine Warenart ohne Fixierung von Markeneigenschaften. Früher war die Marke deswegen unwichtig, weil der Kontakt zwischen Erzeuger und Verbraucher enger war als heute. Aus dem Gespräch ergibt sich die Einsicht, daß die Werbung für die Orientierung des Verbrauchers notwendig ist, daß aber der Verführung durch die Reklame nur durch kritische Urteilskraft begegnet werden kann.
Zudem bietet sich die Gelegenheit, die Entwicklung des Handels noch einmal bewußt zu machen:

Handel in Mitteleuropa (Längsschnitt)

a) bei den Germanen in vorgeschichtlicher Zeit. Zunächst existierte der Tauschhandel mit Salz, Bronze und Bernstein. Die Germanen lernten den Beruf des Kaufmanns erst kennen, als sie mit den Römern am Limes in Berührung kamen.
b) im frühen Mittelalter. Die Kaiser gewährten dem Handel staatlichen Schutz, weil sie ein Interesse am regen Warenaustausch mit anderen Ländern hatten. Die Kreuzzüge und die Ostkolonisation förderten den Handel. Neue Bedürfnisse wurden geweckt. Der Hunger nach Gewürzen veranlaßte die Kaufleute, mit dem Orient Handel zu treiben.
Allmählich setzte sich das Geld als Zahlungsmittel durch. Ursprünglich besaß nur der König das Münzrecht. Er übertrug es jedoch vielfach auf die Städte und Grundherrn.
c) im Spätmittelalter. Die Kaufleute schlossen sich in Gilden zusammen. Sie rissen die gesamte Einfuhr für bestimmte Waren an sich. Damit war der Konkurrenzkampf ausgeschaltet. Daneben besaßen die Gilden erheblichen Einfluß auf die Verwaltung der Städte. Nicht unerwähnt soll die soziale Bedeutung der Gilden bleiben.

T Bedeutung und Aufgaben des Marktes

Bauern auf dem **Land** erzeugten ↓ Getreide, Flachs, Wolle, Milchprodukte, Fleisch benötigen die Städter ↘	**Handwerker** in der **Stadt** erzeugten ↓ handwerkliche Waren (Geräte, Werkzeuge) benötigten die Bauern ↙

Markt

↑

Kaufleute brachten die Waren von weit her in die Stadt.
(Sie produzierten im Gegensatz zu den Bauern und Handwerkern nicht, sie sorgten für die Verteilung und den Transport der Waren.)

48. Die Hanse

48.0.1 Literaturangaben

Fritze, Konrad/Schildhauer, Johannes/Stark, Walter, Die Geschichte der Hanse, das europäische buch, Berlin 1985
Dollinger, Philippe, Die Hanse, KTA 371, Kröner, Stuttgart [3]1981
Schildhauer, Johannes, Die Hanse. Geschichte und Kultur, Kohlhammer, Stuttgart 1984

Sachbuch
Zimmerling, Dieter, Die Hanse. Handelsmacht im Zeichen der Kogge, Econ, Düsseldorf 1976

48.0.2 UR-Ziele

(1) Formen der Produktion und des Vertriebs von Wirtschaftsgütern.
(2) Die Bedeutung der Hanse für den Fernhandel.

48.0.3 Medien

Atlas
dtv
Westermann 84

Dias
FWU 10 0327 Die Hanse 17 sw 3 f

Film
FWU 32 0083 Ein Handelszug durch Deutschland 14 min f

48.0.4 Fachwissenschaftliche Einführung

Ursprünglich war Hanse (althochdeutsch „hansa" = wehrhafter Bund, Schar) die Bezeichnung für einen **genossenschaftlichen Zusammenschluß von Kaufleuten** zur Vertretung ihrer Handelsinteressen im Ausland. Er bot seinen Mitgliedern **Schutz,** verschaffte ihnen **Privilegien** (Zollbefreiung) und entschied Streitigkeiten untereinander durch eine eigene Gerichtsbarkeit. Eine solche Hanse kölnischer Kaufleute gab es seit Beginn des 12. Jahrhunderts in London. Sie besaß seit 1157 ein eigenes Haus, die Gildehalle, später Stalhof genannt. Ein Jahrhundert später gründeten Lübecker und Hamburger Kaufleute Hansen in London und in Brügge. Ende des 13. Jahrhunderts schlossen sich alle deutschen Kaufleute in London zu einer Hanse zusammen.

Eine weitere Kleinzelle des späteren, mächtigen Bundes war die Genossenschaft der deutschen Kaufleute, die regelmäßig Gotland, das Zentrum des Ostseehandels auf ihren Sommer- und Winterreisen aufsuchten, die **Gotlandfahrer.** Von entscheidender Bedeutung war schließlich die **Gründung Lübecks** durch Heinrich den Löwen (1158/59), das rasch zur bedeutendsten Stadt und zum wichtigsten Handelszentrum des ganzen Ostseeraums wurde. Von Lübeck aus wurden zahlreiche neue Städte an den Küsten der Ostsee gegründet, durch die das Hinterland an den europaweiten Handel angeschlossen wurde. Zunächst waren noch die Kaufmannschaften all dieser Städte durch ihre Interessen miteinander verbunden, doch übernahmen im Laufe der Zeit die Städte unter Lübecks Führung die Rechte und Aufgaben des bisherigen Personenverbandes.
Auf ihrem Höhepunkt besaß die Hanse das **Handelsmonopol** im Raum zwischen London und Brügge im Westen, Bergen im Norden und Nowgorod im Osten. In diesen vier Städten waren die wichtigsten Niederlassungen (**Kontore**) der Hanse entstanden. Im 14. Jahrhundert dehnte sich der hansische Landhandel bis Süddeutschland und Italien, der Seehandel bis nach Frankreich, Spanien und Portugal aus. **Handelsgüter** waren die Rohprodukte des Ostens (Getreide, Wachs, Honig, Pelze und Holz) und Fertigerzeugnisse des Westens (Tuche, Wein, Bier, handwerkliche Erzeugnisse). Besonders ertragreich war der Handel mit Stockfisch (Zentrum Bergen) und mit Heringen (Zentrum das südschwedische Schonen), die als Fastenspeise dienten.
Das 14. Jahrhundert war die Zeit der **höchsten Blüte der Hanse.** Aus der Kaufmannshanse war nun die **Städtehanse** geworden. Sie stellte jedoch immer einen nur lockeren Verband dar. Die einzige feste Institution war der 1356 gegründete jährliche **Hansetag,** der meist in Lübeck stattfand. Die genaue **Zahl der „Mitglieder"** ist nicht festzustellen. Es gab maximal 100 „aktive" Mitgliedsstädte und vielleicht ebenso viele kleinere „passive" Städte, die keine Umlagen zahlten. Diese Städte haben jedoch nie alle gleichzeitig dem Bunde angehört. Schließlich wurde die Hanse auch eine **politische Macht,** die sogar erfolgreiche Kriege führte. 1370 besiegte ein Bündnis von 77 Hansestädten, die Kölner Konföderation, den Dänenkönig Waldemar IV. und schloß mit ihm den Frieden von Stralsund, der die Handelsprivilegien der Hanse bestätigte.
Seit dem 15. Jahrhundert **ging die Macht der Hanse** langsam **zurück.** Ihre Bündnis- und Handelsform konnte auf die Dauer nicht mit den aufstrebenden **Territorialstaaten** konkurrieren, die die Monopolstellung der Hanse zu brechen trachteten und selbst Handel zu treiben begannen. So schloß 1494 Zar Iwan der Schreckliche das Kontor in Nowgorod, 1598

wurde der Stalhof in London von Königin Elisabeth aufgehoben, in Schweden kündigte die erstarkende Königsmacht der Wasa die Privilegien der Hanse. **Holländische und englische Kaufleute** machten ihr zunehmend Konkurrenz. **Seeräuber,** wie die Vitalienbrüder unter Führung Klaus Störtebeker und Godeke Michels, störten den Handel zeitweise empfindlich (wenn die Flotte der Vitalienbrüder durch eine Hanseflotte im Jahr 1400 auch vernichtet wurde). Eine Konkurrenz erwuchs in den neu entstehenden großen **Handelshäusern** wie den Fuggern und Welsern, die ein kombiniertes Waren- und Geldgeschäft betrieben, das wesentlich einträglicher und flexibler war als der herkömmliche Handel ausschließlich mit Waren. Am Ende verschärften sich die Interessengegensätze zwischen den einzelnen Städten, die Gemeinsamkeiten wurden um eigensüchtiger Vorteile hintangestellt. Der Dreißigjährige Krieg gab der Hanse den Todesstoß. Unumstritten ist die **Bedeutung der Hanse** für die **Entwicklung vor allem nord- und nordosteuropäischer Länder.**

Einstiegs-Geschichte: Warum änderte der Kommandant sein Verhalten?

Der Leiter der deutschen Kaufmannssiedlung Hanse im norwegischen Hafen Bergen wurde zum Kommandanten des Bezirks vorgeladen. Dieser empfing ihn umgeben von seinen Kriegern in der großen Halle des ganz aus Holz errichteten Palastes. Er saß auf einem thronartigen Hochsitz und blickte hochmütig auf den vor ihm stehenden Kaufmann. Ohne die üblichen Begrüßungsworte sagte er kurz und bündig. „Unsere Fischhändler zahlen für den Schutz, den sie hier genießen, ein Fünftel des Gewinns für alle an Euch verkauften Waren an mich. Mein Vorgänger war zwar mit einem Zehntel zufrieden, aber die Zeiten haben sich geändert. Es ist recht und billig, daß auch die deutschen Kaufleute ein Fünftel ihres Gewinns für den Schutz in meinem Hafen zahlen." Lauernd sah der Kommandant seinem Gegenüber in die Augen.

Der deutsche Kaufmann erbleichte, behielt aber die Ruhe. „Wir haben schriftliche Verträge mit Eurem Vorgänger, die unsere Pflichten und Rechte genau festlegen. Von einem Fünftel des Gewinns steht nichts darin."

„Die Zeiten haben sich geändert. Ich sagte es schon!" erwiderte der Kommandant. „Wenn ihr nicht zahlt, lasse ich den Hafen von meinen Soldaten sperren."

Wortlos verließ der Kaufmann den Saal. Niedergeschlagen und mutlos besprachen die Kaufleute die neue Lage.

Weit entfernt von der Zentrale in Lübeck waren sie hier draußen ohne Schutz. Sie wußten auch, daß die Hanse, ihre Organisation, mit ihrer Flotte in einem schweren Kampf gegen den König von Dänemark verwickelt war. Auch er forderte Tributgeld von der Hanse. Jetzt erschien Hilfe von der Zentrale aussichtslos.

Da sahen sie, wie eine Kogge in den Hafen einlief und Anker warf. Bald erhielten sie Besuch vom Kapitän. Seine Meldung wurde mit stürmischem Jubel begrüßt: „Die Flotte der Hanse hat den Dänenkönig besiegt. Von Tributzahlungen ist keine Rede mehr." Wie ein Lauffeuer verbreitete sich diese Nachricht in der Kaufmannssiedlung und bald auch in der weiteren Umgebung.

Wenige Tage später meldete sich ein Bote des Kommandanten beim Leiter der Kaufmannssiedlung. Er überbrachte eine Einladung seines Herrn an den Leiter der Siedlung. Sein Herr bäte um eine freundschaftliche Unterredung. Wenn aber der deutsche Kaufmann Wert darauf lege, würde der Kommandant ihn auch gern in seiner Siedlung besuchen.

Wer kann weitererzählen?

48.1 Wie eine große Handelsgesellschaft entstand und welche Machtmittel sie einsetzte

48.1.1 Wissensziele

Die Hanse war ein Städtebund. Ihre Ziele waren Schutz des Handels im Ausland, Sicherung der Seewege und Landstraßen gegen Räuber, Ermäßigung der Zölle. Für die Ausrüstung von Heer und Flotte mußten die Mitgliedstädte eine Steuer zahlen. Die Mitgliedstädte waren bei der Hanse durch Gesandte vertreten. Beschlüsse wurden genossenschaftlich gefaßt. Ungehorsame Städte wurden wirtschaftlich ruiniert. Die Hanse strebte die Alleinherrschaft in der Nord- und Ostsee an. Im 15. Jahrhundert begann der Niedergang der Hanse. Ursachen dafür waren die zunehmende Schwäche des Deutschen Reiches im Osten und die Gegnerschaft der Landesfürsten. An dem aufkommenden Handel mit Übersee gewann die Hanse trotz ihrer Stärke keinen Anteil.

48.1.2 UR-Ziele

(1) Aufgaben des Städtebundes der Hanse.
(2) Politische und wirtschaftliche Machtstellung der Hanse.

48.1.3 Einstieg

- **Film:** „Ein Handelszug durch Deutschland"
- **Bild:** Im Hamburger Hafen (Gfm)

48.1.4 Didaktisch-methodische Vorschläge

Bereits in der Unterrichtseinheit 47.2 ist auf die damaligen Schwierigkeiten im Handel und Fernhandel hingewiesen worden. Dieser Aspekt soll erneut aufgegriffen werden, indem der Film „Ein Handelszug durch Deutschland" eingesetzt wird. Seine didaktische Funktion besteht darin, wiederholend an die vorhergegangene Unterrichtseinheit anzuknüpfen und zudem auf anschauliche Weise zu demonstrieren, wie die Praxis des Fernhandels, seine Schwierigkeiten und die Meisterung dieser Schwierigkeiten aussahen.
Der Film sollte unter folgenden Leitfragen betrachtet und analysiert werden:

T Fernhandel gefährlich und risikoreich
durch
- schlechte Wege
- unsichere Wege
- Überfälle (Land- und Seeräuber)

staatliche Gewalt zu schwach, daher:
Gründung der Hanse und anderer Städtebünde

Zwecke/Ziele:
- sicherer Handel
- Ausdehnung des Handels
- Beseitigung der Konkurrenz zwischen den Städten

↓

Folgen:
- Kaufleute wurden wirtschaftlich mächtig, sozial angesehen und erlangten politischen Einfluß.

Arbeitsaufgaben	denkbare Formulierungen
1. Was mußte bei der Vorbereitung und Durchführung eines Warentransports bedacht werden?	– Waren mußten gut verstaut werden. – Es mußte eine bewaffnete Begleitmannschaft zusammengestellt werden. – Die Reiseroute mußte sorgfältig ausgesucht werden.
2. Was sagt der Film über den Entwicklungsstand des Handels im Jahr 1569 aus?	– Es hat sich eine Entwicklung vom ortsgebundenen Handel zum länderweiten Fernhandel vollzogen. – Durch die Konkurrenz unter den Kaufleuten gab es mehr und mehr preiswerte Warenangebote. – Der Fernhandel bewirkt das Aufkommen eines neuen Geld- und Kreditgeschäftes. – Die Kaufleute unternahmen etwas gegen die Behinderungen, indem sie sich zusammenschlossen.
3. Untersucht, welche Gründe für die Gründung der Hanse in der Urkunde (Gfm) angegeben werden. Führt weitere Gründe auf!	– Die Städte wollen sich gegen die Land- und Seeräuber wehren können. – Sie protestieren gegen Handelssperren, wollen sich gegenseitig unterstützen und Streitigkeiten untereinander regeln. – Sie erklären Land- und Seeräuber für „vogelfrei", d. h., die Räuber waren rechtlos und geächtet.
4. Entwerft ein Schaubild, in dem die wirtschaftlichen, sozialen und politischen Verflechtungen deutlich gemacht werden, die mit der Entstehung des Fernhandels verbunden sind.	siehe T oben rechts.

49. Bevölkerungsschichten und ständisches Recht

49.0.2 UR-Ziele

(1) Kriterien für die Differenzierung nach sozialen Schichten.
(2) Zusammenhänge zwischen Besitz und Vermögen sowie Schichtzugehörigkeit und sozialer Status.
(3) Chancen für soziale Durchlässigkeit.

49.0.3 Medien

Dias

FWU 10 0343	Aus dem Rechtsleben des Mittelalters 14 sw
Stoedtner	Aus dem Rechtsleben des Mittelalters 15 sw

Kassetten-Tonbild-Reihe

FWU 15 0060	Die Stadt im Mittelalter: Sozialstruktur 25 f, 12 min

49.0.4 Fachwissenschaftliche Einführung

vgl. 50.0.4

Einstiegs-Geschichte: Eva-Maria darf nicht unter ihrem Stand heiraten

„Weine nicht, Eva-Maria, ich kann es nicht ändern, und ich will es auch gar nicht ändern. Du bist sechzehn Jahre alt und heiratsfähig. Vater hat beschlossen, daß du den Eggerer heiratest. Er ist Obermeister der Goldschmiedeinnung und Ratsherr, ein reicher und angesehener Mann. Was kannst du dir besseres wünschen? Er will dich heiraten und hat mit Vater den Tag der Hochzeit bereits besprochen. Es wird eine große Hochzeit. Alle Meister der Zunft mit ihren Familien sind eingeladen.
Schluchzend kniete Eva-Maria vor der Mutter und barg den Kopf in ihrem Schoß. „Ich habe mich doch schon mit Hanno versprochen. Wir beide kennen uns schon seit Jahren. Er ist ein anständiger und lieber Mensch."
Die Mutter wurde blaß. „Was, mit dem Sohn von dem Tagelöhner? Die Eltern sind doch gar nicht von hier. Erst vor wenigen Jahren haben sie hier um Aufnahme gebettelt. Man spricht, sie wären Leibeigene gewesen und ihrem Herrn davon gelaufen. Sie sind nichts. Sie haben nichts."
„Mutter, der Eggerer ist fast dreimal so alt wie ich. Mit dem kann ich doch nicht glücklich werden." Die Mutter schaute erstaunt auf. „Glücklich werden, was sind das für neumodische Reden. Du wirst eine anständige Meistersfrau, wie es sich gehört, wie ich eine bin, wie deine Großmutter eine war. Du wirst ein großes Haus besorgen und viele Kinder haben. Schluß jetzt. Das Aufgebot ist schon bestellt. Du hälst dich an das vierte Gebot!"
Wie ist die Geschichte wohl ausgegangen? Warum?

49.1 Welche Schichten es in der Bevölkerung gab

49.1.1 Wissensziele

Der Mensch mußte im Mittelalter in dem Stand bleiben, in den er hineingeboren war. Danach richtete sich seine Lebensweise, seine Arbeit, seine Freizeit, seine Kleidung und die Wahl des Ehepartners. Es gab in der Stadt folgende Stände: Patrizier, Handwerker, örtliche Kaufleute, Lohnabhängige und die „unehrlichen" Leute.

49.1.2 UE-Ziele

(1) Faktoren, die für die Entstehung und Ausbildung der städtischen Schichten maßgebend waren.
(2) Kennzeichen sozialer Ungleichheit und Auswirkungen auf die Lebensweise.
(3) Wertschätzungen von bestimmten sozialen Gruppen.
(4) Soziale Durchlässigkeit sowie Gründe für die Chancen sozialen Auf- und Abstiegs

49.1.3 Einstieg

- **Tonbildreihe:** „Stadt im Mittelalter – Sozialstruktur"
- **Bild:** „Der Ständebaum" (Gfm)
- **„Ball der Patrizier" (Gfm)**

49.1.4 Didaktisch-methodische Vorschläge

Um den Schülern die Schichtung der städtischen Bevölkerung im ausgehenden Mittelalter zu verdeutlichen, sollte man den anschaulichen Zugang über Bildmaterialien versuchen. Das bloße Anschauen der Bilder kann jedoch dazu führen, daß bei den Schülern der Eindruck eines relativ statischen Gesellschaftsbildes entsteht. Um dem entgegenzuwirken, soll am Beispiel der Fugger der soziale Aufstieg einer Familie dokumentiert werden. Damit soll zugleich problematisiert werden,

a) auf welche Weise bestimmte Schichtgrenzen überwunden werden konnten,

b) wodurch die einzelnen sozialen Gruppen gekennzeichnet waren, d. h., welche Wertmaßstäbe für die Gruppenzuordnungen es gab?

Im Rahmen der Kassettentonbildreihe „Stadt im Mittelalter – Sozialstruktur" wird aufgezeigt, wie die Familie Fugger in Augsburg aufstieg:

Johann Fugger, Bürgermeister und Weber in Augsburg, weitet seinen Betrieb mit dem Handel von Leinwand aus ↓ Handel mit Seide, Barchent, Wolle	↘	Anhäufung von Kapital;
Verleih von Geld und Rohstoffen an andere Weber, die für die Fugger Tuche herstellen. Die Fugger verkauften diese mit Gewinn.	↙ ↘	Weitere Kapitalanhäufung; wirtschaftliche Abhängigkeit vieler Weber
Ausdehnung der Geschäfte: Handel mit Juwelen, Edelsteinen, Gewürzen	↙ ↘	Weiterer Kapitalgewinn durch die Entdeckungen
Verleih von Geld mit hohen Zinsen; Gründung von Banken; Kaiser leiht sich Geld von den Fuggern	↙ ↘	Fugger erhalten Privilegien; alleinige Kupfer-, Silber-, Quecksilber- und Bleiausbeutung; Monopole; Preise werden von den Fuggern diktiert; politischer Einfluß

Dieser Aufstieg kann im Unterrichtsgespräch erarbeitet werden oder wird vom Lehrer in Form eines Tafelbildes vorgegeben.

Arbeitsaufgaben	denkbare Formulierungen
1. Worauf ist der Aufstieg der Familie Fugger zurückzuführen?	– tüchtige Handwerker, Heiratsverbindungen – Zunftleitung, Ratsherrn – Ausdehnung der Geschäfte – Kapitalverleih an Fürsten, Kaiser und hohe Geistliche – Engagement im Bergbau und Hüttenwesen
2. Wonach richtete sich die Zugehörigkeit zu einer bestimmten sozialen Gruppe?	– Größe des Besitzes und des Vermögens – Höhe des aktuellen Einkommens – Berufszugehörigkeit – Rechtsstellung
3. Wovon läßt sich auf dem Bild „Ball der Patrizier" die Schichtzugehörigkeit erkennen?	– vornehme Kleidung – vornehmes Verhalten

4. Vergleicht die soziale Schichtung auf dem Lande und in der Stadt um 1500.

	Land	**Stadt**
Oberschicht	Grafen, Bischöfe, Äbte	adlige/geistliche Stadtherrn, Grundbesitzer, Fernhandelskaufleute
Mittelschicht	kaum ausgebildet: freie Bauern	stark ausgebildet: Handwerker, kleine Händler, Ackerbürger
Unterschicht	unfreie Bauern, Tagelöhner, sozial Verachtete	unterschiedlich stark ausgebildet (40–80%)

5. Was besagen die beiden Verordnungen über Kleidervorschriften und Luxus? (Gfm)	– Die Kleidung fungiert als Statussymbol. Sie gibt den Trägern Sozialprestige, sie verschärfen die Distanz zwischen den einzelnen Schichten.

49.2 In welcher Weise auch die Rechtsprechung ständisch geregelt war

49.2.1 Wissensziele

Jeder Stand hatte seine eigene Gerichtsbarkeit. Es wurde für alle Gerichte das römische Recht eingeführt. Die streitenden Parteien mußten einen Anwalt nehmen. Für die Verurteilung war das Geständnis des Angeklagten notwendig. Es konnte durch die Folter erzwungen werden.

49.2.2 UE-Ziele

(1) Vergleicht zwischen germanischer und römischer Rechtsprechung.
(2) Das Strafsystem im späten Mittelalter.
(3) Kritische Auseinandersetzung mit dem Strafsystem.

49.2.3 Einstieg

- **Dias:** „Aus dem Rechtsleben des Mittelalters" (insbesondere Bilder 5–12)
- **Bild:** Strafen im Mittelalter (Gfm)
- **Bild:** Die Folter (Gfm)
- **Bild:** Der Ständebaum (Gfm)

49.2.4 Didaktisch-methodische Vorschläge

Um nicht der Gefahr zu erliegen, die Strafen und das Strafsystem des Mittelalters als exotisches Instrument zu vermitteln, sondern im gesellschaftspolitischen Zusammenhang zu betrachten, sollte der Lehrer von vornherein die Verbindung mit der vorangegangenen Unterrichtseinheit herstellen. Das geschieht durch die Betrachtung und Analyse des „Ständebaums" (Gfm)

Arbeitsaufgaben	denkbare Formulierungen
1. Welche Stände könnt ihr auf dem Bild erkennen? (Achtet auf die Kleidung und besondere Zeichen)	– Bauern – Handwerker – Kaufleute – weltlicher und geistlicher Adel – König – Papst
2. Der Zeichner dieses Bildes hat in die Zeichnung versteckte Kritik an den gesellschaftlichen Zuständen seiner Zeit geübt. Woran erkennt man das?	Zwar verläuft der Ständebaum von „oben" nach „unten", der Bauer aber befindet sich oben **und** unten. Der Bauer stellt gewissermaßen die Wurzel der Gesellschaft dar, und er tritt von oben dem Papst unehrbietiger Weise auf die Schulter.
3. Stellt das germanische und römische Recht gegenüber und stellt heraus, an welchen Einzelheiten man sehen kann, daß die Rechtsprechung die ständische Ordnung beachtete. **Germanisches Recht** – Rechtsprechung fand unter freiem Himmel statt in mündlicher Verhandlung – das Gerichtsverfahren war öffentlich – Kläger und Ankläger waren höchstpersönlich bei der Verhandlung zugegen und vertraten sich selbst – Verurteilungen erfolgten häufig aufgrund von Gottesurteilen **Sinn und Zweck der Strafe:** Vergeltung, Abschreckung	**Römisches Recht** – Gerichtsverfahren erfolgte zu einem erheblichen Teil auf schriftlichem Wege – das Gerichtsverfahren war geheim – jede Partei mußte sich einen Anwalt nehmen – Verurteilung war nur durch das Geständnis des Angeklagten möglich, Folter als Instrument der Wahrheitsfindung

50. Von der Regierung und Verwaltung einer Stadt

50.0.2 UR-Ziele

(1) Ursachen und Inhalte innerstädtischer Konflikte und der Konflikte zwischen dem Stadtherrn und den Bürgern.
(2) Kampf um rechtliche Gleichstellung und politische Beteiligung.
(3) Formen und Folgen der Auseinandersetzungen.

50.0.3 Medien

Dias

FWU 10 0343	Aus dem Rechtsleben des Mittelalters 14 sw
Stoedtner	Aus dem Rechtsleben des Mittelalters 15 sw

Tonband

FWU 22 2516	Bürgerkämpfe in Augsburg 1368 15 min

50.0.4 Fachwissenschaftliche Einführung

Im 10. und 11. Jahrhundert unterstanden die Städte zumeist noch einem **Stadtherrn.** Er nahm oft die Bewohner der Siedlung unter seinen Schutz, auch wenn er keine grundherrlichen Rechte über sie hatte. Immer aber war er **Gerichtsherr.** Zunächst ging nach mittelalterlicher Denkweise das Verhältnis Stadtherr und Stadtbewohner von dem persönlichen Schutzverhältnis aus, es nahm auch bald territoriale Züge an, da die gesamte Stadt mit allen Einwohnern pauschal in ein Schutz- und Treueverhältnis zum Grundherrn trat.
Auch im 12. Jahrhundert noch stand der vom Stadtherrn eingesetzte Beamte, der **Schultheiß,** an der Spitze der Stadtverwaltung. Als sich dann im 13. Jahrhundert die **Ratsverfassung** entwickelte, waren zunächst nur die **„Geschlechter"** ratsfähig. Es kam zur Ausbildung einer „Geschlechterstadt".
Im Rat waren nur Grundbesitzer, Ministeriale, ritterbürtige Familien und Kaufleute vertreten, nicht die Handwerker.
In den großen Handelsstädten wie Köln rekrutierte sich der Rat ausschließlich aus den führenden Kaufmannsfamilien.
In der Regel bestand der **Rat** aus zwölf Mitgliedern, die für ein Jahr gewählt wurden. Den Vorsitz im Rate führte der **Bürgermeister** (anstelle des stadtherrlichen Schultheißen).
Zu den wichtigsten Rechten der Städte, die vom Rat ausgeübt wurden, gehörte die **Wehr- und Steuerhoheit.** Die Verteidigung der Stadt, zu der insbesondere die Errichtung und Erhaltung der Stadtmauer gehörten, wurde Sache der Stadtgemeinde. Der Rat legte die zu zahlenden Steuern fest und konnte sie auch wieder abschaffen. Maßgebend für den Steuersatz war die Leistungsfähigkeit des einzelnen Bürgers. Der Rat überwachte auch **Maße und Gewichte** und kontrollierte **Preise und Qualität** der wichtigsten Handelswaren, vor allem der Lebensmittel. Viele Städte erwarben das **Münzrecht,** das Recht, eigene Münzen zu prägen, zumindest aber das Recht, die im Umlauf befindlichen Münzen auf ihre Güte zu untersuchen und minderwertige auszusondern (die vom Stadtherrn, etwa dem Bischof, in Umlauf gebracht worden waren). Der Rat verfügte über das städtische Eigentum, bezahlte die Schulden, zog Forderungen ein und nahm Anleihen auf.
Das Stadtrecht entstand aus der **städtischen Friedensordnung,** die die Fehde zwischen den Bürgern verbot. Sagte ein Bürger einem anderen die Fehde an, so verlor er sein Bürgerrecht. Ein **Sühnegericht** der Bürger oder des Rates überwachte die Einhaltung der Friedensordnung. Strafen für den Verstoß gegen diese Ordnung war die Verweisung aus der Stadt oder die Zerstörung des Hauses. Aus dem Sühnegericht entwickelte sich das **Stadtgericht**, das die volle Gerichtsbarkeit in der Stadt ausübte. Strafrecht, Prozeßrecht und Privatrecht wurden im Stadtrecht festgelegt, zuerst in den großen Handelsstädten (Köln, Magdeburg). Deren Stadtrecht wurde von zahlreichen anderen Städten übernommen, es entstanden **Stadtrechtsfamilien** (vgl. die Ausbreitung des deutschen Rechts in Ostmittel- und Osteuropa).

50.1 Wie die Städte sich von der Herrschaft des Grundherrn frei machten

50.1.1 Wissensziele

Die Landesherrn hatten Städte gegründet, weil sie sich von ihnen eine Erhöhung ihrer Steuereinnahmen erhofften. Manche Privilegien, so die Wehrhoheit, die Münzhoheit, die Zollhoheit, die Gerichtshoheit mußten sich die Städte oft von ihren Grundherrn erkaufen oder erkämpfen. Manche Städte machten sich auch vom Landesherrn frei und unterstanden direkt dem Kaiser. Sie waren freie Reichsstädte.

50.1.2 UE-Ziele

(1) Gründe für die Kontroversen zwischen Bürgern und Stadtherrn.
(2) Welche Rechte sich die Bürger erkämpften.

50.1.3 Einstieg

- **Tonband:** Bürgerkämpfe in Augsburg
- **Bild:** Ratsversammlung in Augsburg (Gfm)
- **Quelle:** Aufruhr in Köln (1074) (Gfm)

50.1.4 Didaktisch-methodische Vorschläge

Diese Unterrichtseinheit weist enge Verbindungen zu den UE 43.1 „Was damals zur Entwicklung einer Stadt beitrug" auf. Im Zuge der städtischen Entwicklung hat es zwei Konfliktfelder gegeben:

a) Der Konflikt zwischen dem Stadtherrn und den Bürgern,
b) der Konflikt zwischen den reichen und mächtigen Patriziern und Handwerkern (s. UE 46.2).

Am Beispiel der Stadt Köln sollen verschiedene Konflikte zwischen den Bürgern und den Stadtherrn dargestellt werden (Gfm) (s. rechts).

T Die Auseinandersetzung zwischen Bürgern und Stadtherrn

Interessen der Stadtherrn	Interessen der Bürger
Handwerk/Handel sollten sich entwickeln. Höhere und zusätzliche Einkünfte. **durch:** – Erhöhung von Zöllen, – höhere Marktgebühren, – Abgaben.	Handel/Handwerk sollten sich entwickeln. Schutz der Warenlager und der Wohnungen (zunächst durch die Dienstmannen des Stadtherrn). Ablehnung höherer Zölle und Abgaben. **Forderung „Stadtluft macht frei"**

Ergebnisse des (jahrhundertelangen) Konflikts:
Die Städte erlangten:

- Wehrhoheit (Recht, sich selbst zu verteidigen, Stadtmauerbau)
- Münzhoheit (Recht, eigene Münzen zu prägen)
- Zollhoheit (Recht, Zoll von fremden Kaufleuten zu kassieren)
- Gerichtsbarkeit (bürgerliche Organe übernehmen Rechtsprechung)

S E L B S T V E R W A L T U N G

Arbeitsaufgaben	denkbare Formulierungen
1. Wodurch wurde der Konflikt zwischen den Bürgern und dem Erzbischof von Köln ausgelöst?	Der Erzbischof ließ das Schiff eines Kaufmanns beschlagnahmen.
2. Untersuche die Motive und Interessen von Kaiser, Bürgern und Erzbischof 1106!	
Bürger: nahmen den deutschen König Heinrich IV. in ihren Mauern auf. Dieser befand sich im Kampf gegen die Kirche. **König:** verlieh den Bürgern das Recht auf Verstärkung ihrer Festungswerke, um die Macht des Erzbischofs einzuschränken.	**Erzbischof:** verlor ein wichtiges Recht.
3. Welche Rechte erkämpften die Kölner Bürger gegen den Stadtherrn?	Zollrecht, Münzrecht, Selbstverwaltung, einen Teil der Gerichtsbarkeit.
4. Untersuche die Quelle „Die Selbstverwaltung" (Gfm).	
a) Welche beiden Ratsversammlungen gab es?	Engeren und weiteren Rat.
b) Welchem Stand gehörten die Mitglieder des engeren Rates an?	Patriziat.
c) Von wem werden sie gewählt?	Von ihren Vorgängern.
5. Wie kam es zu einer Veränderung in Köln?	Die Zünfte wehrten sich gegen die Verwaltung der Stadt durch die Patrizier und setzten durch, daß nur noch Zunftgenossen in den Rat gewählt werden konnten.
6. Warum waren die Zünfte mit der Regierung der Patrizier nicht zufrieden?	Die Patrizier erließen Verordnungen, die in erster Linie ihren Interessen dienten, z. B. bei der Erhebung von Steuern.
7. Wogegen protestierte die Bevölkerung 1481?	Gegen eine Sondersteuer, die sie nicht mehr zahlen konnte. – Es wurde eine Reform der Rechtsprechung gefordert. – Weitere Gebühren sollten abgeschafft werden.

50.2 Wie die Städte sich selbst regierten

50.2.1 Wissensziele

Zu einer Stadt gehörten das Marktrecht, das Befestigungsrecht, die Gerichtsbarkeit, das Münz- und Zollrecht. All das war im Stadtrecht schriftlich festgelegt. Weil diese Rechte Besitz und Einkünfte garantierten, wurde besonders hartnäckig um sie gekämpft. Städte, die unmittelbar dem König unterstanden, nannte man freie Reichsstädte. Der Rat wurde ursprünglich nur von den Patriziern gebildet. Der Rat wählte den ehrenamtlichen Bürgermeister. Die Verwaltung wurde von einem hauptamtlichen Ratsschreiber geleitet. In der mittelalterlichen Stadt kannte man keine festen Steuern. Die Ausgaben wurden durch Anleihen, Zölle und indirekte Steuern finanziert. Die Handwerker waren unzufrieden, weil sie von der Stadtverwaltung ausgeschlossen waren und weil der Rat über die öffentlichen Gelder keine Rechenschaft ablegte. Es kam zur Revolution. Nach blutigen Kämpfen schlossen beide Seiten einen Kompromiß.

50.2.2 UR-Ziele

(1) Gründe für die Unzufriedenheit der Handwerker in den Städten.
(2) Formen des Widerstandes von seiten der Handwerker und der ärmeren Schichten.
(3) Auswirkungen der innerstädtischen Auseinandersetzungen.

50.2.3 Einstieg

- **Bild:** Ratsversammlung in Augsburg (Gfm)
- **Tonband:** Bürgerkämpfe in Augsburg (s. 50.0.3)

50.2.4 Didaktisch-methodische Vorschläge

Diese Unterrichtseinheit knüpft eng an die UE 46.2 an. Nunmehr geht es darum, die Interessengegensätze zwischen den Patriziern und den Handwerkern herauszuarbeiten. Dazu bietet sich der Einsatz des Tonbandes „Bürgerkämpfe in Augsburg" (s. UE 50.0.3) an. Zuvor sollte den Schülern noch einmal die soziale Zusammensetzung vor Augen geführt werden.

Arbeitsaufgaben	denkbare Formulierungen
1. Faßt noch einmal zusammen, welche Merkmale für den Stand der Patrizier galten.	– Patrizier waren Grundbesitzer, Fernhändler, Schiffseigner. – Sie waren reich, stellten den Rat, den Bürgermeister und waren sozial angesehen.
2. Welche Forderungen stellten die Handwerker in Augsburg?	– Sie wollen an Regierung und Verwaltung der Stadt beteiligt werden. – Dazu war es notwendig geworden, den alten Rat abzusetzen, Vertreter in den Rat zu entsenden und bei der Besetzung der höchsten Ämter mitzureden.
3. In Augsburg kam es im Gegensatz zu Köln zu einer gütigen Einigung. Stellt am Beispiel der Stadt Köln (Gfm) heraus, wie hier der Konflikt verlief.	– Die Kölner Patrizier nahmen den Handwerkern ursprünglich bestätigte Rechte mit Gewalt, zerstörten Betriebe und unterdrückten die Weber blutig. Vorwurf der Handwerker: Patrizier seien nur auf den eigenen Vorteil bedacht, nicht auf das Wohl der Stadt. Ihr Argument: Auch und gerade die Handwerker hätten zum Aufbau und zur Blüte der Stadt erheblich beigetragen. Sie zahlen Steuern und Abgaben und schützen die Stadt, wenn Gefahr im Verzuge ist.
4. Wie ging der Konflikt in Köln aus?	– Die Zünfte setzten durch, daß nur noch Zunftgenossen in den Rat der Stadt gewählt wurden.

5. Stellt eine Tabelle zusammen, um die Situation vor den Aufständen der Handwerker und danach in Köln und Augsburg zu veranschaulichen.

Vor den Aufständen der Handwerker	Aufstände der Handwerker	**Nach** den Aufständen der Handwerker
Im Rat der Stadt waren nur Patrizier. Sie bestimmten allein über alle wichtigen politischen und sozialen und wirtschaftlichen Fragen. Die Handwerker hatten keinen Einfluß, obwohl durch ihre Arbeit die Städte aufblühten.	Friedliche Einigung in Augsburg. Gewalttätige Aktionen in Köln.	Handwerker stellten Ratsmitglieder. Handwerker bestimmen im Rat. Entmachtung der Patrizier.

T Auseinandersetzungen...

	zwischen Grundherrn und Bürgern	zwischen Patriziern und Zünften
Was wurde gefordert?	Die Bürger forderten Mitspracherecht bei der Verwaltung der Stadt.	Die Zünfte forderten politische Mitbestimmung (Vertretung im Rat).
Was veränderte sich?	Die Bürger errangen Rechte (Selbstverwaltung, Gerichtsbarkeit).	Der Rat setzte sich dann aus Zunftmitgliedern zusammen.
Auf welche Weise wurden die Forderungen durchgesetzt?	Teils durch Gewalt, teils durch Unterstützung des Königs.	Gewaltsame Auseinandersetzungen.

Das soziale Bild der mittelalterlichen Stadt wäre unvollständig, wenn die Unterschichten, die bis zu 80% der städtischen Bevölkerung ausmachten, unerwähnt blieben.

Ein Blick auf die Grafik „Die städtische Gesellschaft" (Gfm) zeigt den Schülern die „unterständischen" Gruppen. Aufgeschlüsselt ergeben sich folgende Details:

a) Unselbständige und abhängige Personen. Sie verrichten Dienstleistungen, können auch einen eigenen Hausstand besitzen:

Tagelöhner	Hafenarbeiter	Dienstboten
Lohnarbeiter	Matrosen	Söldner
Packer	Mägde	Gesellen
Träger	Aufseher	
Knechte	Zöllner	

b) Alleinstehende und abhängige Frauen:

Arbeiterinnen	Kleinhändlerfrauen

c) Körperlich und geistig Versehrte:

Kranke	Lahme
Blinde	Geisteskranke
Krüppel	Insassen von Hospitälern und Asylen

d) Bettler

e) Juden

f) Angehörige „unehrlicher" Berufe:

Henker	Totengräber	Schausteller
Büttel	Spielleute	fahrendes Volk
Schinder	Bader	
Abdecker	Leineweber	

(nach: A. Kuhn/G. Schneider, Geschichtsunterricht 5–10, Wien/München/Baltimore 1981, S. 78)

51. Religion und Kirche

51.0.2 UR-Ziele

(1) Der Glaube im Leben der Menschen im Mittelalter.
(2) Kirchen als Denkmäler mittelalterlicher Kultur.

51.0.3 Medien

Dias
Stodtner 10 6772 Das Mönchtum 10 f

Videokassette
FWU 42 0353 Die Leute vom Domplatz-Interdikt 30 min f

51.0.4 Fachwissenschaftliche Einführung

Die Religion bestimmte das Leben des mittelalterlichen Menschen bis in den Alltag hinein. Sie gab Sicherheit in einer gefahrvollen Welt, in der der Mensch sich gegenüber Seuchen, Hungersnöten und Naturkatastrophen wehrlos fühlte. Der Satan und seine Gehilfen, Dämonen und Geister, wurden als allgegenwärtig und als Verursacher allen Übels empfunden. Gegen das Böse suchten die Menschen Gegenkräfte und fanden sie bei den Heiligen.
Die **Heiligenverehrung** spielte in der **Volksfrömmigkeit** eine ungeheure Rolle. Tausende von Heiligen wurden verehrt, bevor die Kirche schließlich die offizielle Kanonierung einführte und die Zahl der Heiligen beschränkte. Die Heiligen lebten in den **Reliquien** fort, den Leibern der Heiligen oder Teilen von ihnen oder Gegenständen, mit denen die Heiligen zu Lebzeiten in Berührung gekommen waren. Reliquien gaben einer Kirche oder einem Kloster eine besondere Weihe und eine wundertätige Funktion. Es konnte nicht ausbleiben, daß sich ein regelrechter Handel mit Reliquien entwickelte, daß gefälschte Reliquien in Umlauf gebracht wurden und daß man selbst vor Diebstahl und Raub nicht zurückschreckte, um sich die kostbaren Reliquien zu verschaffen. Berühmt ist die Wegnahme der Gebeine der Heiligen Drei Könige durch Kaiser Friedrich I. bei der Eroberung Mailands. Er schenkte sie Erzbischof Reinhard von Dassel, der sie nach Köln brachte. Dort wurde für sie der Dreikönigsschrein angefertigt, das kostbarste Kunstwerk des Kölner Domschatzes.
Die Kirche trat immer wieder dem Reliquienunwesen entgegen. So verbot Papst Alexander III. den Klöstern, Reliquien zu zeigen und Spenden einzusammeln, hatte aber keinen Erfolg damit.
Ausdruck der Heiligenverehrung waren die **Wallfahrten,** vor allem nach Jerusalem, zu den Gräbern der Apostelfürsten Petrus und Paulus in Rom und des Apostels Jakobus in Santiago de Compostela, aber auch zu zahlreichen anderen Orten mit überregionaler oder bloß regionaler Bedeutung.
Die Volksfrömmigkeit wandte sich mit großer Intensität dem Leben, Leiden und Sterben **Jesu Christi** und der Rolle **seiner Mutter Maria** zu. Die Geschichte von Mutter und Sohn war von großem menschlichen Reiz. Maria wurde zur Mittlerin zwischen den sündigen Menschen und ihrem Sohn. Keine Verfehlung war so schwer, als daß sie nicht voller Mitleid für den Sünder eingetreten wäre. Maria wurde zum romantischen Ideal, zur Mutter der Menschheit.
Ihren künstlerischen Ausdruck fand die Frömmigkeit im Kirchenbau, gipfelnd im Bau der **gotischen Kathedralen.** Allein in Frankreich entstanden innerhalb von 200 Jahren 80 Kathedralen, daneben hunderte von anderen Kirchen. An dem Bau beteiligte sich die gesamte Einwohnerschaft, je nach Leistungsfähigkeit und Vermögen. Der Aufwand für die immer größeren und prächtigeren Kirchen überstieg bald die Kräfte einer Generation.
Das erste gotische Gotteshaus, die Abteikirche von St. Denis bei Paris, wurde in sieben Jahren fertiggestellt, für Notre Dame in Paris benötigte man schon 90 Jahre, und vom Kölner Dom, 1248 begonnen, war 1322 der Chor fertig, dann erlahmte die Kraft der Bürger, und erst 1880 wurde der Dom vollendet.

51.1 Wie der christliche Glaube sich veränderte
Woher die Mittel kamen, um Dome zu bauen

51.1.1 Wissensziele

Glaube und Kirche spielten im Leben der Menschen des Mittelalters eine entscheidende Rolle. Die Gläubigen verehrten Reliquien und unternahmen Wallfahrten. Zeugnis ihrer Opferbereitschaft zum Lobe Gottes sind die großen Dome des Mittelalters.

51.1.2 UE-Ziele

(1) Prägung des Alltagslebens durch starke religiöse Bindungen.
(2) Gründe für den Bau großer Dome.
(3) Mittel für den Bau der Dome.

51.1.3 Einstieg

- **Film:** Die Leute vom Domplatz
- **Bild:** Das jüngste Gericht (Gfm)

51.1.4 Didaktisch-methodische Vorschläge

Es wird den Schülern schwer fallen, sich in die religiöse Vorstellungswelt der Menschen des späten Mittelalters hineinzuversetzen. Möglicherweise wird der Lehrer auf die Kreuzzüge (UR 38) zurückgreifen, um den Schülern den religiösen Eifer aufzuzeigen, möglicherweise wird er noch einmal auf das Bild „Wallfahrt zum Standbild der schönen Maria von Regensburg" (Gfm) verweisen, in dem Wallfahrten und religiöse Verzückungen thematisiert wurden.
Eine weitere Variante stellt die Darbietung des Videofilms „Die Leute vom Domplatz" dar. In diesem Film werden die Bestimmungen des Bürgerrechts und die Auswirkungen des Interdikts im 13. Jahrhundert auf die Bevölkerung anschaulich dargestellt. Hier werden die religiösen Bindungen der Menschen im Mittelalter ganz besonders plastisch dargestellt, aber auch die Macht der Institution Kirche, die durch Strafen wie Interdikt und Kirchenbann politische Macht ausüben will.

Arbeitsaufgaben	denkbare Formulierungen
1. Was wollte der Maler des Bildes „Das jüngste Gericht" zum Ausdruck bringen?	Nur der unbedingte Glaube an Gott verheißt den Menschen das Paradies, den Himmel, während die Ungläubigen im Rachen der Hölle landen.
2. Warum waren Hölle und Teufel im Leben der Menschen allgegenwärtig?	Die Menschen des Mittelalters litten unter Krankheiten, Seuchen und Hungersnöten, gegen die sie nahezu machtlos waren. Viele „natürliche" Erscheinungen wie Donner und Blitz konnten sie sich nur mit dem Wirken von Hölle und Teufel erklären.
3. Wie versuchten die Menschen, für ihr Seelenheil vorzusorgen?	Sie waren außergewöhnlich fromm, sie verehrten Heilige, machten lange und anstrengende Wallfahrten und sammelten Reliquien.
4. Wie war es möglich, daß die Menschen in den Städten so große Kirchenbauten errichten konnten?	– Spenden in der Kirche anläßlich von Gottesdiensten, – durch Ablaßzahlungen der Gläubigen, – weitere Spenden und Kollekten aus den Opferstöcken, – Stiftungen.

52. Bautechnik und Baustil im Mittelalter

52.0.2 UR-Ziele

(1) Charakteristika von romanischen und gotischen Kirchen.
(2) Leistungen der Menschen beim Bau der Kirchen.

52.0.3 Medien

S. 43.0.3, Seite 280.

52.1 Welche Merkmale die Baustile kennzeichnen

52.1.1 Wissensziele

Die Romanik umfaßt den Zeitraum von 1000 bis 1250. Sie ist nach römischen Bauelementen (Rundbogen, feste und gedrungene Form, Säulen) benannt. Der gotische Baustil entwickelt sich später und ist durch nach oben strebende Spitzbogen, den hohen und schlanken Fenstern sowie durch die Fensterrose gekennzeichnet. Die Bewältigung des Kirchenbaus stellte an Organisationskraft, finanziellem Aufwand und technischem Können eine hohe Anforderung für die Menschen der damaligen Zeit dar.

52.1.2 UE-Ziele

(1) Unterschiede zwischen romanischem und gotischem Baustil.
(2) Bewältigung der technischen und organisatorischen Probleme beim Bau einer gotischen Kathedrale.

52.1.3 Einstieg

● **Bild:** Die Bauhütte (Gfm)
● **Bildmaterial:** David Macauley, Sie bauten eine Kathedrale, dtv-junior 7900

52.1.4 Didaktisch-methodische Vorschläge

Wir schlagen vor, von den konkreten Tätigkeiten, die beim Bau einer gotischen Kathedrale zu bewältigen waren, auszugehen. Dazu kann das Bild „Die Bauhütte" beitragen. Ergänzend kann das für Kinder und Jugendliche konzipierte Buch Macauleys herangezogen werden.

Arbeitsaufgaben	denkbare Formulierungen		
1. Welche Handwerker, waren beim Bau der Kirche tätig, und welche Werkzeuge benutzten sie?	– Steinbrecher, Steinmetze, Bildhauer, Mörtelmischer, Maurer, Zimmerleute, Dachdecker, Schmiede, Glasbläser. – Die Schmiede machten ihre Geräte aus Metall, die dazugehörigen Holzteile fertigten die Drechsler an. Werkzeuge: Hämmer, Meißel, Schablonen, Stemmeisen, Holzhammer, Keile, Beile, Bohrer, Hobel, Sägen, Winkelmaß.		
2. Wie sah der Zeitplan beim Bau der Kathedrale aus?	– Schlagen von Holz und Brechen von Steinen. – Errichtung von Bauhütten (Aufenthaltsorte der Handwerker), Ausheben der Fundamente, Grundsteinlegung, Aufbau der Mauern, Hochziehen der Wände und Pfeiler mit Hilfe hölzerner Gerüste, Schneiden und Meißeln von Maßwerk. – Arbeiten am Dach der Kirche (Flaschenzüge und Winden, Konstruktion des Deckengewölbes, Einbau der Glocken).		
3. Vergleicht den romanischen mit dem gotischen Baustil.	romanisch	gotisch	
	Rundbogen kleine Fenster wenig Schmuck wuchtig und wehrhaft	Spitzbogen große Fenster reicher Schmuck schwerelos, emporstrebend	
4. Welche Voraussetzungen waren für den Bau einer gotischen Kathedrale erforderlich?	finanziell	organisatorisch	technisch
	Spenden, Ablaßzahlungen, Stiftungen.	Engagieren von Handwerkern und Meistern, Beschaffung von Materialien (Holz, Steine), Bereitstellung von Arbeitern.	Maschinen und Werkzeuge.

Rätsel und Test für die UR 1–6

Worträtsel

Bestimme aus der jeweiligen Wortgruppe das richtige Wort. Setze die angegebenen Buchstaben der Reihe nach zusammen. Dann erhältst du das Kontrollwort. Es nennt eine Epoche der Erdgeschichte. (Eiszeit)

1. Aus welchem Material fertigten die Frühmenschen ihre Angelhaken und Pfeilspitzen? 6. B.
   Stein - Holz – Eisen – **Knochen** – Bronze
2. Welches ist das älteste bekannte Gerät der Menschen? 8. B.
   Hammer – **Faustkeil** – Messer – Steinbeil – Schaber
3. Welches Großwild, das heute nur noch in den Tropen lebt, gab es in den Zwischeneiszeiten auch bei uns im Lande? 3. B.
   Giraffe – **Nashorn** – Zebra – Nilpferd – Tapir
4. Wie nennt man die Zwischeneiszeit noch? 5. B.
   Urzeit – Steinzeit – **Warmzeit** – Karbon – Juran
5. Bei welcher deutschen Großstadt hat man Knochenreste des Neandertalers gefunden? 5. B.
   Düsseldorf – München – Hamburg – Stuttgart – Frankfurt
6. In welchem europäischen Land finden wir die meisten Höhlenbilder? 8. B.
   England – **Frankreich** – Deutschland – Spanien – Rußland
7. Welche Naturlandschaft breitete sich zwischen den beiden Eisgürteln aus? 1. B.
   Wüste – **Tundra** – Urwald – Steppe – Dünen

Füllrätsel

Fülle jedes Kästchen mit einem Buchstaben aus. Bilde waagerechte Wörter mit der nachfolgenden Bedeutung:

1	i	n									
2	i	n									
3			i	n							
4	i	n									
5	i	n									
6									i	n	
7		i	n								
8		i	n								

1. Felsblock weitentfernter Herkunft, der beim Abschmelzen der Gletscher der Eiszeit liegenblieb. 8. B. (Findling) – 2. Fahrzeug, mit dem man zum Fischen auf die See fuhr. 1. B. (Einbaum) – 3. Bearbeitungsart bei Steinwerkzeugen. 2. B. (Steinschliff) – 4. Gestell zum Schutz vor Wind und Regen. 9. B. (Windschirm) – 5. Hülsenfrucht (Mehrzahl) der Jungsteinzeit. 5. B. (Linsen) – 6. Gerät, das die Arbeitsleistung der Steinbeilhersteller steigerte. 10. B. (Bohrmaschine) – 7. Einfaches Gerät zum Spinnen. 5. B. (Spindel) – 8. Gewebe, aus Flachsfäden hergestellt. 2. B. (Leinen)

Das Kontrollwort nennt den Sammelnamen für veredelte Gräser. (Getreide)

Silbenrätsel

Stelle aus den folgenden Silben 8 Wörter zusammen. Sie beantworten die nachfolgenden Fragen:
be – bern – do – eng – er – eu – fer – flüs – ger – in – kel – land – ma – me – nen – pä – ro – schei – se – stäm – stein – ten – töp.

1. Ein von den Mittelmeervölkern übernommenes Hilfsgerät der Töpferei. 9. B. (Töpferscheibe) – 2. Ein Volk, das in der Bronzezeit zwischen Nord- und Ostsee seine Heimat hatte. 5. B. (Germanen) – 3. Zusammenschluß mehrerer Sippen (Mehrzahl). 6. B. (Stämme) – 4. Ein Volk, das besonders tüchtig in der Eisenverarbeitung war. 6. B. (Kelten) – 5. Die Zinninsel der Bronzezeit. 7. B. (England) – 6. Älteste Handelsstraßen. 2. B. (Flüsse) – 7. Völkerfamilie, deren Sprachen wahrscheinlich den gleichen Ursprung haben. 5. B. (Indoeuropäer) – 8. Tauschmittel der Germanen für Metalle. 3. B. (Bernstein).

Das Kontrollwort nennt einen neuen Beruf aus der Bronzezeit (ae = ä). (Händler)

Anordnungsrätsel

Nachfolgende Stichwörter über Eisengewinnung und -verarbeitung sind durcheinandergeraten. Ordne die Wörter wieder nach der richtigen Reihenfolge.
Eisengeräte – Schmelzöfen – Eisenerzgruben – Eisenbarren – Bergleute – Schmied – Eisenerz – Bernstein – Schmiedewerkstätten – Händler – Schmelzer und Gießer.
Lösung: Eisenerzgruben, Bergleute, Eisenerz, Schmelzöfen, Schmelzer und Gießer, Eisenbarren, Schmiedewerkstätten, Schmied, Eisengeräte, Händler, Bernstein.

Test I

1 In jeder Gesellschaft müssen die Kinder für das Leben als Erwachsene vorbereitet werden.
a. Diese Erziehung geschieht heute bei uns durch (die Familie/Eltern und durch die Schule/Lehrer).
b. Bei den Menschen in der Steinzeit erfolgte diese Erziehung durch (die Mitglieder der Horde oder Sippe). 2 Punkte

2 Wie ist es den heutigen Menschen gelungen, etwas über das Leben der Urmenschen/Neandertaler zu erfahren? Kreuze die beiden richtigen Aussagen an!
☐ Die Neandertaler haben Berichte auf Steintafeln hinterlassen.

☐ Die Neandertaler haben Bücher geschrieben, die bis heute erhalten blieben.
☐ Durch Funde und Ausgrabungen. (x)
☐ Die ältere Generation gab ihr Wissen immer an die nachfolgenden Generationen mündlich weiter.
☐ Durch Vergleiche mit der Lebensweise von Völkern, die heute noch so leben wie die Menschen der Steinzeit. (x) 2 Punkte

3 Die Lebensweise der Neandertaler wurde weitgehend durch das Klima beeinflußt. Wie kann man dieses Klima bezeichnen? Unterstreiche zwei richtige Wörter:
tropisch, **kalt**, trocken, **niederschlagsreich**, mild, warm. 2 Punkte

4 Kennzeichne mit einem Kreuz auf der nachfolgenden Zahlengeraden a. wann der Neandertaler lebte (ca. 60000 Jahre v. Chr.), b. unsere Gegenwart (ca. 2000 n. Chr.).

100000 — X — 0 (Chr. Geb.) — X 2000

2 Punkte

5 Welches Material verwendeten die Menschen vor der Verwendung des Metalls, um Waffen und Werkzeuge herzustellen? Unterstreiche zwei Materialien:
Lehm, **Stein,** Schilf, Wasser, Bronze, **Knochen,** Ton. 2 Punkte

6 Zunächst ernährten sich die Menschen von dem, was sie in der Natur vorfanden. Später machten sie außerdem Jagd auf große und schnelle Tiere.
a. Was benötigten sie zur Jagd? (Speere).
b. Wie organisierten sie die Jagd? (Sie mußten den Ablauf der Jagd genau planen: Zutreiben der Tiere, Fallgruben, Verständigung). 2 Punkte

7 Nenne die wichtigsten Vorteile, die die Erfindung des Feuers für die Menschen mit sich brachte.
(Licht, Wärme, Schutz vor wilden Tieren, Energie). 2 Punkte

8 Erläutere, was man unter Arbeitsteilung versteht. Stelle dir vor, die Urmenschen wollten einen Hirschbraten verzehren. Wer müßte welche Arbeiten durchführen?
Die Männer mußten (den Hirsch jagen, erlegen und zum Wohnplatz transportieren). Frauen und Kinder mußten (das Fleisch bearbeiten, zubereiten und braten). 2 Punkte

9 Vergleiche die Lebensweise der Jäger/Sammler mit der Lebensweise der Ackerbauern/Viehzüchter. Lies dazu aufmerksam den folgenden Text:
„Die Menschen bauten auf Feldern Hirse, Hafer und Roggen an. In der Nähe der Felder wohnten sie in festen Häusern in Dörfern. Sie konnten Behälter aus Ton herstellen. Sie eigneten sich nicht nur das an, was sie in der Natur vorfanden, sondern produzierten ihre Nahrung selbst."
a. Wird hier die Lebensweise der Jäger/Sammler oder der Ackerbauern/Viehzüchter beschrieben) (Ackerbauern/Viehzüchter) 1 Punkt
b. Begründe deine Entscheidung zur Aufgabe a, indem du stichpunktartig die entsprechenden Textstellen anführst (Anbau von Getreide – Wohnen in festen Häusern und Dörfern – Herstellung von Tonwaren – Produktion der Nahrung) je 0,5 Punkte

10 Bei den Ackerbauern und Viehzüchtern wurden infolge der fortschreitenden Aufteilung der Arbeiten wichtige Erfindungen gemacht. Nenne jeweils eine Erfindung:
durch die man besser Kleidung herstellen konnte (Spindel, Webstuhl)
durch die man die Nahrung auf Vorrat halten konnte (Töpferei)
durch die man besser Bäume fällen konnte (Axt, Beil). 3 Punkte

11 Die Verwendung von Arbeitsgeräten, Waffen usw. aus Metallen führte zu großen Veränderungen. Es entstanden u. a. neue Berufe. Wähle aus den nachfolgenden Berufen die beiden richtigen aus:
Sichelmacher, Bauer, Fischer, **Bergleute,** Jäger, Hirte. 2 Punkte

12 Durch die Erfindung von Metallen wandelte sich die Lebensweise der Menschen gegenüber der Lebensweise der Jäger und Sammler. Fülle die Tabelle stichpunktartig aus:

	Jäger/Sammler	Metallzeit
a. Werkzeuge/ Geräte	Werkzeuge waren aus Holz, Stein, Knochen	(Werkzeuge waren auch aus Eisen und Bronze.)
b. Arbeits- teilung	Arbeitsteilung nach Geschlecht und Alter	(Es entstanden neue Berufe: Handwerker, Händler, Fernhändler.)
c. Siedlung/ Wohnung	keine festen Wohnsitze, Höhlen	(feste Wohnsitze, Befestigungen, Städte)
d. soziale Unterschiede	kaum soziale Unterschiede	(stärkere soziale Unterschiede, Reichtum der Händler, Fürsten)

4 Punkte

Rätsel und Test für die UR 7–8

Füllrätsel

Fülle jedes Kästchen mit einem Buchstaben aus. Bilde waagerecht Wörter mit der nachfolgenden Bedeutung. Bei richtiger Lösung nennen die Buchstaben in der Einrahmung, von oben nach unten gelesen, einen babylonischen König, der um 1700 v. Chr. Gesetze erlassen hat. (Hammurabi)

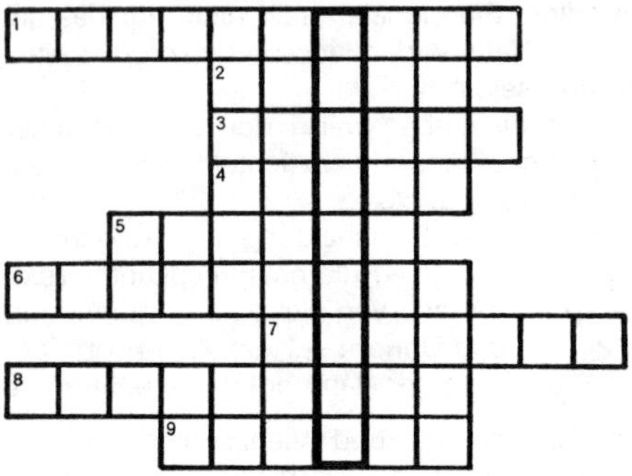

1. Staatliches Vorratshaus in Ägypten (Schatzhaus) – 2. Wohnort von Handwerkern, Händlern und Priestern (Stadt) – 3. Name der ägyptischen Gotteshäuser (Tempel) – 4. Einbalsamierte Leiche (Mumie) – 5. Bezeichnung für die Verfeinerung des Lebens (Kultur) – 6. Vermessungskunst (Geometrie) – 7. Pflanze, aus der Papier hergestellt wird (Papyrus) – 8. Ort, wo ein Tempel mit Riesenstandbildern abgebaut und an einer höher gelegenen Stelle wieder aufgebaut wurde (Abu Simbel) – 9. Löwenstatue mit Menschenkopf (Sphinx)

Test II

1 Warum kann man sagen: „Ägypten, ein Geschenk des Nils – Ägypten, ein Werk der Menschen"?
(Der Nil brachte fruchtbaren Schlamm mit – eine wichtige Voraussetzung für den Ackerbau. Der Nil mußte „gezähmt" werden. Dazu war die Zusammenarbeit der Menschen notwendig.) 2 Punkte

2 Zu welchem Zweck mußten die Ägypter
a. Kanäle und Schöpfräder bauen? (Um das Wasser gleichmäßig über das Land zu verteilen.)
b. die Gestirne genau beobachten? (Um den genauen Zeitpunkt der Nilüberschwemmungen bestimmen zu können.) 2 Punkte

3 In Ägypten erlangte der Pharao eine überaus starke Machtstellung. Worauf ist die zurückzuführen? Kreuze die beiden zutreffenden Antworten an!
☐ Es gab in der Geschichte der Menschheit immer körperlich starke Männer, die die anderen Menschen beherrschten.
☐ Die Nutzung des Nilschlamms erforderte eine zentrale Organisation. Das konnte nur eine starke Regierungsgewalt leisten (x)
☐ Die ägyptische Bevölkerung wählte einen Pharao als unumschränkten Herrscher aus.
☐ Die Vorratshaltung der Ernte in Schatzhäusern und ihre Verteilung hatte eine restlose Abhängigkeit der Menschen von der Regierung zur Folge. (x)
☐ Die Ägypter waren von Natur aus unselbständig und brauchten daher einen starken Mann.
☐ Das Niltal bildete einen Zentralpunkt Ägyptens, so daß sich auch eine zentrale Herrschaft entwickelte.
2 Punkte

4 Die nachfolgende „Gesellschaftspyramide" zeigt die Funktion der Verwaltung in Ägypten. Trage für die entsprechenden Zahlen die Namen der einzelnen Gruppen ein!

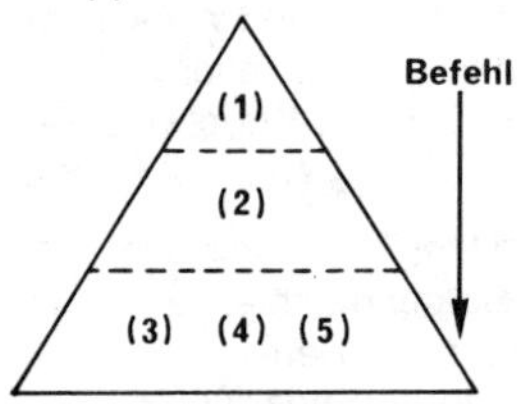

(1 Pharao
2 Beamte
3 Landarbeiter
4 Handwerker
5 Kaufleute
Die Bezeichnungen 3, 4 und 5 sind austauschbar.)
2,5 Punkte

5 Welche Aufgaben erforderten die Entwicklung einer Schrift in Ägypten? Kreuze die zwei richtigen Aufgaben an!
☐ Beschriftung der Grabmäler (Pyramiden).
☐ für die Jagdbilder in den Höhlen
☐ zur Aufzeichnung von Getreidemengen und -abgaben (x)
☐ zur Vermessung der Felder nach den Überschwemmungen
☐ für das Aufschreiben von Gesetzen (x)
☐ für das Aufzeichnen schmuckvoller Muster
2 Punkte

6 Nenne drei wichtige Voraussetzungen für den Pyramidenbau!
a. Technische Voraussetzungen: (ein hoher Stand der Kenntnis in Mathematik und in der Konstruktion von Großbauten)
b. wirtschaftliche Voraussetzungen: (eine leistungsfähige Landwirtschaft, um Nahrungsüberschüsse zu erzeugen)
c. soziale Voraussetzungen: (Erfahrungen in der Organisation der Arbeit großer Menschenmassen)
3 Punkte

7 Warum hatte die Gesetzgebung durch Hammurabi eine große Bedeutung? Kreuze zwei Antworten an!

☐ Weil die Todesstrafe abgeschafft wurde.

☐ Weil Gesetze schriftlich festgelegt wurden. (x)

☐ Weil zum ersten Mal der Grundsatz galt: Im Zweifel für den Angeklagten.

☐ Weil dadurch die Machtstellung des Königs erheblich eingeschränkt wurde.

☐ Weil es erstmals für ein Reich ein einheitliches Recht gab. (x)

☐ Weil es das Ziel war, die Verurteilten wieder in die Gesellschaft einzugliedern. 2 Punkte

8 Wodurch sollte in Ägypten die Macht des Herrschers und des Reiches gezeigt werden? Kreuze die zwei richtigen Symbole an!

riesige Bauwerke, Fahnen, **Krummstab und Peitsche,** Rüstung aus Eisen, Federschmuck, Kreuz

2 Punkte

9 Untersuche die nachfolgenden Aussagen daraufhin, ob sie die Entwicklung zum ägyptischen Staat richtig wiedergeben. Zwei Antworten treffen den Sachverhalt am ehesten:

☐ Mehrere Könige schlossen sich zusammen, um ein Reich zu gründen. Einen von ihnen wählten sie zum Pharao.

☐ In Ägypten entstand ein Staat, weil andere Völker sich zusammenschlossen und Ägypten überfielen.

☐ Ein kriegserfahrener Mann behauptete, von Gott zum Pharao berufen worden zu sein.

☐ Die Menschen schlossen sich zu einem Staat zusammen, weil die „Zähmung“ des Nils nur von allen gemeinsam gelöst werden konnte. (x)

☐ Der Pharao zwang die Nomaden, seßhaft zu werden.

☐ Ober- und Unterägypten wurden gewaltsam durch den König von Oberägypten zu einem Reich vereinigt. (x)

10 Warum bemalten die Menschen der Urzeit die Höhlenwände mit Bildern? Kreuze zwei Antworten an:

☐ Sie wollten ihre Höhlen ausschmücken.

☐ Sie wollten die Nachwelt über ihre Jagdmethoden informieren.

☐ Sie wollten die Tiere für die Jagd „herbeizaubern“. (x)

☐ Sie wollten die gefährlichen Tiere von ihren Wohnungen fernhalten.

☐ Sie wollten, daß so, wie auf den Bildern dargestellt, die Jagd auch ablaufen sollte. (x)

☐ Sie wollten ihre Verehrung für die Tiere zum Ausdruck bringen. 2 Punkte

11 Welche Gründe waren maßgebend für die Errichtung der Pyramiden? Zwei Antworten treffen am ehesten zu:

☐ Sie wurden als Sehenswürdigkeiten errichtet.

☐ Sie dienten als Grabstätten für die Pharaonen (x)

☐ Sie sollten die Machtstellung der Pharaonen demonstrieren. (x)

☐ Ihr Bau sollte Arbeitsplätze sichern helfen.

☐ Sie sollten den angreifenden Feinden Angst einjagen.

☐ Sie sollten den Mittelpunkt der Welt anzeigen.

2 Punkte

Rätsel und Test für die UR 9–27

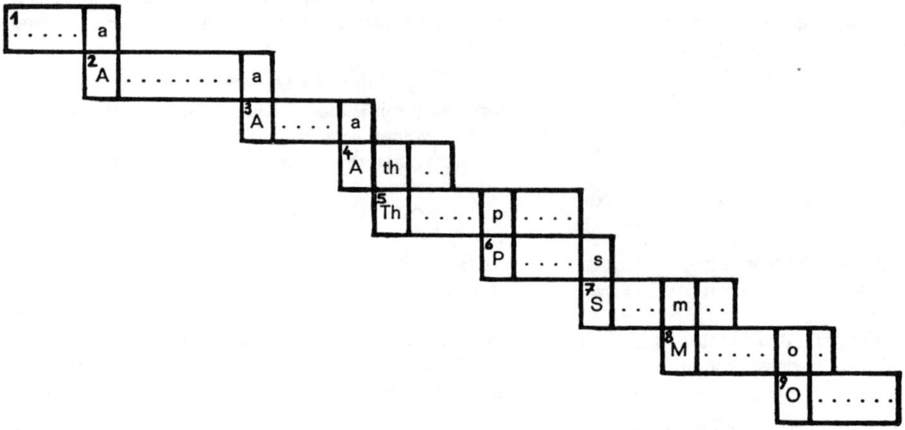

Dominorätsel

Ein Buchstabe oder zwei des vorhergehenden Wortes sind die Anfangsbuchstaben des nächsten Wortes. Die Punkte zeigen die Anzahl der fehlenden Buchstaben an. Die Wörter haben die nachfolgende Bedeutung.

1. Stadt auf dem Peloponnes (Sparta) – 2. Stadt in der Nähe der Nilmündung, im Altertum Mittelpunkt der Wissenschaft (Alexandria) – 3. Landschaft in Griechenland (Achaia) – 4. Großstadt um 450 v. Chr. mit 120000 Einwohnern (Athen) – 5. Engpaß, wo 300 Spartaner sich für ihr Vaterland opferten (Thermopylen) – 6. Griechische Hafenstadt (Piräus) 7. Seeschlacht gegen die Perser 480 v. Chr. (Salamis) – 8. Schlachtort, wo die Griechen 490 v. Chr. über die Perser siegten (Marathon) – 9. Austragungsort der ersten Olympischen Spiele 776 v. Chr. (Olympia)

Zwei Silbenrätsel

Das Kontrollwort für **beide** Silbenrätsel nennt den Zeitraum von vier Jahren zwischen zwei Olympischen Spielen (Olympiade).

I.

Stelle aus folgenden 29 Silben 9 Wörter zusammen. Sie beantworten die nachfolgenden Fragen

ben – de – fas – ge – geld – he – kra – lo – lo – lung – mo – phi – phie – rann – richt – samm – schaft – scher – ska – so – sung – ten – tie – ty – ven – ver – ver – volks – wirt

1. Welche Versammlung stimmte in Athen über die Gesetze ab? 2. B. (Volksversammlung) – 2. Wie nannte man in Sparta die arbeitende Schicht der Bevölkerung? 3. B. (Heloten) – 3. Suche das griechische Wort für „Alleinherrscher". 2. B. (Tyrann) – 4. Wie heißt die Staatsform, in der die Bürger Anteil an der Macht haben? 3. B. (Demokratie) – 5. Wie hieß bei den Griechen das Streben nach Weisheit? 1. B. (Philosophie) – 6. Welchen anschaulichen Namen trug das Abstimmungsverfahren, das die Amtsführung eines Staatsmannes beurteilte? 12. B. (Scherbengericht) – 7. Für wen galten in Athen die Menschenrechte nicht? 4. B. (Sklaven) – 8. Welche Wirtschaftsform ließ die Gegensätze zwischen dem Adel und den wohlhabenden Bürgern geringer werden? 4. B. (Geldwirtschaft) – 9. Wie nennt man das von Solon verfaßte Schriftstück, in dem die wichtigsten und grundlegenden Gesetze aufgezeichnet waren? 2. B. (Verfassung).

II.

Stelle aus folgenden 24 Silben 9 Wörter zusammen. Sie beantworten die nachfolgenden Fragen

akro – ari – ba – bar – dis – gym – hel – krat – kus – le – lis – lis – mar – mor – na – nen – non – par – po – po – ren – simm – sto – the

1. Wie heißt die Burg der Götter in Athen, heute eine Ruine? 4. B. (Akropolis) – 2. Wie nannten sich die Griechen als Volk selbst? 3. B. (Hellenen) – 3. Wie hieß die Stätte, in der die männliche Jugend Athens körperlich und geistig ausgebildet wurde? 2. B. (Gymnasium) – 4. Aus welchem Gestein erbauten die Griechen ihre Tempel, Denkmäler und Skulpturen? 1. B. (Marmor) – 5. Wie nannten die Griechen ihre Städte? 1. B. (Polis) – 6. Wie nannte man einen Angehörigen des Adels? 3. B. (Aristokrat) – 7. Wie heißt der Tempel der Athene auf der Burg zu Athen? 2. B. (Parthenon) – 8. Welchen Namen hat die Wurfscheibe beim Sport? 1. B. (Diskus) – 9. Wie bezeichneten die Griechen die Ausländer, die mit der einheimischen Sprache und Sitte nicht vertraut waren? 7. B. (Barbaren).

Quiz

Auf jede Linie kommt das Lösungswort der danebenstehenden Frage. Die ersten Buchstaben der Wörter, von oben nach unten gelesen, ergeben das Kontrollwort. Es bezeichnet das Streben eines Staates, seine Macht über andere Staaten auszudehnen (Imperialismus). (j = i)

Suche das lateinische Wort für Weltreich (Imperium)
Wie heißt die Staatsform, bei der ein Kaiser oder König an der Spitze steht? (Monarchie)
Welche Stadt am Vesuv wurde vom Aschenregen des Vulkans verschüttet? (Pompeji)
Wie nennt man eine öffentliche Tätigkeit ohne Bezahlung? (Ehrenamt)
Wie heißt die Staatsform, die keinen König an der Spitze hat? (Republik)
Nenne den höchsten Gott der Römer. (Jupiter)
Welcher römische Kaiser regierte von 33 v. bis 14. n. Chr.? (Augustus)
Suche ein anderes Wort für Verschwendung oder Prunk. (Luxus)
Nenne einen Vornamen des Feldherrn Cäsar. (Julius)
Wie hieß der Rat der Vornehmen in Rom? (Senat)
Suche ein anderes Wort für den Soldatenstand. (Militär)
Wie nannten die Römer die freiwillige Eingliederung eines Volkes in ihr Weltreich? (Unterwerfung)
Was bildete die Grundlage der Wirtschaft Roms? (Sklaverei)

Kleines Zahlenrätsel

Jede Zahl bedeutet einen bestimmten Buchstaben. Beginne mit den Wörtern, die du ganz bestimmt weißt. Lege dir einen „Zahlenschlüssel" an mit den Zahlen 1 bis 14 (z. B. 1 = m, 2 = a uws.). Das Kontrollwort nennt eine alte Römerstadt an der Mosel (Trier).

1343867	Hügel in Rom, auf dem der Palast des Kaisers stand 5. B. (Palatin)
1510116712	Untergliederung des Römischen Weltreiches, z. B. Afrika oder Obergermanien 2. B. (Provinz)
135826	Gruppe von Bürgern, die durch ihren Zusammenschluß bestimmte politische Ziele erreichen wollen 6. B. (Partei)
143783132	Landwirtschaftlicher Großbetrieb 8. B. (Plantage)
142142925	Angehöriger der niederen, ungebildeten Schichten im alten Rom 8. B. (Plebejer)

Test III

1 Zwei der nachfolgenden Aussagen enthalten zutreffende Behauptungen. Es geht dabei um die Olympischen Spiele und um ihre Bedeutung für die Griechen.

☐ Die Tatsache, daß nicht alle Griechen an den Olympischen Spielen teilnehmen durften, zeigte, daß es Bevölkerungsgruppen mit mehr und weniger Rechten gab. (x)
☐ Da die Olympischen Spiele den höchsten Gott, Zeus, ehren sollten, durften nur Priester teilnehmen.
☐ Wer den olympischen Frieden brach, wurde bestraft. (x)
☐ Die Sieger in den einzelnen Wettkämpfen wurden im Gegensatz zu heute nicht besonders geehrt.
☐ Damals gab es bei den Olympischen Spielen wesentlich mehr Sportarten als heute.
☐ Die Bedeutung der Olympischen Spiele lag vor allem darin, daß alle Menschen damals an ihnen teilnehmen konnten. 2 Punkte

2 Sparta wird manchmal als totaler Kriegerstaat bezeichnet. Die Erziehungsweise ist durch folgende Merkmale gekennzeichnet. Kreuze die beiden richtigen Merkmale an:

☐ Die Erziehung erfolgte fast nur in der Familie.
☐ Es war besonders wichtig, Strapazen zu ertragen und kämpfen zu können. (x)
☐ Jungen und Mädchen wurden zusammen in Lagern erzogen.
☐ Strafen und Schläge gab es nicht.
☐ Alle Kinder in Sparta wurden nach derselben Methode erzogen.
☐ Nicht lebensfähige Neugeborene wurden getötet. (x)

3 Die Punkte 1–6 bezeichnen wichtige griechische Städte.

Kreuze zwei richtige Behauptungen an:

☐ Alle Städte sind Hafenstädte.
☐ Die Städte 3 und 5 waren wichtige Handelsstädte. (x)
☐ Athen mußte Import/Export-Wirtschaft betreiben. (x)
☐ Alle Städte hatten über 100 000 Einwohner.

2 Punkte

4 a. Was brauchten die Athener, um Waren nach Athen zu bringen? (Schiffe, Handelsflotte)
b. Welche Waren wurden importiert, welche exportiert? (Lebensmittel wurden importiert, Keramik und Metallwaren wurden exportiert.)
c. Welche Berufe gab es demnach hauptsächlich in Athen? (Handwerker, Händler, Kaufleute, Bankiers)
3 Punkte

5 In Athen gab es eine Entwicklung von der Adels- und Alleinherrschaft zur Demokratie. Kreuze zwei richtige Aussagen an:
□ Die Sklaven wehrten sich erfolgreich gegen ihr hartes Schicksal und errichteten die Demokratie.
□ Die Bürger Athens wehrten sich gegen die Schrekkensherrschaft von Alleinherrschern. (x)
□ Alle Bürger sollten die gleichen Rechte und Pflichten haben. (x)
□ Alle Männer und Frauen über 21 Jahre durften wählen und gewählt werden.
□ Athenische Staatsmänner verwiesen auf das Vorbild in Sparta, wo das ganze Volk die Politik bestimmte.
□ Die Römer hatten im 5. Jahrhundert v. Chr. Athen erobert und führten die demokratische Herrschaftsform ein. 2 Punkte

6 Wodurch war die Erziehung in Athen gekennzeichnet? Kreuze zwei richtige Antworten an:
□ Die Mädchen waren von der öffentlichen Bildung ausgeschlossen. (x)
□ Das wichtigste Unterrichtsmittel waren handgeschriebene Schulbücher.
□ Die unteren Schichten – Sklaven, Tagelöhner – blieben vom Unterricht ausgeschlossen. (x)
□ Ebenso wie in Sparta stand in Athen die Ausbildung zum Krieger und zum Kämpfer auch noch im 5. Jahrhundert v. Chr. im Vordergrund.
□ Die Schüler wurden wie heute in Jahrgangsklassen mit ungefähr 30 Schülern unterrichtet.
□ Der Unterricht wurde in erster Linie von den Eltern durchgeführt. 2 Punkte

7 Die Entwicklung des Römischen Reiches kann man kennzeichnen mit den Begriffen a. Landmacht, b. Seemacht, c. Weltmacht. Ordne diesen Begriffen die nachfolgenden Erläuterungen zu!
1. Das Römische Reich erstreckte sich von Spanien bis Ägypten. (c)
2. Das Römische Reich erstreckte sich über die italienische Halbinsel. (a)
3. Das Römische Reich umfaßte außer Italien noch Spanien, Griechenland, das Gebiet Karthagos. (b)
3 Punkte

8 Plebejer und Patrizier führten in Rom harte Auseinandersetzungen. Welche Gegensätze hatten dazu geführt? Ergänze die folgenden Aussagen:
a. Die Plebejer hatten im Gegensatz zu den Patriziern nur einen geringen Stimmenanteil in der (Volksversammlung).
b. Die Plebejer hatten kein Recht, (Regierungsämter) zu besetzen.
c. (Ehen) zwischen Patriziern und Plebejern waren verboten. je 0,5 Punkte

9 Welche Folgen ergaben sich für den Bauern aus den Kriegen gegen Karthago? Nenne mindestens zwei Folgen!
(Der Bauer verarmte, da er seinen Hof nicht mehr bewirtschaften konnte.)
(Die Großgrundbesitzer konnten mit Sklaven billiger produzieren.) 1 Punkt

10 Als die römischen Bürger verarmt waren und sich nicht mehr selber ausrüsten konnten, durften auch besitzlose Proletarier Soldaten werden. Die Ausrüstung lieferte der Staat. Er zahlte auch einen Sold. Welche Folgen ergaben sich? Kreuze zwei Antworten an:
□ Ein einzelner Feldherr konnte durch die Besoldung der Soldaten viel Macht im Staat erreichen. (x)
□ Man mußte ausländische Söldner anwerben, die Rom gefährlich werden konnten.
□ Die Söldnerheere waren militärisch weit schwächer als die römischen Volksheere.
□ Die Berufssoldaten und Söldner bekamen das Bürgerrecht.
□ Nun konnten auch die Ärmeren zum Heeresdienst herangezogen werden, und die Zahl der Kämpfer vergrößerte sich. (x) 2 Punkte

11 Kreuze zwei zutreffende Antworten an: Der Sklavenaufstand unter Spartacus scheiterte, weil...
□ er nur auf einen kleinen Teil des Römischen Reiches beschränkt blieb.
□ Spartacus es versäumte, gegen die Römer in offener Feldschlacht zu kämpfen.
□ die Armee der Sklaven durch eine Abtrennung großer Kräfte geschwächt wurde. (x)
□ die Sklaven schlecht bewaffnet waren.
□ das Sklavenheer von drei römischen Heeren eingeschlossen werden konnte. (x)
□ Spartacus sich den Römern ergab. 2 Punkte

12 Warum konnte es zu einem Bündnis zwischen den römischen Kaisern und den Christen kommen? Stelle die Interessen der beiden Seiten gegenüber!

Interessen der Christen:	Interessen des römischen Kaisers:
(ihren Glauben ungestört und vom Staat garantiert auszuüben)	(einheitliche Religion, um den drohenden Zerfall des Reiches aufzuhalten)

2 Punkte

13 Der Bischof von Rom wurde Papst – oberster Bischof –, weil...
- ☐ er der älteste war.
- ☐ Rom die Hauptstadt des Reiches war. (x)
- ☐ es keinen besseren gab. 1 Punkt

14 Begründe, warum Ostrom im Gegensatz zu Westrom weiter bestand. Ziehe dabei folgende Vergleiche:
1. Grenzen, Größe des Reiches
2. Verhalten gegenüber fremden Völkern
3. wirtschaftliche Grundlage
4. Machtstellung des Herrschers

Westrom	Ostrom
1. lange Grenzen, umfangreiches Herrschaftsgebiet	kürzere Grenzen, kleiner als Westrom
2. Kämpfe	Verhandlungen
3. wirtschaftlicher Niedergang	aufstrebende Wirtschaft, Handel
4. Machtstellung verringert sich	große Machtstellung des Kaisers

je 1 Punkt

Rätsel und Test für die UR 28–33

Worträtsel

Bestimme aus der jeweiligen Wortgruppe das richtige Wort. Setze die angegebenen Buchstaben der Lösungswörter der Reihe nach zusammen und du erhältst das Kontrollwort. Es beantwortet die Frage: Was brachten die Germanen ihren Göttern dar? (Tieropfer)

1. Welche Form der Bodenbewirtschaftung hatten die Germanen? 12. B.
   Dreifelderwirtschaft – **Feld-Gras-Wirtschaft** – Weidewirtschaft – Einfruchtwirtschaft
2. Wie heißt die Gerichtsversammlung aller freien Männer in Germanien? 2. B.
   Gerichtshof – Landgericht – **Ding** – Feme
3. Wie heißt der Streifen, den jeder germanische Bauer von jeder Bodenart erhielt? 2. B.
   Acker – Morgen – Parzelle – **Gewann**
4. In welcher Bauweise errichteten die Germanen ihre Häuser? 7. B.
   Steinbau – Betonbau – **Fachwerkbau** – Metallbau
5. Wie lautete der Titel eines Stammesführers im Kriegsfall? 5. B.
   Herzog – König – General – Admiral
6. Wie nennt man die germanische Familie mit ihrer Verwandtschaft? 3. B.
   Stamm – Genossenschaft – **Sippe** – Verein – Horde
7. Wie nennt man die gleichzeitige Bebauung der Felder mit der gleichen Frucht bei den Germanen? 1. B.
   Zwangswirtschaft – Anbauplan – **Flurzwang** – Planwirtschaft
8. Wie nennt man das allen gemeinsam gehörende Wald- und Weideland? 5. B.
   Busch – **Allmende** – Alm – Gelände
9. Was waren die Germanen? 5. B.
   Nomaden – Händler – **Bauern** – Seeleute

Zuordnungsrätsel

Es sind Sätze geteilt und die Teile in zwei Gruppen zusammengefaßt worden. Füge zu dem Teil aus der einen Gruppe den dazugehörigen Teil aus der anderen Gruppe hinzu. Du erhältst 2 Sätze mit 4 Wörtern, 1 Satz mit 5 Wörtern, 2 Sätze mit 6 Wörtern, 1 Satz mit 7 Wörtern, 2 Sätze mit 8 Wörtern, 1 Satz mit 9 Wörtern und 1 Satz mit 10 Wörtern.

1. Gruppe:
Petrus und Paulus – Götter – die Christen glauben an – die freie christliche Religionsausübung – waren die Katakomben – die griechisch-orthodoxe Kirche leitet – der Papst in Rom – die Spaltung der Kirche – aus episcopus – alleinige Staatsreligion

2. Gruppe
Kaiser Konstantin gestattete – das Christentum wird – wurde Bischof – die Teilung des römischen Weltreiches verursachte – erlitten den Märtyrertod – die Römer verehrten – einen Gott – Versammlungsort der ersten Christen in Rom - der Patriarch von Konstantinopel – die römisch-katholische Kirche leitet.

Lösung:
1. (Die Römer verehrten Götter.) – 2. (Aus episcopus wurde Bischof.) – 3. (Das Christentum wird alleinige Staatsreligion.) – 4. (Die Christen glaubten an einen Gott.) – 5. (Petrus und Paulus erlitten den Märtyrertod.) – 6. (Kaiser Konstantin gestattete die freie christliche Religionsausübung.) – 7. (Die römisch-katholische Kirche leitet der Papst in Rom.) – 8. (Die griechisch-orthodoxe Kirche leitet der Patriarch in Konstantinopel.) – 9. (Versammlungsort der ersten Christen in Rom waren die Katakomben.) : 10. (Die Teilung des Römischen Reiches verursachte die Spaltung der Kirche.)

Buchstabenrätsel
Setze in jeden Stein der Burg einen Buchstaben. Zusammen mit den bereits eingesetzten Buchstaben ergeben sich senkrecht Wörter mit der folgenden Bedeutung:

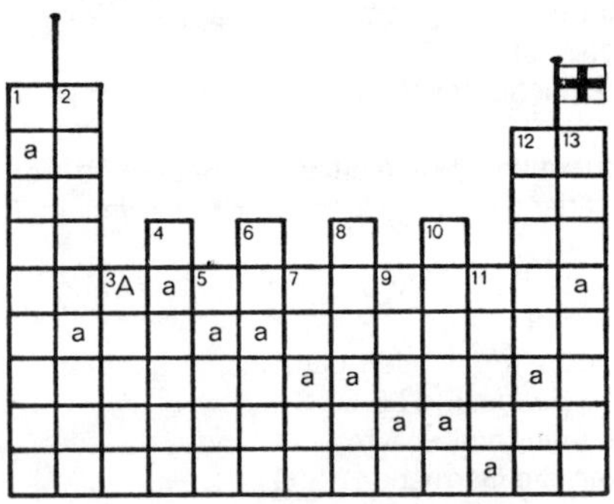

1. Land der heiligen Stätten (Palästina) – 2. Ziel des ersten Kreuzzuges (Jerusalem) – 3. Name des einen Gottes im Islam (Allah) – 4. Andere Bezeichnung für Volk (Nation) – 5. Morgenländischer Herrschertitel (Kalif) – 6. Name für die Nomadenstämme in den Wüsten Arabiens (Araber) – 7. Technische Errungenschaft aus Damaskus (Stahl) – 8. Alter Name für Istanbul (Byzanz) – 9. Glaubensbuch des Islams (Koran) – 10. Gewürz aus dem Orient (Muskat) – 11. Heiliger Ort auf der Arabischen Halbinsel (Mekka) – 12. Fremdwort für Duldsamkeit (Toleranz) – 13. Begründer des Islams (Mohammed)

Silbenrätsel:
Stelle aus den folgenden 23 Silben 7 Wörter zusammen. Sie beantworten die nachfolgenden Fragen. Setze die angegebenen Buchstaben der Lösungswörter der Reihe nach zusammen und du erhältst das Kontrollwort. Es nennt den Namen einer Grenzmark im Südosten des Frankenreiches. (Ostmark)
bar – den – der – drei – du – fel – fen – go – gra – ir – ken – kind – lan – lo – mar – min – schaft – send – si – sul – tas – wi – wirt
1. Bayernherzog, der von Karl d. Gr. abgesetzt wurde. 7. B. (Tassilo) – 2. Boten des Frankenkönigs, die die Verwaltung in den Gauen zu überprüfen hatten. 1. B. (Sendgrafen) – 3. Neue Anbauform, ersetzt die Feld-Gras-Wirtschaft. 14. B. (Dreifelderwirtschaft) – 4. Grenzgebiete des Frankenreiches. 1. B. (Marken) – 5. Germanischer Stamm in Oberitalien, von Karl d. Gr. unterworfen. 2. B. (Langobarden) – 6. Sächsisches Heiligtum, das Karl d. Gr. zerstörte. 2. B. (Irminsul) – 7. Führer der Sachsen im Kampf gegen Karl d. Gr. 5. B. (Widukind)

Test IV

1 Du sollst die Unterschiede zwischen der germanischen und der römischen Lebensweise kennzeichnen. Setze jeweils stichpunktartig die entsprechenden Merkmale in die Leerstellen der Tabelle (unten) ein!

	Germanen	Römer
Siedlung	Einzelgehöfte, Weiler	(Städte, Gutshöfe)
Handel	(kaum Handel)	reger Handel im ganzen Römischen Reich, Fernhandel, Geldwesen
Verkehr	keine Straßen Wege, Pfade, Flüsse	(ausgedehntes Straßennetz, Straßenpflaster)
Bauten, Kunstwerke	(Wohnhäuser aus Lehm und Schilf; keine großen Bauwerke)	Wohnhäuser aus Stein, große Bauten: Arenen, Aquädukte.

je 0,5 Punkte

2 Als die Römer in Germanien eindrangen, errichteten sie ein zusammenhängendes Verteidigungssystem, den Limes. In der obenstehenden Skizze sind die wichtigsten Teile dieses Systems mit Ziffern bezeichnet. Benenne die einzelnen Teile!
(1 = Palisadenzaun oder Mauer, 2 = Graben, 3 = Wall, 4 = Wachturm, 5 = Kastell) je 0,5 Punkte

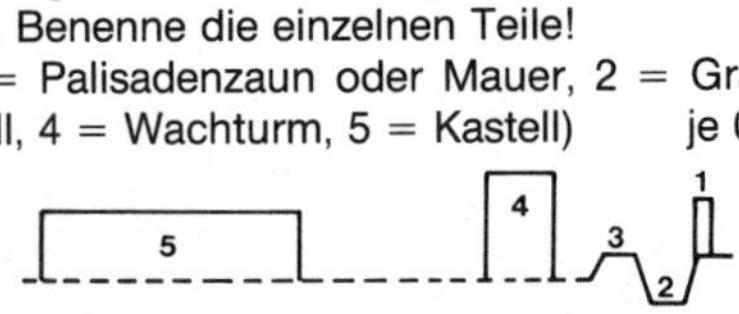

3 Kreuze die zwei richtigen Antworten an: Die Germanen siedelten gern am Limes, weil...
☐ sie ihre Lebensweise als Jäger/Sammler aufgeben und seßhaft werden konnten.
☐ sie am Limes die von ihnen erzeugten Produkte besser eintauschen konnten. (x)
☐ sie dort vor Unwettern und Naturkatastrophen besser geschützt waren.
☐ sie von den Römern dazu gezwungen wurden.
☐ in ihren ursprünglichen Siedlungsgebieten oft Seuchen auftraten.
☐ sie dort vor den häufigen Stammeskriegen geschützt waren. (x) 2 Punkte

4 Die Germanen begannen ihre Wanderungen und konnten auf dem Gebiet Westroms Reiche gründen. Von den nachfolgenden sechs Aussagen treffen zwei zu. Kreuze sie an!
☐ Germanische Stämme begannen auszuwandern, weil fremde Stämme in ihr Siedlungsgebiet einfielen. (x)
☐ Germanische Stämme begannen auszuwandern, weil sie von Goldschätzen im Römischen Reich gehört hatten.
☐ Germanische Stämme wanderten aus, weil sie vom Christentum gehört hatten und Christen werden wollten.
☐ Germanische Stämme konnten auf dem Gebiet Westroms Reiche gründen, weil die wirtschaftliche und politische Macht des Reiches zurückgegangen war. (x)
☐ Germanische Stämme konnten auf dem Gebiet Westroms Reiche gründen, weil die Römer von den Hunnen besiegt worden waren.
☐ Germanische Stämme konnten auf dem Gebiet Westroms Reiche gründen, weil sie auf einer höheren Kulturstufe als die Römer standen. 2 Punkte

5 Kreuze zwei richtige Aussagen an:
Die Bedeutung des Bonifatius liegt darin, daß er...
☐ mit Unterstützung des fränkischen Königs die fränkische Kirche ordnete. (x)
☐ einer der wichtigsten Päpste im 8. Jahrhundert war.
☐ König Chlodwig zum christlichen Glauben bekehrte.
☐ der erste war, der ein Kloster gegründet hatte.
☐ als erster das Christentum zu den Germanen brachte.
☐ die Kirche in Germanien unter die Aufsicht des Papstes stellte. (x) 2 Punkte

6 Zwei Aussagen sind richtig. Kreuze sie an!
Warum trat Chlodwig zum christlichen Glauben über?
☐ Er war ein frommer Mann und von der Wahrheit des christlichen Glaubens überzeugt.
☐ Der Papst in Rom war sein persönlicher Freund.
☐ Er betrachtete das Christentum als ein Mittel, um ein einheitliches, vergrößertes Frankenreich bilden zu können. (x)
☐ Er bewunderte die Tapferkeit des Mönchs Bonifatius, der die Donareiche gefällt hatte.
☐ Franken war das einzige Gebiet Europas, das noch nicht zum Christentum gehörte.
☐ Er benutzte das Christentum zur Stärkung seiner Machtstellung. (x) 2 Punkte

7 Im Jahre 800 wurde der fränkische König Karl vom Papst im Rom zum Kaiser gekrönt. Welche Interessen verfolgten der Kaiser und der Papst damit? Kreuze die beiden richtigen Antworten an:
☐ Karl wollte als Erbe des Römischen Reiches ein einheitliches christliches Reich beherrschen. (x)
☐ Karl wollte damit demontrieren, daß der Papst auch in Glaubensdingen ohne Einfluß war.
☐ Der Papst suchte einen starken Verbündeten, da seine Stellung sowohl von den römischen Adligen als auch von Ostrom bedroht wurde. (x)
☐ Der Papst wollte damit König Karl in seinem Kampf gegen die Sachsen unterstützen.
☐ Der Papst wollte damit das Christentum nach Franken bringen.
☐ König Karl wollte damit demonstrieren, daß er die adligen Herzöge in seinem Reich bezwungen hatte. 2 Punkte

8 König Karl führte 18 Kriegszüge gegen die Sachsen in einem Zeitraum von 30 Jahren. Kreuze von den folgenden Aussagen die beiden richtigen an:
☐ Nach den Feldzügen der Franken konnten sich die Sachsen immer wieder gegen die Franken erheben. (x)
☐ Mit jedem Feldzug eroberte das fränkische Heer unter Karl ein Stück des Sachsenlandes.
☐ Es ging Karl in der Hauptsache bei den Kriegszügen gegen die Sachsen um die Vergrößerung des Reiches und um die Sicherung der Grenzen. (x)
☐ Karls Hauptziel war die Ausrottung der Sachsen.
☐ Karl gelang es nicht, die Sachsen in das karolingische Kaiserreich einzugliedern.
☐ Karl führte Kriege gegen die Sachsen, weil er vom Papst dazu den Befehl erhalten hatte. 2 Punkte

9 Karl setzte für die Verwaltung seines Reiches hohe Beamte ein. Ordne den Ämtern die einzelnen Aufgabenbereiche zu:
a. Sendgrafen - b. Pfalzgrafen – c. Markgrafen:
1. verwalteten die königlichen Güter: (b)
2. verwalteten die Grenzgebiete und organisierten vorwiegend deren Verteidigung: (c)
3. überbrachten die Befehle Karls und überwachten deren Durchführung: (a) je 0,5 Punkte

10 Die Grafik stellt die Bedeutung des Lehnswesens dar.

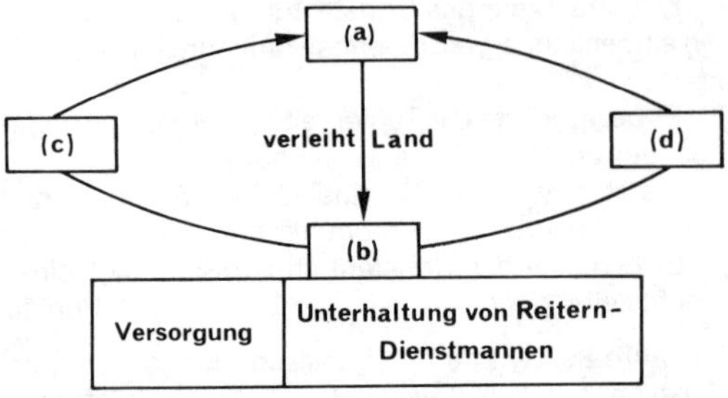

Trage in die richtigen Kästchen folgende Begriffe ein: a. Lehnsherr, b. Lehnsmann, c. Treueid, d. Kriegsdienst je 0,5 Punkte

11 Vergleiche zwischen damals und heute:

	damals	heute
Entlohnung von Staatsbediensteten	(durch Landschenkungen oder -verleih, da keine Geldwirtschaft sondern Naturalwirtschaft)	(durch Gehalt vom Staat)
Treue und Dienst gegenüber dem	Lehnsherrn	Dienstherrn

je 0,5 Punkte

12 Vergleiche die beiden folgenden Schulbuchtexte über Karl den Großen!

Text 1: „...Im Verlauf seiner 50jährigen Herrschaft verwirklichte Karl der Große viele großartige Pläne mit kühner, aber auch vorsichtiger Klugheit, die sich manchmal mit der von Cäsar vergleichen läßt. Als Eroberer und Gründer des Reiches legte Karl die Fundamente für das Europa von heute. Seine Heldentaten werden lange im Gedächtnis der Völker leben."

Text 2: „In den Jahren seiner Regierung unternahmen die Franken mehr als 50 Feldzüge gegen benachbarte Völker... In wessen Interesse führte Karl diese Kriege? ... In den eroberten Gebieten verteilte Karl viel Land an die adligen Franken. Er verfuhr grausam mit den Bauern, die ihre Freiheit verloren. Gegenüber den... unterworfenen Völkern kannte er keine Gnade. Während der Raubzüge Karls des Großen machte der fränkische Adel reiche Beute... In allen eroberten Gebieten half der Staat den großen Landbesitzern, die freien Bauern zu Leibeigenen zu machen."

1. Die Verfasser des Textes 1 beurteilen Karl vorwiegend (positiv).
Die Verfasser des Textes 2 beurteilen Karl vorwiegend (negativ).
2. Begründe deine Entscheidung, indem du Textstellen aufführst:
Text 1: (großartige Pläne, kühne Klugheit, Fundamente für das heutige Europa, Heldentaten)
Text 2: (graumsam, keine Gnade gegenüber den Unterworfenen, Raubzüge, Unterwerfung der freien Bauern)
3. Nimm kritisch zu den beiden Texten Stellung!
(Beide Texte sehen Karl einseitig. Dem 1. Text fehlt die kritische Sicht, dem 2. Text die Anführung positiver Leistungen.) je 1 Punkt

Rätsel und Test für die UR 34–38

Worträtsel
Bestimme aus der jeweiligen Wortgruppe das richtige Wort. Setze die angegebenen Buchstaben der Reihe nach zusammen. Dann erhältst du das Kennwort. Es gibt an, was aus den Lehen im Laufe der Zeit wurde. (Eigentum)

1. Sammelname für die Gefolgsmänner eines mittelalterlichen Königs
   Landsknechte – **Vasallen** – Diener – Untertanen 7. B.
2. Form der Herrschaft im Mittelalter
   Feudalismus – Diktatur – Imperialismus – Willkürherrschaft 7. B.
3. Stadt, in deren Nähe das Lechfeld liegt
   Stuttgart – Passau – München – **Augsburg** 3. B.
4. Name für Grundbesitz, dessen Nutzung verliehen wurde
   Hufe – Allmende – **Lehen** – Gut 2. B.
5. Verwaltungssitz einer Grundherrschaft
   Rathaus – **Fronhof** – Finanzamt – Bürgermeisteramt 4. B.
6. Sammelname für Nutzungsrechte
   Gerechtsame – Pfandbrief – Privilegien – Profit 7. B.
7. Name des Reitervolkes, das Otto I. im Jahre 955 besiegte
   Wikinger – Normannen – **Ungarn** – Awaren 1. B.
8. Unter Otto I. waren die Bischöfe zugleich auch
   Wissenschaftler – **Lehnsmannen des Königs** – Übersetzer – Gesetzgeber 6. B.

Worträtsel
Bestimme aus der jeweiligen Wortgruppe das richtige Wort. Setze die angegebenen Buchstaben der Reihe nach zusammen. Dann erhältst du das Kontrollwort. Es nennt den abgeschlossenen Teil eines Klosters. (Klausur)

1. Erster Gründer eines Mönchsordens in Europa
   Benedikt – Bernhard v. Clairvaux – Odo v. Cluny – Franz v. Assisi. 7. B.
2. Die Vornamen bedeutender Frauen aus damaliger Zeit
   Roswitha v. Gandersheim – **Hildegard** v. Bingen – Elisabeth v. Thüringen. 3. B.
3. Ehelosigkeit aus religiösen Gründen
   Privileg – Bigamie – **Zölibat** – Zertifikat. 6. B.
4. Bekleidungsstück der Mönche
   Uniform – **Kutte** – Talar – Robe. 2. B.
5. Mönchsorden, der sich vorwiegend um Volksseelsorge und Krankenpflege kümmert
   Franziskaner – Benediktiner – Dominikaner – Zisterzienser. 7. B.
6. Wichtiges Kennzeichen des romanischen Baustils
   Spitzbogen – Stuckdecke – Bündelpfeiler – **Rundbogen**. 2. B.
7. Klosterbruder, der den Eingang des Klosters bewacht
   Pförtner – Kaplan – Hausmeister – Türsteher. 4. B.

Test V

1 Die Schraffierungen auf der nebenstehenden Kartenskizze bezeichnen Großmächte um 800. Kreuze die beiden richtigen Aussagen an:

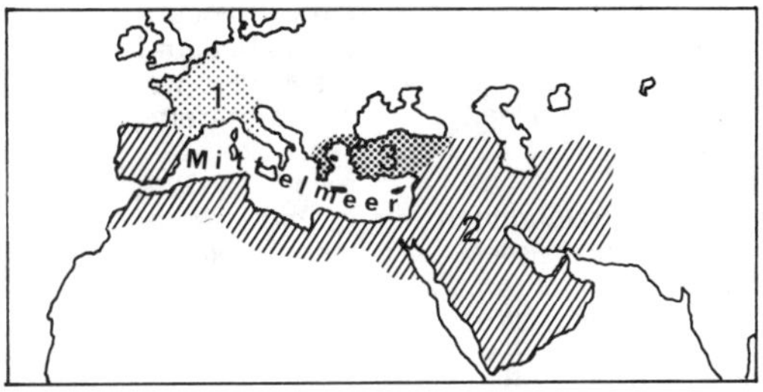

☐ Alle drei Großmächte grenzen an das Mittelmeer. (x)
☐ Großmächte 1 und 2 sind christlichen Glaubens.
☐ Großmächte 1 und 3 sind christlichen Glaubens. (x)
☐ Großmacht 2 ist nur auf Afrika und Asien beschränkt.
☐ Großmächte 2 und 3 sind islamisch.
☐ Die Großmächte 1 und 3 sind zusammen größer als Großmacht 2. 2 Punkte

2 Vergleiche das Christentum mit dem Islam! Kreuze dazu die beiden richtigen Aussagen an!
☐ Beide Religionen vertreten den Glauben an **einen** Gott. (x)
☐ Beide Religionen verkünden den „heiligen Krieg" als Pflicht
☐ Beide Religionen verkünden die Wiederauferstehung nach dem Tode. (x)
☐ Beide Religionen benutzen als Grundlage die Bibel.
☐ Was bei den Mohammedanern Mohammed ist, ist bei den Christen Jesus.
☐ Beide Religionen haben gegenüber dem Mittelalter nicht mehr ein so großes Verbreitungsgebiet wie heute. 2 Punkte

3 Für das rasche Ausbreiten des Islams gab es verschiedene Gründe. Ergänze die drei Sätze:
a. Glaubenskrieg gegen Ungläubige wurde zum Anlaß genommen, um (andere Völker zu überfallen).
b. Die Araber führten den Krieg als (Reiterkrieg auf schnellen Pferden).

c. Der einheitliche Glaube stärkte (das Zusammengehörigkeitsgefühl zwischen den arabischen Stämmen). je 0,5 Punkte

4 In der Übersicht (unten) sollen Unterschiede und Ähnlichkeiten zwischen den islamischen Gebieten und Mittel- und Westeuropa um 1000 herausgefunden werden. Dazu wird in jeder Spalte ein Merkmal vorgegeben. Die fehlenden Merkmale sollst du selbst eintragen!

Islam	West- und Mitteleuropa
a. Zahlreiche Städte als wirtschaftliche und kulturelle Mittelpunkte	(Städte gab es kaum, die vorhandenen waren bedeutungslos)
b. (Der Kalif war zugleich religiöser und weltlicher Führer.)	Die Könige waren weltliche Herrscher. Der Papst war religiöses Oberhaupt.
c. große Fortschritte in Kultur und Wissenschaften: Medizin, Mathematik, Astronomie	(wenig wissenschaftlich-technische Fortschritte)

3 Punkte

5 Den Feierlichkeiten bei der Krönung der deutschen Könige kam eine hohe Bedeutung zu. Erläutere, was die einzelnen Handlungen bei der Krönung bedeuten sollten. Ordne den Buchstaben Zahlen zu!
a. Beim Krönungsmahl bedienten die vier Herzöge den König. (3)
b. Krönung und Salbung erfolgten durch die Bischöfe im Münster. (2)
c. Einweisung auf den Thron Karls des Großen. (1)
d. Wahl, Gelöbnis und Huldigung der Adligen im Säulenhof vor dem Münster. (4)
Antworten: 1. Dadurch sollte deutlich werden, daß sich der König als Nachfolger Karls betrachtete. – 2. Dadurch sollten die Verbindungen und die guten Beziehungen zwischen der weltlichen und der geistlichen Gewalt im Reich verdeutlicht werden. – 3. Dadurch sollte die Abhängigkeit der Herzöge vom König deutlich werden. – 4. Gelöbnis, dem König treu zur Seite zu stehen und ihn zu unterstützen.
je 0,5 Punkte

6 Welche Gründe veranlaßten die Menschen verschiedener Schichten, nach Osten auszuwandern?
a. Junge Männer aus der Schicht des niederen Adels, weil sie (**nur ein kleines Lehen besaßen;** Steuern an den Kaiser entrichten mußten; zuwenig Bauern zum Bewirtschaften der Felder besaßen)
b. Bauern, weil sie (hofften, ihre landwirtschaftlichen Produkte besser verkaufen zu können; **sich der Bedrückung durch die Grundherren entziehen** wollten; die Slawen zum christlichen Glauben bekehren wollten)
c. Handwerker und Kaufleute, weil sie (**auf gute Verdienstmöglichkeiten hofften;** in der alten Heimat verfolgt wurden; ihre Rohstoffe und Waren in der Stadt nicht mehr besorgen bzw. verkaufen konnten)
d. Mönche, weil sie (**den christlichen Glauben verbreiten wollten;** weil ihre alten Klöster baufällig waren; weil sie im „alten“ Reich keine Aufgabe mehr hatten) 4 Punkte

7 Vergleiche die beiden folgenden Schulbuchtexte:
Text 1: „Der polnische Herzog von Masowien rief den Deutschen Orden in sein Land. Der Deutschritterorden sollte einen Kreuzzug gegen die heidnischen Pruzzen unternehmen und sie zum Christentum bekehren. Dies wurde vom deutschen Kaiser 1226 in einer Urkunde bestätigt.
Nach ihrem Siege schufen die Ritter einen Ordensstaat. Sie gründeten Städte und bauten Burgen. Die schönste Burg ist die Marienburg. Im Schutze der Ritter gediehen Städte wie Danzig, Kulm, Thorn, Elbing und Königsberg. In jener Zeit entstanden mehr als 1400 Dörfer. Sie waren von deutschen Bauern besiedelt worden. Zwischen Ost- und Westdeutschland begann ein reger Handel. In langer Friedenszeit entwickelte sich der deutsche Osten zu einem fruchtbaren und reichen Land.“
Text 2: „Konrad von Masowien beschloß, zur Bezwingung der Pruzzen Ordensritter nach Polen zu berufen... Im Jahre 1226 siedelte Konrad von Masowien die Kreuzritter im Kulmer Land an. Die Kreuzritter strebten von Anfang an danach, einen von Konrad unabhängigen Staat zu besitzen... Die Kreuzritter erbauten feste Schlösser und siedelten deutsche Kolonisten an. Die pruzzische Bevölkerung rotteten sie teils aus, teils zwangen sie sie, für sie – die Ritter – zu arbeiten. Als die Unterwerfung der Pruzzen beendet war... entstand ein gut organisierter Ordensstaat... Schon nach kurzer Zeit begannen die Kreuzritter, Polen zu bedrohen. Sie strebten danach, ihm das polnische Pommern zu entreißen, um auf diese Weise eine unmittelbare Verbindung nach Deutschland herzustellen...“
In welchen Punkten entsprechen sich diese beiden Texte nicht? Kreuze zwei zutreffende Aussagen an:
☐ Der Herzog von Masowien rief die Ordensritter ins Land.
☐ Die Ordensritter sollten die heidnischen Pruzzen zum Christentum bekehren. (x)
☐ Die Ordensritter gründeten Städte und siedelten deutsche Kolonisten an.
☐ Die Ordensritter bauten Burgen und Schlösser.
☐ Die Ordensritter rotteten die pruzzische Bevölkerung teils aus, teils versklavten sie diese. (x)
☐ Die Ordensritter strebten danach, die Verbindung zwischen Ost- und Westdeutschland herzustellen.
2 Punkte

8 Trage in die nachstehende Tabelle zwei Veränderungen ein, die sich im Verhältnis zwischen Kaiser und Papst zur Zeit Ottos I. und Heinrichs IV. ergaben.

Otto I.	Heinrich IV.
1. (Der König beanspruchte das Recht, Bischöfe einzusetzen.)	(Der Papst bestritt dieses Recht des Königs.)
2. (Er betraute geistliche Würdenträger mit weltlichen Ämtern.)	(Das sollte nach Meinung des Papstes aufhören.)

2 Punkte

9 Welche Folgen hatte der Bann des Papstes Georg VII. gegen Heinrich IV. in den Auseinandersetzungen zwischen dem König und den deutschen Fürsten? Kreuze die beiden richtigen Antworten an:

☐ Die deutschen Fürsten verloren durch den Bann ebenfalls ihre Machtstellung.

☐ Die Fürsten stellten sich geschlossen auf die Seite des Königs.

☐ Die Fürsten konnten ihre Machtstellung durch den päpstlichen Bann gegenüber dem König verstärken. (x)

☐ Die Fürsten setzten Heinrich als König ab und wählten einen neuen König. (x)

☐ Heinrich enthob die Fürsten ihres Amtes und setzte neue Fürsten ein.

☐ Der Papst setzte nach dem Bann einen neuen König in Deutschland ein. 2 Punkte

10 Lies den folgenden Text über die Kreuzzüge aufmerksam durch!

„Leute mit unruhigem Charakter lockte es, fremde Länder zu sehen; andere, denen die Armut im Nacken saß, ... zogen gegen jeden Feind des Christentums, wenn sie sich nur mit ihrem Schwerte die Armut vom Leibe schaffen konnten; wieder andere, welche von der Last ihrer Schulden bedrückt wurden oder sich ihrem pflichtmäßigen Herrendienst entziehen wollten oder auch gerechte Strafen für ihre Verbrechen zu befürchten hatten, heuchelten auf einmal Eifer für die Ehre Gottes."

Schreibe die Beweggründe der Kreuzfahrer, so wie sie der Verfasser dieses Textes sieht, heraus!

Die Kreuzfahrer wollten... a. (fremde Länder sehen), b. (reich werden), c. (ihren Schulden entfliehen), d. (sich dem Herrendienst entziehen) und e. (Strafen für ihre Verbrechen entfliehen). je 0,5 Punkte

11 Kaiser Friedrich I. Barbarossa führte viele Jahre in Norditalien Krieg. Wer waren die Gegner des Kaisers und welches waren ihre Hauptziele?

a. Gegner des Kaisers:
   1. (norditalienische Städte)
   2. (der Papst)
   3. (die deutschen Fürsten) je 0,5 Punkte

b. ihre Gründe
   1. (Sie wehrten sich gegen die wirtschaftliche Ausbeutung durch den Kaiser.)
   2. (Er wollte in diesem Konflikt die geistliche Macht stärken.)
   3. (Sie wollten die Stellung des deutschen Kaisers schwächen.) je 0,5 Punkte

12 Während des Mittelalters ging es hauptsächlich um die Auseinandersetzungen zwischen dem deutschen König und den Fürsten sowie zwischen Kaiser/König und dem Papst. Inwiefern ergaben sich Veränderungen bei diesen Auseinandersetzungen zwischen der Regierungszeit Ottos I. und Heinrichs IV.? Fülle die Tabelle (unten) stichpunktartig aus:

	Otto I.	Heinrich IV.
1. Haltung der Fürsten gegenüber	(Verschwörung der Herzöge gegen den König)	(Die Herzöge ließen den König im Kampf gegen den Papst im Stich.)
2. Haltung des Papstes gegenüber	(forderte Unterstützung von Otto I.)	(forderte mehr Mitbestimmung bei kirchlichen Angelegenheiten, Bannbulle)
3. Maßnahmen der Herrscher	(geistliche Würdenträger wurden mit weltlichen Ämtern betraut)	(Bußgang und Kämpfe)
4. Auswirkungen dieser Maßnahmen	(Verstärkung der königlichen Machtstellung gegenüber den Fürsten und dem Papst)	(Schwächung der königlichen Machtstellung)

4 Punkte

Rätsel und Test für die UR 39–42

Füllrätsel

Fülle jedes Kästchen mit einem Buchstaben aus. Sie ergeben waagerecht Wörter mit der folgenden Bedeutung. Die stark umrandete Reihe ergibt, von oben nach unten gelesen, den Teil einer Burg, von dem aus sie verteidigt wurde (Wehrgang).

1.							
2.							
3.							
4.							
5.							
6.							
7.							
8.							

1. Ritterliche Waffe (Schwert) – 2. Gebäudeteil einer Burg (Kapelle) – 3. Das war mancher Ritter (Dichter) – 4. Die Reiter genossen ... unter den Soldaten (Vorrang) – 5. Freier Platz innerhalb der Burg (Burghof) – 6. Lücke in der Befestigungsmauer (Scharte) – 7. Ritterliches Kampfspiel (Turnier) – 8. Eingang zur Burg (Burgtor)

Silbenrätsel

Stelle aus folgenden 25 Silben 9 Wörter der nachfolgenden Fragen zusammen. Setze die angegebenen Buchstaben der Reihe nach zusammen. Dann erhältst du das Kontrollwort. Es gibt an, von wem der Bauer im Mittelalter abhängig war (Grundherr).

de - der – drei – dün – ei – ei – feld – gen – ger – ger – huf – kum – le – met – müh – pfer – pflug – rog – schaft – sen – sen – ser – ste – was – wirt

1. Getreideart, die im Herbst gesät wird 3. B. (Roggen) – 2. Mittel, die Fruchtbarkeit des Bodens zu steigern 6. B. (Dünger) – 3. Beschlag der Hufe von Zugtieren 2. B. (Hufeisen) – 4. Bodenbearbeitungsgerät, das eine tiefere Bearbeitung ermöglicht 5. B. (Eisenpflug) – 5. Vorherrschende Form der Bodenbewirtschaftung im Mittelalter 1. B. (Dreifelderwirtschaft) – 6. Zeitsparende Mahleinrichtung von Getreide mit Wasserkraft betrieben 9. B. (Wassermühle) – 7. Teil des Geschirrs, das die Zugleistung auf die Brust des Zugtieres verteilt 5. B. (Kummet) – 8. Getreideart, die im Frühling gesät wird 3. B. (Gerste) – 9. Zugtiere, die im Mittelalter nur begüterte Bauern hatten 4. B. (Pferde)

Text VI

1 Im 13. Jahrhundert wurde bei der Erziehung der Ritter streng auf Tischsitten geachtet. In den folgenden Aussagen findest du 6 Begründungen für die Forderung nach guten Tischsitten. 2 davon sind richtig. Kreuze sie an:

Es wurde deswegen die Einhaltung guter Tischsitten gefordert, weil...

☐ gute Tischsitten schon immer zur Natur des Menschen gehört hatten.

☐ sie in der Heiligen Schrift gefordert wurden.

☐ dadurch nachgewiesen werden sollte, daß es in der Erziehung der Ritter hauptsächlich um wissenschaftliche Bildung ging.

☐ sich der Ritter in seinem Benehmen vom gemeinen Volk abheben sollte. (x)

☐ weil die Erziehung zu gutem Benehmen auch edles Denken fördert. (x)

☐ strenge Tischsitten bei allen Kriegs- und Reitervölkern zum guten Ton gehörten. 2 Punkte

2 Bei der ritterlichen Erziehung der Jungen und Mädchen wurde auf ganz bestimmte Fertigkeiten und Fähigkeiten geachtet. Schreibe bei den Jungen und Mädchen je 2 der 6 angegebenen Fähigkeiten heraus, die in der Erziehung eine besondere Rolle spielten.

Jungen

☐ Schreiben und Lesen
☐ Rechnen
☐ höfisches Benehmen (x)
☐ Buchführung
☐ handwerkliche Tätigkeiten
☐ Kämpfen und Reiten (x)

Mädchen

☐ landwirtschaftliche Tätigkeiten
☐ Waffenhandwerk
☐ häusliche Arbeiten (x)
☐ christliches Denken und Handeln (x)
☐ kaufmännische Fähigkeiten
☐ ritterliches Kämpfen auf dem Turnier 2 Punkte

3 Im Mittelalter gab es berufsmäßige Krieger, die Ritter, d. h. Reiterkrieger. Wie war es zur Entstehung des Rittertums und dessen Aufstieg zur führenden Gesellschaftsschicht gekommen? Welche beiden Aussagen treffen am ehesten zu?

☐ Manche Bauern hatten keine Lust mehr, ihre Felder zu bearbeiten, und entschlossen sich, Ritter zu werden.

☐ Reiterkrieger und Ritter gab es schon immer in der Geschichte, weil bestimmte gute Reiterkrieger schon durch die Vererbung als gute Ritter geboren wurden.

☐ Die Ritter durften sich eine befestigte Burg bauen, durch die sie vor Feinden geschützt waren und von der aus sie die abhängigen Bauern beherrschten.

☐ Der König vergab für gute Dienste leihweise Land an die Reitersoldaten, das der Ritter verwaltete oder verwalten ließ. (x)

☐ Die Ritter machten sich unentbehrlich, indem sie als bewaffnete Macht für Kaiser und Kirche kämpften. (x)

☐ Den tüchtigsten Bauern gelang es nach und nach, die anderen Bauern zu unterwerfen und sich zum Ritter zu ernennen. 2 Punkte

4 Die Skizze (oben) soll die wesentlichen Ursachen für den Niedergang des Rittertums aufzeigen.
Aus dieser Grafik lassen sich zwei zutreffende Aussagen ableiten. Kreuze sie an:
□ Da es bald keine Burgen mehr gab, kam es zum Niedergang des Rittertums.
□ Durch die Erfindung des Schießpulvers büßten die Ritter viel Geld ein.
□ Durch die Erfindung des Schießpulvers konnten mauerbrechende Waffen gegen die Burgen der Ritter wirkungsvoll eingesetzt werden. (x)
□ Mit dem Übergang von der Natural- zur Geldwirtschaft verloren die Ritter ihre wirtschaftliche Machtstellung, da sie vorwiegend Land besaßen. (x)
□ Die Fürsten verloren ihre Machtstellung an den Kaiser, der die Ritter von ihren militärischen Aufgaben entließ.
□ Mit der aufkommenden Geldwirtschaft wandten sich die Ritter dem Handel zu und übten nicht mehr wie früher militärische Tätigkeiten aus. 2 Punkte

5 Das Leben der Mönche in den Klöstern unterstand ganz bestimmten Regeln. Trage unter a. bis d. vier Regeln ein:
Der Mönch mußte geloben, ...
a. ..., b. ..., c. ... und d. ...
(Folgende Möglichkeiten können genannt werden, wobei die Reihenfolge keine Rolle spielt:
gehorsam zu sein – kein Eigentum zu besitzen – Handarbeiten zu verrichten – fromme Schriften zu lesen – das Kloster nicht ohne Auftrag zu verlassen – ehelos zu bleiben.) 2 Punkte

6 Die Klöster hatten auf vielen Gebieten des Zusammenlebens im Mittelalter große Bedeutung. In der nachfolgenden Schemazeichnung sind die Tätigkeiten und Aufgabenbereiche der Mönche genannt. Entscheide, welche Tätigkeiten a. dem wirtschaftlichen, b. dem sozialen, c. dem religiösen und d. dem wissenschaftlich-kulturellen Bereich zuzuordnen sind. 2 Punkte

Krankenpflege Armenhilfe (b)	↖ ↗	Seelsorge Gottesdienst (c) Verbreitung des Glaubens
	Kloster	
Gartenbau Ackerbau (a) Anfertigen von Geräten	↙ ↘	Gelehrte Ärzte – Medizin Schule (d) Bücher – Lesen Schreiben

7 Kreuze von den folgenden sechs Aussagen die beiden richtigen an:
□ Kirchliche Würdenträger (Äbte, Bischöfe) waren in der Mehrheit Angehörige adliger Geschlechter. (x)
□ Bischöfe und Äbte hatten mit den machtpolitischen Auseinandersetzungen nie etwas zu tun.
□ Äbte und Bischöfe waren zumeist Grundherren, von denen viele Bauern abhängig waren. (x)
□ Abt- und Bischofsstellen wurden durch die Wahl des Volkes besetzt.
□ Äbte wurden immer von den Mönchen gewählt.
□ Die Klöster blieben arm, da die Mönche das Gelübde der Armut abgelegt hatten. 2 Punkte

8 Die folgende Grafik zeigt den Aufbau der ländlichen Gesellschaft im Mittelalter. Welche beiden der folgenden Aussagen sind richtig?

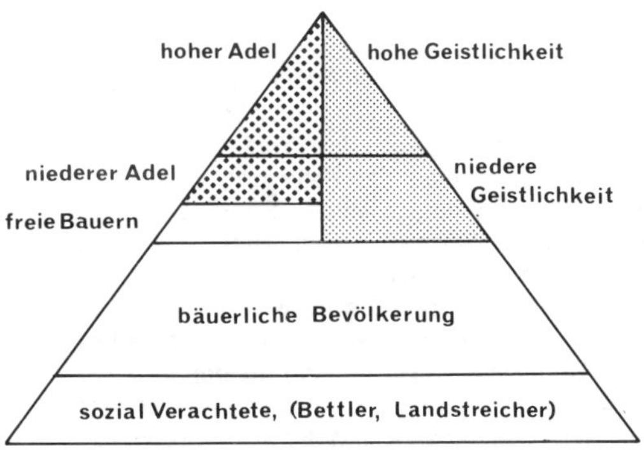

□ Die gesamte bäuerliche Bevölkerung war abhängig und unfrei.
□ Die schraffierten Bevölkerungsteile gehören zum Adel. (x)
□ Die freien Bauern gehören zum Adel.
□ Die senkrechte Strecke in der Grafik trennt den geistlichen und weltlichen Adel. (x)
□ Die große Masse der Bevölkerung gehört zum Adel.
□ Man konnte leicht von einem Stand in einen höheren aufsteigen. 2 Punkte

9 Im Laufe der Zeit konnten die Bauern ihre Arbeiten besser bewältigen. Sie konnten jetzt mehr und besser herstellen, weil...

☐ sie fleißiger geworden waren.

☐ die Grundherren mehr Abgaben von ihnen forderten.

☐ Frauen und Kinder mitarbeiteten.

☐ sie eine mit Dampf angetriebene Dreschmaschine besaßen.

☐ sie mit der eisernen Pflugschar den Boden besser umpflügen konnten. (x)

☐ sie Wind und Wasser zum Betreiben der Mühlen nutzten. (x) 2 Punkte

10 Nenne weitere Fortschritte in der Landwirtschaft und beschreibe die Folgen:

Erfindung	Folge
a. Dreifelderwirtschaft	bessere Ausnutzung des Bodens
b. Rodung von Wäldern	Vergrößerung der Anbaufläche

je 0,5 Punkte

11 Welche Leistungen mußten die abhängigen Bauern den Grundherren erbringen?

a. Sie mußten (Naturalien oder tierische/pflanzliche Produkte) liefern.

b. Sie mußten (Frondienste) leisten. 2 Punkte

12 Lies den folgenden Quellentext aufmerksam durch: „Dem Bauern ist nach dem Recht nur Schwarz oder Grau zu tragen erlaubt. Gere (Verzierung des Gewandes) darf er nur an der Seite tragen; bundlederne Schuhe sind genug... An den Sonntagen soll er zur Kirche gehen. Doch darf er nur einen Stecken in der Hand tragen. Kommt er mit einem Schwert, soll man ihn gebunden an den Kirchzaun führen, ihm dort den Hut wegnehmen und das Haar abschneiden..."

1. a. Unterstreiche die Stellen, in denen es um die Kleidung des Bauern geht (1. Satz). b. Unterstreiche die Stellen, in denen es um das Waffenrecht der Bauern geht, mit einer anderen Farbe (die beiden Schlußsätze).

2. Warum durften die Bauern wohl nur eine ganz bestimmte Kleidung tragen? (Die gesellschaftlichen Unterschiede sollten sichtbar sein.)

3. Warum durften die Bauern keine Waffen tragen? (Bewaffnete Bauern hätten dem Adel gefährlich werden können.) 3 Punkte

Rätsel und Test für die UR 43–52

Einordnungsrätsel

Ordne folgende Wörter unter eine passende Überschrift ein. Es gehören zu jeder Überschrift 10 Wörter: Arbeitsteilung, Meister, fahrende Sänger, Geselle, Freiheit, Lehrling, Geldwechsler, Lehrvertrag, Krankenfürsorge, Gewerbe, Landwehr, Kirche, Marktordnung, Rathaus, Mauer, Fachwerkhaus, Mittelstand, Spital, Patrizier, Lauben, Preis, Gasthaus, Rechtsschutz, Priester, Qualität, Fuhrleute, Selbstverwaltung, Kaufleute, Stadtrecht, Tagelöhner, Stadttore, Gastwirte, Stapelrecht, Mägde, Steuern, Knechte, Wachtürme, Verbraucher, Werkstatt, Verkaufsstände, Zigeuner, Konkurrenz, Zunftzwang, Grundherr, Gemüse, Bürgermeister, öffentliche Gelder, Ratsschreiber, Preisabsprachen, Befestigungsrecht.

Die Überschriften lauten:

1. Das städtische Handwerk (Arbeitsteilung, Werkstatt, Zunftzwang, Mittelstand, Krankenfürsorge, Meister, Geselle, Lehrling, Lehrvertrag, Gewerbe)
2. Bauwerke in der Stadt (Landwehr, Mauer, Wachtürme, Stadttore, Kirche, Rathaus, Fachwerkhaus, Spital, Lauben, Gasthaus)
3. Menschen in der Stadt (Zigeuner, Geldwechsler, fahrende Sänger, Priester, Fuhrleute, Kaufleute, Tagelöhner, Gastwirte, Mägde, Knechte)
4. Der Markt der Stadt (Rechtsschutz, Stapelrecht, Marktordnung, Qualität, Preis, Verbraucher, Verkaufsstände, Konkurrenz, Preisabsprachen, Gemüse)
5. Die Verwaltung der Stadt (Stadtrecht, Patrizier, Freiheit, Steuern, Selbstverwaltung, Grundherr, Befestigungsrecht, Bürgermeister, Ratsschreiber, öffentliche Gelder)

Städterätsel

Fülle jedes Kästchen mit einem Buchstaben aus. Sie ergeben waagerecht Wörter mit der folgenden Bedeutung:

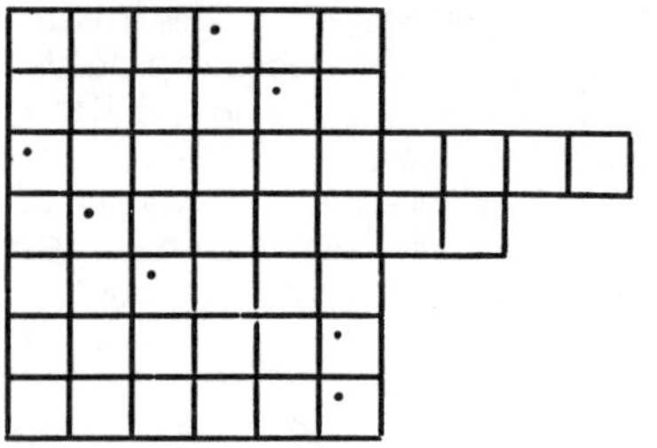

1. Hanseniederlassung auf Gotland (Wisby)
2. Führende Stadt in der Hanse (Lübeck)
3. Nördlichster Handelsort der Hanse (Hammerfest)
4. Hansekontor in Rußland (Nowgorod)

5. Ort, in dem der Stalhof lag (London)
6. Hansekontor in Flandern (Brügge)
7. Ort, wo es die Bezeichnung „Deutsche Brücke" gab (Bergen)

Die Buchstaben in den Kästchen mit Punkten ergeben von oben nach unten das Kontrollwort. Es gibt eine Halbinsel an, vor der die größten Fischereigebiete der Hanse lagen. Kontrollwort: S c h o n e n

Zuordnungsrätsel

Ordne die entsprechenden Satzteile richtig zueinander. Bei richtiger Lösung gibt die Zahl in Klammern die Anzahl der Wörter des entstandenen Satzes an.

1. Die Schöffen (5) lebten abgesondert in Gettos.
2. Eike von Repkow (8) erniedrigte viele Bauern zu Leibeigenen.
3. Die Juden (6) sprachen das Urteil.
4. Die Feme (7) war ein weiter Mantel mit gelben Streifen an den Ärmeln.
5. Das römische Recht (8) richtete Raubritter, Strauchdiebe und Straßenräuber.
6. Der Angeklagte (10) war der Verfasser des Sachsenspiegels.
7. Den Hexen (8) wurde so lange gefoltert, bis er alles gestand.
8. Der Kaftan (12) habe der Teufel übernatürliche Kräfte verliehen.

Lösung:

1. Die Schöffen sprachen das Urteil. – 2. Eike von Repkow war der Verfasser des Sachsenspiegels. – 3. Die Feme richtete Raubritter, Strauchdiebe und Straßenräuber. – 4. Der Angeklagte wurde so lange gefoltert, bis er alles gestand. – 5. Den Hexen habe der Teufel übernatürliche Kräfte verliehen. – 6. Das römische Recht erniedrigte viele Bauern zu Leibeigenen. – 7. Die Juden lebten abgesondert in Gettos. – 8. Der Kaftan war ein weiter Mantel mit gelben Streifen an den Ärmeln.

Test VII

1 Nach damaligem Recht wurde jeder Hörige und Unfreie dann frei, wenn er „ein Jahr und einen Tag" in der Stadt gewohnt hatte. Diese Bestimmung brachte Vor- und Nachteile.
a. Für den Grundherrn brachte diese Bestimmung überwiegend (Vorteile/**Nachteile**), denn (er büßte Arbeitskräfte und Abgaben ein).
b. Für den Leibeigenen oder Hörigen brachte diese Bestimmung überwiegend (**Vorteile**/Nachteile), denn (sie konnten die Freiheit erlangen und als Handwerker selbständig arbeiten).
c. Für die Städte brachte diese Bestimmung Vor- und Nachteile ein, denn (die Bauern verfügten zumeist über handwerkliche Fähigkeiten und die Städte brauchten Handwerker – es konnte zu gewaltsamen Auseinandersetzungen zwischen Grundherren und Städten kommen). 3 Punkte

2 Kennzeichne auf der nachfolgenden Karte sechs Punkte, die günstig für die Entstehung von Städten waren. je 0,5 Punkte

3 Auf dem Markt der Stadt verkauften Bauern, Handwerker und Kaufleute ihre Waren. Schreibe hinter die Waren, die vornehmlich von Bauern verkauft wurden, ein „B", bei den von Handwerkern verkauften Waren ein „H", bei den von Kaufleuten verkauften Waren ein „K".
Eier (B) – Salz (K) – Schuhe (H) – Backwaren (H) – Gemüse (B) – Seide (K) je 0,5 Punkte

4 Die Zünfte beeinflußten das Leben ihrer Mitglieder erheblich. Nachstehend sind drei Bereiche aufgeführt. Ergänze die fehlenden Wörter!
Die Zünfte setzten (Preise und Löhne) fest.
Die Zünfte überwachten die (Qualität der Waren).
Die Zünfte bestimmten, wieviel (Handwerker) sich in einer Stadt niederlassen durften. 3 Punkte

5 Im späten Mittelalter kam es in vielen Städten zu Konflikten zwischen Patriziern und Handwerkern. Welches waren die wichtigsten Gründe und Motive?
a. Die Patrizier wollten (ihre alten gegen die Grundherren erkämpften Rechte behalten – sie wollten allein regieren).
b. Die Handwerker wollten (an der Regierung der Städte mitbeteiligt werden). 2 Punkte

6 Lies folgenden Text aufmerksam durch: „Die Aussätzigen sollen auch nicht auf den **alten Kornmarkt** gehen, auch in kein **Gedränge** der Leute. Sie sollen auch in keine **Kirche** gehen. Es soll ein jeglicher aussätziger Mann oder Knabe auf seinem Haupte einen **grauen, schlichten, breiten Filzhut** tragen und einen **grauen Mantel** anhaben... Es soll auch kein Aussätziger in eine **Badestube** gehen."
1. Unterstreiche die Textstellen, aus denen hervorgeht, wo sich die Aussätzigen nicht aufhalten durften.

2. Unterstreiche die Textstellen, aus denen hervorgeht, was die Aussätzigen tragen müssen.
3. Begründe, warum die Aussätzigen sich nicht an den genannten Orten aufhalten durften. (An diesen Orten kamen gewöhnlich viele Menschen zusammen. Die Ansteckungsgefahr war groß.)
4. Begründe, warum sie diese Kleidung tragen mußten. (Sie sollten deutlich gekennzeichnet sein.)
4 Punkte

7 Nachfolgend werden die Aufgaben der Familie im Mittelalter und heute gegenübergestellt. Fülle jeweils das leer gebliebene Kästchen aus:

8 Ordne folgende Handwerksberufe dem Handwerk zu, dem sie vor ihrer Spezialisierung entstammten: Schlosser, Gerber, Sattler, Uhrmacher, Drahtzieher, Harnischmacher, Gürtelmacher, Taschenmacher.

Schmiedehandwerk	**Lederhandwerk**
Schlosser	Gerber
Uhrmacher	Sattler
Drahtzieher	Gürtelmacher
Harnischmacher	Taschenmacher

je 0,5 Punkte

9 Kreuze zwei der nachfolgenden Aussagen an, in denen die Gründe für den Niedergang der Hanse genannt werden:
☐ Die Konkurrenz durch den Orienthandel wurde für die Hanse zu stark.
☐ Die britische und die niederländische Regierung schlossen die Handelsniederlassungen der Hanse (x).
☐ Zahlreiche Hansestädte führten gegeneinander Krieg und wurden zerstört.
☐ Die wichtigsten Hansestädte wie Hamburg, Bremen und Lübeck traten aus.
☐ Die mächtig gewordenen Landesfürsten zwangen ihre Städte zum Austritt. (x)
☐ Die Hanse konnte den Warenbedarf der wachsenden Bevölkerung nicht mehr decken. 2 Punkte

10 Dieses Schema verdeutlicht, wie es zur Entwicklung des Fernhandels gekommen ist. Suche aus den folgenden sechs Begriffen zwei aus, die in die leeren Kästchen hineingehören:
Warenüberschuß – schlechte Wege – Bauern – **Qualität der Waren verbessert** – Naturalwirtschaft – Ritter. 2 Punkte

11 Kennzeichne die wichtigsten Unterschiede zwischen römischer und germanischer Rechtsprechung. Setze jeweils ein G oder ein R hinter die nachfolgenden Aussagen:
a. Das Gerichtsverfahren wurde von studierten Anwälten durchgeführt. (R)
b. Verfahren nur durch Laienrichter. (G)
c. Das Verfahren erfolgte nur mündlich. (G)
d. Verurteilung nur bei Geständnis des Angeklagten. (R) je 0,5 Punkte

12 Beantworte bitte folgende Fragen:
a. Warum betrieben die Juden im Mittelalter meist Geldgeschäfte? (Es war ihnen verboten, Landwirtschaft oder Handel zu betreiben.)
b. Warum wurden die Juden oftmals verfolgt? (Weil man ihnen Geld schuldete.)
c. Was warf man ihnen in Pestzeiten vor? (Vergiftung der Brunnen) 3 Punkte

Arbeitsteilung (Spezialisierung)
↓ ↓
[ ] [ ]
↓ ↓
Absatz der Produkte in weit entfernten Gegenden
↓
F E R N H A N D E L

	Familie im Mittelalter	Familie heute
a.	Wohnung und Arbeitsplatz waren zumeist in einem Haus.	(Wohnung und Arbeitsplatz sind zumeist getrennt.)
b.	(Versorgung der Alten und Kranken durch die Familie)	Versorgung der Alten und Kranken erfolgt weitgehend durch den Staat
c.	(Erziehung der Kinder fast ausschließlich durch die Familie)	Erziehung der Kinder erfolgt durch Familie und Staat

3 Punkte

Personen- und Sachregister